Grundkurs Umweltrecht

Grundkurs Umweltrecht

Einführung
für Naturwissenschaftler und Ökonomen

2., vollständig überarbeitete Auflage

Herausgegeben von Wolfgang Kahl und Andreas Voßkuhle

Mit Beiträgen von Lars Diederichsen, Jörg Fritzsche, Michael Hornig,
Frank Hüpers, Wolfgang Kahl, Wolfram Sandner,
Bernd Schendzielorz und Andreas Voßkuhle

Spektrum Akademischer Verlag Heidelberg · Berlin

Die Deutsche Bibliothek – CIP-Einheitsaufnahme

Grundkurs Umweltrecht : Einführung für Naturwissenschaftler und Ökonomen /
Wolfgang Kahl/Andreas Voßkuhle (Hrsg.). Mit Beitr. von Lars Diederichsen ... – 2.,
vollst. überarb. Aufl. - Heidelberg ; Oxford : Spektrum, Akad. Verl., 1998
  ISBN 3-8274-0223-9

Lektorat: Karin von der Saal, Frank Wigger, Martina Mechler (Ass.)
Produktion: Brigitte Trageser
Umschlaggestaltung: Kurt Bitsch, Birkenau
Druck und Verarbeitung: Franz Spiegel Buch GmbH, Ulm

Vorwort zur 2. Auflage

Die erfreulich positive Aufnahme des „Grundkurs Umweltrecht" ermutigt den Verlag und die Herausgeber, bereits drei Jahre nach Erscheinen der ersten Auflage eine neue und vollständig überarbeitete Fassung des Werks vorzulegen.

Auf diesem Wege soll einerseits der Dynamik des Umweltrechts Rechnung getragen werden. Zu denken ist hier insbesondere an das am 7.10.1996 in Kraft getretene Kreislaufwirtschafts- und Abfallgesetz (Kapitel 11), das Bundesbodenschutzgesetz vom 17.3.1998 (Kapitel 15) sowie die zur Umsetzung der Flora-Fauna-Habitat-Richtlinie der EG notwendig gewordene wesentliche Änderung des Bundesnaturschutzgesetzes vom 30.4.1998 (Kapitel 10). Andererseits haben wir versucht, unter Beibehaltung der bewährten Grundkonzeption, wie sie im mitabgedruckten Vorwort zur ersten Auflage erläutert ist, die Praxisausrichtung des Buches noch weiter zu verstärken. Dazu wurde ein zusätzliches Kapitel „Umweltschutz im Betrieb" eingefügt, das sich eingehend mit dem Öko-Audit, daneben aber auch mit der ISO 14001, der umweltbezogenen Betriebsorganisation und der Funktion der Betriebsbeauftragten für den Umweltschutz befaßt. Deutlich erweitert worden sind ferner die Abschnitte über das Planungsrecht, die Umweltverträglichkeitsprüfung und das Umweltinformationsgesetz. Ein Behördenführer mit den Adressen, Telefon- und Faxnummern der wichtigsten Umweltschutzakteure auf Bundes- und Länderebene am Ende von Kapitel 7 („Umweltorganisationsrecht") rundet den Strauß an Neuerungen ab. Aus Platzgründen leider weichen mußte das Kapitel „Umweltvölkerrecht"; die dort angesprochenen Fragen sind aber weitgehend integrativ bei den einzelnen Sachmaterien behandelt.

Unser Dank gilt neben dem Autorenteam, das bis auf Herrn Dr. Scharinger, der aus beruflichen Gründen nicht mehr zur Verfügung stand, unverändert geblieben ist, insbesondere Herrn Assessor Martin Schröder für die sehr hilfreichen Hinweise zu Kapitel 13. Des weiteren danken wir unseren Lesern und Hörern für die zahlreichen positiven Reaktionen und Anregungen, die wir, soweit es ging, berücksichtigt haben, und die uns auch weiterhin sehr willkommen sind (Adresse: Universität Augsburg, Juristische Fakultät, Eichleitnerstr. 30, 86159 Augsburg).

Augsburg, im Juli 1998   Die Herausgeber

Vorwort zur 1. Auflage

Das Umweltrecht ist eine „Querschnittsmaterie", die längst nicht mehr nur Juristen, sondern nahezu alle Wissenschaftsdisziplinen angeht. Dementsprechend haben in den letzten Jahren ökologische Fragestellungen Eingang gefunden in die Studien- und Prüfungsordnungen verschiedenster Fächer an Universitäten und Fachhochschulen, etwa der Naturwissenschaften, der Ökonomie, der Politologie oder der Ingenieurswissenschaften.

Der „Grundkurs Umweltrecht" wendet sich in erster Linie an Studenten und Dozenten aus den genannten Bereichen und setzt sich zum Ziel, Berührungsängste mit dieser ungewohnten und komplexen Materie zu überwinden. Er richtet sich daneben an alle, die sich, sei es in der Verwaltung des Bundes, der Länder oder der Kommunen, in Unternehmen, Verbänden, Vereinen, Bildungs- oder Beratungseinrichtungen, einen Überblick über das Umweltrecht insgesamt bzw. über spezielle Einzelprobleme verschaffen wollen.

Das vorliegende Buch stellt in erster Linie ein systematisches Lehr- und Lernbuch dar, soll aber zudem, nicht zuletzt aufgrund des ausführlichen Stichwortverzeichnisses, auch als informatives Nachschlagewerk und praktischer „Ratgeber für Jedermann" dienen. Zu Beginn erfolgt eine kurze Erläuterung der Zielsetzung und Arbeitsmethode sowie eine Einführung in das Recht. Hieran knüpfen sich drei Teile an: das Öffentliche Umweltrecht, das Umweltprivatrecht und das Umweltstrafrecht. Innerhalb der einzelnen Abschnitte wird der Leser schrittweise vom Allgemeinen zum Besonderen geführt, indem zunächst die Grundlagen und Grundbegriffe eines Rechtsgebiets erläutert werden, ehe konkrete Fragen etwa des Naturschutzes, der Abfallpolitik, der Gewässerreinhaltung, der Gentechnik oder des Umweltnachbarrechts erörtert werden.

Wir waren stets bemüht, einen Mittelweg zu gehen zwischen dem Anspruch auf rechtswissenschaftliche Gründlichkeit, Aktualität und Vollständigkeit einerseits sowie dem Streben nach Überschaubarkeit und Kompaktheit andererseits. Sollte uns dies – wie nicht anders zu erwarten – hier und dort nicht immer gelungen sein, wären wir für entsprechende Hinweise (Universität Augsburg, Juristische Fakultät, Eichleitner Str. 30, 86159 Augsburg) dankbar. Auch sonstige Wünsche und Anregungen sind herzlich willkommen.

Unser besonderer Dank gilt dem Inhaber des Lehrstuhls für Öffentliches Recht, Wirtschaftsverwaltungsrecht und Umweltrecht an der Universität

Augsburg, Herrn Prof. Dr. Reiner Schmidt, für die maßgebliche „Geburtshilfe", die er zu unserem Gemeinschaftsprojekt geleistet hat. Ferner gebührt Dank dem Spektrum Akademischer Verlag, konkret dessen Lektorin, Frau Dipl.-Chem. Karin von der Saal, für die stets angenehme und förderliche Zusammenarbeit sowie ganz besonders den Autoren, die sich trotz erheblicher beruflicher Belastungen zur Mitwirkung an diesem Buch bereit erklärt haben. Schließlich möchten wir den Herren Alexander Meier, Thomas Vollmöller und insbesondere Michael Hornig unseren herzlichen Dank dafür aussprechen, daß sie die Autoren und Herausgeber bei den Mühen der Korrekturlektüre unterstützt haben.

Augsburg, am Osterfest 1995

Dr. iur. Wolfgang Kahl, M.A.
Dr. iur. Andreas Voßkuhle

Inhalt

Die Autoren

Dr. iur. Lars Diederichsen: geb. 1966; Rechtsanwalt (Sozietät Dr. Hilland und Dr. Gudd, Stuttgart); ehemaliger Wissenschaftlicher Assistent am Institut für Umweltrecht der Universität Augsburg; Dozent im Umweltrecht (Schwerpunkte: Abfallrecht, Gefahrstoffrecht, Altlasten- und Bodenschutzrecht); mehrere Veröffentlichungen zum Umweltrecht.

Prof. Dr. iur. Jörg Fritzsche: geb. 1963; Professor für Bürgerliches Recht an der Martin-Luther-Universität Halle-Wittenberg; Dozent im Umweltrecht; zahlreiche Veröffentlichungen zum Zivilrecht einschließlich des Umweltrechts.

Michael Hornig: geb. 1968; Wissenschaftlicher Assistent und Doktorand an der Universität Augsburg; ehemaliger Mitarbeiter am Institut für Umweltrecht der Universität Augsburg; Dozent im Umweltrecht.

Dr. iur. Frank Hüpers: geb. 1961; Oberregierungsrat im Bayerischen Staatsministerium für Wirtschaft und Verkehr; ehemaliger Wissenschaftlicher Assistent an der Universität Augsburg; Dozent im Umweltrecht; mehrere Veröffentlichungen zum Zivilrecht einschließlich des Umweltrechts.

Dr. iur. Wolfgang Kahl, M. A.: geb. 1965; Wissenschaftlicher Assistent und Habilitand an der Universität Augsburg; Mitglied des Lehrkörpers der Hochschule für Politik (München); Dozent im Umweltrecht; zahlreiche Veröffentlichungen zum Öffentlichen Recht einschließlich des Umweltrechts.

Dr. iur. Wolfram Sandner: geb. 1969; Rechtsanwalt (Sozietät Gleiss und Partner, Stuttgart); ehemaliger Mitarbeiter am Institut für Umweltrecht der Universität Augsburg; Dozent im Umweltrecht; mehrere Veröffentlichungen zum Umwelt- und Planungsrecht.

Dr. iur. Bernd Schendzielorz: geb. 1965; Richter am Landgericht (Ellwangen/Jagst); Lehrbeauftragter an der Fachhochschule Aalen.

Dr. iur. habil. Andreas Voßkuhle: geb. 1963; Privatdozent an der Universität Augsburg im Öffentlichen Recht; Dozent im Umweltrecht; zahlreiche Veröffentlichungen zum Öffentlichen Recht einschließlich des Umweltrechts.

1. Zielsetzung und Arbeitsmethode

I. Funktion und Eigenart des Umweltrechts

1   Mehr und mehr kristallisiert sich die Bewältigung der Umweltverschmutzung als zentrale Überlebensfrage der modernen Industriegesellschaft heraus. Spätestens seit Ende der 70er Jahre gerät dieser Umstand immer stärker in das Bewußtsein der Bevölkerung, auch wenn der Umweltschutz als öffentliche Aufgabe eine sehr viel längere Tradition hat, die bis in das Mittelalter zurückreicht. Nach bisherigen Schätzungen verursachen Umweltschäden in der Bundesrepublik Deutschland derzeit Kosten von über 200 Milliarden Mark pro Jahr (*Wicke*, Umweltökonomie, 4. Aufl. [1993], S. 112 f.). Dementsprechend prägen ökologische Bestrebungen mittlerweile weite Bereiche des gesellschaftlichen, wirtschaftlichen und politischen Lebens. Eine besondere Rolle kommt insoweit dem Umwelt*recht* zu. Als Gegenstand und Rahmen der Umweltpolitik steuert es bis in die Privatsphäre des Einzelnen hinein Art und Ausmaß des Schutzes der Umwelt vor bestimmten Gefährdungen.

2   Legt man das Umweltprogramm der Bundesregierung aus dem Jahre 1971 zugrunde, so zielt das Umweltrecht darauf ab:

– dem Menschen eine Umwelt zu sichern, die es ihm ermöglicht, ein gesundes Leben und ein menschenwürdiges Dasein zu führen,
– die Umweltgüter sowie die Pflanzen- und Tierwelt vor nachteiligen Eingriffen durch Menschen zu schützen und
– bereits eingetretene Schäden oder Nachteile aus Umwelteingriffen weitestgehend zu beseitigen.

Präziser gefaßt sind diese Ziele in dem Entwurf eines Umweltgesetzbuches durch die Unabhängige Sachverständigenkommission:

§ 1 Zweck des Gesetzes
(1) Zweck dieses Gesetzes ist der Schutz der Umwelt und des Menschen, seiner Gesundheit und seines Wohlbefindens.
(2) Der Schutz der Umwelt dient der vorsorgenden und dauerhaften Sicherung der natürlichen Lebensgrundlagen, insbesondere
    1. der Funktionsfähigkeit des Naturhaushalts einschließlich der biologischen Vielfalt und
    2. der Nutzbarkeit der natürlichen Ressourcen.
(3) Dieses Gesetzbuch dient im Rahmen der völkerrechtlichen Ordnung auch dem Schutz der Umwelt und des Menschen im Ausland und in den hoheitsfreien Räumen.

3   Die besonderen Schwierigkeiten im Umgang mit der Materie Umweltrecht liegen vor allem in der Uneinheitlichkeit und Vielzahl umweltrelevanter Vorschriften begründet. Zwar ist man auf dem Wege, die verschiedenen Rechtssätze des Umweltrechts zusammenzufassen zu einem einheitlichen, in sich abgeschlossenen Gesetzeswerk (vgl. *Kloepfer/Rehbinder/Schmidt-Aßmann*, Umweltgesetzbuch. Allgemeiner Teil, 1990; *Jarass/Kloepfer/Kunig* u.a., Umweltgesetzbuch. Besonderer Teil, 1994, und *Bundesministerium für Umwelt, Naturschutz und Reaktorsicherheit* [Hrsg.], Umweltgesetzbuch [UGB-KomE]. Entwurf der Unabhängigen Sachverständigenkommission zum Umweltgesetzbuch, 1998), bis auf weiteres finden sich Regelungen des Umweltrechts aber sowohl in einer Reihe verschiedener umweltspezifischer Gesetze (Bundes-Immissionsschutzgesetz, Bundesnaturschutzgesetz, Wasserhaushaltsgesetz, Chemikaliengesetz usw.), als auch in sonstigen Rechtsbereichen, z.B. dem Baurecht, Flurbereinigungsrecht, Luftverkehrsrecht, Raumordnungsrecht und – nicht zu vergessen – dem Verfassungs-, Europa- und Völkerrecht. Dabei beschränkt sich das Umweltrecht thematisch keineswegs auf das sog. öffentliche Recht, also grob gesprochen auf das Verhältnis Bürger-Staat, sondern es umfaßt darüber hinaus das Umweltprivatrecht und Umweltstrafrecht. Dementsprechend bezeichnet man das Umweltrecht als sog. **Querschnittsmaterie**.

II. Adressatenkreis des Grundkurses

Der vorliegende Grundkurs ist als **systematisches Lern- und Arbeitsbuch**   **4**
konzipiert und behandelt alle wesentlichen Bereiche des Umweltrechts. Er basiert auf den mehrjährigen Erfahrungen der Herausgeber und der meisten Autoren als Leiter verschiedener Kurse über „Umweltrecht". Zielgruppe dieser Kurse sind zum einen Chemiker, Biologen, Physiker, Mathematiker, Geologen, Ingenieure und Maschinenbauer, die nach abgeschlossenem Hochschulstudium eine einjährige Zusatzausbildung zum „Experten für Umwelttechnologien" absolvieren, aber auch Hörer an Wirtschafts- und Verwaltungsakademien sowie sonstiger Einrichtungen der Erwachsenenfortbildung. Dementsprechend wendet sich das Buch nicht nur an Naturwissenschaftler und Techniker, sondern in gleicher Weise an sonstige Nichtjuristen, die im Rahmen ihrer Arbeit oder Ausbildung mit Fragen des Umweltrechts konfrontiert werden, insbesondere an Umweltpolitologen und Betriebs- bzw. Volkswirte. Für letztere spielt das Umweltrecht im Zusammenhang mit dem Fach Umweltökonomie eine zunehmend wichtige Rolle.

Hinweis: Einen Überblick über die Vielfalt sog. „Grüner Studiengänge" gibt: *Hans-Jürgen Block*, Grüne Studiengänge, dtv 1996.

Sollte das Buch darüber hinaus dazu beitragen, all denjenigen, die in Verwaltung, Verbänden, Betrieben und sonstigen Organisationen mit dem Umweltrecht in Berührung kommen, einen Einblick in ein bislang fremdes Rechtsgebiet zu verschaffen, wäre dies durchaus im Sinne der Autoren.

Anders als die bisherigen Einführungswerke und Umweltrechtsratgeber für   **5**
Jedermann legt der Grundkurs besonderen Wert darauf, die Behandlung des Umweltrechts einzubetten in die allgemeinen Grundlagen des Rechts. Hinter

dieser didaktischen Überlegung steht die Erkenntnis, daß es kaum möglich ist, dem Laien die Strukturen einer so komplexen Materie zu erklären, ohne ihm gleichzeitig eine gewisse Vorstellung von den Grundbegriffen und der Funktionsweise unserer Rechtsordnung zu vermitteln. Dementsprechend beginnt der Grundkurs mit einer kurzen allgemeinen Einführung in das Recht. Zu Beginn der drei großen Themenblöcke „Öffentliches Umweltrecht", „Umweltprivatrecht" und „Umweltstrafrecht" werden sodann zunächst die Besonderheiten des jeweiligen Rechtsgebiets vorgestellt, bevor im Anschluß daran nach Sachgebieten untergliedert die eigentliche Darstellung des Umweltrechts erfolgt.

Gleichzeitig versucht der Grundkurs, praktischen Anforderungen in verstärktem Maße Rechnung zu tragen, und zwar durch zahlreiche Beispiele, Adressenhinweise, Faktenüberblicke und nicht zuletzt ein ausführliches Stichwortverzeichnis, das es erlaubt, das Buch auch als Nachschlagwerk für spontan auftretende Fragen zu verwenden.

III.   Arbeiten mit dem Grundkurs

6   Wer als Leser über eine gewisse juristische Vorbildung verfügt, mag die einleitenden Ausführungen jeweils überspringen. Ansonsten wird empfohlen, die aufeinander aufbauenden Kapitel nacheinander durchzuarbeiten. Die zahlreichen Randnummernverweise (RN) im Text und das an Randnummern ausgerichtete Sachverzeichnis sollen dabei das schnelle Auffinden bestimmter Textpassagen zum Nachschlagen und Wiederholen erleichtern.

Naturgemäß tut sich der juristische Laie mit der scheinbar etwas spröden Materie des Rechts nicht leicht. Wir haben daher versucht, das Buch gerade in dieser Hinsicht besonders benutzerfreundlich zu gestalten, ohne inhaltlich – hoffentlich – all zu viele Kompromisse eingegangen zu sein:

- Auf das Zitieren von Paragraphen im Haupttext wurde weitgehend verzichtet, um den Lesefluß nicht zu beeinträchtigen. Statt dessen sind wichtige Vorschriften, die im Text erläutert werden, am Rand besonders aufgeführt. Sie sollten möglichst nachgelesen werden, und wir möchten den Leser ausdrücklich dazu ermuntern, bei der Lektüre des Grundkurses eine Sammlung von Umweltrechtstexten griffbereit neben sich zu legen. Gesetze stellen das unabdingbare Arbeitswerkzeug des Juristen dar, der, entgegen manchem Vorurteil, Vorschriften nicht auswendig lernt, sondern anwendet, was einer gewissen Übung bedarf. Welche Textsammlungen hier im einzelnen in Frage kommen, wird weiter unten erläutert (→ RN 8).

Gesetze werden im übrigen grundsätzlich nach Paragraph/Artikel, Absatz, Satz und, wenn vorhanden, Nummer zitiert. Während in reinen Gesetzestexten Absätze mit einer arabischen Zahl in Klammern markiert sind und Sätze nur selten besonders durchnummeriert werden, verwendet man ansonsten arabische und römische Zahlen zur Kennzeichnung. Dabei steht die erste arabische Zahl für den Paragraph/Artikel, die zweite römische Zahl für den Absatz und die dritte arabische Zahl für den Satz: Lies § 18 I 1 Nr. 1 BNatSchG: Paragraph 18, Absatz 1, Satz 1, Nummer 1 Bundesnaturschutzgesetz.

- Zur Veranschaulichung des Gesagten sind zahlreiche Beispiele in den Text integriert. Sie sollen den Bezug zur Praxis erleichtern und dienen gleichzeitig der Verständniskontrolle.
- Wichtige juristische Fachbegriffe sind mit Fettdruck hervorgehoben, Betonungen mit Kursivschrift.
- Das alte Sprichwort „Zwei Juristen, drei Meinungen" hat einen wahren Kern. Viele Fragen der Anwendung und Auslegung des Rechts sind umstritten; das gilt insbesondere für eine so dynamische Materie wie das Umweltrecht. Meistens bildet sich jedoch nach und nach eine sog. herrschende Meinung (h.M.) heraus, die dann – jedenfalls für einen gewissen Zeitraum – die Praxis bestimmt. Die Ausführungen des Grundkurses orientieren sich grundsätzlich an eben dieser herrschenden Meinung, ohne daß sog. Mindermeinungen besonders nachgewiesen würden. Nur dort, wo eine h.M. (noch) nicht ersichtlich oder ein Meinungswechsel absehbar ist, wird auf Meinungsstreits besonders eingegangen.
- Am Ende eines Kapitels finden sich jeweils Kontrollfragen. Wer mehr als die Hälfte der Fragen nicht beantworten kann, sollte das *ganze* Kapitel noch einmal durcharbeiten. Ansonsten reicht das Nachlesen des Textes in den nach jeder Frage angegebenen Randnummern.
- Vertiefende Literatur ist ebenfalls am Ende eines jeden Kapitels aufgeführt. Die sparsame – und notwendig subjektive – Auswahl orientiert sich am didaktischen Geschick der Darstellung, der Verbreitung der Werke und ihrer praktischen Verwendbarkeit.

IV. Arbeitsmittel

Der Jurist verwendet bei seiner täglichen Arbeit außer seinem Kopf eine Reihe von weiteren Arbeitsmitteln. Auch der Laie ist auf sie angewiesen, wenn er sich mit Fragen des Rechts näher beschäftigt. Sie sollen daher im weiteren erklärt werden: **7**

Gesetzessammlungen

Das Anwenden des Rechts setzt dessen Kenntnis voraus. Da unsere Rechtsordnung hauptsächlich aus geschriebenem Recht besteht, muß sich der Jurist die Rechtsvorschriften zugänglich machen. Jede allgemeingültige Rechtsvorschrift wird zunächst von Amts wegen veröffentlicht und zwar je nach gesetzgebender Körperschaft (→ Kap. 6/RN 8 f.) im Amtsblatt der Europäischen   **8**

Gemeinschaften, Bundesgesetzblatt, Landesgesetz- und Verordnungsblatt oder sonstigen Amtsblättern. Zur besseren Handhabbarkeit sind bestimmte Rechtsvorschriften jedoch in sog. nicht-amtlichen Gesetzessammlungen unter einem bestimmten Aspekt zusammengefaßt. Besonders verbreitet sind die Textsammlungen des Beck-Verlages *„Schönfelder"* und *„Sartorius"*, die die wichtigsten Bundesgesetze im Zivilrecht („Schönfelder") und im öffentlichen Recht („Sartorius" I und II) beinhalten. Daneben existieren aber noch andere Sammlungen, etwa aus dem C. F. Müller Verlag oder dem Nomos-Verlag. Speziell für die Einarbeitung in das Umweltrecht bieten sich zwei preiswerte Textsammlungen im Taschenbuchformat an:

— Umwelt-Recht, Wichtige Gesetze und Verordnungen zum Schutz der Umwelt, Beck-Texte im dtv, 10. Aufl. (1997).
— Wichtige Umweltgesetze für die Wirtschaft, NWB-Textausgabe, 6. Aufl. (1998).

Daneben empfiehlt sich für die allgemeinen Grundlagen:

Staats- und Verwaltungsrecht Bundesrepublik Deutschland, C. F. Müller Verlag, 25. Aufl. (1998).
Europarecht. Textausgabe, Nomos-Verlag, 9. Aufl. (1996).

An größeren Gesetzessammlungen zum Umweltrecht sind zu nennen:

— *Burhenne, Wolfgang E.* (Hrsg.), Umweltrecht. Systematische Sammlung der Rechtsvorschriften des Bundes und der Länder, Loseblattsammlung, 7 Bde. (Bundes- und Landesrecht).
— *Kloepfer, Michael* (Hrsg.), Umweltschutz, Loseblattsammlung, 3. Aufl., 1998.
— *Schulz, R./Becker, B.* (Hrsg.), Deutsches Umweltschutzrecht, Loseblattsammlung (Bundes-, Landes- und Europarecht).
— *Ule, Carl-Hermann/ Laubinger, Hans-Werner* (Hrsg.), Bundes-Immissionsschutzgesetz, Rechtsvorschriften Bund, Rechtsvorschriften Länder, Loseblattsammlung, 5 Bde.
— *Krämer, Ludwig* (Hrsg.), Umweltrecht der EG, 2. Aufl. (1995).
— *Storm, Peter-Christoph/Lohse, Siegbert* (Hrsg.), EG-Umweltrecht, Loseblattsammlung, 2 Bde.

Entscheidungssammlungen

9 Der Rechtsalltag wird entscheidend mitgeprägt durch die Rechtsprechung. Die Entscheidungen der höchsten Gerichte sind deshalb in sog. „Amtlichen Sammlungen" abgedruckt. Die wichtigsten sind:

— BVerfGE: Entscheidungen des Bundesverfassungsgerichts
— BVerwGE: Entscheidungen des Bundesverwaltungsgerichts
— BGHZ: Entscheidungen des Bundesgerichtshofes in Zivilsachen
— BGHSt: Entscheidungen des Bundesgerichtshofes in Strafsachen
— Slg.: Sammlung der Rechtsprechung des Europäischen Gerichtshofs (wird teilweise auch abgekürzt mit: „EuGHE" oder „Rspr.")

Die Entscheidungen werden nach Band, Anfangsseite der Entscheidung und Zitatseite in Klammern angegeben: Beispiel: BVerfGE 49, S. 89 (95).

Fast alle bedeutenden Entscheidungen – auch der unteren Gerichte – sind ferner in Fachzeitschriften abgedruckt. Eine Sammlung der gesamten neueren Rechtsprechung zum Umweltrecht wird vom Umweltbundesamt herausgegben:

Umweltbundesamt (Hrsg.), Rechtsprechung zum Umweltschutz. Entscheidungen deutscher Gerichte und des Europäischen Gerichtshofs seit 1990, Loseblattsammlung.

Kommentare   **10**

Zu den meisten Gesetzen existieren Kommentare. Dort ist zu jedem Paragraph oder Artikel der gesamte Meinungsstand in Rechtsprechung und Literatur aufgeführt. Wichtige Kommentare zu umweltrechtlichen Gesetzen sind z.B.:

– *Jarass, Hans Dieter*, Bundes-Immissionsschutzgesetz, 3. Aufl. (1995).
– *Birn, Helmut* (Hrsg.), Kreislaufwirtschafts- und Abfallgesetz in der betrieblichen Praxis, Loseblattsammlung.
– *Sieder/Zeitler/Dahme*, Wasserhaushaltsgesetz, Kommentar, Loseblattsammlung.
– *Gassner, Erich/Bendomir-Kahlo, Gabriele/Schmidt-Räntsch, Annette/Schmidt-Räntsch, Jürgen*, Bundesnaturschutzgesetz, Kommentar, 1996.

Handbücher   **11**

Auch Handbücher geben den Meinungsstand in Rechtsprechung und Literatur wieder. Sie orientieren sich jedoch nicht an den einzelnen Vorschriften eines bestimmten Gesetzes, sondern dort wird ein Rechtsgebiet nach bestimmten Themenkomplexen gegliedert und in Beiträgen unterschiedlicher Autoren im Zusammenhang dargestellt. Gerade der juristische Laie findet über das Handbuch schnell Zugang zu speziellen Fragestellungen.

An allgemeinen Handbüchern zum Umweltrecht existieren z. B.:

– Arbeitskreis für Umweltrecht (Hrsg.), Grundzüge des Umweltrechts, 2. Aufl. (1997).
– *Dreyhaupt, Franz Joseph/Peine, Franz-Joseph/Wittkämper, Gerhard W.*, Umwelt-Handwörterbuch: Umweltmanagement in der Praxis für Führungskräfte in Wirtschaft, Politik und Verwaltung, 1992.
– *Himmelmann, Steffen/Pohl, Andreas/Tünnesen-Harmes, Christian*, Handbuch des Umweltrechts, Loseblattsammlung.
– *Kimminich, Otto/Lersner, Frh. Heinrich v./Storm, Peter-Christoph* (Hrsg.), Handwörterbuch des Umweltrechts, 2 Bde., 2. Aufl. (1994).
– *Rengeling, Hans-Werner* (Hrsg.), Handbuch zum europäischen und deutschen Umweltrecht, 2 Bde. mit CD ROM, 1998.

Lehrbücher   **12**

Meistens nur von einem oder zwei Autoren verfaßt, unterscheiden sich Lehrbücher vom Handbuch durch ihren Anspruch, ein bestimmtes Rechtsgebiet nach einem eigenständigen didaktischen Konzept für den mit der Materie nicht vertrauten Leser grundsätzlich aufzubereiten und zu erklären.

Für den Nichtjuristen besonders geeignet erscheinen z.B.:

- *Peters, Heinz-Joachim*, Umweltverwaltungsrecht, 2. Aufl. (1996).
- *Prümm, Hans Paul*, Umweltschutzrecht, 2. Aufl. 1997.
- *Sighart, Wilhelm*, Umweltrecht. Ein Grundriß, 1996.
- *Storm, Peter-Christoph*, Umweltrecht. Einführung, 6. Aufl. (1995).

13   Mehr an den Juristen wenden sich z.B. die folgenden umweltrechtlichen Lehrbücher, die freilich auch zur punktuellen Vertiefung von Nichtjuristen benutzt werden können (und gegebenenfalls sollten):

- *Bender, Bernd/Sparwasser, Reinhard/Engel, Rüdiger*, Umweltrecht, 3. Aufl. (1995).
- *Hoppe, Werner/Beckmann, Martin*, Umweltrecht, 1989.
- *Kloepfer, Michael*, Umweltrecht, 2. Aufl. (1998).

Aus didaktischer Sicht wegen des konkreten Fallbezugs und als Ergänzung zum „Grundkurs" besonders hervorzuheben:

- *Schmidt, Reiner/Müller, Helmut*, Einführung in das Umweltrecht, 4. Aufl. (1995).

Zum Einstieg in die Materie des Umweltrechts gut geeignet sind auch die Überblicksdarstellungen in Sammelwerken:

- *Arndt, Hans-Wolfgang*, Umweltrecht, in: Steiner, Udo (Hrsg.), Besonderes Verwaltungsrecht, 5. Aufl. (1995), S. 849–951.
- *Breuer, Rüdiger*, Umweltschutzrecht, in: v. Münch, Ingo/Schmidt-Aßmann, Eberhard (Hrsg.), Besonderes Verwaltungsrecht, 10. Aufl. (1995), S. 433–576.
- *Kloepfer, Michael*, Umweltrecht, in: Achterberg, Norbert/Püttner, Günter (Hrsg.), Besonderes Verwaltungsrecht, Bd. II, 1992, S. 567–717.

Fachzeitschriften

14 .   Es gibt mittlerweile eine unüberschaubare Zahl an juristischen Fachzeitschriften. Ein Teil davon behandelt ausschließlich Fragen des Umweltrechts:

- Bodenschutz
- MÜLL und ABFALL
- Natur und Recht (NuR)
- Umwelt und Planungsrecht (UPR)
- Zeitschrift für angewandte Umweltforschung (ZAU)
- Zeitschrift für Umweltrecht (ZUR)
- Zeitschrift für Umweltpolitik und Umweltrecht (ZfU)
- Zeitschrift für Wasserrecht (ZfW)

Daten zur Umwelt   **15**

Schließlich ist auch der Jurist, der sich mit Umweltrecht beschäftigt, auf Daten zur Umwelt angewiesen. Entsprechende Informationen finden sich etwa in:

– Bundesregierung (Hrsg.), Umweltbericht 1998, BT-Drucks. 13/10735.
– Daten zur Umwelt. Der Zustand der Umwelt in Deutschland, hrsg. vom *Umweltbundesamt*, 6. Aufl. (1997).
– Umweltgutachten 1998 des Rates von Sachverständigen für Umweltfragen, BT-Drucks. 13/10195.
– Worldwatch Institute Report. Zur Lage der Welt 1997, Daten für das Überleben unseres Planeten, 1997.

Umweltrechtsdatenbanken   **16**

Gesetze, Rechtsprechung und Literatur sind zunehmend auch über Umwelt-Datenbanken zugänglich. Hinzuweisen ist hier vor allem auf die Umweltrechtsdatenbanken des Umweltbundesamtes, die seit 1994 entgeltlich bei mehreren großen kommerziellen Datenbankanbietern (JURIS, GBI, GENIOS, DATA-StAR; FIZ Technik) im **Online-Service** abgefragt werden können. Sie beinhalten vier eigenständige Datenbanken (reine **Referenzdatenbanken** ohne Volltext):

– Deutsches Umweltrecht (URBL): sämtliche umweltrelevanten Rechts- und Verwaltungsvorschriften von Bund und Ländern.
– Rechtsprechung zum Umweltschutz (URRS): alle umweltrelevanten Entscheidungen des Europäischen Gerichtshof und deutscher Gerichte seit 1982.
– Umweltrecht der Europäischen Gemeinschaft (UREG): sämtliche umweltrelevanten Rechtsakte und Vorschläge für Rechtsakte der Europäischen Gemeinschaft.
– Umweltvölkerrecht (URVO): alle umweltrelevanten völkerrechtlichen Übereinkommen und Verträge.

Wer sich informieren will über die sonstige Nutzung des Internet für Juristen, kann das bei folgenden Autoren tun:

– *Kröger, Detlef/Clasen, Ralf/Wallbrecht, Dirk*, Internet für Juristen – Weltweiter Zugriff auf juristische Informationen, Berlin 1996.
– *Kuner, Christopher*, Internet für Juristen. Zugang, Recherche, Kommunikation, Sicherheit, Informationsquellen, 1996.
– *Trede, Markus A.*, Die juristischen Angebote des Internet und World-Wild-Web – Eine praktische Einführung, JuS 1997, S. 763–766.

An **Volltextdatensammlungen** des Umweltrechts auf **CD-ROM** werden z.B. angeboten:

– CD Umweltrecht. Aktuelle Volltext-Sammlung des Bundes- und des Landesrechts, bearbeitet von *Siegbert Lohse*, Erich Schmidt Verlag, Berlin u.a.
– Edition Umweltrecht (Wasserrecht, Abfall/Altlasten, Immissionsschutz, Gefahrguttransport Straße), hrsg. von *Jürgen Taeger*, C.H. Beck-Verlag, München.

2. Einführung in das Recht

I. Das Recht als Sozialordnung

Am Anfang jeder Beschäftigung mit dem Recht steht die Grundfrage nach dem eigentlichen Gegenstand, dem Wesen und dem Begriff des Rechts. Der Versuch, sie auch nur in Ansätzen ernsthaft zu erörtern, würde an dieser Stelle aufgrund der vielfachen rechtsphilosophischen und rechtsgeschichtlichen Bezüge zu weit führen. Ausgehend von der kontinentaleuropäischen Rechtstradition wollen wir uns stattdessen, der praxisorientierten Konzeption dieses Grundkurses folgend, kurz den Funktionen des Rechts zuwenden. Denn ohne eine gewisse Vorstellung davon, welche grundsätzlichen Aufgaben das Recht in unserer Gesellschaft erfüllen soll, findet man nur schwer Zugang zu den Problemfeldern eines speziellen Rechtsgebietes, in unserem Fall dem Umweltrecht.

1

1. Recht als eine Form sozialer Normen

Damit Menschen in einer Gemeinschaft dauerhaft zusammenleben können, bedürfen sie bestimmter Regeln oder Normen. Anders als fast alle anderen von Natur aus geselligen Lebewesen ist der Mensch instinktarm und keineswegs auf eine bestimmte Lebensform spezialisiert. Während tierisches Verhalten weitgehend durch angeborene Reaktionen gesteuert wird, die durch eine geringe Anzahl von Signalen („Schlüsselreizen") ausgelöst werden und den betreffenden Lebewesen keine oder nur geringe Wahlmöglichkeiten belassen, besitzt der Mensch nicht nur eine sehr hohe Anpassungsfähigkeit an unterschiedlichste natürliche Umgebungen, er besitzt auch die Fähigkeit, diese Umgebung nach eigenen Vorstellungen zu gestalten; er ist nicht genetisch festgelegt auf bestimmte Verhaltensweisen und prinzipiell „weltoffen".

2

> **Beispiel:** Der Unterschied zu gesellig lebenden Tieren wird besonders deutlich bei den sog. *staatenbildenden Insekten*. „Aufgrund angeborener spezialisierter Triebe baut die Biene ihre sechsseitigen Wabenzellen, millimetergenau und in drei Größenklassen – Königinnen, Drohnen, Arbeiterinnen gehen aus ihnen hervor –, füttert sie die Larven – mit Spezialnahrung je nach deren Geschlecht –, tötet sie die Drohnen nach der Schwarmzeit, füttert sie die Königin, sammelt sie den Winterhonig. Der Puppenhülle als Arbeiterin entschlüpft, kann sie dies alles und tut sie dies alles; sie kann nicht anders und nichts anderes. Drohnen und Königinnen können es nicht; sie können anderes und wiederum nicht anders. ... Die Biene kann ihren ‚Staat' nicht ändern. Seine Struktur ist ihr mit der ihren, also *artspezifisch* vorgegeben" (*Rehbinder*).

Aufgrund fehlender Vorgaben zur konkreten Lebensbewältigung in der Gemeinschaft muß sich der Mensch folglich seine „Welt" selbst erschließen und eine eigene „Ordnung" erschaffen. Er tut dies, indem er Erfahrungen, gewonnene (Er-)Kenntnisse und Fertigkeiten, gesellschaftliche Verhaltensmuster,

Wertvorstellungen usw. an die nachfolgenden Generationen weitergibt. Damit unterscheidet sich der Mensch wiederum grundlegend vom Tier, das zwar ebenfalls im Laufe seines Daseins aus bestimmten Erfahrungen lernt, sein erworbenes Wissen aber – wenn überhaupt – nur sehr eingeschränkt Nachkommen und anderen Artgenossen vermitteln kann.

> **Beispiel:** Der Haushund „weiß" nach einer bestimmten Zeit, wann er den Futternapf vorgesetzt bekommt, wann Frauchen mit ihm Gassi geht, welchen „Blick" er aufsetzen muß, um gestreichelt zu werden und wie man überhaupt in einer Menschenwelt am besten überlebt, er kann seine Nachfolger und Artgenossen aber nicht „einweisen". Diese müssen seine Erfahrungen selbst machen: Nur das individuelle Tier lernt, nicht die Gattung.

3   Was den Umgang der Menschen untereinander betrifft, so entwickeln sich im und durch das Zusammenleben bestimmte weitgehend akzeptierte Verhaltensmuster, in denen sich die gewonnenen Erfahrungen, Gewohnheiten, Erkenntnisse, Wertvorstellungen usw. niederschlagen. Diese Verhaltensmuster, die ständigem Wandel ausgesetzt sind, haben größtenteils den Charakter **sozialer Normen**. Darunter versteht man Verhaltenserwartungen, „die die Mitglieder einzelner Gruppen oder ganzer Gesellschaften in bestimmten Zeiten und Situationen wechselseitig voneinander hegen und die von ihnen für verbindlich gehalten werden". Soziale Normen enthalten folglich ein „**Sollen**"; sie sind „Leitbilder" des Handelns (*E. Kausch*). Zu ihnen zählen Sitten, Gebräuche, Moral, Mode, Religion, Konventionen und – als *eine* bestimmte Form sozialer Normen – das Recht.

2.   Die Wesensmerkmale des Rechts

4   Alle soziale Normen erfüllen für den Einzelnen und die Gemeinschaft bestimmte Funktionen: Sie bieten bewährte Verhaltensmuster, an denen sich der Einzelne in Routinesituationen orientieren kann, schaffen Erwartungssicherheit, was das Verhalten anderer angeht, und koordinieren das gesellschaftliche Miteinander. Worin aber liegen die Besonderheiten des Rechts im Vergleich zu anderen sozialen Normen wie Sitte, Moral, Brauch usw.?

a) Durchsetzung durch Zwang

5   Grundlegend für eine Rechtsordnung ist zunächst, daß die darin enthaltenen Normen notfalls mit Zwang durchgesetzt werden. Während die Nichtbefolgung der Regeln der Sitte, des Anstandes und der Moral nur mittelbare Konsequenzen für den Einzelnen nach sich zieht, etwa durch verbale Anfeindungen, Versagen sozialer Anerkennung, Ausschluß aus der Gruppe usw., kann die Einhaltung des Rechts durch unmittelbaren Zwang gesichert werden.

> **Beispiel:** Das gerichtliche Urteil auf Zahlung einer bestimmten Geldsumme wegen einer Gesundheitsbeschädigung durch Umwelteinwirkungen nach § 1 UmweltHG kann z. B. durch den Gerichtsvollzieher im Wege der Pfändung eines dem Schuldner, hier dem Anlagenbetreiber, gehörenden Gegenstandes vollstreckt werden. Wer ein Umweltdelikt begeht, indem er Ölabfälle in einen See schüttet, muß mit einer Geld- oder Freiheitsstrafe rechnen (§ 324 StGB). Die Nichteinhaltung einer öffentlich-rechtlichen Lärmschutzauflage ist ebenfalls mit Zwangsmitteln nach dem Verwaltungsvollstreckungsgesetz (VwVG) durchsetzbar (→ Kap. 3/RN 34).

b) Gesetzlich geregelte Verfahren der Rechtsdurchsetzung

Anders als früher beim Faustrecht oder der Inquisition beruht die Rechtsdurchsetzung nicht auf dem „Recht des Stärkeren" oder staatlicher Willkür, sondern sie erfolgt in **formellen, gesetzlich geregelten Verfahren**, die bestimmten rechtsstaatlichen Anforderungen genügen müssen. Dabei ist zu unterscheiden zwischen der **Rechtsfindung**, also der Feststellung, was im Einzelfall „rechtens ist", die der Verwaltung und den Gerichten obliegt, und der eigentlichen **Durchsetzung** der dort getroffenen Entscheidungen (Vollstreckung). Trotzdem sind allen Verfahrensgesetzen einige allgemeine Grundsätze gemein:

6

- Die Sachverhaltsfeststellung muß sich an objektiven Grundsätzen orientieren, wobei alle Aspekte eines Falles zu berücksichtigen sind.
- Alle Beteiligten besitzen bestimmte Mitwirkungsrechte. Hervorzuheben ist hier insbesondere der Anspruch auf „rechtliches Gehör" (Art. 103 I GG), d.h. die Möglichkeit, zu den wesentlichen Punkten einer Entscheidung als Betroffener Stellung zu nehmen.
- Die Entscheidungen sind regelmäßig schriftlich zu begründen.

Das Gerichtsverfahren als Prototyp eines formellen Verfahrens zeichnet sich darüber hinaus dadurch aus, daß

- das Entscheidungsorgan, der persönlich und sachlich unabhängige Richter, nur Gesetz und Recht verpflichtet ist,
- das Verfahren grundsätzlich öffentlich und mündlich ist,
- die Entscheidung der letzten Instanz in Rechtskraft erwächst, d.h. verbindlich ist, ohne daß es auf ihre Richtigkeit ankommt. Aus Gründen des Rechtsfriedens und der Rechtssicherheit muß jeder Konflikt einmal ein Ende finden.
- im Strafverfahren der Grundsatz „in dubio pro reo" („im Zweifel für den Angeklagten") gilt.

Mit der Durchsetzung einer Entscheidung durch Zwang sind ausschließlich staatliche Organe betraut: Gerichtsvollzieher, Vollstreckungsbehörden, Polizei, Strafvollzugsanstalten, Staatsanwaltschaft, Verwaltungsbehörden (sog. **staatliches Gewaltmonopol**).

c) Gesetzlich geregelte Verfahren der Rechtserzeugung

7

Der Ursprung vieler sozialer Normen bleibt nicht selten im Dunkeln. Sie entwickeln sich eher zufällig, unterliegen stetigem Wandel und sind oft von Region zu Region unterschiedlich.

> **Beispiel:** Für den Münchner ist es guter Brauch, auch während der Arbeit morgens vor 12 Uhr Weißwürste und Weißbier zu sich zu nehmen. In Hamburg würde der Konsum von Alkohol am frühen Morgen eher auf Mißbilligung stoßen.

Der Weg der Rechtserzeugung ist dagegen wiederum durch Recht genau festgelegt (vgl. z.B. das in Art. 70 ff. GG geregelte Gesetzgebungsverfahren auf Bundesebene). Wer altes Recht außer Kraft setzen und neues schaffen darf, welche Vorschriften dabei einzuhalten sind und für welches Gebiet das Recht gilt, ist gesetzlich genau festgeschrieben (Ausnahme: das Gewohnheitsrecht → RN 19).

d) Gerechtigkeitsbezug

8

Viele soziale Normen beschränken sich darauf, (zweckmäßige) Lösungen für auftretende gesellschaftliche Konflikte und Probleme zu entwickeln, ohne daß mit ihnen höhere Ziele wie Gerechtigkeit verfolgt würden.

> **Beispiel:** Die gesellschaftliche Konvention, sich zur Begrüßung die rechte Hand zu geben, hatte ursprünglich den Sinn, zu zeigen, daß man keine Waffen bei sich trug. Heute stellt diese Form der Begrüßung nur noch einen bloßen Akt der Höflichkeit dar und dient der Kontaktaufnahme bzw. der Vergewisserung gegenseitiger Aufmerksamkeit.

Rechtsnormen tendieren dem Anspruch nach dagegen immer auch auf Verwirklichung bestimmter Grundwerte, die gemeinhin unter dem Begriff „Gerechtigkeit" zusammengefaßt werden. Als Zwangs- und Sollensordnung, an die alle Menschen gebunden sind, kann nur die „gerechte" Ordnung Bestand haben: Nur ein gerechter Interessenausgleich, eine gerechte Güter- und Lastenverteilung und gerechte Verfahren sichern auf Dauer die Herrschaft des Rechts. Daß der genaue Inhalt der Gerechtigkeit dabei oft schwer zu bestimmen ist, steht auf einem anderen Blatt.

3. Funktionen des Rechts

9

Aus den Besonderheiten des Rechts ergeben sich naturgemäß die Funktionen des Rechts im modernen Rechtsstaat:

a) Sicherung des inneren Friedens

So dient das Recht vor allem dazu, private und gesellschaftliche Konflikte ohne Anwendung psychischer Gewalt in einem geregelten Verfahren zu lösen. Gleichzeitig soll der Entstehung von Konflikten dadurch vorgebeugt werden, daß für jedermann verbindliche Verhaltensregeln aufgestellt werden, an denen sich alle Mitglieder eines Gemeinwesens von vornherein orientieren können.

> **Beispiel:** Familienfehden, Selbstjustiz und ähnliches sind in einer Rechtsordnung nicht erlaubt.

b) Freiheitssicherung

Eine weitere wesentliche Funktion des Rechts liegt – obwohl wir Normen oft als Freiheitseinschränkung empfinden und unser Leben in vielen Bereichen reglementiert ist – im Schutz der Freiheit des Einzelnen:

10

- Der Staat kann in einer modernen Rechtsordnung nur noch aufgrund und unter Beachtung der Gesetze Freiheitsausübungen beschränken und ist dabei insbesondere an die Menschen- und Bürgerrechte und den Grundsatz der Verhältnismäßigkeit ($\rightarrow$ Kap. 3/RN 30) gebunden.

> **Beispiel:** Personen dürfen von der Polizei nicht aus eigener Machtvollkommenheit festgenommen werden, sondern nur, wenn die entsprechenden gesetzlichen Voraussetzungen erfüllt sind.

- Der Einzelne wird vor den Freiheitsübergriffen anderer, die vielleicht stärker oder schlauer sind als er selbst, geschützt.

> **Beispiel:** Sozialschädliche Verhaltensweisen wie Diebstahl, Körperverletzung oder Nötigung sind unter Strafe gestellt. Wucherische Verträge sind unwirksam (§ 138 BGB).

- Das Recht schafft Gestaltungsmöglichkeiten der Betätigung der Freiheit, indem es Koordinierungsmuster für den Ausgleich unterschiedlicher Interessen zur Verfügung stellt.

> **Beispiel:** Der Unternehmer kann zur Verringerung seines persönlichen Risikos eine GmbH gründen, die dann statt seiner für Verbindlichkeiten haftet. Dazu muß er aber bei der Gründung ein Stammkapital vom mindestens 50 000 DM vorweisen (§ 5 GmbHG).

c) Gleichheitssicherung

11

Unmittelbar mit der Freiheitssicherung verbunden ist die Gewährleistung der Gleichheit als „Seele der Gerechtigkeit", denn Freiheit meint immer gleiche Freiheit für alle. Deshalb muß jeder Sachverhalt, der unter die Tatbestandsvoraussetzungen (→ RN 27) einer Norm fällt, auch nach dieser beurteilt werden, es sei denn, die Norm selbst läßt eine Ausnahme zu:

> **Beispiel:** Auch in einer strukturschwachen Region mit hoher Arbeitslosigkeit bedarf eine emittierende Anlage gem. § 4 I BImSchG einer Genehmigung, die u. a. an die Einhaltung bestimmter Grenzwerte geknüpft ist.

Unabhängig von der Gleichheit in der Rechtsanwendung gehört zu der klassischen Vorstellungen des bürgerlichen Rechtsstaats auch die Anerkennung der prinzipiellen und unaufhebbaren Gleichheit aller Menschen wie sie in Art. 3 I GG niedergelegt ist. Dort heißt es: „Alle Menschen sind vor dem Gesetz gleich". Aus dem Gleichheitsgebot folgt jedoch nicht die Anlegung des gleichen Maßstabs auf jedermann. Vielmehr verbietet der Gleichheitsgedanke nur, wesentlich Gleiches willkürlich, d. h. ohne sachlichen Grund, ungleich und wesentlich Ungleiches willkürlich gleich zu behandeln.

> **Beispiel:** Unzulässig wäre etwa ein Wahlrecht, das an der jeweils gezahlten Steuer anknüpft (bis 10 000 DM 1 Stimme, bis 30 000 DM 2 Stimmen etc.) oder am Geschlecht oder der Herkunft.

d) Sozialer Ausgleich und soziale Sicherung

12 Die Erfahrungen des Frühkapitalismus haben gezeigt, daß die formal-rechtliche Sicherung von Freiheit und Gleichheit trotzdem zu faktischer sozialer Ungleichheit und faktischer sozialer Unfreiheit führen kann.

> **Beispiel:** Die Freiheit, an der Universität zu studieren, hat letzlich nur derjenige, der die Ausbildung bezahlen kann. Die Freiheit, einen Arbeitsvertrag zu bestimmten Bedingungen abzuschließen oder nicht, besitzt ebenfalls nur derjenige, der auf den Arbeitsplatz nicht unbedingt angewiesen ist.

Um die praktischen Voraussetzungen für eine effektive Freiheitsausübung zu schaffen und damit auch soziale Gleichheit zu ermöglichen, bedarf es daher eines gewissen sozialen Ausgleichs zwischen gesellschaftlichen Machtgruppen und einer gewissen sozialen Absicherung des Einzelnen. Der moderne Rechtsstaat ist insofern notwendig auch Sozialstaat. Die Bewältigung sozialstaatlicher Aufgaben geschieht weitgehend in den Formen des Rechts.

> **Beispiel:** Die Studienbeihilfe ist im Bundesausbildungsförderungsgesetz, die Sozialhilfe ist im Bundessozialhilfegesetz und der Kündigungsschutz ist im Kündigungsschutzgesetz geregelt.

e) Steuerung gesellschaftlicher Prozesse

13 Schließlich ermöglicht das Recht die Steuerung gesellschaftlicher Prozesse. Daß eine solche Steuerung notwendig ist und der Staat sich in vielen Lebensbereichen nicht auf die Rolle eines neutralen Schiedsrichters zwischen widerstreitenden Interessen beschränken kann, der nur die Einhaltung bestimmter Spielregeln überwacht (sog. „Nachtwächterstaat"), zeigen gerade globale Phänomene wie das der Umweltverschmutzung, die im Wege der gesellschaftlichen Selbstregulierung langfristig nicht bewältigt werden können. Ähnlich ist die Situation bei der Raumplanung, der Konjunktursteuerung, der Wettbewerbsregulierung, dem Umgang mit moderner Technologie etc.

II. Die Quellen des Rechts

Nachdem wir uns zunächst der Funktionen des Rechts vergewissert haben, wollen wir uns im folgenden den Formen zuwenden, in denen Rechtsnormen zur Entstehung gelangen und in Erscheinung treten. Sie werden als Rechtsquellen bezeichnet. Der Begriff der Rechtsnorm steht insoweit für eine verbindliche generell-abstrakte Regelung, d.h. eine Anordnung, die Pflichten und Rechte für den Bürger oder sonstige selbständige Rechtspersonen begründet, ändert oder aufhebt und eine unbestimmte Zahl von Personen und eine unbestimmte Zahl von Fällen betrifft.

14

1. Geschriebene Rechtsquellen

Im Gegensatz etwa zum anglo-amerikanischen Recht sind in der deutschen Rechtsordnung die meisten Rechtsnormen schriftlich fixiert. Man unterscheidet vier geschriebene Rechtsquellen, die jedoch ergänzt werden müssen durch die noch später zu behandelnden Rechtsquellen des Europarechts (→ Kap. 4, RN 13ff.):

15

a) Verfassung
Die Verfassung ist die von einer eigens dazu einberufenen verfassungsgebenden Versammlung erlassene rechtliche Grundordnung des Staates. Hierher gehören sowohl das Grundgesetz als Verfassung des Bundes wie auch die einzelnen Verfassungen der Länder.

b) Formelles Gesetz
Diejenigen Rechtsnormen, die von den verfassungsrechtlich vorgesehenen Gesetzgebungsorganen in dem verfassungsrechtlich vorgeschriebenen Gesetzgebungsverfahren erlassen worden sind, bezeichnet man als formelle Gesetze. Dazu gehören nach unserer Verfassungsrechtslage die vom Bundestag (unter Mitwirkung des Bundesrates) sowie die von den Landtagen erlassenen Rechtsnormen, also alle **Parlamentsgesetze**.

16

Schwierigkeiten bereitet mitunter die **Doppeldeutigkeit** des Gesetzesbegriffes:

Unter **Gesetz im formellen Sinn** versteht man jeden Hoheitsakt, der auf die soeben beschriebene Weise zustande kommt, mithin durch die gesetzgebenden Organe im Gesetzgebungsverfahren „als Gesetz" erlassen wird.

> **Beispiele**: Bundesnaturschutzgesetz, Wasserhaushaltsgesetz, Bürgerliches Gesetzbuch, Strafgesetzbuch, Umwelthaftungsgesetz usw.

Gesetz im materiellen Sinn ist dagegen jede Rechtsnorm, d.h. jede allgemein verbindliche Regelung, also auch Rechtsverordnungen und Satzungen ($\rightarrow$ RN 17 f.).

Es gibt *nur* formelle Gesetze ohne Regelungscharakter, dazu gehören etwa die Zustimmungsgesetze zu bestimmten völkerrechtlichen Verträgen (Art. 59 II 1 GG), die Feststellung des Haushaltsplans (Art. 110 I 2 GG), aber auch *nur* materielle Gesetze, wie z.B. die Rechtsverordnung ($\rightarrow$ RN 17) oder die Satzung ($\rightarrow$ RN 18).

c) Rechtsverordnung

17

Rechtsverordnungen sind Rechtsnormen, die nicht in dem verfassungsmäßig vorgeschriebenen Gesetzgebungsverfahren und in Gesetzesform zustande gekommen sind, sondern von Verwaltungsorganen (Regierung, Minister, Verwaltungsbehörden) erlassen werden. Sie unterscheiden sich von den formellen Gesetzen allein durch den **Normgeber**. Als Rechtsnormen haben sie denselben Inhalt wie Parlamentsgesetze und sind auch in gleicher Weise für jedermann verbindlich.

Die Verwaltungsorgane dürfen eine Rechtsverordnung allerdings nur dann erlassen, wenn sie dazu durch ein Gesetz **ermächtigt** worden sind. Dabei müssen **Inhalt**, **Zweck** und **Ausmaß** der erteilten Ermächtigung im Gesetz klar bestimmt sein.

$\rightarrow$ Art. 80 I GG

Hintergrund des Ermächtigungserfordernisses ist der **Grundsatz der Gewaltenteilung**. Danach obliegt die Aufgabe der Gesetzgebung allein dem Parlament als Volksvertretung (Legislative), während die Verwaltung (Exekutive) die Gesetze im konkreten Einzelfall vollziehen soll und es zu den Aufgaben der Rechtsprechung (Judikative) gehört, die Einhaltung des Rechts zu überwachen. Sinn und Zweck der Gewaltenteilung ist die wechselseitige Begrenzung und Kontrolle staatlicher Macht. Gleichzeitig soll jeweils das Organ eine staatliche Aufgabe übernehmen, das von seiner gesamten Ausstattung her am besten dazu geeignet ist, um eine sachgemäße, effiziente Erfüllung der Aufgabe sicherzustellen. Mit dem Erlaß von allgemein-verbindlichen Regelungen übernimmt die Exekutive demnach eine Aufgabe, die aufgrund des besonderen Ausgleichspotentials des Gesetzgebungsverfahrens, an dem alle gesellschaftlichen Kräfte beteiligt sind, und wegen ihrer besonderen demokratischen Legitimation der Legislative zugewiesen ist. Das Ermächtigungserfordernis dient insoweit der Sicherung der grundsätzlichen Verantwortung des Parlaments, das weiterhin den Rahmen für politische Gestaltungsentscheidungen in Form von Gesetzen vorgibt.

Im Vergleich zum regelmäßig sehr langwierigen Gesetzgebungsverfahren, in dem politische Kompromisse zwischen den Parteien mühsam ausgehandelt werden müssen, liegt der Vorteil der Übertragung von Rechtssetzungsbefugnissen auf die Verwaltung in der Schnelligkeit, mit der Rechtsverordnungen erlassen, geändert und aufgehoben werden können. Das für alle geltende Recht kann folglich flexibel den sich rasch ändernden Regelungsbedürfnissen des Staates und der Gesellschaft angepaßt werden.

> **Beispiel:** Da die Erkennisse im Umweltbereich – sowohl was die Vermeidungstechniken als auch was die Gefährdungslagen angeht – sich ständig fortentwickeln, finden sich insbesondere in den Umweltgesetzen zahlreiche Ermächtigungsnormen für Rechtsverordnungen, vgl. §§ 4 I, 7, 10 X, 19 I, 27 IV, 32, 33, 34, 35, 38 II, 40 I, 43, 48a, 49 BImSchG.

d) Satzung   18

Unter Satzungen versteht man Rechtsnormen, die von einer juristischen Person des öffentlichen Rechts zur Regelung ihrer Angelegenheiten mit Wirksamkeit für die ihr angehörenden und unterworfenen Personen erlassen werden. Zu diesen juristischen Personen des öffentlichen Rechts, die noch näher behandelt werden (→ Kap. 6/RN 4 ff.), gehören vor allem die Gemeinden und Landkreise, ferner etwa die Universitäten, Industrie- und Handelskammern, Ärztekammern, Sozialversicherungsträger und Rundfunkanstalten. Die Satzung unterscheidet sich dadurch von dem formellen Gesetz und der Rechtsverordnung, daß sie nicht vom Staat (staatlicher Gesetzgeber, staatliche Exekutivorgane), sondern von **rechtlich selbständigen**, wenn auch dem Staat eingegliederten **Organisationen** stammt.

„Die Verleihung der Satzungsautonomie hat ihren guten Sinn darin, gesellschaftliche Kräfte zu aktivieren, den entsprechenden gesellschaftlichen Gruppen die Regelung solcher Angelegenheiten, die sie selbst betreffen und die in überschaubaren Bereichen am sachkundigsten beurteilen können, eigenverantwortlich zu überlassen und dadurch den Abstand zwischen Normgeber und Normadressat zu verringern" (BVerfG).

Auch der Satzungsautonomie, die durch den Staat in Form des Gesetzes verliehen wird, und die ebenfalls eine Modifizierung des Gewaltenteilungsgrundsatzes darstellt, sind Grenzen gesetzt:

*   Sachlich ist die Satzungsbefugnis auf den jeweiligen gesetzlich bestimmten Aufgaben- und Zuständigkeitsbereich der juristischen Person beschränkt.

> **Beispiel:** Eine Gemeinde darf Fragen der wirtschaftlichen Globalsteuerung, der Außenpolitik oder der Verteidigungspolitik durch Satzung nicht regeln.

*   Hinsichtlich der durch die Norm betroffenen Personen beschränkt sich die Satzungsbefugnis auf Mitglieder der jeweiligen juristischen Person bzw. ihre Benutzer.

> **Beispiel:** Wer nicht Mitglied der Ärztekammer ist, muß sich nicht an die von ihr erlassene Satzung halten, unterliegt also z.B. nicht der dort normierten Beitragspflicht.

- Aus dem Vorbehalt des Gesetzes (→ Kap. 3/RN 20) folgt schließlich, daß der formelle Gesetzgeber, mithin das Bundesparlament und die Länderparlamente, die wesentlichen, insbesondere die grundrechtsbeschränkenden Regelungen selbst treffen müssen.

> **Beispiel:** Das Verbot von Einwegerzeugnissen aus Gründen des Umweltschutzes greift in die Berufsfreiheit ein (Art. 12 I GG) und darf daher nicht allein auf die allgemeine gemeindliche Satzungsbefugnis gestützt werden.

Erlassen werden Satzungen von den satzungsgebenden Organen, in der Regel von den durch die Mitglieder gewählten Vertretungsgremien wie z.B. dem Gemeinderat.

Hinweis: Ein praktischer Ratgeber speziell zu den Möglichkeiten von Gemeinden, Rechtsnormen auf dem Ökologiesektor zu erlassen, ist das Buch von *Gertrude Lübbe-Wolff* (Hrsg.), Umweltschutz durch kommunales Satzungsrecht, 2. Aufl., 1997.

2.   Gewohnheitsrecht

19   Gewohnheitsrecht als eine „Urform" des Rechts entsteht durch:

- längere, gleichmäßige Übung und
- die Überzeugung der Beteiligten, daß diese Übung rechtlich geboten sei. „Normgeber" sind im Unterschied zu den bisherigen dargestellten Rechtsquellen die **Rechtsbetroffenen** selbst. Wie jede Rechtsnorm, so muß auch der gewohnheitsrechtliche Rechtssatz inhaltlich hinreichend bestimmt sein, um Gültigkeit zu erlangen. Richterliche Anerkennung ist dagegen nicht Voraussetzung des Gewohnheitsrechts.

Heutzutage ist das Gewohnheitsrecht durch die geschriebenen Rechtsquellen weitgehend verdrängt worden. Ursächlich für diese Entwicklung ist vor allem die zunehmende Ausbildung der parlamentarischen Demokratie, deren ureigenste Handlungsform das geschriebene Gesetz darstellt. Darüber hinaus lassen sich in einer modernen pluralistischen Gesellschaft mit sich schnell ändernden und divergierenden Auffassungen, Werten und Vorstellungen gemeinsame Rechtsüberzeugungen für einen längeren Zeitraum nur noch schwer herausbilden.

> **Beispiele:** Anerkannt wurde Gewohnheitsrecht etwa in folgenden Fällen: Verpflichtung der Rechtsanwälte, vor Gericht die Amtstracht zu tragen; Unterhaltung von Wegen; Recht der Gemeindeeinwohner zur Wasserentnahme aus einem gemeindlichen Heilbrunnen.

3. Richterrecht?

Obwohl der Richter bei der rechtlichen Würdigung eines Sachverhaltes nur an   **20**
Gesetz und Recht gebunden ist (Art. 20 III GG), und der Richterspruch formal
nur unter den Beteiligten des Prozesses Rechtsverbindlichkeit besitzt (Ausnahme: Urteile des Bundesverfassungsgerichts, denen in bestimmten Fällen
sogar Gesetzeskraft zukommt, § 31 BVerfGG), erlangen insbesondere die
Urteile der obersten Gerichte in der Praxis faktisch zumindest **gesetzesähnli-
che Kraft**. Die wichtigsten Gerichtsentscheidungen werden in sog. „Amtlichen Sammlungen" (→ Kap. 1/RN 9) und Fachzeitschriften (→ Kap. 1/RN
14) veröffentlicht und beeinflußen die Rechtswirklichkeit in ganz erheblichen
Umfang. Es wäre jedoch verfehlt, von einer gesetzesvertretenden oder geset-
zeskorrigierenden Funktion des Richterrechts zu sprechen. Richterrecht entsteht vielmehr legitimerweise vornehmlich dort, wo sich in einem konkret zu
beurteilenden Fall zeigt, daß eine gesetzliche Regelung fehlt, oder daß die
vorhandenen Regelungen lückenhaft, unbestimmt, mehrdeutig, in sich widersprüchlich oder veraltet sind. Es dient insoweit der – notwendigen – Konkretisierung, Ergänzung und Fortbildung des Gesetzes. Die herrschende Meinung
verneint daher den Rechtsquellencharakter des Richterrechts.

4. Rangordnung der Rechtsquellen

Angesichts verschiedener Rechtsquellen auf Bundes- und Landesebene kön-   **21**
nen Widersprüche auftauchen zwischen einzelnen Rechtsnormen.

> **Beispiel:** Der Bundestag erläßt ein formelles Gesetz, aufgrunddessen PKW mit
> einem Spritverbrauch von über 7 Litern nicht mehr zugelassen werden dürfen.
> Wenig später ergeht eine Rechtsverordnung eines Landesumweltministers, in
> der der Spritverbrauch auf 5 Liter festgelegt wird.

Solche Normkollisionen werden dadurch gelöst, daß die Rechtsquellen in eine
Rangordnung gebracht werden mit der Folge, daß der höherstufigen Rechtsquelle gegenüber der niedriger eingestuften Rechtsquelle ein Vorrang zukommt: Im Kollisionsfall gilt allein die vorrangige Rechtsnorm; die gegen das
höherrangige Recht verstoßende Rechtsnorm ist insoweit unbeachtlich, d.h.
nichtig.

Sieht man einmal von den Besonderheiten des Europa- und Völkerrechts ab
(→ Kap. 4/RN 18 ff.), so gilt folgende Rangordnung der geschriebenen
Rechtsquellen: Die Verfassungen (Grundgesetz, Landesverfassungen) gehen
allen übrigen Rechtsvorschriften ihres Bereichs, die formellen Gesetze den
Rechtsverordnungen und Satzungen, die Rechtsverordnungen den Satzungen
vor. Da Gewohnheitsrecht auf allen Rangstufen vorkommt, bestimmt sich der

→ Art. 31 GG   Vorrang bei Kollisionsfällen entsprechend der jeweiligen Zuordnung. Bundesrecht jeglicher Rangstufe geht dem Landesrecht vor.

> **Beispiel:** Die bundesrechtliche Rechtsverordnung geht der Landesverfassung vor.

Normenhierarchie

Bundesrecht

Verfassung (Grundgesetz)
Formelles Gesetz
Rechtsverordnung
Satzung

31 GG → **Landesrecht**

Verfassung
Formelles Gesetz
Rechtsverordnung
Satzung

Normkollisionen zwischen Rechtsnormen der gleichen Rechtsquelle werden nach den folgenden Kollisionsregeln gelöst: *lex posterio derogat legi priori* (das spätere Gesetz verdrängt das frühere Gesetz); *lex specialis derogat legi generali* (das engere Gesetz verdrängt das weitere Gesetz).

Voraussetzung für die Anwendung der Kollisionsregeln ist die Gültigkeit der jeweils vorrangigen Norm. Die Rangordnung begründet im übrigen einen Geltungsvorrang, aber *keinen* **Anwendungsvorrang**.

> **Beispiel:** Zur Bestimmung der Grenzwerte für eine schädliche Umwelteinwirkung i.S.d. des Bundes-Immissionsschutzgesetzes (§ 5 I Nr. 1 BImSchG) ist auf die niederrangige 13. Verordnung zur Durchführung des BImSchG zurückzugreifen.

III.   Die Einteilung des Rechts

22   Unabhängig von der Rechtsquellenlehre und der Normenhierarchie lassen sich Rechtsvorschriften nach bestimmten Gesichtspunkten einteilen.

1. Öffentliches Recht und Privatrecht

Von zentraler Bedeutung ist zunächst die Unterscheidung zwischen dem öffentlichen Recht und dem Privatrecht. Sie liegt unserer gesamten Rechtsordnung zugrunde und wird vor allem bedeutsam:

- bei der Bestimmung des Rechtswegs: Verwaltungsstreitigkeiten werden vor den Verwaltungsgerichten verhandelt (§ 40 VwGO), Privatrechtsstreitigkeiten vor den ordentlichen Gerichten (§ 13 GVG);
- bei der Festsetzung von Gebühren und Beiträgen, die nur bei öffentlichrechtlichen Leistungen in Betracht kommen;
- bei der Entschädigung für Enteignung und Aufopferung, die einem öffentlichrechtlichen Eingriff voraussetzen;
- bei der Amtshaftung gem. Art. 34 GG/§ 839 BGB (→ Kap. 15/RN 34 f.), die nur bei Schadenszufügung in Ausübung eines öffentlichen Amtes, d.h. in Ausübung eines öffentlich-rechtlichen Amtes eingreift;
- bei der Verwaltungsvollstreckung (→ Kap. 3/RN 34), die grundsätzlich nur zur Durchsetzung öffentlich-rechtlicher Forderungen und Verpflichtungen zulässig ist.

Grundsätzlich regelt das öffentliche Recht das Verhältnis des Einzelnen zum Staat und den übrigen Trägern öffentlicher Gewalt sowie das Verhältnis der Verwaltungträger (→ RN 26) zueinander, während das Privatrecht die Rechtsbeziehungen der Einzelnen untereinander betrifft.

Danach zählen zum öffentlichen Recht insbesondere das Staats- und Verfassungsrecht, das Verwaltungsrecht, das Strafrecht, das Steuerrecht, das Prozeßrecht etc. Zum Privatrecht rechnet man dagegen das Bürgerliche Recht, das Handelsrecht, das Wertpapierrecht etc.

Zur Abgrenzung in Zweifelsfällen sind eine Reihe von Theorien entwickelt worden, die in der Praxis nebeneinander zur Anwendung kommen, da jede Theorie spezifische Schwachpunkte aufweist:

23

- Die **Interessentheorie** stellt auf die Interessenrichtung der einzelnen Rechtssätze ab. Öffentliches Recht sind danach die dem öffentlichen Interesse, Privatrecht die dem Individualinteresse dienenden Rechtssätze. – Allerdings übersieht die Interessentheorie, daß viele Rechtssätze sowohl öffentliche als auch private Interessen berücksichtigen.
- Die **Subordinationstheorie** stellt auf das Verhältnis der Beteiligten zueinander ab. Danach wird das öffentlichen Recht durch das Verhältnis der Über-Unterordnung, das Privatrecht durch das der Gleichordnung gekennzeichnet. Typisch für das öffentliche Recht ist deshalb die einseitig verbindliche Regelung (Gesetz, Verwaltungsakt). – Die Subordinationstheorie wirft dann Abgrenzungsprobleme auf, wenn z.B. der Staat mit dem Bürger einen öffentlich-rechtlichen Vertrag (→ Kap. 3/RN 14) abschließt. Ferner gibt es auch im Privatrecht Über-Unterordnungsverhältnisse (Vormundschaft, elterliche Sorge).
- Die **Zuordnungstheorie** stellt auf die Zuordnungssubjekte der einzelnen Rechtssätze ab. Dem öffentlichen Recht gehören demzufolge diejenigen Rechtssätze an, die den Staat oder einen sonstigen Träger hoheitlicher Gewalt als solchen, d.h. gerade in seiner Eigenschaft als Hoheitsträger berechtigen und verpflichten. Ent-

scheidend ist insofern, ob wenigstens einer der am Rechtsverhältnis Beteiligten in seiner Eigenschaft als Hoheitsträger handelt.

> **Beispiel:** Die Gemeinde schließt mit einem Textilunternehmen, das sich in der Gemeinde A ansiedeln will, einen sog. Erschließungsvertrag ab, wonach sie sich verpflichtet, in einem Bebaungsplan ein Gewerbegebiet in ihrem Gemeindegebiet auszuweisen, soweit das Textilunternehmen die anfallenden Erschließungskosten übernimmmt. Nach der Interessentheorie läßt sich nicht eindeutig sagen, ob die Gemeinde öffentlich-rechtlich handelt oder privatrechtlich. Ein Über-Unterordnungsverhältnis, das für ein öffentlich-rechtliches Handeln sprechen würde, besteht ebenfalls nicht; niemand *muß* eine vertragliche Verpflichtung eingehen. Der öffentlich-rechtliche Charakter des vorliegenden Vertrages ergibt sich aber daraus, daß die Gemeinde in ihrer Eigenschaft als hoheitlicher Satzungsgeber den Vertrag abschließt.

2. Objektives Recht und subjektives Recht

24   Als wesentlich für die Rechtsanwendung erweist sich ferner die Unterscheidung zwischen objektivem Recht und subjektiven Recht. Versteht man unter objektivem Recht die Gesamtheit aller geltenden Rechtsvorschriften, so ist der Begriff des subjektiven Rechts sehr viel schwerer zu fassen. Vereinfachend läßt sich darunter die dem Einzelnen vom objektiven Recht verliehene Macht verstehen:

- eine Sache nach eigenem Willen zu beherrschen (sog. **Herrschaftsrechte**),
- von einem anderen ein Tun oder Unterlassen zu verlangen (sog. **Ansprüche**) oder
- einseitig auf ein Rechtsverhältnis gestaltend einzuwirken (**Gestaltungsrechte**).

Die Besonderheit des subjektiven Rechts liegt darin, daß der Einzelne von der Rechtsordnung die unmittelbare Rechtsmacht zugestanden bekommt, dieses Recht als sein Recht zur Not in einem gerichtlichen Verfahren durchzusetzen.

> **Beispiel:** Der Geschäftseigentümer, der einen Dieb beim Diebstahl ertappt, kann nicht verlangen, daß dieser strafrechtlich verfolgt wird. Dies zu entscheiden ist Aufgabe der Staatsanwaltschaft. Das StGB stellt für ihn folglich objektives Recht dar. Er kann aber aufgrund seines Eigentums (Herrschaftsrecht) den gestohlenen Gegenstand zurückverlangen (Anspruch).

3. Materielles Recht und Verfahrensrecht

25   Schließlich unterscheidet man das **materielle** Recht, das Rechtsverhältnisse regelt, Rechtsbeziehungen zwischen Rechtssubjekten und anderen Rechtssubjekten oder zwischen Rechtssubjekten und Rechtsobjekten (→ RN 26) herstellt, und das **formelle** Recht (= Prozeßrecht bzw. Verfahrensrecht). Letzteres behandelt die praktisch sehr entscheidende Frage der „**Rechtsdurchsetzungs-macht**", d.h. die Art und Weise wie materielles Recht im konkreten Rechtsall-tag durchgesetzt werden kann.

> **Beispiel:** Der Anspruch auf eine Anlagengenehmigung für ein Kernkraftwerk (materielles Recht) nutzt dem Unternehmer wenig, wenn er diesen Anspruch nicht in einer bestimmten Art und Weise und einem bestimmten Verfahren (formelles Recht) durchsetzen kann.

Zum formellen Recht gehören etwa: die Prozeßordnungen (Zivilprozeßordnung [ZPO], Strafprozeßordnung [StPO], Gesetz über die Angelegenheiten der freiwilligen Gerichtsbarkeit [FGG], Verwaltungsgerichtsordnung [VwGO], Finanzgerichtsordnung [FGO] usw.), das Vollstreckungsrecht (Zwangsvollstreckungsgesetz [ZVG], das Ver-waltungsvollstreckungsgesetz [VwVG], etc.) und z.B. das Verwaltungsverfahrensrecht (VwVfG).

IV. Rechtsfähigkeit

Zuordnungsobjekt von Rechtsnormen und damit Träger von Rechten und   **26**
Pflichten kann nur sein, wer rechtsfähig ist. Rechtsfähigkeit besitzen in erster
Linie alle Menschen (sog. **natürliche Personen**).

> **Beispiel:** Die Geschwindigkeitsbegrenzung auf der Landstraße wendet sich nicht an den PKW, sondern an den Fahrer desselben; nur er ist Zuordnungssub-jekt der Pflicht, nicht schneller als 100 km/h zu fahren.

Darüber hinaus spricht die Rechtsordnung auch bestimmten Personenvereini-gungen oder sonstigen Organisationen die Rechtsfähigkeit zu mit der Folge, daß diese ebenfalls Träger von Rechten und Pflichten sind und selbständig im Rechtsverkehr auftreten, etwa beim Erwerb von Eigentum oder als Kläger oder Beklagter in einem Prozeß (sog. **juristische Personen**). Je nachdem, ob die Rechtsfähigkeit im Privatrecht oder im öffentlichen Recht (→ RN 22 f.) ihre Wurzel hat, spricht man von **juristischen Personen des Privatrechts** oder **juristischen Personen des öffentlichen Rechts**.

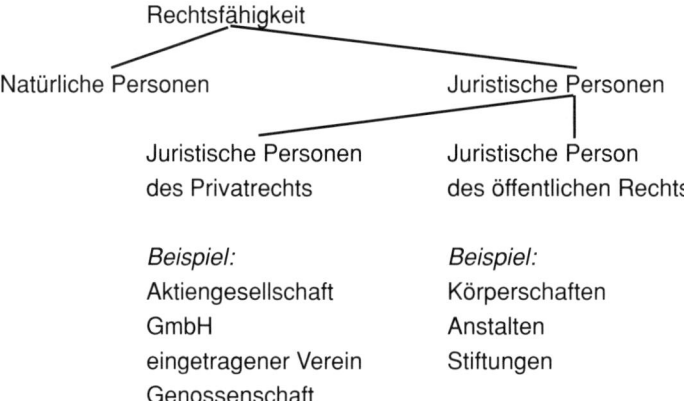

Zu beachten ist, daß einigen juristischen Personen nur **Teilrechtsfähigkeit** zukommt, d.h., sie können nur im Hinblick auf ein bestimmtes Rechtsgebiet oder auf bestimmte Normen Inhaber von Rechten und Pflichten sein.

> **Beispiel:** Personalrat; Fakultäten der Universität.

Abzugrenzen ist die Rechtsfähigkeit ferner von der **Handlungsfähigkeit**, d.h. der Fähigkeit, eigenverantwortlich Rechtswirkungen hervorzurufen. Sie gliedert sich in die **Geschäftsfähigkeit** und die **Deliktsfähigkeit**.

V.   Rechtsanwendung und Methodik

27   Damit Normen auf ihre Zuordnungsobjekte, die natürlichen und juristischen Personen, überhaupt Wirkung entfalten können, müssen sie angewendet werden. Nicht nur der Richter entscheidet aufgrund materieller Gesetze über Rechtsstreitigkeiten, auch der Bürger muß im Alltag andauernd Normen anwenden, um sich über seine Rechte und Pflichten zu informieren.

Voraussetzung jeder Rechtsanwendung ist die Beachtung der Normstruktur. Bis auf einige Ausnahmen, die uns hier noch nicht zu interessieren brauchen (→ Kap. 3/RN 15 f., 40), stellen Rechtsnormen **konditional** gefaßte **Anordnungen** dar: Wenn ein konkreter Sachverhalt den Tatbestand eines Gesetzes verwirklicht, dann soll die gesetzlich vorgesehene Rechtsfolge gelten (sog. „**Wenn-Dann-Schema**").

> **Beispiel:** § 1 UmweltHG: Wird durch eine Umwelteinwirkung, die von einer im Anhang 1 genannten Anlage ausgeht, jemand getötet, sein Körper oder seine Gesundheit verletzt oder eine Sache beschädigt (Tatbestand), so ist der Inhaber der Anlage verpflichtet, dem Geschädigten den daraus entstehenden Schaden zu ersetzen (Rechtsfolge).

Die Anwendung von Normen vollzieht sich grundsätzlich in vier gedanklichen Arbeitsschritten:

(1) Ermittlung und Feststellung des rechtlich bedeutsamen **Lebenssachverhaltes**: Was ist tatsächlich geschehen?

(2) **Ermittlung** der für den Lebenssachverhalt möglicherweise relevanten **Normen** und **Auslegung** des gesetzlichen Tatbestandes: Welchen Inhalt hat der in Frage kommende gesetzliche Tatbestand, was besagt er genau?

(3) Überprüfung der Identität von Lebenssachverhalt und Tatbestand der Norm (sog. **Subsumtion**): Entspricht der Sachverhalt den gesetzlichen Tatbestandsmerkmalen?

(4) Feststellung der **Rechtsfolge**: Was gilt nun?

> **Beispiel:** (1) A betreibt eine Gärtnerei. Um Wasserkosten zu sparen, bohrt er auf seinem Grundstück einen kleinen Brunnen und benutzt das dort gewonnene Grundwasser zur Wässerung seiner Pflanzen. (2) Nach § 2 WHG bedarf eine Benutzung der Gewässer der behördlichen Erlaubnis oder Bewilligung (→ Kap. 9/RN 21ff.). Benutzung i.S. des WHG ist u.a. das Zutagefördern von Grundwasser gem. § 3 I Nr. 6 WHG. (3) Der festgestellte Sachverhalt fällt damit unter die Tatbestandsmerkmale des § 2 WHG. (4) Folglich bedarf A einer Erlaubnis oder Bewilligung.

28

Nicht selten paßt eine Norm nicht unmittelbar auf den festgestellten Lebensvorgang. Auch sind gesetzliche Tatbestandsmerkmale von ihrer genauen Bedeutung her häufig unklar. Soweit der Gesetzgeber hier nicht selbst Definitionen vorgibt (vgl z.B. § 3 BImSchG), muß der jeweilige Inhalt einer Norm für den konkreten Fall daher durch **Auslegung** gewonnen werden. Neben dem Wortlaut der Regelung (sog. **grammatikalische Auslegung**) sind dabei ihre geschichtliche Entwicklung (sog. **historische Auslegung**), ihr Verhältnis zu anderen Vorschriften (sog. **systematische Auslegung**) und ihr eigentlicher Zweck (sog. **teleologische Auslegung**) zu berücksichtigen.

Führt die Auslegung zu keinem Ergebnis, da die in Frage kommenden Normen eine unbewußte **Lücke** aufweisen, so muß die Regelung ergänzt werden. Dies geschieht – außer im Strafrecht (vgl. § 1 StGB) – durch die Bildung einer **Analogie**, d.h. der Übertragung der Rechtsfolgen eines geregelten Tatbestandes auf einen mit diesem wert- und interessenmäßig gleichen, aber ungeregelten Tatbestand. Ist dagegen eine gesetzliche Regelung ersichtlich auf einen bestimmten Sachverhalt begrenzt, so verbietet sich der Analogieschluß auf andere Fälle. Stattdessen wird man meistens im Umkehrschluß davon ausgehen müssen, daß die dort vorgesehene Rechtsfolge gerade nicht für den vorliegenden Fall zur Geltung kommen soll (*argumentum e contrario*).

Kontrollfragen:

1. Was unterscheidet das Recht von anderen sozialen Normen? (RN 4–8)
2. Welche Rechtsquellen unterscheidet man? (RN 14–20)
3. In welchem Verhältnis stehen die Rechtsquellen zueinander? (RN 21)
4. Welche Bedeutung hat die Unterscheidung zwischen öffentlichem Recht und Privatrecht? (RN 22)
5. Was versteht man unter dem Begriff Rechtsfähigkeit? (RN 26)
6. Welche gedanklichen Arbeitsschritte sind bei der Rechtsanwendung einzuhalten? (RN 27)

Weiterführende Literatur:

Arzt, Gunter, Einführung in die Rechtswissenschaft, 1996; *Baumann, Jürgen*, Einführung in die Rechtswissenschaft, Rechtssystem und Rechtstechnik, 8. Aufl. (1989); *Baur, Fritz/Walter, Gerhard*, Einführung in das Recht der Bundesrepublik Deutschland, 6. Aufl. (1992); *Grimm, Dieter* (Hrsg.), Einführung in das Recht, 2. Aufl. (1991); *Haase, Richard/Keller, Rolf*, Grundlagen und Grundformen des Rechts, 10. Aufl. (1995); *Mayer-Maly, Theo*, Rechtswissenschaft, 5. Aufl. (1991); *Rehbinder, Manfred*, Einführung in die Rechtswissenschaft, 8. Aufl. (1995); *Robbers, Gerhard*, Einführung in das deutsche Recht, 1994; *Stern, Klaus* u.a., Einführung in das deutsche Recht, 3. Aufl. (1991).

Teil I
Öffentliches Umweltrecht

3. Grundlagen des öffentlichen Rechts

Voraussetzung für das Verständnis der Probleme des öffentlichen Umwelt-rechts als Querschnittsmaterie ist die Kenntnis der allgemeinen Grundlagen des öffentlichen Rechts. Ihnen ist daher das folgende Kapitel gewidmet.

I.   Die Sachgebiete des öffentlichen Rechts

1   Da wir die Abgrenzung zwischen öffentlichem Recht und Privatrecht schon innerhalb der Einführung in das Recht behandelt haben (→ Kap. 2/RN 23), soll hier zunächst ein Überblick über die Sachgebiete des öffentlichen Rechts gegeben werden. Gemeinhin unterscheidet man fünf verschiedene Teilgebiete, die jedoch im Rechtsalltag jeweils stark miteinander verflochten sind.

1.   Staatsrecht und Verfassungsrecht

2   Das Staats- und Verfassungsrecht betrifft den Inhalt und die Auslegung des Grundgesetzes und der Länderverfassungen (→ Kap. 5). Von Interesse ist insofern auch die Ausstrahlungswirkung der Verfassungen (→ Kap. 5/RN 8) auf das einfache Recht (formelles Gesetz, Rechtsverordnung, Satzung).

2.   Allgemeines Verwaltungsrecht

3   Unter dem allgemeinen Verwaltungsrecht versteht man die Rechtsvorschriften und Grundsätze, die unabhängig von dem jeweiligen speziellen Sachgebiet für *jedes* Verwaltungshandeln gelten. Zentrale Bedeutung kommt insofern dem Verwaltungsverfahrensgesetz (VwVfG) zu, das als allgemeine Verfahrensord-nung für jedes hoheitliche Handeln einer Behörde gilt, soweit nicht etwas Besonderes bestimmt ist.

3.   Besonderes Verwaltungsrecht

4   Unter dem Begriff besonderes Verwaltungsrecht sind all die Normen und Gesetze zusammengefaßt, die ein bestimmtes Sachgebiet behandeln.

> **Beispiele:** Polizeirecht, Sozialrecht, Kommunalrecht, das Recht der öffentlich-rechtlichen Ersatzleistungen, Wirtschaftsverwaltungsrecht und nicht zuletzt das Umweltrecht.

4.   Europarecht und Völkerrecht

5   Jeweils ein eigenes Teilgebiet stellen schließlich das Europa- und Völkerrecht dar, wobei insbesondere das Europarecht die nationale Rechtsordnung in vie-len Bereichen mittlerweile überlagert bzw. verdrängt. Da dieses Sachgebiet ganz eigene rechtliche Grundstrukturen aufweist, soll es in einem eigenen Kapitel behandelt werden (→ Kap. 4).

II. Hoheitliche Handlungsformen der Verwaltung

Die Verwaltung bedient sich zur Erfüllung ihrer Aufgaben bestimmter Handlungsformen. Von der Wahl der Handlungsform hängen der Adressatenkreis der hoheitlichen Handlung, ihr zeitlicher Bestand, die Form des Rechtsschutzes und zukünftige Handlungsspielräume ab. Schließlich sind je nach Handlungsform bestimmte Rechtmäßigkeitsanforderungen einzuhalten.

6

Einen Teil der Handlungsformen haben wir schon bei der Rechtsquellenlehre kennengelernt:

1. Rechtsverordnung (→ Kap. 2/RN 17)

2. Satzung (→ Kap. 2/RN 18)

3. Verwaltungsvorschrift

Ebenso wie die Rechtsnormen stellen Verwaltungsvorschriften *generell-abstrakte Anordnungen* (→ Kap. 2/RN 14) dar. Im Unterschied zu ersteren wenden sie sich aber nicht an den Bürger, sondern an nachgeordnete Behörden oder – innerhalb einer Behörde – an unterstellte Verwaltungsbedienstete. Sie werden von einer Behörde oder einem Vorgesetzten zur Regelung des **Innenverhältnisses** erlassen und beruhen auf der Weisungskompetenz der vorgesetzten Instanz, die zu Einzelweisungen oder zu generellen Weisungen, eben Verwaltungsvorschriften, befugt ist.

7

Als verwaltungsinterne Regelungen begründen Verwaltungsvorschriften zunächst einmal für die Bürger keine Rechte und Pflichten. Auch für die Gerichte sind sie bei der Entscheidung von Rechtsstreitigkeiten zwischen Staat und Bürger rechtlich unerheblich; Rechtswirkung entfalten sie grundsätzlich nur im staatlichen **Innenbereich**. Insofern gehören sie auch nach der weitaus herrschenden Meinung nicht zu den Rechtsquellen. Ihre Funktion ist vielmehr die einheitliche Auslegung von Normen (sog. „**Auslegungsrichtlinien**") und einheitliche Handhabung administrativer Entscheidungsspielräume (sog. „**Ermessensrichtlinien**", → RN 21 ff.). Gleichzeitig dienen sie als **Organisations-** und **Dienstvorschriften**, so z.B. für die behördeninterne Gliederung, die Geschäftsverteilung, die Art der Bearbeitung der Akten, die Dienstzeit usw.

Allerdings gilt zu beachten, daß die Verwaltung bei der Anwendung von Verwaltungsvorschriften, die auf den Bürger Auswirkungen haben können,

8

– wie auch ansonsten – an den Gleichheitssatz (Art. 3 I GG) gebunden ist
(→ Kap. 2/RN 11). Danach darf wesentlich Gleiches nicht willkürlich, d.h.
ohne sachlichen Grund, ungleich und wesentliches Ungleiches nicht willkürlich gleich behandelt werden. Im Einzelfall kann eine Ermessens- oder Ausle-
gungsrichtlinie daher durchaus auch Außenwirkung entfalten.

> **Beispiel:** Im Haushaltsplan des Landes S sind Mittel zur Förderung umwelt-
> freundlicher Technologien vorgesehen. Das zuständige Wirtschaftsministerium
> erarbeitet daraufhin eine Vergaberichtlinie für die geplanten Subventionen. Die
> Unternehmer A, B, C fallen unter die aufgestellten Voraussetzungen. A und B
> wird eine Subvention gezahlt, C nicht, weil er politisch bei den Grünen enga-
> giert ist. Hier hätte C einen Anspruch auf die Subvention aus dem Gleichheits-
> satz in Verbindung mit der Vergaberichtlinie, da sein politisches Engagement
> kein sachliches Differenzierungskriterium darstellt. Ein solches wäre aber etwa
> im Verbrauch der bereitgestellten Mittel zu sehen, wenn C erst zum Ende des
> Haushaltsjahres einen Antrag auf Subvention stellt.

4. Verwaltungsakt

9

Die häufigste und in der Praxis wichtigste Handlungsform der Verwaltung
stellt der Verwaltungsakt dar.

Er umfaßt so unterschiedliche Maßnahmen wie „das Verkehrszeichen des Polizisten,
die Bauerlaubnis, das Gewerbeverbot, die Genehmigung zur Errichtung eines Kern-
kraftwerkes, den Gebührenbescheid, die Bewilligung eines Stipendiums, die Erteilung
eines Abiturzeugnisses, die Einberufung zum Wehrdienst, die Enteignung eines Grundstücks zum Straßenbau, die Auflösung einer rechtswidrigen Vereinigung, die Genehmigung einer Gemeindesatzung durch die Rechtsaufsichtsbehörde usw." (*Maurer*).

a) Begriff des Verwaltungsakts

10
→ § 35 S.1
VwVfG

Nach seiner gesetzlichen Definition ist ein Verwaltungsakt „jede Verfügung,
Entscheidung oder andere hoheitliche Maßnahme, die eine Behörde zur Regelung eines Einzelfalles auf dem Gebiete des öffentlichen Rechts trifft und die
auf unmittelbare Rechtswirkung nach außen gerichtet ist". Die einzelnen Be-
griffsmerkmale (Regelung, hoheitlich, Einzelfall, Verwaltungsbehörde, Außenwirkung) ergeben zusammen nicht nur eine bestimmte Qualität der Maßnahme, sie dienen vielmehr auch der Abgrenzung gegenüber anderen Formen
des staatlichen Handelns.

- Das Erfordernis der **Regelung** als rechtsverbindliche Anordnung, die auf die Setzung einer Rechtsfolge gerichtet ist, unterscheidet den Verwaltungsakt vom Realakt (→ RN 19) als rein tatsächliche Verwaltungshandlung und von Vorbereitungs-
und Teilakten, die noch keine abschließende Regelung enthalten.

> **Beispiel:** Hinweise, Belehrungen und Auskünfte sind daher keine Verwal-
> tungsakte.

- **Hoheitlich** bedeutet, daß die Maßnahme dem öffentlichen Recht zuzurechnen ist, und grenzt den Verwaltungsakt somit von allen privatrechtlichen Rechtsakten einer Behörde ab.

> **Beispiel:** Die Vergabe von Aufträgen im öffentlichen Beschaffungswesen oder die Kündigung eines privatrechtlichen Mietvertrages wird dem nicht-hoheitlichen Bereich zugerechnet; die Verwaltungsaktqualität der Maßnahme ist demnach abzulehnen.

- Das **Einzelfallerfordernis** dient zur Abgrenzung von der Rechtsnorm, die auf eine unbestimmte Zahl von Fällen und eine unbestimmte Zahl von Personen gerichtet ist und daher eine abstrakt-generelle Regelung darstellt (→ Kap. 2/RN 14).
- Da für einen Verwaltungsakt eine **Behörde** handeln muß, stellen Maßnahmen von Privatpersonen (Ausnahme: Beliehener → Kap. 7/RN 13) und auch Maßnahmen der Gesetzgebung, der Regierung und der Rechtsprechung keine Verwaltungsakte dar.
- Die **unmittelbare Rechtswirkung nach außen** schließlich unterscheidet den Verwaltungsakt von der innerdienstlichen Weisung. Diese begründet im Gegensatz zum Verwaltungsakt keine Rechte und Pflichten für den Bürger oder sonstige außenstehende Rechtspersonen.

> **Beispiel:** Unternehmer A hört zufällig auf dem Gang der Verwaltungsbehörde, wie der Abteilungsleiter einen Sachbearbeiter anweist, die immissionsschutzrechtliche Genehmigung, die A beantragt hat, zu erteilen. Mangels Außenwirkung liegt hier ein Verwaltungsakt jedoch noch nicht vor.

Eine besondere Form des Verwaltungsaktes stellt die **Allgemeinverfügung** dar. Sie richtet sich an einen nach allgemeinen Merkmalen bestimmten oder bestimmbaren Personenkreis oder betrifft die öffentlich-rechtliche Eigenschaft einer Sache oder ihre Benutzung durch die Allgemeinheit. Ihre Besonderheit bezieht sich auf die Adressaten der Regelung. Unter den Begriff der Allgemeinverfügung fallen:

11
→ § 35 S.2
VwVfG

- Verwaltungsakte an einen abgrenzbaren Personenkreis,

> **Beispiel:** Versammlungsteilnehmer.

- Verwaltungsakte betreffend der öffentlich-rechtlichen Eigenschaft einer Sache,

> **Beispiel:** Die Umbenennung einer Straße.

- Verwaltungsakte, die die Benutzung einer Sache durch die Allgemeinheit betreffen.

> **Beispiel:** Regelungen zur Benutzung öffentlich-rechtlicher Museen, Bibliotheken, Badeanstalten usw. durch die Anstaltsleitung.

b) Folgen der Fehlerhaftigkeit des Verwaltungsakts

12

Wie jedes Verwaltungshandeln kann auch der Erlaß eines Verwaltungsaktes fehlerhaft sein, weil er den Anforderungen der Rechtsordnung nicht entspricht, sei es weil das Gesetz falsch angewendet oder der Sachverhalt falsch ermittelt wurde.

> **Beispiel:** Eine immissionsschutzrechtliche Genehmigung wird erteilt, obwohl die von der Anlage ausgestoßenen Schadstoffe die umliegenden Bewohner in ihrer Gesundheit gefährden (→ Kap. 8/RN 20ff.).

→ § 44
VwVfG

Allgemein gilt der Grundsatz, daß auch der fehlerhafte (= rechtswidrige) Verwaltungsakt gültig ist, aber (durch Widerspruch und Anfechtungsklage → RN 44 f.) angefochten werden kann. Von vornherein **nichtig** und damit rechtsunwirksam ist nur ein Verwaltungsakt, dessen Mängel offenkundig und so schwerwiegend sind, daß er keinesfalls von Rechts wegen hätte erlassen werden können.

> **Beispiel:** Nichtig ist etwa ein Verwaltungsakt, der sich an eine verstorbene Person richtet, völlig unverständlich ist oder zwingend vorgeschriebene Bestandteile nicht enthält (z.B. Bauschein, in dem die Feststellung fehlt, das Vorhaben sei statisch sicher und abwassermäßig erschlossen).

13

Der rechtswidrige, aber rechtswirksame Verwaltungsakt erwächst in **Bestandskraft**, wenn nicht innerhalb der Widerspruchsfrist (4 Wochen) Widerspruch (→ RN 45) erhoben wird. Die Bestandskraft besagt zum einen, daß der Verwaltungsakt nach Ablauf der Widerspruchsfrist nicht mehr angefochten werden kann (sog. **formelle Bestandskraft**). Darüber hinaus erlangt der Verwaltungsakt Verbindlichkeit, und zwar sowohl für den betroffenen Bürger als auch für die erlassende Behörde. Letztere kann den bestandskräftigen Verwaltungsakt nur ausnahmsweise und unter engen Voraussetzungen zurücknehmen (bei rechtswidrigen Verwaltungsakten), widerrufen (bei rechtmäßigen Verwaltungsakten) oder auf Antrag des Betroffenen das Verfahren wiederaufgreifen. In den Fällen der Rücknahme und des Widerrufs ist sie unter Umständen sogar in Form von Geldzahlungen zum Ersatz des entstandenen Vertrauensschadens verpflichtet. Der Vertrauensschaden umfaßt dabei die Nachteile, die der Bürger dadurch erleidet, daß er auf den Bestand des Verwaltungsaktes vertraut. Bindungswirkung und beschränkte Aufhebbarkeit zusammen ergeben die sog. **materielle Bestandskraft**.

→ §§ 48 ff.
VwVfG

„Der Verwaltungsakt dient einmal der *Effektivität der Verwaltung*, die mit ihm ein griffiges und rationelles Regelungsinstrument erhält, das vor allem für die Bewältigung der Massenvorgänge der modernen Verwaltung geeignet, ja teilweise sogar unentbehrlich ist. Die Verwaltung kann davon ausgehen, daß der von ihr erlassene Verwaltungsakt – falls er nicht an offensichtlichen und schwerwiegenden Fehlern leidet und deshalb nichtig ist – rechtswirksam wird, befolgt werden muß und gegebenenfalls vollstreckt werden kann, sofern sich der Bürger nicht rechtzeitig gegen ihn durch

Einlegung von Rechtsmitteln zur Wehr setzt. Der Verwaltungsakt dient zum anderen den *Interessen des Bürgers*, da er dessen Rechte und Pflichten eindeutig bestimmt und abgrenzt und eine stabile, auch im Falle der Rechtswidrigkeit des Verwaltungsakts nicht ohne weiteres entziehbare Grundlage für seine weiteren Dispositionen darstellt. Insgesamt schafft der Verwaltungsakt klare und stabile Verhältnisse zwischen Staat und Bürger und hat damit seine rechtfertigende Grundlage im Prinzip der Rechtssicherheit." (*Maurer*)

5. Verwaltungsvertrag

Anstelle einer einseitig getroffenen Regelung eines Einzelfalls durch Verwaltungsakt kann die Behörde jedoch auch den Weg der einvernehmlichen Regelung wählen und mit dem Bürger einen verwaltungsrechtlichen Vertrag abschließen. Die Zulässigkeit solcher Verträge ist im einzelnen im Verwaltungsverfahrensgesetz geregelt. So dürfen unter anderem keine Rechtsvorschriften einer vertraglichen Vereinbarung entgegenstehen, Leistung und Gegenleistung müssen einen sachlichen Zusammenhang aufweisen und in einem angemessenen Verhältnis zueinander stehen, der Vertrag bedarf in der Regel der Schriftform und, falls Rechte Dritter berührt sind, deren Zustimmung.

14

→ §§ 54 ff. VwVfG

Der Verwaltungsvertrag ist keineswegs auf den Anwendungsbereich des Verwaltungsakts beschränkt, sondern geht weit darüber hinaus. Denn gerade auch dort, wo die Behörde mangels entsprechender Befugnisnormen (→ RN 20) nicht einseitig regelnd tätig werden kann, besteht oft ein Bedürfnis nach vertraglichen Vereinbarungen, um in einem konkreten Fall längerfristige, gegenseitige Bindungen einzugehen.

> **Beispiel:** In der Verwaltungspraxis finden sich die unterschiedlichsten Arten von Verträgen: Verträge über die Zahlung von Subventionen, Bauerschließungsverträge, Stellplatzablösungsverträge, Gebietsänderungsverträge zwischen Gemeinden, Ausbildungsverträge zwischen Dienstherr und Beamten über die Rückzahlung von Ausbildungskosten, Abfindungsvergleiche (Vereinbarungen zwischen Verwaltung und Bürger über die sofortige Zahlung einer Enteignungsentschädigung gegen gleichzeitigen Verzicht auf weitergehende Entschädigungsansprüche) etc.

6. Plan und Planung

Planung bedeutet „vorausschauendes Setzen von Zielen und gedankliches Vorwegnehmen der zu ihrer Verwirklichung erforderlichen Verhaltensweisen" (*Bachof*).

15

Mit der Entwicklung des auf Gefahrenabwehr beschränkten Ordnungsstaates zum modernen Sozialstaat, der lenkend und gestaltend auf unser Gemeinwesen einwirkt, hat auch die Planung immer mehr an Bedeutung gewonnen. Mit ihrer Hilfe können nicht nur die beschränkten Ressourcen und vielschichtigen Interessen in einer pluralistisch strukturierten, post-industriellen Technologie- und Kommunikationsgesellschaft in einen sinnvollen Ausgleich gebracht werden, sondern der Plan ermöglicht auch zukunftsgerichte Impulse für alle Bereiche staatlicher Aufgabenwahrnehmung. Der „Planungseuphorie" der 60er Jahre ist jedoch mittlerweile eine gewisse Skepsis, ja Resignation gewichen, da sich in der Praxis gezeigt hat, daß Planungsprognosen von der Realität häufig „widerlegt" werden und Pläne deshalb öfter nicht vollzogen werden können.

Der Plan stellt **keine eigene Handlungsform** dar. Er tritt vielmehr in allen traditionell überkommenen Rechtsformen auf: als formelles Gesetz (z. B. Haushaltsplan), Rechtsverordnung (z. B. Regionalplan), Satzung (z. B. Bebauungsplan), Verwaltungsakt (z. B. Planfeststellungsbeschluß), Verwaltungsvorschrift (u. U. Landesentwicklungspläne), Realakt (Umweltschutzberichte). Daher ist bei jedem Plan besonders zu prüfen, wie er rechtlich zu qualifizieren ist.

16   Unabhängig von der rechtlichen Qualifizierung ist es in der Verwaltungspraxis hilfreich, folgende **Plantypen** zu unterscheiden:

- **Haushaltspläne** des Bundes, der Länder und der Gemeinden
- **Raumordnungspläne**, die entweder Gesamtpläne oder Fachpläne darstellen:
  - Die **raumordnenden Gesamtpläne** sind verantwortlich für die Gesamtentwicklung eines bestimmten Gebietes. Sie reichen – zunehmend konkreter werdend – von der
    - **Bundesplanung** (Raumordnungsgesetz des Bundes; Bundesraumordnungsprogramm) über die
    - **Landesplanung** (Landesraumordnungprogramme, Landesentwicklungspläne usw. für das gesamte Landesgebiet) und die
    - **Regionalplanung** (Regionalpläne für bestimmte Landesteile) bis zur
    - **Ortsplanung** (Bauleitpläne = Flächennutzungsplan, Bebauungsplan der Gemeinden).
  - Die **raumbezogenen Fachpläne** dienen der Realisierung eines bestimmten Vorhabens, etwa der Errichtung raumbeanspruchender Anlagen (Bau von Straßen, Flugplätzen, Abfallbeseitigungsanlagen usw.) oder der Verbesserung der Boden-, Luft- bzw. Wasserqualität in einem bestimmten Gebiet.
- **Entwicklungs-** und **Bedarfspläne**, etwa für Krankenhäuser, Schulen, Kindergärten, Hochschulen usw.
- **Pläne, die nur eine Person betreffen,** so z. B. der Gesamtplan für die Eingliederung eines Behinderten nach § 46 BSHE.

17   Im Hinblick auf ihre Bindungswirkung grenzt man ferner **indikative, influenzierende** und **imperative** Pläne von einander ab:

- **Indikative Pläne** enthalten Daten und Vorausberechnungen. Sie haben die Aufgabe, Einzelpersonen, Unternehmen und staatliche Organe zu informieren, um ihnen damit Material für eigene Entscheidungen und Dispositionen zu geben.

  Beispiele: Umweltschutzbericht, Wirtschaftbericht der Bundesregierung, Sozialbericht.

- **Imperative Pläne** binden unmittelbar das Verhalten der von ihnen Betroffenen.

  Beispiele: Bebauungsplan, Planfeststellungsbeschluß (→ RN 38).

- **Influenzierende Pläne** setzen bestimmte Ziele und Prioritäten fest, die sie statt mit Zwang indirekt zu verwirklichen suchen, sei es durch In-Aussicht-Stellen bestimmter Anreize bei plankonformem Verhalten (z.B. Subventionen, Steuervergünstigungen, Verbesserungen der Infrastruktur durch Bau von Straßen oder durch Ausweisungen von Industriegelände) oder durch Ankündigung bestimmter Nachteile bei planentgegengesetztem Verhalten (etwa steuerliche Belastungen).

Es existiert grundsätzlich weder ein **allgemeiner Planfortbestandsanspruch**   **18**
noch ein **allgemeiner Planvollzugsanspruch**.

7. Realakte

Mit dem Ausdruck Verwaltungs-Realakt bezeichnet man solche Verhaltens-   **19**
weisen der Verwaltung, die im Gegensatz zum Verwaltungsakt nicht auf die
Bewirkung bestimmter Rechtsfolgen gerichtet sind, sondern unmittelbar nur
einen **tatsächlichen Erfolg** herbeiführen. In der Verwaltungspraxis kommen
Realakte in ebenso vielfältiger wie zahlreicher Form vor. Zur groben Unterteilung, aber ohne daß damit rechtliche Konsequenzen verbunden wären, unterscheidet man häufig:

- **Wissenserklärungen**

  Beispiele: Auskünfte, Warnungen, Berichte, Ansprachen.

- und **tatsächliche Verrichtungen**.

  Beispiele: Auszahlung eines Geldbetrages, Schutzimpfung, Dienstfahrt, Krankenbehandlung, Erteilung von Unterricht, Reinigung einer Straße, Errichtung eines Verwaltungsgebäudes usw.

Realakte müssen wie Rechtsakte den rechtlichen Vorschriften entsprechen. Der durch einen rechtswidrigen Realakt in seinen Rechten verletzte Bürger hat einen entsprechenden Beseitigungs- und Wiederherstellungsanspruch, den er notfalls gerichtlich mit der allgemeinen Leistungsklage (→ RN 44) durchsetzen kann.

III. Grundbegriffe des Verwaltungsrechts

1. Der Grundsatz der Gesetzmäßigkeit der Verwaltung   **20**

Wesentliche Bedingung des modernen Rechtsstaats ist die Beachtung des Grundsatzes der Gesetzmäßigkeit der Verwaltung. Er beinhaltet zwei Komponenten:

- **Vorrang des Gesetzes**

  Der Vorrang des Gesetzes besagt, daß jedes Verwaltungshandeln, auch soweit es nicht in die Rechte einzelner eingreift, die bestehenden Gesetze beachten muß.

  > **Beispiel:** Die Behörde darf z.B. nicht bei einer Planfeststellung für eine Abfalldeponie (→ RN 36 ff.) auf die vorgeschriebene Umweltverträglichkeitsprüfung verzichten, weil sie der Meinung ist, der Abfall müsse um jeden Preis in der betreffenden Region entsorgt werden.

- **Vorbehalt des Gesetzes**

  Aufgrund des Vorbehalts des Gesetzes darf die Verwaltung nur tätig werden, wenn sie dazu in einem Gesetz ausdrücklich ermächtigt worden ist. Über staatliche Maßnahmen, die in die Rechts- und Freiheitssphäre des Bürgers eingreifen, ihn belasten und ihn in seinem Handlungsspielraum einengen, soll danach grundsätzlich der Gesetzgeber entscheiden. Die allgemeine gesetzliche Zuweisung bestimmter Aufgabenbereiche reicht insoweit nicht aus. Erforderlich ist vielmehr eine nach Inhalt, Gegenstand, Zweck und Ausmaß hinreichend bestimmte **Befugnisnorm**.

  > **Beispiel:** Ein Chemieunternehmen verstößt gegen die Anmeldepflicht für das „In-Verkehr-Bringen" neuer Stoffe nach § 4 ChemG. Um die Verbreitung des Stoffes zu verhindern, bedarf die zuständige Aufsichtsbehörde einer konkreten Befugnisnorm, hier § 23 ChemG.

Der Grundsatz des Vorbehalts des Gesetzes gilt zunächst einmal für den gesamten Bereich der Eingriffsverwaltung. Aber auch für die Bereiche der Leistungsverwaltung, also etwa die Vergabe von Subventionen, wird seine Anwendung mit gewissen Einschränkungen zunehmend bejaht, denn den Vorteilen, die ein Einzelner empfängt, korrespondieren in der Regel Benachteiligungen Dritter, so z.B. bei konkurrierenden Unternehmen.

2.   Hoheitliche Handlungsspielräume

21   Die Tätigkeit der Verwaltung vollzieht sich, wie eben dargelegt, unter der Herrschaft des Rechts. In vielen Gesetzen sind Tatbestand und Rechtsfolge (→ Kap. 2/RN 27) denn auch eindeutig formuliert; die Gesetzesbindung der Verwaltung ist dementsprechend strikt (sog. gebundene Verwaltung). Die Gesetzesbindung kann aber auch gelockert werden, indem der Verwaltung bewußt sog. **Beurteilungs-** und **Ermessensspielräume** eingeräumt werden. Man spricht insoweit von der sog. gestaltenden Verwaltung. Sinn und Zweck solcher Beurteilungs- und Ermessensspielräume ist es, der Verwaltung aus Gründen einer effektiven Aufgabenwahrnehmung Freiräume für eigene **Zweckmäßigkeitserwägungen** zu schaffen. Sie soll in die Lage versetzt werden, unter Berücksichtigung aller Umstände jeweils angemessen und flexibel auf unterschiedliche Sachverhalte zu reagieren.

> **Beispiel:** Welche Einzelmaßnahmen von den zuständigen Sicherheitsbehörden bei einem größeren Unfall in einem Chemiewerk zu treffen sind (Evakuierung der umliegenden Häuser, Einstellung des Betriebs, Heranziehung bestimmter Spezialisten usw.) kann vom Gesetzgeber im voraus kaum bestimmt werden.

a) Ermessen

Ermessen bezeichnet die Befugnis der Verwaltungsbehörde, bei Verwirklichung eines gesetzlichen Tatbestandes zwischen verschiedenen Verhaltensweisen (Rechtsfolgen) unter Zweckmäßigkeitsgesichtspunkten eine Auswahl zu treffen. Statt an den Tatbestand eine bestimmte Rechtsfolge zu knüpfen (wenn x, dann y), wird die Verwaltung ermächtigt, die **Rechtsfolge** selbst zu bestimmen. Dabei stehen ihr entweder zwei oder mehrere Möglichkeiten zur Verfügung (wenn x, dann a, b oder c) oder ihr ist ein gewisser Handlungsbereich zugewiesen. Das Ermessen kann sich darauf beziehen, *ob* und *wann* die Verwaltung eine zulässige Maßnahme treffen will (**Entschließungsermessen**), und/oder darauf, welche von verschiedenen zulässigen Maßnahmen sie ergreifen, also *wie* und gegen *wen* sie einschreiten möchte (**Auswahlermessen**). Eine besondere Form des Ermessen stellt das noch weiter unten zu behandelnde **Planungsermessen** (→ RN 40) dar.

22

> **Beispiel:** Kommt der Betreiber einer immitierenden Anlage, z.B. eines Fußballplatzes, einer vollziehbaren Anordnung nach § 24 BImSchG nicht nach, etwa dem Gebot, um den Fußballplatz aus Lärmschutzgründen eine Hecke zu pflanzen (Tatbestand), so *kann* die zuständige Behörde den Betrieb des Fußballplatzes ganz oder teilweise untersagen (§ 25 BImSchG) (Rechtsfolge). Ob die Behörde bei Vorliegen des Tatbestandes den Betrieb untersagt und in welchem Umfang, bleibt grundsätzlich ihr selbst überlassen und wird davon abhängen, wie stark die Lärmbeeinträchtigungen sind, warum der Betreiber der Anordnung nicht Folge geleistet hat usw.
>
> Wann eine Rechtsnorm Ermessen einräumt, muß durch Auslegung ermittelt werden. Nur selten findet sich hier ein ausdrücklicher Hinweis im Gesetz selbst (vgl. z.B. § 22 VwVfG). Ein relativ sicheres Indiz für die Einräumung eines Ermessens ist der Gebrauch des Wortes „kann". Darüber hinaus läßt sich in der Regel auch von Formulierungen wie „darf", „ist zulässig", „ist berechtigt", „ist ermächtigt" auf eine Ermessensbefugnis schließen. „Soll" ist in diesem Zusammenhang als „muß" zu lesen, es sei denn, es liegt eine besonderer Fall vor (sog. **Ausnahme-Ermessen**).

Ermessen bedeutet nicht, daß die Verwaltung entscheiden und handeln kann wie sie möchte. Die Behörde hat ihr Ermessen vielmehr entsprechend dem Zweck der Ermächtigung auszuüben und die gesetzlichen Grenzen des Ermessens einzuhalten. Zwar ist den Verwaltungsgerichten die Überprüfung von reinen Zweckmäßigkeitserwägungen der Verwaltung grundsätzlich verwehrt.

23
→ § 40 VwVfG
→ § 114 VwGO

Ausgenommen von diesem Verbot sind aber sog. **Ermessensfehler**, die auf einer Nichtbeachtung der *rechtlichen* Grenzen des Ermessens beruhen. Solche Ermessensfehler liegen vor:

- wenn die Behörde von dem ihr zustehenden Ermessen keinen Gebrauch macht, weil sie irrtümlicherweise oder aus Nachlässigkeit annimmt, sie sei kraft zwingenden Rechts zum Handeln verpflichtet oder nicht verpflichtet (sog. **Ermessensnichtgebrauch**). Die Einräumung einer Ermessensbefugnis beinhaltet immer die Pflicht zu prüfen, ob ein Einschreiten im konkreten Fall angebracht ist oder nicht.

> **Beispiel:** Der in der Nähe einer Kirche wohnende A beantragt bei der zuständigen Behörde, gegen das frühzeitige und ruhestörende Glockenläuten einzuschreiten; die zuständige Behörde unternimmt nichts, weil sie irrtümlich glaubt, sie sei überhaupt nicht befugt, gegenüber Kirchen Anordnungen zu erlassen.

- wenn die Behörde eine nicht mehr im Rahmen der Ermessensvorschrift liegende Rechtsfolge wählt (sog. **Ermessensüberschreitung**).

> **Beispiel:** Die Behörde verlangt eine Gebühr von DM 90,—, obwohl für die konkrete Verwaltungsangelegenheit nach der Gebührenordnung nur eine Gebühr zwischen DM 5,— und DM 50,— verlangt werden darf.

- wenn die Behörde sich nicht ausschließlich vom Zweck der Ermessensvorschrift leiten läßt, sondern sachfremde Beweggründe in die Entscheidungsfindung mit einfließen läßt bzw. solche öffentlichen und privaten Interessen, die zu beachten sind, in ihre Erwägungen gerade nicht mit einbezieht (sog. **Ermessensfehlgebrauch**). An dieser Stelle kommen vor allem die Grundrechte, insbesondere das Gleichheitsgebot (→ Kap. 2/RN 11) und der Grundsatz der Verhältnismäßigkeit (→ RN 30) zum Tragen, die bei jeder Ermessensentscheidung zu berücksichtigen sind.

> **Beispiel:** Ermessensfehlerhaft in diesem Sinne sind z.B. persönliche oder parteipolitische Rücksichtnahmen.

24   Im Einzelfall kann sich jedoch auch im Rahmen des Ermessens die Wahlmöglichkeit auf *eine* Alternative reduzieren. Das ist dann der Fall, wenn nur noch eine Entscheidung ermessensfehlerfrei ist, alle anderen Entscheidungen ermessensfehlerhaft wären. Die Behörde ist dann verpflichtet, diese eine ihr noch verbleibende Entscheidung zu „wählen". Man spricht in diesen Fällen von „**Ermessensreduzierung auf Null**" oder „**Ermessensschrumpfung**".

> **Beispiel:** Soweit ausnahmsweise Leib und Leben durch schädliche Umwelteinwirkung einer nicht genehmigungsbedürftigen Anlage im Sinne des § 22 BImSchG gefährdet sind, ist die zuständige Behörde nach § 24 BImSchG verpflichtet, schützend einzugreifen.

b) Unbestimmter Rechtsbegriff

Von der Einräumung eines Ermessensspielraums auf der Rechtsfolgenseite   **25**
einer Norm strikt zu unterscheiden ist die Verwendung sog. „unbestimmter
Rechtsbegriffe" auf der Tatbestandsseite. Unbestimmte Rechtsbegriffe zeichnen sich durch einen besonders hohen Abstraktionsgrad aus; ihr Bedeutungs-
gehalt läßt sich über den reinen Wortlaut meistens kaum erschließen.

> **Beispiel:** Während etwa Tatbestandsmerkmale wie Tiergehege, Auskunft,
> Grundstück, Meeresstrand, Grundwasser usw. relativ klar gefaßt sind, bleibt
> der konkrete Bedeutungsgehalt solcher Gesetzesbegriffe wie: Wohl der Allge-
> meinheit, Stand der wissenschaftlichen Erkenntnis, öffentliches Interesse,
> wichtiger Grund, Verkehrsinteressen, Zuverlässigkeit, Beeinträchtigung des
> Landschaftsbilds zunächst einmal unbestimmt.

Unbestimmte Rechtsbegriffe bedürfen daher in ganz besonderem Maße der
Auslegung. Trotz ihrer Unbestimmtheit geht man aber davon aus, daß nur *eine*
Auslegungsvariante im konkreten Fall rechtmäßig ist: Entweder das Bauwerk
beeinträchtigt das Landschaftsbild oder es beeinträchtigt es nicht. Entweder
die Filteranlage entspricht dem neusten Stand der wissenschaftlichen Erkenntnis oder sie tut es nicht. – Natürlich gibt es viele Fälle, in denen erhebliche
Unsicherheit darüber besteht, welche Alternative nun wirklich zutrifft. Dieses
Erkenntnisproblem wird aber letztlich negiert, so daß das Verwaltungsgericht
die Auslegung eines unbestimmten Rechtsbegriffs im konkreten Fall *voll
überprüfen* kann.

c) Beurteilungsspielräume

Ausnahmsweise wird der Verwaltung bei der Auslegung unbestimmter   **26**
Rechtsbegriffe aber ein sog. Beurteilungsspielraum zuerkannt. Ihr ist dann
auch auf der Tatbestandsseite einer Norm ein Bereich eigener, gerichtlich
nicht weiter überprüfbarer Wertung und Entscheidung zugewiesen. Die Verwaltungsgerichte haben die innerhalb dieses Bereichs liegende Entscheidung
grundsätzlich hinzunehmen und können nur prüfen, ob die **Grenzen des Be-
urteilungsspielraums** beachtet wurden. Dabei bedienen sie sich der Kriteri-
en, die wir soeben bei der Ermessensfehlerlehre kennengelernt haben (→ RN
23).

Ein Beurteilungsspielraum wird in den Fällen bejaht, in denen das Gericht   **27**
die Entscheidung nicht vollständig nachvollziehen kann, und zwar aufgrund:

- der besonderen Entscheidungssituation,

> **Beispiele:** Prüfungsentscheidungen, Beamtenrechtliche Beurteilungen.

- der besonderen Sachkenntnis des Entscheidungsgremiums,

> **Beispiele:** Prüfung der Befähigung zum Architekten durch unabhängigen Sachverständigenausschuß, Bewertung von Weizensorten durch unabhängigen Sachverständigenausschuß.

- des besonderen Entscheidungsgegenstands,

> **Beispiel:** Prognoseentscheidungen und Risikobewertungen im Bereich des Umweltrechts, z.B. die Vorsorge gegen Gefahren durch den Betrieb von Kernkraftwerken.

- des unabhängigen, pluralistisch zusammengesetzen Entscheidungsgremiums.

> **Beispiel:** Indizierung jugendgefährdender Schriften durch die Bundesprüfstelle.

Hinzuweisen bleibt noch darauf, daß Ermessen, unbestimmter Rechtsbegriff und Beurteilungsspielraum auch in Kombination auftreten können.

	Tatbestand	**Rechtsfolge**
Gerichtlich voll überprüfbar	unbestimmter Rechtsbegriff	
Gerichtlich nur eingeschränkt überprüfbar	Beurteilungsspielraum	Ermessen

3.   Das subjektive öffentliche Recht

28
→ Art. 19 IV GG

Das subjektive Recht und sein Unterschied zum objektiven Recht haben wir schon bei der Einführung in das Recht (→ Kap. 2/RN 24) kennengelernt. An dieser Stelle wollen wir uns noch einmal kurz den Besonderheiten des subjektiv *öffentlichen* Rechts zuwenden, also der dem Einzelnen kraft öffentlichen Rechts verliehenen Rechtsmacht, vom Staat zur Verfolgung eigener Interessen ein bestimmtes Verhalten (Tun, Dulden, Unterlassen) verlangen zu können.

Die eminente praktische Bedeutung der subjektiven öffentlichen Rechte liegt vor allem in der Möglichkeit ihrer *gerichtlichen Durchsetzbarkeit.* Nach der im Grundgesetz verankerten Rechtswegsgarantie steht jedem, der durch die Verwaltung in seinen Rechten verletzt ist, der Gerichtsweg offen. Der Bürger kann folglich immer dann, aber auch nur dann, die Gerichte anrufen, wenn er die Verletzung subjektiver Rechte geltend machen kann (sog. **Klagebefugnis** – zu den Einzelheiten des verwaltungsgerichtlichen Rechtsschutzes, der durch die Verwaltungsgerichtsordnung [VwGO] im einzelnen ausgeformt ist → RN 41 ff.).

Beispiel: Ohne Berufung auf subjektiv öffentliche Rechtsposition ist es dem Nachbar z.B. nicht möglich, sich gerichtlich gegen eine rechtswidrig erteilte Genehmigung für den Bau eines Mehrfamilienhauses oder den Betrieb einer emittierenden Anlage neben seinem Grundstück zur Wehr zu setzen.

Voraussetzung für die Annahme eines subjektiven Rechts ist: **29**

(1) das Vorliegen einer Rechtsnorm, die die Verwaltung zu einem bestimmten Verhalten verpflichtet (Rechtspflicht der Verwaltung),

(2) der mit der Rechtsnorm – zumindest auch – bezweckte Schutz von Individualinteressen einzelner Bürger (**sog. Schutznormtheorie**). Der Kreis der Berechtigten muß insofern *abgrenzbar* sein.

Ob diese Voraussetzungen vorliegen, ist durch *Auslegung* zu ermitteln. Schwierigkeiten bereiten vor allem die Fallkonstellationen, in denen – wie oben im Beispiel – die Verwaltung gegenüber einer bestimmten Person (Bauherr, Anlagenbetreiber) tätig oder nicht tätig wird und dieses Verhalten mittelbare Auswirkungen auf Dritte (Nachbar) hat (sog. **Drittschutzfälle**).

Beispiel: Aufgrund der Verwendung des Wortes „Nachbarschaft" in § 5 I Nr. 1 BImSchG ist diese Norm als drittschützendes subjektives Recht anerkannt, während das Vorsorgeprinzip in § 5 I Nr. 2 BImSchG nach h.M. keine drittschützende Wirkung besitzt. Soweit die behördliche Erteilung einer immissionsschutzrechtlichen Genehmigung gegen § 5 I 1 Nr. 1 BImSchG verstößt, kann der Nachbar einer emittierenden Anlage daher gegen die Genehmigung gerichtlich vorgehen. Verstöße gegen § 5 I Nr. 2 BImSchG können dagegen mangels Klagebefugnis nicht gerichtlich geltend gemacht werden.

4. Verhältnismäßigkeit

Nicht nur die Verwaltung, sondern auch der Gesetzgeber ist an den Grundsatz   **30**
der Verhältnismäßigkeit gebunden. Danach sind nur solche staatlichen Maßnahmen zulässig:

(1) mit deren Hilfe der gewünschte Erfolg gefördert werden kann. Es bedarf jedoch nicht des Einsatzes des bestmöglichen oder geeignetsten Mittels, vielmehr genügt ein Beitrag zur Zielerreichung (**Gebot der Geeignetheit**).

(2) Ferner darf das Ziel der Maßnahme nicht durch ein anderes, gleich wirksames Mittel erreichbar sein, das die Rechte des Einzelnen weniger fühlbar einschränkt (**Gebot der Erforderlichkeit**).

(3) Schließlich muß die Maßnahme **proportional** oder **verhältnismäßig im engeren Sinne** sein, d.h., sie darf nicht außer Verhältnis zum erstrebten Erfolg stehen, die mit ihr verbundenen Nachteile dürfen die Vorteile nicht überwiegen.

Im Verwaltungsrecht findet der Verhältnismäßigkeitsgrundsatz in erster Linie dort Anwendung, wo der Behörde vom Gesetz ein Entscheidungsspielraum eingeräumt wurde (→ RN 21 ff.), den sie selbständig auszufüllen hat.

> **Beispiel:** So ist etwa im Fall des „lauten Fußballplatzes" (→ RN 22) die von der Behörde im Rahmen ihrer Ermessensausübung getroffene Anordnung, zur Lärmminderung eine Hecke zu pflanzen, geeignet die Lärmimmissionen zu vermindern. Mildere, gleich geeignete Maßnahmen sind nicht ersichtlich. Insbesondere ein (zeitlich beschränktes) Benutzungsverbot würde den Betreiber stärker beeinträchtigen. Schließlich erscheint die Maßnahme auch unter finanziellen Gesichtspunkten zumutbar, d.h. verhältnismäßig im engeren Sinne.

IV. Verwaltungsverfahren

31   Einzelfallentscheidungen der Verwaltung, die den Bürger in seinen Rechten berühren, werden in einem sog. Verwaltungsverfahren getroffen. Während die Handlungsform das *Endprodukt* des Verwaltungshandelns bezeichnet (Verwaltungsakt, öffentlich-rechtlicher Vertrag usw.), betrifft das Verwaltungsverfahren die *Art und Weise der Entscheidungsfindung* und ihre *Durchsetzung*.

1. Allgemeines Verwaltungsverfahren

32   Soweit in speziellen Vorschriften nicht etwas Besonderes geregelt ist, richtet sich der Ablauf des allgemeinen Verwaltungsverfahrens nach dem Verwaltungsverfahrensgesetz.

Das Bundesverwaltungsverfahrensgesetz (VwVfG) ist anzuwenden bei der Ausführung von Bundesgesetzen durch Bundesbehörden bzw. bundesunmittelbare Körperschaften, Anstalten und Stiftungen des öffentlichen Rechts sowie bei der Ausführung von Bundesgesetzen durch Landesbehörden, wenn sie Bundesrecht im Auftrage des Bundes oder als eigene Angelegenheit ausführen; letzteres allerdings nur, sofern nicht ein Landesverwaltungsverfahrensgesetz (z.B. BayVwVfG) besteht. In den übrigen Fällen, die den weitaus größten Teil des Verwaltungsalltags ausmachen, sind die inzwischen in fast allen Bundesländern bestehenden Landesverwaltungsverfahrensgesetze anzuwenden, deren Wortlaut und Inhalt mit dem Bundesverwaltungsverfahrensgesetz weitgehend identisch ist.
  Zu den wesentlichen Regelungen des VwVfG gehören solche über: die Handlungs- und Beteiligtenfähigkeit (§§ 11–21 VwVfG), den Untersuchungsgrundsatz (§ 24 VwVfG), die Beweismittel (§§ 26 f. VwVfG), die Anhörung (§ 28 VwVfG), Akteneinsichtsrechte (§§ 29 f. VwVfG), Berechnung von Fristen und Terminen (§§ 31 f. VwVfG), den Verwaltungsakt inklusive möglicher Nebenbestimmungen, Heilungs-

und Unbeachtlichkeitsklauseln sowie Rücknahme und Widerruf (§§ 35-52 VwVfG), die Zulässigkeit des öffentlich-rechtlichen Vertrages (§§ 54–62 VwVfG). Ebenfalls dort geregelt ist das unter bestimmten Voraussetzungen erforderliche (z.B. bei Besteuerungsverfahren, der Flurbereinigung oder Ordnungswidrigkeitenverfahren) **förmliche Verwaltungsverfahren** (§§ 63–71 VwVfG), das im Vergleich zum grundsätzlich formlosen Verwaltungsverfahren einige Besonderheiten aufweist (schriftlicher Antrag, Mitwirkungspflicht von Zeugen und Sachverständigen, mündliche Verhandlung, kein Widerspruchsverfahren → RN 45) und das weiter unten noch ausführlicher zu behandelnde **Planfeststellungsverfahren** (§§ 72–78 VwVfG).

Seit geraumer Zeit versucht der Gesetzgeber, das mitunter als sehr zeitraubend empfundene Verwaltungsverfahren zum Abbau von Investitionshemmnissen und zur Sicherung des Wirtschaftsstandorts Deutschland zu straffen. Zuletzt (1996) hat er aus diesem Grund die Heilungs- und Unbeachtlichkeitsvorschriften bei Verfahrens- und Formfehlern weiter ausgebaut (§§ 45 f. VwVfG) und umfassende Beratungspflichten der Genehmigungsbehörden und beschleunigte Verfahrensmodelle festgelegt (§§ 71a–71e VwVfG). Darüber hinaus ist das Planfeststellungsverfahren weiter gestrafft worden. Dem Ziel des Verfahrens, das kein Selbstzweck ist, sondern eine sachgerechte Entscheidung herbeiführen soll, wird dadurch nicht immer gedient.

33   Die **Zustellung von Schriftstücken** erfolgt auf Bundesebene nach dem Verwaltungszustellungsgesetz (VwZG). Mögliche Zustellungsarten: Zustellung durch Post mit Zustellungsurkunde oder mittels eingeschriebenen Briefes, Zustellung durch die Behörde gegen Empfangsbekenntnis oder Vorlegen der Urschrift.

34   Die **Vollstreckung** einer getroffenen Entscheidung ist im Verwaltungsvollstreckungsgesetz (VwVG) geregelt. Zwangsmittel sind danach: die Ausführung der angeordneten Maßnahme durch die Vollzugsbehörde oder einen anderen auf Kosten des Pflichtigen (sog. Ersatzvornahme), das Zwangsgeld und der unmittelbare Zwang.

35   **Kosten** für die Inanspruchnahme von Leistungen der öffentlichen Verwaltung (z.B. Beglaubigungen, Genehmigungen usw.) werden nach dem Verwaltungskostengesetz (VwKostG) erhoben.

Alle drei letztgenannten Gesetze haben wie das VwVfG ein entsprechendes Pendant auf Landesebene, denn die Landesbehörden führen nicht nur die Landesgesetze, sondern auch die Bundesgesetze als eigene Angelegenheit aus.

2. Planfeststellungsverfahren

36   Den Besonderheiten der hoheitlichen Handlungsform Plan entspricht bei der fachbezogenenen Raumplanung ein besonderes Verwaltungsverfahren: das sog. Planfeststellungsverfahren. Aufgrund seiner Bedeutung in der Praxis, gerade auch im Hinblick auf den Umweltschutz, und seines komplizierten Ablaufs soll es hier genauer dargestellt werden.

> **Beispiele:** Bundesrechtlich vorgesehen ist ein Planfeststellungsverfahren z.B. für:
>
> - den Bau oder die Änderung einer Bundesfernstraße, Bundesautobahn, Bundesstraße (Bundesfernstraßenrechtliche Planfeststellungen, § 17 FStrG);
> - die Errichtung oder Änderung eines Flughafens oder eines Landeplatzes mit beschränktem Bauschutzbereich (Luftverkehrsrechtliche Planfeststellungen, § 8 LuftVG);

- die Errichtung und den Betrieb einer Anlage des Bundes zur Sicherstellung und zur Entladung radioaktiver Abfälle sowie die wesentliche Änderung einer solchen Anlage und ihres Betriebs (Atomrechtliche Planfeststellungen, § 9b AtG);
- den Bau oder die Änderung einer Straßenbahn i.S.d. PBefG, also auch einer U-Bahn (Personenbeförderungsrechtliche Planfeststellungen, § 28 PBefG);
- den Ausbau, die Herstellung, die Beseitigung oder die wesentliche Umgestaltung eines Gewässers oder seiner Ufer sowie Deich- und Dammbauten, die den Hochwasserabfluß beeinflussen (Wasserrechtliche Planfeststellungen, § 31 WHG);
- die Errichtung und den Betrieb einer Abfalldeponie (Abfallrechtliche Planfeststellung, § 31 II KrW-/AbfG).

a) Ablauf des Planfeststellungsverfahren

37
→ §§ 72 ff.
VwVfG

Grundsätzlich sind für den Ablauf des in der Praxis oft mehrere Jahre dauernden Planfeststellungsverfahrens die Regelungen im Verwaltungsverfahrensgesetz maßgeblich, es sei denn, die jeweiligen Fachgesetze enthalten abweichende Bestimmungen. Grob skizziert läuft das Verfahren wie folgt ab:

→ § 73 I
VwVfG

(1) Antrag
Der Vorhabenträger reicht zur Durchführung des Planfeststellungsverfahrens für das planfeststellungsbedürftige Objekt einen Antrag bei der zuständigen Behörde ein.

→ § 73 II
VwVfG

(2) Behördenanhörung
Die Planfeststellungs- bzw. Anhörungsbehörde gibt denjenigen Fachbehörden Gelegenheit zur Stellungnahme, deren Aufgabenbereich durch das Vorhaben in irgendeiner Weise berührt ist.

→ § 73 III
VwVfG

(3) Auslegung des Antrags und öffentliche Bekanntmachung
Der Antrag des Vorhabenträgers ist zusammen mit den erforderlichen Unterlagen je nach Vorhaben für die Dauer zwischen zwei Wochen und zwei Monaten öffentlich an den ortsüblichen Stellen in den jeweiligen Gemeinden auszulegen, damit die betroffenen Bürger ihre Beteiligungsrechte effektiv wahrnehmen können.

→ § 73 IV
VwVfG

(4) Einwendungen
Während der Auslegungsfrist bzw. innerhalb einer auch später ablaufenden Frist können sachliche Einwendungen gegen das Vorhaben erhoben werden. Einwendungsbefugt ist entweder **jedermann** oder nur derjenige, dessen Belange durch das Vorhaben berührt werden (sog. **Interessenbeteiligung**). Der Ablauf der Auslegungsfrist hat zumindest die **formelle Präklusion** zur Folge, d.h., die verspäteten Einwendungen müssen im Erörterungstermin nicht mehr erörtert werden. Neuerdings führt der Ablauf der Frist aber auch zur **materiellen Präklusion**, d.h., in einem späteren Verwaltungsgerichtsprozeß kann die Klage nicht mehr auf Umstände gestützt werden, die bereits im Wege der Einwendung hätten geltend gemacht werden können und die der Planfeststellungsbehörde nicht unabhängig von der Geltendmachung bekannt waren.

→ § 73 VI
VwVfG

(5) Erörterungstermin
Die rechtzeitig erhobenen Einwendungen (bei Großverfahren häufig mehrere tausend) werden unter dem Vorsitz der Anhörungsbehörde und unter Beisein der Antragsteller mit den Einwendern erörtert. Der Erörterungstermin kann sich unter Umständen über Wochen hinziehen und findet in der Praxis oft in emotional aufgeladener Atmosphäre statt. Das Ziel des Erörterungstermins, zur allgemeinen Sachaufklärung beizutragen, die Einwender zu informieren und zu befrieden und vorgelagerten Rechtsschutz zu gewähren, wird nicht immer erreicht.

(6)   Erlaß des Planfeststellungsbeschlusses

Am Ende des Planfeststellungsverfahrens steht der Erlaß des Planfeststellungsbeschlusses durch die zuständige Planfeststellungsbehörde. Die Planfeststellungsbehörde entscheidet dabei über alle entscheidungserheblichen Fragen, so daß alle potentiell Betroffenen die möglichen Auswirkungen des Planfeststellungsbeschlusses erkennen können.

→ § 74
VwVfG

b) Inhalt und Wirkung des Planfeststellungsbeschlusses

Der Planfeststellungsbeschluß ergeht in Form eines Verwaltungsaktes (→ RN 10). Dieser Verwaltungsakt beinhaltet die:

38
→ § 75
VwVfG

- **Gestattungswirkung:**

  Durch den Planfeststellungsbeschluß wird die Zulässigkeit des Vorhabens einschließlich der notwendigen Folgemaßnahmen an anderen Anlagen im Hinblick auf alle von ihm berührten öffentlichen Belange festgestellt.

- **Konzentrationswirkung:**

  Da sämtliche rechtlich relevanten Vorschriften im Planfeststellungsverfahren beachtet werden müssen, bedarf es neben dem Planfeststellungsbeschluß keiner anderen behördlichen Entscheidung, insbesondere keiner öffentlich-rechtlichen Genehmigung, Verleihung, Bewilligung, Zustimmung usw.

- **Gestaltungswirkung:**

  Alle öffentlich-rechtlichen Beziehungen zwischen dem Träger des Vorhabens und den durch den Plan betroffenen Rechtsträgern (→ Kap. 2/RN 26) werden im Planfeststellungsbeschluß abschließend geregelt. Soweit z.B. dort eine Auflage enthalten ist, die Kosten für Lärmschutzfenster zu übernehmen, kann der Begünstigte einen entsprechenden Anspruch direkt auf den Planfeststellungsbeschluß stützen.

- **Duldungs- bzw. Ausschlußwirkung:**

  Sobald der Planfeststellungsbeschluß unanfechtbar geworden ist, sind privat- oder öffentlich-rechtliche Ansprüche auf Unterlassung des Vorhabens, auf Beseitigung oder Änderung der Anlagen oder auf Unterlassung ihrer Benutzung ausgeschlossen. Von dieser (auch privatrechtsgestaltenden) Ausschlußwirkung werden insbesondere gesetzliche privatrechtliche Unterlassungs-, Änderungs- oder Beseitigungsansprüche betroffen.

- **Enteignungsvorwirkung:**

  Unabhängig von der Duldungs- und Ausschlußwirkung sind häufig fremde Rechte, insbesondere von Grundstückseigentümern, durch die Verwirklichung des Vorhabens betroffen. Die entsprechenden Festsetzungen im Planfeststellungsbeschluß berechtigen dann zur Enteignung nach Maßgabe der einschlägigen (landesrechtlichen) Enteignungsgesetze.

39

→ § 74 II 2, 3
VwVfG

Im Planfeststellungsbeschluß können auch **Schutzauflagen** und **Entschädi-
gungsansprüche** festgesetzt werden. Das ist immer dann der Fall, wenn das
Vorhaben als solches zwar zulässig erscheint, einzelne Personen aber durch
Lärmimmissionen usw. unzumutbar beeinträchtigt werden. Hier sind dem
Träger des Vorhabens Vorkehrungen oder die Errichtung und Unterhaltung
von Anlagen aufzuerlegen, die zum Wohle der Allgemeinheit oder zur Vermeidung nachteiliger Wirkungen auf Rechte anderer erforderlich sind. Bestehen für derartige Vorkehrungen keine Möglichkeiten oder sind sie mit dem
Vorhaben unvereinbar, so hat der Betroffene Anspruch auf eine angemessene
finanzielle Entschädigung.

c) Rechtliche Schranken der planerischen Gestaltungsfreiheit

40

Das Ergebnis eines Planfeststellungsverfahrens ist nicht von vornherein gesetzlich vorgegeben. Gerade *im* und *durch* das Verfahren soll die Entscheidung gefunden werden. Statt konditional („Wenn-Dann-Schema" → Kap. 2/
RN 27) ist die Planung final programmiert, d.h. zweck- und zielausgerichtet.
Ähnlich wie das Ermessen (→ RN 23) unterliegt aber auch das Planungsermessen rechtlichen Grenzen und insoweit auch der gerichtlichen Überprüfbarkeit.

- **Planrechtfertigung**

  Die gemeinnützige Planfeststellung, die Vorhaben zum Gegenstand haben,
  mit denen unmittelbar zum Wohl der Allgemeinheit öffentliche Aufgaben
  wahrgenommen werden, bedarf zunächst der Planrechtfertigung, d.h. die
  entsprechenden Vorhaben müssen als solche aus objektiver Sicht „vernünftigerweise geboten" sein. Andernfalls ließen sich die von der Planung
  oft ausgehenden Einwirkungen auf Rechte Dritter nicht legitimieren. Die
  Frage der konkreten Dimensionierung des Vorhabens braucht insoweit
  jedoch noch nicht beantwortet zu werden.

- **Planungsleitsätze**

  Zwingende Planungsleitsätze sind strikt zu beachten.

> **Beispiel:** So führt z.B. ein Verstoß gegen das Kreuzungsverbot auf Autobah-
> nen (§ 1 III FStrG), die planerisch mit besonderen Anschlußstellen ausgestattet
> werden müssen, zur Rechtswidrigkeit eines entsprechenden Planfeststellungs-
> beschlusses.

- **Abwägungsgebot**

  Jede Planung unterliegt dem Abwägungsgebot, d.h. alle durch das Plan-
  vorhaben berührten öffentlichen und privaten Belange müssen gegeneinander und untereinander mit dem Ziel der Planung abgewogen werden.
  Das gilt sowohl für das „ob" als auch das „wie" der Planung. Nach der
  sog. **Abwägungsfehlerlehre** ist das Abwägungsgebot verletzt, wenn:

- eine sachgerechte Abwägung überhaupt nicht stattfindet („**Abwägungsausfall**"),
- in die Abwägung Belange nicht einbezogen werden, die nach Lage der Dinge einbezogen werden müssen („**Abwägungsdefizit**"),
- die Bedeutung der betroffenen Belange verkannt und dadurch ihre Gewichtung in ihrem Verhältnis zueinander und der Ausgleich zwischen ihnen in einer Weise vorgenommen wird, durch die die objektive Gewichtigkeit einzelner dieser Belange völlig verfehlt wird („**Abwägungsfehlgewichtung**"). Dabei sind neben den sog. gesetzlichen Optimierungsgeboten (z.B. § 1 BNatSchG, § 50 BImSchG) auch Planungsalternativen zu berücksichtigen, soweit sie sich nach Lage der Dinge anbieten oder aufdrängen.

> **Beispiel:** Die Stadt M will einen Flughafen 40 km vom Stadtkern entfernt in der Nähe eines Nationalparks in einer nebelträchtigen Senke bauen. In die Abwägung einbezogen werden müssen nicht nur die Nebelgefahr und die Nähe zum Nationalpark, sondern auch die Entfernung zum Stadtkern und die damit auftretenden Verkehrsprobleme. Dabei kommt der Nebelgefahr aufgrund der zu erwartenden Beeinträchtigung des Flugverkehrs ganz besonderes Gewicht zu. Nur soweit Planungsalternativen nicht ersichtlich sind und ein unabweisliches Verkehrsbedürfnis besteht, ließe sich der Bau rechtfertigen, andernfalls läge eine Abwägungsfehlgewichtung vor.

Die gerichtliche Überprüfung eines Planfeststellungsbeschlusses kann mit der Anfechtungsklage ($\rightarrow$ RN 44) herbeigeführt werden. Schutzansprüche, etwa auf Bau eines Lärmwalls (sog. **Planergänzungsanspruch**) sind grundsätzlich mit der Verpflichtungsklage ($\rightarrow$ RN 44) zu erstreiten.

V. Rechtsschutz

Die Kontrolle des Verwaltungshandelns obliegt der Verwaltungsgerichtsbarkeit. Der Begriff beschränkt sich heute auf die allgemeine Verwaltungsgerichtsbarkeit im Gegensatz zur Gerichtsbarkeit in besonderen Zweigen der öffentlichen Verwaltung (z.B. Finanzgerichtsbarkeit, Sozialgerichtsbarkeit).

41

Die Verwaltungsgerichtsbarkeit hat zunehmend an Bedeutung gewonnen. Ausgehend von der allgemeinen Rechtsschutzgarantie kann der Bürger gegen alle verwaltungsrechtlichen Maßnahmen klagen, die ihn in seinen subjektiven Rechten verletzen ($\rightarrow$ RN 28 f.). Folglich kontrollieren die Verwaltungsgerichte einen Großteil des Verwaltungshandelns.

$\rightarrow$ Art. 19 IV GG

Die Verwaltungsgerichtsbarkeit umfaßt grundsätzlich drei **Instanzen**, nämlich das Verwaltungsgericht als Ausgangsinstanz (VG), das Oberverwaltungsgericht als Berufungsinstanz (OVG) und das Bundesverwaltungsgericht als Revisionsinstanz [BVerwG]. Während in der Ausgangs- und Berufungsinstanz sowohl die Sachfrage (Was ist wirklich passiert?) als auch die Rechtsfrage (Wie ist das Geschehene rechtlich zu beurteilen?) geklärt wird, beschränkt sich die Revision auf die Überprüfung der Rechtsfrage.

Zwar besteht die Möglichkeit, nach Erschöpfung des Instanzenzuges gegen das Endurteil ebenso wie gegen ein Gesetz oder eine Verwaltungsmaßnahme Verfassungsbeschwerde vor dem **Bundesverfassungsgericht** (BVerfG) zu erheben. Der Kläger kann sich hier aber nur auf die Verletzung von originärem Verfassungsrecht berufen,

42

Fragen des einfachen Rechts werden nicht geprüft: Das Bundesverfassungsgericht ist *keine* Superrevisionsinstanz, sondern ein Verfassungsorgan. Dementsprechend liegt die Erfolgsquote von Verfassungsbeschwerden ziemlich niedrig (seit 1951 konstant bei 1 bis 2 %).

1. Zulässigkeitsvoraussetzungen und Klagearten

43

→ § 40 I
VwGO

Der **Rechtsweg** zu den Verwaltungsgerichten ist in allen öffentlich-rechtlichen Streitigkeiten nichtverfassungsrechtlicher Art gegeben, soweit nicht eine bundesgesetzliche Sonderregelung besteht. Von dieser sog. **verwaltungsgerichtlichen Generalklausel** nicht umfaßt sind demnach:

- Streitigkeiten des privaten Rechts und des Strafrechts; diese sind den ordentlichen Gerichten (Amtsgericht, Landgericht, Oberlandesgericht, Bundesgerichtshof) vorbehalten.
- Verfassungsstreitigkeiten; sie werden vom Bundesverfassungsgericht entschieden.
- besondere öffentlich-rechtliche Streitigkeiten, die ausdrücklich den ordentlichen Gerichten oder den Sozial- bzw. Finanzgerichten zugewiesen sind.

44

Das Ziel der Klage (sog. **Klagebegehren**) entscheidet über die Art der einzureichenden Klage:

→ § 42 I
VwGO
→ § 42 I
VwGO

→ § 43 VwGO

→ § 47 VWGO

- Die **Anfechtungsklage** ist auf Aufhebung eines Verwaltungsaktes (→ RN 9 ff.) gerichtet.
- Mit der **Verpflichtungsklage** begehrt der Kläger die Verurteilung der zuständigen Behörde auf Erlaß eines abgelehnten oder unterlassenen Verwaltungsaktes (→ RN 9 ff.).
- Gegenstand der **allgemeinen Leistungsklage** ist die Vornahme oder das Unterlassen eines Verwaltungsrealaktes (→ RN 19).
- Mit der **Feststellungsklage** kann der Kläger die Feststellung des Bestehens oder Nichtbestehens eines verwaltungsrechtlichen Rechtsverhältnisses oder der Nichtigkeit eines Verwaltungsaktes erreichen.
- Gegenstand der **Normenkontrollklage** ist die Entscheidung über die Gültigkeit einer im Range unter dem Landesgesetz stehenden Rechtsvorschrift (Rechtsverordnung, Satzung → Kap. 2/17 f.).

45
→ §§ 68-77
VwGO

Anfechtungs- und Verpflichtungsklage setzen voraus, daß ein Vorverfahren, das sog. **Widerspruchsverfahren**, durchgeführt worden ist. Der Verwaltung wird hier die Möglichkeit eingeräumt, ihr eigenes Handeln intern noch einmal zu überprüfen. Gleichzeitig soll die Verwaltungsgerichtsbarkeit entlastet werden.

Das Vorverfahren beginnt mit der Erhebung des Widerspruchs innerhalb eines Monats nach Bekanntgabe oder Ablehnung des Verwaltungsaktes. Hält die Ausgangsbehörde den Widerspruch für begründet, weil das Verwaltungshandeln rechtswidrig oder unzweckmäßig war, so hilft sie ihm ab und entscheidet über die Kosten. Im anderen Fall ergeht ein Widerspruchsbescheid durch die nächsthöhere Behörde (zur Verwaltungsorganisation → Kap. 7). Gegen diesen Widerspruchsbescheid muß innerhalb eines Monats Klage vor dem VG erhoben werden; ansonsten erwächst der Verwaltungsakt ebenso wie bei der Versäumung der Widerspruchsfrist in Bestandskraft (→ RN 13).

Weitere wichtige Voraussetzung für die Zulässigkeit der Anfechtungs-, Verpflichtungs- und allgemeinen Leistungsklage ist die Behauptung der Verletzung subjektiver Rechte (sog. **Klagebefugnis**) (→ RN 28). Erscheint eine solche Verletzung dem Gericht von vornherein nicht *möglich* (sog. Möglichkeitstheorie), weist es die Klage ohne weitere Sachprüfung als unzulässig ab.

46

→ § 42 II
VwGO

   Darüber hinaus muß die Klage beim **sachlich** und **örtlich zuständigen** Gericht **schriftlich** erhoben werden.

2.   Vorläufiger Rechtsschutz

Bis zur endgültigen Entscheidung darüber, was rechtens ist, können oft mehrere Jahre vergehen. Um den Kläger, für den späte Gerechtigkeit nicht selten überhaupt zu spät kommt, nicht völlig schutzlos zu stellen, kann das Gericht auf Antrag **vorläufigen Rechtsschutz** gewähren. Dies geschieht durch die sog. **einstweilige Anordnung**, die sog. **Anordnung** oder **Wiederherstellung der aufschiebenden Wirkung** sowie die sog. **Aussetzung der Vollziehung**. Auch insoweit müssen die allgemeinen Zulässigkeitsvoraussetzungen (insbes. Zuständigkeit, Klagebefugnis, Schriftform) beachtet werden.

47

- Die **einstweilige Anordnung** kommt zur Anwendung bei Verpflichtungs-, Leistungs- und Feststellungsklagen. Sie ist gerichtet auf eine vorläufige Regelung durch das Gericht, mit der verhindert werden soll, daß ein endgültiger Rechtsverlust eintritt.

→ § 123
VwGO

Beispiele: Zahlung Sozialhilfe, Vermietung Gemeindesaal für Parteiveranstaltung, Vorläufige Versetzung in die nächste Klasse.

- Die Einlegung eines nicht offensichtlich unzulässigen Widerspruchs oder einer Anfechtungsklage gegen einen belastenden Verwaltungsakt führt grundsätzlich zur aufschiebenden Wirkung der Maßnahme (sog. **Suspensiveffekt**). Der Verwaltungsakt darf in diesem Fall erst dann vollzogen werden, wenn feststeht, daß die Klagefrist abgelaufen oder eine endgültige gerichtliche Entscheidung ergangen ist.

→ § 80 I
VwGO

Beispiel: Legt der Unternehmer U Widerspruch gegen eine Stillegungsverfügung (= Verwaltungsakt) seines Betriebs ein, so darf diese vorerst nicht von der Verwaltung durch Androhung von Zwangsgeld, Ersatzvornahme usw. vollstreckt werden.

→ § 80 II
VwGO

→ § 80 V
VwGO

Soweit der Suspensiveffekt ausnahmsweise nicht eintritt, z. B. weil die Behörde die sofortige Vollziehung angeordnet hat oder eine Maßnahme schon nach
dem Gesetz keine aufschiebende Wirkung entfaltet, ist das Verwaltungsgericht befugt, den Suspensiveffekt auf Antrag wiederherzustellen bzw. erstmals
anordnen.

> **Beispiel:** Trotz Widerspruchs gegen einen Beitragsbescheid kann die Auffor-
> derung zur Zahlung der Abwassergebühr sofort durch die zuständige Behörde
> vollstreckt werden (§ 80 II Nr. 1 VwGO). Auf Antrag des Gebührenschuldners
> und bei Vorliegen der sonstigen Voraussetzungen ordnet das Verwaltungsge-
> richt hier die aufschiebende Wirkung des Widerspruchs an.

Bei seiner Entscheidung über Maßnahmen im vorläufigen Rechtsschutz hat
das Gericht das öffentliche Interesse bzw. das Interesse der Beteiligten an der
Vollziehung der Entscheidung abzuwägen mit den Interessen des Klägers,
vorläufigen Rechtsschutz zu erhalten. Wesentliches Kriterium der Abwägung
sind insofern die Erfolgsaussichten der Hauptsache, die summarisch, d.h.
überschlagsartig geprüft werden.

3. Formlose Rechtsbehelfe

48

Neben den dargestellten sog. förmlichen Rechtsbehelfen existieren noch sog.
formlose Rechtsbehelfe, mit denen der Betroffene die Aufhebung, Änderung
oder den Erlaß einer Verwaltungsmaßnahme verfolgen kann. Sie führen im
Gegensatz zu den förmlichen Rechtsbehelfen weder zu einer nach außen
wirkenden Zuständigkeitsverlagerung in Form der Überleitung des Verfahrens
auf eine höhere Instanz (sog. **Devolutiveffekt**), noch entfalten sie aufschiebende Wirkung (sog. **Suspensiveffekt**). Herkömmlich unterschiedet man drei
Typen formloser Rechtsbehelfe:

- **Gegenvorstellung**
  Mit der Gegenvorstellung wendet man sich an die Verwaltungsstelle, die
  die Verwaltungsmaßnahme erlassen oder unterlassen hat, mit der Bitte um
  erneute Überpüfung.
- **Aufsichtsbeschwerde**
  Die Aufsichtsbeschwerde richtet sich an die übergeordnete Instanz der
  Verwaltungsstelle, die den fraglichen Akt erlassen oder unterlassen hat,
  und enthält ebenfalls das Ersuchen, den Sachverhalt erneut zu überprüfen.
- **Dienstaufsichtsbeschwerde**
  Adressat der Dienstaufsichtsbeschwerde ist der Dienstvorgesetzte des Beamten, der den fraglichen Akt erlassen bzw. unterlassen hat. Sie ist gerichtet auf Überprüfung des persönlichen Verhaltens des Beamten unter
  dienst- und disziplinarrechtlichen Gesichtspunkten.

Die dargestellten formlosen Rechtsbehelfe sind Ausfluß des verfassungsrechtlich verbürgten **Petitionsrechts**. Sie sind an keine Frist gebunden, können bei jeder staatlichen Stelle erhoben werden und unterliegen keinen weiteren Zulässigkeitsvoraussetzungen. Der Petent hat jedoch nur Anspruch auf einen sog. **informatorischen Bescheid**, aus dem hervorgeht, daß seine Eingabe zur Kenntnis genommen wurde und auf welche Art sie erledigt worden ist; einer (ausführlichen) Begründung bedarf es dagegen nicht.

→ Art. 17 GG

Trotz manch anders lautender Einschätzung („die Petition ist formlos, fristlos und fruchtlos") haben formlose Rechtsbehelfe nicht nur eine eminente praktische Bedeutung, sie führen auch häufiger und schneller zur Beseitigung rechtswidriger Maßnahmen als förmliche Rechtsbehelfe.

Kontrollfragen:
1. Welchem Gesetz kommt zentrale Bedeutung für das allgemeine Verwaltungsrecht zu? (RN 3)
2. Kann eine Verwaltungsvorschrift Außenwirkung entfalten? (RN 8)
3. Welche Voraussetzungen hat der Verwaltungsakt? (RN 10)
4. Wodurch zeichnet sich die Bestandskraft eines Verwaltungsaktes aus? (RN 13)
5. Was versteht man unter einem Realakt? (RN 19)
6. Erklären Sie den Grundsatz der Gesetzmäßigkeit der Verwaltung. (RN 20)
7. Worin besteht der Unterschied zwischen Ermessen, unbestimmtem Rechtsbegriff und Beurteilungsspielraum? (RN 21–27)
8. Welche Bedeutung hat das subjektiv öffentliche Recht? (RN 28)
9. Welche Prüfungsschritte sind bei der Verhältnismäßigkeitsprüfung einzuhalten? (RN 30)
10. Welche Wirkungen hat der Planfeststellungsbeschluß? (RN 38)
11. Welche Klagearten unterscheidet man? (RN 44)
12. Was versteht man unter dem Widerspruchsverfahren? (RN 45)

Weiterführende Hinweise:
Überblicksdarstellungen:
Baur, Fritz/Walter, Gerhard, Einführung in das Recht der Bundesrepublik Deutschland, 6. Aufl. (1992); *Haase, Richard/Keller, Rolf*, Grundlagen und Grundformen des Rechts, 10. Aufl. (1995); *Model, Otto/Creifelds, Carl/Lichtenberger, Gustav*, Staatsbürgertaschenbuch, 27. Aufl. (1994), Abschnitt 141–152; *von Unruh, Georg-Christoph/Greve, Christian*, Grundkurs Öffentliches Recht, 4. Aufl. (1991).

Spezialhinweise:
zu II.-IV.: *Faber, Heiko*, Verwaltungsrecht, 4. Aufl. (1995); *Huber, Peter-Michael*, Allgemeines Verwaltungsrecht, 2. Aufl. (1997); *Kopp, Ferdinand O.*, Verwaltungsverfahrensgesetz, Kommentar, 6. Aufl. (1996); *Loeser, Roman*, System des Verwaltungsrechts, Bd. 1, 1994; *Maurer, Hartmut*, Allgemeines Verwaltungsrecht, 11. Aufl. (1997); *Peine, Franz-Joseph*, Allgemeines Verwaltungsrecht, 3. Aufl. (1997); *Stelkens, Paul/Bonk, Heinz Joachim/Sachs, Michael*, Verwaltungsverfahrensgesetz. Kommentar, 5. Aufl. (1998).
zu V.: *Hufen, Friedhelm*, Verwaltungsprozeßrecht, 3. Aufl. (1998); *Kopp, Ferdinand O./Schenke, Wolf-Rüdiger*, Verwaltungsgerichtsordnung, 11. Aufl. (1998); *Schmitt Glaeser, Walter*, Verwaltungsprozeßrecht, 14. Aufl. (1997); *Schoch, Friedrich/Schmidt-Aßmann, Eberhard/Pietzner, Rainer*, Verwaltungsgerichtsordnung. Kommentar, Loseblattsammlung (1998).

4. Umwelteuroparecht

Umweltverschmutzung macht vor Grenzen nicht halt. Nach einer im Jahre 1995 EG-weit durchgeführten Befragung waren 72 Prozent der europäischen Bürger der Auffassung, daß Umweltschutzbeschlüsse eher auf der Gemeinschaftsebene als auf der Ebene der Nationalstaaten gefaßt werden sollten. Damit stellt sich unweigerlich die Frage: Ist die EU rechtlich überhaupt hinreichend gerüstet, um als „Motor des europäischen Umweltschutzes" zu fungieren? Oder wirkt sie in der Praxis nicht vielmehr als ein „Bremser", der progressivere Staaten an einem effektiven Umweltschutz hindert? Diesen und anderen Fragen soll im folgenden nachgegangen werden.

Fakten: Die EU hat seit dem Beginn der 70er Jahre über 300 Rechtsakte auf dem Gebiet des Umweltschutzes erlassen. Diese betreffen wichtige Fragen des allgemeinen Umweltschutzes (Umweltzeichen, Umweltagentur, Umweltinformation, Öko-Audit etc.), überziehen mittlerweile aber auch die „klassischen" Gebiete des besonderen Umweltrechts (Naturschutz, Gewässerschutz, Luftreinhaltung, Abfall, Biotechnologie u.a.) mit einem dichten, fast nur noch für Spezialisten überschaubaren Netz an Regelungsvorgaben.

1

I.   Etappen der europäischen Integration

Im Jahr 1951 wurde der Vertrag zur Gründung der **Europäischen Gemeinschaft für Kohle und Stahl** (**EGKS bzw. Montanunion**) unterzeichnet, der im Juli 1952 in Kraft trat. Kurz darauf erfolgte der Abschluß der Verträge zur Gründung der **Europäischen Wirtschaftsgemeinschaft** (**EWG**) und der **Europäischen Atomgemeinschaft** (**EAG oder Euratom**). Beide gelten seit dem 1. Januar 1958.

2

Hinweis: Im folgenden wird ausschließlich von der EWG bzw. EG (→ RN 5) die Rede sein. Die EGKS und die EAG sind für das Umweltrecht nur von sehr untergeordneter Bedeutung.

Im Jahre 1986 kam es mit der sog. **Einheitlichen Europäischen Akte (EEA)** zu der ersten grundlegenden Änderung des EWG-Vertrages. Im Zuge dieser Revision, die zum 1. Juli 1987 in Kraft trat und die in erster Linie auf die Vollendung des **Binnenmarktes** zum 31. Dezember 1992 gerichtet war, wurde erstmals ein eigenständiger Titel „Umwelt" (Art. 130r ff. a.F.) in den EWG-Vertrag aufgenommen.

3

Dies bedeutet aber nicht, daß es bis zum Jahre 1987 keine europäische Umweltpolitik gab. Eine solche gab es sehr wohl. Hierfür griff man – mangels ausdrücklicher Umweltschutzkompetenz – auf diverse „Behelfsrechtsgrundlagen" aus anderen Politikbereichen zurück. Auch wurden seit 1973 regelmäßig sog. **Aktionsprogramme** der Gemeinschaft für den Umweltschutz verabschiedet, die politische Absichtserklärungen verkörpern und die generelle Richtungsentscheidungen für die europäische Umweltpolitik zum Ausdruck bringen. Noch bis 1998 gilt das 5. Aktionsprogramm „Für eine

4

dauerhafte und umweltgerechte Entwicklung", das bestimmte Schwerpunktbereiche (Industrie, Energie, Verkehr, Landwirtschaft, Tourismus) benennt und die gemeinsame Verantwortung von Regierungen, öffentlichen und privaten Unternehmen und der breiten Öffentlichkeit betont.

5   1992 unterzeichneten die europäischen Staats- und Regierungschefs den **Vertrag über die Europäische Union** (sog. Maastrichter Vertrag), der zum 1. November 1993 in Kraft trat. Die bisherige „Europäische Wirtschaftsgemeinschaft (EWG)" heißt seitdem **„Europäische Gemeinschaft (EG)"**. Die EG wird zusammen mit den – außerhalb der Gemeinschaft angesiedelten, rein völkerrechtlichen („intergouvernementalen") – Bereichen der Gemeinsamen Innen- und Rechtspolitik (GIRP) sowie der Außen- und Sicherheitspolitik (GASP) unter dem Oberbegriff bzw. „Dachverband" der **Europäischen Union (EU)** zusammengefaßt. Im Ergebnis besteht somit, bildlich gesprochen, eine **Drei-Säulen-Konstruktion**, von der uns im folgenden nur die erste Säule, sprich die der EG, interessiert.

6   An dieser Grundkonstruktion hat sich auch nach dem am 17.6.1997 unterzeichneten und voraussichtlich 1999 in Kraft tretenden **Vertrag von Amsterdam** inhaltlich nichts wesentliches geändert. Die Neuerungen dieses Vertrags betreffen im Wesentlichen die Bereiche Innen- und Rechtspolitik, Außen- und Sicherheitspolitik, Beschäftigung und Bürgerrechte sowie Flexibilisierung der Zusammenarbeit („Europa der verschiedenen Geschwindigkeiten"). Daneben wurden auch die umweltrelevanten Bestimmungen weiterentwickelt und – was zu gewissem Umgewöhnungsbedarf führt – **die Vertragsartikel neu durchnumeriert**, so daß sich die „Hausnummern" der einzelnen Bestimmungen fast alle geändert haben. Aus den bisherigen den Umweltschutz betreffenden Art. 130r ff. EG-Vertrag wurden beispielsweise die Art. 174 ff. EG-Vertrag.

Beachte: Hier wird bereits die Rechtslage auf der Basis des Vertrags von Amsterdam zugrunde gelegt. Die bisherigen Vorschriften werden jeweils in Klammern mit dem Zusatz „a. F." (= alte Fassung) angegeben.

II. Organe der EU

1. Rat

7   Der Rat setzt sich aus den Vertretern (Ministern oder Staatssekretären) der nationalen Regierungen zusammen. Geht es um Probleme des Umweltschutzes, so trifft sich der (Umweltminister-)Rat. Der Rat ist das **primäre Legislativorgan** der EU. Beschlüsse werden grundsätzlich mit einfacher Mehrheit gefaßt; es sei denn, der Vertrag verlangt, was häufig der Fall ist, Einstimmigkeit oder qualifizierte Mehrheit. Damit die EU in der Außen- und Sicherheitspolitik verstärkt „mit einer Stimme sprechen" kann, wurde im Vertrag von

Amsterdam das Amt eines Generalsekretärs des Rates („Hoher Repräsentant") eingeführt. Die geplante Neugewichtung der Stimmen (zugunsten der größeren Staaten) konnte in Amsterdam nicht erreicht werden.

> **Hinweis:** Der „Rat" ist nicht zu verwechseln mit dem **„Europäischen Rat"**. Von letzterem ist dann die Rede, wenn sich die Staats- und Regierungschefs treffen, was normalerweise zweimal im Jahr geschieht. Um wieder etwas anderes geht es beim **Europarat**. Dieser ist eine eigenständige, von der EU völlig separate internationale Organisation, die sich vor allem mit Fragen des Menschenrechtsschutzes sowie der Kultur und Bildung beschäftigt.

2. Europäisches Parlament

Das Europäische Parlament wird alle fünf Jahre (das nächste Mal: 1999) direkt von den Unionsbürgern gewählt. Es zählt 626 Abgeordnete (Deutschland hat mit 99 Repräsentanten das größte Kontingent) und nimmt in erster Linie **Legislativaufgaben** wahr. Je nach Politikbereich reichen seine Befugnisse von der bloßen Anhörung über die Zusammenarbeit und Mitentscheidung bis hin zur Zustimmung. Nach dem Vertrag von Amsterdam, der zu einer wesentlichen Aufwertung des Europäischen Parlaments führte, können die europäischen Abgeordneten nunmehr in ca. drei Viertel aller Politikbereiche gleichberechtigt neben dem Rat mitentscheiden.

8

In der Umweltpolitik gilt zwar nach dem Vertrag von Amsterdam grundsätzlich das **Mitentscheidungsverfahren**, das dem deutschen System bei zustimmungspflichtigen Gesetzen vergleichbar ist. Hier hat das Europäische Parlament ein echtes Vetorecht. In politisch besonders „sensiblen" Bereichen, etwa bei steuerlichen Fragen, der Raumordnung und Bodennutzung, der Wasserbewirtschaftung oder Energieversorgung, sind die Beteiligungsrechte des Parlaments hingegen weiterhin auf eine bloße **Anhörung** beschränkt.

Neben seiner Beteiligung an der Gesetzgebung ist das Parlament in das Haushaltsverfahren einbezogen und erfüllt eine Kontrollfunktion, insbesondere gegenüber der Kommission.

3. Kommission

Die Kommission besteht aus 20 Kommissaren sowie einem circa 20 000-köpfigen Beamtenapparat als Unterbau. Die Kommissare werden von den Regierungen ihrer Heimatstaaten auf fünf Jahre (1995–2000) benannt und nach Zustimmung des Europäischen Parlaments ernannt. Sie üben ihr Amt in voller Unabhängigkeit aus. An ihrer Spitze steht der – seit dem Vertrag von Amsterdam mit besonderen Machtbefugnissen ausgestattete – Kommissionspräsident. Die Kommission fungiert dort, wo ihr eigene Vollzugskompetenzen eingeräumt sind (z.B. im Bereich der Wettbewerbs- oder Subventionspolitik),

9

als **Exekutive** der EU. Im Normalfall, so auch im Umweltrecht, wird das EG-Recht jedoch von den Verwaltungsbehörden der Mitgliedstaaten vollzogen und überwacht die Kommission lediglich diesen dezentralen (= indirekten) Vollzug. Die Kommission verfügt ferner über das sog. Initiativrecht im Rechtsetzungsverfahren, d. h. der Rat kann Rechtsakte nur auf ihren Vorschlag hin erlassen. Außerdem wacht sie als **„Hüterin der Verträge"** über die Einhaltung des Gemeinschaftsrechts (→ RN 23).

Aufgrund der in den letzten Jahren stetig gestiegenen Zahl von Verstößen von Mitgliedstaaten in puncto Umsetzung von EG-Recht (gerade im Bereich des Umweltrechts) gerät die Kommission zunehmend an die **Grenzen ihrer Überwachungskapazitäten.** Sie hat deshalb in einer Mitteilung vom Oktober 1996 einige Vorschläge zur Stärkung der korrekten und einheitlichen Anwendung des Sekundärrechts unterbreitet. Diese sehen u. a.. vor, besondere nationale bzw. regionale Behörden zu etablieren, denen die Aufsicht über die Gemeinschaftsrechtskonformität des nationalen Umweltrechts nach einheitlichen Mindestkriterien obliegt und die dabei eng mit der Öffentlichkeit und der Kommission zusammenwirken müssen. Ergänzend hierzu wird sogar erwogen, später eine EU-Umweltaufsichtsbehörde zu schaffen, der dann die Oberaufsichtsfunktion zufiele. Als weitere Abhilfemaßnahme plant die Kommission die Einrichtung von Verwaltungsbeschwerdeverfahren in den Mitgliedstaaten (orientiert an der Idee des vor allem in den skandinavischen Ländern vertrauten Ombudsmans). Dieser außergerichtliche nationale Rechtsbehelf würde die schon jetzt bestehende Möglichkeit der Unionsbürger ergänzen, sich im **Beschwerdeverfahren** an die Kommission zu wenden und diese auf Defizite bei der Umsetzung von Richtlinien aufmerksam zu machen. Schließlich plädiert die Kommission für die EU-weite Zulassung der Verbandsklage für repräsentative Umweltschutzorganisationen.

Seit Dezember 1993 steht der Kommission ein **„Europäisches Beratendes Forum für Umwelt sowie dauerhafte und umweltgerechte Entwicklung"** zur Seite. Dieses Expertengremium besteht aus 32 Mitgliedern aus den Bereichen Wirtschaft, Verwaltung, Verbände und Wissenschaft, die von der Kommission ausgewählt und ernannt werden. Seine Stellungnahmen zu Vorhaben der Kommission werden (bislang) nicht veröffentlicht.

4.   Europäischer Gerichtshof

10   Eine unproblematische Zuordnung zur Funktion der **Judikative** ermöglicht der Europäische Gerichtshof (EuGH) mit Sitz in Luxemburg. Er wird von 15 Richtern gebildet, denen neun sog. Generalanwälte zur Seite stehen, welche mit ihren Schlußanträgen die Entscheidungen vorbereiten. Zur Entlastung des Europäischen Gerichtshofs besteht ein ihm organisatorisch angegliedertes „Gericht erster Instanz der Europäischen Gemeinschaften" (EuG). Der Europäische Gerichtshof „sichert die Wahrung des Rechts bei der Auslegung und Anwendung" der Verträge. Er entscheidet beispielsweise aufgrund einer Klage eines Mitgliedstaats oder Bürgers, ob ein nationales Umweltgesetz gegen Vorgaben einer Richtlinie verstößt. Er urteilt aber auch darüber, wie unklar formulierte Begriffe des EG-Rechts zu interpretieren sind.

5. Sonstige Organe

Ab dem 1.1.1999 wacht die **Europäische Zentralbank** über die Stabilität des **11**
Euro. Seit 1975 prüft ein **Rechnungshof**, bestehend aus 15 weisungsunabhän-
gigen Experten der Mitgliedstaaten, alle Ausgaben der EU auf ihre Rechtmäßigkeit, Ordnungsmäßigkeit und Wirtschaftlichkeit und berichtet hierüber
jährlich der Öffentlichkeit. Daneben existieren verschiedene sog. **Neben-
organe**. Hierzu rechnen etwa die **Europäische Umweltagentur** ($\rightarrow$ Kap. 7/
RN 34), der **Wirtschafts- und Sozialausschuß** oder der **Ausschuß der Regionen**.

6. Zusammenfassung

Im Rahmen des **EG-Rechtsetzungsverfahrens** sind **4 Phasen** zu unterschei- **12**
den: (1) Die **Annahme** eines von der Kommission vorgeschlagenen Rechts-
akts durch den Rat und das Europäische Parlament (ggf. unter Beteiligung des
Wirtschafts- und Sozialausschusses und des Ausschusses der Regionen). (2)
Ggf. die **Umsetzung** (Transformation) des EG-Rechtsakts in nationales Recht
(Gesetz oder Rechtsverordnung) durch die zuständigen nationalen Organe ($\rightarrow$
RN 16), sofern dieser nicht unmittelbar wirkt ($\rightarrow$ RN 15). (3) Der **Vollzug**
(praktische Durchführung) des EG-Rechts bzw. des zur Umsetzung ergangenen nationalen Rechts durch die nationale Verwaltung. (4) Die **Überwachung**
der Stufen 2 und 3 durch die Kommission sowie ggf. die **gerichtliche Durchsetzung** der Stufen 2 und 3 im Klageweg vor dem EuGH.

Faßt man das Ineinandergreifen der verschiedenen EU-Organe graphisch
zusammen, so ergibt sich folgendes Bild (siehe folgende Seite):

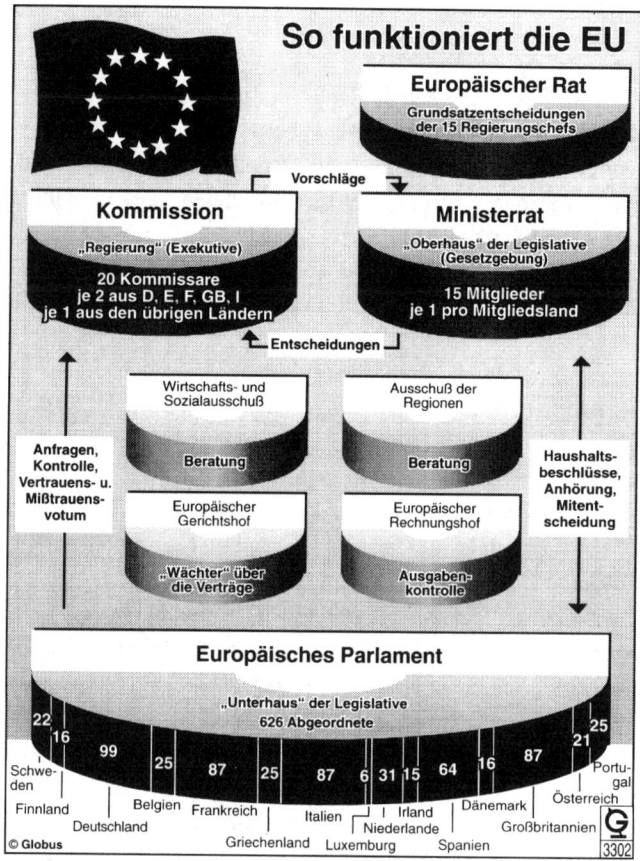

III.   Rechtsquellen

1.   Primäres Gemeinschaftsrecht

13

Das primäre Gemeinschaftsrecht wird gebildet durch die drei Gründungsver-
träge (EGKS-Vertrag = Montanunion-Vertrag; EAG-Vertrag = Euratom-Ver-
trag und EG-Vertrag) samt ihren Anhängen, Anlagen, Protokollen sowie späteren Änderungen und Ergänzungen. Für unsere Zwecke genügt der mit Abstand bedeutsamste der drei Verträge, der **EG-Vertrag**. Hier sind es wiederum
die Art. 174 ff. (130r ff. a. F.) (Umweltpolitik) und der Art. 95 (100a a. F.) EG-
Vertrag (Binnenmarktpolitik), denen im folgenden (→ RN 24 ff.) unser besonderes Interesse gilt. Der EG-Vertrag verkörpert zusammen mit dem EU-Vertrag – vereinfacht gesprochen – die „Verfassung" der EU, da er die Ziele und
Aufgaben benennt, Organe (→ RN 7 ff.) und (sekundäre) Rechtsquellen (→
RN 14 ff.) bestimmt, Verfahrensfragen regelt sowie vor allem die Zuständigkeiten (= Kompetenzen) der EU abschließend festlegt.

2. Sekundäres Gemeinschaftsrecht

Unter dem „sekundären Gemeinschaftsrecht" faßt man das gesamte, auf der Grundlage des primären Gemeinschaftsrechts von den EU-Organen erlassene Gemeinschaftsrecht zusammen. Hierzu zählen die Verordnung, die Richtlinie, die Entscheidung sowie die Empfehlung und Stellungnahme. Praktisch wichtig sind vor allem die Verordnung und die Richtlinie, auf die hier folglich das alleinige Augenmerk gelegt wird. Das sekundäre Gemeinschaftsrecht steht als **abgeleitetes** Recht im Rang eine Stufe unter dem primären Gemeinschaftsrecht, es muß also stets mit diesem vereinbar sein und darf nicht aus den Grenzen, die der EG-Vertrag zieht, und seinen inhaltlichen Vorgaben „ausbrechen".

14

> **Hinweis:** Das sekundäre Gemeinschaftsrecht wird im Amtsblatt der EG, Abteilung L, veröffentlicht. Daneben finden sich sachbereichsspezifische Zusammenstellungen der wichtigsten Richtlinien und Verordnungen. Für das Umweltrecht ist etwa zu verweisen auf das Loseblattwerk von *Peter-Christoph Storm/Siegbert Lohse* (Hrsg.), EG-Umweltrecht, 2 Bd., Berlin (Stand: März 1997) oder auf *Ludwig Krämer* (Hrsg.), Umweltrecht der EWG. Textsammlung, Baden-Baden, 2. Aufl. (1995).

a) Verordnung

Die Verordnung ist – verkürzt gesagt – das „Gesetz" (→ Kap. 2/RN 16) der EG. Sie greift am einschneidensten in die nationale Rechtsordnung ein, da sie in allen ihren Teilen verbindlich ist und ohne weiteren nationalen Zwischenakt allgemein und unmittelbar im nationalen Recht gilt. Im Umweltschutzbereich sind Verordnungen eher selten und betreffen zumeist Aspekte des allgemeinen Umweltrechts.

15
→ Art. 249 II
(Art. 189 II a.F.)
EG-Vertrag

> **Beispiel:** Verordnung betreffend ein gemeinschaftliches System zur Vergabe eines Umweltzeichens (→ Kap. 6/RN 28), Verordnung über die freiwillige Beteiligung gewerblicher Unternehmen an einem Gemeinschaftssystem für das Umweltmanagement und die Umweltbetriebsprüfung (sog. Öko-Audit-Verordnung; → Kap. 14/RN 6 ff.), Verordnung über die Gründung einer Europäischen Umweltagentur (→ Kap. 7/RN 34 ff.).

Mitunter werden aber auch Fragen des besonderen (medienbezogenen) Umweltschutzes im Verordnungsweg geregelt.

> **Beispiel:** Verordnung zur Anwendung des Übereinkommens über den internationalen Handel mit gefährdeten Arten freilebender Tiere und Pflanzen in der Gemeinschaft, Verordnung zur Überwachung und Kontrolle der Verbringung von Abfällen in der, in die und aus der EG.

b) Richtlinie

Das Gros der Umweltrechtsakte der EG ergeht in der Form der Richtlinie. Sie ist das „Rahmengesetz" der EG, das grundsätzlich nicht unmittelbar in den

16
→ Art. 249 III
(Art 189 III a.F.)
EG-Vertrag

Mitgliedstaaten anwendbar ist, sondern die Mitgliedstaaten verpflichtet, bestimmte Ziele binnen einer Frist mit von den Mitgliedstaaten zu wählenden Formen und Mitteln des nationalen Rechts zu erfüllen. Die Richtlinie ist damit zweistufig, d.h. sie bedarf zu ihrer Wirksamkeit grundsätzlich der Umsetzung in nationales Recht, etwa des Erlasses eines Gesetzes oder einer Verordnung. Ihre Verbindlichkeit bezieht sich nur auf das „Ob" (= Ziel), nicht aber auf das „Wie" (= Formen und Mittel) der Umsetzung. Dahinter stehen die Gedanken der Individualität, Flexibilität und Subsidiarität. Das EG-Recht will keine „Uniformität um jeden Preis", sondern „Rechtseinheit in Vielfalt".

> **Beispiel:** Wichtige Umweltschutz-Richtlinien sind etwa die UVP-Richtlinie (→ Kap. 6/RN 24 ff.), die Umweltinformations-Richtlinie (→ Kap. 6/RN 43 ff.), die Flora-Fauna-Habitat-Richtlinie (→ Kap. 10/RN 3 ff.), die Freisetzungs- und System-Richtlinie (→ Kap. 13/RN 5) oder die IVU-Richtlinie (→ Kap. 8/RN 75 ff.).

17   ## 3. Allgemeine Rechtsgrundsätze

Hierunter versteht man (ungeschriebene) Normen, wie den Verhältnismäßigkeitsgrundsatz (→ Kap. 3/RN 30) oder das Diskriminierungsverbot, in denen elementare Vorstellungen von Recht und Gerechtigkeit zum Ausdruck kommen, wie sie in der überwiegenden Zahl der europäischen Rechtsordnungen anerkannt sind. Sie dienen der „Lückenschließung" und werden in der Praxis vor allem durch den Europäischen Gerichtshof entwickelt, sei es durch eine Gesamtschau von verschiedenen Einzelbestimmungen des primären Gemeinschaftsrechts oder durch wertende Vergleichung der nationalen Rechtsordnungen.

> **Beispiel:** Die EU hat bis heute keinen Katalog von geschriebenen **Grundrechten**. Gleichwohl sind nahezu alle „klassischen" Grundrechte des deutschen Rechts auch im EU-Recht als allgemeine Rechtsgrundsätze anerkannt (vgl. Art. 6 I und II EU-Vertrag). Stellt der Europäische Rat eine schwerwiegende und anhaltende Grundrechtsverletzung fest, so kann er bestimmte vertragliche Rechte des betreffenden Staates aussetzen (Art. 7 EU-Vertrag). Ein **Umweltschutzgrundrecht** ist – wie im deutschen Verfassungsrecht (→ Kap. 5/RN 3 ff.) – auch im EG-Recht nicht anerkannt.

IV. Verhältnis des EG-Rechts zum nationalen Recht

18   Nicht immer ist das Verhältnis des EG-Rechts zum nationalen Recht frei von Konflikten. Was gilt etwa, wenn eine EG-Richtlinie schärfere Emissionsgrenzwerte festsetzt als das entsprechende nationale Gesetz, ein Staat die Richtlinie aber nicht umsetzt? Soviel gilt es vorab festzuhalten: Die EG ist eine „Rechtsgemeinschaft", d.h. ihre entscheidende „Waffe" ist das Recht, da sie, sieht man einmal von dem Zwangsgeld (→ RN 23) ab, über keine Zwangsgewalt (vergleichbar der Polizei oder dem Gerichtsvollzieher im nationalen Recht) gegenüber den Mitgliedstaaten verfügt. Gleichzeitig weist die EG jedoch einen **supranationalen** Charakter auf, d.h. sie ist mit eigenständiger, den Staaten übergeordneter Hoheitsgewalt ausgestattet (sog. „Integrationsprinzip"). Dies unterscheidet sie von nur **internationalen** Organisationen, wie der NATO, dem Europarat oder der OECD, deren Recht weitgehend auf freiwillige Befolgung durch die Staaten angewiesen ist (sog. „Koordinationsprinzip"). Der Europäische Gerichtshof legt in seiner Rechtsprechung einen ausgesprochen hohen Wert auf die **Einheit und Wirksamkeit** des Gemeinschaftsrechts in allen Mitgliedstaaten. Zu deren Sicherung dienen eine Reihe von Instituten, die es im folgenden darzulegen gilt.

1. Vorrang des Gemeinschaftsrechts

Der Europäische Gerichtshof vertritt einen **Anwendungsvorrang des (gesamten) EG-Rechts** vor dem *gesamten* nationalen Recht (also einschließlich des Verfassungsrechts!). Begründet hat er dies mit der Notwendigkeit einer einheitlichen und gleichmäßigen Geltung bzw. der praktischen Wirksamkeit des EG-Rechts in allen Mitgliedstaaten. Auch das Bundesverfassungsgericht hat dies nach anfänglichem Zögern mittlerweile grundsätzlich akzeptiert, macht hiervon aber insbesondere dann eine Ausnahme, wenn ein „dem Grundgesetz im wesentlichen vergleichbarer Grundrechtsschutz" im EG-Recht nicht gewährleistet ist.

19

→ Art. 23 I GG

2. Unmittelbare Anwendbarkeit des Gemeinschaftsrechts

Die unmittelbare Anwendbarkeit (oder Wirkung) des Gemeinschaftsrechts besagt, daß das EG-Recht nicht nur die Gemeinschaftsorgane und Mitgliedstaaten bindet, sondern daneben unter Umständen auch dem Unionsbürger subjektive Rechte (keine Pflichten!) im Verhältnis zum Staat (nicht gegenüber Privaten!) verleihen kann. Man nennt dies plastisch die „Durchgriffswirkung" des EG-Rechts. Eine unmittelbare Wirkung kann nicht nur Normen des primären, sondern auch des sekundären Gemeinschaftsrechts zukommen. Für Verordnungen ist dies schon in Art. 249 II EG-Vertrag vorgesehen. Aber auch Richtlinienbestimmungen können eine unmittelbare Wirkung entfalten, sofern sie erstens **unbedingt** (d.h. die Mitgliedstaaten dürfen keinen Ermessensspielraum bei der Umsetzung haben) und zweitens **hinreichend genau** sind. Umstritten, aber richtigerweise zu verneinen ist dabei die Frage, ob als weitere Voraussetzung hinzukommen muß, daß die Richtlinienbestimmung dem einzelnen subjektive Rechte verleihen will.

20

> **Beispiel:** Der Mitgliedstaat D kommt seiner Pflicht zur Umsetzung einer Luft-
> reinhalterichtlinie der EG nicht nach, weil sich mittlerweile die politischen
> Mehrheitsverhältnisse in D gewandelt haben und die neue Bundesregierung
> sich von den umweltpolitischen Entscheidungen ihrer Vorgängerin distan-
> zieren will. Der Nachbar N einer emittierenden Anlage in D, die auf der
> Grundlage des bisherigen in D geltenden „lascheren" Rechts genehmigt wurde,
> fühlt sich in seiner Gesundheit beeinträchtigt und will mittels Widerspruch
> und Anfechtungsklage (→ Kap. 3/RN 44 f.) gegen die Genehmigung vor-
> gehen. Dabei kann er sich unmittelbar auf die einschlägigen Artikel der
> Richtlinie stützen, sofern diese unbedingt sowie hinreichend genau sind,
> was bei konkreten Emissionsgrenzwerten regelmäßig anzunehmen sein
> dürfte.

3. Europarechtskonforme Auslegung

21   Das gesamte nationale Recht ist von den Organen der Mitgliedstaaten so
auszulegen und ggf. fortzubilden, daß es dazu beiträgt, die Ziele und die
praktische Wirksamkeit des Gemeinschaftsrechts, insbesondere die Vorgaben
aus EG-Richtlinien zu verwirklichen. Man nennt dies europarechts- bzw.
richtlinienkonforme Auslegung (bzw. Rechtsfortbildung).

4. Staatshaftung

22   Wenn ein Mitgliedstaat gegen eine Verpflichtung aus dem Gemeinschaftsrecht, insbesondere gegen die Pflicht zur frist- und ordnungsgemäßen Umsetzung von Richtlinien (→ RN 16) verstößt, kann dies zu einer Staatshaftung
des Mitgliedstaats gegenüber seinen Bürgern, also zu einem **Entschädigungsanspruch** der Bürger führen. Hierfür müssen drei Bedingungen zusammen-
treffen:

- Die Bestimmung, gegen die der Mitgliedstaat verstoßen hat, muß die Verleihung von Rechten an den einzelnen beinhalten.
- Der Inhalt dieser Rechte muß bestimmt bzw. bestimmbar sein.
- Es muß ein Kausalzusammenhang zwischen dem Verstoß gegen die
  dem Staat auferlegte Verpflichtung und dem Schaden des Bürgers bestehen.

→ Art. 226 ff.
(Art 169 ff. a.F.)
EG-Vertrag

5. Vertragsverletzungsverfahren und Verhängung
   von Zwangsgeld

23   Verstößt ein Mitgliedstaat gegen (primäres oder sekundäres) Gemeinschaftsrecht, indem er z.B., was in der Praxis sehr häufig vorkommt, eine Richtlinie
(→ RN 16) nicht ordnungs- oder fristgemäß in nationales Recht umsetzt, so

kann die Kommission als „Hüterin des Vertrages" (→ RN 8) ein **Vertragsver-**
letzungsverfahren vor dem Europäischen Gerichtshof gegen den Mitgliedstaat einleiten.

> **Beispiel:** Die Bundesrepublik Deutschland wurde etwa wegen defekter Umset-
> zung der Grundwasserrichtlinie, der UVP-Richtlinie, der Oberflächenwasser-
> richtlinie, der Richtlinien über Grenzwerte für Schwefeldioxid und für Blei
> oder – bereits mehrfach – der Vogelschutzrichtlinie verurteilt.

Seit dem 1. November 1993 kann einem Mitgliedstaat, der auch einer Verurteilung wegen Vertragsverletzung keine Folge leistet, ein **Zwangsgeld** auferlegt werden. Dieses wird der Höhe nach von der Kommission benannt und
vom Europäischen Gerichtshof verhängt.

> **Beispiel:** Im Januar 1997 hat die Kommission die Verhängung von Zwangsgel-
> dern gegen Deutschland und Italien beantragt, um die ordnungsgemäße Umset-
> zung von mehreren Umweltschutzrichtlinien durchzusetzen. Danach drohte
> der Bundesrepublik ein Bußgeld in Höhe von ca. 13 000 Mark pro Tag (Ver-
> stoß gegen Vogelschutzrichtlinie), 80 000 Mark pro Tag (Verstoß gegen Trink-
> wasserrichtlinie) und/oder 132 000 Mark pro Tag (Verstoß gegen Grundwas-
> serrichtlinie). Bereits diese Ankündigung führte dazu, daß zwei der Verstöße
> umgehend beseitigt wurden. Im dritten Fall ist die Erfüllung der Forderungen
> der Kommission durch die Bundesländer so gut wie abgeschlossen.

V. Kompetenzielle Seite des europäischen Umweltrechts

1. Bestandsaufnahme

Die EU ist kein Staat, sondern ein bloßer „Staatenverbund" (BVerfG). Sie darf
deshalb nicht aus eigener Machtvollkommenheit überall dort tätig werden, wo
sie will, sondern nur dort, wo ihr von den Mitgliedstaaten Kompetenzen
übertragen worden sind (**Prinzip der begrenzten Einzelermächtigung**). Die
unmittelbare bzw. *direkte* Umweltschutzkompetenz der EU ist in Art. 174 ff.
(130r ff. a.F.) EG-Vertrag, konkret in Art. 175 (130s a.F.) EG-Vertrag niedergelegt. Diese Vorschrift kommt dann zur Anwendung, wenn es um „reinen"
Umweltschutz im engeren Sinn geht.

24

→ Art. 175
(Art. 130s a.F.)
EG-Vertrag

> **Beispiel:** Die Rechtsakte zum Schutz von Flora und Fauna (→ Kap. 10/RN
> 32 ff.), über die Umweltinformation (→ Kap. 6/RN 43 ff.), das Öko-Audit (→
> Kap. 14/RN 2 ff.) oder die Errichtung einer Europäischen Umweltagentur (→
> Kap. 7/RN 34) wurden auf Art. 175 (130s a.F.) EG-Vertrag gestützt.

25

Der Umweltschutz ist jedoch eine **Querschnittsmaterie** (→ RN 34). Dies bringt es mit sich, daß zumeist auch Zuständigkeiten der EG tangiert sind, die zwar unmittelbar zur Verwirklichung anderer Politikziele gedacht sind, die aber *mittelbar* bzw. *indirekt* auch dem Umweltschutz dienen (können).

> **Beispiel:** Die Pestizidrichtlinie betrifft den Bereich „Landwirtschaft" (Art. 32 ff. EG-Vertrag) und „Umweltschutz" (Art. 174 ff. EG-Vertrag). Eine Richtlinie über die Erhebung von Abgaben für den Schwerlastverkehr bewegt sich im Grenzbereich zwischen „Verkehrspolitik" (Art. 70 ff. EG-Vertrag) und „Umweltpolitik" (Art. 174 ff. EG-Vertrag).

→ Art. 95 (Art. 100a a. F.) EG-Vertrag

Besonders fließend ist die Grenze zwischen der **Binnenmarktpolitik** (Art. 95 EG-Vertrag) und der **Umweltschutzpolitik** (Art. 175 EG-Vertrag). Dies gilt sowohl für **Produktregelungen**, wie etwa Kfz-Abgasgrenzwerte oder Verpackungsvorschriften, als auch für **produktions- und anlagenbezogene** Regelungen, etwa Emissionsgrenzwerte für Großfeuerungsanlagen oder Vorschriften über die Verbrennung von Industriemüll. Hier geht es einerseits um Ökologie, andererseits aber auch um die Gewährleistung eines freien Warenverkehrs und/oder eines Systems unverfälschten Wettbewerbs und damit um zentrale Säulen des europäischen Binnenmarkts.

2. Praktische Relevanz der Kompetenzabgrenzung

26

Bei der Frage, ob Art. 95 (Art. 100a a. F.) oder Art. 175 (Art. 130s a. F.) EG-Vertrag als Rechtsgrundlage heranzuziehen ist, geht es nicht nur um eine „akademische Spielerei", sondern um eine in mehrfacher Hinsicht praktisch bedeutsame Entscheidung:

- Art. 95 EG-Vertrag sieht eine stärkere Beteiligung des Parlaments vor (*ausnahmslose* Mitentscheidung) als Art. 175 EG-Vertrag (→ RN 8). Da das Parlament in der Gesetzgebungspraxis eher als „Motor" denn als „Bremser" in Sachen progressiver Umweltschutz agiert (man erinnere sich nur an die „Katalysator-Debatte" Mitte der achtziger Jahre), fördert seine stärkere Beteiligung tendenziell eher ein hohes Schutzniveau.
- Art. 95 EG-Vertrag geht ausnahmslos von der Abstimmung im Rat mit qualifizierter Mehrheit (d.h. es genügen 62 von 87 Stimmen) aus und weist damit die größere Integrations- sowie Umweltschutzdynamik auf als Art. 175 EG-Vertrag, der zwar in Abs. 1 ebenfalls das Mehrheitsprinzip vorsieht, hiervon allerdings in Abs. 2 wichtige Bereiche zugunsten des Einstimmigkeitsprinzips ausnimmt.
- Die Möglichkeiten zum „nationalen Alleingang" für einzelne besonders umweltschutzfreundliche Staaten sind im Rahmen von Art. 95 EG-Vertrag beschränkter als im Rahmen von Art. 175 EG-Vertrag (→ RN 41 f.).

- Art. 95 EG-Vertrag sieht im Gegensatz zu Art. 175 EG-Vertrag keine Anhörung des Ausschusses der Regionen vor.

3. Methode der Kompetenzabgrenzung

Der Europäische Gerichtshof geht bei der Abgrenzung **zweistufig** vor: er untersucht zunächst, ob der betreffende Rechtsakt von seinem *Ziel* und *Inhalt* eindeutig bzw. schwerpunktmäßig dem Bereich „Umweltschutz" (dann: Art. 175 EG-Vertrag) oder „Binnenmarkt" (dann: Art. 95 EG-Vertrag) zuzuordnen ist. Ist eine klare und sichere Zuweisung nicht möglich, weil beide Sachbereiche annähernd gleichwertig berührt sind, so räumen die Richter der „indirekten" bzw. „mittelbaren" Umweltschutzkompetenz (etwa dem Art. 95 EG-Vertrag) im Zweifel den Vorrang ein. Dies hat zur Konsequenz, daß Art. 95 EG-Vertrag in der Praxis bedeutender ist als Art. 175 EG-Vertrag, weil er das Gros der umweltschutzbezogenen Produkt- und Produktionsregeln abdeckt.

27

> **Beispiel:** Die Titandioxid-Richtlinie wurde vom Rat ursprünglich auf den früheren Art. 130s (jetzt: Art. 175) EG-Vertrag gestützt. Hiergegen klagten die Kommission und das Parlament. Der Europäische Gerichtshof gab den Klägern recht und bezeichnete den früheren Art. 100a (jetzt: Art. 95) EG-Vertrag als die zutreffende Rechtsgrundlage. Die Richtlinie – so die Begründung – verfolge gleichwertig nebeneinander die Ziele der Angleichung der Wettbewerbsbedingungen (Binnenmarkt) und des Umweltschutzes. In diesem Fall gehe Art. 100a EG-Vertrag als speziellere Norm vor.

VI. Inhaltliche Seite des europäischen Umweltrechts

1. Ziele

Die *rechtlich verbindlichen* Ziele der europäischen Umweltpolitik sind in Art. 174 I (Art. 130r I a.F.) EG-Vertrag verankert. Im einzelnen sind zu nennen:

28

- **Erhaltung der Umwelt:** Hiermit ist eine Art „ökologischer Bestandsschutz" gemeint. Ein weiterer Verbrauch und eine weitere Zerstörung der Umwelt (z.B.: Bodenversiegelung) sind damit grundsätzlich unvereinbar.
- **Schutz der Umwelt:** Damit soll zum Ausdruck gebracht werden, daß bestehende Umweltbelastungen einzudämmen und potentielle Beeinträchtigungen zu vermeiden sind.
- **Verbesserung der Umweltqualität:** Hierbei geht es um das „Wie", also die Bedingungen menschlichen Lebens. Erfaßt werden etwa der Freizeit- und Erholungswert einer intakten Naturlandschaft für das Wohlbefinden des Menschen.

→ Art. 174 I
(Art. 130r I a.F.)
EG-Vertrag

- **Schutz der menschlichen Gesundheit:** Diese Zielsetzung bringt die enge Wechselbeziehung zwischen dem Umwelt- und Gesundheitsschutz zum Ausdruck, auch wenn der EG die Kompetenz zum Betreiben einer Gesundheitspolitik nicht hierdurch eingeräumt wird, sondern durch Art. 152 (Art. 129 a.F.) EG-Vertrag. Zugleich wird durch die Bezugnahme auf die „menschliche" Gesundheit klargestellt, daß das EG-Umweltrecht, wie auch das nationale Umweltrecht, auf einem primär anthropozentrischen, d.h. auf den Menschen hin ausgerichteten, Umweltverständnis basiert.
- **Umsichtige und rationelle Verwendung der Ressourcen:** Diese Vorgabe stellt einen Teilaspekt der „Erhaltung der Umwelt" dar und beabsichtigt einen schonenden und sparsamen Umgang mit den versiegenden Ressourcen, insbesondere dem Trinkwasser.
- **Förderung internationaler Umweltschutzmaßnahmen:** Dieses sog. Internationalitäts- bzw. Globalitätsprinzip trägt der Erkenntnis Rechnung, daß es nur „eine" Umwelt gibt und Umweltprobleme an nationalen Grenzen nicht Halt machen, so daß sich ein faktischer Zwang zur Kooperation der EU mit Drittstaaten im völkerrechtlichen Bereich ergibt.

> **Beispiel:** Die EU hat sich aktiv und mit einer eigenen Delegation an den Verhandlungen im Rahmen des sog. „Erdgipfels" von Rio de Janeiro im Jahre 1992 beteiligt.

- **Tierschutz:** Der Tierschutz ist in Art. 174 I EG-Vertrag nicht genannt. Soweit es um den *Artenschutz* geht, ist jedoch unschwer das Ziel „Schutz der Umwelt" tangiert. Im übrigen, d.h. für den Bereich des *außerökologischen* Tierschutzes (z.B. Regelungen betreffend den Viehtransport oder Legehennenbatterien), gelten die Art. 174 ff. EG-Vertrag nicht. Hierfür wurde im Vertrag von Amsterdam ein eigenständiges rechtsverbindliches Protokoll aufgenommen, in dem sich die EU und die Mitgliedstaaten verpflichtet haben, den Erfordernissen des Wohlergehens der Tiere bei der Festlegung und Durchführung der Landwirtschafts-, Verkehrs-, Binnenmarkt- und Forschungspolitik in vollem Umfang Rechnung zu tragen; sie berücksichtigen hierbei die Rechts- und Verwaltungsvorschriften und die Gepflogenheiten der Mitgliedstaaten, insbesondere in bezug auf religiöse Riten, kulturelle Traditionen und das regionale Erbe.

2. Grundsätze

Die europäische Umweltpolitik hat sich gemäß Art. 174 II (Art. 130r II a.F.) EG-Vertrag von einer Reihe von Grundsätzen leiten zu lassen, die ebenso wie die Ziele *rechtlich verbindlich*, also nicht nur politische Programmsätze sind.

a) Schutzniveauklausel

Nach der Vorschrift des Art. 174 II UAbs. 1 S. 1 EG-Vertrag zielt die Umweltpolitik der Gemeinschaft unter Berücksichtigung der unterschiedlichen Gegebenheiten in den einzelnen Regionen auf ein hohes Schutzniveau ab. In die
gleiche Richtung zielt Art. 95 Abs. 3 EG-Vertrag, der Kommission, Rat und
Parlament bei ihrer Binnenmarktpolitik auf ein hohes Umweltschutzniveau
verpflichtet. Dabei sind inbesondere alle auf wissenschaftliche Ergebnisse
gestützten neuen Entwicklungen zu berücksichtigen. In dieser sog. Schutzni-
veauklausel kommt der Gedanke eines „ökologisch qualifizierten Binnenmarktes" zum Ausdruck. Dieses Ziel wird zusätzlich bekräftigt durch den
neuen Art. 2 EG-Vertrag, der die Gemeinschaft auf „ein hohes Maß an Umweltschutz und Verbesserung der Umweltqualität" festlegt.

> In der *Praxis* zeigen sich – auch in diesem Punkt – nicht selten deutliche Diskrepanzen
> zwischen Theorie und Realität. Jüngstes Beispiel ist die neue Wasserschutzpolitik der
> Kommission, die die bisherigen, am Vorsorgeprinzip (→ RN 30) orientierten Regelun-
> gen spürbar aufweicht. In ihrem Vorschlag für die geplante Richtlinie über die ökologi-
> sche Qualität von Gewässern („EG-Wasserrahmengesetz") verzichtet die Kommission
> darauf, konkrete Emissionsstandards und Belastungshöchstwerte vorzugeben. Statt-
> dessen soll es den Mitgliedstaaten überlassen bleiben, europaweite „Qualitätsziele"
> durch geeignete Maßnahmen durchzusetzen, was die Gefahr eines „Umweltdumping"
> heraufbeschwören könnte. Ähnlich problematisch ist die von der Kommission vorge-
> schlagene Novelle der Trinkwasserrichtlinie, mit der die Grenzwerte für Rückstände
> aus Pflanzenschutzmitteln gelockert werden.

b) Vorsorge- und Vorbeugeprinzip

Beide Prinzipien beinhalten das Bestreben, Umweltschutz nicht mehr – wie
lange Zeit geschehen – nachhinkend-reparierend, sondern vorausschauend-
präventiv zu betreiben.

> **Beispiel:** Das Ziel der Abfallvermeidung muß Vorrang haben vor noch so
> „umweltverträglichen" Methoden der Abfallverwertung. Die Kommission hat
> im Rahmen der Reformkonferenz von Amsterdam die Erklärung (Nr. 12) abge-
> geben, Umweltverträglichkeitsstudien zu erstellen, wenn sie Vorschläge unter-
> breitet, die erhebliche Umweltauswirkungen haben können. Hierin drückt sich
> neben der Querschnittsklausel (→ RN 34) insbesondere das Vorsorgeprinzip
> aus.

Während beim Vorbeugegrundsatz stets eine *gewisse Wahrscheinlichkeit* für
die umweltschädigende Wirkung eines bestimmten Verhaltens nachgewiesen
sein muß, genügt nach dem Vorsorgeprinzip für ein umweltpolitisch motivier-
tes Handeln bereits, daß lediglich *Vermutungen* für die Kausalität bestehen;
gleichwohl sind die Grenzen im einzelnen fließend (→ Kap. 6/RN 2).

> **Beispiel:** Die EU kann eine eventuelle Untätigkeit in der Bekämpfung des
> „Waldsterbens" nach Einführung des Vorsorge- und Vorbeugeprinzips nicht
> mehr damit begründen, die Kausalitätskette sei naturwissenschaftlich noch

29
→ Art. 174 II
UAbs. 1 S. 1
(Art. 130r II
UAbs. 1 S. 1
a.F.); Art. 95
III (Art 100a
III a.F.) EG-
Vertrag

30
→ Art. 174 II
UAbs. 1 S. 2
(Art. 130r II
UAbs. 1 S. 2
a.F.) EG-
Vertrag

> nicht hinreichend erforscht. Sie muß Maßnahmen zur Reduzierung des durch den Luft- und Straßenverkehr bedingten Schadstoffausstoßes ergreifen. Die Art und Weise, wie sie zu diesem Ziel gelangen will (Tempolimit, CO_2-Abgabe, Förderung von 5-Liter-Autos, Verbot von Autos ohne Katalysator, Fahrverbote etc.) ergibt sich nicht aus Art. 174 II EG-Vertrag. Hierbei handelt es sich um eine Frage des politischen Ermessens des Rates, das vom Gerichtshof nur in sehr engen Grenzen nachgeprüft wird.

c) Ursprungsprinzip

31

→ Art. 174 II UAbs. 1 S. 2 (Art. 130r II UAbs. 1 S. 2 a.F.) EG-Vertrag

Der Grundsatz, Umweltbeeinträchtigungen nach Möglichkeit an der Quelle zu bekämpfen (Ursprungsprinzip), ist ein gegenüber dem Vorbeuge- und Vorsorgeprinzip zwar selbständiges, mit diesen aber eng verwandtes Prinzip. Während es beim Vorbeuge- und Vorsorgeprinzip um den *zeitlichen* Aspekt geht, steht beim Ursprungsprinzip der *örtliche* Ansatzpunkt im Vordergrund.

> **Beispiel:** Unter Berufung auf das Ursprungsprinzip hat der Europäische Gerichtshof eine Regelung der wallonischen Regionalverwaltung für zulässig erklärt, die es verbietet, Abfälle aus anderen Mitgliedstaaten oder aus einer anderen Region als der Region Wallonien in Wallonien zwischenzulagern, abzulagern oder abzuleiten. Hierin liege kein Verstoß gegen den Grundsatz des freien Warenverkehrs (Art. 28 EG-Vertrag), denn es sei Sache jeder Region, Gemeinde oder Gebietskörperschaft, die geeigneten Maßnahmen zu treffen, um die Aufnahme, Behandlung und Beseitigung ihrer eigenen Abfälle sicherzustellen. Die Abfälle seien daher möglichst nahe dem Ort ihrer Erzeugung zu beseitigen, um ihre Verbringung so weit wie möglich einzuschränken.

d) Verursacherprinzip

32

→ Art. 174 II UAbs. 1 S. 2 (Art. 130r II UAbs. 1 S. 2 a.F.) EG-Vertrag

Das Verursacherprinzip wird als Kostentragungsgrundsatz verstanden: wer eine Umweltbeeinträchtigung verursacht hat (auf eine Rechtswidrigkeit oder ein Verschulden kommt es nicht an!), hat für deren Beseitigung aufzukommen bzw. die Kosten hierfür zu übernehmen. Das Gegenstück hierzu bildet das Gemeinlastprinzip, bei dem die Allgemeinheit der Steuerzahler „haftet" (→ Kap. 6/RN 4).

e) Nachhaltigkeitsprinzip

33

→ Art. 2 (Art. B a.F.) EU-Vertrag; Art. 2, 6 EG-Vertrag

Mit dem Vertrag von Amsterdam (Juni 1997) wurde an mehreren Stellen des Vertrages der auf der UN-Umweltschutzkonferenz von Rio de Janeiro im Jahre 1992 geprägte Grundsatz der nachhaltigen Entwicklung (**„sustainable development"**) aufgenommen; z.T. ist im EG-Vertrag auch von einer „ausgewogenen und nachhaltigen Entwicklung" die Rede. Der aus dem Umweltvölkerrecht übernommene Begriff des „sustainable development" steht für das Bewußtsein der Endlichkeit der natürlichen Ressourcen und die hieraus resultierende ethische Langzeitverantwortung der lebenden für die nächsten Generationen. Vertragskonform sind nur solche Entwicklungen, welche den (öko-

nomischen und sozialen) Bedürfnissen lebender Menschen entsprechen, ohne
die Möglichkeiten zukünftiger Generationen zur Befriedigung ihrer Bedürfnisse zu gefährden. Im einzelnen impliziert dies u.a.: Die Abbaurate erneuerbarer Ressourcen soll deren Regenerationsrate nicht überschreiten. Nicht-
erneuerbare Ressourcen sollen nur in dem Umfang genutzt werden, in dem ein
physisch und funktionell gleichwertiger Ersatz in Form erneuerbarer Ressourcen oder höherer Produktivität der erneuerbaren sowie der nicht-erneuerbaren
Ressourcen geschaffen wird. Stoffeinträge in die Umwelt sollen sich an der
Belastbarkeit und sämtlichen Funktionen der Umweltmedien orientieren. Das
Zeitmaß anthropogener Einträge bzw. Eingriffe in die Umwelt muß in ausge-
wogenem Verhältnis zum Zeitmaß der für das Reaktionsvermögen der Umwelt relevanten natürlichen Prozesse stehen.

f) Querschnittsklausel

Nach der Querschnittsklausel des Art. 6 (Art. 130r II UAbs. 1 S. 3 a.F.) EG-
Vertrag müssen die Erfordernisse des Umweltschutzes bei der Festlegung und
Durchführung anderer Gemeinschaftspolitiken insbesondere zur Förderung
einer nachhaltigen Entwicklung (→ RN 33) einbezogen werden. Diese Bestimmung unterstreicht die herausgehobene Stellung des Umweltschutzes und
die Progressivität der EG-Umweltschutzkonzeption. Der Umweltschutz wird
nicht mehr als ressortmäßig ein- und abgrenzbare „Extra-Politik" verstanden,
sondern ist in die anderen Politiken zu integrieren (→ RN 25). Dies bedeutet:
Die „Programmatik" der europäischen Umweltpolitik, wie sie in Art. 174
(Art. 130r a.F.) EG-Vertrag verankert ist, muß etwa auch bei den Bestimmungen über die Verkehrs-, die Agrar-, die Wettbewerbs-, die Binnenmarkt- oder
die Strukturpolitik der EU gedanklich „mitgelesen" werden. Nach der – zuge-
gebenermaßen idealistischen – Vorstellung des Vertrages, soll es keine Ver-
kehrspolitik, sondern nur mehr eine „Umweltverkehrspolitik", keine Agrarpo-
litik, sondern nur noch eine „Umweltagrarpolitik" usw. geben.

34
→ Art. 6 (Art
130r II UAbs.
1 S. 3 a. F.)
EG-Vertrag

> **Beispiel:** Die EG-Expertengruppe „Transport 2000 Plus" rechnet für den Be-
> reich des Individualverkehrs bis zum Jahre 2010 in Westeuropa mit einem
> Ansteigen um 70 Prozent, in Südeuropa um 500 Prozent und in Osteuropa
> möglicherweise um bis zu 1000 Prozent. In Anbetracht dieser Zahlen gibt es
> vermehrt Stimmen im europarechtlichen Schrifttum, die die derzeitige EU-
> Verkehrspolitik wegen „mangelnder ökologischer Flankierung" für nicht mehr
> mit dem EG-Vertrag (Querschnittsklausel!) vereinbar halten. Auch für die
> einseitig auf Intensivierung setzende EG-Agrarpolitik sind entsprechende
> Zweifel anzumelden.

g) Subsidiaritätsprinzip

Das Subsidiaritätsprinzip ist keine Besonderheit des Umweltrechts, sondern
ein *allgemeiner* Grundsatz des EG-Rechts, der für sehr viele Politikbereiche
gilt. Es erstreckt sich nur auf die sog. *konkurrierenden* Kompetenzen der EG,

35
→ Art. 5 II
(Art 3b II a. F.)
EG-Vertrag

d.h. alle Fälle, in denen die EG *neben* den Mitgliedstaaten zuständig ist. Die Umweltpolitik zählt hierzu. Inhaltlich geht es um eine **Kompetenzaus-übungsregel**. Nach dem Wortlaut des Art. 5 II (Art. 3b II a.F.) EG-Vertrag darf die Gemeinschaft nur tätig werden, „sofern und soweit die Ziele der in Betracht gezogenen Maßnahmen auf Ebene der Mitgliedstaaten nicht ausreichend erreicht werden können und daher wegen ihres Umfangs oder ihrer Wirkungen besser auf Gemeinschaftsebene erreicht werden können". Dieser sprachlich mißglückte Satz kann dahingehend entwirrt werden, daß ein grundsätzlicher **Vorrang der unteren Ebene** (sprich der Mitgliedstaaten und Regionen) besteht. Kann die untere Ebene ein bestimmtes Problem nicht ausreichend regeln, so greift – quasi auf der zweiten Stufe – die Kompetenz der EG ein, vorausgesetzt, die angestrebten Ziele können „wegen ihres Umfangs oder ihrer Wirkungen besser auf Gemeinschaftsebene erreicht werden" (Effizienztest).

> **Beispiel:** Aus Gründen des Subsidiaritätsprinzips macht es wenig Sinn, eine EU-weite Richtlinie betreffend die Nistplätze für bestimmte Vogelarten zu erlassen, wenn die betroffenen Vogelarten nur in einzelnen Mitgliedstaaten vorkommen. Gleiches gilt für Regelungen über die Sauberkeit der Badegewässer in den Mitgliedstaaten. Solche Regelungen können besser dezentral durch die betroffenen Staaten selbst erfolgen. Die EG sollte hier allenfalls einen Rahmen vorgeben. Umgekehrt kann ein einzelner Mitgliedstaat etwa das Problem der Luftverschmutzung durch den Luft- und Straßenverkehr alleine kaum mehr in den Griff bekommen, muß also das Subsidiaritätsprinzip auf diesem Sektor im Interesse eines bestmöglichen Umweltschutzes zurücktreten.

3. Abwägungsgebote

36

→ Art. 174 III
(Art. 130r III
a.F.) EG-
Vertrag

Bei der Erarbeitung ihrer Umweltpolitik berücksichtigt die Gemeinschaft die in Art. 174 III (Art. 130r III a.F.) EG-Vertrag aufgelisteten *rechtlich bindenden* Abwägungsgebote, als da wären:

* die verfügbaren wissenschaftlichen und technischen Daten;
* die Umweltbedingungen in den einzelnen Regionen der Gemeinschaft;
* die Vorteile und die Belastung aufgrund des Tätigwerdens bzw. eines Nichttätigwerdens;
* die wirtschaftliche und soziale Entwicklung der Gemeinschaft insgesamt sowie die ausgewogene Entwicklung ihrer Regionen.

> **Beispiel:** Die EU hat im März 1997 grundsätzliche Einigkeit darüber erzielt, den Ausstoß von Kohlendioxyd, Stickoxyden und Methangasen bis zum Jahr 2010 um 15 Prozent gegenüber dem Niveau von 1990 zu verringern. Sie übernahm damit eine Vorreiterrolle im Rahmen der Klimakonferenz der Vereinten Nationen im Dezember 1997 im japanischen Kyoto (→ Kap. 8/RN 91). EU-intern werden die Lasten dieser Reduktionsverpflichtung jedoch entspre-

chend der sehr unterschiedlichen „wirtschaftlichen und sozialen Entwicklung der Gemeinschaft" differenziert verteilt. So müssen Deutschland, Dänemark, Luxemburg und Österreich ihren Ausstoß an Treibgasen um 25 Prozent zurückfahren, während anderen Staaten mit Rücksicht auf deren wirtschaftlichen Aufholungsprozeß sogar das Recht eingeräumt wird, ihre Emissionen zu steigern (Irland: plus 15 Prozent, Spanien: plus 17 Prozent, Griechenland: plus 30 Prozent, Portugal: plus 45 Prozent).

4. Schutzklauseln, Schutzergänzungsklauseln, verstärkte Zusammenarbeit

a) Allgemeines

Da (auch) bei Beschlüssen über Umweltrechtsakte der EG 15 Mitgliedstaaten **37**
mit unterschiedlichen Interessen und sozio-ökonomischen Voraussetzungen
„unter einen Hut zu bekommen" sind, geben die Richtlinien und Verordnungen gewöhnlich nur den (mittleren) gemeinsamen Nenner wider.

Beispiel: Die Kommission hat im Juni 1996 ihre Vorschläge zur schrittweisen Verringerung der schädlichen Abgase von Pkw und zur Verbesserung der Treibstoffqualität bis zum Jahr 2005 vorgelegt. Deutschland, Österreich, die Beneluxländer sowie die skandinavischen Mitgliedstaaten wiesen diese als zu lasch zurück. Die Vertreter der übrigen Mitgliedstaaten warnten dagegen unter Hinweis auf die Kosten für Verbraucher und Industrie vor zu ehrgeizigen Zielen. Sie folgten damit der von der Automobil- und Mineralölindustrie vorgegebenen Argumentationslinie.

Umso wichtiger ist für die „grüneren" Staaten die Möglichkeit, durch schärfe-   **38**
re nationale Gesetze über das EG-Niveau hinauszugehen, sprich „nachzubessern". Ohne die Befugnis zu solchen, wie man sagt, **nationalen Alleingängen** einzelner Mitgliedstaaten oder mehrerer Mitgliedstaaten zusammen würde die EG tatsächlich zu dem häufig fälschlich sogenannten „Bremser" in Sachen Umweltschutz.

Beispiel: Ganz oder teilweise nationale Alleingänge der Bundesrepublik Deutschland verkörpern das Anwendungsverbot für Atrazin (1991), die deutsche Verpackungsverordnung (1991), das UVP-Gesetz (1990), die 17. BImSchVO (1990), die FCKW-Halon-Verbotsverordnung (1991) sowie die Pentachlorphenol-Verbotsverordnung (1989).

Nationale Alleingänge, die zu einem **„Europa der verschiedenen Geschwindigkeiten"** (sog. **abgestufte** bzw. **flexible Integration**) führen, müssen aber mit den wirtschaftlichen Zielen des Vertrages vereinbar sein, d.h. sie dürfen insbesondere keine unverhältnismäßigen Beschränkungen des freien Warenverkehrs und keine Diskriminierung bewirken. Diese Abwägung zwischen „Ökonomie und Ökologie" kommt auch in den sog. Schutzklauseln und Schutzergänzungsklauseln zum Ausdruck. Vorausgeschickt sei, daß beide stets nur ein *Anheben* (niemals ein Absenken!) des gemeinschaftlichen Umweltschutzniveaus durch nationale Maßnahmen gestatten.

b) Schutzklauseln

39

→ Art 174 II UAbs. 2 (Art. 130r II UAbs. 2 a. F.); Art. 95 X (Art. 100a V a. F.) EG-Vertrag

Unter **Schutzklauseln** versteht man die im *sekundären* Gemeinschaftsrecht, also in der jeweiligen Richtlinie bzw. Verordnung der EG eingeräumte Befugnis, von dem gemeinschaftsweit festgelegten Schutzstandard *vorläufig* nach oben abzuweichen, sofern ein regelmäßig vorgeschriebenes Kontrollverfahren durchlaufen wird.

c) Schutzergänzungsklauseln

40

Mit dem Begriff **Schutzergänzungsklauseln** ist die durch Vorschriften des *primären* Gemeinschaftsrechts begründete Befugnis zu nationalen Alleingängen gemeint. Die Schutzergänzungsklauseln unterscheiden sich also in zweifacher Hinsicht von den Schutzklauseln: *Erstens* durch den Standort (hier primäres, dort sekundäres Gemeinschaftsrecht) und *zweitens* durch ihre Dauer (hier unbefristet, dort vorläufig).

41

→ Art. 176 (Art. 130t a. F.) EG-Vertrag

Nach **Art. 176** (Art. 130t a.F.) **EG-Vertrag**, der nur eingreift, wenn eine auf Art. 175 (Art. 130s a.F.) EG-Vertrag gestützte Gemeinschaftsmaßnahme in dem betreffenden Bereich vorausgeht, können verstärkte Schutzmaßnahmen beibehalten oder ergriffen werden, sofern sie mit dem Vertrag (insbesondere dem Ziel des Binnenmarktes, speziell des freien Warenverkehrs) vereinbar, sprich vor allem verhältnismäßig im weiteren Sinne (→ Kap. 3/RN 30) sind und der Kommission notifiziert (mitgeteilt) werden.

42

→ Art. 95 IV-VI (Art. 100a IV a. F.) EG-Vertrag

Erging die Umweltschutzmaßnahme der Gemeinschaft auf der Basis von Art. 95 I (Art. 100a I a.F.) EG-Vertrag und möchte ein Staat zu einem nationalen Alleingang ansetzen, so ist nunmehr **Art. 95 IV – VI** (bisher: Art. 100a IV a.F.) **EG-Vertrag** einschlägig. Abs. 4 betrifft dabei das *Beibehalten* von im Zeitpunkt der Verabschiedung des EG-Rechtsakts bereits bestehender „alter" nationaler Vorschriften. Dieses ist unter denselben Voraussetzungen zulässig wie im Rahmen von Art. 176 (Art. 130t a.F.) EG-Vertrag. Dagegen gelten für das (nachträgliche) *Einführen* „neuer" nationaler Vorschriften gem. Art. 95 V EG-Vertrag erhöhte Anforderungen. Insbesondere ist der „Alleingang" hier nur zulässig, wenn zusätzlich folgende Voraussetzungen vorliegen:

- Die verschärften nationalen Regelungen müssen auf neue wissenschaftliche Erkenntnisse gestützt sein;
- es muß sich um ein spezifisches Problem dieses Mitgliedstaats handeln und
- der Mitgliedstaat muß vorab (Wirksamkeitsvoraussetzung!) die Kommission über die in Aussicht genommenen Bestimmungen und die Gründe für ihre Einführung informiert haben.

Die Kommission hat die nationale Sonderregelung grundsätzlich binnen sechs Monaten zu billigen oder abzulehnen. Bei besonderen tatsächlichen Schwierigkeiten kann die Frist ausnahmsweise auf bis zu zwölf Monate verlängert werden, sofern keine Gefahr für die menschliche Gesundheit besteht. Trifft die Kommission innerhalb dieses Zeitraums keine Entscheidung, so gelten die einzelstaatlichen Vorschriften als gebilligt.

Auf die Schutzergänzungsklauseln kann sich auch der Mitgliedstaat berufen, der zuvor im Rat für eine EG-Maßnahme gestimmt hat. Auch eine vorherige Stimmenthaltung im Rat kann nicht verlangt werden. Dies ergibt sich aus dem Sinn und Zweck der Vorschriften, einen „bestmöglichen Umweltschutz" kooperativ-arbeitsteilig zu verwirklichen. Andernfalls bestünde die Gefahr, daß ein Mitgliedstaat gezwungen wird, gegen seine „innere Überzeugung" nur deshalb gegen einen EG-Rechtsakt zu stimmen, um sich die Möglichkeit zum anschließenden Ausscheren zu erhalten. Damit würde aber unter Umständen das Zustandekommen eines jeglichen Fortschritts auf der EU-Ebene gefährdet. Auch Einstimmigkeit im Rat schließt die Befugnis zur nationalen Schutzergänzung nicht aus.

43

Die Kommission nimmt die Gestattung einer nationalen Schutzergänzung bzw. die Mitteilung eines speziellen Gesundheitsproblems durch einen Mitgliedstaat zum Anlaß, unverzüglich zu prüfen, ob die einschlägigen Gemeinschaftsmaßnahmen in dem betreffenden Bereich noch ausreichend, insbesondere noch aktuell sind oder ob sie nachgebessert werden müssen (**Revisionspflicht**).

44
→ Art. 95 VII, VIII EG-Vertrag

d) Verstärkte Zusammenarbeit mehrerer Mitgliedstaaten

Enthält der Umweltrechtsakt der EU keine Schutzklausel und greifen auch die Voraussetzungen der Schutzergänzungsklauseln nicht ein, bleibt möglicherweise noch die Option einer **verstärkten Zusammenarbeit mehrerer Mitgliedstaaten** auf der Grundlage der durch den Vertrag von Amsterdam neu eingeführten allgemeinen **Flexibilisierungsklausel** (Art. 11 EG-Vertrag). Voraussetzung hierfür ist insbesondere, (1.) daß Gemeinschaftspolitiken, -aktionen oder -programme nicht beeinträchtigt werden, (2.) daß die Zusammenarbeit nicht diskriminierend ist und sich im Rahmen der EU-Kompetenzen hält sowie (3.) daß es nicht zu einer Handelsbeschränkung oder einer Wettbewerbsverzerrung kommt. Die Ermächtigung zu einer solchen flexiblen Kooperation wird grundsätzlich vom Rat mit qualifizierter Mehrheit auf Vorschlag der Kommission und nach Anhörung des Europäischen Parlaments erteilt. Nur wenn ein Mitglied des Rats aus wichtigen Gründen der nationalen Politik sein Veto einlegt, muß der Europäische Rat mit Einstimmigkeit entscheiden.

45

→ Art. 11 EG-Vertrag

Kontrollfragen:

1. Schildern Sie die historische Entstehung der europäischen Umweltpolitik vor dem Hintergrund der allgemeinen Geschichte der EG bzw. EU. (RN 3–6)
2. Erläutern Sie kurz das Rechtsetzungsverfahren in der EG. (RN 7–9, 12)
3. Was ist der Unterschied zwischen einer Richtlinie und einer Verordnung? (RN 15 f.)
4. Beschreiben Sie das Verhältnis des EG-Rechts zum nationalen Recht. (RN 18–23)
5. Was sind „direkte" und „indirekte" EG-Umweltschutzkompetenzen und wie grenzt man diese voneinander ab? (RN 25–27)
6. Nennen Sie die Prinzipien des europäischen Umweltrechts. (RN 29–34)
7. Was versteht man unter der „Querschnittsklausel"? (RN 34)
8. Welche Bedeutung kommt dem Subsidiaritätsprinzip Ihrer Meinung nach in der Umweltpolitik zu? (RN 35)
9. Wodurch unterscheiden sich die „Schutzklauseln" von den „Schutzergänzungsklauseln"? (RN 39–40)
10. Wodurch unterscheidet sich im Rahmen der Binnenmarktpolitik die EG-vertragliche Befugnis zur Beibehaltung strengerer nationaler Umweltschutzvorschriften von der Befugnis zur Einführung neuer schärferer Bestimmungen? (RN 42)

Weiterführende Hinweise:

I. Überblicksdarstellungen (allgemein zum Europarecht):

Ennuschat, Jörg, Von Paris über Rom nach Maastricht – Grundstrukturen der EG, des Binnenmarktes und des Maastrichter Vertrages, JuS 1995, S. 24–30; *Epping, Volker*, Grundstrukturen der Europäischen Union, Jura 1995, S. 449–456; *Fastenrath, Ulrich/ Müller-Gerbes, Maike*, Europarecht, 1996; *Koenig, Christian/Haratsch, Andreas*, Einführung in das Europarecht, 1996.

II. Spezialhinweise (zum europäischen Umweltrecht):

Monographien:
Epiney, Astrid, Umweltrecht in der Europäischen Union, 1997; *Frenz, Walter*, Europäisches Umweltrecht, 1997; *Hailbronner, Kay*, Der nationale Alleingang im EG-Binnenmarkt, 1989; *Jarass, Hans D./Neumann, Lothar F.*, Umweltschutz und EG, 1992; *Kahl, Wolfgang*, Umweltprinzip und Gemeinschaftsrecht. Eine Untersuchung zur Rechtsidee des „bestmöglichen Umweltschutzes" im EWG-Vertrag, 1993; *Lübbe-Wolff, Gertrude* (Hrsg.), Der Vollzug des europäischen Umweltrechts, 1996; *Rengeling, Hans-Werner* (Hrsg.), Handbuch des deutschen und europäischen Umweltrechts, 1998 (im Erscheinen); *Schmidt, Reiner/Müller, Helmut*, Einführung in das Umweltrecht, 4. Aufl. (1995), § 8.

Aufsätze:
Breuer, Rüdiger, Zunehmende Vielgestaltigkeit der Instrumente im deutschen und europäischen Umweltrecht – Probleme der Stimmigkeit und des Zusammenwirkens, NVwZ 1997, S. 833–845; *Kahl, Wolfgang*, Der EuGH als „Motor des europäischen Umweltschutzes"?, ThürVBl. 1994, S. 225–231 und S. 256–261; *Krämer, Ludwig*, Europäisches Umweltrecht, ZUR 1998, S. 70–75; *Nettesheim, Martin*, Das Umweltrecht der Europäischen Gemeinschaften, Jura 1994, S. 337–343; *Rengeling, Hans-Werner/Gellermann, Martin*, Gestaltung des europäischen Umweltrechts und seine Implementation im deutschen Rechtsraum, in: Jahrbuch des Umwelt- und Technikrechts 36 (1996), S. 1–32; *Steinberg, Rudolf*, Probleme der Europäisierung des deutschen Umweltrechts, AöR 120 (1995), S. 549–594; *Schröder, Meinhard*, Aktuelle Entwicklungen im europäischen Umweltrecht, NuR 1998, S. 1–6; *Zuleeg, Manfred*, Umweltschutz in der Rechtsprechung des Europäischen Gerichtshofs, NJW 1993, S. 31–38.

Rechtsprechung:
EuGH, Rs. 302/86 (Dänische Pfandflaschen), Slg. 1988, S. 4607–4633; EuGH, Rs. C-361/88 (Kommission/Deutschland – Schwefeldioxid und Schwebestaub), Slg. 1991, S. I-2567–2606; EuGH, Rs. C-300/89 (Kommission/Rat – Titandioxid), Slg. 1991, S. I-2867–2915; EuGH, Rs. C-155/91 (Kommission/Rat – Abfalländerungsrichtlinie), Slg. 1993, S. I-939–970; EuGH, Rs. C-422/92 (Kommission/Deutschland), Slg. 1995, S. I-1097–1140; EuGH, Rs. C-431/92 (Kommission/Deutschland), Slg. 1995, S. I-2189–2227; EuGH, Rs. C-41/93 (Frankreich/Kommission), Slg. 1994, S. I-1829–1852.

5. Umweltverfassungsrecht

Grundlage und Schranke der gesamten Umweltpolitik, die nicht zuletzt in den   **1**
einzelnen Umweltgesetzen ihren Niederschlag findet, ist das Umweltverfas-
sungsrecht. Darunter versteht man „die Gesamtheit der Verfassungsnormen,
die dem Schutz der Umwelt bestimmt sind" (*Hoppe/Beckmann*). Innerhalb der
Normenhierarchie über dem einfachen Recht stehend (→ Kap. 2/RN 21) prägt
das Grundgesetz das gesamte staatliche Handeln und setzt ihm zugleich Grenzen.

I. Staatsziel Umweltschutz

Ausdrücklich ist der Umweltschutz im Grundgesetz in dem neu aufgenomme-   **2**
nen Art. 20a GG geregelt. Dort heißt es: „Der Staat schützt auch in Verantwor-   → Art. 20 a
tung für die künftigen Generationen die natürlichen Lebensgrundlagen im   GG
Rahmen der verfassungsgemäßen Ordnung durch die Gesetzgebung und nach
Maßgabe von Gesetz und Recht durch die vollziehende Gewalt und die Rechtsprechung". Die Einführung einer solchen **Staatszielbestimmung** wurde bereits seit den 70er Jahren heftig diskutiert. Ihre Befürworter hoben hervor, der
Umweltschutz als zentrale Staatsaufgabe müsse auch in der Verfassung verankert werden, um seine Bedeutung für das Gemeinwesen zu unterstreichen und
um sicherzustellen, daß Umweltgesichtspunkte im Rahmen staatlicher Entscheidungsprozesse ausreichend Berücksichtigung finden. Indessen wiesen
die Gegner der Staatszielbestimmung vor allem auf die Gefahr der Absolutie-
rung des Umweltschutzes zu Lasten anderer Staatsaufgaben hin. Im übrigen
passe die Aufnahme einer Staatszielbestimmung weder zum Duktus des
Grundgesetzes noch sei sie wirklich sachlich notwendig, da die Verfassung
schon jetzt grundsätzliche Wertentscheidungen für den Umweltschutz enthal-
te. Der Streit dürfte mit der Einführung des Art. 20a GG vorerst erledigt sein.
Festzuhalten bleibt, daß sich aus der **objektiv-rechtlichen Dimension** (→ RN
7) der Staatszielbestimmung *keinerlei* subjektive Ansprüche auf konkrete um-
weltschützende Maßnahmen herleiten lassen. Ihre Bedeutung gewinnt die
Staatszielbestimmung vielmehr als verfassungsrechtlicher **Abwägungsbe-
lang**, z.B. im Rahmen planerischer Abwägungsentscheidungen, sowie als
Auslegungsmaßstab bei der Konkretisierung unbestimmter Rechtsbegriffe
(→ Kap. 3/RN 25) und von Ermessensspielräumen (→ Kap. 3/RN 22 ff.).
Daneben formuliert sie einen bindenden **Handlungsauftrag** für die Legislative und Exekutive zur grundsätzlichen Förderung des Umweltschutzes; ein
genereller Vorrang des Umweltschutzes vor anderen Verfassungsgütern kann
daraus allerdings nicht abgeleitet werden.

Außerhalb des Grundgesetzes finden sich auch in zahlreichen Länderverfassungen
umfangreiche Umweltschutzbestimmungen (z.B. Art. 141 Bay. Verf.; Art. 86 Bad.-
Württ. Verf.; Art. 62 Hess. Verf.; Art. 18 II Nordrh.-Westf. Verfassung; Art. 40 Rheinl.-
Pfl. Verf.).

> **Beispiel:**"Die natürlichen Lebensgrundlagen, die Landschaft sowie die Denk-
> male der Kunst, der Geschichte und der Natur genießen öffentlichen Schutz
> und die Pflege des Staates und der Gemeinden" (Art. 86 Bad.-Württ. Verf.).
> „Die natürlichen Lebensgrundlagen stehen unter dem Schutz des Landes, der
> Gemeinden und Gemeindeverbände" (Art. 29a Nordrh.-Westf. Verf.).

II.   Umweltgrundrecht?

3   Ebenfalls eingehend diskutiert wurde die Einführung eines Umweltgrundrechts.

Grundrechte sind verfassungsrechtlich gesicherte und unverbrüchlich gewährte stärk-
ste subjektive Elementarrechte (vgl. vor allem Art. 1–19 GG). Sie sind weitgehend
identisch mit den Menschenrechten, die Art. 1 Abs. 2 GG für unverletzlich und unver-
äußerlich erklärt bzw. als Grundlage jeder menschlichen Gemeinschaft des Friedens
und der Gerechtigkeit bezeichnet, und binden Gesetzgebung, vollziehende Gewalt und
Rechtsprechung als unmittelbar geltendes Recht (Art. 1 III GG).

4   Die Beschneidung grundrechtlicher Gewährleistungsgehalte ist nur zulässig, soweit
ein **Gesetzesvorbehalt** vorgesehen ist, demzufolge das Grundrecht durch oder aufgrund eines Gesetzes eingeschränkt werden kann.

> **Beispiel:** Recht auf Leben und körperliche Unversehrtheit (Art. 2 II 3 GG),
> Versammlungsfreiheit unter freiem Himmel (Art. 8 II GG), Berufsfreiheit (Art.
> 12 I 2 GG), Eigentumsgarantie (Art. 14 I 2 GG).

→ Art. 19 II   Allerdings sind bei jeder Einschränkung der **Grundsatz der Verhältnismäßigkeit** (→
GG   Kap. 3/RN 30) und die **Wesensgehaltsgarantie** zu beachten, derzufolge das Grundrecht durch eine gesetzgeberische Maßnahme in seinem Wesensgehalt nicht angetastet
werden darf.

5   Auch Grundrechte ohne Gesetzesvorbehalt sind im übrigen nicht schlechthin jeder
Beschränkung entzogen. Dies ergibt sich schon aus dem einfachen Umstand, daß
unterschiedliche Freiheitsrechte oder sonstige Verfassungsgüter miteinander kollidieren können.

> **Beispiel:** Der Künstler, der sich auf die vorbehaltlos gewährleistete Kunstfrei-
> heit beruft (Art. 5 III GG), kann nicht ohne weiteres zur Entfaltung seiner
> künstlerischen Ambitionen das Eigentum Dritter (Art. 14 I GG) beschädigen,
> etwa durch Graffiti-Kunst.

Man spricht insoweit von sog. **grundrechtsimmanenten Schranken**, die von der
Verfassung selbst notwendig vorgegeben sind und die der Gesetzgeber unter Beachtung des Prinzips des schonendsten Ausgleichs selbständig zu konkretisieren hat.

6   In neuerer Zeit werden die Grundrechte nicht mehr allein als Abwehrrechte gegen
den Staat verstanden, sondern teilweise auch als **Recht auf Leistung** oder zumindest
Teilhabe an (vorhandenen!) staatlichen Leistungen.

> **Beispiel:** Sozialhilfeanspruch als Ausfluß des Gebots der Menschenwürde in
> Verbindung mit dem Sozialstaatsprinzip (Leistungsanspruch); Anspruch auf
> einen Studienplatz, soweit die Kapazität nicht voll ausgelastet ist, als Ausfluß

der in Art. 12 GG gewährten Freiheit, die Ausbildungsstätte frei zu wählen (Teilhabeanspruch).

Darüber hinaus verkörpern die Grundrechte in ihrer Gesamtheit eine **objektive Wertordnung**, die den Staat verpflichtet, bei Eingriffen Privater in die Grundrechte Dritter diese zu schützen (sog. **Schutzpflichten** → RN 12).   **7**

> **Beispiel:** Dem Staat obliegt die Pflicht, das ungeborene Leben zu schützen oder Vorsorgemaßnahmen gegen die Verbreitung der Seuche Aids zu treffen.

Gleichzeitig beeinflussen die in den Grundrechten zum Ausdruck kommenden grundsätzlichen Wertvorstellungen die Auslegung privatrechtlicher Normen (sog. **mittelbare Drittwirkung**).   **8**

> **Beispiel:** Bei der ursprünglich einfach-gesetzlich nicht geregelten Frage, ob ein privates Unternehmen Bilder von Privatpersonen ohne deren Einwilligung zu Werbezwecken, etwa für Potenzmittel, verwenden darf, ist das aus Art. 2 I GG resultierende sog. Allgemeine Persönlichkeitsrecht zu beachten.

Mit der Forderung der Einfügung eines speziellen Umweltgrundrechts in das Grundgesetz wären also eine Reihe weitreichender Konsequenzen verknüpft. Dem Einzelnen wäre ein gerichtlich durchsetzbarer Leistungsanspruch auf ungestörten Schlaf, auf sauberes Wasser und reine Luft zugesprochen worden, der letztlich wohl nur faktisch unerfüllbare Hoffnungen geweckt hätte. Aus diesem Grund und weil man den bisherigen Grundrechtsschutz für ausreichend hält, lehnt die weitaus herrschende Meinung die Einführung eines Umweltgrundrechts ab. Dasselbe gilt für die interpretative Herleitung eines Grundrechts auf Umweltschutz aus den bestehenden Verfassungsvorschriften.   **9**

III. Grundrechte als Abwehrrechte gegen Umweltbeeinträchtigungen

Aus der Abwehrfunktion der Grundrechte ergibt sich jedoch, daß der Einzelne zumindest konkrete Gefährdungen seiner Gesundheit und seines Lebens (Art. 2 II GG) sowie seines Eigentums (Art. 14 GG) durch schädliche Immissionen grundsätzlich nicht hinnehmen muß. Dabei sind im Hinblick auf Art. 2 II GG solche Einwirkungen, die zu körperlichen Schäden führen bzw. zumindest in ihrer Wirkung körperlichen Schmerzen nahe kommen, von sog. hinnehmbaren Belästigungen abzugrenzen, was sich im Einzelfall als schwierig erweisen kann. In Ausnahmefällen wird von einem Teil der Rechtsprechung erwogen, einen Abwehranspruch auch dann zu bejahen, wenn sich eine umweltrelevante Maßnahme negativ auf die geistig-seelische Sphäre menschlicher Existenz auswirkt und auf diese Weise die in Art. 2 I GG geschützte freie Persönlichkeitsentfaltung beeinträchtigt.   **10**

> **Beispiel:** Abwehranspruch der Bürger in Berlin gegen Rodung von 50 000 Bäumen zur Errichtung eines Kernkraftwerks.

11

Allerdings bezieht sich der grundrechtliche Abwehranspruch immer nur auf *staatlich* verursachte Umweltbeeinträchtigungen. Regelmäßig erweisen sich die Umweltbeeinträchtigungen aber als Ergebnis der summierten umweltverschmutzenden Tätigkeiten *Privater*. Gegenüber privatrechtlichen Beeinträchtigungen kommen die Grundrechte jedoch – wenn überhaupt – nur mittelbar zur Wirkung.

> **Beispiel:** Gegen die einzelne staatliche Genehmigung einer luftverpestenden Anlage, die vielleicht nicht den immissionsschutzrechtlichen Standards entspricht, kann der konkret betroffene Nachbar bei Berufung auf sog. drittschützende Normen (→ Kap. 3/RN 29) oder auch sein Grundrecht auf körperliche Unversehrtheit (Art. 2 II 1 GG) unter Umständen gerichtlich vorgehen. Dasselbe gilt natürlich, wenn der Staat selbst – was nur selten der Fall ist – schadstoff-emittierende Unternehmungen betreibt. Hinsichtlich der sich aus der Vielzahl rechtmäßig genehmigter Anlagen ergebenden Umweltbelastungen fehlt es jedoch an dem erforderlichen verfassungswidrigen Eingriff des Staates, den hier allenfalls eine allgemeine Mitverantwortung trifft.

IV. Verfassungsrechtliche Schutzpflichten des Staates zur Erhaltung der Umwelt

12

Die Grundrechte erschöpfen sich nicht, wie schon oben angedeutet, in ihrem Abwehrcharakter. Vielmehr ergibt sich aus den ihnen zugrundeliegenden objektiv-rechtlichen Wertentscheidungen der Verfassung die Pflicht des Staates, durch Grundrechte gesicherte Schutzgüter, vor allem Leben und körperliche Unversehrheit sowie das Eigentum vor grundlegenden Beeinträchtigungen jedweder Natur zu schützen. Bei der Wahrnehmung dieser Pflicht verbleibt dem Gesetzgeber aber ein weiter **Einschätzungs-**, **Wertungs-** und **Gestaltungsspielraum**. Es ist zunächst einmal allein Aufgabe des Parlaments und steht in dessen Verantwortung, die komplexen Wirkungszusammenhänge des Umweltproblems zu beurteilen und auch langfristig nach sinnvollen, praktikablen Lösungsstrategien zu suchen, die wiederum mit anderen Staatsaufgaben in Ausgleich gebracht werden müssen. Angesichts der Vielzahl denkbarer Regelungen und Maßnahmen zum Schutze der Umwelt kann dem Einzelnen nur dann ein (verfassungs-)gerichtlich durchsetzbarer Anspruch auf Erlaß oder Verbesserung einer Schutzvorkehrung zugesprochen werden, wenn staatliche Abwehrregelungen völlig fehlen oder *evident* unzureichend sind.

> **Beispiel:** Nach der bisherigen Rechtsprechung des BVerfG ist der Staat u.a. seiner bestehenden Pflicht zum Schutz vor atomaren Gefahren, der chemischen

Verseuchung und Schädigung von Luft und Wald sowie vor Straßenverkehrslärm mit den bestehenden Regelungen ausreichend nachgekommen.

V. Verfassungsrechtliche Grenzen des Umweltschutzes

Der Bürger nimmt die Verfassung nicht nur in Anspruch, um sich vor Beeinträchtigungen durch Umweltbelastungen zur Wehr zur setzen. Sicherlich genauso oft, wenn nicht sogar häufiger, beruft er sich auf seine Grundrechte, um Umweltschutzmaßnahmen, die seine Freiheitssphäre einschränken, abzuwehren.

13

Beispiel: Der Unternehmer fühlt sich durch kostenintensive Umweltschutzauflagen in seiner unternehmerischen Freiheit (Art. 2 I GG), seiner Berufsfreiheit (Art. 12 I GG) und seinem Recht auf Eigentum (Art. 14 GG) verletzt.

Ob hier ein Verstoß gegen grundrechtliche Gewährleistungen im Einzelfall gegeben ist, hängt maßgeblich von der Einhaltung des **Grundsatzes der Verhältnismäßigkeit** (→ Kap. 3/RN 30) ab. Dies gilt unabhängig davon, ob es sich bei dem zu überprüfenden Akt um ein Gesetz, einen Verwaltungsakt oder eine sonstige hoheitliche Maßnahme handelt. Insbesondere bei gesetzgeberischen Maßnahmen ist jedoch der Gestaltungsspielraum des Parlaments zu berücksichtigen. Nur wirklich unzumutbare Belastungen sind im Hinblick auf die Verhältnismäßigkeit im engeren Sinne verfassungsrechtlich nicht mehr gerechtfertigt. Nicht selten lassen sich entsprechende Gesetzgebungsvorhaben auch durch **Übergangsregeln** oder staatliche **Ausgleichszahlungen** abfedern.

VI. Gesetzgebungskompetenzen

Der Erlaß umweltrelevanter (formeller) Gesetze setzt eine entsprechende Gesetzgebungskompetenz voraus.

14

Grundsätzlich liegt das Recht der Gesetzgebung bei den Ländern, es sei denn, das Grundgesetz verleiht ausdrücklich dem Bund Gesetzgebungsbefugnisse. Dabei unterscheidet man sog. **ausschließliche Bundesgesetzgebungskompetenzen**, die allein dem Bund zustehen, sog. **konkurrierende Gesetzgebungskompetenzen**, bei denen die Länder die Befugnisse zur Gesetzgebung haben, solange der Bund nicht von den konkurrierenden Gesetzgebungsrechten Gebrauch macht und ein Bedürfnis nach bundesgesetzlicher Regelung besteht, sowie sog. **Rahmengesetzgebungskompetenzen**, aufgrund derer der Bund grundsätzliche Rahmenvorschriften erlassen darf, die durch Landesgesetze konkretisiert werden.

→ Art. 30, 70 GG
→ Art. 71, 73 GG
→ Art. 72, 74, 74a GG
→ Art. 75 GG

Obwohl eine *umfassende* Gesetzgebungskompetenz des Bundes für den Umweltschutz im Grundgesetz nicht vorgesehen ist, besteht das geltende Umweltrecht heute überwiegend aus Bundesrecht. Grundlage hierfür sind zahlreiche konkurrierende Gesetzgebungskompetenzen, die entweder speziell auf bestimmte umweltrechtliche Teilgebiete zugeschnitten sind (z.B. Abfallbeseitigung, Luftreinhaltung, Lärmbekämpfung, Atomrecht, Pflanzenschutz) oder zumindest Belange des Umweltschutzes mit umfassen (z.B. Wirtschaft, Bauleitplanung, Straßen- und Schienenwegebau). Daneben existieren noch eine Reihe von umweltrechtlich bedeutsamen Rahmengesetzgebungskompetenzen (z.B. für Naturschutz und Landschaftspflege sowie Raumordnung und Wasserhaushalt).

Kontrollfragen:
1. Welche Bedeutung hat Art. 20a GG? (RN 2)
2. Gibt es ein sog. „Umweltgrundrecht"? (RN 3)
3. Gegen wen wendet sich der grundrechtliche Abwehranspruch gegen Umweltbeeinträchtigungen? (RN 11)
4. Wann kann man von einer staatlichen Schutzpflichtverletzung sprechen? (RN 12)
5. Können Grundrechte staatlichen Umweltschutzmaßnahmen auch Grenzen setzen? (RN 13)
6. Existieren Landesgesetzgebungskompetenzen im Bereich des Umweltschutzrechts? (RN 14)

Weiterführende Hinweise:
Monographien:
Bock, Bettina, Umweltschutz im Spiegel von Verfassungsrecht und Verfassungspolitik, 1990; *Hoppe, Werner/Beckmann, Martin,* Umweltrecht, 1989, § 4, S. 47–76; *Kloepfer, Michael,* Umweltrecht, 2. Aufl. (1998), S. 107–160; *ders.,* Kommentierung zu Art. 20a, in: Rudolf Dolzer (Hrsg.), Bonner Kommentar zum Grundgesetz (1996); *Murswiek, Dietrich,* Kommentierung zu Art. 20a GG, in: Michael Sachs (Hrsg.), Grundgesetz, Kommentar, 1996; *Schmidt, Reiner/Müller, Helmut,* Einführung in das Umweltrecht, 4. Aufl. (1995), § 2, S. 37–55; *Tsai, Tzung-Jen,* Die verfassungsrechtliche Umweltschutzpflicht des Staates, 1995.

Aufsätze:
Erbguth, Wilfried/Wiegand, Bodo, Umweltschutz im Landesverfassungsrecht, DVBl. 1994, S. 1325–1334; *Henneke, Hans-Günter,* Der Schutz der natürlichen Lebensgrundlagen in Art. 20a GG, NuR 1995, S. 325–335; *Murswiek, Dietrich,* Staatsziel Umweltschutz (Art. 20a GG), NVwZ 1996, S. 222–230; *Peters, Hans-Joachim,* Art. 20a GG – Die neue Staatszielbestimmung des Grundgesetzes, NVwZ 1995, S. 555–557; *Schmidt, Reiner:* Umweltschutz als Verfassungsgebot, in: Lorenz Schulz (Hrsg.), Ökologie und Recht, 1991, S. 91–103; *Steinberg, Rudolf,* Verfassungsrechtlicher Umweltschutz durch Grundrechte und Staatszielbestimmung, NJW 1996, S. 1985–1994; *Waechter, Kay,* Umweltschutz als Staatsziel, NuR 1996, S. 321–327.

Rechtsprechung:
BVerfGE 49, S. 89–147; 53, S. 30–96 und 77, 381–408 (Staatliche Schutzpflicht vor atomaren Gefahren); BVerfGE 56, S. 54–86 (Staatliche Schutzpflicht vor Fluglärm); BVerfG, NJW 1983, S. 2931–2933 (Staatliche Schutzpflicht vor chemischer Verseuchung und Schädigung von Luft und Wald); BVerfGE 79, S. 174–202 (insbes. S. 201 f.) (Staatliche Schutzpflicht vor Straßenverkehrslärm); BVerfG, NJW 1996, S. 651

(Staatliche Schutzpflicht vor Ozonzerstörung); BVerfG, NJW 1996, S. 1297–1298 (Staatliche Schutzpflicht vor Passivrauchen); BVerwGE 54, S. 211–225; (Umweltgrundrecht); BVerwG, UPR 1995, S. 309–311 (Staatszielbestimmung Art. 20a GG); OVG Berlin, NJW 1977, S. 2283–2287 (grundrechtlicher Abwehranspruch gegenüber Rodung von 50 000 Bäumen für Kernkraftwerksbau in Berlin).

6. Prinzipien und Instrumente des Umweltrechts

I. Prinzipien des Umweltrechts

Zur Verwirklichung der eingangs dargestellten Zwecke des Umweltschutzrechts (→ Kap. 1/RN 2) läßt man sich von verschiedenen Grundprinzipien
leiten. Sie durchziehen den gesamten Rechtsstoff und dienen – mehr oder
weniger stark gesetzlich ausgeformt – als allgemeine Richtschnur für jegli-
ches umweltrelevantes staatliches Handeln. Dabei ist die Geltung der Prinzipien des Umweltrechts keineswegs nur auf den Bereich des öffentlichen Umweltrechts beschränkt. Auch das Umweltprivatrecht steht unter ihrem Einfluß.

1

1. Vorsorgeprinzip

Das Vorsorgeprinzip zielt darauf ab, durch vorausschauendes Handeln und
eine dem Stand der Technik entsprechende Begrenzung von Emissionen darauf hinzuwirken, daß vermeidbare oder hinsichtlich ihrer Folgen noch
nicht absehbare Umweltbeeinträchtigungen möglichst ausgeschlossen werden. Der damit angestrebte schonende Umgang mit den zur Verfügung stehenden Ressourcen soll die ökologischen Grundlagen langfristig sichern helfen.
Einfach-gesetzlich verankert ist das Vorsorgeprinzip in zahlreichen Umweltgesetzen.

2

> **Beispiel:** §§ 1, 5 Nr. 2, 50 BImSchG; §§ 1a, 7a WHG; § 7 II Nr. 3 AtomG; §§
> 13 bis 16 BNatSchG.

Zur Begründung des Vorsorgeprinzips bedient man sich zweier verschiedener
Theorieansätze. Nach der sog. **Freiraumtheorie** ist die Belastbarkeit der Natur nicht völlig auszuschöpfen, um weiteres Wachstum der menschlichen Gesellschaft und Wirtschaft zu ermöglichen und um wenig belastete Freiräume
zur Regeneration des Umweltsystems zu erhalten. Die **Ignoranztheorie** hingegen stellt darauf ab, daß die langfristige Wirkung von umweltrelevanten
Maßnahmen nie genau vorhergesagt werden kann, Umweltbeeinträchtigungen
vielmehr in einem gewissen Maße immer auftreten. Folglich sei es schon von
daher gesehen sinnvoll und notwendig, Eingriffe in die Umwelt immer auf das
technisch mögliche und zumutbare Maß zu reduzieren.

Für die Praxis läßt sich das Vorsorgeprinzip auf folgende Grundaussagen
zurückführen:

- Die Umweltbelastung soll grundsätzlich nicht mehr anwachsen; im Zweifelsfall müssen Umweltschäden durch Kompensationsmaßnahmen (→ RN
38, Kap. 10/RN 16 f.) ausgeglichen werden;
- die Festlegung von zulässigen Immissionswerten hat sich an den Möglichkeiten der jeweils modernsten Vermeidungstechnik zu orientieren;

- behördliche Maßnahmen sollen nicht vom Nachweis, sondern von der Wahrscheinlichkeit der Schädlichkeit eines Stoffes oder seiner Konzentration abhängen;
- Umweltbelange sind bei jeder Planungsentscheidung mit zu berücksichtigen.

2. Verursacherprinzip

3

Aufgrund des Verursacherprinzips sind (potentielle) Umweltstörungen in erster Linie dem Verantwortungsbereich des Verursachers zuzurechnen, der damit primärer Adressat staatlicher Schutzmaßnahmen ist (sog. **materielles Zurechnungsprinzip**). Vor allem fungiert das Verursacherprinzip aber als **Kostenzurechnungsprinzip**. Dahinter steht die ökonomische Erkenntnis, daß die kostenlose Nutzung von sog. öffentlichen Gütern wie der Umwelt, die nicht den Preismechanismen des Markts unterliegen, aufgrund falscher Mengensignale an die Konsumenten zu Wohlfahrtsverlusten (sog. externen Effekten) führt. Um zu einer optimalen Allokation der Güter und Produktionsfaktoren zu gelangen, soll daher grundsätzlich jeder die Kosten tragen, die durch Inanspruchnahme von begrenzten Umweltressourcen entstehen, insbesondere durch Nutzung der Umwelt als Ressourcenreservoir oder als Entsorgungsmedium (sog. Internalisierung externer Effekte). Die praktische Realisierung des Kostenzurechnungsprinzips kann in ganz unterschiedlicher Weise erfolgen: Entweder der Staat erläßt bestimmte Produktnormen, Ge- und Verbote sowie Einzelanordnungen usw., deren Einhaltung für die Betroffenen finanziellen Aufwand bedeutet (z.B. der Einbau von Luftfiltern), oder die Inanspruchnahme der Umwelt als Ressourcenreservoir bzw. als Entsorgungsmedium ist von vornherein bestimmten Zahlungspflichten unterworfen, wie etwa bei Kompensationsmaßnahmen (→ RN 38) oder Abgaben- bzw. Zertifikatsmodellen (→ RN 33 ff., 36 f). Auch zivilrechtliche Haftungs- und Unterlassungsansprüche (→ Kap. 17/RN 13) basieren auf dem Verursacherprinzip.

Allerdings kann die Festlegung des Verursachers erhebliche Schwierigkeiten bereiten.

Beispiel: Ob etwa für konsumbezogene Umweltbelastungen der Produzent oder der Verbraucher oder aber beide verantwortlich sind, läßt sich zunächst kaum sagen.

In welchem Maße die Mitverursachung einer Umweltbelastung zu einer entsprechenden Kostentragungspflicht führt, stellt demnach letztlich eine Frage der Umweltpolitik dar, die der Gesetzgeber zu entscheiden hat.

3. Gemeinlastprinzip

Soweit eine Gefahr oder Störung einem bestimmten Verursacher nicht zuge-   **4**
rechnet oder von der Behörde die Beseitigung der Störung (oder die Finanzierung der Störungsbeseitigung) durch den Störer nicht durchgesetzt werden
kann, ist das Gemeinlastprinzip einschlägig, demzufolge die Kosten in solchen Fällen die Allgemeinheit zu tragen hat. Der Vorrang des Verursacherprinzips wird zu Lasten der Allgemeinheit also immer dann durchbrochen, wenn
Feststellungs-, Zurechnungs- und Quantifizierungsprobleme auftreten bzw.
wirtschaftspolitische Überlegungen (Sicherung von Arbeitsplätzen und Wettbewerbsfähigkeit) einer Zurechnung über das Verursacherprinzip entgegenstehen.

> **Beispiel:** Ein ausländischer Super-Tanker kentert im Hamburger Hafen. 20 000
> Tonnen Rohöl fließen daraufhin aus. Der verantwortliche Kapitän ist flüchtig,
> während sich die Reederei kurz vor dem Konkurs befindet. Hier muß der Staat
> die Kosten der Beseitigung der Umweltschäden tragen.

4. Kooperationsprinzip

In neuerer Zeit gewinnt das Kooperationsprinzip zunehmend an Bedeutung.   **5**
Statt mit Befehl und Zwang zu agieren, versucht der Staat immer stärker, eine
Lösung der Umweltprobleme über die aktive Zusammenarbeit mit allen gesellschaftlichen Kräften auch schon im Vorfeld von Entscheidungen zu erreichen. Dahinter steht die Erkenntnis, daß die Ziele des Umweltschutzes letztlich leichter mit als gegen die gesellschaftlich relevanten Gruppen durchsetzbar sind.

> **Beispiel:** Neben umfangreichen Anhörungsrechten (vgl. etwa § 10 III–VI
> BImSchG, § 7 IV AtG, § 73 III u. IV VwVfG) und dem Abschluß öffentlich-
> rechtlicher Verträge (→ Kap. 3/RN 14) gehört z. B. die Nutzbarmachung von
> privatem Sachverstand zu den besonderen Ausformungen des Kooperations-
> prinzips. Besondere Erwähnung verdienen hier die (privaten) Technischen
> Überwachungsvereine, die als „Beliehene" (→ Kap. 7/RN 13) staatliche Kon-
> trollaufgaben auf dem Gebiet der technischen Sicherheit und des Umwelt-
> schutzes ausüben, und privatrechtlich organisierte Ausschüsse, die mit der
> Aufgabe technischer Regelgebung betraut sind und die ebenfalls von privaten
> Vereinen unterhalten werden (z. B. Deutsches Institut für Normung e.V. [DIN],
> Verband deutscher Elektrotechniker e.V. [VDE]). Hinzuweisen ist weiterhin
> auf die Anhörung beteiligter Kreise vor dem Erlaß von Rechtsverordnungen
> (→ Kap. 2/RN 17) und Verwaltungsvorschriften (→ Kap. 3/RN 7 f., vgl. z.B.
> §§ 7, 48, 51 BImSchG; § 6 WRMG) sowie auf die Politikberatung durch
> Gremien unabhängiger Fachleute. Zu denken ist hier etwa an die Reaktors-
> icherheitskommission, die Strahlenschutzkommission und nicht zuletzt an die
> Naturschutzverbände, die z.B. bei der Vorbereitung von Verordnungen, ver-
> bindlichen Programmen und Plänen gem. § 29 BNatSchG mitwirken.

Eine prominente Stellung nimmt in diesem Zusammenhang der **Rat von Sachverständigen für Umweltfragen** ein, der aus 7 Mitgliedern unterschiedlicher wissenschaftlicher Disziplinen besteht, die jeweils für 4 Jahre berufen werden, und der seit 1990 verpflichtet ist, alle zwei Jahre ein (vielbeachtetes) Gutachten über die Umweltsituation und die Umweltbedingungen in der Bundesrepublik zu erstatten (→Kap. 1/RN 15).

So begrüßenswert die Einbindung des Bürgers in staatliche Entscheidungsprozesse ist, auch die Gefahren des Kooperationsprinzips sollten nicht übersehen werden. Nicht selten neigen die Behörden dazu, im Interesse guter Zusammenarbeit und zur Erreichung praktikabler Lösungen vor Ort unter Mißachtung eindeutiger rechtlicher Vorgaben Kompromisse auf Kosten Dritter oder der Allgemeinheit zu schließen. Hier zeigt sich eine wesentliche Ursache für das oft beklagte **Vollzugsdefizit** (→ RN 42) im Umweltrecht. Das Kooperationsprinzip ist deshalb immer nur ergänzend zur staatlichen Regelungsbefugnis heranzuziehen.

II.   Die Instrumente des öffentlichen Umweltrechts

6   Das Umweltrecht kennt eine Vielzahl rechtlicher Instrumente, mit denen die Ziele und Grundsätze der Umweltpolitik und des Umweltrechts in der Praxis umgesetzt werden können. Sie basieren grundsätzlich auf den bereits dargestellten hoheitlichen Handlungsformen (→ Kap. 3/RN 6 ff.), haben jedoch im Umweltrecht mitunter eine spezifische Ausformung erfahren.

1.   Planungsinstrumente

7   „Umweltplanung als Mittel vorsorgender Umweltpolitik ermöglicht die Erfassung komplexer Ursachen- und Problemzusammenhänge und die Koordination von Umweltbelangen mit kollidierenden Zielen und Interessen" (*Reiner Schmidt*). Man unterscheidet insofern gemeinhin die raumbezogene **Fachplanung** von der raumbezogenen **Gesamtplanung**.

a) Umweltschutz in der Fachplanung
8   Die Fachplanung dient der Verbesserung der Boden-, Luft- oder Gewässerqualität in einem bestimmten Gebiet oder der Realisierung eines bestimmten Vorhabens, z.B. der Verwirklichung eines raumbeanspruchenden Projekts (Bau eines Flughafens, einer Straße, einer Schienentrasse).

Umweltspezifische Fachplanung
9   Stehen die Belange des Umweltschutzes bei der Planung im Vordergrund, spricht man von umweltspezifischer Fachplanung. Zu den Hauptinstrumenten

der umweltspezifischen Fachplanung zählt die Erstellung von **Umweltschutz-
pläne**. Deren Aufgabe ist es, gebietsspezifisch konkrete Zielvorstellungen
des Umweltschutzes zu erarbeiten, die umweltrelevanten Daten zu systematisieren und zu dokumentieren sowie umweltrelevante Maßnahmen auch für die
Zukunft hin untereinander zu koordinieren.

> **Beispiel:** Umweltschutzpläne existieren insbesondere zum Schutz der Luft
> (Luftreinhalteplan → Kap. 8/RN 89), zum Schutz der Landschaft (Land-
> schaftsprogramme, Landschaftsrahmenpläne und Landschaftspläne → Kap.
> 10/RN 8 ff.), zum Schutz des Wasserhaushalts (wasserwirtschaftliche Rahmen-
> pläne, Bewirtschaftungspläne und Abwasserbeseitigungspläne → Kap. 9/RN 39)
> und zur Entsorgung des Abfalls (Abfallentsorgungspläne → Kap. 11/RN 39).

Neben den Umweltschutzplänen kommt noch der **Festlegung von Schutzge-**   **10**
bieten in der Praxis besondere Bedeutung zu. Mit einer solchen Festlegung
sind regelmäßig zahlreiche Unterlassungs-, Duldungs- und Leistungspflichten
der Grundeigentümer und sonstigen Nutzungsberechtigten in den betroffenen
Gebieten verbunden, die unter Umständen deren Rechte erheblich beeinträchtigen können.

> **Beispiel:** Die wichtigsten Schutzgebietsarten befinden sich im Naturschutz-
> recht (Naturschutzgebiet, Nationalpark, Landschaftsschutzgebiet, Naturpark,
> Naturdenkmal, Schutzwald → Kap. 10/RN 30 ff.), im Immissionsschutzrecht
> (schutzbedürftige Gebiete, Smog-Gebiete → Kap. 8/RN 89) und im Wasser-
> recht (Wasserschutzgebiete → Kap. 9/RN 39).

Fachplanung ohne umweltspezifische Zielsetzung
Auch jenseits der speziellen Umweltschutzplanung sind bei der Fachplanung   **11**
Belange des Umweltschutzes zu berücksichtigen. Das gilt insbesondere für
raumbeanspruchende bauliche Großvorhaben, über deren Zulässigkeit regelmäßig im Rahmen eines Planfeststellungsverfahrens zu entscheiden ist (→
Kap. 3/RN 36 ff.). Teilweise ist diese Berücksichtigungspflicht ausdrücklich
normiert.

> **Beispiel:** § 3 I 2 BFStrG: „Die Träger der Straßenbaulast haben nach ihrer
> Leistungsfähigkeit die Bundesfernstraßen in einem dem regelmäßigen Ver-
> kehrsaufkommen genügenden Zustand zu bauen, zu unterhalten . . .; dabei sind
> die sonstigen öffentlichen Belange einschließlich des Umweltschutzes zu be-
> rücksichtigen." Vgl. ferner etwa § 50 BImSchG.

In den verbleibenden Fällen ergibt sich die Notwendigkeit, Umweltgesichtspunkte in die Planung einzustellen, schon aus dem Wesen der Planung, die
gerade darauf angelegt ist, alle relevanten Auswirkungen eines Vorhabens bei
der Entscheidungsfindung zu bedenken und untereinander und gegeneinander
abzuwägen (→ Kap. 3/RN 40).

b) Umweltschutz in der Gesamtplanung

12   Nicht zu unterschätzendes Gewicht kommt dem Umweltschutz ferner in der raumbezogenen Gesamtplanung zu, deren Aufgabe es ist, unabhängig von konkreten Vorhaben und damit fachübergreifend die Nutzung des Bodens in einem bestimmten Gebiet vorausschauend und unter Ausgleich gegenläufiger Raumansprüche für Wohn-, Wirtschafts- und Erholungszwecke festzulegen (→ Kap. 3/RN 16). Die Gesamtplanung vollzieht sich auf überörtlicher und örtlicher Ebene. Sie wirkt jeweils konkreter werdend von oben nach unten (sog. Anpassungsprinzip) und von unten nach oben, da auch die überörtliche Planung auf die örtliche Planung Rücksicht zu nehmen hat (sog. Gegenstromprinzip).

Die überörtliche Planung

13   Die überörtliche Planung ist auf das gesamte Bundesgebiet bzw. das Gebiet der einzelnen Länder ausgerichtet. Sie dient dazu, die Gesamtentwicklung im Raum zu steuern und hat dabei die Grundsätze der Raumordnung zu beachten, die neben einer Reihe von anderen Belangen auch den Umweltschutz behandeln.

> **Beispiel:** Programmatisch § 2 I Nr. 8 Raumordnungsgesetz (ROG): „Für den Schutz, die Pflege und Entwicklung von Natur und Landwirtschaft, insbesondere des Naturhaushalts, des Klimas, der Tier- und Pflanzenwelt sowie des Waldes, für den Schutz des Bodens und des Wassers, für die Reinhaltung der Luft sowie für die Sicherung der Wasserversorgung, für die Vermeidung und Entsorgung von Abwasser und Abfällen und für den Schutz der Allgemeinheit vor Lärm ist zu sorgen. Dabei sind auch die jeweiligen Wechselwirkungen zu berücksichtigen. Für die sparsame und schonende Inanspruchnahme der Naturgüter, insbesondere von Wasser, Grund und Boden, ist zu sorgen." Vgl. des weiteren z.B. § 2 I Nr. 5 S. 2 ROG: „Soweit in Verdichtungsräumen durch Luftverunreinigungen, Lärmbelästigungen, Überbelastungen der Verkehrsnetze und andere nachteilige Auswirkungen der Verdichtung ungesunde Lebensbedingungen oder unausgewogene Wirtschafts- und Sozialstrukturen bestehen oder deren Entstehen zu befürchten ist, sollen Maßnahmen zur Strukturverbesserung ergriffen werden."

Während die Raumordnungsgrundsätze auf Bundesebene dadurch umgesetzt werden, daß sie bei der Verwirklichung einzelner konkreter (Bundes-) Vorhaben zu berücksichtigen sind, geschieht dies in den Ländern vor allem durch die konkretisierende Aufstellung von übergeordneten und zusammenfassenden Programmen und Plänen, die ihrerseits Ziele der Raumordnung und Landesplanung formulieren und darüber hinaus Gebiete bezeichnen, in denen diese landesplanerischen Ziele zu verwirklichen sind, mithin Planungsregionen, Verdichtungsräume, zentrale Orte, überregionale Erholungsgebiete etc. Es gibt Pläne, die auf das ganze Landesgebiet bezogen sind (Landesentwicklungs-, Landesraumordnungspläne oder Landesentwicklungsprogramme) oder nur auf bestimmte Gebiete (Regional-, Gebietsentwicklungs- oder regionale Raumordnungspläne). Im einzelnen bestehen hier je nach Bundesland erhebliche Unterschiede.

Die örtliche Planung

Auf örtlicher Ebene erfolgt die raumbezogene Gesamtplanung durch die sog. **14** **Bauleitplanung**, die sich zusammensetzt aus dem **Flächennutzungsplan** und den **Bebauungsplänen** der Gemeinde. Während der Flächennutzungsplan nur eine grobe Planung des gesamten Gemeindegebietes anstrebt und gegenüber dem Bürger keine unmittelbaren Wirkungen entfaltet, hat der Bebauungsplan, der aus dem Flächennutzungplan zu entwickeln ist, die Funktion, die zulässige bauliche Nutzung meistens in einem bestimmten Gebietsausschnitt zu konkretisieren und verbindlich festzulegen. Die Bauleitpläne sind den Zielen der Raumordnung und Landesplanung anzupassen und sollen insgesamt eine geordnete städtebauliche Entwicklung und eine dem Wohl der Allgemeinheit entsprechende sozialgerechte Bodennutzung gewährleisten und dazu beitragen, eine menschenwürdige Umwelt zu sichern und die natürlichen Lebensgrundlagen zu schützen und zu entwickeln. Diese allgemeinen Vorgaben werden durch Planungsleitlinien konkretisiert, die auch Umweltschutzbelange umfassen.

> **Beispiel:** § 1 V 2 Nr. 7 BauGB: „Bei der Aufstellung der Bauleitpläne sind insbesondere zu berücksichtigen ... die Belange des Umweltschutzes auch durch die Nutzung erneuerbarer Energien, des Naturschutzes und der Landschaftspflege, insbesondere des Naturhaushalts, des Wassers, der Luft und des Bodens einschließlich seiner Rohstoffvorkommen, sowie das Klima."

Indessen darf nicht verkannt werden, daß der Umweltschutz bei der raumbezogenen Gesamtplanung ebenso wie bei der nicht umweltspezifischen Fachplanung in Konkurrenz tritt mit einer Vielzahl anderer Belange, mit denen er in Ausgleich zu bringen ist. Nicht selten wird z.B. in der Praxis bei der Planerstellung verkehrs-, energie-, wirtschafts- und standortpolitischen Erwägungen der Vorrang eingeräumt. Der planerische Gestaltungsspielraum unterliegt insoweit nur begrenzt der gerichtlichen Überprüfbarkeit (Abwägungsfehlerlehre → Kap. 3/RN 40).

2. Ordnungsrechtliches Instrumentarium

Die weit überwiegende Zahl der die Umwelt sichernden Vorschriften ist dem **15** **Umweltordnungsrecht** zuzurechnen, das seine Wurzeln im allgemeinen Polizei- und Sicherheitsrecht hat. Im Vordergrund steht hier traditionell die **Gefahrenabwehr**: Es soll schon im Ansatz verhindert werden, daß der Umwelt und damit dem Menschen (langfristig) Schaden zugefügt wird.

a) Verbote und Beschränkungen

An erster Stelle des ordnungsrechtlichen Instrumentariums zu nennen sind Umweltverbote und umweltdienliche Beschränkungen.

Umweltverbote

16   Umweltverbote untersagen aus Gründen der Umweltpflege insbesondere das Errichten und Betreiben bestimmter Anlagen, das Herstellen, Inverkehrbringen, grenzüberschreitende Verbringen oder Verwenden bestimmter Stoffe sowie bestimmte Handlungen in Schutzgebieten.

Soweit allein aus Gründen einer vorbeugenden Kontrolle durch die Umweltverwaltung nur möglicherweise umweltschädliche Tätigkeiten unter den Vorbehalt der Erteilung einer vom Vorliegen bestimmter Voraussetzungen abhängigen Erlaubnis gestellt werden, spricht man von einem sog. **präventiven Verbot mit Erlaubnisvorbehalt**. Liegen die gesetzlichen Voraussetzungen vor, besteht in aller Regel ein **Rechtsanspruch** (→ Kap. 3/RN 28) auf Erteilung der beantragten „**Kontrollerlaubnis**".

> **Beispiel:** So hat die Immissionschutzbehörde etwa unter anderem zu prüfen, ob die einschlägigen Umweltstandards beim Betrieb einer Anlage zur Gewinnung von Roheisen eingehalten werden. Ist dies der Fall und werden auch alle ansonsten zu beachtenden Vorschriften eingehalten, *muß* die Behörde auf Antrag eine Genehmigung nach § 4 I BImSchG erteilen; der Gesetzgeber wollte den Betrieb von entsprechenden Anlagen nicht grundsätzlich verbieten (→ Kap. 8/ RN 18). – Zu den umweltrechtlichen Kontrollerlaubnissen zählen ferner: die Baugenehmigung, die abfallrechtliche Einsammlungs- und Beförderungsgenehmigung und bergrechtliche Erlaubnisse und Bewilligungen.

17   Steht die Erteilung einer erforderlichen Genehmigung im **Ermessen** (→ Kap. 3/RN 21 ff.) der zuständigen Behörde, handelt es sich um ein sog. **repressives Verbot mit Befreiungsvorbehalt**. Darunter fallen normalerweise solche umweltrelevanten Verhaltensweisen, die entweder als typisch sozialschädlich bzw. als sozial unerwünscht gelten oder ein Umweltgut betreffen, das wegen seiner besonderen gemeinwohlbezogenen Bedeutung einer öffentlich-rechtlichen Benutzungs- und Bewirtschaftungsordnung unterworfen ist. In besonderen Einzelfällen *kann* die Behörde eine **Ausnahmebewilligung** erteilen, auf die aber kein gerichtlich durchsetzbarer Anspruch besteht.

> **Beispiel:** Zu den Ausnahmebewilligungen zählen vor allem: die wasserrechtliche Bewilligung und Erlaubnis (→ Kap. 9/RN 20 ff.), die Genehmigung von Abfallentsorgungsanlagen (→ Kap. 11/RN 44), die Rodungs- und Umwandlungsgenehmigung sowie naturschutzrechtliche Befreiungen.

Umweltdienliche Beschränkungen

Eine Vielzahl umweltgefährdender Tätigkeiten werden im Interesse des Schutzes der Umwelt durch Verhaltensnormen, Qualitätsnormen, Verfahrensnormen, Produktnormen und ähnliches beschränkt. Die Tätigkeit als solche ist dann zwar nicht verboten, unterliegt aber rechtlichen Grenzen, die einzuhalten sind.

18

> **Beispiel:** Das Benutzen eines zulässig errichteten Tennisplatzes ist zwar grundsätzlich nicht verboten, der Betreiber hat aber schädliche Umwelteinwirkungen durch Lärmimmissionen gem. § 22 BImSchG soweit wie technisch möglich zu vermeiden.

b) Umweltgebote

Neben den Verboten und Beschränkungen, die auf ein reines Unterlassen gerichtet sind, existieren auch eine Reihe von Umweltgeboten, die dem Einzelnen die Pflicht zu einem bestimmten umweltpfleglichen Tun oder Dulden auferlegen.

19

Umweltrechtliche Leistungspflichten

Zu den umweltrechtlichen Leistungspflichten rechnet man:

20

* Grundpflichten,
* Geldleistungspflichten und
* Handlungspflichten.

Grundpflichten regeln meist in eher unbestimmter und allgemein gehaltener Form grundsätzliche Verpflichtungen zu umweltfreundlichem Verhalten.

> **Beispiel:** Die in § 1a II WHG enthaltene Pflicht, Wasser vor Verunreinigungen oder sonstiger nachteiliger Veränderung seiner Eigenschaften zu schützen.

Konkrete **Handlungspflichten** sind in den verschiedensten Umweltgesetzen vorgesehen.

> **Beispiel:** Ausgleichspflicht bei Eingriffen in die Natur und Landschaft (§ 8 II 1 BNatSchG), Unterhaltungspflicht bei Gewässern (§ 29 I 1 WHG), Pflegepflichten im Siedlungsbereich (§ 11 BNatSchG), Rekultivierungsgebote bei Waldrodungen (§ 11 S. 1 BWaldG).

Das Auferlegen von **Geldleistungspflichten** zählt eher zu den Instrumenten der indirekten Verhaltenssteuerung und wird dort erörtert (→ RN 33 ff.).

Umweltrechtliche Duldungspflichten

Öffentlich-rechtliche Duldungspflichten ergeben sich vor allem aus der umfassenden Wirkung bestimmter Genehmigungen auch für Dritte (z.B. Plan-

21

feststellungsbeschluß → Kap. 3/RN 38) und aus den sog. Schutzgebietsausweisungen (→ Kap. 10/RN 30 f.). Sie können aber auch ausdrücklich in einem Gesetz niedergelegt sein.

> **Beispiel:** Ein Waldeigentümer muß dulden, daß die Allgemeinheit den Wald zum Zwecke der Erholung betritt (§ 14 I 2 BWaldG).

Daneben sind noch die privatrechtlichen Duldungspflichten zu beachten (→ Kap. 17/RN 6 ff.).

c) Umweltdienliche Nebenpflichten

22
Ergänzend zu Verboten, Beschränkungen und Geboten sehen die meisten Umweltgesetze noch eine ganze Reihe von Auskunfts-, Anzeige-, Melde- und Sicherungspflichten vor. Diese sog. umweltdienlichen Nebenpflichten sollen der Umweltverwaltung bei der Datenermittlung helfen, damit sie überhaupt in die Lage versetzt wird, ihren Überwachungsaufgaben effektiv nachzugehen. Gleichzeitig sollen die Betreiber von umweltgefährdenden Anlagen zur Eigenüberwachung angehalten werden.

Besonders hervorzuheben ist in diesem Zusammenhang das **Gesetz über Umweltstatistiken**, das die Rechtsgrundlage für statistische Erhebungen bestimmter Daten aus dem Bereich Abfallentsorgung, Wasserversorgung und Abwasserbeseitigung, über Unfälle bei der Lagerung und beim Transport wassergefährdender Stoffe und über Umweltschutzinvestitionen im produzierenden Gewerbe darstellt (vgl. § 2 I Nr. 1–9 UmweltstatistikG).

> **Beispiel:** Auskunftspflichten (z.B. § 23 BNatSchG); Anmeldepflichten für gefährliche Stoffe (§§ 4 ff. ChemG); Anzeige- und Nachweispflichten (z.B. § 8a TierSchG); Ermittlungspflichten (z.B. §§ 26 ff. BImSchG).

d) Sonstige Verfügungen

23
Im Rahmen der Umweltüberwachung können die Umweltbehörden schließlich zahlreiche Einzelverfügungen treffen. Sie können Genehmigungen widerrufen, zurücknehmen, nachträglich einschränken, Untersagungs-, Stillegungs- und Beseitigungsanordnungen treffen oder selbständig in Gefahrensituationen Verbote aussprechen. Soweit hier keine spezialgesetzlichen Vorschriften vorhanden sind, muß auf das allgemeine Verfahrens-, Sicherheits- und Polizeirecht zurückgegriffen werden.

> **Beispiel:** Der Widerruf einer rechtmäßigen immissionsschutzrechtlichen Genehmigung ist abweichend von der allgemeinen Regelung in § 49 VwVfG in § 21 BImSchG geregelt. Für die Rücknahme einer rechtswidrigen Genehmigung gilt dagegen mangels spezialgesetzlicher Regelung das Verwaltungsverfahrensgesetz und damit § 48 VwVfG (→ Kap. 3/RN 13).

3. Umweltverträglichkeitsprüfung

Ein viel diskutiertes Instrument zur Verbesserung des Vorsorgeprinzips im Umweltschutz stellt die Umweltverträglichkeitsprüfung (UVP) dar. Anknüpfend an das amerikanische Vorbild, das mit dem National Environmental Policy Act (NEPA) 1969 die Überprüfung der Umweltverträglichkeit bedeutender Bundesmaßnahmen einführte, legte die EG-Richtlinie zur UVP den Mitgliedstaaten die Pflicht auf, bis zum 2.7.1988 eine UVP im nationalen Recht zu verankern. Der Bundesgesetzgeber ist dieser Pflicht mit Erlaß des am 1.8.1990 in Kraft getretenen UVP-Gesetzes nachgekommen.

24

Die EG-Richtlinie zur UVP ist 1997 geändert worden (Richtlinie 97/11/EG). Neben einer Erweiterung des Anwendungsbereich der UVP-Prüfung ist nunmehr genau festgelegt, welche Informationen der Projektträger vorlegen muß. Außerdem werden umfangreichere Informationen verlangt. Ferner soll die Zusammenarbeit zwischen den Mitgliedstaaten, die von Projekten mit grenzüberschreitender Wirkung betroffen sind, verstärkt werden.

Ziel der UVP ist es, möglichst *frühzeitig* unter Beteiligung der Öffentlichkeit und derjenigen Behörden, deren Aufgabenbereich berührt ist, die Auswirkungen eines Vorhabens auf die Umwelt zu ermitteln, zu beschreiben und zu bewerten, um das Ergebnis bei den behördlichen Entscheidungen über die Zulässigkeit zu *berücksichtigen*. Die *umfassend* angelegte Prüfung, die ein *unselbständiger, integrativer Teil* des verwaltungsbehördlichen Verfahrens ist, soll insofern Umweltschutzgesichtspunkten bei der Entscheidungsfindung mehr Gewicht verleihen und den Schwächen des sektoral betriebenen Umweltschutzes mit seinen fachspezifischen Interessen entgegegensteuern.

→ § 1 UVPG

Welche Vorhaben in den Anwendungsbereich des UVP-Gesetzes fallen, ist in einer Anlage des Gesetzes, die durch Rechtsverordnung der Bundesregierung geändert werden kann, ausgeführt.

→ § 3 UVPG

Beispiel: Anlage Nr. 9: „Anlagen zur Gewinnung von Roheisen oder Nichteisenrohmetallen"; Nr. 25: „Anlagen zur Herstellung von Fischmehl"; Nr. 27: „Abfallentsorgungsanlagen".

Das UVP-Gesetz kommt aber aufgrund der *Subsidiaritätsklausel* nur zur Anwendung, soweit Rechtsvorschriften des Bundes oder der Länder die Prüfung der Umweltverträglichkeit nicht näher bestimmen oder in ihren Anforderungen dem UVP-Gesetz nicht voll entsprechen.

→ § 4 UVPG

Der Ablauf der UVP, die regelmäßig von der Behörde durchzuführen ist, die auch über die Zulässigkeit des Vorhabens entscheidet, läßt sich wie folgt skizzieren:

25

→ § 5 UVPG   (1)   **Unterrichtung** der zuständigen Behörde über das geplante Vorhaben, die den voraussichtlichen Untersuchungsrahmen (d.h. Gegenstand, Umfang und Methode der UVP) zusammen mit dem Vorhabensträger erörtert und abstimmt, wobei andere Behörden, Sachverständige (Gutachter) und Dritte (Gemeinden, Umweltverbände, Bürgerinitiativen) hinzugezogen werden können (sog. „**Scoping-Verfahren**").

→ § 6 UVPG   (2)   Mit der **Einreichung** des **Zulassungsantrags** (Genehmigung, Planfeststellung) legt der Vorhabenträger der zuständigen Behörde die für die Durchführung der UVP **erforderlichen Unterlagen** vor. Zwingend erforderlich sind u.a. zumindest Angaben über Standort, Art und Umfang des Vorhabens, Art und Menge der zu erwartenden Emissionen und Reststoffe, Beschreibung von möglichen Vermeidungs- und Ausgleichsmaßnahmen sowie über die zu erwartenden erheblichen Auswirkungen auf die Umwelt.

→ §§ 7 f.   (3)   Einholung von **Stellungnahmen** anderer (auch ausländischer) **Behör-**
UVPG   **den**, soweit deren Aufgabenbereich berührt ist.

→ § 9 UVPG   (4)   **Anhörung** der **Öffentlichkeit** (zum Verfahren → Kap. 3/RN 37).

→ § 11 UVPG   (5)   Als Kernstück der UVP erfolgt auf der Grundlage der Angaben des Antragstellers, der behördlichen Stellungnahmen und der Ergebnisse der Öffentlichkeitsbeteiligung eine zusammenfassende **Darstellung** der Umweltauswirkungen.

→ § 12 UVPG   (6)   Auf der Grundlage dieser Darstellung sind die Umweltauswirkungen anhand von ökologischen Maßstäben zu **bewerten**, die projektbezogen im Verfahren zu entwickeln sind. Hilfsweise kann hier auf allgemeine Umweltstandards (TA Luft, TA Lärm, TA Abfall, DIN- oder VDI-Vorschriften) zurückgegriffen werden, die aber die eigenständige Bewertung nicht ersetzen können (str.).

(7)   Die Bewertung der Umweltauswirkungen ist bei der Zulassungsentscheidung zu **berücksichtigen**, d.h. sie darf nicht bloß zur Kenntnis genommen werden, sondern es hat im Rahmen der Abwägung (→ Kap. 3/RN 40) eine inhaltliche Auseinandersetzung stattzufinden, wobei aber ein negatives Ergebnis der UVP nicht stets zur Ablehnung des Vorhabens führen muß.

(8)   **Unterrichtung** der Träger des Vorhabens und der betroffenen Öffent-
→ § 12 UVPG   lichkeit bzw. der Einwender über die getroffene Entscheidung.

→ § 20 UVPG   **Hinweis:** Nach jahrelanger, zum Teil kontroverser Diskussion ist am 30.9.1995 die Allgemeine Verwaltungsvorschrift (→ Kap. 3/RN 7 f.) zur Ausführung des Gesetzes über die Umweltverträglichkeitsprüfung (UVPVwV) vom 18.9.1995 verabschiedet worden, die eine einheitliche Handhabung der Regelungen des UVPG gewährleisten soll und die dortigen Regeln konkretisiert.

In der Praxis bereitet die UVP trotz ihres positiven, ganzheitlichen Grundan-   **26**
satzes immer noch eine Fülle von Problemen. So ist z.B. unklar, wie das
Ergebnis der Prüfung bei einer gebundenen Entscheidung der Behörde, z.B.
nach dem BImSchG, denn eigentlich berücksichtigt werden soll: Entweder die
Genehmigungsvoraussetzungen liegen vor und die Genehmigung wird erteilt
oder nicht. Auf der anderen Seite werden die Verfahren mitunter zusätzlich
verzögert, ohne daß Umweltschutzbelange tatsächlich weit über das bisher in
der Bundesrepublik schon praktizierte Maß Beachtung fänden, da auch negative Auswirkungen auf die Umwelt keinen zwingenden Versagungsgrund darstellen.

4.   Indirekte Verhaltenssteuerung

Der Staat ist bei der Verwirklichung der Ziele des Umweltschutzes nicht auf   **27**
die bisher erörterten Instrumente der direkten Verhaltenssteuerung, d.h. verbindliche gesetzliche und administrative Verhaltensvorgaben beschränkt. Ihm
stehen daneben auch Mittel der indirekten Beeinflussung zur Verfügung, die
nur influenzierend und motivierend auf das Verhalten der Betroffenen einwirken.

a) Umweltinformationspolitik
Lange Zeit galten die gesetzlich weitgehend ungeregelten Instrumente der   **28**
influenzierenden Umweltinformation als die mildesten, aber auch wirkungs-
schwächsten Mittel der Umweltpolitik. Mittlerweile hat sich diese Einschätzung gewandelt. Spätestens seit der Reaktorkatastrophe von Tschernobyl und
den „Glykolwein“-Skandalen weiß man um die Bedeutung und Notwendigkeit einer staatlichen Informationspolitik. Aus der breiten Palette denkbarer
Maßnahmen sind folgende besonders hervorzuheben:

- Beratung des Bürgers in praktischen Einzelfragen

    Beispiel: Broschüren über umweltverträgliche Fahrweisen, Vermeidung von
    Verpackungsmüll, Lärmschutz- und Wärmeisolierungsmaßnahmen, energie-
    sparendes Heizen, Verwendung umweltschonender Waschmittel usw.

- Auszeichnungen für umweltfreundliche Produkte oder umweltfreundliches Verhalten

    Beispiel: Umweltzeichen („Blauer Engel“), mit dem umweltfreundliche Pro-
    dukte, insbesondere Konsumgüter, ausgezeichnet werden. Bei der Vergabe
    wirken eine unabhängige Jury, das Deutsche Institut für Gütesicherung und
    Kennzeichnung (RAL) und das Umweltbundesamt zusammen. Auf europäi-
    scher Ebene ist parallel dazu 1992 die „Europäische Blume“ eingeführt wor-
    den, die nach ähnlichen Kriterien von einem Ausschuß und der EG-Kommissi-
    on vergeben wird.

- Individuelle Antragsberatung

Beispiel: § 2 II der 9. Verordnung zur Durchführung des Bundes-Immissions-schutzgesetzes.

- „Umwelterziehung" in der Schule
- Warnungen

Beispiel: Warnung vor bestimmten Freilandgemüsen wegen besonderer Strahlenbelastung.

29   Wahrgenommen wird die Aufgabe der Umweltinformation auf allen Verwaltungsebenen sowohl von staatlichen als auch kommunalen Stellen. Eine führende Rolle kommt dabei dem Umweltbundesamt (→ Kap. 7/RN 20) zu, zu dessen wesentlichen Aufgabenbereichen die „Aufklärung der Öffentlichkeit in Umweltfragen" gehört. Nicht unerwähnt bleiben sollte in diesem Zusammenhang im übrigen die von der Bundesrepublik Deutschland getragene „Stiftung Warentest", die es sich satzungsmäßig ebenfalls zum Ziel gesetzt hat, die Öffentlichkeit über die Umweltverträglichkeit von Waren zu unterrichten.

Gerade in diesem letzten Fall der produktbezogenen Verbraucherinformation, aber auch insbesondere bei staatlichen Warnungen besteht die Gefahr erheblicher Wettbewerbsverzerrungen unter verschiedenen Anbietern. Nicht zuletzt aus diesem Grunde sind die Voraussetzungen, unter denen der Staat hier an die Öffentlichkeit treten darf, noch nicht abschließend geklärt. Prinzipiell haben sich die Behörden eine gewisse Zurückhaltung aufzuerlegen und vor allem den Grundsatz der Verhältnismäßigkeit (→Kap. 3/RN 30) hinsichtlich des „Ob" und des „Wie" der Informationstätigkeit ausreichend Beachtung zu schenken.

Hinweis: In einigen Ländern (u.a. Baden-Württemberg, Brandenburg, Sachsen, Thüringen) ist die öffentliche Warnung für den praktisch eminent wichtigen Bereich des Lebensmittelrechts mittlerweile in einem Ausführungsgesetz zum Lebensmittel- und Bedarfsgegenständegesetz (LMBG) gesetzlich geregelt und beschränkt.

30   b) Gewährung von Benutzungsvorteilen
Rechtlich weniger problematisch als die produktbezogene Öffentlichkeitsarbeit, wenngleich ebenfalls nicht wettbewerbsneutral, erscheint die Einräumung von Benutzungsvorteilen für die Verwender umweltfreundlicher Produkte.

Beispiel: Nach § 6 II 8. BImSchV sind die Benutzer von Rasenmähern mit einem besonders niedrigen Geräuschpegel partiell von den zeitlichen Betriebsbeschränkungen befreit.

c) Subventionen

Anstelle von naturalen Benutzungsvorteilen können auch Finanzhilfen in Form von Subventionen gewährt werden, um bestimmte Personengruppen zu einem umweltgerechten Verhalten zu veranlassen (→ Kap. 14/RN 43).

31

Unter **Subventionen** versteht man vermögenswerte Geldleistungen des Staates an Private, die zur Erreichung eines bestimmten, im öffentlichen Interesse liegenden Zweckes ohne oder gegen geringe (unmittelbare) Gegenleistung gewährt werden.

> **Beispiel:** Unter den umweltschutzbezogenen Subventionsprogrammen sind etwa hervorzuheben: Fördermaßnahmen der deutschen Bundesstiftung Umwelt, die European Recovery Programm (ERP)-Umweltschutzprogramme, das Investitionsprogramm des Bundesumweltministeriums zur Verminderung von Umweltbelastungen oder das Wohnraum-Modernisierungsprogramm der Kreditanstalt für Wiederaufbau. Daneben ist z.B. auf das Investitionszulagengesetz hinzuweisen, wonach für bestimmte Forschungs- und Entwicklungsaufwendungen sowie für bestimmte Investitionen im Energiebereich Zulagen gewährt werden. Auch die Bundesländer geben vielfältige Finanzhilfen insbesondere in den Förderungsbereichen: öffentlicher Nahverkehr (Lärmschutz, energiesparende und emissionsarme Antriebe), Landwirtschaft (Emissionsminderung, umweltfreundliche Tierhaltung, alternative Landbaumethoden), Fluglärmbekämpfung, Abfallentsorgung, Modellprojekte usw.

Denkbar sind auch indirekte Subventionen durch Steuervergünstigungen (sog. Verschonungssubventionen).

32

> **Beispiel:** Nach § 7d Einkommensteuergesetz (EStG 1990) waren bis einschließlich 1996 abnutzbare Wirtschaftsgüter, die dem Umweltschutz dienen, erhöht absetzungsfähig. Dasselbe galt z.B. für Maßnahmen, die ausschließlich zum Zwecke des Wärme- und Lärmschutzes vorgenommen wurden, und solche, die zu einer verbesserten Energieausnutzung führten (§ 51 EStG in Verbindung mit § 82a EStDV).

d) Umweltabgaben

Zu den wohl wichtigsten und am meisten diskutierten Instrumenten indirekter Verhaltenssteuerung im Umweltrecht zählen die Abgaben, d.h. öffentlich-rechtliche Geldleistungen, die zur Verfolgung ökologischer Zwecke erhoben werden. Der Verhaltenslenkungszweck muß insoweit nicht unbedingt im Vordergrund stehen.

33

Unter den Abgabenbegriff fallen zunächst einmal die **Steuern** als einmalige oder laufende Geldleistung an den Staat ohne Gegenleistung zur Finanzierung allgemeiner Staatsausgaben. Sie sind abzugrenzen von **Gebühren**, die als Gegenleistung für eine bestimmte, vom Gebührenpflichtigen in Anspruch genommene Verwaltungsleistung erhoben werden (z.B. Zulassung eines Kfz) und **Beiträgen**, die die Bereitstellungskosten für eine staatliche Leistung abdecken sollen, ohne daß es auf die konkrete Inanspruchnahme im Einzelfall ankommt (z.B. Arbeitslosenversicherungsbeitrag). Schließlich existieren noch sog. **Sonderabgaben**, die unter sehr engen Voraussetzungen zur Bewältigung einer besonderen Finanzierungsaufgabe von einer abgrenzbaren, in sich homogenen Gruppe von Abgabenschuldnern erhoben werden können, die dieser Aufgabe besonders „nahestehen" (z.B. Schwerbehindertenabgabe). Die Abgrenzung der verschiedenen Abgabenformen ist deshalb von enormer praktischer Relevanz, als der Staat letztlich nur über die Steuern und Sonderabgaben ohne konkret nachweisbare Gegenleistung Geld einnehmen kann und die Verteilung des Steueraufkommens im Grundgesetz genau geregelt ist (Art. 104a ff. GG).

34   Die Erhebung von Umweltabgaben, die eine besonders anschauliche Ausprägung des Verursacherprinzips als Kostenzurechnungsprinzip darstellt (→ RN 3), bietet im Vergleich zu Ver- und Geboten vor allem zwei Vorteile: Zum einen lassen sich ökonomische Effizienzgesichtspunkte in die Verhaltenssteuerung mit einbeziehen. Normalerweise wird nämlich derjenige, dessen Kosten zur Verringerung der Umweltinanspruchnahme geringer sind als die Abgabenhöhe, seine Emissionen durch technische Maßnahmen solange senken, wie die Reduzierung der Inanspruchnahme ihn eine Einheit weniger kostet als der Preis der Abgabe je Schadenseinheit beträgt. Zum anderen besteht auch bei Unterschreiten einer bestimmten Schadstoffgrenze, also der Einhaltung der rechtlichen Vorgaben, ein Anreiz zur weiteren Reduzierung der Emissionen, da die Höhe der Abgabe regelmäßig an die konkrete Höhe des Schadstoffausstoßes gekoppelt ist. Nachteilig ins Gewicht fallen dagegen die Schwierigkeiten bei der Festsetzung der Höhe der Abgabe: Ist die Abgabe zu niedrig, kann man sie ohne weiteres ignorieren; das umweltpolitische Ziel bleibt dann unerreicht. Wird die Abgabe dagegen zu hoch festgelegt, muß man mit erheblichen Beeinträchtigungen der Wettbewerbsfähigkeit gerade im internationalen Vergleich rechnen.

35   Nach ihrem Aufgabenzweck lassen sich im Grundsatz vier verschiedene Typen von Umweltabgaben unterscheiden, die aber in Reinform kaum vorkommen. Im einzelnen ist hier noch vieles umstritten:

- **Umweltlenkungsabgaben** setzen von ihrer Bemessung her einen permanenten Anreiz zur Verringerung bzw. Vermeidung von Umweltbelastungen durch Entwicklung umweltverträglicher Verhaltensweisen, technologischer Innovationen usw. Der Lenkungserfolg ist dann voll erreicht, wenn das Abgabenaufkommen entfällt.

> **Beispiel:** Die Abwasserabgabe, deren Höhe sich nach der Schädlichkeit des eingeleiteten Abwassers richtet.

- **Umweltfinanzierungsabgaben** dienen ausschließlich der Finanzierung von Umweltschutzmaßnahmen. Sie sind als Sonderabgaben (→ RN 33) nur unter engen Voraussetzungen zulässig, weil die Ausgaben für den Umweltschutz grundsätzlich von der Allgemeinheit der Steuerzahler zu tragen ist.

Beispiel: Das (vom OVG Münster für verfassungswidrig gehaltene) Lizenzentgelt in NRW, das für die Nutzung einer neben den bundesgesetzlichen Genehmigungserfordernissen landesrechtlich verlangten Lizenz von den privaten Abfalleigen- oder -fremdentsorgern erhoben wurde, um mit diesem Aufkommen die Altlastensanierung zu finanzieren.

- **Umweltnutzungs- und Entsorgungsabgaben** werden in Form von Gebühren für eine bestimmte umweltrelevante Leistungen der Verwaltung erhoben.

Beispiel: Entwässerungs- und Müllabfuhrgebühren. Auch der sog. Wasserpfennig, der in einigen Ländern für die Entnahme von Grundwasser erhoben wird, ist vom Bundesverfassungsgericht wohl als Ressourcennutzungsgebühr qualifiziert worden. Er besitzt aber gleichzeitig neben seiner Lenkungs- eine starke Finanzierungsfunktion, weil mit ihm Ertragsausfälle der Landwirtschaft finanziell ausgeglichen werden sollen.

- **Umweltausgleichsabgaben** sollen Umweltbeeinträchtigungen kompensieren, die dadurch entstehen, daß Umweltnutzer Umweltgüter zur eigenen Zweckverfolgung in Anspruch nehmen dürfen.

Beispiel: § 8 IX BNatSchG in Verbindung mit Landesrecht gestattet unter bestimmten Voraussetzungen die Erhebung von Ausgleichabgaben bei Beeinträchtigungen von Natur und Landschaft, die etwa durch Zerstörung eines wertvollen Biotops entstehen. Die Ertrag der Abgabe, deren Höhe sich regelmäßig nach den fiktiven Kosten entsprechender real-physischer Ausgleichsmaßnahmen (hier z.B.: Neuanlage eines vergleichbaren Biotops) bemißt, ist für Umweltschutzmaßnahmen einzusetzen. (→ Kap. 10/RN 19)

e) Umweltzertifikate

In erster Linie modelltheoretischen Charakter besitzen die in den USA entwickelten sog. Zertifikatslösungen. Sie haben trotz intensiver Diskussion in das deutsche Recht keinen Eingang gefunden, dienen aber in gewisser Weise als Vorbild für die zunehmend an Bedeutung gewinnenden Kompensationslösungen (→ RN 38 f.).

36

Die Grundidee solcher handelbaren Verschmutzungsrechte oder Umweltlizenzen ist folgende: „Die Regierung legt für einzelne Schadstoffe nach Maßgabe gegebener Umweltqualitätsziele (Immissionshöchstwerte) regionale Emissionskontingente fest und bringt in dieser Höhe Emissionsrechte in Umlauf. Ein Recht – als Zertifikat verbrieft – gestattet die Ableitung einer bestimmten Schadstoffmenge. Die Rechte sind innerhalb der Region frei handelbar. Die Zuteilung erfolgt durch Versteigerung oder freie Vergabe entsprechend den bisherigen Emissionen" (*Cansier*). Regelmäßig ist die Laufzeit der Zertifikate begrenzt, um für die Zukunft Handlungsspielräume offenzuhalten.

Will der Staat die Schadstoffgrenzen verändern und die Gesamtemissionen einschränken, kann er die bestehenden Umweltzertifikate entweder zurückkaufen, sie abwerten, die Ausgabe neuer Zertifikate einschränken oder auslaufende Rechte nicht verlängern.

37   Im Gegensatz zu ordnungsrechtlichen Instrumentarien, die ökonomische Überlegungen weitgehend unberücksichtigt lassen, führt die Logik des Zertifikatssystems zur Optimierung der Umweltschutzkosten, die nach der Theorie jeweils dort aufgewendet werden, wo sie besonders effizient sind. Der Kauf von Umweltlizenzen lohnt sich nämlich nur dann, wenn die Kosten für moderne Vermeidungstechniken langfristig höher liegen, also z. B. bei Altanlagen, die kurz vor der Schließung stehen. Anders als bei den Abgabenmodellen entsteht beim Zertifikatsmodell auch nicht das Problem der Festsetzung der Abgabenhöhe, sondern man geht davon aus, daß sich auf dem freien Markt echte Knappheitspreise herausbilden. Sieht man von dem stetigen Anreiz ab, emissionsmindernde und damit kostensparende Innovationen zu forcieren, so liegt ein weiterer Vorteil dieser Lösung in der Festsetzung – und Erreichung – von vorgegebenen Emissionszielen und der damit einhergehenden Möglichkeit der raumbezogenen Umweltsteuerung.

Letztlich dürften aber doch die Argumente, die gegen das Zertifikatssystem sprechen, überwiegen: So bereitet die mit der Ausgabe der Zertifikate erfolgte abschließende Festsetzung einer tolerablen Gesamtimmission für ein bestimmtes Gebiet in der Praxis gerade angesichts grenzüberschreitender Umweltverunreinigung äußerste Schwierigkeiten. Vor allem gefährliche punktuelle Umweltbelastungen (sog. „Hot Spots") lassen sich kaum vermeiden. Des weiteren besteht die Gefahr, daß der Zertifikatshandel zu spekulativen und wettbewerbswidrigen Zwecken eingesetzt wird. Schließlich ist weiterhin ungeklärt, ob und wie das Zertifikatsmodell dogmatisch gesehen in unsere Rechtsordnung integriert werden kann. Dies gilt insbesondere für die Festlegung der Anfangsverteilung der Rechte bzw. ihre spätere Entwertung, die jeweils mit dem Bestandsschutzprinzip kollidieren, sowie eventuelle Abwehrrechte Dritter, die nicht mehr durch einheitliche Umweltstandards geschützt wären.

f) Kompensationsmodelle

38   Ebenfalls flexibel nutzbare Freiräume für wirtschaftliche Überlegungen eröffnen die sog. Kompensationsmodelle. Sie basieren wie das Zertifikatsmodell auf der Grundüberlegung, daß in einem bestimmten Gebiet ein bestimmter Immissionswert nicht überschritten werden darf. Statt Verschmutzungsrechte käuflich zu erwerben, werden den Unternehmern jedoch von vornherein bestimmte austauschbare Emissionskontingente zugewiesen. Die Vorbilder kommen wiederum aus den USA:

- **Bubble Policy (Glockenprinzip):** Innerhalb eines Bubbles, d. h. eines abgegrenzten Luftraums kann der Betreiber von (Alt-)Anlagen Reduktionsmaßnahmen an Einzelquellen flexibel gestalten, falls ein bestimmtes Maß an Gesamtemissionen nicht überschritten wird. Letzteres errechnet sich aus der Summe der Einzelemissionen, die anfallen würden, wenn jede einzelne Anlage die vorgeschriebenen Umweltstandards einhalten würde.
- **Offset Policy:** Darüber hinausgehend ermöglicht die Offset Policy einen unternehmensinternen oder betriebsübergreifenden Emissionsausgleich bei der Errichtung von Neuanlagen, sofern die Neu-Emissionen durch die gleichzeitige Emissionsreduktion bei Altanlagen überkompensiert werden.

- **Emissions Banking:** Zur erleichterten Handhabung der vorgenannten Instrumente kann der Handel mit freigewordenen Immissionspotentialen in Form von Gutschriften (Emission Reduction Credits) auch durch „Umweltbanken" institutionalisiert werden. Diese Form der Kompensation nähert sich deutlich den Zertifikatslösungen an.

Einfachgesetzliche Ansatzpunkte für Kompensationslösungen im geltenden Recht finden sich in §§ 7 III, 17 IIIa, 48 Nr. 4, 67a II BImSchG. Des weiteren ist hier auf die befristete flexible Sanierungsregel für Altanlagen in Nr. 4.2.10 der TA Luft vom 27.2.1986 hinzuweisen, wonach bei Überkompensation in Altanlagen-Verbundsystemen ein zeitlich begrenzter Sanierungsaufschub gewährt wurde. In der Praxis ist von dieser Möglichkeit wegen des engen zeitlichen Rahmens aber kaum Gebrauch gemacht worden.   **39**

g) Informales Verwaltungshandeln

Ohne Kooperation mit dem Bürger lassen sich langfristig Umweltschutzziele heute kaum noch erreichen. Ergänzend zu den rechtlich ausgestalteten Instrumentarien des Umweltschutzes bedienen sich daher die Behörden in vielen Bereichen der Möglichkeit des sog. informalen Verwaltungshandelns. Darunter versteht man nicht geregelte Tathandlungen, die anstelle von gesetzlich geregelten Verfahrenshandlungen vorgenommen werden, auf Abstimmung mit anderen Handlungsbeteiligten gerichtet sind und keinen Rechtsbindungswillen aufweisen, d.h. sie können nicht in irgendeiner Form eingeklagt werden.   **40**

Versucht man die sehr bunte Verwaltungspraxis insofern zu systematisieren, so kann man folgende Typen des informalen Verwaltungshandelns unterscheiden: **41**

- **Informale normersetzende Absprachen**: Nicht selten verspricht der Staat, einstweilen von einer Regelung durch Gesetz, Verordnung oder Satzung abzusehen, wenn die betroffenen Unternehmen oder Verbände zusagen, von sich aus zur Lösung des jeweiligen Umweltproblems durch bestimmte Maßnahmen beizutragen.

Beispiel: Ende 1977 versprach z.B. die Getränke- und Verpackungsindustrie, die Verwendung von Einwegbehältern zu reduzieren, worauf sich die Bundesministerien bereiterklärten, vorerst auf die geplante Verpackungsverordnung zu verzichten. Nachdem die Verpackungsindustrie jedoch weiterhin in erheblichem Umfang Einwegbehälter produzierte, erließ der Gesetzgeber im Juni 1991 die angekündigte Verpackungsverordnung (→ Kap. 11/RN 20). Aus jüngerer Zeit sind etwa zu nennen: die Zusage des Verbandes der Automobilindustrie, den Treibstoffverbrauch neu zugelassener Personenkraftwagen bis zum Jahr 2005 um bis zu 20% gegenüber 1987 zu reduzieren; die Erklärung der deutschen Wirtschaft gegenüber der Bundesregierung, ihre spezifischen CO_2 Emissionen bis zum Jahr 2005 um bis zu 20% gegenüber 1987 zu reduzieren.

- **Vorverhandlungen:** Normativer Ansatzpunkt für die Zulässigkeit und Notwendigkeit von Vorverhandlungen ist § 5 UVPG, der die frühzeitige Erörterung eines geplanten Vorhabens durch den Vorhabenträger und die zuständige Behörde vorschreibt (→ RN 25). Aber auch darüber hinaus werden im Verwaltungsalltag zahlreiche unverbindliche Gespräche zwischen der Genehmigungsbehörde und den Vorhabenträgern geführt, um die gegenseitigen Erwartungen zu sondieren, Alternativen zu diskutieren und wahrscheinlich auftretende Probleme aufzuzeigen.
- **Vorabzuleitung von Bescheidsentwürfen:** Zur Endabstimmung der einzelnen Nebenbestimmungen (z. B. Auflagen, Bedingungen) von Bescheiden werden dem Antragsteller im Genehmigungs- oder Planfeststellungsverfahren die Bescheidsentwürfe vorab zugeleitet.
- **Nichtbescheidungsabsprachen:** Die Behörde schreitet gegen ein ihr als rechtswidrig bekanntes Handeln des Bürgers nicht (sofort) mittels Untersagungsverfügung ein, obwohl sie dies könnte. Regelmäßig soll hier den Betroffenen eine Übergangsfrist eingeräumt werden.
- **Kontaktpflege:** Auch ohne ein konkretes Vorhaben im Blick zu haben, kommunizieren Industrie und Verwaltung regelmäßig. Die Kenntnis der jeweiligen entscheidungsrelevanten Personen, ihrer Vorstellungen und Ziele erleichtert die Kompromißfindung im „Ernstfall".

42 Die Vorteile des informalen Verwaltungshandeln liegen auf der Hand: Die Entwicklung einvernehmlicher Lösungswege zum Schutz der Umwelt spart Zeit und Kosten, schafft Rechtssicherheit und Akzeptanz unter den Beteiligten und vermeidet Rechtsstreitigkeiten für die Zukunft. Gefahren ergeben sich indes im Hinblick auf die Vernachlässigung von Drittinteressen, mangelnde Kontrollmöglichkeiten umweltrelevanter Entscheidungen und die Versuchung, im gegenseitigen Einvernehmen bindende umweltrechtliche Regelungen bewußt und unbemerkt von der Öffentlichkeit zu unterlaufen. Daß dies nicht selten passiert, belegen empirische Untersuchungen zum **Vollzugsdefizit** im Umweltrecht, die ergeben haben, daß etwa im Wasser- und Immissionsschutzrecht häufig gesetzliche Regelungen gerade im Bereich der Sanierung von Altanlagen aus Rücksicht auf die wirtschaftliche Belastung der einzelnen Unternehmer nicht durchgesetzt werden. Auch informales Verwaltungshandeln unterliegt aber wie jedes Verwaltungshandeln dem Gesetz. Insbesondere die Zuständigkeitsordnung, der Gleichheitssatz und die Rechte Dritter sind in jedem Fall zu beachten.

5. Das Umweltinformationsgesetz

43 Basierend auf einer Richtlinie der Europäischen Gemeinschaft hat der deutsche Bundestag am 19.5.1994 das Umweltinformationsgesetz (UIG) beschlossen. Ziel des Gesetzes ist es, den Zugang zu den bei den Behörden vorhande-nen Informationen über die Umwelt sowie die Verbreitung dieser Informatio-nen zu gewährleisten und die Voraussetzungen festzulegen, unter denen derar-tige Informationen zugänglich gemacht werden sollen. Dem Bürger wird so die Möglichkeit zur aktiven Teilnahme an umweltrechtlichen Entscheidungs-prozessen eingeräumt. Gleichzeitig übernimmt er zusammen mit den Umwelt-schutzverbänden eine keinesfalls zu unterschätzende Kontrollfunktion, was die Einhaltung umweltrechtlicher Regelungen angeht.

→ § 1 UIG

Im Gegensatz zum bisher geltenden Grundsatz der beschränkten Aktenöf-fentlichkeit, demzufolge lediglich die Verfahrensbeteiligten Informationsrech-te als Akteneinsichtsrechte besaßen, steht nun unabhängig von einem irgend-wie gearteten Interesse *Jedermann* gegenüber *jeder* Behörde, bei der die begehrten Informationen vorhanden sind, ein **Informationsanspruch** zu. Die-ser Anspruch umfaßt grundsätzlich alle in Schrift, Bild oder auf sonstigen Informationsträgern vorliegenden Daten über den Zustand der Umwelt sowie Tätigkeiten, von denen Belästigungen ausgehen, und Tätigkeiten und Maß-nahmen zum Schutz der Umwelt.

44

→ § 4 I 1 UIG

Beispiel: Bei einer Wanderung durch das Fichtelgebierge fällt dem aus Augs-burg stammenden Pensionär P auf, daß in der Nähe einer kleineren Industriean-lage fast alle Nadelhölzer erkrankt sind. Er kann nunmehr von der zuständigen Behörde Auskunft darüber verlangen, welche Immissionen genau von dem Betrieb ausgehen, wann entsprechende Messungen durchgeführt wurden und ob die Vorgaben des Bundes-Immissionsschutzgesetzes eingehalten worden sind.

Die Behörde kann den Anspruch in Form einer Auskunft, Akteneinsicht oder durch Zur-Verfügung-Stellen von Informationsträgern in sonstiger Weise be-friedigen. Um subjektive Färbungen zu vermeiden und im Hinblick auf die Vorgaben des Europarechts müssen aber gewichtige Gründe vorliegen, damit ein Akteneinsichtsrecht verwehrt werden darf.

45
→ § 4 I 2 UIG

Aus Gründen des **öffentlichen Interesses** unterliegt der Umweltinformati-onsanspruch erheblichen Beschränkungen. Er besteht etwa nicht, soweit das Bekanntwerden der Informationen die internationalen Beziehungen, die Lan-desverteidigung oder die Vertraulichkeit der Beratungen von Behörden (z. B. bei Aufzeichnungen über politische Strategiegespräche) berührt oder eine er-hebliche Gefahr für die öffentliche Sicherheit verursachen kann. Dasselbe gilt während der Dauer eines Gerichtsverfahrens oder eines strafrechtlichen Er-mittlungsverfahrens sowie eines verwaltungsbehördlichen Verfahrens hin-sichtlich derjenigen Daten, die der Behörde aufgrund des Verfahrens zugehen. Damit der Informationsanspruch in der Praxis nicht weitgehend leerläuft, beschränkt die h. M. diesen letzten Ausschlußgrund jedoch auf förmliche Ver-waltungsverfahren (z. B. Widerspruchsverfahren, Planfeststellungsverfahren). Der Antrag soll darüber hinaus abgelehnt werden, wenn er sich auf die Über-

46
→ § 7 UIG

mittlung noch nicht abgeschlossener Schriftstücke oder noch nicht aufbereitete Daten oder verwaltungsinterne Mitteilungen bezieht.

47
→ § 8 UIG

Auch zum **Schutz privater Belange** bestehen Einschränkungen des Informationsanspruchs, nämlich soweit durch das Bekanntwerden der Informationen personenbezogene Daten offenbart und dadurch schutzwürdige Interessen der Betroffenen beeinträchtigt würden oder der Schutz geistigen Eigentums, insbesondere Urheberrechte der Auskunftserteilung entgegenstehen. **Betriebs- und Geschäftsgeheimnisse** dürfen ebenfalls nicht unbefugt zugänglich gemacht werden. Darunter fallen solche Tatsachen, die im Zusammenhang mit einem wirtschaftlichen Geschäftsbetrieb stehen, nur einem begrenzten Personenkreis bekannt sind und nach dem Willen des Geschäftsinhabers geheimgehalten werden sollen, soweit objektiv an der Geheimhaltung ein berechtigtes wirtschaftliches Interesse besteht. Ausgenommen sind daher offenkundige Tatsachen und Emissionsdaten von Messungen an Schadstoffquellen, die keinen Rückschluß auf Produktionsverfahren oder geheime Rezepturen zulassen.

48
→ § 10 UIG

Eine weitere Zugangserschwerung ergibt sich aus der im UIG vorgesehenen **Kostenregelung.** Aufgrund der auf ihr basierenden Umweltinformationsgebührenverordnung vom 7.12.1994 (UIGGebV) kann die Gebühr für Amtshandlungen des Bundes im Extremfall z. B. bis zu 10 000 DM betragen, wenn der Behörde entsprechende Kosten entstehen. Gebühren dürfen aber nach den Vorgaben der Umweltinformationsrichtlinie nur für die Übermittlung der beantragten Informationen, nicht aber für die Ablehnung eines Antrags erhoben werden.

49

Aufs Ganze gesehen wird man noch abwarten müssen, ob das UIG die hohen Erwartungen, die mit ihm im Hinblick auf einen transparenten und effektiven Umweltschutz verbunden werden, tatsächlich erfüllt. Wesentliche Bedeutung kommt insofern der Handhabung der Regelungen in der Praxis sowie dem Engagement der Bürger zu.

Kontrollfragen:
1. Was versteht man unter dem Vorsorgeprinzip? (RN 2)
2. Wie verhalten sich Verursacher- und Gemeinlastprinzip zueinander? (RN 3–4)
3. Welche Beispiele umweltspezifischer Fachplanung kennen Sie? (RN 9–10)
4. Was ist der Unterschied zwischen einem präventiven und einem repressiven Verbot? (RN 16–17)
5. Skizzieren Sie den Ablauf der Umweltverträglichkeitsprüfung! (RN 25)
6. Welche Formen der indirekten Verhaltenssteuerung im Umweltrecht kennen Sie? (RN 27–42)
7. Welche Grundidee zeichnet die Umweltzertifikate aus? (RN 37)
8. Was versteht man unter informalem Verwaltungshandeln? Geben Sie Beispiele! (RN 40–42)
9. Hat der Bürger einen Anspruch auf Information über die von einem Betrieb ausgehenden Umweltgefährdungen und wenn, gegen wen richtet sich der Anspruch? (RN 44)

Weiterführende Hinweise:
Überblicksdarstellungen:
Monographien:
Bender, Bernd/Sparwasser, Reinhard/Engel, Rüdiger, Umweltrecht, 2. Aufl. (1995), S. 24–68; *Hoppe, Werner/Beckmann, Martin*, Umweltrecht, 1989, §§ 5–9 (S. 77–160); *Kloepfer, Michael*, Umweltrecht, 2. Aufl. (1998), S. 161–378; *Schmidt, Reiner/Müller, Helmut*, Einführung in das Umweltrecht, 4. Aufl. (1995), § 1, S. 1–36.

Aufsätze:
Breuer, Rüdiger, Zunehmende Vielgestaltigkeit der Instrumente im deutschen und europäischen Umweltrecht – Probleme der Stimmigkeit und des Zusammenwirkens, NVwZ 1997, S. 833–845; *Ketteler, Gerd*, Instrumente des Umweltrechts, JuS 1994, S. 826–830 und S. 909–915; *Schmidt, Reiner/Sandner, Wolfram*, Einführung in das Umweltrecht, DBW 1996, S. 413–432; *Storm, Peter-Christoph*, Umweltrecht, in: HdbUR II, Sp. 2331–2364.

Spezialhinweise:
Zu II 1: *Hoppe, Werner/Grotefels, Susan*, Öffentliches Baurecht, 1995; *Steinberg, Rudolf*, Fachplanung, 2. Aufl. (1993); *Sandner, Wolfram*: Das Raumordnungsverfahren – ein taugliches Instrument zur Wahrung kommunaler Belange bei der Zulassung von Müllverbrennungsanlagen?, NuR 1996, S. 497–504; *Stüer, Bernhard*, Handbuch des Bau- und Fachplanungsrechts, 1997; *Vallendar, Willi*, Planungsrecht im Spiegel der aktuellen Rechtsprechung des Bundesverwaltungsgerichts, UPR 1998, S. 81–87.
Zu II 3: *Erbguth, Wilfried/Schink, Alexander*, Kommentar zum UVPG, 2. Aufl. (1996); *Gassner, Erich/Winkelbrandt, Arnd*, UVP – Umweltverträglichkeitsprüfung in der Praxis, 3. Aufl. (1997); *Hien, Eckart*, Die Umweltverträglichkeitsprüfung in der gerichtlichen Praxis, NVwZ 1997, S. 422–428; *Hoppe, Werner* (Hrsg.), Gesetz über die Umweltverträglichkeitsprüfung. Kommentar, 1995; *Schink, Alexander*, Die Umweltverträglichkeitsprüfung – eine Bilanz, NUR 1998, S. 173–180; *Schwab, Joachim*, Die Umweltverträglichkeitsprüfung in der behördlichen Praxis, NVwZ 1997, S. 428–435; *Storm, Peter-Christoph*, Handbuch der Umweltverträglichkeitsprüfung, Loseblattsammlung.
Zu II 4 a): *Diederichsen, Lars*, Ein neues Umweltzeichen für Europa, RIW 1993, S. 224–228; *Eifert, Martin*, Umweltinformation als Regelungsinstrument, DÖV 1994, S. 544–552; *Klindt, Thomas*, Die Umweltzeichen „Blauer Engel" und „Europäische Blume" zwischen produktbezogenem Umweltschutz und Wettbewerbsrecht, BB 1998, S. 545–554; *Leidinger, Tobias*, Hoheitliche Warnungen, Empfehlungen und Hinweise im Spektrum staatlichen Informationshandelns, DÖV 1993, S. 925–935; *Lübbe-Wolff, Gertrude*, Rechtsprobleme der behördlichen Umweltberatung, NJW 1987, S. 2705–2712.
Zu II 4 c): *Rodi, Michael*, Steuervergünstigungen als Instrument der Umweltpolitik, StuW 1994, S. 204–213; *Schafhausen, Franzjosef*, Förderung, HdbUR I, Sp. 719–744.
Zu II 4 d): *Jahn, Ralf*, Zulässigkeit und Auswirkungen kommunaler Umweltabgaben mit Lenkungszweck am Beispiel der Verpackungssteuer, GewArch. 1995, S. 312–316; *Kirchhof, Ferdinand*, Leistungsfähigkeit und Wirkungsweisen von Umweltabgaben an ausgewählten Beispielen, DÖV 1992, S. 233–241; *Kirchhof, Paul*, Abgabe, in: HdbUR I, Sp. 21–44; *Köck, Wolfgang*, Umweltabgaben – Quo vadis?, JZ 1993, S. 59–67; *Meßerschmidt, Klaus*, Umweltabgaben als Rechtsproblem, 1986; *Murswiek, Dietrich*, Die Ressourcennutzungsgebühr, NuR 1994, S. 170–176; *Rodi, Michael*, Umweltsteuern, 1993.
Zu II 4 e) und f): *Cansier, Dieter*, Umweltzertifikat, in: HdbUR II, Sp. 2541–2544; *Endres, Alfred/Rehbinder, Eckard/Schwarze, Reimund*, Umweltzertifikate und Kompensationslösungen aus ökonomischer und juristischer Sicht, 1994; *Koenig, Christian*, Möglichkeiten und Grenzen von Zertifikatmärkten als Steuerungsmedium im Umwelt-

recht, DÖV 1996, S. 943–950; *Rehbinder, Eckard*, Kompensation, in: HdbUR I, Sp. 1277–1284.

Zu II 4 g): *Bohne, Eberhard*, Informales Verwaltungshandeln, HdbUR II, Sp. 1046–1082; *Dreier, Horst*, Informales Verwaltungshandeln, StWStP 1993, S. 647–681; *Tomerius, Stefan*, Informelle Projektabsprachen im Umweltrecht, 1995; *Sander, Horst P.*, Selbstbeschränkung, HdbUR II, Sp. 1827–1833.

Zu II 6: *Fluck, Jürgen/Theuer, Andreas*, Umweltinformationsrecht UIG. Kommentar, Loseblattsammlung; *Kummer, Heinz Joachim/Schumacher, Jochen*, Umweltinformationsgesetz, 1997; *Schomerius, Thomas/Schrader, Christian/Wegener, Bernhard W.*, Umweltinformationsgesetz, 1995; *Scherzberg, Arno*, Freedom of Information – deutsch gewendet: Das neue Umweltinformationsgesetz, DVBl. 1994, S. 733–745; *Stollmann, Frank*, Aktuelle Rechtsprechung zum Umweltinformationsrecht, NuR 1998, S. 78–83; *Turiaux, André*, Umweltinformationsgesetz. Kommentar, 1995.

7. Umweltorganisation

Der Charakter des Umweltrechts als „Querschnittsmaterie" (→ Kap. 1/RN 3) bedingt eine gewisse Unübersichtlichkeit der Verwaltungsorganisation. Um hier den Überblick zu bewahren, bedarf es zunächst der Klärung einiger Grundbegriffe.

I.   Allgemeine Verwaltungsorganisation

1.   Unmittelbare Staatsverwaltung

1

→ Art. 83 GG

Nach der Kompetenzverteilung des Grundgesetzes führen grundsätzlich die *Länder* auch Bundesgesetze als eigene Angelegenheiten aus; dort liegt der Schwerpunkt der Verwaltungstätigkeit. Die Länder bedienen sich dabei sog. **allgemeiner Verwaltungsbehörden**, die – teilweise auf ein bestimmtes räumliches Gebiet beschränkt – für eine Vielzahl verschiedener Aufgaben zuständig sind (z. B. Regierung, Landratsamt) und sog. **Sonderverwaltungsbehörden**, die nur eine bestimmte, ihnen ausdrücklich zugewiesene Aufgabe wahrnehmen.

> **Beispiel:** Landesumweltamt, Wasserwirtschaftsamt, Landesgesundheitsamt, Statistisches Landesamt, Forstdirektion.

In der Regel ist der Verwaltungsaufbau dreistufig gegliedert, wobei die allgemeinen Verwaltungsbehörden das Organisationsgerüst vorgeben:

(1)   Landesregierung bzw. Minister (Oberstufe)
(2)   Regierung (Mittelstufe)
(3)   Landratsamt bzw. Kreisverwaltungsbehörden (Unterstufe)

Sonderverwaltungsbehörden sind oft nur auf einer Stufe ohne Verwaltungsunterbau angesiedelt (z. B. Statistisches Landesamt, Landeskriminalamt). Auch existieren gelegentlich Zwischenebenen. Schließlich fehlt in Brandenburg, Mecklenburg-Vorpommern, Schleswig-Holstein und im Saarland die Mittelinstanz, während Berlin, Hamburg und Bremen als Stadtstaaten noch weitere Besonderheiten aufweisen.

2

Auf der Bundesebene unterscheidet man die sog. **obersten Bundesbehörden**, zu denen die Bundesregierung, der Bundeskanzler, die Bundesministerien, der Bundesrechnungshof sowie die Bundesbank gehören, und die sog. **Bundesoberbehörden**, die als den Bundesministern nachgeordnete Behörden bestimmte Verwaltungsaufgaben für das gesamte Bundesgebiet wahrnehmen. Zu letzteren zählt neben dem Bundesgesundheitsamt (Berlin), dem Kraftfahrzeugbundesamt (Flensburg), dem Deutschen Patentamt (München), und dem Bundeskriminalamt (Wiesbaden) das Umweltbundesamt ($\rightarrow$ RN 20). Nur ausnahmsweise besitzen die Behörden des Bundes einen mehr-stufigen Verwaltungsaufbau. Zu nennen sind hier z.B.: das Auswärtige Amt (Außenminister, Vertretungen im Ausland), die Bundeswehrverwaltung (Bun-desverteidigungsminister, Wehrbereichsverwaltungen, Kreiswehrersatzämter, Standortverwaltungen), die Bundeswasserstraßenverwaltung (Bundesver-kehrsminister, Wasser- und Schifffahrtsdirektionen, Wasser- und Schifffahrts-ämter).

Während Bund und Länder grundsätzlich ihre Verwaltungsangelegenheiten *selbstän-dig* und *getrennt* voneinander wahrnehmen, gibt es auch Bereiche, in denen sie zusam-menwirken. Neben den sog. **Gemeinschaftsaufgaben** (Art. 91a und 91b GG) existie-ren – ausnahmsweise – gemeinsame Behörden von Bund und Land, so z.B. die Oberfinanzdirektion auf der Mittelstufe der Finanzverwaltung. Auch die Länder unter-halten ausnahmsweise gemeinsame Behörden. Beispielhaft sei hier auf die Filmbewer-tungsstelle in Wiesbaden verwiesen, die zwar formell eine Behörde des Landes Hessen ist, in Wirklichkeit aber eine gemeinsame Behörde aller Länder darstellt.

3

2. Formen der mittelbaren Staatsverwaltung

Soweit der Staat seine Verwaltungsaufgaben nicht selbst, durch eigene Behör-den erfüllt, sondern rechtlich selbständigen Organisationen zur Erledigung überträgt oder überläßt, spricht man im Gegensatz zur unmittelbaren Staats-verwaltung von mittelbarer Staatsverwaltung. Der Kreis der dafür in Betracht kommenden öffentlich-rechtlichen Organisationstypen ist auf **Körperschaf-ten**, **Anstalten**, **Stiftungen** und **Beliehene** beschränkt.

4

a) Gemeinden

Die Gemeinden sind zwar Körperschaften des öffentlichen Rechts (sog. Ge-bietskörperschaften) ($\rightarrow$ RN 8), sie nehmen aber nicht zuletzt aufgrund ihres historischen Ursprungs und der verfassungsrechtlichen Absicherung der ge-meindlichen Selbstverwaltung im Grundgesetz eine gewisse Sonderstellung ein, die es nahelegt, sie gesondert zu behandeln.

5

$\rightarrow$ Art. 28 II GG

Sinn der Selbstverwaltungsgarantie ist es zum einen, das Verantwortungsbewußtsein und die Einsatzbereitschaft der Bürger für das Gemeinwohl in einem überschaubaren Bereich zu aktivieren, und zum anderen, die Orts- bzw. Sachkenntnisse der Bürger bezüglich ihrer eigenen Angelegenheiten nutzbar zu machen. Organisatorisch umge-setzt wird das Selbstverwaltungspostulat durch die Wahl einer Vertretung durch die Mitglieder, im Falle der Gemeinde der Gemeindevertretung durch die Gemeindebevöl-kerung (im einzelnen bestehen hier von Land zu Land erhebliche Unterschiede).

Unabhängig von den eigenen sog. **Selbstverwaltungsangelegenheiten**, zu denen unter anderem die Ortsplanung, die Versorgung der Bevölkerung mit Wasser, Licht, Gas und Strom, die örtliche Kulturpflege, das Volks- und Berufsschulwesen und die Erwachsenenbildung zählen, können der Gemeinde

6

auch sog. **Auftragsangelegenheiten** zur Erledigung übertragen werden. Der Staat errichtet dann auf der Ortsebene keine eigene Behörde, sondern bedient sich der Gemeinden, indem er ihnen bzw. ihren Organen die Durchführung der staatlichen Aufgaben auf der untersten Ebene zuweist.

> **Beispiel:** Paß- und Meldewesen, das Personenstandswesen, die Bauaufsicht, die Wehrerfassung usw.

7   Auf einer Ebene über den Gemeinden angesiedelt existieren noch weitere Kommunalkörperschaften, die unter der sehr pauschalen Sammelbezeichnung **Gemeindeverbände** zusammengefaßt werden. Sie haben die örtlichen Aufgaben wahrzunehmen, die die Leistungsfähigkeit der Gemeinden übersteigen.

> **Beispiel:** Landkreise, kommunale Zweckverbände und – von Land zu Land verschieden – etwa die Gesamtgemeinden in Niedersachsen, die Verwaltungsgemeinschaft in Bayern, die Landschaftsverbände in Nordrhein-Westfalen, der Landeswohlfahrtsverband in Hessen.

b) Sonstige Körperschaften

8   Außer den Kommunalkörperschaften und Bund und Land, die ebenfalls Gebietskörperschaften darstellen, existieren noch eine Reihe anderer Körperschaften. Wie die Gemeinde basieren sie auf dem Prinzip der Selbstverwaltung. Anders als diese knüpfen sie aber nicht an das alleinige Merkmal des Wohnsitzes oder der Niederlassung in einem bestimmten Gebiet an, sondern erfassen ihre Mitglieder nach spezifischen, nämlichen beruflichen, wirtschaftlichen, sozialen, kulturellen oder sonstigen Gesichtspunkten.

> **Beispiel:**
>
> - im wirtschaftlichen Bereich: die Industrie- und Handelskammern, die Handwerkskammern, die Handwerksinnung, die Landwirtschaftskammern etc.
> - im Bereich der freien und zugleich staatlich gebundenen Berufe: die Rechtsanwaltskammern, die Ärztekammern, die Zahnärztekammern, die Apothekerkammern, die Architektenkammern etc.
> - im Bereich der Sozialversicherung: die Allgemeinen Ortskrankenkassen (AOK) und die ihr gleichgestellten Ersatzkassen, die Berufsgenossenschaften, die Landesversicherungsanstalten, die Bundesversicherungsanstalt für Angestellte etc.
> - im kulturellen Bereich: die Hochschulen und, soweit dies landesrechtlich vorgesehen ist, die Studentenschaften.

Nach alledem verbergen sich hinter dem Begriff der öffentlich-rechtlichen Körperschaft durch staatlichen Hoheitsakt (Gesetz) geschaffene, rechtsfähige, mitgliedschaftlich verfaßte Organisationen des öffentlichen Rechts, die öffentliche Aufgaben mit in der Regel hoheitlichen Mitteln wahrnehmen.

Wie überhaupt die gesamte mittelbare Staatsverwaltung stehen die Körper-   **9**
schaften unter der **Aufsicht** des Staates, der aufgrund der Gesetzesbindung der
Verwaltung (→ Kap. 3/RN 20) verpflichtet ist, die Rechtmäßigkeit des Verwaltungshandelns selbständiger Verwaltungseinheiten auch im Hinblick auf
die sog. Selbstverwaltungsangelegenheiten zu überprüfen (sog. **Rechtsaufsicht**). In den sog. Auftragsangelegenheiten (→ RN 6), die die Selbstverwaltungsträger für den Staat wahrnehmen, geht das Aufsichtsrecht sogar noch
weiter. Da hier eine umfassende Weisungsbefugnis besteht, kann auch die
Zweckmäßigkeit einer Maßnahme beanstandet werden (sog. **Fachaufsicht**).
Zweckmäßigkeitsentscheidungen werden dort getroffen, wo das Gesetz dem
Anwender bewußt einen eigenen Entscheidungsspielraum zuweist, wie beim
Ermessen (→ Kap. 3/RN 21 ff.) oder dem Beurteilungsspielraum (→ Kap. 3/
RN 26 f.).

c) Anstalten

Öffentlich-rechtliche Anstalten stellen organisatorische Zusammenfassungen   **10**
von Verwaltungsbediensteten und Sachmitteln (Gebäuden, Anlagen, technischen Geräten) zu einer verselbständigten Verwaltungseinheit dar. Sie dienen
entsprechend ihrer jeweiligen Zwecksetzung dazu, bestimmte Verwaltungsaufgaben wahrzunehmen, insbesondere Leistungen zu erbringen. Im Gegensatz zu den mitgliedschaftlich verfaßten Körperschaften haben Anstalten in
der Regel **Benutzer**, die aufgrund eines einmaligen, wiederkehrenden oder
länger dauernden Benutzungsverhältnisses Empfänger der durch die Anstalt
dargebotenen Leistungen sind.

Es gibt **nicht rechtsfähige Anstalten** (oder unselbständige Anstalten), die   **11**
nur organisatorisch selbständig, aber rechtlich noch Teil eines anderen Verwaltungsträgers sind (z.B. Schulen, Krankenhäuser, Stadtwerke, Museen,
Friedhöfe usw.), und **rechtsfähige Anstalten** (→ Kap. 2/RN 26), die nicht
Teil eines anderen Verwaltungsträgers sind, sondern Selbstverwaltungsträger
(z.B. Rundfunkanstalten, Kreis- und Stadtsparkassen, die Zentralstelle für die
Vergabe von Studienplätzen, die Studentenwerke, die Filmförderungsanstalt).

> **Beispiel:** A behauptet, daß in einer Rundfunksendung unzutreffende Behaup-
> tungen über ihn verbreitet worden seien. B behauptet, daß er im städtischen
> Krankenhaus medizinisch unzureichend versorgt worden sei. Beide machen
> Schadensersatzansprüche geltend. Im Fall A ist der Anspruch direkt gegen die
> Rundfunkanstalt, im Fall B gegen die Stadt, die Trägerin der nicht rechtsfähi-
> gen Anstalt „Krankenhaus" ist, zu richten.

Die Rechtsaufsicht (→ RN 9) über die Anstalt steht dem Verwaltungsträger
zu, der die Anstalt durch gesetzlichen Hoheitsakt (Gesetz, Rechtsverordnung,
Satzung) errichtet hat. Häufig sind noch weitergehende Einwirkungsrechte
vorgesehen (Weisungsbefugnisse, Genehmigungsvorbehalte usw.).

d) Stiftungen

12   Die Stiftung stellt eine rechtsfähige Organisation zur Verwaltung eines von einem Stifter zweckgebunden übergebenen Bestands an Vermögenswerten dar. Sie wird durch einen staatlichen, allgemein-verbindlichen Hoheitsakt (Gesetz, Verordnung, Satzung) errichtet, dient öffentlichen Aufgaben und besitzt hoheitliche Befugnisse. Während die Körperschaft Mitglieder und die Anstalt Benutzer hat, gibt es bei der Stiftung allenfalls **Nutznießer** (Destinäre).

> **Beispiel:** Die **Deutsche Bundesstiftung Umwelt**, die am 18.7.1990 errichtet wurde und deren Stiftungsvermögen von 2,5 Mrd. aus dem Erlös des Verkaufs des ehemals bundeseigenen Salzgitter-Konzerns stammt. Zweck der Stiftung ist es, Vorhaben zum Schutz der Umwelt (Umwelttechnik, Umweltforschung, Umweltbildung) unter besonderer Berücksichtigung der mittelständischen Wirtschaft zu fördern. Förderleitlinien und nähere Informationen unter: Postfach 1705, 49007 Osnabrück, Tel.: 0541/9633-0; Fax: 0541/9633-190.

e) Beliehene

13   Um den eigenen Verwaltungsapperat zu entlasten und um die Sachkunde sowie die technischen und betrieblichen Mittel von Privaten, insbesondere Wirtschaftsunternehmen zu nutzen, kann der Staat auch Privatpersonen (Einzelpersonen oder juristische Personen des Privatrechts [→ Kap. 2/RN 26]) mit der hoheitlichen Wahrnehmung bestimmter Verwaltungsaufgaben im eigenen Namen betrauen. Diese sog. Beliehenen, die unter staatlicher Aufsicht stehen, sind und bleiben – statusmäßig – Privatrechtssubjekte; sie können aber – funktionell – in einem genau abgesteckten Bereich hoheitlich handeln und sind insoweit in die mittelbare Staatsverwaltung einbezogen.

> **Beispiel:** Flug- und Schiffskapitäne, Jagdaufseher, freiberufliche Fleischbeschauer, Prüfingenieure für Baustatik, Bezirksschornsteinfeger bei der Feuerschau, technische Überwachungsvereine (TÜV) bzw. deren Sachverständige.

3. Zuständigkeiten

14   Angesichts der Vielzahl der Verwaltungsträger und Verwaltungsbehörden ist eine strenge Abgrenzung der jeweiligen Zuständigkeitsbereiche unumgänglich. Dabei handelt es sich keineswegs um eine nur formale Frage. Regelmäßig besitzen allein bestimmte Behörden das fachlich vorgebildete und sachkundige Personal und die erforderliche Ausstattung, um die Gewähr für eine sachlich richtige Entscheidung in einem konkreten Fall zu bieten.

Folgende Arten der Zuständigkeit werden unterschieden:

- Die **sachliche Zuständigkeit** betrifft die Frage, welche Sachaufgaben (Bauangelegenheiten, Sozialhilfe, Beamtenernennung, Schulangelegenheiten usw.) von welcher „Stelle" der staatlichen Verwaltungsorganisation wahrgenommen werden soll.

Dabei bestimmt:
- die sog. **Funktionskompetenz**, welche Gewalt (Legislative, Exekutive, Judikative) für eine bestimmte Sachaufgabe zuständig ist,
- die **Verbandskompetenz**, welcher Verwaltungsträger (Bund, Land, Körperschaft, Anstalt, Stiftung, Beliehener) für eine bestimmte Sachaufgabe zuständig ist, und
- die **Ressortkompetenz**, welches Organ des Verwaltungsrechtsträgers für eine bestimmte Sachaufgabe zuständig ist; sie legt fest, welche Behörde verwaltet.

- Die **örtliche Zuständigkeit** betrifft die räumlichen Tätigkeitsbereiche der Behörde. Sie entscheidet z.B. darüber, ob sich das Landratsamt in München oder das Landratsamt in Augsburg mit einer bestimmten Angelegenheit zu befassen hat.
- Die **instanzielle Zuständigkeit** legt fest, welche Behörde in einem Instanzenzug (z.B. Landratsamt, Regierung, Ministerium) zuständig ist. Nur unter ganz engen Voraussetzungen (Gefahr in Verzug, Nichtbefolgung einer Weisung) ist die übergeordnete Behörde befugt, eine in die Zuständigkeit der unteren Behörde fallende Angelegenheit zur Entscheidung an sich zu ziehen (sog. „**Selbsteintrittsrecht**").
- Die **funktionelle Zuständigkeit** ordnet an, daß gewisse Verwaltungsaufgaben durch bestimmte „Organwalter", etwa den Behördenleiter selbst zu erledigen sind.

Die Behörde ist rechtlich verpflichtet, die ihr zugewiesenen Aufgaben wahrzunehmen, zugleich aber auch die Grenzen ihres Zuständigkeitsbereiches zu beachten. Die Zuständigkeit bildet *Grund* und *Grenze* ihres Handelns.

In der Praxis ist es oft nicht leicht, herauszufinden, welche Behörde konkret zuständig ist. So sprechen etwa viele Bundesgesetze einfach nur von der „zuständigen Behörde" (vgl. z.B. § 3 BNatSchG, § 24 BImSchG, § 23 ChemG usw.). Da die Ausführung von Bundesgesetzen grundsätzlich den Landesbehörden obliegt (→ RN 1), ist die Zuständigkeit regelmäßig in Landesgesetzen geregelt (vgl. z.B. Art. 37 Bayerisches NatSchG, Art. 29 Bayerisches AbfallG, Art. 2 Bayerisches ImSchG), die teilweise erneut auf Rechtsverordnungen verweisen (vgl. z.B. Art. 37 IV Bayerisches NatSchG). **15**

Die Bezeichnung für eine Behörde kann im Verwaltungsalltag im übrigen recht unterschiedlich erfolgen. Häufig findet sich die Bezeichnung „Amt" (Bundeskanzleramt, Finanzamt, Sozialamt, Auswärtiges Amt). Ebenfalls gebräuchlich ist die Verwendung der Amtsbezeichnung des Behördenleiters als Name der Behörde („Der Minister des Inneren", „Der Regierungspräsident", „Der Oberkreisdirektor"). **16**

II. Die Umweltverwaltungsorganisation auf Bundesebene

1. Unmittelbare Staatsverwaltung

Der Bund selbst verfügt seinen beschränkten Vollzugsaufgaben entsprechend nur über einige wenige speziell mit dem Umweltschutz befaßte Behörden, die aber gleichwohl erheblichen Einfluß besitzen. **17**

a) Oberste Bundesbehörden

18   • Zunächst ist hier das 1986 errichtete **Bundesministerium für Umwelt, Naturschutz und Reaktorsicherheit** (BMU) zu nennen. Seine Aufgaben bestehen vor allem in der Vorbereitung von Gesetzgebungsvorhaben und dem Erlaß von Rechtsvorschriften. Gleichzeitig obliegt ihm die grundsätzliche Umweltplanung und Koordinierung in rechtlicher, wirtschaftlicher und internationaler Hinsicht sowie z.B. die Aufsicht im Atomrecht über die Länderverwaltung.

Anschrift: Kennedyallee 5, 53175 Bonn, Tel.: 0228/305-0, Fax 0228/305-3225.

19   • Bestimmte Aufgaben des Umweltrechts sind bei anderen Bundesministerien angesiedelt, so etwa das Pflanzenschutzrecht beim Bundesministerium für Landwirtschaft, das Raumnutzungsrecht beim Bundesministerium für Raumordnung, Bauwesen und Städtebau, das Recht der Gefahrguttransporte beim Bundesministerium für Verkehr. Die Abstimmung aller wichtigen umweltpolitischen Entscheidungen unter den einzelnen Ministerien erfolgt im **Kabinettsausschuß für Umweltfragen** (sog. Umweltkabinett) und im **Ständigen Abteilungsleiterausschuß** für Umweltfragen/Bund (StALA/Bund).

b) Bundesoberbehörden

20   • Zur wissenschaftlichen Unterstützung des zuständigen Bundesministers bei der Erarbeitung von Rechts- und Verwaltungsvorschriften besteht seit 1974 als selbständige Bundesoberbehörde das **Umweltbundesamt** (UBA) in Berlin, demnächst Dessau, das zudem betraut ist mit Aufgaben der Öffentlichkeitsarbeit und Umweltdokumentation (Informations- und Dokumentationssystem Umwelt [UMPLIS], Umweltliteraturdatenbanken, Smog-Frühwarnsystem, Methodenbank/GRAFU, Informationssystem für Umweltchemikalien, Chemieanlagen und Störanfälle [INFUCHS]). Darüber hinaus sind dem UBA noch eine Reihe bestimmter Einzelaufgaben übertragen, z.B. die Erteilung des Einvernehmens bei der Zulassung von Planzenschutzmitteln oder der Freisetzung gentechnisch veränderter Organismen. Unter der Postanschrift können kostenlos die Jahresberichte des Umweltbundesamtes angefordert werden (sog. Daten zur Umwelt).

Anschrift: Bismarckplatz 1, 14193 Berlin, Tel.: 030/8903-0, Fax: 030/8903-2285.

21   • Ebenfalls eine dem Bundesministerium für Umwelt unmittelbar nachgeordnete, selbständige Bundesoberbehörde stellt das 1989 gegründete **Bundesamt für Strahlenschutz** (BfS) dar, das seinen Sitz in Salzgitter hat. Ihm obliegt z.B. die Errichtung und der Betrieb von Endlagern des Bundes für radioaktive Abfälle, die Genehmigung des Transportes und der Lagerung von Kernbrennstoffen, die Überwachung der Umwelt-Radioaktivität und die Errichtung und Führung eines zentralen Dosisregisters über die Strahlenexposition beruflich strahlenexponierter Personen.

Anschrift: Albert-Schweitzer-Str. 18, 38226 Salzgitter, Tel.: 05341/188-0, Fax: 05341/ 188-188.

- Als dritte dem Bundesministerium für Umwelt unmittelbar nachgeordnete,   **22**
  selbständige Bundesoberbehörde ist das 1994 ins Leben gerufene **Bundes-amt für Naturschutz** (BfN) zu nennen. Es berät das BMU in allen Fragen des nationalen und internationalen Naturschutzes und der Landschaftspflege und ist im übrigen zuständig für die Forschung auf den Gebieten Naturschutz einschließlich Meeres- und Gewässerschutz, Pflanzen- und Tierökologie, Landschaftspflege, Landschaftsökologie, Biotopschutz und Erholungsvorsorge. Das BfN ist Vollzugsbehörde für das Washingtoner Artenschutzübereinkommen und weitere internationale Artenschutzregelungen, fördert Naturschutzvorhaben in den Bundesländern und vergibt Forschungs- und Entwicklungsvorhaben.

Anschrift: Konstantinstr. 110, 53179 Bonn-Bad Godesberg, Tel.: 0228/8491-0, Fax: 0228/8491-200

- Dem **Bundesamt für Seeschiffahrt und Hydrographie** obliegen als Bundesoberbehörde im Geschäftsbereich des Bundesministers für Verkehr die Aufgaben als zuständige Kontroll- und Genehmigungsbehörde im Wasserrecht für die Verbringung von Stoffen in die Hohe See durch Schiffe und   **23**
  Luftfahrzeuge sowie die Überwachung der Veränderungen der Meeresumwelt. Hinsichtlich der Umweltchemikalien ist es zuständig für die chemische Überwachung des Meerwassers in der Deutschen Bucht und westlichen Ostsee sowie für die Bestimmung der Konzentration schädlicher organischer und anorganischer Stoffe jeglicher Provenienz in der Nordsee, Ostsee und im Nordatlantik.

Anschrift: Bernhard-Nocht-Str. 78, 20359 Hamburg, Tel.: 040/3190-0; Dierkower Damm 45, 18146 Rostock, Tel.: 0381/4563-5.

2. Mittelbare Staatsverwaltung

Neben den Bundesbehörden auf der Ebene der unmittelbaren Staatsverwaltung existieren noch eine Reihe von selbständigen Behörden, die der mittelbaren Staatsverwaltung zuzurechnen sind. Sie besitzen zwar überwiegend Forschungs- und Koordinationsfunktion, übernehmen teilweise aber auch begrenzte Vollzugsaufgaben. Hervorzuheben sind hier etwa: **24**

25   • **Bundesanstalt für Gewässerkunde** (BfG): Forschungen im Bereich des Wasserkreislaufs, des Wasserhaushalts und der Belastbarkeit von Küstengewässern; Entwicklung von Analyse- und Meßverfahren sowie Gütestandards.

Anschrift: Postfach 309, 56003 Koblenz, Tel.: 0261/1306-0, Fax: 0161/1306-302. Außenstelle Berlin: Schnellerstr. 140, 12439 Berlin, Tel.: 030/63986-O, Fax: 030/63986-226.

26   • **Biologische Bundesanstalt für Land- und Forstwirtschaft** (BBA): Forschungstätigkeit im Hinblick auf die Wirkung von Pestiziden, Pflanzenschutzmitteln und Schwermetallen auf Mensch, Tier und Umwelt; Erteilung Einvernehmen über die Freisetzung gentechnisch veränderter Organismen; Beteiligung bei der Bewertung von Chemikalien, die in die Landwirtschaft gelangen können.

Anschrift: Messeweg 11/12, 38104 Braunschweig, Tel.: 0531/2995, Fax: 0531/2993000. Außenstelle Berlin: Königin-Luise-Str. 19, 14195 Berlin, Tel.: 030/83041, Fax: 030/83042002.

27   • **Physikalisch-Technische Bundesanstalt Braunschweig und Berlin** (PTB): Mitarbeit an DIN-Normen, Richtlinien, Sicherheitsregeln und Unfallverhütungsvorschriften der Berufsgenossenschaften, die Prüfung und Bauartzulassung für Betriebsmittel im Ex-Bereich, die Prüfung und Bauartzulassung von Schallpegelmessern, Ausarbeitung von Anforderungen an Schallmeßgeräte und Schallmeßverfahren, Mitarbeit am Atom-Abfallbeseitigungsgesetz sowie am Gesetz über den Transport gefährlicher Güter und die Prüfung von Meßgeräten und Verfahren im Umweltschutz, Überprüfung und Eichung von Schallmeßgeräten u.a.m.

Anschrift: Bundesallee 100, 38116 Braunschweig, Tel.: 0531/592-0, Fax: 0531/592-9292; Abbestr. 2-12, 10587 Berlin, Tel.: 030/3481-1, Fax: 030/3481-490.

28   • **Deutscher Wetterdienst:** u.a. Vorhersagen zum Zwecke des Smogwarndienstes, Klimagutachten zur Standort-, Stadt-, Regional- und Landesplanung im Rahmen von Umweltverträglichkeitsstudien, Standortgutachten für Windkonverter und Solaranlagen, Bereitstellung von Inversions- und Ausbreitungsklassenstatistiken, Gutachten der speziellen Ausbreitungsfragen, Radioaktivitätsüberwachung der Luft und des Niederschlags, Kurortklimadienst, Vorhersagen für Wetterfühlige und Beratung bei Verlegung des Wohnsitzes aus gesundheitlichen Gründen, Gutachten der Starkniederschlagsstatistiken zur Dimensionierung von Kanalnetzen, Wasserrückhaltebecken, Kläranlagen, Staustufen und Hochwasserschutzbauten sowie

Berechnungen zur Wasserbilanz für Grundwasserneubildung, Umweltschutz und Planungszwecke.

Anschrift: Frankfurter Str. 135, 63067 Offenbach, Tel.: 069/8062-0.

III.   Die Umweltverwaltungsorganisation auf Landesebene

1.   Unmittelbare Staatsverwaltung

Alle Länder haben mittlerweile **Landesumweltministerien** als oberste Um-   **29**
weltbehörden eingerichtet. Ihre Aufgabenstruktur ist mit der des Bundesmini-
steriums für Umwelt vergleichbar, wobei die Landesministerien noch stärker
als Vollzugsbehörde tätig werden, z.B. bei der Genehmigung von Kernkraft-
werken oder größeren emittierenden Anlagen.

Ministerium für Umwelt und Verkehr Baden-Württemberg, Kernerplatz 9, 70182
Stuttgart, Tel.: 0711/126-0; Fax: 0711/1262881.
Bayerisches Staatsministerium für Landesentwicklung und Umweltfragen, Rosenkavalierplatz 2, 81925 München, Tel.: 089/9214-1, Fax: 089/9214-2266.
**Senatsverwaltung für Stadtentwicklung, Umweltschutz und Technologie des Lan-
des Berlin,** Köllnischer Park 3, 10179 Berlin, Tel.: 030/9025-0, Fax: 030/9025-1104.
**Ministerium für Umwelt, Naturschutz und Raumordnung des Landes Branden-
burg,** Albert-Einstein-Str. 42-46, 14473 Potsdam, Tel.: 0331/866-0, Fax: 0331/
8667240-41/42.
**Senator für Frauen, Gesundheit, Jugend, Soziales und Umweltschutz der Hanse-
stadt Bremen,** Birkenstr. 34, 28195 Bremen, Tel.: 0421/361012, Fax: 0421/361-6171.
Umweltbehörde der Freien und Hansestadt Hamburg, Billstraße 82-84, 20539
Hamburg, Tel.: 040/7880-0, Fax: 040/7880-2070.
Hessisches Ministerium für Umwelt, Energie, Jugend, Familie und Gesundheit,
Mainzer Str. 80, 65021 Wiesbaden, Tel.: 0611/815-0, Fax: 0611/8151941.
**Ministerium für Bau, Landesentwicklung und Umwelt des Landes Mecklenburg/
Vorpommern,** Schloßstraße 6-8, 19053 Schwerin, Tel.: 0385/588-8007, Fax: 0385/
588-8990.
Niedersächsisches Umweltministerium, Archivstr. 2, 30169 Hannover, Tel.: 0511/
120-0, Fax: 0511/120-3399.
**Ministerium für Umwelt, Raumordnung und Landwirtschaft des Landes Nord-
rhein-Westfalen,** Schwannstr. 3, 40190 Düsseldorf, Tel.: 0211/4566-0, Fax: 0211/
4566388.
Ministerium für Umwelt und Forsten des Landes Rheinland-Pfalz,
Kaiser-Friedrich-Str. 7, 55116 Mainz, Tel.: 06131/160, Fax: 06131/164646.
Ministerium für Umwelt, Energie und Verkehr des Saarlandes, Halbergstr. 50,
66121 Saarbrücken, Tel.: 0681/501-00, Fax: 0681/501-4521.
Sächsisches Staatsministerium für Umwelt und Landesentwicklung, Ostra-Allee
23, 01067 Dresden, Tel.: 0351/564-0, Fax: 0351/564-2209.
Ministerium für Raumordnung und Umwelt des Landes Sachsen-Anhalt, Oliven-
städter Str. 4-5, 39108 Magdeburg, Tel.: 0391/56701, Fax: 0391/5671726.
Ministerium für Natur, Umwelt und Forsten des Landes Schleswig-Holstein,
Grenzstr. 1-5, 24149 Kiel, Tel.: 0431/988-0, Fax: 0431/7239.

Thüringer Ministerium für Landwirtschaft, Naturschutz und Umwelt
Hallesche Straße 16, 99085 Erfurt, Tel.: 0361/37900, Fax: 0361/3799950.

30   Im übrigen sind die Aufgaben des Umweltschutzes auf die **allgemeinen Verwaltungsbehörden** und einige **Sonderverwaltungsbehörden** ($\rightarrow$ RN 1) verteilt, wobei im einzelnen jedoch große Unterschiede bestehen. Fast alle Länder haben aber **Landesämter für Umweltschutz** eingerichtet:

Anschriften:
Bayerisches Landesamt für Umweltschutz, Rosenkavalierplatz 3, 81925 München, Tel.: 089/9214-0, Fax: 089/9214-2266.
Landesumweltamt Brandenburg, Berliner Str. 21-25, 14467 Potsdam, Tel.: 0331/2323-0, Fax: 0331/12323-223.
Magistrat der Stadt Bremerhaven – Umweltschutzamt, Wurster Str. 49, 27580 Bremerhaven, Tel.: 0471/590-2162, Fax: 0471/590-2981.
Hamburger Amt für Umweltschutz, Billstraße 84, 20539 Hamburg, Tel.: 040/7880-0, Fax: 040/7880-3293.
Landesamt für Umwelt und Natur des Landes Mecklenburg-Vorpommern, Boldobucker Weg 3, 18276 Gülzow, Tel.: 03843/65161.
Niedersächsisches Landesamt für Ökologie, An der Scharlake 39, 31135 Hildesheim, Tel.: 05121/509-0, Fax: 05121/590-196.
Landesumweltamt des Landes NRW, Wallneyer Str. 6, 45133 Essen, Tel.: 0201/7995-0, Fax: 0201/79 95-4 46 u.-447.
Landesamt für Umweltschutz und Gewerbeaufsicht des Landes Rheinland-Pflalz, Amtsgerichtsplatz 1, 55276 Oppenheim, Tel.: 06133/9450-0, Fax: 06133/9450-155.
Landesamt für Umweltschutz des Landes Saarbrücken, Don-Bosco-Str. 1, 66119 Saarbrücken, Tel.: 0681/8500-0, Fax: 0681/8500-384.
Landesamt für Umwelt und Geologie des Freistaats Sachsen, Wasastraße 50, 01445 Radebeul, Tel.: 0351/835-0, Fax: 0345/835-4101.
Landesamt für Umweltschutz des Landes Sachsen-Anhalt, Reideburger Str. 47-249, 06116 Halle/Saale, Tel.: 0345/5704-0, Fax: 0345/5704-190.
Landesamt für Natur und Umwelt des Landes Schleswig-Holstein, Hamburger Chaussee 25, 24220 Flintbek, Tel.: 04347/704-101, Fax: 04347/704-102.
Thüringer Landesverwaltungsamt-Abt.6 – Umwelt, Carl-August-Allee 2, 99423 Weimar, Tel.: 03643/585, Fax: 03643/587190.

31   Daneben existieren je nach Land noch andere Sonderbehörden.

Beispiel: Landesämter für Wasserwirtschaft (Oberstufe) und Wasserwirtschaftsämter (Unterstufe), Geologische Landesämter, Forstämter, (Ober-)Bergämter, Amt für Insel- und Küstenschutz, Landesamt für den Nationalpark Schleswig-Holsteinisches Wattenmeer, Pflanzenschutzamt, Gewerbeaufsichtsämter .

2. Mittelbare Staatsverwaltung

32   Wichtige Aufgaben auf der Ebene der mittelbaren Staatsverwaltung übernehmen die **kommunalen Gebietskörperschaften** (Gemeinden usw.) ($\rightarrow$ RN 5 f.), so z.B. die Bauleitplanung, die öffentliche Wasserversorgung oder zum

Teil die öffentliche Abfallbeseitigung. Ferner gibt es auch auf Landesebene eine Reihe von (nicht-rechtsfähigen) **Anstalten** (→ RN 10 f.).

Beispiel: Landesanstalt für Umweltschutz Baden-Württemberg, Bayerische Akademie für Naturschutz und Landschaftspflege, Landesanstalt für Großschutzgebiete (Brandenburg),Hessische Landesanstalt für Umwelt (mit Außenstellen in Kassel und in Darmstadt), Alfred Toepfer Akademie für Naturschutz (Niedersachsen), Landesanstalt für Arbeitsschutz, Landesanstalt für Ökologie, Bodenordnung und Forsten/Landesamt für Agrarordnung Nordrhein-Westfalen, Thüringer Landesanstalt für Umwelt; Thüringer Landesanstalt für Geologie.

IV. Nichtstaatliche Umweltorgansationen auf Bundesebene

Neben den staatlichen existieren eine große Zahl von **nichtstaatlichen** Organisationen, Verbänden und Vereinen (sog. Non-Governmental Organisations = NGO´s), die sich ganz oder teilweise mit den Fragen des Umweltschutzes befassen und denen teilweise auch Beteiligungsrechte an staatlichen Entscheidungsprozessen eingeräumt sind, etwa im Naturschutzrecht (→ Kap. 10/RN 48 ff.). Hier seien nur einige der wichtigsten genannt:

33

Bund für Umwelt und Naturschutz Deutschland e.V. (BUND), Im Rheingarten 7, 53225 Bonn, Tel.: 0228/40097-0, Fax: 0228/40097-40.
Deutscher Naturschutzring e.V. (DNR), Am Michaelshof 8-10, 53177 Bonn, Tel.: 0228/359005, Fax: 0228/359096.
Deutscher Tierschutzbund e.V., Baumschulallee 15, 53115 Bonn, Tel.: 0228/631005, Fax: 0228/631264.
Greenpeace e.V., Große Elbstraße 39, 22767 Hamburg, Tel.: 040/30618-0, Fax: 040/30618100.
Deutscher Rat für Vogelschutz e.V. (DRV), Vogelwarte Radolfzell, Am Obstberg 1, 78315 Radolfzell, Tel.: 07732/150112, Fax: 07732/15010.
Naturschutzbund Deutschland e.V. (NABU), Herbert-Rabius-Straße 26, 53225 Bonn, Tel.: 0228/97561-0, Fax: 0228/97561-90, -93, -94.
WWF-Deutschland, Stiftung für die Gestaltung und den Schutz der natürlichen Umwelt e.V., Heddrichstr. 110, 60591 Frankfurt a.M., Tel.: 069/6050030, Fax:. 069/617221

V. Die Umweltorganisation auf europäischer und internationaler Ebene

Auf europäischer Ebene kommt neben der **Kommission** als Verwaltungsorgan der Europäischen Union (→ Kap. 4/RN 9) der **Europäischen Umweltagentur** eine hervorgehobene Stellung zu, die 1994 ihre Arbeit aufgenommen hat, nachdem sich die Mitgliedstaaten auf Kopenhagen als Sitz geeinigt hatten. Zu ihren Aufgaben gehört es, die von den einzelnen Meßstellen der Mitgliedsstaaten aufgezeichneten Daten über den Zustand der Umwelt zu sammeln, aufzubereiten und zu analysieren. Gleichzeitig soll sie mittelfristig auch Auf-

34

gaben im Bereich der Überwachung und Vorbereitung von Rechtsakten der Gemeinschaft wahrnehmen.

Anschrift: Kongens Nytorv 6, DK-1050 Kopenhagen K, Dänemark, Tel.: 0045/ 33367100, Fax: 0045/33367199.

Als privater Verein wurde 1974 in Straßburg der **Europäische Rat für Umweltrecht** gegründet, der im europäischen Rahmen die Entwicklung und Forschung im Bereich des Umweltrechts fördern soll.

35   Sein Pendant ist der 1969 in New Delhi gegründete **Internationale Rat für Umweltrecht (ICEL)**, der als nichtamtliche Organisation mit Sitz in Genf Konsultativ-Status im System der Vereinten Nationen besitzt. Daneben existieren noch zahllose weitere internationale Organisationen, die sich mit Fragen des Umweltrechts beschäftigen. Hervorzuheben sind vor allen: Das 1972 aus der ersten UN-Umweltkonferenz von Stockholm hervorgegangene **UN-Umweltprogramm (United Nations Environmental Programm = UNEP)** mit Sitz in Nairobi berät Regierungen der Entwicklungsländer in Umweltfragen und sammelt mit Hilfe internationaler Überwachungssysteme Daten über den ökologischen Zustand der Welt. Die **Kommission für nachhaltige Entwicklung (Commission on Sustainable Development = CSD)** ist ein Ausschuß des Wirtschafts- und Sozialrats der Vereinten Nationen. Sie entstand als Ergebnis der UN-Umweltkonferenz von Rio de Janeiro 1992, hat kein eigenes Budget und soll insbesondere den Maßnahmekatalog der "Agenda 21" überwachen sowie Vorschläge erarbeiten zur Fortentwicklung des Konzepts der nachhaltigen Entwicklung.

Kontrollfragen:
1. Liegt der Schwerpunkt des Gesetzesvollzugs beim Bund oder bei den jeweiligen Ländern? (RN 1)
2. Was versteht man unter mittelbarer Staatsverwaltung? (RN 4-13)
3. Welche Formen der Zuständigkeit unterscheidet man? (RN 14)
4. Welche Aufgaben hat das Umweltbundesamt? (RN 20)
5. Gibt es neben dem Umweltbundesamt noch weitere Bundesoberbehörden? (RN 21–23)
6. Wie ist die Umweltverwaltung in den Ländern grundsätzlich organisiert? (RN 29–31)
7. Welche Aufgabe hat die Europäische Umweltagentur? (RN 34)

Weiterführende Hinweise:
Monographien:
Bothe, Martin, Verwaltungsorganisation im Umweltschutz, 1986; *Dreihaupt, Joseph/ Peine, Franz-Joesph/Wittkämper, Gerhard W.* (Hrsg.), Umwelthandwörterbuch, 1992, S. 401–449; *Kösters, Winfried*, Umweltpolitik: Themen, Funktionen, Zuständigkeiten, 1997, S. S. 99–234; *Mrass, Walter*, Organisation des Umweltschutzes in Deutschland, in: Mayer-Tasch, Peter Cornelius u.a., Umweltpolitik und ihre Instrumente, 1994, S. 34–61.

Aufsätze:
Bothe, Martin/Hohmann, Harald, Internationale Umweltorganisationen, in: HdbUR I, Sp. 1113–1132; *Burhenne, Wolfgang E.*, Internationaler Rat für Umweltrecht, in: HdbUR I, Sp. 1132–1134; *Dittmann, Armin*, Organisation der Umweltverwaltung, in: HdbUR II, Sp. 1547–1575; *Kahl, Wolfgang*, Stellung und Funktionen von Umweltagenturen – eine rechtsvergleichende Typologie, UTR Bd. 36 (1996), S. 119–135; *Peters, Klaus*, Zur querschnittsorientierten Organisation des Umweltschutzes in der öffentlichen Verwaltung, VR 1995, S. 439–442; *Steiger, Heinhard*, Europäischer Rat für Umweltrecht, in: HdbUR I, Sp. 659–661.

8. Immissionsschutzrecht

Die Luftverschmutzung, mit deren Bekämpfung sich das Immissionsschutz-recht beschäftigt, stellt für 57% aller Bundesbürger das größte Umweltpro-blem dar, weit vor der an zweiter Stelle rangierenden Gewässerverschmut-zung (16,9%). Das Immissionsschutzrecht darf damit als wohl gewichtigste Rechtsmaterie innerhalb des Umweltrechts gelten. Auch historisch steht das Immissionsschutzrecht am Anfang der Entwicklung des Umweltrechts zu ei-nem selbständigen Rechtsgebiet.

1

Fakten: Die Gesamtemission (in Mio t/a) im Bundesgebiet betrug 1994 (in Klammern: Vergleichswert von 1990): Kohlendioxid 901 (1014); Stickstoff-oxide 2,211 (2,640); Schwefeldioxid 2,995 (5,326); Kohlenmonoxid 6,738 (10,743); Schwebestaub 0,754 (2,024); flüchtige organische Verbindungen 2,135 (3,155); FCKW und Halone 0,008 (0,043); Methan 5,216 (5,682). Die Zahlen ergeben sich aus einer Addition der Verursacherbeiträge von Industrie, Straßen- und sonstigem Verkehr, privaten Haushalten, Kleinverbrauchern so-wie Kraft- und Fernheizwerken.

Im Jahre 1992 (in Klammern: Vergleichswert von 1988) tätigte das produ-zierende Gewerbe in den alten Bundesländern Anlageinvestitionen i.H.v. ins-ges. 130,3 Mrd. DM (104,3); davon entfielen 6,3 Mrd. DM $\triangleq$ 4,8% (8,1 Mrd. DM $\triangleq$ 7,8%) auf Umweltschutzinvestitionen, wobei hiervon wiederum 3,1 Mrd. DM (5,7) der Luftreinhaltung zugute kamen.

Im Jahre 1993 (in Klammern: Vergleichswert von 1992) waren 64% (68%) des gesamten Waldbestandes im Bundesgebiet geschädigt. Die höchsten Werte entfielen hierbei mit 87% (89%) auf Mecklenburg-Vorpommern, mit 83% (84%) auf Thüringen und mit 77% auf Baden-Württemberg.

Der Anteil von bleifreiem Benzin am Gesamtabsatz von Ottokraftstoff stieg in den letzten Jahren von 11,0% (1986) über 58,5% (1989) auf 85, 0% (1992); gleichzeitig sank der Blutbleigehalt in der deutschen Bevölkerung (in mg/l) von ca. 130 (1975) über ca. 70 (1986) auf weniger als 60 (1991).

I. Allgemeines

1. Das Bundes-Immissionsschutzgesetz

Das Bundes-Immissionsschutzgesetz (BImSchG) vom 15.3.1974, das inzwi-schen mehrfach geändert wurde, stellt das wichtigste Gesetz auf dem Gebiet des öffentlichen Immissionsschutzes dar. Im Bereich des Bundesrechts exi-stieren daneben noch weitere immissionsschutzrechtliche Gesetze, wie etwa das Fluglärmgesetz oder das Benzinbleigesetz.

2

Ziel
Der Zweck des Gesetzes erschöpft sich nicht allein in der **Gefahrenabwehr**, sondern besteht auch und gerade in der **Vorsorge** ($\rightarrow$ Kap. 6/RN 2) **vor Umweltbeeinträchtigungen**. Mit anderen Worten: Schädliche Umweltein-wirkungen sollen nicht nur auf ein für Mensch und Umwelt gerade noch erträgliches Maß abgesenkt, sondern es soll schon ihrer Entstehung vorge-

3

$\rightarrow$ § 1 BImSchG

beugt werden. Auch Tiere, Pflanzen und Sachen sind selbständige Schutzgüter des Bundes-Immissionsschutzgesetzes, nicht etwa nur der Mensch.

Geltungsbereich

4
→ § 2
BImSchG

Schädliche Umwelteinwirkungen können von technischen Anlagen und Stoffen, von Fahrzeugen aller Art sowie von Verkehrswegen ausgehen. Der Geltungsbereich des Bundes-Immissionsschutzgesetzes erstreckt sich daher auf all diese Bereiche. Für Anlagen, Produkte und Stoffe, von denen Radioaktivität ausgehen kann, existieren dagegen speziellere atomrechtliche Vorschriften (Atomgesetz, Strahlenschutzverordnung etc.).

2. Begriffsbestimmungen

Schädliche Umwelteinwirkungen

5
→ § 3 I, II, III
BImSchG

Der Begriff der schädlichen Umwelteinwirkungen nimmt im Bundes-Immissionsschutzgesetz eine Schlüsselstellung ein. Nach der Definition des § 3 I BImSchG sind schädliche Umwelteinwirkungen Immissionen, die nach Art, Ausmaß oder Dauer geeignet sind, Gefahren, erhebliche Nachteile oder erhebliche Belästigungen für die Allgemeinheit oder die Nachbarschaft herbeizuführen. Von den Immissionen sind die Emissionen begrifflich zu unterscheiden.

> **Beispiel:** Eine Industrieanlage stößt aus ihrem Schornstein einen Schadstoff aus. Dieser Ausstoß wir als **Emission** bezeichnet. Die ausgestoßenen Schadstoffe werden durch Wind und Regen verteilt und gehen auf Wäldern, Nachbargrundstücken oder Seen nieder, wirken also auf diese ein. Diese Einwirkungen werden **Immissionen** genannt. Emissionen und Immissionen betreffen also denselben Vorgang, unterscheiden sich aber nach der Perspektive des Betrachters: spricht man von Emissionen, denkt man von der Quelle her; spricht man von Immissionen, hat man die Einwirkungen der Schadstoffe auf Mensch und Umwelt vor Augen. Immissionen i.S.d. Bundes-Immissionsschutzgesetzes sind dabei nur die sog. „unwägbaren Stoffe" (z.B. Schadstoffe, Lärm, Strahlen, Licht etc.), nicht aber körperliche Einwirkungen (z.B. Steine, die von einem Grundstück auf das benachbarte Grundstück hinüberfallen, oder auf einem Grundstück gelagerte Plastikplanen, die vom Wind auf ein anderes Grundstück geweht werden).

6

Indes sind nicht sämtliche Einwirkungen schon per se schädlich, sondern nur solche, die nach Art, Ausmaß oder Dauer geeignet sind, Gefahren, erhebliche Nachteile oder erhebliche Belästigungen für die Allgemeinheit oder die Nachbarschaft herbeizuführen. Die Frage, wann eine solche Gefahr vorliegt oder ab wann ein Nachteil oder eine Belästigung erheblich ist, beantwortet das Bundes-Immissionsschutzgesetz nicht selbst. Hierfür existieren die allgemeinen Verwaltungsvorschriften **Technische Anleitung (TA) Luft** und **Technische Anleitung (TA) Lärm** (→ RN 21).

Gefahr

Der Begriff der Gefahr bezeichnet einen Zustand, der bei ungehindertem Geschehensablauf mit einer gewissen Wahrscheinlichkeit den Eintritt eines Schadens verursachen wird. Für die Frage, wie wahrscheinlich der Schadenseintritt ist, greift man auf die allgemeine Lebenserfahrung zurück.

7
→ § 3 I
BImSchG

Nachteile und Belästigungen

Das Immissionsschutzrecht will nicht nur vor solchen Umwelteinwirkungen schützen, die Gefahren hervorrufen. Schon erhebliche Nachteile oder erhebliche Belästigungen reichen aus, um den Schutz des Bundes-Immissionsschutzgesetzes auszulösen. Von einem „Nachteil" spricht man dann, wenn ein Interesse zwar beeinträchtigt ist, aber noch kein unmittelbarer Schaden eingetreten ist.

8
→ § 3 I
BImSchG

> **Beispiel:** Die Beeinträchtigung der Lebensqualität im Inneren eines Wohnhauses durch Lärmeinwirkungen.

Unter „Belästigungen" hat man Beeinträchtigungen des körperlichen und/oder seelischen Wohlbefindens unterhalb der Schwelle des Gesundheitsschadens zu verstehen.

9

> **Beispiel:** Ein Anwohner ärgert sich über die schlechte Luft in seiner Wohngegend, ohne daß er schon Atembeschwerden, asthmatische Störungen o.ä. erlitten hat.

Bei der Frage, wann ein Nachteil oder eine Belästigung „erheblich" ist, muß unterschieden werden: Für den Bereich der Luftverunreinigungen enthält die TA Luft Grenzwerte, deren Überschreitung stets zur Erheblichkeit führt. Für den Bereich der Lärmimmissionen nennt die TA Lärm keine allgemeingültigen Grenzwerte, sondern unterscheidet nach der Schutzbedürftigkeit der Umgebung.

10

> **Beispiel:** Wer sein Haus in einem Misch- oder Gewerbegebiet baut (weil dort die Grundstückspreise niedriger liegen als im reinen Wohngebiet), ist weniger schutzwürdig als derjenige, der für die Ruhe und Abgeschiedenheit eines reinen Wohngebiets auch einen höheren Grundstückspreis in Kauf nimmt. Ersterer hat demzufolge grundsätzlich einen höheren Lärmpegel zu dulden als Letzterer.

Da die Richtwerte der TA Lärm veraltet sind, arbeitet die Praxis anstelledessen vielfach mit Regelwerken nichtstaatlicher Herkunft, etwa mit den Grenzwerten der VDI-Richtlinie 2058 über die Beurteilung von Arbeitslärm in der Nachbarschaft.

Allgemeinheit und Nachbarschaft

11

→ § 3 I
BImSchG

Der Begriff der Allgemeinheit umschreibt die Gesamtheit aller möglicherweise von einer Umwelteinwirkung Betroffenen. Demgegenüber ist der Kreis der Personen, die unter den Begriff der **Nachbarschaft** fallen, deutlich kleiner und nur vor dem Hintergrund seiner Zielsetzung zu verstehen.

> **Beispiel:** Wird im Ortsgebiet von Augsburg eine Industrieanlage errichtet, so ist dies möglicherweise für eine in München wohnende Person bedauerlich, wenn diese von Zeit zu Zeit einen Bekannten in Augsburg besucht und sich jedesmal über die qualmenden Schornsteine der Anlage ärgert. Dennoch soll der Münchner nicht die Möglichkeit haben, vor dem Verwaltungsgericht Augsburg gegen die Anlage zu klagen: er hält sich ja nur gelegentlich im Einwirkungsbereich der Anlage auf. Sehr wohl aber will das Bundes-Immissionsschutzgesetz den Eigentümern der anliegenden Grundstücke, denjenigen, die in den Gebäuden in der näheren Umgebung der Anlage zur Miete wohnen, den anliegenden Gewerbetreibenden und denjenigen, die ihren Arbeitsplatz im Einwirkungsbereich der Anlage haben (selbst wenn sie auswärts wohnen) das Recht einräumen, vor dem Verwaltungsgericht um Rechtsschutz gegen die Anlage nachzusuchen.

Als Nachbar gilt damit nicht nur der Eigentümer eines unmittelbar an eine emittierende Anlage angrenzenden Grundstücks, sondern jeder, der in einer **engeren räumlichen und zeitlichen Beziehung** zu der Gefahr, dem erheblichen Nachteil oder der erheblichen Belästigung steht und dem gerade deshalb die Möglichkeit des Rechtsschutzes (→ Kap. 3/RN 41 ff.) eingeräumt werden soll.

12

→ § 3 V
BImSchG

Anlage

Das Bundes-Immissionsschutzgesetz normiert in erster Linie anlagenbezogenen Immissionsschutz. Dem Begriff der Anlage kommt daher besondere Bedeutung zu. Der Anlagenbegriff ist in drei Gruppen unterteilt (Betriebsstätten, Maschinen und Grundstücke). Voraussetzung für eine Anlage in allen drei Gruppen ist, daß irgendetwas in irgendeiner Form **betrieben** wird, worunter die fortgesetzte Verfolgung eines bestimmten Zwecks unter Einsatz technischer oder ideeller Arbeitsmittel auf der Grundlage einer gewissen Organisation zu verstehen ist.

Am leichtesten zu bestimmen sind daher die in der ersten Gruppe genannten **Betriebsstätten** und **ortsfesten Einrichtungen.** Hierunter fallen etwa Fabriken, Werkstätten, Handelsbetriebe, aber auch Diskotheken, Feueralarmsirenen und Kirchenglocken, weil eine ortsfeste Einrichtung auch dann vorliegt, wenn der Betrieb der Anlage gerade auf die Erzeugung von Lärm gerichtet, die Umwelteinwirkung also nicht ungewollt, sondern beabsichtigt ist. Ebenso liegt eine ortsfeste Einrichtung vor, wenn die Emissionen nicht von der Anlage selbst ausgehen, sondern auf dem Verhalten derer beruhen, die die Anlage benutzen. Daher fallen unter diese Gruppe etwa auch Kinderspielplätze, Sportanlagen und Tennisplätze. Beispiele für **mobile technische Geräte** (zweite Gruppe) sind Bagger, Baukräne, Rasenmäher oder Betonmischmaschinen. Die dritte Gruppe hat potentiell Emissionen verursachende **Grundstücke** vor Augen. Hierunter fallen z.B. Kohlenhalden, Mülldeponien oder etwa Baustellen, wenn sie wenigstens mehrere Monate ununterbrochen bestehen.

Stand der Technik

Immissionsschutzrechtliche Anlagen müssen so betrieben werden, daß Vorsorge gegen schädliche Umwelteinwirkungen getroffen wird. Dies ist etwa dadurch möglich, daß derartige Anlagen von vornherein nur in Gebieten zugelassen werden, die einen gewissen räumlichen Abstand zu immissionsempfindlicher Gebietsnutzung (bspw. Wohngebiete) aufweisen (sog. *raumbezogene* Vorsorge). Vor allem aber sollen dem Anlagenbetreiber emissionsmindernde Maßnahmen aufgegeben werden, die dem Stand der Technik entsprechen (→ RN 24) (sog. *technikbezogene* Vorsorge). Eine Einrichtung oder ein Verfahren zur Emissionsverminderung markiert bereits dann den Stand der Technik, wenn eine erfolgreiche Erprobung in Versuchs- oder Pilotanlagen stattgefunden hat und daher die praktische Eignung im großtechnischen Maßstab gesichert erscheint. Nicht erforderlich ist, daß das Verfahren oder die Einrichtung zur Emissionsverminderung sich bereits im allgemeinen Betrieb, etwa über einen längeren Zeitraum hinweg, bewährt hat.

13
→ § 3 VI BImSchG

II. Genehmigungsbedürftige Anlagen

Die Vorschriften über die Errichtung und den Betrieb von genehmigungsbedürftigen Anlagen stellen den Kern des Bundes-Immissionsschutzgesetzes dar.

14

1. Genehmigungspflicht

Nicht alle Anlagen, die die Umwelt durch Luftverschmutzung, Lärm oder sonstige Emissionen belasten, sind einer Genehmigungspflicht unterworfen. Andernfalls wäre die Verwaltung überlastet und die Genehmigungsverfahren würden noch länger dauern. Das geringere Gefahrenpotential, das von bestimmten Anlagen ausgeht, rechtfertigt es, diese Anlagen von einer Genehmigungspflicht freizustellen und den Schutz vor schädlichen Umwelteinwirkungen durch Überwachung und nachträgliche Maßnahmen zu verwirklichen.

15
→ § 4 BImSchG

Der Genehmigung bedürfen daher nur die Errichtung und der Betrieb solcher Anlagen, die auf Grund ihrer Beschaffenheit oder ihres Betriebes in besonderem Maße geeignet sind, schädliche Umwelteinwirkungen hervorzurufen oder in anderer Weise die Allgemeinheit oder Nachbarschaft zu gefährden, erheblich zu benachteiligen oder erheblich zu belästigen. Hierbei muß es sich nicht zwingend um gewerbliche Anlagen handeln. Städtische Gaswerke oder Schlachthöfe etwa, die ein öffentliches Gemeinwesen (z.B. eine Gemeinde) zum Zwecke der öffentlichen Daseinsvorsorge ohne Gewinnerzielungsab-

16

sicht betreibt und die daher nichtgewerbliche Anlagen darstellen, sind ebenfalls der Genehmigungspflicht unterworfen, soweit sie Luftverunreinigungen
oder Geräusche hervorrufen können.

17   Der Kreis der genehmigungspflichtigen Anlagen ist in der **4. Bundesim-
missionsschutzverordnung (4. BImSchV)** festgelegt. Dort sind im Anhang
sämtliche genehmigungsbedürftigen Anlagen abschließend aufgezählt.

2.   Genehmigungsvoraussetzungen

18
→ § 6
BImSchG

Die nach Landesrecht zuständige Immissionsschutzbehörde hat die Genehmigung zu erteilen, wenn sichergestellt ist, daß der Anlagenbetreiber die Betreiberpflichten (→ RN 19 ff.), weitere Pflichten aus Rechtsverordnungen (→ RN
28 ff.) sowie sonstige, d.h. außerhalb des Bundes-Immissionsschutzgesetzes
geregelte öffentlich-rechtliche Vorschriften (→ RN 31) erfüllt. Die Genehmigungserteilung ist nicht in das Ermessen der Behörde gestellt. Vielmehr hat
der Antragsteller bei Erfüllung der Genehmigungsvoraussetzungen einen **Anspruch** auf Erteilung der Genehmigung (→ Kap. 6/RN 16 f.).

a) Betreiberpflichten und Pflichten aus Rechtsverordnungen

19
→ §§ 5, 6 I Nr.
1 BImSchG

Die Genehmigung darf nur erteilt werden, wenn die Betreiberpflichten, die
das Bundes-Immissionsschutzgesetz den Betreibern von genehmigungsbedürftigen Anlagen auferlegt, erfüllt werden. Diese bezeichnet man als

- Schutzgrundsatz,
- Vorsorgegrundsatz,
- Abfallvermeidungsgrundsatz und
- Abwärmenutzungsgrundsatz.

Schutzgrundsatz

20
→ § 5 I Nr. 1
BImSchG

Genehmigungsbedürftige Anlagen sind so zu errichten und zu betreiben, daß
schädliche Umwelteinwirkungen und sonstige Gefahren, erhebliche Nachteile
und erhebliche Belästigungen für die Allgemeinheit und die Nachbarschaft
nicht hervorgerufen werden können.

21   *Konkretisierung durch Verwaltungsvorschriften.* Für den Sachbearbeiter
bei der zuständigen Immissionsschutzbehörde, der den Antrag auf Genehmigung zu bearbeiten hat, stellt sich die Frage, wann eine Umwelteinwirkung
schädlich, wann eine Belästigung oder ein Nachteil erheblich ist und wann
von einer Gefahr gesprochen werden kann. Entscheidungshilfe geben hierbei
die **TA Luft** aus dem Jahr 1974 sowie die **TA Lärm** aus dem Jahr 1968.

In beiden Fällen handelt es sich um sog. **allgemeine Verwaltungsvorschriften** (→ RN 6). Allgemeine Verwaltungsvorschriften geben der **Verwaltung** bei der Bearbeitung von Anträgen verbindliche Vorgaben, wie sie unbe-

stimmte Rechtsbegriffe (z.B. „erhebliche Belästigung" oder „schädliche Umwelteinwirkung") zu deuten hat. So ist etwa eine Belästigung dann erheblich, wenn ein in der TA Luft festgesetzter Grenzwert überschritten wird.

Außenwirkung von Verwaltungsvorschriften. Die TA Luft ist kein Gesetz. Sie stellt lediglich eine allgemeine Verwaltungsvorschrift, d.h. Innenrecht der *Verwaltung* dar, das grundsätzlich keine Außenwirkung gegenüber Personen außerhalb der Verwaltung hat (→ Kap. 3/RN 7 f.). Demzufolge bräuchte sich der *Richter* bei Beantwortung der Frage, ob eine erhebliche Belästigung oder eine schädliche Umwelteinwirkung vorliegt, nicht nach dem Grenzwert der TA Luft zu richten. Konsequenz dieser Sichtweise wäre allerdings, daß theoretisch in jedem Verwaltungsgerichtsbezirk unterschiedliche Anforderungen an genehmigungsbedürftige Anlagen gestellt würden. Um diese mißliche Situation zu vermeiden, geht die ganz herrschende Meinung heute davon aus, daß Verwaltungsvorschriften wie die TA Luft **Bindungswirkung auch für den Richter** entfalten müssen. Juristisch spricht man von sog. „normkonkretisierenden Verwaltungsvorschriften", wobei die grundsätzlich gegebene Bindung der Gerichte an die TA Luft/TA Lärm durchaus auch Einschränkungen unterworfen sein kann: jedes Gericht darf stets prüfen, ob die in den Verwaltungsvorschriften niedergelegten Werte unvollkommen sind (etwa weil sie verbleibende Erkenntnislücken aufweisen oder neue Ergebnisse der Wissenschaft und Forschung nicht berücksichtigen) oder ob atypische Umstände (z.B. eine seltene Schadstoffkombination) vorliegen, die einen bestimmten Grenzwert *im konkreten Fall* unanwendbar erscheinen lassen.

22

In bezug auf bestimmte einzelne Immissionen hat die Bundesregierung auf europäischen Druck die diesbezüglichen Festsetzungen in der TA Luft durch die Verordnung über Immissionswerte (**22. BImSchV**) ersetzt. Da es sich hierbei um eine Rechtsverordnung und somit um ein materielles Gesetz (→ Kap. 2/RN *) handelt, ist der Richter ohne weiteres uneingeschränkt an die dortigen Festsetzungen gebunden; juristischer „Kunstgriffe" wie bei TA Luft/TA Lärm bedarf es hierzu nicht.

23

Vorsorgegrundsatz

Genehmigungspflichtige Anlagen sind so zu errichten und zu betreiben, daß Vorsorge gegen schädliche Umwelteinwirkungen getroffen wird. Insbesondere sollen Maßnahmen zur Emissionsbegrenzung zum Zuge kommen, die dem Stand der Technik (→ RN 13) entsprechen.

24
→ § 5 I Nr. 2
BImSchG

> **Beispiel:** Beantragt ein Unternehmer die Genehmigung für die Errichtung und den Betrieb einer genehmigungspflichtigen emittierenden Anlage, so hat die zuständige Behörde diese Genehmigung trotz Einhaltung sämtlicher relevanten Grenzwerte von TA Luft und TA Lärm zu versagen, wenn die beantragte Anlage nicht über die neuesten, dem Stand der Technik entsprechenden Vorrichtungen zur Emissionsbegrenzung verfügt, die ihre Eignung für die Großserie etwa in Probeläufen unter Beweis gestellt haben.

25

Der immissionsschutzrechtliche Vorsorgegrundsatz wird weiter durch bestimmte Regelungen in der TA Luft und in auf § 7 BImSchG gestützten Rechtsverordnungen (→ RN 28 ff.) konkretisiert (Großfeuerungsanlagen-Verordnung [13. BImSchV] und Verordnung über Verbrennungsanlagen für Abfälle und ähnliche brennbare Stoffe [17. BImSchV]). Dort werden z. B. zur Verringerung des von der Anlage ausgehenden Kollektivrisikos Emissionshöchstwerte festgelegt. Diese sind *nicht* mit den Immissionsgrenzwerten der TA Luft (→ RN 21) zu verwechseln: Emissionswerte, die den Vorsorgegrundsatz konkretisieren, werden am Kamin der Anlage gemessen; Immissionswerte, die den Schutzgrundsatz ausgestalten, werden in der Umgebung der Anlage an festgelegten Meßpunkten erfaßt.

Abfallvermeidungsgrundsatz

26

Genehmigungspflichtige Anlagen sind so zu errichten und zu betreiben, daß Abfälle vermieden werden, es sei denn, sie werden ordnungsgemäß und schadlos verwertet oder, soweit dies technisch nicht möglich oder unzumutbar ist, als Abfälle ohne Beeinträchtigung des Wohls der Allgemeinheit beseitigt. Nach der Gesetzesfassung hat somit der Anlagenbetreiber die Wahl, ob er

→ § 5 I Nr. 3 BImSchG

Reststoffe (also Stoffe, die beim Betrieb der Anlage ungewollt, sozusagen als Nebenprodukte anfallen) vermeidet oder schadlos verwertet.

> **Beispiel:** Im Bereich der Rauchgasentschwefelung wird etwa das Verfahren der Naßentschwefelung angewendet. Hierbei werden die Schwefeldioxidemissionen in der Weise gereinigt, daß als Reststoff Gips entsteht, der beispielsweise in der Baustoffindustrie wiederverwendet werden kann. Wählt ein Anlagenbetreiber diese Form der Reststoffverwertung, so hat er die Betreiberpflicht des Reststoffvermeidungsgrundsatzes erfüllt.

27

→ § 5 I Nr. 4 BImSchG

Abwärmenutzungsgrundsatz

Dieser Grundsatz verlangt, daß die beim Betrieb der Anlage entstehende Wärme für Anlagen des Betreibers genutzt oder, wenn dies nicht möglich ist, an abnahmebereite Dritte abgegeben wird.

Pflichten aus Rechtsverordnungen

28

→ § 7 BImSchG

Der Antragsteller muß, um die begehrte Genehmigung für seine Anlage zu bekommen, auch die Pflichten erfüllen, die sich aus Rechtsverordnungen ergeben, die auf der Grundlage des § 7 BImSchG erlassen wurden.

Von Interesse sind hier insbesondere die

- Störfall-Verordnung (12. BImSchV) sowie die
- Großfeuerungsanlagen-Verordnung (13. BImSchV).

Die **Störfall-Verordnung** richtet sich nicht an alle genehmigungsbedürftigen Anlagen, sondern nur an solche Anlagen, in denen Stoffe, die in drei Anhängen zur Verordnung aufgelistet sind, im Normalbetrieb vorhanden sind oder bei einer Störung des Normalbetriebs entstehen können. Ziel der Verordnung ist es, Störfällen vorzubeugen bzw. ihre Auswirkungen auf Menschen und Umwelt zu begrenzen. Der Begriff des Störfalls ist als Störung des Normalbetriebs der Anlage (z.B. durch Explosionen, Brände etc.) definiert, durch die bestimmte Stoffe freigesetzt und hierdurch ernste Gefahren (→ RN 7) für das Leben und die Gesundheit von Menschen sowie für die Umwelt hervorgerufen werden.

29

> **Beispiel:** Der Unfall, der sich 1976 im italienischen *Seveso* ereignete und bei dem größere Mengen Dioxin freigesetzt wurden; das Unglück im indischen *Bhopal* 1984, wo der Austritt von Insektiziden über 3 000 Todesopfer (einschließlich der Spätfolgen) forderte; oder der Unfall im schweizerischen Chemiebetrieb *Sandoz* 1986, der zu einer weiträumigen Verschmutzung des Rheins führte.

Der Verhinderung von Störfällen sollen anlagenbezogene Maßnahmen dienen. So hat der Betreiber Maßnahmen zu treffen, daß die Anlage den Beanspruchungen eines Störfalls genügt, Brände und Explosionen innerhalb der Anlage vermieden werden oder von außen nicht auf die Sicherheit der Anlage einwirken können, die Anlage mit ausreichenden Alarm- und Sicherheitseinrichtungen ausgerüstet ist oder sicherheitstechnisch bedeutsame Anlagenteile vor dem unbefugten Zugriff Dritter geschützt sind. Um Störfallauswirkungen zu begrenzen, hat der Anlagenbetreiber betriebliche Alarm- und Gefahrenabwehrpläne aufzustellen und mit den für Katastrophenschutz und allgemeine Gefahrenabwehr zuständigen Behörden abzustimmen. Demselben Zweck dient die von der Verordnung geforderte **Sicherheitsanalyse**, die der Anlagenbetreiber anzufertigen hat und die verschiedene Angaben enthalten muß:

- eine Beschreibung der Anlage und des Verfahrens;
- eine Beschreibung der sicherheitstechnisch bedeutsamen Anlagenteile, der Gefahrenquellen und der Voraussetzungen, unter denen ein Störfall eintreten kann;
- eine Angabe über die chemische Stoffbezeichnung, den Zustand und die Menge der in der Anlage vorhandenen Stoffe i.S.d. oben genannten Anhänge;
- eine Prognose über Auswirkungen, die sich aus einem Störfall ergeben können.

Von wesentlicher Bedeutung ist überdies die Pflicht des Anlagenbetreibers, unaufgefordert solche Personen, die von einem Störfall betroffen werden könnten (also die Nachbarschaft), in geeigneter Weise über die Sicherheits-maßnahmen und das richtige Verhalten im Falle eines Störfalls zu informieren und gegebenenfalls mit den für Katastrophenschutz und allgemeine Gefahren-abwehr zuständigen Behörden abzustimmen. Diese Informationspflicht be-steht *unabhängig* davon, ob tatsächlich ein Störfall eingetreten ist. Sie ist in angemessenen Abständen zu wiederholen.

Die Erfüllung der Pflichten aus der Störfall-Verordnung ist durch die An-drohung von Bußgeld gesichert.

30 Die **Großfeuerungsanlagen-Verordnung** gilt nur für Feuerungsanlagen mit einer Feuerungswärmeleistung von mindestens 50 Megawatt einschließ-lich ihrer Nebeneinrichtungen. Diese Verordnung konkretisiert den Vorsorge-grundsatz (→ RN 24 f.), indem sie zum einen Grenzwerte für bestimmte Emissionen festsetzt und zum anderen ein Sanierungskonzept für Altanlagen beinhaltet, das bestimmte Übergangsfristen vorsieht, in denen Altanlagen auf den geforderten Stand zu bringen sind. Überdies erlegt sie den Anlagenbetrei-bern bestimmte Pflichten hinsichtlich der Emissionsmessung und -überwa-chung auf.

b) Weitere öffentlich-rechtliche Vorschriften

31
→ § 6 I Nr. 2 BImSchG

Neben den Betreiberpflichten muß der Anlagenbetreiber noch **weitere öffent-lich-rechtliche Vorschriften** einhalten, um die Genehmigung für die Errich-tung und den Betrieb der genehmigungspflichtigen Anlage zu erhalten. Hier-unter fallen etwa Vorschriften des Naturschutz- und des Straßen- und Wege-rechts sowie – in erster Linie – Vorschriften des Bauplanungs- und Bauord-nungsrechts.

> **Beispiel:** Unternehmer U beantragt die immissionsschutzrechtliche Genehmi-gung für die Errichtung und den Betrieb einer genehmigungspflichtigen Anla-ge. Diese hält zwar sämtliche relevanten Grenzwerte der TA Luft und TA Lärm ein und verfügt über die neueste Umwelttechnologie. Jedoch liegt das Grund-stück, auf dem U die Anlage errichten will, im Gebiet eines Bebauungsplans der Gemeinde G, der das Gebiet als Mischgebiet ausweist, das keine Anlagen dieser Größenordnung zuläßt. Überdies möchte U laut den eingereichten Plan-unterlagen bis auf die Grundstücksgrenze bauen. Die zuständige Behörde darf dem U die Genehmigung nicht erteilen, obwohl sämtliche immissionsschutz-rechtlichen Genehmigungsvoraussetzungen erfüllt sind. Das Vorhaben würde nämlich „andere öffentlich-rechtliche Vorschriften" verletzen, so die Festset-zungen des Bebauungsplanes der Gemeide G (bauplanungsrechtliche Vor-schriften) und die bauordnungsrechtlichen Vorschriften über die seitlichen Ab-standsflächen, den sog. Bauwich.

3. Genehmigungsverfahren

Das Bundes-Immissionsschutzgesetz sieht grundsätzlich zwei unterschiedliche Genehmigungsverfahren vor, nämlich das

32
→ §§ 10, 19
BImSchG

- förmliche Genehmigungsverfahren sowie das
- vereinfachte Genehmigungsverfahren.

Welches dieser beiden Verfahren jeweils anzuwenden ist, ergibt sich aus der **4. BImSchV**. Diese zählt nicht nur – in ihrem Anhang – abschließend sämtliche Anlagen auf, die überhaupt einer Genehmigungspflicht unterworfen sind (→ RN 17), sondern bestimmt auch, ob eine Anlage nach dem förmlichen (Spalte 1) oder dem vereinfachten Genehmigungsverfahren (Spalte 2) zu genehmigen ist. Ergänzend zu den Regelungen des Bundes-Immissionsschutzgesetzes trifft die Verordnung über das Genehmigungsverfahren (**9. BImSchV**) Detailregelungen.

a) **Förmliches Verfahren**

Antrag

Jedes Genehmigungsverfahren beginnt zwingend mit einem Antrag des Vorhabenträgers. Dem Antrag sind sämtliche Unterlagen, Zeichnungen, Erläuterungen etc. beizufügen, die die Behörde für die Prüfung, ob die Genehmigungsvoraussetzungen erfüllt sind, benötigt. Zum Schutz des Vorhabenträgers ist hiervon eine Ausnahme für den Fall vorgesehen, daß die Unterlagen Geschäfts- oder Betriebsgeheimnisse enthalten.

33
→ § 10 I, II
BImSchG

Beteiligung anderer Behörden

Sodann hat die Genehmigungsbehörde die Stellungnahmen der übrigen vom Antrag betroffenen Behörden einzuholen. Dieses Erfordernis ist im Zusammenhang mit § 6 Nr. 2 BImSchG zu sehen. Da Voraussetzung für die Genehmigungserteilung neben der Erfüllung der Betreiberpflichten (→ RN 19 ff.) und der Pflichten aus Rechtsverordnungen (→ RN 28 ff.) auch die Erfüllung anderer öffentlich-rechtlicher Vorschriften ist (→ RN 31) ist, muß das beantrage Vorhaben unter all diesen rechtlichen Gesichtspunkten geprüft werden. Die Immissionsschutzbehörde, die dem Antragsteller gegenüber als Genehmigungsbehörde auftritt, prüft aber nur die immissionsschutzrechtlichen Voraussetzungen der Anlage. Die Baubehörde hingegen prüft, ob das Vorhaben die relevanten baurechtlichen Vorschriften einhält. Die Naturschutzbehörde untersucht, ob die naturschutzrechtlichen Vorschriften eingehalten werden usw. Es können also eine Vielzahl unterschiedlicher Behörden mit dem Antrag befaßt sein. Nach Überprüfung des Antrags auf die Einhaltung der jeweils in ihrem Aufgabenbereich liegenden Vorschriften teilen die Fachbehörden ihre Ergeb-

34
→ § 10 V
BImSchG

nisse der Immissionsschutzbehörde mit. Nur diese erläßt dann eine Entscheidung an den Antragsteller, die sämtliche übrigen Entscheidungen mitumfaßt (sog. **Konzentrationsgrundsatz**, → RN 57 f.).

Bekanntmachung und Auslegung

35
→ § 10 III, IV
BImSchG

Parallel zur Beteilung anderer Behörden hat eine öffentliche Bekanntmachung des Vorhabens zu erfolgen. Hierzu bedient sich die Immissionsschutzbehörde ihres amtlichen Veröffentlichungsblattes sowie der örtlichen Tageszeitungen, die im Bereich des Standortes der Anlage verbreitet werden. Antrag und eingereichte Unterlagen sind danach einen Monat lang zur Einsicht auszulegen. Schon während der Auslegung sowie bis zum Ablauf von zwei weiteren Wochen danach können Einwendungen gegen das Vorhaben schriftlich erhoben werden. Im Gegensatz zur verwaltungsgerichtlichen Klage, die nur Personen aus der Nachbarschaft der Anlage erheben können, ist zur Erhebung von Einwendungen *jedermann* berechtigt, also z.B. auch nur vorübergehende Besucher oder Urlauber, die nur kurz im Einwirkungsbereich der Anlage verweilen. Diese Regelung trägt dem Grundsatz der Verfahrensöffentlichkeit (**Publizität des Genehmigungsverfahrens**) Rechnung, der neben dem Konzentrationsgrundsatz (→ RN 57) den zweiten Eckpfeiler des förmlichen Genehmigungsverfahrens darstellt. Durch weitestmögliche und frühzeitige Beteiligung der Öffentlichkeit am Genehmigungsverfahren verfolgt das Bundes-Immissionsschutzgesetz das Ziel, die Akzeptanz der Anlage in der Bevölkerung zu steigern. Auch soll sichergestellt werden, daß die Genehmigungsbehörde auf sämtliche entscheidungsrelevanten Gesichtspunkte aufmerksam gemacht wird.

Erörterungstermin

36
→ § 10 VI
BImSchG

Einem Interessenausgleich zwischen Bevölkerung und Vorhabenträger sowie der Ausräumung von Streitfragen dient der Erörterungstermin, bei dem die Immissionsschutzbehörde den Antragsteller und alle diejenigen, die rechtzeitig Einwendungen gegen das Vorhaben erhoben haben, quasi „an einen Tisch" zusammenbringt.

Präklusion

37

Formelle und materielle Präklusion. Zu diesem Erörterungstermin wird jedoch nur eingeladen, wer *rechtzeitig* Einwendungen gegen das Vorhaben erhoben hat. Hierzu hatten die Einwendungsführer bis zum Ablauf von zwei Wochen nach Auslegung des Antrags und der Unterlagen Zeit, wobei auf die Folgen der Fristversäumung hinzuweisen ist. Derjenige, dessen Einwendung also zu spät erhoben wurde, wird von der Teilnahme am weiteren Genehmigungsverfahren ausgeschlossen oder, anders ausgedrückt, präkludiert. Diese Präklusion beschränkt sich nicht allein auf die Teilnahme am weiteren Genehmigungsverfahren (sog. **formelle Präklusion**), sondern erstreckt sich auch auf das verwaltungsgerichtliche Verfahren (sog. **materielle Präklusion**), das gegebenenfalls auf das Genehmigungsverfahren folgt.

→ § 10 III 3 BImSchG

> **Beispiel:** Unternehmer U beantragt am 1.2. die Erteilung der immissionsschutzrechtlichen Genehmigung für die Errichtung und den Betrieb einer genehmigungspflichtigen Anlage. Die zuständige Behörde macht das Vorhaben ordnungsgemäß bekannt und legt den Antrag mit allen erforderlichen Unterlagen vom 1.3. bis 31.3. öffentlich aus. Nachbar N erhebt am 20.4. eine schriftliche Einwendung gegen das Vorhaben. In diesem Fall ist N zum Erörterungstermin nicht zu laden, weil er die Einwendungsfrist nicht eingehalten hat (**formelle Präklusion**). Diese endete zwei Wochen nach Ablauf der einmonatigen Auslegung, also am 14.4. Aber auch eine etwaige Anfechtungsklage des N gegen die Genehmigung wird keinen Erfolg haben. Da er die Einwendungsfrist versäumt hat, ist er auch von der Verfolgung seiner Rechte im Wege des verwaltungsgerichtlichen Individualrechtsschutzes ausgeschlossen (**materielle Präklusion**). Seine Klage ist unzulässig, da ihm die Klagebefugnis fehlt (→ Kap. 3/RN 46). Dies selbst dann, wenn die Klage ansonsten erfolgreich gewesen wäre, d.h. die dem U erteilte Genehmigung rechtswidrig gewesen wäre und den N in seinen Rechten verletzt hätte.

38

Wiedereinsetzung in den vorigen Stand. War ein Einwendungsführer jedoch ohne sein Verschulden an der Einhaltung der Frist gehindert, so kann er Wiedereinsetzung in den vorigen Stand verlangen.

39
→ § 32 VwVfG

Umfassende Prüfungspflicht der Genehmigungsbehörde. Der Ausschluß verspäteter Einwendungen vom Erörterungstermin (formelle Präklusion) hat allerdings nicht die Konsequenz, daß die Immissionsschutzbehörde den Aspekt, der in der verspäteten Einwendung angesprochen wird, bei der rechtlichen Beurteilung, ob die Anlage genehmigungsfähig ist oder nicht, etwa außer Acht lassen dürfte. Jeder rechtlich relevante Punkt ist von der Immissionsschutzbehörde zu prüfen, ganz egal ob sie auf diesen Punkt durch eine rechtzeitige oder eine verspätete Einwendung aufmerksam wurde. Die formelle Präklusion hat nur die Konsequenz, daß dieser Einwand nicht mit demjenigen, der ihn erhoben hat, im Erörterungstermin diskutiert wird.

40

b) Vereinfachtes Verfahren

Im vereinfachten Verfahren sind eine Reihe von Vorschriften des förmlichen Verfahrens nicht anwendbar, so z.B. die Vorschriften über die öffentliche Bekanntmachung und Auslegung des eingereichten Antrags und der Unterlagen oder über den Erörterungstermin. Das vereinfachte Verfahren ist demnach durch einen weitgehenden Ausschluß der Öffentlichkeit gekennzeichnet. Dies ist deshalb gerechtfertigt, weil die im vereinfachten Verfahren zu genehmigenden Anlagen regelmäßig ein weitaus geringeres Gefahrenpotential aufweisen als die im förmlichen Verfahren mit Öffentlichkeitsbeteiligung zu genehmigenden Anlagen. Konsequenterweise sind im vereinfachten Verfahren aber auch die Vorschriften über die formelle und materielle Präklusion nicht an-

41
→ § 19 BImSchG

wendbar. Ein betroffener Nachbar kann gegen die Genehmigung der Anlage klagen, ohne vorher rechtzeitig Einwendungen gegen das Vorhaben erheben zu müssen.

c) Genehmigungsfrist

42
→ § 10 VIa
BImSchG

Die Genehmigungsbehörde muß binnen sieben (im förmlichen Verfahren) bzw. drei Monaten (im vereinfachten Verfahren) über den Antrag entscheiden, wobei eine einmalige Fristverlängerung um weitere drei Monate ausnahmsweise zulässig ist. Überschreitet die Behörde die Frist, kann der Antragsteller Schadenersatz aus Amtshaftung (→ Kap. 15/RN 34 ff.) verlangen. Nicht jedoch führt die Fristüberschreitung zur automatischen Genehmigungserteilung.

d) Ablaufschema

43

Zur besseren Übersichtlichkeit soll abschließend der Ablauf des förmlichen Genehmigungsverfahrens in einem graphischen Schema dargestellt werden:

Antrag (§ 10 I, II BImSchG)

- Schriftlich an die Genehmigungsbehörde zu richten; i.d.R. Verwendung von Vordrucken (§ 5 der 9. BImSchV)
- Inhalt: §§ 3, 4-4e der 9. BImSchV
- Schutz von Geschäfts- und Betriebsgeheimnissen (§ 10 II BImSchG)

↓

Behördenbeteiligung (§ 10 V BImSchG)

- Wichtig wegen Konzentrationswirkung (→ RN 34, 57)
- Frist zur Abgabe von Stellungnahmen: ein Monat (§ 11 der 9. BImSchV)

↓

Bekanntmachung und Auslegung (§ 10 III BImSchG)

- Bekanntmachung in amtl. Veröffentlichungsblatt und in Tageszeitung; Inhalt: § 9 der 9. BImSchV
- Einmonatige Auslegung zur Einsicht
- Bis zwei Wochen nach Auslegungsende Einwendungen gegen Vorhaben für Jedermann möglich

---

↓

Erörterungstermin (§ 10 VI der 9. BImSchV)

- Nicht öffentlich (§ 18 I der 9. BImSchV)
- Teilnahmeberechtigt: Alle, die rechtzeitig Einwendungen erhoben haben
- Ablauf: § 18 der 9. BImSchV; Leitung durch Vertreter der Genehmigungsbehörde
- Niederschrift (§ 19 der 9. BImSchV)

↓

Behördliche Entscheidung/Genehmigung (§ 10 VII BImSchG)

- Schriftform; Inhalt: § 21 der 9. BImSchV
- Zustellung an Antragsteller und Einwender, öffentliche Bekanntmachung möglich (§ 21a der 9. BImSchV)
- Frist: Sieben Monate seit Antragstellung; einmalige Verlängerung um drei Monate ausnahmsweise möglich (§ 10 VIa BImSchG)

---

e) Verfahrensstufung

In beiden Arten des Genehmigungsverfahrens ist eine Stufung des Verfahrens, d.h. ein Splitting in mehrere Abschnitte, möglich. Hierfür sieht das Bundes-Immissionsschutzgesetz die Möglichkeit einer Teilgenehmigung und eines Vorbescheides vor.

44

Teilgenehmigung

Zweck. Unter gewissen Voraussetzungen kann auf Antrag des Vorhabenträgers eine Teilgenehmigung erteilt werden. Dabei muß eine **vorläufige Prüfung** ergeben, daß die Genehmigungsvoraussetzungen hinsichtlich der Errichtung und des Betriebs der **gesamten Anlage** erfüllt werden und der Antragsteller ein berechtigtes Interesse an der Erteilung der Teilgenehmigung hat. Ein solches Interesse liegt regelmäßig auf der Hand: Großanlagen, deren Errichtung sich über längere Zeit erstreckt, können so stufenweise genehmigt werden, was den Betrieb insgesamt rentabler macht. Der Anlagenbetreiber verliert keine Zeit und muß nicht jahrelang untätig auf die Genehmigung seiner Gesamtanlage warten.

45
→ § 8
BImSchG

Wirkung. Wird dem Antragsteller die Teilgenehmigung erteilt, so darf er mit dem genehmigten Teil seines Vorhabens beginnen. Da die Genehmigungsbehörde die Teilgenehmigung aufgrund einer vorläufigen Gesamtbeurteilung – also bezogen auf die gesamte Anlage, nicht nur den in der Teilgenehmigung genehmigten Teil der Anlage – erteilt hat, ist sie bei der späteren Entscheidung über den noch nicht genehmigten Rest der Anlage an diese positive Einschätzung gebunden. Sinn und Zweck der Teilgenehmigung ist es zu verhindern, daß über denselben Punkt mehrfach und möglicherweise widersprüchlich entschieden wird. Von dieser Bindungswirkung wird nur eine Ausnahme zugelassen. Sie entfällt, soweit nach der Erteilung der Teilgenehmigung eine Änderung der Sach- oder Rechtslage eingetreten ist oder sonstige Einzelprüfungen im Rahmen späterer Teilgenehmigungen zu einer von der vorläufigen Gesamtbeurteilung abweichenden Beurteilung führen.

46

Vorbescheid

Zweck. Der Vorhabenträger kann beantragen, daß über einzelne Genehmigungsvoraussetzungen sowie den Standort der Anlage vorab entschieden wird. Voraussetzung ist, daß die Behörde schon jetzt die Auswirkungen der

47
→ § 9
BImSchG

geplanten Anlage ausreichend beurteilen kann und ein berechtigtes Interesse an der Erteilung des Vorbescheids besteht. Auch hier liegt das Interesse des Antragstellers klar auf der Hand: der Vorhabenträger kann sich unnütze, langwierige und vor allem kostspielige Detailplanungen ersparen, wenn die Anlage beispielsweise schon aufgrund der erheblichen Vorbelastung des auserkorenen Standorts nicht genehmigt werden dürfte. Hierüber soll er sich vorab Gewißheit verschaffen können.

48

Wirkung. Im Gegensatz zur Teilgenehmigung (→ RN 45 f.) beinhaltet der Vorbescheid keine echte Genehmigung, d.h. der Vorhabenträger ist nicht durch den Vorbescheid berechtigt, mit der Errichtung des im Vorbescheid bezeichneten Anlagenteils zu beginnen. Im späteren Genehmigungsverfahren ist jedoch die Genehmigungsbehörde an die im Vorbescheid getroffenen Feststellungen gebunden.

Zulassung vorzeitigen Beginns

49
→ § 8a
BImSchG

Im Falle einer positiven Prognose kann auch noch *vor* der eigentlichen Entscheidung über die Zulässigkeit der Anlage ihre vorzeitige Errichtung bzw. (im Falle einer Änderungsgenehmigung, → RN 62 f.) ihre vorzeitige Inbetriebnahme genehmigt werden. Hieran muß ein öffentliches oder berechtigtes Interesse des Vorhabenträgers bestehen. Außerdem dürfen keine irreversiblen Maßnahmen gestattet werden.

4. Inhalt, Wirkung und Erlöschen der Genehmigung

a) Inhalt
Sachkonzession

50

Die immissionsschutzrechtliche Genehmigung, die ebenso wie die Teilgenehmigung und der Vorbescheid einen Verwaltungsakt (→ Kap. 3/RN 30) darstellt, ist eine reine Sachgenehmigung (Sachkonzession). Bei der Frage, ob dem Antragsteller die Genehmigung zu erteilen ist, darf die Immissionsschutzbehörde allein auf anlagenbezogene Aspekte abstellen. Anders als etwa im Gaststättenrecht oder im Atomrecht kommt es somit auf persönliche Merkmale des Antragstellers nicht an.

> **Beispiel:** Ist der Vorhabenträger Alkoholiker oder wegen Steuerdelikten vorbestraft, berechtigt dies die Immissionsschutzbehörde nicht dazu, die Genehmigung aus diesen Gründen zu versagen.

Dies bedeutet aber zugleich, daß auch ein Wechsel des Anlagenbetreibers ohne Einfluß auf die immissionsschutzrechtliche Genehmigung bleibt.

Nebenbestimmungen

Das Gesetz gibt der Genehmigungsbehörde die Möglichkeit, die Genehmigung mit Nebenbestimmungen zu versehen. Man unterscheidet vier Arten von Nebenbestimmungen, nämlich

51
→ § 12
BImSchG

- Bedingung
- Auflage
- Befristung sowie
- Widerrufsvorbehalt.

Allen Nebenbestimmungen ist gemeinsam, daß die Genehmigungsbehörde sie nur verwenden darf, um die Genehmigungsvoraussetzungen sicherzustellen. Nebenbestimmungen, mit denen ein anderer Zweck verfolgt wird, sind unzulässig.

> **Beispiel:** Eine Auflage, in der die Genehmigungsbehörde dem Vorhabenträger aufgibt, auf seinem Betriebsgelände eine bestimmte Anzahl von Bäumen und Büschen zu pflanzen, um das äußere Erscheinungsbild der Anlage zu verbessern, ist unzulässig und wäre auf Klage des Vorhabenträgers aufzuheben.

Nebenbestimmungen geben der Behörde die Möglichkeit, flexibel zu reagieren. Anstatt eine Genehmigung wegen Nichterfüllung der Genehmigungsvoraussetzungen zu verweigern, was nur unnötig Zeit und Geld kostet (der Vorhabenträger könnte nach Berücksichtigung der Punkte, die zur Ablehnung führten, einen neuen Antrag stellen und das gesamte Genehmigungsverfahren müßte von neuem durchlaufen werden), kann die Behörde die Genehmigung mit Nebenbestimmungen erlassen und auf diese Weise sicherstellen, daß die Anlage „sauber" ist.

Bedingung. Man unterscheidet die aufschiebende und die auflösende Bedingung. Beide verbinden die Wirksamkeit der Genehmigung mit dem Eintritt eines künftigen, ungewissen Ereignisses.

52
→ § 36 II Nr.
2 VwVfG

> **Beispiel:** Dem Antragsteller wird die Genehmigung unter der Bedingung erteilt, daß er zur Emissionsverringerung einen bestimmten neuartigen Filter einbaut (aufschiebende Bedingung). Dem Antragsteller wird die Genehmigung unter der Bedingung erteilt, daß die von seiner Anlage ausgehenden Emissionen einen bestimmten Wert nicht überschreiten (auflösende Bedingung).

Auflage. Mit der Auflage wird dem Anlagenbetreiber ein selbständiges Tun, Dulden oder Unterlassen auferlegt.

53
→ § 36 II Nr. 4
VwVfG

> **Beispiel:** Dem Antragsteller wird die Genehmigung mit der Auflage erteilt, einen bestimmten neuartigen Filter einzubauen.

Von der Bedingung unterscheidet sich die Auflage dadurch, daß der Eintritt der (aufschiebenden) Bedingung erst die Wirksamkeit der Genehmigung herbeiführt, während im Falle der Auflage die Genehmigung bereits wirksam ist und nur eine zusätzliche Handlungsverpflichtung enthält.

54

> Für das obige **Beispiel** (RN 53) bedeutet dies: Hat die Genehmigungsbehörde für die Verpflichtung, einen Filter einzubauen, die Bedingung gewählt, so darf der Vorhabenträger erst mit dem Betrieb seiner Anlage beginnen, wenn der Filter eingebaut ist. Handelt es sich stattdessen um eine Auflage, so darf er seine Anlage zunächst auch ohne Filter betreiben, da die Genehmigung von Anfang an wirksam war.

55
→ § 36 II Nr. 1
VwVfG

Befristung. Eine Befristung führt die Unwirksamkeit einer Genehmigung zu einem bestimmten Zeitpunkt herbei, und zwar unabhängig von irgendwelchen Handlungen des Anlagenbetreibers oder der Behörde.

> **Beispiel:** Dem Antragsteller wird eine bis zum 31.7.1999 befristete Genehmigung erteilt.

56
→ § 36 II Nr. 3
VwVfG

Widerrufsvorbehalt. Ein Widerrufsvorbehalt ist nur bei Erprobungsanlagen sowie bei einer Teilgenehmigung möglich.

> **Beispiel:** Dem Antragsteller wird die Genehmigung für eine Anlage zur Erprobung eines neuartigen Produktionsverfahrens unter dem Vorbehalt erteilt, daß die Genehmigung widerrufen wird, sobald der Betrieb der Anlage genügend Erkenntnisse über dieses neue Produktionsverfahren erbracht hat.

b) Wirkung

57

Der Genehmigungsbescheid beinhaltet ähnlich wie der Planfeststellungsbeschluß (→ Kap. 3/RN 36 ff.) eine

- Konzentrationswirkung (→ Kap. 3/RN 38) und eine
- Duldungs- und Ausschlußwirkung (→ Kap. 3/RN 38).

58
→ § 13
BImSchG

Von den **Ausnahmen** der Konzentrationswirkung kommt vor allem dem gemeindlichen Einvernehmen große praktische Bedeutung zu. Hierunter ist die Zustimmung der Gemeinde zu verstehen, die für die *baurechtliche* Zulässigkeit bestimmter baulicher Vorhaben erforderlich ist (vgl. § 36 BauGB). Da das gemeindliche Einvernehmen nicht von der Konzentrationswirkung der immissionsschutzrechtlichen Anlagengenehmigung umfaßt wird, ist eine solche, wenn sie ohne das erforderliche Einvernehmen der Standortgemeinde erteilt wurde, rechtswidrig und auf Anfechtungsklage (→ Kap. 3/RN 44) der Gemeinde hin aufzuheben.

59
→ § 14
BImSchG

Die Duldungs- und Ausschlußwirkung der Genehmigung entfällt im übrigen im vereinfachten Verfahren (→ RN 41 f.), da dort keine Öffentlichkeitsbeteilung stattfindet, der Nachbar also auch nicht über die Anlagenplanung informiert wird und keine Einwendungen erheben kann.

Nicht ausgeschlossen werden darüber hinaus allgemein Ansprüche eines Nachbarn, die auf besonderen privatrechtlichen Titeln beruhen. Hierunter sind etwa vertragliche Ansprüche oder dingliche Ansprüche des Nachbarn am Betriebsgrundstück (Eigentum, Nießbrauch, Dienstbarkeit) zu verstehen.

60

> **Beispiel:** Unternehmer U hat das Grundstück, auf dem er seine genehmigungspflichtige, nach dem förmlichen Verfahren genehmigte Anlage errichtet hat, von Nachbar N gekauft. N erklärte sich mit dem Verkauf nur einverstanden, falls U einen bestimmten (von der TA Lärm völlig unabhängigen) Lärmwert nicht überschreitet. Diese Klausel wurde auch in den Grundstückskaufvertrag aufgenommen. Da U den vereinbarten Wert nach Errichtung der Anlage mehrfach überschreitet, klagt N vor dem Zivilgericht gegen U auf Unterlassung. Der Klage steht § 14 S. 1 BImSchG nicht entgegen, weil der Abwehranspruch des N nicht auf einfachen privatrechtlichen Normen (z.B. § 1004 BGB, → Kap. 18/RN 3 ff.) beruht, sondern auf einem besonderen privatrechtlichen Titel, nämlich der Kaufvertragsurkunde. Eine immissionsschutzrechtliche Genehmigung soll und kann nicht die zwischen Privatpersonen bestehenden vertraglichen Beziehungen abändern.

c) Erlöschen

Die Genehmigung erlischt wenn

61

→ § 18
BImSchG

- innerhalb einer von der Genehmigungsbehörde gesetzten angemessenen Frist nach Erteilung der Genehmigung nicht mit der Errichtung oder dem Betrieb der Anlage begonnen wird
- eine Anlage während eines Zeitraumes von mehr als drei Jahren nicht betrieben wird oder
- das Genehmigungserfordernis aufgehoben wird, die Anlage also im Wege der Gesetzesänderung aus dem Katalog der genehmigungspflichtigen Anlagen (→ RN 17) herausfällt.

5. Entscheidungen nach Genehmigungserteilung

a) Änderungsgenehmigung

Nimmt der Anlagenbetreiber nach Inbetriebnahme bauliche oder technische Veränderungen an seiner Anlage vor (z.B. Betriebserweiterungen oder Umstellungen im Produktionsprozeß), so bedarf er hierfür einer Änderungsgenehmigung, wenn die geplante Änderung Auswirkungen auf die Schutzgüter des Bundes-Immissionsschutzgesetzes (→ RN 3) hervorzurufen droht, die die vorhandene Situation nachteilig verändern können (sog. nachteilige Auswirkungen). Das Genehmigungsverfahren und die materiellen Genehmigungsvoraussetzungen sind dieselben wie bei einer erstmaligen Anlagengenehmigung (→ RN 18 ff.; 32 ff.). Handelt es sich um die Änderung einer im

62

→ § 16
BImSchG

63
→ § 15
BImSchG

vereinfachten Verfahren (→ RN 41 f.) zugelassenen Anlage, dann wird auch die Änderungsgenehmigung im vereinfachten Verfahren erteilt.

Ist die geplante Anlagenänderung nicht von solcher Tragweite, dann genügt eine bloße **Anzeige** seitens des Anlagenbetreibers an die Genehmigungsbehörde unter Beifügung aller relevanten Unterlagen. Ist sich der Anlagenbetreiber über die Auswirkungen der geplanten Änderung nicht im klaren und weiß er deshalb nicht, ob eine Anzeige ausreicht oder doch eine Änderungsgenehmigung erforderlich ist, dann kann er anstelle der Anzeige gleich einen Antrag auf Änderungsgenehmigung stellen. Den Zugewinn an Rechtssicherheit bezahlt er in diesem Fall mit einer längeren Verfahrensdauer, doch kann er diese ggf. im Wege der Zulassung vorzeitigen Beginns (→ RN 49) abfedern.

Änderungsgenehmigungen machen in der Praxis knapp 70% aller immissionsschutzrechtlichen Genehmigungsverfahren aus.

b) Nachträgliche Anordnungen

64
→ § 17 I
BImSchG

Die immissionsschutzrechtliche Genehmigung vermittelt dem Anlagenbetreiber nur einen **eingeschränkten Bestandsschutz**. Dies bedeutet, er kann nicht darauf vertrauen, daß ihm diese Genehmigung mit diesem Inhalt auf Jahr und Tag erhalten bleibt. Die Betreiberpflichten (→ RN 19 ff.) sind vielmehr als sog. **dynamische Pflichten** zu verstehen, d.h. der Anlagenbetreiber hat diese Pflichten nicht nur in seinen eingereichten Unterlagen zum Zwecke der Genehmigungserteilung zu erfüllen, sondern muß sie insbesondere in der Betriebsphase, also nach Erteilung der Genehmigung, beachten.

Da sich die Grundpflichten inhaltlich auch verändern können (es werden beispielsweise die Grenzwerte der TA Luft verschärft, wodurch der Inhalt der Schutzpflicht [→ RN 20] sich ändert), muß der Anlagenbetreiber den Betrieb seiner Anlage diesen veränderten Rahmenbedingungen anpassen. Um diesen Anpassungsprozeß sicherzustellen, gibt das Bundes-Immissionsschutzgesetz der Immissionsschutzbehörde das Instrument der nachträglichen Anordnung an die Hand.

Vorsorge- und Gefahrenanordnung

65

Gesetzliche Regelung. Die Immissionsschutzbehörde *kann* eine sog. nachträgliche Vorsorgeanordnung erlassen, wenn der Anlagenbetreiber die Pflichten des Bundes-Immissionsschutzgesetzes oder einer auf dessen Grundlage erlassenen Verordnung (→ RN 28 ff.) nicht erfüllt. Die Behörde hat insoweit ein Ermessen (→ Kap. 3/RN 22 f.), d.h. sie ist nicht zum Einschreiten gezwungen, sondern kann die Umstände, die für und gegen eine nachträgliche Anordnung sprechen, gegeneinander abwägen. Die Immissionsschutzbehörde *soll* dagegen eine sog. nachträgliche Gefahrenanordnung erlassen, wenn festgestellt wird, daß die Allgemeinheit oder die Nachbarschaft nicht ausreichend vor schädlichen Umwelteinwirkungen oder sonstigen Gefahren, erheblichen Nachteilen oder erheblichen Belästigungen geschützt wird.

> **Beispiel:** Eine genehmigte Anlage hält einen Grenzwert der TA Luft nicht ein, sei es, weil die TA Luft mittlerweile verschärft wurde, sei es, weil die Anlage mittlerweile ihren Betrieb hochgefahren hat und daher mehr Schadstoffe emittiert als im Genehmigungsverfahren zugrunde gelegt wurde, und hierduch tritt eine Gefährdung der Umwelt, insbesondere der Nachbarschaft ein.

Inhalt. Mit der nachträglichen Anordnung kann die Behörde dem Anlagenbetreiber Weisungen bzgl. der Beschaffenheit der Anlage (z. B. Nachrüstung eines Filters), bzgl. der Art und Weise des Anlagenbetriebs (z. B. Verwendung bestimmter Brennstoffe) sowie bzgl. sonstiger Maßnahmen erteilen, die der Erfüllung der Betreiberpflichten dienen. Die Behörde kann sich darauf beschränken, lediglich das Ziel der Maßnahme anzugeben (z. B. die Verringerung der Schadstoffemissionen auf einen bestimmten Wert). Sie kann aber auch ganz konkrete Maßnahmen anordnen (z. B. den Einbau eines ganz bestimmten Filters mit einer ganz bestimmten Filterleistung an einem ganz bestimmten Punkt im Produktionsablauf).

66

Nachbarschützende Wirkung. Da die Vorschrift des § 17 I 2 BImSchG den Schutz der Nachbarschaft bezweckt (sog. drittschützendes Recht, → Kap. 3/RN 29), kann ein Nachbar vor dem Verwaltungsgericht eine Verpflichtungsklage (→ Kap. 3/RN 44) auf Erlaß einer nachträglichen Anordnung erheben. Die hierzu erforderliche Klagebefugnis ergibt sich aus § 17 I 2 BImSchG selbst.

67

Verhältnismäßigkeit

Die Immissionsschutzbehörde darf hingegen nachträgliche Anordnungen nicht treffen, wenn sie unverhältnismäßig sind. Bei der Prüfung, ob eine Maßnahme verhältnismäßig *im weiteren Sinn* ist, sind drei Einzelfragen zu untersuchen, nämlich die Geeignetheit, die Erforderlichkeit und die Verhältnismäßigkeit *im engeren Sinn* (→ Kap. 3/RN 30). In der Praxis spielt hierbei die wirtschaftliche Vertretbarkeit der Maßnahme und damit die wirtschaftliche Situation des Anlagenbetreibers eine gewichtige Rolle.

68
→ § 17 II BImSchG

Kompensation

Die erst 1990 in das Gesetz aufgenommene Kompensationsvorschrift ermöglicht die Berücksichtigung marktwirtschaftlicher Aspekte in der Luftreinhaltepolitik (→ Kap. 6/RN 38 f.).

69
→ § 17 IIIa BImSchG

> **Beispiel:** Die Unternehmer U und X betreiben beide genehmigungspflichtige Anlagen in derselben Branche etwa 50 Kilometer voneinander entfernt. Die Anlage des U ist recht alt und verfügt über unzureichende Filteranlagen, weshalb die zuständige Behörde schon mit U in Kontakt getreten ist, um mit ihm den Inhalt einer baldigen nachträglichen Anordnung zu besprechen. U hat

> jedoch mit X verhandelt und mit ihm folgendes vereinbart: Da die Anlage des X moderner ist und daher deutlich kostengünstiger nachgerüstet werden kann als die Anlage des U, läßt X seine Anlage auf Kosten des U mit der derzeit effektivsten Luftreinhaltetechnologie ausstatten. Hierdurch wird eine Emissionsverringerung bewirkt, die diejenige, die nach der geplanten nachträglichen Anordnung für die Anlage des U bewirkt würde, deutlich übertrifft. Die Immissionsschutzbehörde hat in diesem Fall von dem Erlaß der nachträglichen Anordnung an U abzusehen, da U seine Emissionen durch die weitergehenden Maßnahmen zur Emissionsverringerung an der Anlage des X ausgleichen (kompensieren) kann. Per Saldo verbessert sich dadurch die Emissionssituation, und U kann seine Kosten niedrig halten.

Das Gesetz stellt klar, daß eine solche Kompensationsvereinbarung nur zwischen denselben oder in der Wirkung auf die Umwelt vergleichbaren Stoffen zulässig ist.

Praktische Erfahrungen mit dieser neuen Vorschrift liegen noch nicht in aussagekräftigem Umfang vor, weshalb ihr Nutzen für die Umwelt derzeit noch nicht beurteilt werden kann.

c) Untersagung, Stillegung und Beseitigung

Untersagung

70
→ § 20 I
BImSchG

Die Immissionsschutzbehörde kann dem Anlagenbetreiber den Betrieb der Anlage untersagen, wenn er einer Auflage (→ RN 53), einer nachträglichen Anordnung (→ RN 64 ff.) oder einer abschließend bestimmten Pflicht aus einer Rechtsverordnung (→ RN 28 ff.) nicht nachkommt. Hinsichtlich der Nichterfüllung einer Auflage war diese Regelung notwendig, weil – im Gegensatz zur Bedingung – die Genehmigung unter einer Auflage von Anfang an voll wirksam ist und der Anlagenbetreiber auch ohne Erfüllung der Auflage mit dem Betrieb der Anlage beginnen kann (→ RN 53).

Stillegung und Beseitigung

71
→ § 20 II
BImSchG

Stillegung. Wird eine Anlage ohne die erforderliche Genehmigung errichtet, betrieben oder wesentlich geändert, so kann die Immissionsschutzbehörde anordnen, daß die Anlage einstweilen stillzulegen ist. Diese Regelung ist notwendig, um insbesondere die Nachbarschaft vor schädlichen Umwelteinwirkungen zu schützen. Solange noch nicht im Zuge eines Genehmigungsverfahrens überprüft wurde, ob die Anlage z.B. die Grenzwerte der TA Luft einhält, muß die Anlage vorsichtshalber stillgelegt werden. Dem Schutz der Nachbarschaft gebührt insofern der Vorrang vor den Interessen des Anlagenbetreibers. Während im Falle der Untersagung der Anlagenbetreiber lediglich den Betrieb (meist vorübergehend) einstellt, ist die Stillegung grundsätzlich nicht nur vorübergehender Natur. Zumeist sind mit der Stillegung technische Maßnahmen verbunden.

Beseitigung. Neben der bloßen Stillegung kann auch die Beseitigung der Anlage angeordnet werden. Die Entscheidung hierüber liegt im Ermessen (→ Kap. 3/RN 22 ff.) der Behörde. Reicht die Stillegung zur Abwehr von Gefahren aus, ist die Anordnung der Beseitigung ermessensfehlerhaft. Die Behörde *hat* dagegen die Beseitigung anzuordnen, wenn die Allgemeinheit oder die Nachbarschaft nicht auf andere Weise ausreichend geschützt werden kann.

72
→ § 20 II BImSchG

d) Widerruf und Rücknahme der Genehmigung

Das Bundes-Immissionsschutzgesetz regelt abschließend die Voraussetzungen, unter denen eine **rechtmäßige** Genehmigung widerrufen werden kann.

73
→ § 21 BImSchG

> **Beispiel:** Die Genehmigung war mit der Auflage verbunden erteilt worden, binnen einer bestimmten Zeit auf ein bestimmtes Produktionsverfahren umzustellen oder bis zu einem bestimmten Zeitpunkt einen bestimmten Filter einzubauen. Der Anlagenbetreiber erfüllt die Auflage jedoch nicht.

Unter bestimmten Voraussetzungen ist dem Anlagenbetreiber eine Entschädigung zu zahlen.

Daneben kann die Behörde eine **rechtswidrige** Genehmigung stets gemäß § 48 VwVfG (lesen!) zurücknehmen. Auch hier kann eine Entschädigung in Betracht kommen.

6. Rechtsschutz

Von der Erteilung (bzw. der Verweigerung der Erteilung) einer immissionsschutzrechtlichen Genehmigung können stets mehrere Personen betroffen sein: der Vorhabenträger, der natürlich die Genehmigung erhalten möchte, sowie Dritte (z.B. Nachbarn), die es lieber sehen würden, wenn ihre Umgebung frei von Industrieanlagen bliebe. Auch bei Maßnahmen, die nach Genehmigungserteilung erfolgen, sind diese Personengruppen betroffen: ein Nachbar etwa wird von der Immissionsschutzbehörde den Erlaß einer nachträglichen Anordnung verlangen, wenn die Anlage in seiner Umgebung zu sehr die Umwelt verschmutzt, während der Anlagenbetreiber möglichst ohne Beeinträchtigung durch die Behörde seine Anlage weiter betreiben möchte.

74

Im Bereich der immissionsschutzrechtlichen Streitigkeiten interessiert neben dem zivilrechtlichen (→ Kap. 16/RN 12 ff.) in erster Linie der **verwaltungsgerichtliche Rechtsschutz** (→ Kap. 3/RN 41 ff.).

Dem *Antragsteller*, dem eine Genehmigung verwehrt wird, steht die Verpflichtungsklage (→ Kap. 3/RN 44) zu. Der *Nachbar*, der sich gegen die einem anderen erteilte Genehmigung wenden will, kann – sofern er durch die Genehmigung in einer drittschützenden Norm verletzt wird (→ Kap. 3/RN 29) – Anfechtungsklage erheben. In beiden Fällen muß zuvor das Widerspruchsverfahren (→ Kap. 3/RN 45) durchgeführt werden, wobei die Klage erhoben werden darf, wenn die Behörde nicht binnen drei Monaten nach Einlegung des Widerspruchs über diesen entschieden hat. Besonderheiten ergeben sich, wenn der Anlagenbetreiber nicht gegen die Genehmigung selbst, sondern gegen eine *Nebenbestimmung* (→ RN 51 ff.) vorgehen will bzw. der Nachbar eine solche begehrt. Die Darstellung dieser Feinheiten würde jedoch den Rahmen einer „Einführung" sprengen.

7. Ausblick: Anlagenzulassung nach der IVU-Richtlinie der EU

75 Im September 1996 erließ die EU die Richtlinie über die integrierte Vermeidung und Verminderung der Umweltverschmutzung (**IVU-Richtlinie** bzw., nach der englischen Bezeichnung „integrated pollution prevention and control", **IPPC**-Richtlinie genannt). Die Richtlinie beschäftigt sich mit der Zulassung von schadstoffemittierenden Industrieanlagen und verfolgt einen *medienübergreifenden, integrativen* Ansatz: Während bislang nur europarechtliche Regelungen existierten, die sich auf den Schutz nur jeweils *eines* spezifischen Umweltmediums (Luft, Wasser, Boden) konzentrierten, sieht die IVU-Richtlinie vor, daß die Auswirkungen einer Anlage auf *alle* betroffenen Umweltmedien ermittelt und der behördlichen Entscheidung über die Genehmigung der Anlage bzw. über nachträgliche Anordnungen zugrunde gelegt werden.

Obwohl die Bundesrepublik Deutschland als Mitgliedstaat der EU verpflichtet ist, die IVU-Richtlinie in nationales Recht umzusetzen (→ Kap. 4/RN 16), sind keine größeren Änderungen des Bundes-Immissionsschutzgesetzes zu erwarten. In wesentlichen Eckpunkten herrscht nämlich bereits jetzt weitgehende Übereinstimmung zwischen der Richtlinie und dem nationalen Recht:

• Der Kreis der betreffenden Anlagen ist in einem Anhang zur IVU-Richtlinie niedergelegt, der dem Anhang zur 4. BImSchV vergleichbar ist (→ RN 17).
• Die IVU-Richtlinie sieht einen Katalog von Genehmigungsvoraussetzungen vor (Art. 3, 8, 9 IVU-RL), der im wesentlichen denen des Bundes-Immissionsschutzgesetzes entspricht (→ RN 18 ff.).
• Dem medienübergreifenden Ansatz der IVU-Richtlinie, wonach im Genehmigungsverfahren sämtliche Auswirkungen der Anlage auf die Umweltmedien Luft, Wasser und Boden ermittelt werden sollen (vgl. Art. 7 IVU-RL), trägt das Bundes-Immissionsschutzgesetz bereits dadurch Rechnung, daß neben den genuin immissionsschutzrechtlichen Genehmigungsvoraussetzungen (→ RN 19 ff.) auch sonstige öffentlich-rechtliche Anforderungen aus anderen Herkunftsbereichen wie Baurecht, Wasserrecht, Naturschutzrecht etc. einzuhalten sind (→ RN 31).
• Ebenso wie Art. 9 IV IVU-RL sieht auch das Bundes-Immissionsschutzgesetz im Prinzip als Genehmigungsvoraussetzung die Einhaltung von Emissionsgrenzwerten im Wege des Einsatzes der besten verfügbaren Technik vor (→ RN 13, 24).
• In Übereinstimmung mit Art. 12 IVU-RL darf bereits nach geltendem nationalen Recht eine wesentliche Änderung einer bestehenden Anlage nur nach vorheriger behördlicher Genehmigung vorgenommen werden; nur bei geringfügigeren Ände-

rungen reicht eine Anzeige seitens des Anlagenbetreibers an die Behörde aus (→ RN 63).

- Gemäß Art. 8 IVU-RL darf die beantragte Genehmigung nur versagt werden, wenn die Anlage nicht den Anforderungen der Richtlinie (d.h. den Genehmigungsvoraussetzungen) entspricht; ein Ermessen (→ Kap. 3/RN 22) kommt der Genehmigungsbehörde nicht zu. Auch das Bundes-Immissionsschutzgesetz sieht einen Anspruch des Antagstellers auf Genehmigungserteilung vor (→ RN 18).

III.   Nichtgenehmigungsbedürftige Anlagen

Die §§ 22 bis 25 BImSchG regeln die Errichtung und den Betrieb derjenigen Anlagen, die nicht im Anhang zur 4. BImSchV aufgeführt und daher nicht einer Genehmigungspflicht nach dem Immissionsschutzrecht unterworfen sind (→ RN 18). Dies schließt jedoch nicht aus, daß für diese Anlagen eine Genehmigungspflicht aufgrund anderer Rechtsvorschriften existiert.

76
→ §§ 22-25
BImSchG

> **Beispiel:** Eine Anlage zur Herstellung von Beton, Mörtel oder Straßenbaustoffen mit einer Leistung von weniger als 100 Kubikmetern je Stunde ist *nicht nach dem Bundes-Immissionsschutzgesetz* genehmigungspflichtig (§ 4 I BImSchG i.V.m. § 1 I, Nr. 2.13 des Anhangs zur 4. BImSchV). Allerdings ist für die Errichtung dieser Anlage eine *Baugenehmigung* nach der jeweils geltenden Landesbauordnung erforderlich. Die – nach Landesrecht – zuständige Baugenehmigungsbehörde hat hierbei auch zu prüfen, ob die Anlage den Anforderungen des § 22 I BImSchG genügt.

1.   Grundpflichten des Betreibers

a) Gesetzliche Regelung

Das Bundes-Immissionsschutzgesetz richtet an den Betreiber nicht genehmigungsbedürftiger Anlagen drei Gebote, nämlich das

77

- Verhinderungsgebot, das
- Minimierungsgebot und das
- Abfallbeseitigungsgebot.

→ § 22
BImSchG

Nach dem Stand der Technik **vermeidbare** schädliche Umwelteinwirkungen sollen **verhindert, unvermeidbare** Einwirkungen wenigstens auf ein Mindestmaß beschränkt (**minimiert**) werden.

Auffallend ist, daß diese Grundpflichten im Vergleich zu den Pflichten, die das Bundes-Immissionsschutzgesetz den Betreibern von genehmigungspflichtigen Anlagen auferlegt, weniger umfassend sind. Dies zeigt ein Vergleich der jeweiligen Vorschriften (§§ 5 und 22 BImSchG). Auch fehlt eine Regelung, die den Betreiber verpflichtet, nach dem Stand der Technik Vorsorge gegen schädliche Umwelteinwirkungen zu treffen. Allerdings sind weitergehende, insbesondere landesrechtliche Regelungen zulässig.

b) Konkretisierung durch Rechtsverordnungen

78

→ § 23
BImSchG

Durch Rechtsverordnung können konkrete Anforderungen an die Errichtung, die Beschaffenheit und den Betrieb nicht genehmigungsbedürftiger Anlagen gestellt werden. Diese Rechtsverordnungen können die Grundpflichten entweder nur konkretisieren oder aber auch über diese hinausgehen.

Aufgrund der Ermächtigung des § 23 I BImSchG sind bislang u.a. ergangen:

- Kleinfeuerungsanlagen-Verordnung (1. BImSchV)
- Rasenmäherlärm-Verordnung (8. BImSchV)
- Sportanlagenlärmschutz-Verordnung (18. BImSchV).

Diese Verordnungen enthalten Immissionshöchstwerte, die von den jeweiligen Anlagenbetreibern einzuhalten sind. Die Kleinfeuerungsanlagen-Verordnung, die sich nur an einen begrenzten, in der Verordnung bestimmten Kreis von Anlagen richtet, schreibt überdies vor, welche Brennstoffe in diesen Anlagen ausschließlich verwendet werden dürfen.

78a

Auf die zunehmende öffentliche Diskussion über mögliche Gesundheitsgefahren durch elektromagnetische Felder, die von immissionsschutzrechtlich nicht genehmigungsbedürftigen Anlagen wie etwa Hochspannungsleitungen, Trafostationen oder Mobilfunksendern hervorgerufen werden, hat die Bundesregierung durch den Erlaß der **Verordnung über elektromagnetische Felder (26. BImSchV)** reagiert.

Aus technischer Sicht sind zwei Arten elektromagnetischer Felder zu unterscheiden: zum einen die *hochfrequenten* (ca. 30-300 kHz), die vor allem von Sendeanlagen, Radaranlagen, Mobilfunksendern und Handies erzeugt werden, und zum anderen die *niederfrequenten* (bis 30 GHz), für die Wechselstromanlagen (bspw. Stromleitungen, Umspannwerke und Trafostationen) verantwortlich zeichnen. Diese Felder erzeugen je unterschiedliche Wirkungen auf den Menschen: dringen hochfrequente elektromagnetische Felder in den menschlichen Körper ein, wird der absorbierte Energieanteil in Wärme umgewandelt (sog. **thermische Effekte**). Niederfrequente elektromagnetische Felder influenzieren die im menschlichen Körper naturgemäß bestehenden elektrischen Ladungsträger und erzeugen so elektrische Wirbelfelder, was Muskeln und Nerven reizen kann. Neben diesen wissenschaftlich fundierten Auswirkungen elektromagnetischer Felder wird eine Vielzahl bislang wissenschaftlich noch ungesicherter, also mutmaßlicher Effekte des sog. **Elektrosmogs** diskutiert (von Migräne über Erbschäden bis hin zu Tumoren, sog. **athermische Effekte**).

Bis Ende 1996 herrschte erhebliche Rechtsunsicherheit bei der rechtlichen Beurteilung dieser Effekte. Gerichte, die mit Streitigkeiten über derartige Anlagen befaßt waren, mußten mangels existierender gesetzlicher Regelungen auf Regelwerke privater Provenienz (etwa DIN VDE 0838 Teil 2) oder informale Stellungnahmen von Sachverständigen (etwa die Empfehlungen der vom Bundesumweltministerium eingerichteten Strahlenschutzkommission) zurückgreifen. Mit der am 1.1.1997 in Kraft getretenen und auf § 23 BImSchG gestützten 26. BImSchV, die weitgehend an die Empfehlungen der Strahlenschutzkommission anknüpft, existiert nun eine rechtlich verbindliche Grundlage für solche Streitigkeiten. Was den Schutz des Menschen vor elektromagnetischen Feldern angeht, ist zwischen Regelungen bezüglich hochfrequenter Felder und Regelungen bezüglich niederfrequenter Felder zu unterscheiden:

Für Anlagen, die *hochfrequente* Felder erzeugen, stellt die Verordnung auf den vom menschlichen Körper aufgenommenen und in Wärmeenergie umgewandelten Energieanteil (sog. spezifische Absorptionsrate, SAR) ab, der in W/kg Körpergewicht angegeben wird. Dementsprechend werden Grenzwerte für die elektrischen und magnetischen Feldstärken festgesetzt, bei deren Einhaltung ein als für die menschliche Gesundheit unbedenklich anerkannter SAR-Wert nicht überschritten wird. Für Anlagen, die *niederfrequente* Felder erzeugen, knüpft die Verordnung an die im menschlichen Körper induzierte Stromdichte an, die in mA/qm angegeben wird. Es werden elektrische Feldstärken und magnetische Flußdichten festgesetzt, deren Einhaltung zugleich zur Einhaltung eines als ungefährlich anerkannten Stromdichtenwerts führt. Die Verordnung selbst enthält keine Regelungen zum anzuwendenen Meß- und Berechnungsverfahren, sondern verweist insofern auf den aktuellen Stand der Meßtechnik und ergänzend auf einschlägige DIN VDE-Normen.

Die 26. BImSchV gilt *nicht* für Mobiltelefone (**Handies**). Deren Vertrieb ist nach § 59 des Telekommunikationsgesetzes (TKG) an eine vorherige Zulassung geknüpft. Diese Zulassung darf nur erteilt werden, wenn die Sicherheit von Personen (Handy-Benutzer sowie Dritte) gewährleistet ist. Dies ist nach Ansicht der Strahlenschutzkommission nach dem derzeitigen wissenschaftlichen Kenntnisstand der Fall.

2. Eingriffsmöglichkeiten der Verwaltung

a) Anordnungen im Einzelfall

Die zuständige Behörde kann im Einzelfall die Anordnungen treffen, die zur Durchführung der Grundpflichten und der auf § 23 BImSchG gestützten Rechtsverordnungen erforderlich sind. Der Behörde ist hinsichtlich des „Ob" und des „Wie" ihrer Maßnahmen ein Ermessen (→ Kap. 3/RN 22) eingeräumt, das jedoch in den Fällen eingeschränkt ist, in denen der Schutz der Allgemeinheit oder der Nachbarschaft eine Anordnung erfordert (vgl. den Beispielsfall in Kap. 3/RN 22).

79
→ § 24
BImSchG

b) Untersagung

80

→ § 25
BImSchG

Die zuständige Behörde kann den Betrieb der Anlage untersagen, wenn der Betreiber einer Anordnung nicht nachkommt. Die Untersagung kann den gesamten Betrieb oder nur einen Teil davon betreffen und wird nicht automatisch unwirksam, wenn der Betreiber die Anordnung erfüllt. Eine Untersagung steht grundsätzlich im Ermessen der Behörde. Dieses ist eingeschränkt, wenn die von der Anlage ausgehenden schädlichen Umwelteinwirkungen das Leben oder die Gesundheit von Menschen oder bedeutende Sachwerte gefährden. In einem solchen Fall soll nicht nur der Betrieb, sondern schon die Errichtung der Anlage untersagt werden.

3. Rechtsschutz

81

Da Anordnungen und Untersagungen (→ RN 79 f.) Verwaltungsakte (→ Kap. 3/RN 9 ff.) darstellen, kann sich der *Anlagenbetreiber* hiergegen mit der Anfechtungsklage (→ Kap. 3/RN 44) zur Wehr setzen. Zuvor muß er das Widerspruchsverfahren (→ Kap. 3/RN 45) durchführen. *Dritte* (z.B. Nachbarn) können im Wege der Verpflichtungsklage (→ Kap. 3/RN 45) von der Behörde den Erlaß einer Anordnung oder Untersagung verlangen, wenn sie geltend machen, ohne diese würden Vorschriften verletzt, die gerade ihrem Schutz dienen, also drittschützend sind (→ Kap. 3/RN 29). § 25 II BImSchG ist hierbei selbst eine drittschützende Norm.

82

Wird die Beeinträchtigung von einer öffentlichen Anlage (z.B. städtisches Freibad, Kirchenglocken, Schießübungsplatz der Polizei etc.) hervorgerufen, so kann ein Anlieger vom Betreiber dieser Anlage (Gemeinde, Kirchengemeinde, Bundesland als Träger der Polizei) die Unterlassung dieser Beeinträchtigung verlangen. Dies geschieht im Wege der sog. **öffentlich-rechtlichen Unterlassungsklage**, die aus den Grundrechten (Art. 2 II, 14 GG) hergeleitet wird. Ebenso wie bei der privatrechtlichen Nachbarklage (→ Kap. 18/RN 1 ff.) ist die Klage begründet, wenn das Eigentum des Anliegers durch Immissionen (z.B. Lärmeinwirkungen) beeinträchtigt wird und er diese nicht dulden muß, weil sie wesentlich sind. Da sich die Klage gegen eine Körperschaft des öffentlichen Rechts und nicht, wie bei der privatrechtlichen Nachbarstreitigkeit, gegen eine Privatperson richtet, ist für diese Klage das Verwaltungsgericht zuständig.

Beispiel: Nachbar N fühlt sich dadurch gestört, daß die örtliche Pfarrkirche in der Zeit von April bis Oktober jeden Morgen um 6.00 Uhr eine Minute lang ihre Angelus-Glocke läuten läßt. N leidet deshalb bereits unter Schlafstörungen. Vor dem Verwaltungsgericht klagt N deshalb gegen die Kirchengemeinde auf Unterlassung dieses Glockengeläuts.

Die Klage ist vor dem Verwaltungsgericht *zulässig*, weil eine **öffentlich-rechtliche Streitigkeit** vorliegt. Da die Kirchen Körperschaften des öffentlichen Rechts sind, werden die Kirchenglocken, soweit sie kultischen Zwecken dienen, als öffentliche Sachen im Gemeingebrauch angesehen und läuten daher – salopp formuliert – öffentlich-rechtlich und nicht privat-rechtlich. Auch kann N geltend machen, in seinen Rechten verletzt zu sein: seine körperliche Unversehrtheit ist aufgrund der Schlafstörungen betroffen (Art. 2 II GG). Ob die Klage jedoch *begründet* ist, hängt davon ab, ob den N eine **Duldungspflicht** trifft. Dies wäre dann zu bejahen, wenn die Beeinträchtigungen nur unwesentlich sind. Da die Kirchenglocken eine Anlage („ortsfeste Einrichtung") sind und daher der Anwendungsbereich des Bundes-Immissionsschutzgesetzes eröffnet ist, ist die Wesentlichkeit mit der **Erheblichkeit** i.S.d. § 3 I BImSchG gleichzusetzen (→ RN 5 ff.). Anhaltspunkte für die Erheblichkeit geben die **Richtwerte der TA Lärm**. Wird der Richtwert, den die TA Lärm für diese Tageszeit und dieses Gebiet festlegt, überschritten, hat die Klage des N Erfolg. Bleibt der Lärmpegel der Kirchenglocken dagegen unter diesem Richtwert, ist die Klage unbegründet.

IV. Produktbezogener Immissionsschutz

Der dritte Teil des Bundes-Immissionsschutzgesetzes enthält Regelungen zum produktbezogenen Immissionsschutz. Erfaßt werden das Herstellen, Inverkehrbringen und Einführen von Anlagen, Anlagenteilen, Stoffen und sonstigen Erzeugnissen. Das Gesetz ist auf eine Konkretisierung durch Rechtsverordnungen (→ Kap. 2/RN 17) ausgerichtet und enthält selbst keine Anforderungen. Auf der Grundlage der §§ 32 ff. BImSchG sind bereits eine Vielzahl von Verordnungen ergangen, so etwa Vordnungen über

83
→ §§ 32-37 BImSchG

* Schwefelgehalt von leichten Heizölen und Dieselkraftstoffen (3. BImSchV),
* Chlor- und Bromverbindungen als Kraftstoffzusatz (19. BImSchV) oder
* Baumaschinenlärm (15. BImSchV).

V. Verkehrsbezogener Immissionsschutz

Der vierte Teil des Bundes-Immissionsschutzgesetzes enthält Regelungen zum verkehrsbezogenen Immissionsschutz, d.h. zum Schutz vor Immissionen, die durch den Kraftverkehr hervorgerufen werden.

84
→ §§ 38-43 BImSchG

Hierbei sind drei Regelungsbereiche zu unterscheiden:

* Beschaffenheit und Betrieb von Fahrzeugen
* Verkehrsbeschränkungen und
* Lärmschutz.

Allen drei Bereichen ist gemeinsam, daß die jeweiligen Regelungen im Bundes-Immissionsschutzgesetz häufig einer Konkretisierung durch Rechtsverordnungen (→ Kap. 2/RN 17) bedürfen.

Beschaffenheit und Betrieb von Fahrzeugen

85

→ § 38
BImSchG

Auf die Ermächtigungsnorm des § 38 BImSchG wurden zahlreiche Vorschriften in der Straßenverkehrs-Zulassungs-Ordnung (**StVZO**) gestützt. Dort sind etwa zulässige Abgashöchstgrenzen für einzelne Fahrzeugtypen festgelegt. Auch die Abgasuntersuchung (AU, früher unter der Abkürzung ASU bekannt), der sich jedes Fahrzeug in regelmäßigen Abständen unterziehen muß, ist dort geregelt.

Verkehrsbeschränkungen

86

→ §§ 40a-e
BImSchG

Im Sommer 1995 wurden nach kontrovers geführter politischer Diskussion die §§ 40a-e BImSchG in das Gesetz aufgenommen, die die Grundlage für Verkehrsbeschränkungen bei erhöhten Ozonkonzentrationen darstellen (sog. „**Ozongesetz**"). Geregelt sind neben dem relevanten Grenzwert und dem (überaus komplizierten) Meßverfahren zu seiner Ermittlung auch zahlreiche Ausnahmen von dem grundsätzlich vorgesehenen Verkehrsverbot.

87

→ § 40
BImSchG

§ 40 BImSchG stellt die Grundlage für die von den Bundesländern erlassenen **Sommersmogverordnungen** dar, die es ermöglichen, während austauscharmer Wetterlagen (Smog) Verkehrsbeschränkungen auszusprechen (z.B. Verbot des Führens von Kfz ohne geregelten Katalysator oder Begrenzung der Höchstgeschwindigkeit).

Lärmschutz

88

→ §§ 41-43
BImSchG

Das Bundes-Immissionsschutzgesetz verlangt, daß der Bau und die wesentliche Erweiterung von Straßen, Eisenbahn- und Straßenbahnwegen möglichst keine schädlichen Umwelteinwirkungen in Form von Verkehrsgeräuschen nach sich ziehen darf. Dem ist durch Maßnahmen des **aktiven Lärmschutzes** (z.B. Schutzwälle entlang der Straße) vorzubeugen. Sind solche Schutzmaßnahmen unverhältnismäßig teuer, entfällt die Pflicht. Es kommt dann eine Entschädigung für die betroffenen Anlieger in Betracht, die die Kosten für Maßnahmen des **passiven Lärmschutzes**, also für bauliche Maßnahmen an den Gebäuden der Betroffenen (z.B. Schallschutzfenster), umfaßt. Voraussetzung für die Entschädigung ist, daß aufgrund der Verkehrsgeräusche bestimmte Immissionsgrenzwerte überschritten werden.

Diese Grenzwerte sind in der **Verkehrslärmschutz-Verordnung (16. BImSchV)** niedergelegt. Je nach Gebietstyp und Tageszeit gelten unterschiedliche Höchstwerte. Während etwa an Krankenhäusern und Altenheimen nachts nur ein Wert von maximal 47 dB (A) zulässig ist, liegt der Vergleichswert in einem Gewerbegebiet bei 59 dB (A). Eine Überschreitung dieser Grenzwerte bringt für den Träger der Straßenbaulast, also je nach Straßentyp die Gemeinde, den Landkreis, das Bundesland oder den Bund, die Verpflichtung zur Entschädigung mit sich.

VI.   Gebietsbezogener Immissionsschutz

Der fünfte Teil des Bundes-Immissionsschutzgesetzes regelt den gebietsbezo-
genen Immissionsschutz.

Durch § 44 BImSchG werden die Landesregierungen ermächtigt, durch
Rechtsverordnung sog. **Untersuchungsgebiete** festzusetzen. In diesen werden in einem bestimmten Zeitraum oder fortlaufend Messungen und Untersuchungen durchgeführt, um den aktuellen Stand und die Entwicklung der Luftverunreinigung erkennen zu können und Grundlagen für Abhilfe- und Vorsorgemaßnahmen zu gewinnen. Die Kriterien, nach denen solche Untersuchungsgebiete ausgewählt werden sollen, sind in § 44 II BImSchG genannt. Hiernach
sind besonders belastete Gebiete am geeignetsten.

§§ 45 und 46 BImSchG regeln, auf welche Weise die Messungen und
Auswertungen zu erfolgen haben und wie diese dokumentiert werden sollen.
Am Ende einer solchen Untersuchung steht die Aufstellung eines **Luftrein-
halteplans**, wenn die Untersuchungen zum Ergebnis gekommen sind, daß die
Belastung im betreffenden Gebiet zu hoch ist, d.h. bestimmte Grenzwerte
überschritten werden. Der Inhalt des Luftreinhalte- oder Sanierungsplans ist
in § 47 II BImSchG geregelt. Die zuständige, den Plan erstellende Behörde
hat insbesondere darzulegen, welche Maßnahmen zur Verminderung der Luftverunreinigungen und zur Vorsorge ihres Erachtens in Betracht kommen.

89
→ §§ 45-47a
BImSchG

VII.   Inkurs: Internationaler Klimaschutz

Ende der 80er Jahre wurde die umweltpolitische Diskussion in Deutschland
wie in der ganzen Welt durch das Schlagwort des „Treibhauseffekts" berei-
chert.

90

Stark vereinfacht bezeichnet dieses Schlagwort folgenden Vorgang: In der Erdatmosphäre existieren geringe Mengen der Spurengase Wasserdampf, Kohlendioxid, Methan, Lachgas und Ozon, die die kurzwellige Sonneneinstrahlung nahezu ungehindert
zur Erdoberfläche durchdringen lassen, die Wärmestrahlung jedoch, die von der Erdoberfläche zurückgeworfen wird, nicht in das All entweichen lassen, sondern teilweise
absorbieren und damit in der Erdatmosphäre zurückhalten. Folge hiervon ist eine
Aufheizung der Luft in der Erdatmosphäre ähnlich einem Treibhaus, wie es im Garten-
bau verwendet wird (**natürlicher Treibhauseffekt**). Dieser natürliche Treibhauseffekt
sorgt für einen verträglichen Strahlenhaushalt an der Erdoberfläche und zeichnet damit
dafür verantwortlich, daß menschliches Leben auf der Erde überhaupt erst ermöglicht
wurde. Infolge zunehmender Industrialisierung im Laufe der letzten knapp 100 Jahre
hat der Mensch diesen Treibhauseffekt jedoch in bedenklicher Weise beschleunigt,
indem große Mengen der genannten Treibhausgase künstlich in die Atmosphäre abgegeben wurden und werden (**anthropogener Treibhauseffekt**). Besonders kritisch
wirkt sich hierbei das Kohlendioxid aus, das innerhalb der genannten Treibhausgase
einen Verursachungsbeitrag zum Treibhauseffekt von ca. 50% beisteuert. Allein in der
Bundesrepublik Deutschland, deren Anteil an der weltweiten Kohlendioxid-Emission

etwa 4% beträgt, wurden 1990 mehr als 1000 Mio. Tonnen Kohlendioxid produziert und in die Atmosphäre entlassen (→ RN 1). Ernstzunehmende wissenschaftliche Prognosen entwarfen auf der Grundlage dieses vom Menschen verursachten Anstiegs von Treibhausgasen in der Atmosphäre schon sehr bald ein Szenario, wonach – im Falle des Unterlassens von wirksamen Gegenmaßnahmen – bis zum Jahr 2100 die mittlere globale Lufttemperatur um bis zu 3,5°C ansteigen werde, was ein partielles Abschmelzen der Polarkappen zur Folge haben werde. Dies wiederum werde zu einem weltweiten Anstieg des Meeresspiegels von – im ungünstigsten Fall – knapp einem Meter führen, was wiederum bedeutet, daß weite tiefliegende küstennahe Landstriche einfach von der Landkarte verschwinden würden, etwa mehrere auch von deutschen Urlaubern geschätzte Karibikinseln oder weite Teile Kaliforniens. Akut bedroht wäre demzufolge aber auch etwa die Hansestadt Hamburg. Zusätzlich zu den Überschwemmungen von Festland werden weitere dramatische Folgen dieser tiefgreifenden Klimaveränderungen prognostiziert, so etwa die Ausdehnung der Wüsten, die Zunahme des Hungers in der Welt, eine zunehmende Extremisierung des Wetters sowie damit verbundene medizinische Probleme wie die Zunahme von Hitzetoten vor allem in den Großstädten oder die Ausbreitung von klimatisch bedingten Krankheiten. So traten Anfang der 90er Jahre erstmals seit Menschengedenken Fälle der Tropenkrankheit Malaria in New York und Houston auf, was eindrucksvoll indiziert, daß die durch den Treibhauseffekt bedingten Klimaveränderungen bereits begonnen haben.

91   Nicht nur der deutsche Gesetzgeber hat diese Gefahren erkannt und damit begonnen, im **nationalen Umweltrecht** an den Hauptverursachern vor allem des Kohlendioxids anzusetzen, in concreto neben der Großindustrie am sog. Hausbrand, d.h. der Bereitstellung von Niedrigtemperaturwärme für Raumheizungen und Warmwasserbereitung (Verursachungsbeitrag Kohlendioxid-Ausstoß: ca. 30%), am Kraftverkehr (Verursachungsbeitrag ca. 25%) sowie an Kleinfeuerungsanlagen (Verursachungsbeitrag ca. 20%). Auch auf internationaler Ebene, namentlich im **Völkerrecht**, sind – wenn auch zaghafte – Aktivitäten zu beobachten:

- Im Dezember 1990 setzte die Generalversammlung der Vereinten Nationen in New York einen Ausschuß mit der Aufgabe ein, den Entwurf einer Konvention zum Schutz des Klimas zu erarbeiten (Intergovernmental Negotiating Committee, INC).
- Auf dem sog. **Erdgipfel von Rio de Janeiro** (Juli 1992), der ersten UN-Konferenz zum Klimaschutz, wude dieser Konventionsentwurf vorgelegt und in der Folge von über 160 Staaten ratifiziert. Die Konvention anerkennt ausdrücklich die tiefgreifende Bedeutung der drohenden Klimaveränderungen als globales Problem der gesamten Menschheit („common concern of mankind") und hat eine Stabilisierung der Treibhausgaskonzentrationen auf einem Niveau zum Ziel, das keine gefährliche, vom Menschen verursachte Störung des globalen Klimas befürchten läßt. Ausdrücklich wird auch anerkannt, daß der Treibhauseffekt zwar ein weltweites Problem darstellt, die Verursacherbeiträge jedoch nicht homogen zwischen Industrie-, Schwellen- und Entwicklungsländern verteilt sind: Allein die USA, die nur knapp 5% der Weltbevölkerung stellen, zeichnen für über 20% der weltweiten Kohlendioxid-Emissionen verantwortlich. Ergebnis des Erdgipfels war eine Absichtserklärung der Staaten, die Kohlendioxid-Emissionen bis zum Jahr 2000 auf das Niveau von 1990 zu senken. Weder wurden jedoch völkerrechtlich verbindliche Ziele und Fristen festgelegt, noch wurde darüber gesprochen, was nach dem Jahr 2000 zu gelten habe.

- Auf der **Ersten Vertragsstaatenkonferenz zur Klimakonvention in Berlin** (April 1995) preschten die sog. AOSIS-Staaten (Alliance of Small Island States), also diejenigen Staaten, die von einem Anstieg des Meeresspiegels am härtesten betroffen wären, mit der Forderung vor, die weltweite Kohlendioxid-Produktion bis zum Jahr 2005 um 20% (bezogen auf das Basisjahr 1990) zu verringern, wofür sich indes keine Unterstützung in den Reihen der übrigen Teilnehmerstaaten fand. Stattdessen wurde eine Arbeitsgruppe mit dem Auftrag eingesetzt, bis zur nächsten Vertragsstaatenkonferenz ein verbindliches Protokoll zu erarbeiten (sog. „Berliner Mandat"). Als letztlich einziges konkretes Ergebnis von Berlin darf aber der Beschluß der Teilnehmerstaaten gelten, ein Modell der internationalen Kompensation von Emissionsreduktionen („joint implementation") für eine Erprobungsphase zuzulassen, dessen Grundgedanke darauf basiert, daß die Industrieländer die ihnen zugedachten Emissionsreduktionen auch außerhalb ihres eigenen Territoriums, namentlich also auf dem Territorium der Schwellen- und Entwicklungsländer, erfüllen und sich die dort erzielten Erfolge gutschreiben lassen können (Kompensationsmodell, → Kap. 6/RN 38). Vorteil dieses Modells wäre, daß Umweltinvestitionen zum Klimaschutz dort getätigt würden, wo sie am kostengünstigsten zu realisieren wären, was natürlich ihre Effektivität steigern würde. Gerade die Schwellen- und Entwicklungsländer erhoffen sich hiervon einen gewissen Technologietransfer, während andererseits vereinzelt die Befürchtung laut wurde, der „reiche Norden" würde dieses Modell dazu mißbrauchen, sich auf Kosten des „armen Südens" von seinen Verpflichtungen „freizukaufen".
- Auf der **Zweiten Vertragsstaatenkonferenz zur Klimakonvention in Genf** (Juli 1996) war dieses Protokoll jedoch noch nicht fertiggestellt. Dagegen sorgte ein kurz zuvor veröffentlichtes Gutachten des IPCC (International Panel on Climate Change, eine von den Vereinten Nationen eingesetzte Arbeitsgruppe von ca. 2 000 Klimaforschern aus der ganzen Welt) für Aufsehen: Der IPCC sah den Nachweis als erbracht an, daß menschliches Verhalten und nicht etwa natürliche Klimaschwankungen für die bereits zu beobachtenden Klimaveränderungen verantwortlich zeichnen. Die drastischen Folgen (Anstieg der mittleren Temperatur um ca. 3,5°C in den nächsten einhundert Jahren; Überschwemmungen von tiefliegenden Landstrichen; Hungersnöte etc.) veranlaßten die EU wie auch die USA, ein völkerrechtlich verbindliches Protokoll zu fordern, das eine Minderung des weltweiten Kohlendioxid-Ausstoßes vorschreiben soll. In der sog. „Genfer Erklärung" bekannten sich die Teilnehmerstaaten dazu, ein verbindliches Klimaschutzprotokoll bis 1997 vorzulegen, das verbindliche und quantifizierte Ziele für die Kohlendioxid-Begrenzung innerhalb bestimmter Zeiträume enthalten soll. Weder wurden jedoch konkrete Absenkungsraten formuliert, noch wurde über konkrete Sanktionen gegen solche Staaten gesprochen, die sich nicht an das Protokoll halten.
- Auf der **Dritten Vertragsstaatenkonferenz zur Klimakonvention in Kyoto** (Dezember 1997) konnte man sich schließlich nach zähen Verhandlungen auf das avisierte Protokoll einigen. Die 155 Vertragsstaaten vereinbarten, in den Industriestaaten in der Zeit von 2008 bis 2012 eine Reduzierung der Emissionen von insgesamt sechs Treibhausgasen (darunter die gefährlichsten Gase Kohlendioxid, Methan, Lachgas) um durchschnittlich 5,2%, bezogen auf das Basisjahr 1990, herbeizuführen. Das Protokoll stellt in vielerlei Hinsicht einen Kompromiß dar. Die Europäische Union war mit einer Forderung von 15% Verringerung angereist, während sich die USA mit ihrer Forderung nach einer Verpflichtung auch der Entwicklungs- und Schwellenländer zur Treibhausreduzierung nicht durchsetzen konnten. Das vereinbarte Reduktionsziel gilt nicht für alle beteiligten Staaten gleichermaßen, sondern das Protokoll sieht vielmehr *Differenzierungen* vor: für die Europäische Union beispielsweise gilt ein Zielwert von 8%, für die USA ein solcher von 7% und für Japan 6%. Andere Staaten wie Rußland und die Ukraine sollen ihre Emissionen bis zum Jahr 2012 lediglich auf das Niveau von 1990

absenken (was somit einer realen Reduzierung von 0% entspricht), während Staaten mit bislang vergleichsweise unterdurchschnittlichen Emissionswerten wie beispielsweise Norwegen und Australien sogar Emissionserhöhungen zugestanden werden. Ferner wurde vereinbart, weltweit den Handel mit Emissionsrechten unter den beteiligten Staaten zuzulassen. Hierüber war auf der Berliner Konferenz (im April 1995, siehe oben) noch kontrovers diskutiert worden. Die Detailregelungen hierfür wurden in Kyoto jedoch noch nicht festgelegt; dies bleibt der **Vierten Vertragsstaatenkonferenz** vorbehalten, die im November 1998 in **Buenos Aires** stattfindet.

Kontrollfragen:
1.   Worin unterscheiden sich Emissionen von Immissionen? (RN 5)
2.   Wie ist der Begriff der Nachbarschaft im Bundes-Immissionsschutzgesetz zu verstehen? (RN 11)
3.   Wo ist geregelt, ob eine Anlage immissionsschutzrechtlich genehmigungspflichtig ist? (RN 15 ff.)
4.   Warum ist es sinnvoll, eine Bindungswirkung der allgemeinen Verwaltungsvorschriften TA Luft und TA Lärm für den Verwaltungsrichter anzunehmen? (RN 22)
5.   Kann eine Anlagengenehmigung auch wegen Verletzung von Vorschriften, die nichts mit dem Immissionsschutz zu tun haben, versagt werden? (RN 31)
6.   Welche Auswirkungen hat die materielle Präklusion des § 10 III 3 BImSchG? (RN 37 f.)
7.   Wie kann die Verwaltung auf Fortschritte im Bereich der Umwelttechnologie reagieren? (RN 64 ff.)
8.   Was ist Voraussetzung für eine erfolgreiche Anfechtungsklage eines Nachbarn gegen eine erteilte Anlagengenehmigung? (RN 74)
9.   Wie kann sich ein Anlieger gegen Lärmbelästigungen zur Wehr setzen, die von einer öffentlichen Einrichtung hervorgerufen werden? (RN 82 f.)
10. Skizzieren Sie Phänomen und Auswirkungen des sog. Treibhauseffekts sowie die internationalen Bemühungen zu seiner Bekämpfung. (RN 90 f.)

Weiterführende Hinweise:
Monographien:
Bender, Bernd/Sparwasser, Reinhard/Engel, Rüdiger, Umweltrecht, 3. Aufl. (1995), S. 309–405; *Conrad, Willi/Dürre, Wilhelm*, Handbuch des Lärmschutzes und der Luftreinhaltung, ergänzbare Ausgabe; *Engelhardt, Hanns/Schlicht, Johannes*, Bundes-Immissionsschutzgesetz – BImSchG – Kommentar, 4. Aufl. (1997); *Jarass, Hans D.*, Bundes-Immissionsschutzgesetz, Kommentar, 3. Aufl. (1995); *Kloepfer, Michael*, Umweltrecht, 2. Aufl. (1998), S. 909–1012; *Koch, Hans-Joachim/Scheuing, Dieter H.* (Hrsg.), Gemeinschaftskommentar zum Bundes-Immissionsschutzgesetz, 1994; *Pütz, Manfred/Buchholz, Karl-Heinz*, Das Genehmigungsverfahren nach dem Bundes-Immissionsschutzgesetz, 6. Aufl. (1997); *Sandner, Wolfram*, Immissionsschutzrecht, in: Schmidt, Reiner, Kompendium Öffentliches Wirtschaftsrecht, 1998, S. 197–236; *Schmidt, Reiner/Müller, Helmut*, Einführung in das Umweltrecht, 4. Aufl. (1995), S. 45–78; *Schulze-Fielitz, Helmuth*, Immissionsschutzrecht, in: Schmidt, Reiner (Hrsg.), Öffentliches Wirtschaftsrecht, Besonderer Teil 1, 1995, S. 219–330; *Sellner, Dieter*, Immissionsschutzrecht und Industrieanlagen, 2. Aufl. (1988); *Uth, Hans-Joachim*, Störfall-Verordnung, Kommentar, 2. Aufl. (1994).

Aufsätze:
Determann, Lothar, Entwicklung der Rechtsprechung zur Gesundheitsverträglichkeit elektromagnetischer Felder, NVwZ 1997, S. 647–652; *Di Fabio, Udo*, Rechtsfragen zu unerkannten Gesundheitsrisiken elektromagnetischer Felder, DÖV 1995, S. 1–9; *Ehrmann, Markus*, Die Genfer Klimaverhandlungen, NVwZ 1997, S. 874–876; *Eiermann, Heinrich/Göck, Ralf*, Das Immissionsschutzrecht des Bundes, JuS 1995, S. 671–677;

Feist, Christian, Von Rio nach Berlin – Die Aktivitäten der Vereinten Nationen auf den Gebieten des Umwelt- und Klimaschutzes, JuS 1997, S. 490–497; *Feldhaus, Gerhard*, Entwicklung des Immissionsschutzrechts, NVwZ 1995, S. 963–972; *Koch, Hans-Joachim/Behrend, Claudia*, Klimaschutz im geltenden Umweltrecht, NuR 1996, S. 433–440; *Koch, Hans-Joachim/Jankowski, Klaus*, Neue Entwicklungen im Verkehrs-immissionsschutzrecht, NuR 1997, S. 365–373; *Köck, Wolfgang/Lemke, Marcus*, Verkehrsimmissionsschutzrecht und „Ozongesetz" ZUR 1996, S. 133–140; *Kutscheidt, Ernst*, Die Verordnung über elektromagnetische Felder, NJW 1997, S. 2481–2487; *Masing, Johannes*, Kritik des integrierten Umweltschutzes, DVBl. 1998, S. 549–559; *Moormann, Franz-Josef*, Die Änderung des Bundes-Immissionsschutzgesetzes durch das Gesetz zur Beschleunigung und Vereinfachung immissionsschutzrechtlicher Genehmigungsverfahren, UPR 1996, S. 408–419; *Steinberg, Rudolf/Koepfer, Isabell*, IVU-Richtlinie und immissionsschutzrechtliche Genehmigung, DVBl. 1997, S. 973–982; *Vieweg, Klaus/Röthel, Anne*, Konvergenz oder Divergenz öffentlichrechtlichen und privatrechtlichen Immissionsschutzes? – Zur Problematik des Lärmschutzes bei nicht genehmigungsbedürftigen Anlagen i.S. von §§ 22 ff. BImSchG, DVBl. 1996, S. 1171–1181; *Zöttl, Johannes*, Die EG-Richtlinie über die integrierte Vermeidung und Verminderung der Umweltverschmutzung, NuR 1997, S. 157–166.

Rechtsprechung:
EuGH, EuZW 1991, S. 440–444 (Untauglichkeit der TA Luft als Instrument zur Umsetzung von EG-Richtlinien); BVerwGE 55, S. 250–271 (Immissionsgrenzwerte der TA Luft als antizipiertes Sachverständigengutachten); BVerwG, BayVBl. 1992, S. 633–634 (Öffentlich-rechtliche Unterlassungsklage gegen Lärmbelästigung durch Kirchenglocken); BayVGH, BayVBl. 1972, S. 72–73 (Merkmale einer nachbarschützenden Norm); OVG Berlin, NVwZ-RR 1994, S. 141–143 (Lärmbelästigung durch Sportplatz).

9. Gewässerschutzrecht

„Das Wasser ist eine der wichtigsten Grundlagen allen ... Lebens": Mit dieser Formulierung hebt das Bundesverfassungsgericht hervor, welcher Stellenwert dem Wasser unter den Umweltmedien unter anderem auch zur Versorgung der Bevölkerung und Industrie mit Trink- und Brauchwasser sowie durch seine Entsorgungsfunktion zukommt und bringt somit zum Ausdruck, daß auch das Dasein des Menschen unmittelbar mit der Sicherung der Wasserversorgung verknüpft ist. Daraus resultiert auch heute noch die besondere Bedeutung dieses Rechtsgebiets im Rahmen des öffentlichen Umweltrechts.

Fakten: Der tägliche Wasserverbrauch der Bundesbürger sank in der Zeit zwischen 1990 und 1996 von 145 Liter auf 130 Liter pro Einwohner, wobei die Bürger in Ostdeutschland (98 Liter) einen um 37 Liter geringeren Verbrauch aufweisen als die Westdeutschen (135 Liter). Im Vergleich mit dem täglichen Wasserkonsum der US-Bürger (ca. 900 Liter), dem der Europäer (zwischen 200 und 300 Litern) und dem der Bewohner Afrikas (ca. 30 Liter) zeigt sich, daß der Verbrauch der Bundesbürger unter den in Deutschland herrschenden klimatischen Bedingungen als durchaus gemäßigt bezeichnet werden kann. Die Situation des vorwiegend zur Trinkwassergewinnung genutzten Grundwassers ist allerdings nach wie vor von ein zum Teil sehr hohen und weiter steigenden Nitrat- und Pestizidbelastung geprägt (mehr als 10% der Trinkwasserentnahmestellen überschreiten die Grenzwerte der Trinkwasserrichtlinie), was sich auch bei den Kosten für die Wasseraufbereitung niederschlägt. Mehrere Hochwasserereignisse mit beträchtlichem Schaden („Jahrhunderthochwasser") zwischen Dezember 1993 und Februar 1995 im Westen Deutschlands sowie jüngst erst das Oderhochwasser im Sommer 1997 rückten medienwirksam die Aufmerksamkeit der Öffentlichkeit auf jahrzehntelange Versäumnisse im Bereich des Hochwasserschutzes. Fortschreitender Flächenverbrauch, rasant zunehmende Bodenversiegelung, der daraus resultierende stetige Verlust natürlicher Überschwemmungsgebiete, nicht standortgerechte Bodennutzung, allein auf die Bedürfnisse der Verkehrsschiffahrt ausgerichtete Flußbaumaßnahmen und *nicht nur* extreme Witterungsbedingungen stellten die Hauptursache dieser Naturkatastrophen dar. Beispielsweise beschleunigte sich die Hochwasserwelle des Rheins zwischen Basel und Maxau infolge der vorgenommenen Flußbegradigungen und Laufverkürzungen in den vergangenen Jahrzehnten von 64 auf 23 Stunden. So legte denn auch der Gesetzgeber als Reaktion darauf bei seiner jüngsten Novelle zum Wasserhaushaltsgesetz neben einer Betonung der ökologischen Komponente des Gewässerschutzes ein besonderes Augenmerk auf eine Verbesserung des Hochwasserschutzes (Renaturierung, Schaffung von Retentionsflächen).

1

I. Gewässerschutzrecht

Das bundesdeutsche Wasserrecht teilt sich im wesentlichen in die Bereiche des **Wasserwirtschafts**- und **Wasserwegerechts** auf. Von besonderer umweltrechtlicher Relevanz erscheint in diesem Zusammenhang allerdings nur das Wasserwirtschaftsrecht als Gewässerschutzrecht im engeren Sinn und nicht das Wasserwegerecht, das die Verkehrsfunktion des Wassers zum Gegenstand hat.

2

3   Das **Wasserwirtschaftsrecht** befaßt sich neben dem (inzwischen ausge-
prägteren) allgemeinen Hochwasserschutz in erster Linie mit der „haushälteri-
schen Bewirtschaftung des in der Natur vorhandenen Wassers nach Menge
und Güte" (BVerfG). Zu diesem Zweck verabschiedete der Bundestag erstmals 1957 das Gesetz zur Ordnung des Wasserhaushaltes (**Wasserhaushaltsgesetz** – WHG), welches die mit Abstand wichtigste Regelung auf diesem
Gebiet darstellt. Im Zentrum des relativ komplizierten Regelungskomplexes
steht hierbei die sogenannte wasserrechtliche **Benutzungsordnung**, wodurch
gewässerbezogene Vorhaben unter einen Genehmigungsvorbehalt gestellt
werden; als weitere wichtige Regelungsbereiche finden sich im Wasserhaushaltsgesetz unter anderem Ausführungen zur **Abwasserbeseitigung** und zu
wasserrechtlichen **Planungsinstrumenten**. Aufgrund des Rahmencharakters
(→ Kap. 5/RN 14) der Materie Gewässerschutz konkretisieren Landeswasser-
gesetze diese bundesrechtlichen Regelungen und regeln auch die in der Praxis
besonders bedeutsamen Vollzugsfragen.

4   Wie auch in anderen Bereichen des öffentlichen Umweltrechts gewinnen punktuelle
Vorschriften der EU (→ Kap. 4) im Bereich des Wasserhaushaltes vor allem in
Gestalt von Qualitätsnormen zunehmend an Bedeutung. Zu nennen ist an erster Stelle
etwa die Richtlinie des Rates 76/464/EWG betreffend die Verschmutzung infolge der
Ableitung bestimmter gefährlicher Stoffe in die Gewässer der Gemeinschaft mit ihren
Folgerichtlinien wie etwa der Richtlinie des Rates 91/676/EWG zum Schutz der Gewässer vor Verunreinigungen durch Nitrat aus landwirtschaftlichen Quellen; beispielhaft aber auch die Richtlinie des Rates 80/68/EWG über den Schutz des Grundwassers
gegen Verschmutzung durch bestimmte gefährliche Stoffe und die Richtlinie des Rates
91/271/EWG über die Behandlung von kommunalem Abwasser. Wegen seiner finanziellen Auswirkungen von besonderer Bedeutung für die bundesdeutsche Gewässerpoli-
tik wird die derzeit im Rahmen der Reform der Trinkwasserrichtlinie (80/778/EWG)
diskutierte Herabsetzung des Grenzwertes von Blei von bisher 50 auf 10 Mikrogramm
pro Liter Trinkwasser sein, da die Einhaltung dieses Wertes den Austausch noch
vorhandener Bleiwasserleitungen in den öffentlichen Versorgungsnetzen und in den
Haushalten voraussetzt. Die Umsetzung vieler dieser Richtlinien in nationales Recht
erfolgt im Wege von Rechtsverordnungen auf der Grundlage des neuformulierten § 7a
WHG (z.B. Abwasserverordnung; Grundwasserverordnung). In jüngerer Zeit unter-
nimmt die Kommission den Versuch, mit dem Entwurf einer **EG-Wasserrahmen-
richtlinie** den bisherigen Flickenteppich heterogener Regelungsansätze durch ein systematisches Regelwerk zu harmonisieren.

II.   Grundsätze und Ziele des Wasserhaushaltsgesetzes

5   Für das Wasserhaushaltsgesetz wurde der **Gesetzeszweck** – ausgehend von
der oben bereits angesprochenen verfassungsgerichtlichen Definition des
Wasserhaushalts (→ RN 3) – durch § 1a WHG ausdrücklich im Gesetz verankert.

1. Bewirtschaftungsgebot

Das Bewirtschaftungsgebot wendet sich in erster Linie an die Verwaltung, im Rahmen ihrer Möglichkeiten dafür Sorge zu tragen, die zugänglichen Wasserressourcen nach wasserwirtschaftlichen Kriterien auf die Anzahl der in Betracht kommenden Nutzer aufzuteilen. Da sich die potentiellen Nutzer bezüglich ihrer Ansprüche an das Wasser sehr stark unterscheiden können – während der eine außerordentlich viel Wasser von nur bescheidener Qualität benötigt, braucht der andere wenig, aber dafür besonders reines Wasser – , obliegt es hier den Wasserbehörden, einen Ausgleich in der Weise vorzunehmen, daß die **Interessen aller Beteiligten** aus dem **Blickwinkel** des **Allgemeinwohls eine angemessene Berücksichtigung** finden. Allerdings wurde der Bewirtschaftungsaspekt durch die jüngste Reform des Wasserhaushaltsgesetzes dahingehend modifiziert, daß der bisher einseitig im Vordergrund stehenden Ausnutzung natürlicher Ressourcen zugunsten des Menschen nun ausdrücklich der **Schutz des Wasserhaushaltes als Bestandteil der Natur** *vorge-*schaltet ist; damit verbunden ist eine entscheidende Aufwertung des Vorsorgeprinzips (→ Kap. 6/RN 2) im Bereich der Wasserwirtschaft als *dem* tragenden Grundsatz der Gewässerbewirtschaftung.

6
→ § 1a I 2
WHG

→ § 1a I 1
WHG

2. Allgemeine Sorgfaltspflicht

Das Sorgfaltsgebot richtet sich im Gegensatz zum Bewirtschaftungsgebot an „jedermann" und begründet somit für den Bürger besondere Verhaltenspflichten, die sich in den allgemeinen Geboten zur Verhütung von Wasserverunreinigungen und des sparsamen Verbrauchs äußern, um die Leistungsfähigkeit des Wasserhaushaltes aufrechtzuerhalten. Verstöße dagegen berechtigen die zuständige Ordnungsbehörde zu einem Einschreiten aufgrund allgemeiner ordnungs- oder sicherheitsrechtlicher Befugnisse.

7
→ § 1a II
WHG

III. Wasserwirtschaftliche Benutzungsordnung

Die Zulässigkeit von Vorhaben mit wasserrechtlichen Bezügen ergibt sich selbst für einen Eigentümer nicht aus seiner Rechtsstellung als Grundstückseigentümer, sondern aus einer grundsätzlich konstitutiv wirkenden staatlichen Genehmigung auf der Grundlage des Wasserhaushaltsgesetzes (sog. repressives Verbot mit Befreiungsvorbehalt (→ Kap. 5/RN 16 f.). Damit stellt das Wasserhaushaltsgesetz aufgrund der überragend wichtigen Bedeutung des Wasserhaushaltes für die Allgemeinheit eine **vom Grundeigentum losgelöste Benutzungsordnung** dar.

8
→ § 1a III
WHG

> **Beispiel:** Für den früher in der Praxis besonders umstrittenen Fall einer Naß-auskiesung (Kiesgewinnung im Grundwasserbereich unter Zurücklassung eines Baggersees) hat dies folgende Bedeutung: Selbst unter der Voraussetzung, daß ein Unternehmer Eigentümer seines Geländes ist, ist er dennoch erst nach Erhalt einer staatlichen Genehmigung berechtigt, sein Vorhaben zu realisieren. Ohne Genehmigung läuft er Gefahr, den Kiesabbau behördlicherseits einstellen zu müssen und mit einem Bußgeld belegt zu werden (§ 41 I Nr. 1 WHG).

1. Genehmigungsbedürftigkeit von Vorhaben

9

→ § 2 I WHG

Ein Vorhaben bedarf dann einer wasserrechtlichen Genehmigung in Form einer Erlaubnis oder Bewilligung, wenn es sich hierbei um eine „Gewässerbenutzung" handelt und keine Ausnahmevorschrift greift. Somit ist im folgenden zunächst zu untersuchen,

- ob infolge der geplanten Maßnahme ein **Gewässer** betroffen ist (→ RN 10 ff.),
- ob die Maßnahme einen oder mehrere **Benutzungstatbestände** verwirklicht (→ RN 14 ff.),
- ob die Maßnahme nicht **ausnahmsweise** als wasserrechtlich **genehmigungsfrei** zu beurteilen ist (→ RN 19) und
- welcher der beiden möglichen **Genehmigungstypen** im konkreten Fall in Betracht zu ziehen ist (→ RN 20 ff.).

a) Gewässerbegriff

10

Die Überschrift des § 1 WHG („sachlicher Geltungsbereich") dient der Eingrenzung und Klarstellung, für welche **Erscheinungsformen von Wasser** das Wasserhaushaltsgesetz überhaupt Anwendung finden soll. Hierbei wird differenziert zwischen

- oberirdischen Gewässern,
- Küstengewässern und
- Grundwasser.

Entscheidend für die Qualifikation von Wasser als Gewässer im Sinn des Wasserhaushaltsgesetzes ist die Tatsache, daß **das Wasser im Zusammenhang mit dem natürlichen Gewässerkreislauf steht** und somit einer „Bewirtschaftung" durch die Verwaltung zugänglich ist; denn nur in diesen Fällen besteht überhaupt ein Bedürfnis, das Wasser im Wege von Benutzungs- und Überwachungsvorschriften zu steuern.

Oberirdische Gewässer

Sie werden definiert als „das ständig oder zeitweilig in (natürlichen oder künstlichen) Betten fließende oder stehende oder aus Quellen wild abfließende Wasser".

11

→ § 1 I Nr. 1 WHG

> **Beispiel:** Typisch für diese Gewässerart sind Flüsse, Bäche, Seen, Teiche und Weiher. Dagegen fehlt die Gewässereigenschaft bei einem mit Wasser gefüllten Swimmingpool oder bei mit Wasser gefüllten Wasserleitungen mangels einer Einbindung in den natürlichen Gewässerkreislauf. Die Gewässereigenschaft kann auch entfallen, wenn ein Gewässer beispielsweise in ein in sich geschlossenes öffentliches Kanalsystem einbezogen wird.

Küstengewässer

Der Grund für die Aufnahme der Küstengewässer als eigenständigen Gewässertyp gegenüber den oberirdischen (Binnen-)Gewässern liegt darin, daß der Schutz der Küstengewässer zum Teil anderen Kriterien unterliegt als dies bei Binnengewässern der Fall ist. Die Bundesrepublik beansprucht für ihre Küstengewässer der Nord- und Ostsee im wesentlichen einen Korridor von 12 Meilen. Jenseits dieser Grenze gelten völkerrechtliche Vereinbarungen.

12

→ § 1 I Nr. 1a WHG

> **Hinweis:** Nachweise über die exakte Grenzziehung finden sich in BGBl. 1994, Teil I, S. 3428–3429.

Grundwasser

Um dem Anspruch des Wasserhaushaltsgesetzes im Hinblick auf die Gewährleistung eines umfassenden Gewässerschutzes gerecht zu werden, behilft man sich mit einer weniger naturwissenschaftlichen als vielmehr juristischen Begriffsbestimmung, indem darunter **das gesamte** (einer Bewirtschaftung zugängliche) **unterirdische Wasser** zu verstehen ist.

13

→ § 1 I Nr. 2 WHG

> **Beispiel:** Hierzu zählen wasserführende Schichten, die für die Trinkwassergewinnung genutzt werden, aber auch oberflächennahes Grundwasser (sog. Bodenwasser). Im Zusammenhang mit der bereits erwähnten Naßauskiesung (→ RN 8) stellt sich hier die Frage, ob dadurch ein oberirdisches Gewässer geschaffen wird oder eine Ausbaggerung im Grundwasserbereich vorgenommen wird. Die Rechtsprechung grenzt danach ab, ob der entstehende Baggersee *auf Dauer* verbleiben soll (oberirdisches Gewässer) oder ob er nach Beendigung der Auskiesung wieder verfüllt werden soll (Grundwasser).

Damit ist der sachliche Geltungsbereich des Wasserhaushaltsgesetzes für sämtliches im natürlichen Gewässerkreislauf vorhandenes Wasser eröffnet, das einer „Bewirtschaftung" zur Verfügung steht.

b) Benutzungstatbestand

14
→ § 3 WHG

Als zweite entscheidende Voraussetzung für die Genehmigungsbedürftigkeit gewässerbezogener Vorhaben muß es sich bei der geplanten Maßnahme um eine Gewässerbenutzung handeln:

Echte Benutzungen

15
→ § 3 I WHG

Als „echte" Benutzungen werden solche Handlungen bezeichnet, deren **primäres Ziel die unmittelbare Inanspruchnahme eines Gewässers** bzw. **deren notwendige Folge die Einwirkung auf ein Gewässer** in einer konkreten Art und Weise ist. Die Unterscheidung der einzelnen Benutzungstatbestände erfolgt nach dem jeweils betroffenen Gewässertyp (→ RN 10 ff.).

Unechte Benutzungen

16
→ § 3 II WHG

Solche Maßnahmen, die zwar keine Gewässerbenutzungen im eigentlichen Sinn darstellen, weil sie gerade nicht in erster Linie die konkrete Nutzung eines Gewässers bezwecken, werden vom Gesetzgeber aber dennoch den echten Benutzungen gleichgestellt, falls durch sie – wenn auch lediglich **mittelbar** – eine Veränderung der natürlichen Gewässereigenschaften zu befürchten ist.

In diesem Zusammenhang wird zwischen Einwirkungen auf das **Grundwasser** (§ 3 II Nr. 1 WHG) mittels bestimmter Anlagen (z.B. Umleitung des Grundwassers beim Bau einer U-Bahnlinie durch Spundwände) und solchen Maßnahmen unterschieden, die geeignet sind, erhebliche oder dauernde schädliche Veränderungen der Wasserqualität herbeizuführen (§ 3 II Nr. 2 WHG). Zu beachten gilt, daß die zweite Alternative als allgemeiner Gefährdungstatbestand nur dann zur Anwendung kommt, wenn keiner der spezielleren echten (§ 3 I WHG) oder unechten (§ 3 II Nr. 1 WHG) Benutzungstatbestände zutrifft (**subsidiärer Auffangtatbestand**).

> **Beispiel**: Derartige potentiell gewässerschädigende Maßnahmen liegen etwa vor bei Aufhaldungen mit Produktionsrückständen (z.B. Schlacken), beim Lagern und Behandeln von Autowracks auf öldurchlässiger Fläche sowie im Hinblick auf die konkrete Situation u.U. auch beim Aufbringen von Gülle und Versprühen von Pflanzenschutzmitteln.

Gewässerausbau und -unterhaltung

17
→ § 3 III WHG

Vom wasserrechtlichen Benutzungsbegriff ausgenommen sind solche Nutzungen, die dem Ausbau (§ 31 WHG) oder dem Unterhalt (§§ 28 f. WHG) oberirdischer Gewässer dienen.

→ § 31 II
WHG

Für **Ausbaumaßnahmen mit erheblicher wasserwirtschaftlicher Auswirkung** ordnet § 31 WHG die Durchführung eines **Planfeststellungsverfahrens** (→ Kap. 3/RN 36 ff.) an, ggf. flankiert von einer Umweltverträglichkeitsprüfung (→ Kap. 6/RN 24 ff.) nach Maßgabe der Anlage Nr. 6 zu § 3 UVPG. Der Grund hierfür liegt darin, daß von derart komplexen und häufig auch sehr aufwendigen Vorhaben regelmäßig eine Vielzahl anderer Interessen (z.B. baurechtlicher Art) tangiert sind, so daß ein umfassend angelegtes Planungsverfahren gegenüber einem isolierten wasserrechtlichen Genehmigungsverfahren angemessen erscheint. Dies gilt um so mehr, als Gewässerausbaumaßnahmen vor dem Hintergrund der jüngsten Hochwasserereignisse zunehmend kritisch beäugt werden (vgl. auch § 31 V WHG).

Ausbaumaßnahmen untergeordeter Bedeutung sind dagegen getreu der momentan das Verwaltungsrecht beherrschenden Prämisse der Vereinfachung und Beschleunigung von Verwaltungsverfahren im Wege der einfachen **Plangenehmigung** zuzulassen.

→ § 31 III WHG

> **Beispiel:** Um einen Gewässerausbau handelt es sich regelmäßig dann, wenn das bisherige Gewässersystem auf Dauer verändert bzw. ein neues Gewässersystem erstmalig auf Dauer geschaffen wird (§ 31 II 3 WHG). Soll im Rahmen der Naßauskiesung (→ RN 8) der entstandene See in absehbarer Zeit wieder verfüllt werden, ist der Vorgang der Kiesgewinnung als echter Benutzungstatbestand (§ 3 I Nr. 6 WHG) und nicht als Ausbaumaßnahme zu qualifizieren.

c) Konkurrierende Benutzungstatbestände

Im Falle des Zusammentreffens mehrerer Benutzungstatbestände im Rahmen eines Vorhabens ist folgendes zu beachten: Es liegt kein selbständiger Benutzungstatbestand vor (sog. **Sekundärbenutzung**), wenn eine Benutzung lediglich das Mittel zum Zweck der Verwirklichung einer anderen primär beabsichtigten Benutzungsform ist.

18

> **Beispiel:** So führt jede Entnahme von Wasser aus einem Fluß (§ 3 I Nr. 1 WHG) zu einem Absinken des Wasserstandes am Unterlauf der Entnahmestelle (§ 3 I Nr. 2 WHG). Da das Absenken jedoch nur das Mittel zum Zweck der Entnahme darstellt, sind deren Auswirkungen zwar im Rahmen der Genehmigung für die Entnahme mit zu berücksichtigen (→ RN 27 ff.), der Vorhabenträger benötigt hierfür jedoch keine eigenständige Genehmigung.

d) Genehmigungsfreie Benutzungen

Durch das Wasserhaushaltsgesetz werden bestimmte Vorhaben vom grundsätzlichen wasserrechtlichen Genehmigungsvorbehalt ausgenommen, die eigentlich einen Benutzungstatbestand erfüllen und deren Durchführung entsprechend der bisherigen Ausführungen von der Erteilung einer wasserrechtlichen Genehmigung abhängig wäre. Es handelt sich hierbei regelmäßig um **Fälle wasserwirtschaftlich untergeordneter Bedeutung** (Bagatellfälle), die aber ihrerseits unter einem Verträglichkeitsvorbehalt stehen. Im Interesse einer effektiven Wasserwirtschaft sind diese Ausnahmevorschriften bei auftretenden Zweifeln bezüglich ihrer Verträglichkeit mit dem Wasserhaushalt restriktiv auszulegen.

19

→ §§ 23-25
WHG

Beispiel: Für **oberirdische Gewässer** ist an dieser Stelle der **Gemeinge-brauch** anzuführen, in dessen engen Grenzen jedem Bürger genehmigungsfrei die Nutzung der Gewässer zu typischen Freizeitnutzungen (z.B. Befahren eines Gewässers mit einem Paddelboot, Eissport, Baden) und zu traditionellen Bewirtschaftungsmethoden der Landwirtschaft (z.B. Tränken von Vieh) gestattet ist. Eine Privilegierung bestimmter Personen aufgrund ihrer rechtlichen Stellung bzgl. der Lage ihrer Grundstücke ermöglichen der sog. **Eigentümer-** (z.B. Rasensprengen mit Wasser aus einem auf dem eigenen Grundstück gelegenen Teich) und der nicht in allen Bundesländern eingeführte **Anliegergebrauch.** Genehmigungsfreiheit besteht schließlich auch für das Einbringen von Stoffen (z.B. Fischfutter) zu Zwecken der **Fischerei,** wobei „Stoff" in diesem Zusammenhang im Interesse eines umfassenden Gewässerschutzes weit auszulegen ist.

Vergleichbare Ausnahmetatbestände finden sich – der jeweiligen Situation angepaßt – auch für **Küstengewässer** und das **Grundwasser.**

→ §§ 32a, 33
WHG

2. Wasserrechtliche Genehmigungsarten

20
→ §§ 7, 8
WHG

Die vom Wasserhaushaltsgesetz vorgenommene Differenzierung zwischen **Erlaubnis** und **Bewilligung** ist entstehungsgeschichtlich begründet und aus heutiger Sicht nicht mehr zwingend, wenngleich bis auf weiteres geltendes Recht und somit maßgebend. Im Hinblick auf ihre Rechtsnatur sind beide Arten wasserrechtlicher Genehmigung als begünstigende **Verwaltungsakte** (→ Kap. 3/RN 9 ff.) zu qualifizieren.

Die wasserrechtliche Genehmigung betrifft allein das Verhalten der Gewässerbenutzung, umfaßt jedoch nicht auch darüber hinaus erforderliche Genehmigungen nach anderen Rechtsgebieten (z.B. baurechtlicher oder immissionsschutzrechtlicher Art). Sollten solche anderen Bereiche tangiert sein, müssen mehrere parallele Genehmigungsverfahren durchgeführt werden.

a) Erlaubnis

21
→ § 7 WHG

Die Erlaubnis stellt den **Regelfall** einer wasserrechtlichen Genehmigung dar. Dies läßt sich § 8 II WHG entnehmen, der wie folgt lautet: „Die Bewilligung darf *nur* erteilt werden, wenn..." gegenüber der Erteilung einer Erlaubnis bestimmte *zusätzliche* Mindestvoraussetzungen vorliegen (→ RN 22 f.).

Die Erlaubnis verleiht grundsätzlich lediglich eine **ungesicherte**, da nach ihrem Wortlaut **jederzeit** durch die Genehmigungsbehörde **frei widerrufliche Befugnis**, ein Gewässer in einer bestimmten Art und Weise zu benutzen. Diese nach erstem Anschein unsichere Rechtsstellung des Erlaubnisadressaten wird dadurch ein wenig relativiert, daß die Behörde auch in diesen Fällen den rechtsstaatlichen (Verhältnismäßigkeits-)Grundsatz (→ Kap. 3/RN 30) zu beachten hat, wonach auch jederzeit frei widerrufliche Genehmigungen nur bei Vorliegen eines sachlichen Grundes widerrufen werden dürfen.

b) Bewilligung

Im Gegensatz zur Erlaubnis („Befugnis") begründet die Bewilligung ein **sub-jektiv-öffentliches Recht** (→ Kap. 3/RN 28 f.) auf eine bestimmte Art von Gewässerbenutzung. Sie gewährt dem Adressaten eine **gesicherte Rechtsstellung** sowohl gegenüber der Verwaltung als auch gegenüber privaten Nachbarn, da sie grundsätzlich nicht bzw. nur unter erschwerten Voraussetzungen (§ 12 WHG) widerrufen werden kann. Als Ausgleich für die erschwerten Widerrufsmöglichkeiten darf eine Bewilligung allerdings **nur befristet erteilt werden**.

Zu beachten gilt weiterhin, daß **für gewisse Benutzungstatbestände** (§ 3 I Nrn. 4, 4a, 5, II Nr. 2 WHG) **die Erteilung einer Bewilligung gänzlich ausgeschlossen** ist (§ 8 II 2 WHG); der Grund liegt in dem erhöhten Gefährdungspotential dieser Benutzungen, das eine gesicherte Rechtsstellung des Adressaten hierfür im Hinblick auf die Schutzrichtung des Wasserhaushaltsgesetzes (→ RN 5 f.) nicht rechtfertigt.

22
→ § 8 WHG

> **Beispiel:** Deshalb scheidet für das Einleiten von vorgereinigtem Abwasser aus einer Kläranlage in ein Fließgewässer die Erteilung einer Bewilligung aus, da sich in diesem Wasser regelmäßig noch Reststoffe befinden werden.

Um zu gewährleisten, daß zwischen Erlaubnis und Bewilligung das oben bereits angesprochene Regel-/Ausnahmeverhältnis auch tatsächlich in der Verwaltungspraxis zu Tragen kommt, muß der Adressat **als Person bestimmte Mindestvoraussetzungen** erfüllen (§ 8 II 1 WHG): Neben dem regelmäßig unproblematischen Nachweis eines bestimmten Nutzungszwecks darf eine Bewilligung nur erteilt werden, wenn dem Antragsteller nicht zuzumuten ist, sein geplantes Vorhaben ohne einen gesteigerten Vertrauensschutz in Form einer gesicherten Rechtsstellung vorzunehmen. Überraschenderweise wird in diesem Zusammenhang *nicht* etwa auf wasserwirtschaftliche Gesichtspunkte abgestellt, sondern ausschließlich auf wirtschaftliche Gegebenheiten; die Frage der Unzumutbarkeit einer schlichten Erlaubnis orientiert sich allein an der individuellen Situation des Unternehmers und dem absoluten Investitionsvolumen seines Vorhabens. Damit dient die Erteilung einer Bewilligung allein dem Investitionsschutz des Unternehmers.

23

> **Beispiel:** Eine Bewilligung wird typischerweise erteilt für die Kühlwasserentnahme von Großkraftwerken, für den Betrieb von Wasserkraftanlagen oder bei der Wassergewinnung für die öffentliche Wasserversorgung.

24   Gegenüberstellung der bedeutendsten Unterschiede zwischen Erlaubnis und Bewilligung:

	Erlaubnis	Bewilligung
Verhältnis zueinander	Regelfall einer wasserrechtlichen Genehmigung	Ausnahmefall einer wasserrechtlichen Genehmigung
Zulässige Benutzungen	Alle Benutzungstatbestände können Gegenstand einer Erlaubnis sein	Die Erteilung einer Bewilligung ist ausgeschlossen für Benutzungen mit erhöhtem Gefährdungspotential (§ 8 II 2 WHG)
Adressat der Genehmigung	Jedermann	Nur Personen mit besonderem wirtschaftlichen Interesse (§ 8 II 1 WHG)
Rechtsstellung des Adressaten	Jederzeit widerrufliche und damit relativ unsichere Befugnis zur Gewässerbenutzung	Grundsätzlich unwiderrufliches subjektiv-öffentliches Recht auf eine Gewässerbenutzung
Dauer der Erteilung	Befristung möglich, wegen Widerrufsmöglichkeiten jedoch nicht zwingend erforderlich	Befristung zwingend vorgeschrieben (§ 8 V WHG)
Genehmigungsverfahren	„Gewöhnliches" Verwaltungsverfahren	„Qualifiziertes" Verwaltungsverfahren mit dem zwingenden Erfordernis einer erweiterten Bürgerbeteiligung (§ 9 WHG)

c) Exkurs: Gehobene Erlaubnis

25   Zahlreiche Länder erkannten ein Bedürfnis, gerade für Abwassereinleiter (→ RN 37), denen aus oben genannten Gründen (→ RN 23) die Möglichkeit der Erteilung einer Bewilligung verwehrt ist, eine gefestigtere Rechtsstellung einzuräumen als dies durch die Erteilung einer einfachen Erlaubnis erfolgen kann. Dies veranlaßte sie zur landesrechtlichen Einführung einer sog. „gehobenen Erlaubnis", einer **Erlaubnis mit erschwerten Rücknahmemöglich-keiten**, deren Erteilungsverfahren im Wege einer stärkeren Formalisierung dem der Bewilligung angenähert ist.

3. Genehmigungsfähigkeit von Vorhaben

Während im Verlauf der bisherigen Ausführungen die Frage der Genehmi-gungsbedürftigkeit bestimmter gewässertangierender Vorhaben erörtert wur-de, betrifft der nun anschließende Prüfungsschritt die Frage, ob die Vorausset-zungen für die Erteilung einer Erlaubnis oder Bewilligung im *konkreten* Fall vorliegen. In diesem Zusammenhang nimmt das Wasserhaushaltsgesetz ledig-lich eine *negative* Abgrenzung vor, wann eine beantragte Erlaubnis oder Be-willigung zu versagen ist (→ RN 27), *nicht* jedoch, wann eine wasserrechtli-che Genehmigung *positiv* zu erteilen ist (→ RN 28 f.).

26
→ § 6 WHG

a) Versagungsgründe

Den bedeutendsten Versagungsgrund, der für die Erlaubnis gleichermaßen wie für die Bewilligung gilt, stellt das **Wohl der Allgemeinheit** dar. Für die Frage nach der Reichweite des unbestimmten Rechtsbegriffs (→ Kap. 3/RN 25) „Beeinträchtigung des Wohls der Allgemeinheit" bietet bereits das Gesetz eine erste Auslegungshilfe, indem es darunter „insbesondere eine Gefährdung der öffentlichen Wasserversorgung" versteht, also der Versorgung mit Trink- und Brauchwasser.

27
→ § 6 I WHG

Folgende **weitere Versagungsgründe aus dem Kontext des Wasserhaushaltsgeset-zes** können *neben* dem Wohl der Allgemeinheit zur Versagung einer beantragten Ge-nehmigung führen: Individuelle Interessen benachbarter Dritter; Mindestanforderun-gen an das Einleiten von Abwasser (§ 7a WHG); das Gebot schadloser Abwasserbesei-tigung (§ 18a I 1 WHG); Vorschriften im Rahmen der Einbringung, dem Lagern oder Befördern von festen Stoffen (§ 26 WHG); das Verbot von Grundwassergefährdungen (§ 34 I WHG); spezielle Festsetzungen in Wasserschutzgebieten (§ 19 WHG) oder Überschwemmungsgebieten (§ 32 WHG); besondere Anforderungen durch Reinhalte-ordnungen (§ 27 WHG) und Bewirtschaftungspläne (§ 36b WHG).

Angesichts des umfassenden Bewirtschaftungsauftrags unter Einbeziehung des gesamten Naturhaushalts (→ RN 6) beschränkt sich der Gemeinwohlbe-griff jedoch keinesfalls nur auf spezifisch wasserwirtschaftliche Belange. Deshalb sind durch die Wasserbehörde neben wasserrechtlichen Belangen auch **sonstige Gemeinwohlbelange** wie solche der Gesundheit, des Natur-schutzes, des Landeskultur usw. zu berücksichtigen, solange der Gesetzgeber die Prüfung dieser Belange nicht auf spezielle Verwaltungsverfahren übertra-gen hat.

Erlaubnis und Bewilligung sind darüber hinaus zwingend zu versagen, soweit die beabsichtigte Gewässerbenutzung erhebliche Beeinträchtigungen

28
→ § 6 II WHG

eines auf der Grundlage der **Vogelschutz-Richtlinie** (RL des Rates 79/409/
EWG) bzw. der **Flora-Fauna-Habitat-Richtlinie** (RL des Rates 92/43/EWG
zur Erhaltung der natürlichen Lebensräume sowie der wildlebenden Tiere und
Pflanzen, → Kap. 10/RN 32 ff.) erlassenen Schutzgebiets von gemeinschaftlicher Bedeutung nach sich zieht. Dies gilt dann nicht, wenn nachträgliche
Ausgleichsmaßnahmen nach den Grundsätzen der naturschutzrechtlichen Eingriffsregelung (→ Kap. 10/RN 12 ff., 17) die Eingriffsfolgen auf einen –
ökologisch betrachtet – gleichwertigen Zustand reduzieren helfen.

b) Bewirtschaftungsermessen

29   Selbst unter der Voraussetzung, daß der beantragten wasserrechtlichen Genehmigung keine zwingenden Versagungsgründe entgegenstehen, besitzt der Antragsteller noch keinen Anspruch auf Erteilung dieser Genehmigung; die *positive* Entscheidung über die Erteilung steht nämlich im Ermessen der Genehmigungsbehörde, dem sog. **Bewirtschaftungsermessen** (→ Kap. 3/RN 17),
um sicherzustellen, daß die Wasserbehörde auf der Suche nach einem umfassenden Interessenausgleich ihrem Bewirtschaftungsauftrag (→ RN 6) in aus-
reichendem Maße nachkommt.

> **Beispiel:** So kann die Behörde durchaus – auch bei Fehlen zwingender Versa-
> gungsgründe – einen Antrag auf Erteilung einer Erlaubnis negativ verbeschei-
> den, nur um einen sog. Präzedenzfall zu verhindern, der aufgrund zu erwarten-
> der weiterer Interessenten eine bedenkliche wasserwirtschaftliche Entwicklung
> einleiten könnte.

4.   Erteilungsverfahren

30   Als begünstigende Verwaltungsakte (→ Kap. 3/RN 9 ff.) unterliegen die wasserrechtlichen Genehmigungstypen der Erlaubnis und Bewilligung dem Erfordernis einer **Antragstellung durch den Benutzer**. Hierbei muß bereits aus
der Formulierung des Antrags deutlich werden, welche Art der wasserrechtlichen Genehmigung begehrt wird.

→ §§ 4, 5
WHG

Die jeweils zuständige Behörde ist auch berechtigt, eine beantragte Genehmigung
lediglich unter der Festsetzung von **Benutzungsbedingungen** und **Auflagen** zu erteilen, sollte eine uneingeschränkte Erteilung gegen das Wohl der Allgemeinheit verstoßen. Bedingungen und Auflagen können auch noch nachträglich angeordnet werden (§
5 WHG).

IV.   Abwasserwirtschaft

31   Eine funktionierende Abwasserwirtschaft bezweckt die **Verhinderung oder
zumindest Reduzierung anthropogener Gewässerverunreinigungen** und

stellt damit lediglich eine Teildisziplin des allgemeinen Gewässerschutzrechts dar. Dementsprechend finden sich diesbezüglich die maßgebenden Normen ebenfalls im Wasserhaushaltsgesetz; von Bedeutung ist in diesem Zusammenhang darüber hinaus auch das Abwasserabgabengesetz (AbwAG), auf dessen Grundlage den (Direkt-)Einleitern von Abwasser in ein Gewässer die Zahlung einer Abgabe auferlegt wird (→ Kap. 6/RN 33 ff.).

1. Begriffsbestimmungen

a) Abwasser
Unter Zugrundelegung des heute noch gültigen historischen Abwasserbegriffs des Reichsgerichts aus dem Jahre 1886 gilt Abwasser als das **gesamte verunreinigte Wasser sowie Wassergemische ohne Rücksicht auf die Ursache, das Ausmaß oder die Schädlichkeit der Verschmutzung.**

32

> **Beispiel:** Diese Definition erfaß auch Niederschlagswasser, das von versiegelten Flächen in die Kanalisation abläuft.

b) Abwasserbeseitigung
Unter Abwasserbeseitigung im Sinne des Abwasserrechts ist in Anlehnung an das Recht der Abfallbeseitigung „das Sammeln, Fortleiten, Behandeln, Einleiten, Versickern, Verregnen und Verrieseln von Abwasser sowie das Entwässern von Klärschlamm im Zusammenhang mit der Abwasserbeseitigung" zu verstehen.

33
→ § 18a I 3 WHG

2. Privatisierungstendenzen im Recht der Abwasserbeseitigung

Nach bisheriger und auch in Zukunft im Grundsatz fortgeltender Rechtslage obliegt den Kommunen aufgrund landesrechtlicher Zuweisung die Abwasserbeseitigung als Pflichtaufgabe; damit handelt es bei der Entsorgung der Abwässer um eine grundsätzlich **öffentlich-rechtliche Aufgabe** hoheitlicher Daseinsvorsorge, die im alleinigen Verantwortungsbereich des Staates liegt. Durch die Neufassung des § 18a II 3 WHG wird nunmehr lediglich die bisherige Rechtslage klargestellt, daß sich die Kommunen bzw. Abwasserzweckverbände zur Erfüllung ihrer Pflicht auch **Privater als „Erfüllungsgehilfen"** bedienen können, wodurch jedoch die originäre Verantwortlichkeit der Kommunen nicht tangiert ist.

34
→ § 18a II WHG

Eine vollständige **Übertragung der Abwasserbeseitigungspflicht auf Private** unter dem Gesichtspunkt einer echten Aufgabenprivatisierung wird dagegen durch den jüngst erst eingefügten und von einer Harmonisierung zu den Vorschriften der Abfallbeseitigung motivierten § 18a IIa WHG ermöglicht. Wie die Länder durch eigene Gesetze diese flexiblen Vorgaben umsetzen werden, bleibt zum jetzigen Zeitpunkt noch abzuwarten.

→ § 18a IIa WHG

35

Diskutiert werden in diesem Zusammenhang insbesondere **Betreiber-** (vertragliche Beauftragung von Privaten mit der Durchführung von Entsorgungsaufgaben) und **Kooperationsmodelle** (Durchführung der Abwasserentsorgung durch ein gemischtwirtschaftliches Unternehmen unter Beteiligung der Kommunen) sowie die weitestgehende Einbeziehung Privater im Wege von **Beleihungsmodellen** (eigenverantwortliche Tätigkeit durch Private). Eine gewisse Skepsis erscheint allerdings in der derzeit euphorisch geführten Privatisierungsdiskussion für den Bereich der Abwasserbeseitigung angebracht, da Abfälle im Gegensatz zum Abwasser wohl den lukrativeren Markt darstellen und sich dies auch entsprechend auf die Attraktivität privatwirtschaftlicher Betätigung im Bereich der Abwasserbeseitigung auswirkt.

3.   Art und Weise der Abwasserbeseitigung

36

→ § 18a I 1 WHG

Auch oder gerade die Abwasserwirtschaft steht unter dem bereits häufiger erwähnten **Postulat der Gemeinwohlverträglichkeit** (→ RN 27), indem für die Abwasserbeseitigung gefordert wird, daß durch sie das Wohl der Allgemeinheit nicht beeinträchtigt werde.

Unter idealen Voraussetzungen durchläuft das Abwasser folgenden Prozeß: Zunächst wird das in den Haushalten, in der Industrie und durch abfließendes Niederschlagswasser anfallende Abwasser über ein Kanalisationsnetz in Abwasserbehandlungsanlagen (Kläranlagen) verbracht, wo eine (Vor-)Reinigung stattfindet, um das „gereinigte" Abwasser schließlich möglichst schadlos in den natürlichen Gewässerkreislauf durch Einleitung in ein oberirdisches Gewässer zurückzuverbringen.

a) Abwasserbeseitigung als Gewässerbenutzung

37

Aus den vorstehenden Ausführungen ergibt sich, daß der am Ende des Abwasserbeseitigungsprozesses stehende Vorgang der Einleitung des vorgeklärten Abwassers in ein oberirdisches Gewässer als **Gewässerbenutzung** zu qualifizieren ist (§ 3 I Nr. 4 WHG), wofür die für die Abwasserbeseitigung zuständigen Kommunen oder privaten Entsorgungspflichtigen eine **wasserrechtliche Erlaubnis** benötigen; die Erteilung einer Bewilligung ist für ein derartigen Benutzungstatbestand ausgeschlossen (§§ 8 II 2 WHG; → RN 22, 25).

→ § 7a WHG

Getragen vom Vorsorgegedanken unterliegt die Erteilung einer Erlaubnis für das Einleiten von Abwasser *neben* dem Vorbehalt der Gemeinwohlverträglichkeit der weiteren zwingenden besonderen Genehmigungsvoraussetzung, daß die Schadstofffracht des Abwassers „so gering wie möglich" gehalten wird; die Konkretisierung dieser Anforderungen, deren Strenge in Abhängigkeit von der Gefährlichkeit des einzuleitenden Abwassers für das Allgemeinwohl zunimmt, erfolgt wegen der im Vergleich zum förmlichen Gesetzgebungsverfahren unkomplizierteren Aktualisierungsmöglichkeiten im Wege der Rechtsverordnung (→ Kap. 2/RN 17).

b) Die Rolle des Abwassererzeugers im System der Abwasserbeseitigung

38

Wie bereits ausgeführt, liegt nach dem Verständnis des Wasserhaushaltsgesetzes in der Einleitung von Abwasser durch den Abwasserproduzenten in die Kanalisation **keine Gewässerbenutzung** vor, da durch dieses Verhalten der sachliche Geltungsbereich des Gesetzes nicht eröffnet ist (→ RN 11). Der Bürger als Abwasserproduzent, der sich über die Kanalisation seines Abwassers entledigt, muß sich deshalb auch als sog. „**Indirekteinleiter**" nicht um die Erteilung einer Genehmigung bemühen. Dies hat allerdings nicht zur Folge, daß sich Abwasserproduzenten frei jeder Regelung ihres Abwassers entledigen können. Denn für den Entsorgungspflichtigen (→ RN 34) als Adressaten der jeweiligen Erlaubnis bestehen zahlreiche Möglichkeiten der Einflußnahme auf die Abwassererzeuger, um eventuellen eigenen Auflagen und Benutzungsbedingungen gerecht zu werden; dies geschieht regelmäßig im Wege kommunaler Normsetzung durch den **Erlaß von Satzungen** (→ Kap. 2/RN 18) und „**Indirekteinleiterverordnungen**" (→ Kap. 2/RN 17), in denen sich z.T. detaillierte und bußgeldbewehrte Regelungen für die Überlassung des Abwassers durch den Abwassererzeuger wiederfinden.

V. Planungsrechtliches Instrumentarium des Gewässerschutzes

39
→ § 19 WHG

Das fachplanerische (→ Kap. 6/RN 8 ff.) Instrumentarium des Gewässerschutzes dient im allgemeinen dazu, komplexe Problemzusammenhänge zu erfassen und im Wege von Prognosen einen Ausgleich zwischen kollidierenden Interessen des Gewässerschutzes und anderen Interessen herbeizuführen.

An erster Stelle ist in diesem Zusammenhang auf die Möglichkeit hinzuweisen, konkrete Gebiete wasserwirtschaftlich – zusätzlich zu den parallel weiterhin anwendbaren Vorschriften der allgemeinen Benutzungsordnung (→ RN 8 ff.) – einer intensiveren Pflege zu unterstellen, indem man sie in der Regel im Wege von Rechtsverordnungen (→ Kap. 2/RN 17) zu **Wasserschutzgebieten** erklärt und zusätzliche Ge- und Verbote aufstellt. Ziel einer solchen Maßnahme ist eine qualitative oder quantitative Verbesserung der vorhandenen Wasserressourcen, insbesondere zum Zweck der ausreichenden Versorgung mit Trinkwasser.

→ §§ 32, 18a
III, 27, 36b
WHG

Weitere fachplanerische Instrumente stellt das Wasserhaushaltsgesetz in Gestalt von **Hochwasserschutzgebieten**, **Abwasserbeseitigungsplänen**, **Reinhalteordnungen** und **Bewirtschaftungsplänen** bereit.

Kontrollfragen:
1. Mit welcher zentralen Thematik befaßt sich die „Wasserwirtschaft"? (RN 3)
2. Skizzieren Sie den Prüfungsaufbau der wasserrechtlichen Zulässigkeit eines Vorhabens! (RN 9 ff., 26 ff.)
3. Nach welchem Kriterium grenzt man am Beispiel der Naßauskiesung zwischen einer Gewässerbenutzung und einem Gewässerausbau ab? (RN 17)
4. Unterscheiden Sie die Begriffe „Primär-" und „Sekundärbenutzungen"! (RN 18)
5. Welche wasserrechtlichen Genehmigungsarten kennen Sie? Arbeiten Sie die entscheidenden Unterschiede anhand des Gesetzes heraus! (RN 20 ff.)

6. Hat ein Gewässerbenutzer Anspruch auf Erteilung einer wasserrechtlichen Genehmigung, sobald alle Voraussetzungen hierfür vorliegen? (RN 29)

7. Aus welchem Grund liegt bei der Einleitung von Abwasser in ein kommunales Kanalisationsnetz keine Gewässerbenutzung vor? (RN 11, 38)

8. Handelt es sich bei der Abwasserbeseitigung um eine Staatsaufgabe? Welche Möglichkeiten der Einbeziehung privater Dritter in den Entsorgungsprozeß werden diskutiert? (RN 34 f.)

9. Welche Genehmigungsart benötigt eine abwasserbeseitigungspflichtige Kommune für die Einleitung ihres vorgeklärten Abwassers in einen Fluß? (RN 37)

10. Welche planungsrechtlichen Instrumente im Wasserrecht kennen Sie? Arbeiten Sie unter Zuhilfenahme des Gesetzestextes heraus, aus welchen Gründen Wasserschutzgebiete erlassen werden können! (RN 39)

Weiterführende Hinweise:
Monographien:
Bender, Bernd/Sparwasser, Reinhard/Engel, Rüdiger, Umweltrecht, 3. Aufl. (1995), Teil 4 (S. 195–254); *Bodanowitz, Jan*, Organisationsformen für die kommunale Abwasserbeseitigung, 1993; *Breuer, Rüdiger*, Öffentliches und privates Wasserrecht, 2. Aufl. (1987); *Bundesministerium für Umwelt, Naturschutz und Reaktorsicherheit* (Hrsg.), Wasserwirtschaft in Deutschland, Stand Oktober 1996; *Czychowski, Manfred*, Wasserhaushaltsgesetz (Kommentar), 7. Aufl. (1998); *Kloepfer, Michael*, Umweltrecht, 2. Aufl. (1998) S. 812–908; *Nispeanu, Peter*, Abwasserabgabenrecht, 1997; *Schmidt, Reiner/Müller, Helmut*, Einführung in das Umweltrecht, 4. Aufl. (1995), § 4 (S. 90–114); *Sieder, Frank/Zeitler, Herbert/Dahme, Heinz*, Wasserhaushaltsgesetz (Kommentar), Stand August 1997.

Aufsätze:
Breuer, Rüdiger, Die Fortentwicklung des Wasserrechts auf europäischer und deutscher Ebene, DVBl. 1997, S. 1211–1223; *Decker, Andreas*, Die wasserrechtlichen Benutzungstatbestände, JA 1996, S. 797–806; *Haverkämper, Ulf*, Die Privatisierung der kommunalen Abwasserentsorgung – Rechtliche Pespektiven, VR 1996, S. 223–226; *Kopp, Günther-Michael*, Rechtliche Kriterien bei der Festsetzung von Wasserschutzgebieten, ZfW 1995, S. 1–5; *Kopp, Günther-Michael*, Schwerpunkte der 6. Novelle zum Wasserhaushaltsgesetz, NJW 1997, S. 417–421; *Kummer, Heinz Joachim/Giesberts, Ludger*, Rechtsfragen der Privatisierung kommunaler Abfallentsorgung und Abwasserbeseitigung, NVwZ 1996, S. 1166–1172; *Lübbe-Wolff, Gertrude*, Die sechste Novelle zum Wasserhaushaltsgesetz, ZUR 1997, S. 61–71. *Martens, Claus-Peter/Lorenz, Marc-Sondor*, Die Ökonomisierung des Rechtsbegriffs „Stand der Technik" durch die sechste Novelle zum WVw 1998, S. 13–17.

Rechtsprechung:
BVerfGE 15, S. 1–25 (Definition der Wasserwirtschaft); BVerfGE 58, S. 300–353 (Grundwasserdefinition; Verhältnis der wasserwirtschaftlichen Benutzungsordnung zum Eigentumsgrundrecht); BVerwGE 49, S. 293–301 (Erfordernis des Zusammenhangs eines Gewässers mit dem natürlichen Gewässerkreislauf); BVerwGE 55, S. 220–232 (Abgrenzung Gewässerausbau/Gewässerbenutzung bei der Naßauskiesung), BVerwGE 81, S. 347–352 (Reichweite des wasserrechtlichen Gemeinwohlbegriffs); RGZ 16, S. 178–183 (Abwasserdefinition); OVG Greifswald, NuR 1996, S. 158–160 (Bewirtschaftungsermessen); VGH Mannheim, NuR 1996, S. 352–353 (Bewirtschaftungsermessen); OVG Schleswig, UPR 1996, S. 312–314 (Erforderlichkeit einer Wasserschutzgebietsfestsetzung).

10. Naturschutzrecht

Die Tier- und Pflanzenarten sowie ihre natürliche Umgebung, wie wir sie heute vorfinden, sind Resultat eines Millionen Jahre langen Evolutionsprozesses. Durch anthropogene Eingriffe, sei es nur um flüchtiger Profite willen oder auch aus Unwissenheit, wird das ökologische Gleichgewicht zerstört und es besteht die Gefahr, daß natürliche Ressourcen irreversibel verloren gehen. Dies zu verhindern, hat sich das Naturschutzrecht zum Ziel gesetzt.

1

> **Fakten:** Die qualitative Verschlechterung des Zustands von Natur und Landschaft ist geprägt von einer fortschreitenden Bodenversiegelung, einer Verinselung der Landschaft durch infrastrukturelle Zerschneidungen, einer Verarmung des Landschaftsbildes sowie einer in manchen Bereichen wachsenden Schadstoffbelastung. So werden in Deutschland derzeit *täglich* (!) etwa 90 ha Boden durch Baumaßnahmen versiegelt, der Anteil der Verkehrs- und Siedlungsfläche bezogen auf die Gesamtfläche beträgt inzwischen ca. 12%. Auf den Naturhaushalt bezogen wirkt sich diese Situation unter anderem in einem teilweise dramatischen Arten- und Biotopschwund aus; rund die Hälfte der in Deutschland bekannten Säugetiere und Vögel, etwa drei Viertel der Fische und Rundmäuler, Kriechtiere und Lurche sind in ihrem Bestand gefährdet oder gar vom Aussterben bedroht. Weltweit verringert sich die Zahl der weltweit ca. 1,4 Mio. registrierten Tier- und Pflanzenarten täglich um ca. 200. Als positiv ist demgegenüber zu werten, daß insbesondere durch die Ausweisung von Schutzgebieten der Anteil der gefährdeten Brutvogelarten in der Bundesrepublik zwischen 1991 und 1996 von 61% auf 42% zurückging.

I. Allgemeines

2

Bereits an diesen kurzen einleitenden Sätzen zeigt sich ein Hauptcharakteristikum des Naturschutzrechts gegenüber anderen klassischen Gebieten des öffentlichen Umweltrechts: Es zielt gerade nicht auf Regulierung eines bestimmten Umweltmediums wie Luft, Wasser oder Boden, sondern hat die Erhaltung und Verbesserung der natürlichen Lebensgrundlagen *insgesamt* vor Augen (**„Querschnittscharakter" des Naturschutzrechts**). So begrüßenswert dieser ganzheitliche Ansatz zunächst auch erscheint, so liegt darin auch eine der Hauptursachen für die (teilweise zu Recht) beklagte Durchsetzungsschwäche dieses Rechtsgebiets begründet. Wie wir noch sehen werden, treten hierbei insbesondere Kollisionen mit den Interessen des Baurechts auf, das sich zum Ziel gesetzt hat, der grundgesetzlich garantierten Baufreiheit vor allem aus der Perspektive städtebaulicher Ordnung Geltung zu verschaffen.

Der Anfang des Naturschutzrechts in Deutschland bestand in punktuellen Regelungen zur Erhaltung des status quo („Blümchen- und Vogelschutz"). Bis heute entwickelte sich daraus ein modernes Rechtsgebiet, das zwar auf einen ordnungsrechtlichen Rahmen zur Abwehr drohender Eingriffe nicht verzichtet, jedoch immer stärker sein Augenmerk auf eine „gestaltende Vorsorge" richtet: Noch bevor Interessenkollisionen auftreten, sollen Beeinträchtigungen der Natur verhindert werden, denn langjährige Erfahrungen haben gezeigt, daß der Naturschutz bei maßnahmenbezogenen Einzelfallentscheidungen häufig „den kürzeren" zieht. Dies erklärt auch die Tatsache, daß in diesem Rechtsgebiet zahlreiche Planungsformen als klassische Instrumente zur Realisierung des Vorsorgeprinzips (→ Kap. 6/RN 2) zum Einsatz kommen.

1. Rechtliche Grundlagen

Die bedeutendsten Impulse bei der Regulierung des Naturschutzrechts gehen von dem „Gesetz über Naturschutz und Landschaftspflege" (**Bundesnaturschutzgesetz** – BNatSchG, zuletzt geändert durch Gesetz vom 30.4.1998, BGBL. I, S. 823–832) aus. Es handelt sich hierbei um ein sogenanntes Rahmengesetz des Bundes (→Kap. 5/RN 14), das in weiten Teilen zum Zwecke seiner Anwendbarkeit auf eine Umsetzung und Konkretisierung durch die Landesgesetzgeber angewiesen ist. Wegen der weitgehend ähnlichen Regelungen im Bereich der Landesnaturschutzgesetze beschränkt sich die vorliegende Darstellung jedoch auf die Erläuterung des Bundesrechts. Eine umfangreiche Reform und Modernisierung des Bundesnaturschutzgesetzes wird seit mehr als zehn Jahren kontrovers diskutiert. Allerdings scheint ein parteienübergreifender Konsens im Zusammenhang mit der Debatte über den Wirtschaftsstandort Deutschland immer schwieriger zu finden zu sein.

3

Weitere naturschutzrechtliche Regulierungen finden sich aber auch in anderen Gesetzen wie z.B. dem Waldgesetz, Tierschutzgesetz, Pflanzenschutzgesetz sowie den Fischerei- und Jagdgesetzen.

Das deutsche Naturschutzrecht unterliegt zudem in besonderem Maße auch **internationalen Einflüssen**, sei es aufgrund internationaler völkerrechtlicher Übereinkünfte (vgl. Washingtoner Artenschutzabkommen bzw. UN-Konvention zum Schutz der biologischen Vielfalt) wie aber auch und vor allem aufgrund europarechtlicher Vorgaben (vgl. Vogelschutz-RL des Rates 79/409/EWG, Flora-Fauna-Habitat-RL des Rates 92/43/EWG, VO des Rates 338/97 über den Schutz von Exemplaren wildlebender Tier- und Pflanzenarten durch Überwachung des Handels), die – soweit erforderlich – insbesondere durch das Bundesnaturschutzgesetz, ihren landesrechtlichen Pendants oder auf der Grundlage des Bundesnaturschutzgesetzes in nationales Recht transformiert werden.

4

2. Ziele und Grundsätze des Naturschutzes

a) Ziele
Wie bereits eingangs erwähnt, verfolgt das Naturschutzrecht einen medienübergreifenden Ansatz zum Schutz der gesamten Biosphäre. Dieser Schutzgedanke, der verknüpft ist mit einem Pflege- und Entwicklungsgebot, bezieht

5
→ § 1 I
BNatSchG

sich ganz allgemein auf Natur und Landschaft sowie deren zivilisatorische Ausprägungen, um letztlich damit die gesamte Landesfläche der Bundesrepublik dem Regime einer **nachhaltigen Naturbewirtschaftung** (sustainable development → RN 42) zuzuführen. Daß hierbei durchaus auch eine anthropozentrische Sichtweise vorherrscht, läßt sich angesichts solcher Schutzziele wie Schönheit und Erholungswert der Landschaft nicht verleugnen.

6
→ § 1 III
BNatSchG

Auch wenn das Verdienst von Land-, Forst-, und Fischereiwirtschaft gerade für weiträumige Kultur- und Erholungslandschaften nicht von der Hand zu weisen ist, so kann doch nicht von einer generellen Zielkonformität dieser Wirtschaftsweisen mit den Zielen des Naturschutzes ausgegangen werden. Genau dies fingiert jedoch die seit langem heftig umstrittene **Landwirtschaftsklausel**, die eine naturschutzrechtliche Privilegierung *auch konventioneller* agrar- und forstwirtschaftlicher Betätigungen bewirkt.

Ausgehend von der Überlegung, daß die Land- und Forstwirtschaft ungleich höher als andere Wirtschaftszweige auf die Nutzung der freien Fläche angewiesen ist und insbesondere durch die FFH-RL erforderliche weitere Ausweitung von Schutzgebieten (→ RN 32 ff.) auch stärker von deren Nutzungsbeschränkungen betroffen sein wird, diskutiert man zur Zeit als Ersatz für eine Streichung der Landwirtschaftsklausel einen besonderen Berücksichtigungsauftrag der Landwirtschaft in Verbindung mit einer finanziellen Ausgleichsbestimmung für naturschutzrechtlich bedingte Nutzungsbeschränkungen unterhalb der Enteignungsschwelle. Auf dieser Grundlage soll Land- und Forstwirten ein Aufwendungsersatz für eventuelle naturschutzrechtlich veranlaßte Mindererntern oder zusätzliche Aufwendungen gewährt werden, um deren Akzeptanz für naturschutzrechtliche Maßnahmen zu fördern. Die gesetzliche Umsetzung scheitert allerdings an der bislang zwischen Bund und Ländern noch ungeklärten Finanzierung.

b) Grundsätze

7
→ § 2
BNatSchG

Zur Realisierung der eben geschilderten Ziele gibt das Bundesnaturschutzgesetz teilweise detailliert formulierte Handlungsgrundsätze vor, die von den mit dem Vollzug des Bundesnaturschutzgesetzes beauftragten Behörden in eine Abwägung oder Ermessensentscheidung mit einzubeziehen ist. Daß hierbei faktisch weder eine Herabsetzung noch eine Höherstufung der Ziele und Grundsätze des Naturschutzrechts erfolgt, wird durch das **Abwägungsgebot** des § 1 II BNatSchG klargestellt. Demnach ist den Zielen des Naturschutzes – falls diese mit anderen Interessen kollidieren – *entsprechend ihrer Gewichtung im Einzelfall* Geltung zu verschaffen. Ein absoluter Vor- oder Nachrang des Naturschutzes läßt sich dieser Klausel somit nicht entnehmen. Die Abwägung selbst hat sich an den Grundsätzen des Verhältnismäßigkeitsprinzips (→ Kap. 3/RN 30) zu orientieren.

II. Landschaftsplanung

1. Fachplanungen im Bereich des Naturschutzes

Planungen dienen im Umweltrecht regelmäßig der Verwirklichung des Vorsorgeprinzips (→ Kap. 6/RN 2). Die naturschutzrechtliche Landschaftsplanung als Fachplanung (→ Kap. 6/RN 8 ff.) im Bereich des Naturschutzes
bezweckt keinen Interessenausgleich der vielen heterogenen und aus der Sicht
des Naturschutzes häufig auch dysfunktionalen Bedürfnisse, die an den Raum
und seine Nutzungsmöglichkeiten gestellt werden. Sie hat als eine vorbereitende Fachplanung vielmehr zunächst die Aufgabe, im jeweiligen Planbereich
aus der Sicht des Naturschutzes (sozusagen „parteiisch") die Erfordernisse
und Maßnahmen zur Verwirklichung der Ziele und Grundsätze (→ RN 5 ff.)
des Naturschutzes planerisch festzulegen und darzustellen, um dann in einem
nachfolgenden Schritt mit diesen Vorgaben in die landesplanerische Gesamtplanung (→ RN 10) integriert zu werden.

8
→ §§ 5 ff.
BNatSchG

Übergeordnetes Ziel der Landschaftsplanung muß dabei eine – bezogen auf die jeweilige Landesfläche – möglichst lückenlose und flächendeckende „ökologische Gesamt-
betrachtung" von Landschaftsräumen sein. Nur so ist gewährleistet, daß die notwendigen Informationen für eine ökologisch motivierte Standortwahl im Bereich der Bauleitplanung bereitstehen oder daß die erforderlichen Maßnahmen für eine besondere
Unterschutzstellung bestimmter Gebiete eingeleitet werden können.

Der Planungsprozeß durchläuft hierbei idealiter folgende Verfahrensschritte:

- Analyse der vorgefundenen Situation;
- Prognose weiterer Entwicklungen;
- Konkretisierung der planerischen Zielvorstellungen anhand der Ziele und
  Grundsätze des Naturschutzes und der Landschaftspflege (→ RN 5 ff.);
- Dokumentation der Erfordernisse und Maßnahmen zur Realisierung der
  angestrebten Ziele.

2. Instrumente der Landschaftsplanung

Das Bundesnaturschutzgesetz sieht in Anlehnung an das Vorbild der landesplanerischen Gesamtplanung eine **dreigestufte Landschaftsplanung** vor, die
zumindest in den meisten Flächenstaaten auch in dieser Weise landesrechtlich
umgesetzt worden ist. Die unterschiedlichen Planungsebenen sind zunächst
einmal grob in solche überörtlicher und örtlicher Landschaftsplanung zu un-
terteilen, wobei mit zunehmendem Planungsmaßstab – also mit Abnahme des
Planbereichs – eine größere Detailgenauigkeit erzielt werden kann. Als Instrumente überörtlicher Landschaftsplanung sind das **Landschaftsprogramm**

9
→ §§ 5 f.
BNatSchG

und der **Landschaftsrahmenplan** zu nennen, **Landschaftspläne** finden wir auf der Ebene der örtlichen Landschaftsplanung.

Einige Bundesländer ergänzen ihr örtliches Planungsinstrumentarium um sogenannte „**Grünordnungspläne**", die letztlich jedoch nur eine Variante des Landschaftsplans darstellen, in der Regel beschränkt auf den Planbereich eines gemeindlichen Bebauungsplans.

3. Stellung der Landschaftsplanung im Verhältnis zur Landesplanerischen Gesamtplanung

10 Im Gegensatz zu Fachplanungen versuchen Gesamtplanungen sachgebietsübergreifend möglichst allen beteiligten Interessen Geltung zu verschaffen. Die landesplanerische Gesamtplanung erfüllt die Aufgabe, einen Ausgleich unter allen raumbedeutsamen Nutzungsansprüchen zu erreichen, um letztlich eine geordnete Entwicklung der Gesamtfläche der Bundesrepublik zu gewährleisten und so auch wichtige Impulse für Standortentscheidungen zu geben. Wie bereits kurz angedeutet, ist die Raumordnung bzw. Landesplanung auf Landesebene in der Regel ebenfalls dreistufig aufgebaut, Landesentwicklungsprogramm und Regionalplan auf überörtlicher Ebene sowie die Bauleitpläne (Flächennutzungsplan und Bebauungsplan) auf örtlicher Ebene.

Die naturschutzrechtliche Landschaftsplanung als Fachplanung ist darauf angelegt, mit ihren Vorgaben in die landesplanerische Gesamtplanung integriert zu werden, um so ihren möglichen Beitrag zu einer ökologisch orientierten Landesplanung zu leisten. Erst durch die **Integration** erlangt die Landschaftsplanung Verbindlichkeit gegenüber allen öffentlichen Planungsträgern.

Eine isolierte Außenverbindlichkeit haben allerdings die Landschaftspläne in Berlin, Bremen, Hamburg und Nordrhein-Westfalen, d.h. sie gelten unabhängig von ihrer Umsetzung in die Bauleitplanung.

Die sachliche Verzahnung zwischen der Raumordnung und Landschaftsplanung auf der jeweiligen Planungsebene wird dadurch erleichtert, daß sich nach der Vorstellung des Gesetzgebers die Planbereiche im wesentlichen decken, beide Planungstypen mit denselben planerischen Darstellungsformen arbeiten und dadurch in gewisser Weise kompatibel sind.

11 Folgende Übersicht verdeutlicht in einem groben Überblick die Planungsebenen und die Parallelität zwischen der Landschaftsplanung und der landesplanerischen Gesamtplanung:

Planbereich	Landschaftsplanung	Landesplanung
Gesamte Landesfläche	Landschaftsprogramm	Landesentwicklungs- programm/ Raumordnungs- programm
Region/ Regierungsbezirk	Landschafts- rahmenplan	Regionalplan
Gemeindegebiet bzw. Teile davon	Landschaftsplan (Grünordnungsplan)	Bauleitplanung: – Flächennutzungsplan – Bebauungsplan

aus: *Kiemstedt*, Landschaftsplanung, S. 7.

Daß angesichts dieser doch klaren und aus der Sicht des Naturschutzes auch vielversprechenden gesetzlichen Vorgaben der naturschutzrechtlichen Landschaftsplanung eine gewisse **Durchsetzungsschwäche** attestiert wird, liegt unter anderem daran, daß die Aufstellung von Landschaftsplänen in zahlreichen Bundesländern ins Ermessen der zuständigen Naturschutzbehörden gestellt ist, eine Deckungsgleichheit der jeweiligen Planungsebenen nicht immer besteht und auch bindende Vorgaben für eine periodische Fortschreibung weitgehend fehlen.

III. Allgemeiner Gebietsschutz

Mit den Vorschriften über Eingriffsregelungen sowie Pflege- und Entwicklungsmaßnahmen widmet sich das Bundesnaturschutzgesetz der Frage, auf welche Weise *alle* Landesgebiete einem **naturschutzrechtlichen Mindestschutz** unterstellt werden, was dazu beitragen soll, das bestehende Schutzniveau zumindest nicht zu unterschreiten.

12
→ §§ 8 ff.
BNatSchG

1. Projektbezogene Eingriffsregelung

Ausgehend von der realistischen Vorstellung, daß jede Bautätigkeit regelmäßig auch Beeinträchtigungen von Natur und Landschaft nach sich zieht, verfolgt die projektbezogene Eingriffsregelung das Ziel, mit einem relativ komplizierten Eingriffskompensationssystem aus der Sicht des Naturschutzes den **status quo zu bewahren** (Vollkompensation). Da bundesrechtlich **kein eigenständiges naturschutzrechtliches Genehmigungsverfahren** durchzuführen ist, findet diese Regelung in der Weise Anwendung, daß sie in andere für das

13

jeweilige Vorhaben erforderliche Genehmigungsverfahren (z.B. nach Bau- oder Immissionsschutzrecht) zu integrieren ist („Huckepack-System").

Für die wenigen denkbaren Fälle, daß kein derartiger Genehmigungsvorbehalt besteht, sehen die meisten Landesnaturschutzgesetze eigenständige Genehmigungsverfahren vor.

a) Eingriff

14
→ § 8 I
BNatSchG

Als Eingriff in diesem Sinne sind solche Vorhaben zu qualifizieren, deren Realisierung mit nachhaltigen Veränderungen der Bodengestalt oder der Bodennutzung, der Leistungsfähigkeit des Naturhaushaltes bzw. des Landschaftsbildes verbunden ist.

> **Beispiel:** Errichtung von Gebäuden, Entwässerung von Feuchtgebieten, Fällen von Bäumen, Abbau von Braunkohle im Tagebau. Auch die Verfüllung einer aufgelassenen Kiesgrube fällt darunter, wenn sich in der Zwischenzeit ein sogenanntes Sekundärbiotop gebildet hatte. Die meisten Länder bedienen sich hierbei zum Teil ausführlicher Positiv- oder Negativkataloge, um dem Eingriffstatbestand stärkere Konturen zu verleihen.

b) Verbot vermeidbarer Eingriffe

15
→ § 8 II 1
BNatSchG

Getreu dem die Eingriffsregelung beherrschenden Verursacherprinzip (→ Kap. 6/RN 3) ist der Verursacher des Eingriffs zunächst verpflichtet, vermeidbare Beeinträchtigungen zu unterlassen. Da genaugenommen jeder Eingriff vermeidbar ist, indem das geplante Vorhaben nämlich gar nicht erst in Angriff genommen wird, Eingriffe jedoch nicht grundsätzlich verboten werden sollen, ist diese Klausel dahingehend auszulegen, daß Eingriffe unter Anlegung strenger Maßstäbe **„so gering wie möglich"** gehalten werden. Unvermeidbare Eingriffe sind also zu minimieren. Bestehen mehrere Möglichkeiten, ein Vorhaben zu realisieren, ist die umweltschonendste Alternative zu wählen, soweit diese nicht mit einem unverhältnismäßig hohen (finanziellen) Mehraufwand verbunden ist.

c) Eingriffskompensation

16

Kompensationsmodelle (→ Kap. 6/RN 38 f.) gehen von der Vorstellung aus, aus der Sicht des Gesetzgebers unerwünschte Folgen (hier: Eingriffe in Natur und Landschaft) dann zuzulassen, wenn der betreffende Bürger bereit ist, eigene Gegenleistungen zu erbringen, um den Gesamtschaden in der Natur zu minimieren („do ut des").

Ausgleichspflicht

17
→ § 8 II 1, 4
BNatSchG

In diesem Zusammenhang stellt sich die Frage, ob die nach dem ersten Selektionsschritt (→ RN 15) noch verbleibenden unvermeidbaren Eingriffe nicht wenigstens auszugleichen sind. Unter Ausgleich vesteht man ähnlich der zivilrechtlichen Naturalrestitution (→ Kap. 16/RN 29) den Versuch, nach Durchführung des Vorhabens **an Ort und Stelle** oder zumindest im näheren Umfeld des Eingriffs auf Kosten des Vorhabenträgers einen **ökologisch** im Vergleich zur Situation vorher **annähernd gleichwertigen Zustand** herbeizuführen (sog. räumlich-funktionaler Zusammenhang).

> **Beispiel:** Wiederanlegen eines Feuchtbiotops, Anpflanzen mehrerer junger Bäume als Kompensation für das Fällen eines älteren Baumes.

Abwägung

Unvermeidbare und nicht ausgleichbare Eingriffe sind aber nicht per se naturschutzrechtlich zu genehmigen, da dem Naturschutzrecht durch die Abwägungsklausel eine echte **Vetomöglichkeit** eingeräumt ist, wenn eine Abwägung der beteiligten Interessen des Naturschutzes mit denen des Vorhabenträgers zum Ergebnis gelangt, die Interessen des Naturschutzes seien im konkreten Einzelfall als vorrangig zu qualifizieren.

18
→ § 8 III
BNatSchG

> **Beispiel:** Dies wird regelmäßig bei Bauvorhaben in Naturschutzgebieten der Fall sein. Bei Vorhaben, die von einem großen Allgemeininteresse getragen sind, kann sich dies aber je nach Situation auch zu Lasten des Naturschutzes auswirken (vgl. Flughafen München II im Erdinger Moos). Zu beachten gilt, daß in einigen Ländern nur öffentliche Interessen in die Abwägung eingestellt werden dürfen.

Der gerichtliche Prüfungsmaßstab solcher Entscheidungen orientiert sich an der Abwägungsfehlerlehre (→ Kap. 3/RN 40).

Ersatzmaßnahmen

Um den Interessen des Naturschutzes bei solchen Vorhaben, die weder vermeidbar (→ RN 15) noch ausgleichbar (→ RN 17) sind, die sich aber im Rahmen der Abwägung wegen der vorrangigen Belange des Vorhabenträgers gegenüber denen des Natur- und Landschaftsschutzes durchsetzen konnten (→ RN 18), dennoch in angemessener Weise Geltung zu verschaffen, ermöglicht es das Bundesnaturschutzgesetz den Ländern, eine **zusätzliche Kompensationsmöglichkeit** in den Regelungskanon der Eingriffsregelung aufzunehmen, um letztlich eine Vollkompensation des Eingriffs zu erreichen. Mit Hilfe von **Ersatzmaßnahmen** findet eine Lockerung des strengen räumlichen und funktionalen Zusammenhangs der Ausgleichsmaßnahmen (→ RN 17) statt, sie müssen gerade nicht an Ort und Stelle des Eingriffs vorgenommen werden, auch reicht es aus, wenn sie ihrer Art nach landschaftsverbessernd wirken, um die durch den Eingriff gestörte ökologische Gesamtbilanz auszugleichen.

19
→ § 8 IX
BNatSchG

Einige Länder sehen in diesem Zusammenhang anstelle eines physisch-realen Ersatzes auch die Möglichkeit von Geldzahlungen in Gestalt der **natur-schutzrechtlichen Ausgleichsabgabe** (→ Kap. 6/RN 35) vor, deren Aufkommen im Wege eines Kreislaufmodells dann wiederum für staatliche Natur-schutzmaßnahmen eingesetzt werden muß. Für die Berechnung der Höhe der Ausgleichsabgabe werden verschiedene Bilanzierungsmethoden herangezogen, für zulässig erachtet wurde jedenfalls, sich fiktiv an der Höhe der erspar-ten Rekultivierungskosten zu orientieren. Ersatzmaßnahmen bieten sich ins-besondere bei der Realisierung von Großprojekten an, deren nähere Umge-bung aufgrund der Eingriffe irreparabel beeinträchtigt ist.

> **Beispiel:** Ein zerstörtes Feuchtbiotop wird durch eine großangelegte Auffor-stung an anderer Stelle zu kompensiert.

20   Folgende Übersicht verdeutlicht die Normstruktur der projektbezogenen Ein-griffsregelung:

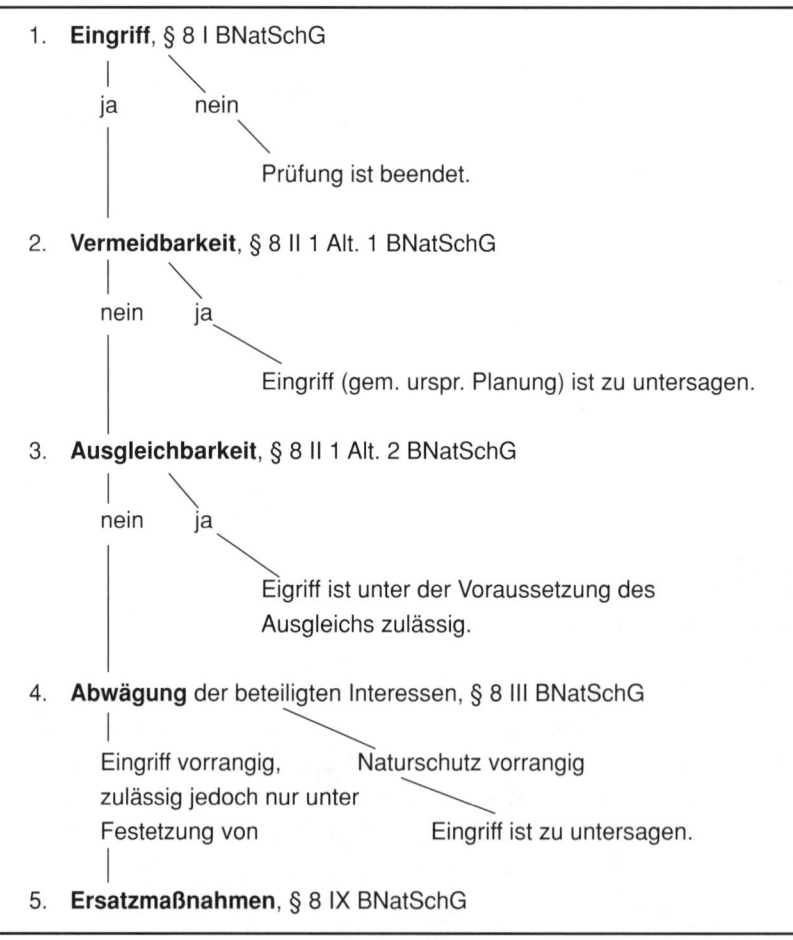

2. Planungsbezogene Eingriffsregelung

a) Verhältnis zur projektbezogenen Eingriffsregelung

Bis zum 1.5.1993 unterlagen sämtliche Eingriffe in Natur und Landschaft einem naturschutzrechtlichen Genehmigungsvorbehalt entsprechend der vorstehenden Ausführungen. Durch Aufnahme des sog. „Baurechtskompromisses" verlagerte sich der Hauptanwendungsbereich der Eingriffsregelung allerdings in das Verfahren der Bauleitplanung, also im Zusammenhang mit dem Erlaß von Flächennutzungsplänen und Bebauungsplänen. Folgende Überlegung lag dieser Gesetzesreform zugrunde: Die Ausführung eines Bebauungsplanes (z.B. Straßen- und Wohnungsbau) zieht regelmäßig eine Reihe von Eingriffen nach sich; da diese Eingriffe quasi bereits auf der vorbereitenden Planungsebene angelegt sind, entspricht es dem umweltrechtlichen Vorsorgeprinzip (→ Kap. 6/RN 2), sich über Eingriffe und deren Kompensation schon frühzeitig im Rahmen der Planaufstellung Gedanken zu machen und auch bereits bei Erlaß des Bauleitplans abschließend darüber zu entscheiden.

21

Die **Integration der Eingriffsregelung in die eingriffsvorbereitende Bauleitplanung** hat deshalb den Vorteil, die Frage des Eingriffs und des Ausgleichs keiner doppelten Prüfung zu unterwerfen (Verfahrensvereinfachung), mehrere Eingriffe im Zusammenhang beurteilen zu können und schließlich auch den Stellenwert der Landschaftsplanung wegen ihrer Einflußmöglichkeiten auf die Bauleitplanung (→ RN 8 ff.) zu stärken. Nachteilig wirkt sich jedoch die Tatsache aus, daß aufgrund des größeren exekutivischen Entscheidungsspielraums und der geringeren gerichtlichen Kontrolldichte planerischer Entscheidungen (→ Kap. 3/RN 40) die ursprünglich von der Eingriffsregelung angestrebte Vollkompensation von Eingriffen nicht durchgehend erreicht wird (→ RN 24). Mit Wirkung zum 1.1.1998 wurde der verfahrensrechtliche Teil der planungsbezogenen Eingriffsregelung nun ins Baugesetzbuch verlagert und auch inhaltlich neu konzipiert.

→ § 1a II Nr. 2 BauGB

Der **Anwendungsbereich der planungsbezogenen Eingriffsregelung** erstreckt sich im wesentlichen auf alle Vorhaben im Zusammenhang mit der Aufstellung, Änderung, Ergänzung oder Aufhebung von Flächennutzungsplänen und Bebauungsplänen (§ 30 BauGB) oder von Satzungen nach § 34 IV 1 Nr. 3 BauGB. Allerdings sind die Länder ermächtigt, einzelne Gemeinden bis zum 31.12.2000 von der Anwendungspflicht zu suspendieren (§ 246 V BauGB). Demgegenüber verbleibt für die projektbezogene Eingriffsregelung (→ RN 13 ff.) grundsätzlich nur eine Anwendung für Vorhaben im sogenannten weitgehend unbesiedelten „Außenbereich" (§ 35 BauGB) oder bei Bebauungsplänen, die eine Planfeststellung ersetzen.

→ § 8a I, II BNatSchG

b) Verfahren der planungsbezogenen Eingriffsregelung

Die Vorverlagerung der Eingriffsregelung in die Bauleitplanung hat zur Folge, daß über die Minimierung (→ RN 15) und Kompensation (→ RN 17 ff.) nun **im Rahmen der bauleitplanerischen Abwägung (§ 1 VI BauGB)** entschie-

22
→ § 8a I BNatSchG, §§ 1a II Nr. 2, 1 VI BauGB

den wird, wodurch die vorher dargestellten Verfahrensschritte der projektbezogenen Eingriffsregelung in einigen Punkten modifiziert werden.

Bauleitplanerische Abwägung

23

→ § 1 VI
BauGB

Gegenstand der Bauleitplanung ist die Vorbereitung und Leitung der baulichen und sonstigen Nutzung der Grundstücke. Daß hierbei vielfältige Ansprüche an die Nutzung des Raumes gestellt werden, liegt auf der Hand. Einen Ausgleich unter den vielfältigen und teilweise auch kollidierenden öffentlichen und privaten Interessen herzustellen, ist Aufgabe des bauleitplanerischen Abwägungsgebots (zum Begriff der Abwägung → Kap. 3/RN 40). Demnach sind bei der Aufstellung der Bauleitpläne alle in Betracht kommenden öffentlichen und privaten Belange „gegeneinander und untereinander gerecht abzuwägen", wozu auch die Belange des Naturschutzes zählen.

In bezug auf mögliche Eingriffe in Natur und Landschaft muß die planende Gemeinde das hierfür **erforderliche Abwägungsmaterial** zusammenstellen, indem sie sich den ökologischen Zustand des Plangebiets vor Augen hält, wofür zum Beispiel auch ein aktueller Landschaftsplan (→ RN 9) nützliche Hilfe leisten kann. Der Wortlaut des § 1a II Nr. 2 BauGB schreibt nun ausdrücklich vor, daß in der bauplanerischen Abwägung auch die Vermeidung und der Ausgleich der zu erwartenden Eingriffe in Natur und Landschaft mit zu berücksichtigen sind. Damit werden bestimmte zusätzliche inhaltliche Anforderungen an die Abwägung gestellt, indem erstens vermeidbare Beeinträchtigungen zu unterlassen sind und zweitens der Ausgleich unvermeidbarer Eingriffe gefordert wird. Für die planende Gemeinde heißt dies, daß sie im Rahmen ihrer Abwägungsentscheidung auch Erwägungen über Planungsalternativen und die Kompensation von voraussichtlichen Eingriffsfolgen mit einzustellen hat.

Gewicht der Naturschutzbelange in der bauleitplanerischen Abwägung

24

Während den bisherigen Ausführungen bislang nur zu entnehmen ist, welches Abwägungsmaterial die planende Gemeinde in ihrer Entscheidung über einen Bauleitplan zu berücksichtigen hat, stellt sich im folgenden nun aber die Frage, welches Gewicht den Naturschutzbelangen in der Abwägung zukommt: Im Unterschied zur projektbezogenen Eingriffsregelung, die grundsätzlich von einer Vollkompensation eingetretener Eingriffe ausgeht, gibt der Gesetzgeber durch die Integration der planungsbezogenen Eingriffsregelung in das bauplanungsrechtliche Abwägungsgebot zum Ausdruck, daß die Belange des Naturschutzes **keinen abstrakten Vorrang** vor den in der Bauleitplanung zu berücksichtigenden anderen privaten und öffentlichen Interessen besitzen; es besteht damit grundsätzlich die Möglichkeit, die Belange des Naturschutzes in der Abwägung vollständig zugunsten anderer Interessen zurückzustellen („wegzuwägen").

Befürchtungen, daß damit eine deutliche Schwächung des Naturschutzes im Rahmen der Bauleitplanung verbunden sei, tritt das BVerwG mit dem Argument entgegen, daß das Abwägungskonzpt des § 1 VI BauGB ja gerade durch § 1a II BauGB um den Vermeidungs- und Kompensationsgrundsatz der naturschutzrechtlichen Eingriffsregelung verfahrensmäßig und inhaltlich erweitert wurde; damit wird sichergestellt, daß für den Fall, daß die planende Gemeinde keine Möglichkeit sieht, in der Abwägung das Integritätsinteresse des Naturschutzes zu wahren, im weiteren zumindest auch das **Kompensationsinteresse** in ihre Abwägungsentscheidung mit einbeziehen muß. Die Gemeinde ist nämlich verpflichtet, in Wahrnehmung ihres Planungsauftrages zugleich über ein Ausgleichskonzept für die Bewältigung der antizipierten Eingriffsfolgen zu entscheiden. Sollte sich die Gemeinde demnach für eine Planung entscheiden, die Eingriffe in Natur und Landschaft erwarten läßt, sind zur Vermeidung von Abwägungsfehlern (→ Kap. 3/RN 40) regelmäßig gleichzeitig Kompensationsfestsetzungen vorzunehmen, die nur dann unterbleiben dürfen, wenn sie „unverhältnismäßige Opfer" erforderten.

Kompensationsmaßnahmen und deren Darstellung im Bauleitplan

Um der planenden Gemeinde eine größere Flexibilität im Hinblick auf die Festsetzung von Kompensationsmaßnahmen zu ermöglichen, verzichtet die planungsbezogene Eingriffsregelung zunächst einmal auf die Unterscheidung zwischen Ausgleichs- (→ RN 17) und Ersatzmaßnahmen (→ RN 19) und faßt beide Kompensationsinstrumente unter dem Oberbegriff des „**Ausgleichs**" zusammen; damit wird eine **räumliche Entkoppelung** der Orte des Eingriffs und Kompensation vorgenommen und die Konzentration von Ausgleichsmaßnahmen für verschiedene Baugebiete und Bauflächen auf bestimmte (Ausgleichs-)Flächen im Sinne einer **Poolbildung** ermöglicht. Hintergrund dieser Überlegung ist die Tatsache, daß im Unterschied zu der auf einzelne Vorhaben bezogenen projektbezogenen Eingriffsregelung mit Verabschiedung eines Bauleitplans regelmäßig über eine Vielzahl unterschiedlichster Eingriffsfolgen zu entscheiden ist und die Bündelung mehrerer Kompensationsmaßnahmen an einem eingriffsfernen Ort anstelle einer grundsätzlichen jeweiligen eingriffsnahen Kompensation auf dem Baugrundstück aus der Sicht des Naturschutzes wesentlich effektiver sein kann.

25
→ §§ 1a II Nr. 2, 200a BauGB

→ §§ 1a III 2, 9 Ia BauGB

> **Beispiel:** Damit können Ausgleichsmaßnahmen auf dem betroffenen Grundstück, auf Flächen im sonstigen Geltungsbereich des Bauleitplans, aber *auch* auf Flächen im Regelungsbereich eines räumlich getrennten „Ausgleichs- und Kompensationsplans", auf gesondert von der Gemeinde bereitgestellten Flächen oder auf Flächen in der Region festgesetzt werden (sogenannte planexterne Kompensation).

26

→ § 135a II 2
BauGB

Mit dem Verzicht auf den unmittelbar räumlichen Zusammenhang zwischen Eingriff und Ausgleich einer geht auch die **zeitliche Entkoppelung** des Ausgleichs vom erwarteten Eingriff und damit die Ermöglichung sogenannter **„Ökokonto-Modelle"**. Hierbei werden Ausgleichsmaßnahmen bereits vor Realisierung eines Bebauungsplans auf Kosten der Gemeinde durchgeführt und bilden eine Art „Ökokonto", welches die Verrechnung mit später auszugleichenden Eingriffen möglich macht.

→ § 1a III 1
BauGB

Planerisch umgesetzt wird der beabsichtigte Ausgleich in Gestalt der **Darstellungsformen des Baugesetzbuches**, so z.B. durch Ausweisung von Grün- und Wasserflächen oder sonstiger Schutz- und Pflegemaßnahmen (§§ 5 II, 9 I BauGB).

Vollzug der Kompensationsmaßnahmen

27

→ § 135a I
BauGB

Wie bei der projektbezogenen Eingriffsregelung obliegt die Durchführung der Kompensation grundsätzlich dem **Vorhabenträger**; verfahrensrechtlich wird dies regelmäßig dadurch abgesichert, daß die Baugenehmigung nur in Verbindung mit einer Nebenbestimmung (→ Kap. 8/RN 51ff.) erteilt wird, die die Modalitäten des Ausgleichs regelt.

→ §§ 135a II,
III, IV, 135b,
135c BauGB

Gerade im Falle eingriffsferner Kompensation fehlt dem Vorhabenträger jedoch häufig die rechtliche Zugriffsmöglichkeit auf die für den Ausgleich vorgesehenen Grundstücke, so daß es dann Aufgabe der **planenden Gemeinde** ist, die Kompensation anstelle und auf Kosten des Vorhabenträgers zu leisten. Die Kostenerstattungspflicht des Bauherrn entsteht mit der Herstellung der Ausgleichsmaßnahmen durch die Gemeinde.

3. Pflege- und Entwicklungsmaßnahmen

28

→ §§ 10, 11
BNatSchG

Daß durch Normen des allgemeinen Gebietsschutzes auch ein Zugriff auf das Privateigentum erfolgen kann, verdeutlichen die Vorschriften zu **Duldungs-** und **Pflegepflichten**. Demnach sind Eigentümer und Nutzungsberechtigte (z.B. Mieter, Pächter) verpflichtet, in gewissem Rahmen Maßnahmen des Naturschutzes zu dulden oder sogar selbst aktiv zur Realisierung solcher Maßnahmen beizutragen, ohne einen Anspruch auf staatliche Entschädigungen zu besitzen, da sich diese Beeinträchtigungen regelmäßig im Rahmen der Sozialpflichtigkeit des Eigentums bewegen werden.

IV.   Besonderer Gebiets- und Objektschutz

1.   Allgemeines

Während der allgemeine Gebietsschutz Natur und Landschaft insgesamt, also flächendeckend, einem einheitlichen Schutzregime unterwirft, stellen die Instrumente des besonderen Gebietsschutzes nur *bestimmte Ausschnitte der Landesfläche* unter Zugrundelegung der Ziele und Grundsätze des Naturschutzes (→ RN 5 ff.) unter einen besonderen, **qualitativ strengeren Schutz**. Der besondere Gebiets- und Objektschutz unterscheidet zwischen dem Schutz natürlicher Lebensräume (→ RN 30 ff.) sowie dem Schutz einzelner Objekte (→ RN 37). Dies geschieht dadurch, daß die besonders schützenswerten Teile von Natur und Landschaft nach Ermessen (→ Kap. 3/RN 22) der zuständigen Organe durch normative Akte (Gesetz, Verordnung, Satzung (→ Kap. 2/RN 16 ff.) unter Schutz gestellt werden. Da dieses Vorgehen eine vorausblickende Steuerung zukünftiger Entwicklungen darstellt, kann der besondere Gebiets- und Objektschutz im weitesten Sinn auch zu den planerischen Instrumenten des Naturschutzrechts gezählt werden.

29
→ § 12
BNatSchG

2.   Gebietsschutz

a) Schutzgebietskategorien

Das Instrumentarium zur Unterschutzstellung von Lebensräumen (**Naturschutzgebiet**, **Nationalpark**, **Landschaftsschutzgebiet**, **Naturpark**, **Biosphärenreservat**) unterscheidet sich im einzelnen vor allem nach **Zweck**, **Intensität** und **Größe** der zu schützenden Gebiete. Während Naturschutzgebiete und mit Einschränkungen auch die weiträumigen Nationalparks einen sogenannten absoluten Bestands- und Veränderungsschutz genießen, sind Veränderungen bei Landschaftsschutzgebieten im Rahmen ihres Schutzzwecks erlaubt (relativer Bestandsschutz); Naturparks hingegen sollen sogar erschlossen werden, um dem Erholungsbedürfnis der Bevölkerung Rechnung zu tragen (abgestufter Schutzgebietskanon).

30
→ §§ 13-16
BNatSchG

Einige Bundesländer führten in Übernahme einer DDR-Rechtstradition nach Kriterien der UNESCO **Biosphärenreservate** als neue Schutzgebietskategorie ein, um dadurch die Schutzwürdigkeit und den Vorbildcharakter großräumiger harmonischer *Kultur*landschaften zu unterstreichen, die durch hergebrachte Landnutzung geprägt sind und somit der beispielhaften Entwicklung naturschonender Wirtschaftsweisen dienen.

Exkurs: Aus systematischen Überlegungen ist auch der **Biotopschutz** in die Darstellung des besonderen Flächenschutzes mit einzubeziehen. Der gesetzgeberische Auftrag, bestimmte Biotope einem absoluten Veränderungsverbot zu

31
→ § 20c
BNatSchG

unterwerfen, wird nämlich regelmäßig mittels der gerade dargestellten Instrumente umgesetzt. Letztlich handelt es sich beim Biotopschutz zur Erhaltung genetischer Vielfalt um **Lebensraumschutz.**

b) Gebiete von gemeinschaftlicher Bedeutung

32
→ §§ 19a ff.
BNatSchG

Die Vogelschutz-Richtlinie (RL des Rates 79/409/EWG) und insbesondere auch die jüngst erst auf Druck einer Verurteilung durch den Europäischen Gerichtshof und zur Vermeidung von Zwangsgeldern (→ Kap. 4/RN 23) ins nationale Recht umgesetzte **Flora-Fauna-Habitat(FFH)-Richtlinie** (RL des Rates 92/43/EWG zur Erhaltung der natürlichen Lebensräume sowie der wildlebenden Tiere und Pflanzen) verpflichten die Mitgliedstaaten zur Ausweisung besonderer Schutzgebiete, um artenübergreifende Vorgaben zur Erhaltung ökologischer Vielfalt durchzusetzen. Angesichts der in einigen Mitgliedstaaten bereits vorhandenen abgestuften Schutzgebietskanons verzichtete der europäische Gesetzgeber allerdings auf die Neueinführung einer eigenen Schutzkategorie, so daß es den Mitgliedstaaten selbst überlassen bleibt, die europäischen Vorgaben in das vorstehend beschriebene nationale Schutzgebietssystem (→ RN 30 f.) zu integrieren. Fernziel dieser jüngeren europarechtlichen Aktivitäten ist die Gestaltung und Koordination eines **grenzüberschreitenden europaweiten, kohärenten ökologischen Netzes** mit der Bezeichnung „**Natura 2000**" zur gemeinschaftsweiten Gewährleistung des Schutzes gefährdeter Arten sowie ihrer Biotope und Habitate.

33
→ § 19a II
BNatSchG

Unter besonderen Schutz gestellt werden nach dem Wortlaut der FFH-RL ganz allgemein „**natürliche Lebensräume von gemeinschaftlichem Interesse**", die dadurch gekennzeichnet sind, daß sie entweder vom Verschwinden bedroht sind, ein geringes natürliches Verbreitungsgebiet haben oder typische Merkmale alpiner, atlantischer, kontinentaler makronesischer oder mediterraner biogeographischer Regionen aufweisen (Art. 1c FFH-RL).

Beispiel: Was darunter konkret zu verstehen ist, verdeutlicht ein Blick in die Anhänge I (Lebensraumtypen) und II (Habitate bestimmter Tier- und Pflanzenarten) der Richtlinie. Zu den geschützten Lebensräumen zählen hierbei unter anderem Seegraswiesen, Salzwiesen im Binnenland, trockene Heidegebiete, naturnahe lebende Hochmoore, Schwermetallrasen, nackter kalkreicher Fels, Moorwälder.

Entsprechend der Häufigkeit ihres Vorkommens oder ihrer Bedrohungssituation unterscheidet die Richtlinie hierbei zwischen sogenannten prioritären Biotopen bzw. Arten sowie anderen schützenswerten Lebensräumen oder Arten. Diese Differenzierung wirkt sich insbesondere im Rahmen der Schutzintensität der aufgrund der Richtlinie auszuweisenden Schutzgebiete aus (→ RN 35).

Verfahren der Unterschutzstellung

Da der Aufbau des geplanten europäischen Netzes „Natura 2000" einheitlichen gesamtgemeinschaftlichen Kriterien unter der Aufsicht der Europäischen Kommission folgt, unterscheidet sich das Verfahren der Unterschutzstellung von Gebieten gemeinschaftlicher Bedeutung im Vergleich zur bloßen Festlegung nationaler Schutzgebiete:

34

(1) Zunächst ist es Aufgabe der Länder, im Benehmen mit dem Bundesumweltministerium eine Liste derjenigen Gebiete zu erstellen, welche den Kriterien der FFH-RL entsprechen und die vom Bundesumweltministerium der Europäischen Kommission mit Informationen über deren besondere Schutzbedürftigkeit vorgelegt wird. Letztlich werden sich die meisten der bisher bereits nach nationalen Kriterien festgesetzten Nationalparke, Naturschutzgebiete, Landschaftsschutzgebiete und Biotope auf diesem **Listenvorschlag** wiederfinden; allerdings sind hierbei auch isoliert betrachtet weniger schutzwürdige Gebiet mit einzubeziehen, soweit auf das Kriterium der Herstellung eines Biotop*verbundes* abgestellt wird, da Naturschutzgebiete in der Regel nicht miteinander verbunden sind.

→ § 19b I BNatSchG

(2) In einem weiteren Schritt prüft die Kommission die von den Mitgliedstaaten vorgelegten Vorschläge und entwirft im Einvernehmen mit den betroffenen Mitgliedstaaten eine **Liste der Gebiete von gemeinschaftlicher Bedeutung**, wobei eine Typisierung nach prioritären Lebensraumtypen bzw. prioritären Arten und anderen Lebensräumen vorgenommen wird. Für den Fall des fehlenden Einvernehmens zwischen der Kommission und den Mitgliedstaaten sieht die Richtlinie ein sogenanntes Konzertierungsverfahren vor.

(3) Auf der Grundlage der von der Kommission erstellten gemeinschaftlichen Liste obliegt es nun den betreffenden Bundesländern, die benannten Gebiete entsprechend der jeweiligen Erhaltungsziele als Schutzgebiete im Sinne des bestehenden bundesdeutschen Schutzgebietskanons (→ RN 30 f.) auszuweisen. Von besonderer Bedeutung ist in diesem Zusammenhang, daß den Ländern kein eigener Beurteilungsspielraum hinsichtlich des „ob" einer **Schutzgebietsausweisung** eröffnet ist, sondern lediglich das „wie" – also die Frage der Modalitäten der Umsetzung – in ihr Ermessen gestellt ist, soweit sichergestellt ist, daß sie mindestens das von der Richtlinie vorgegebene Schutzniveau (→ RN 35) erreichen.

→ § 19b II, III, IV BNatSchG

Schutzregime

Ob der betroffene Mitgliedstaat seiner Pflicht zur formellen Ausweisung als Schutzgebiet tatsächlich nachgekommen ist, ist für den zeitlichen Beginn des Schutzes nicht von Bedeutung, da die betreffenden Lebensräume bereits mit Aufnahme in den Listenentwurf der Kommission dem Schutzregime der

35

Richtlinie unterliegen, um bewußte Verzögerungen und Umgehungen durch die Mitgliedstaaten gar nicht erst zu ermöglichen. Das von der FFH-RL vorgegebene Schutzniveau orientiert sich insbesondere an zwei Kriterien: Zum einen wird ein umfassendes allgemeines **Verschlechterungs- und Störungsverbot** postuliert (Art. 6 II FFH-RL), zum anderen verpflichtet die Richtlinie die Mitgliedstaaten, bestimmte **Auflagen bei der Durchführung von Plänen und einzelnen Projekten** zu beachten (Art. 6 III FFH-RL). Zur administrativen Unterstützung des allgemeinen Verschlechterungs- und Störungsverbots bietet es sich an, die Erklärung zu einem Schutzgebiet zusätzlich mit einer Aufstellung von **Bewirtschaftungs- und Entwicklungsplänen** zu flankieren (Art. 6 I FFH-RL).

→ § 19c I, II BNatSchG

Von größerer unmittelbarer praktischer Relevanz sind jedoch ohne Zweifel die Vorgaben der Richtlinie im Hinblick auf die Genehmigung bzw. Untersagung bestimmter dem Schutzzweck der ausgewiesenen Gebiete zuwiderlaufender Vorhaben: In diesem Zusammenhang wird eine **eigenständige Verträglichkeitsprüfung** mit den Erhaltungszielen der geschützten Lebensräume statuiert. Gelangt diese Prüfung zum Ergebnis, daß das jeweilige Einzelvorhaben oder eine Planung nach § 19d BNatSchG zu erheblichen Beeinträchtigungen führen kann, so sind diese Vorhaben grundsätzlich unzulässig.

36
→ § 19c III, IV, V

Ausnahmen von diesem Grundsatz sind nur nach einer Interessenabwägung aufgrund **zwingender Gründe des überwiegenden öffentlichen Interesses** möglich, wobei zusätzlich noch eine strenge Prüfung zumutbarer Alternativen vorzunehmen ist. Als zwingende Gründe des öffentlichen Interesses anerkannt sind hierbei für **prioritäre Lebensräume und Arten** ausschließlich solche im Zusammenhang mit der Gesundheit des Menschen, der öffentlichen Sicherheit einschließlich der Landesverteidigung und des Schutzes der Zivilbevölkerung oder mit maßgeblich günstigen Auswirkungen des Projekts auf die Umwelt. Bei **nicht-prioritären Lebensräumen und Arten** können auch andere zwingende Gründe des überwiegenden öffentlichen Interesses einschließlich solcher sozialer und wirtschaftlicher Art zu einer Zulässigkeit des Vorhabens führen. Für den Fall der Zulassung erheblich beeinträchtigender Vorhaben ist darüber hinaus auch noch die Europäische Kommission über die zur Sicherung des ökologischen Netzes „Natura 2000" zu treffenden Maßnahmen zu unterrichten.

→ § 19f III BNatSchG

Soweit die beeinträchtigenden Vorhaben zugleich als Eingriffe im Sinne der projekt- (→ RN 13 ff.) oder planungsbezogenen (→ RN 21 ff.) Eingriffsregelung zu qualifizieren sind, sind zusätzlich neben den eben dargestellten Regelungen die Vorschriften der §§ 8 und 8a BNatSchG heranzuziehen.

3. Objektschutz

Für besonders schützenswerte, ortsfeste singuläre Bestandteile von Natur und Landschaft besteht die Möglichkeit, sie isoliert gegen menschliche Beeinträchtigungen zu schützen. Unterschieden wird hierbei zwischen dem strengen Schutz von **Naturdenkmalen** und dem etwas schwächer ausgeprägten Schutz von **Landschaftsbestandteilen**.

37
→ §§ 17, 18
BNatSchG

> **Beispiel:** Einzelne Bäume, Hecken, die Landschaft prägende Bachläufe, aber auch Steinformationen können damit vor Zerstörung bewahrt werden. Der Erlaß von Baumschutzsatzungen ist auf diese Regelungen zurückzuführen.

V. Der Schutz wildlebender Tier- und Pflanzenarten

Der Schutz wildlebender Tier- und Pflanzenarten – kurz: **Artenschutz** – zählt neben dem gerade dargestellten besonderen Gebiets- und Objektschutz zu den klassischen Bereichen des Naturschutzrechts. Im Gegensatz zur Unterschutzstellung natürlicher Lebens*räume*, der auch vom Gedanken des Artenschutzes getragen sein kann (→ RN 31), zielt der sogenannte direkte Artenschutz mit dem Aufstellen **spezieller Verhaltenspflichten** darauf ab, dem Rückgang der Artenvielfalt Einhalt zu gebieten und damit genetischen Reichtum zu erhalten.

38
→ §§ 20 ff.
BNatSchG

Da sich das deutsche Artenschutzrecht nicht nur dem Schutz der heimischen Tier- und Pflanzenwelt verschrieben hat, sondern den Schutz gefährdeter Arten **weltweit** anstrebt, üben völkerrechtliche (z.B. Washingtoner Artenschutzabkommen; Ramsar-Konvention über Feuchtgebiete) und europarechtliche Regelungen (Vogelschutz-RL des Rates 79/409/EWG, FFH-RL des Rates 92/43/EWG, VO des Rates 338/97 über den Schutz von Exemplaren wildlebender Tier- und Pflanzenarten durch Überwachung des Handels) in diesem Bereich des Naturschutzrechts einen besonders starken Einfluß auf das nationale Regelungsgefüge aus. Das Ineinandergreifen völkerrechtlicher, europarechtlicher und innerstaatlicher (neben dem BNatSchG insbesondere auch die BArtSchV) Regelungen führt zu einem komplexen und im geltenden Recht auch sehr unübersichtlichen Regelungskanon, worunter vor allem auch die Durchsetzbarkeit leidet.

Nicht zum Artenschutz im engeren Sinn zählen die Regelungen zum **Tier- und Pflanzenschutz**. Das Tierschutzgesetz – TierSchG – bezieht insbesondere auch Haus- und Nutztiere in seinen Schutzbereich mit ein und betont den Schutz der Tierwelt aus „ethischen Motiven". Inhaltlich finden sich hier unter anderem Regelungen zur Tierhaltung, zu Tierversuchen, zur Tierzucht und zum Tierhandel. Das Pflanzenschutzgesetz – PflSchG – enthält vorwiegend Normen zum Schutz der Kulturpflanzen vor Schadorganismen sowie zur Anwendung von Pestiziden.

39

1. Allgemeines Artenschutzrecht

40
→ § 20d
BNatSchG

Das allgemeine Artenschutzrecht gewährt *allen* – nicht nur den bereits in ihrem Bestand gefährdeten – wildlebenden Tier- und Pflanzenarten einen **Mindestschutz**. Verhindert werden sollen alle mutwilligen oder nicht von sachlichen, d.h. von *unvernünftigen* Motiven getragenen Beeinträchtigungen dieser Spezies. Dies äußert sich in allgemeinen **Fang-, Tötungs- und Pflückverboten**, bezieht jedoch in ihrer Reichweite auch den Schutz von Lebensräumen mit ein.

Die **Aussetzung und Ansiedlung gebietsfremder Arten** wird einem Genehmigungsvorbehalt unterstellt, um ihre Verträglichkeit mit dem vorhandenen Artenbestand überprüfen zu können und so Störungen des biologischen Gleichgewichts der betreffenden Region vermeiden zu helfen.

Zudem kann die Herstellung, die Ein- und Ausfuhr, das Inverkehrbringen oder die Verwendung bestimmter **Fang- und Tötungsgeräte**, die geeignet sind, ganze Tier- und Pflanzenpopulationen wahllos in ihrem Bestand zu gefährden, eingeschränkt werden. § 13 BArtSchV zählt diese Fangmethoden auf.

2. Besonderes Artenschutzrecht

41
→ §§ 20e ff.
BNatSchG

„**Besonders geschützte**" (§ 20e I BNatSchG) und „**vom Aussterben bedrohte Arten**" (§ 20e III BNatSchG) werden gegenüber dem allgemeinen Artenschutz (→ RN 40) einem wesentlich strengeren Schutzregime unterstellt. Dies äußert sich in zum Teil sehr weitreichenden generellen **Beeinträchtigungs-** (§ 20f I BNatSchG), **Besitz-, Verarbeitungs-** und **Verkehrsverboten** (§ 20f II BNatSchG). Da der Geltungsbereich des deutschen Naturschutzrechts auf das Staatsgebiet der Bundesrepublik beschränkt ist, muß sich der Schutz der nichtheimischen besonders geschützten Arten (§§ 21, 21a, 21b BNatSchG) mit **Handels- und Verkehrsbeschränkungen** begnügen; wer im Besitz von derartig geschützten Arten oder auch nur Teilen davon ist und keinen Nachweis über eine staatliche Berechtigung hierfür beibringen kann, muß mit der Einziehung rechnen (§ 22 BNatSchG).

Beispiel: Mit Hilfe derartiger Handelsbeschränkungen konnte der Elfenbeinimport in den letzten Jahren drastisch eingeschränkt werden. Der wochenlang die bundesdeutschen Schlagzeilen beherrschende Kaiman „Sammy", der seinem Besitzer in einem Badeweiher entwischt war und weniger eine Gefahr für die Badegäste darstellte denn selbst wegen widriger Umwelteinflüsse gefährdet war, wurde aufgrund der Bestimmungen des besonderen Artenschutzes eingezogen, nachdem der Besitzer keine Berechtigung hierfür vorweisen konnte.

Verstöße gegen Vorschriften des besonderen Artenschutzrechts werden mit Mitteln des **Ordnungswidrigkeiten- und Strafrechts** (→ Kap. 19) geahndet.

3. Internationaler Artenschutz seit der UN-Konferenz in Rio de Janeiro

42

Insbesondere seit der Konferenz der Vereinten Nationen für Umwelt und Entwicklung (UNCED) im Juni 1992 in Rio de Janeiro ist der Begriff des ´sustainable development´ in aller Munde. Nachhaltige Nutzung der biologischen Vielfalt bedeutet Nutzung in einer Weise und in einem Ausmaß, die nicht langfristig zu einem Rückgang der biologischen Vielfalt führt, so daß ihr Potential erhalten bleibt, die Wünsche heutiger und zukünftiger Generationen zu erfüllen. Das häufig verkürzt als **Biokonvention** bezeichnete Vertragswerk besteht aus fünf Dokumenten, der „Rio-Deklaration", der „Agenda 21", der „Grundsatzerklärung zur Bewirtschaftung, Erhaltung und bestandsfähigen Entwicklung aller Arten von Wäldern", der „Klimakonvention" und der „Artenvielfaltskonvention", wobei nur die beiden letztgenannten völkerrechtlich bindend sind.

> **Hinweis:** Eine Veröffentlichung der Dokumente von Rio findet sich u. a. in der vom Umweltbundesamt herausgegebenen Schrift „Konferenz der Vereinten Nationen für Umwelt und Entwicklung im Juni 1992 in Rio de Janeiro – Dokumente".

43

Ziel der **Artenvielfaltskonvention** ist es hierbei, weltweit den Schutz von Tier- und Pflanzenarten sowie ihrer bedrohten Lebensräume und das darin enthaltene genetische Potential zu sichern. Für den Erhalt der Biodiversität sprechen aus der Sicht der Teilnehmer vor allem ökologische, aber auch ethische, ästhetische und in jüngerer Zeit auch ökonomische Gründe.

> **Beispiel:** So schätzen Biotechniker und Pharmakologen die Wahrscheinlichkeit, in freilebenden Organismen neue Wirkstoffe zu finden, 1:125 ein, ein Wert, der für die chemische Synthese bei 1:10 000 liegt.

Allerdings bietet die Artenvielfaltskonvention aufgrund ihrer zahlreichen unbestimmten Klauseln breite Interpretationsmöglichkeiten, so daß ihr ein Vollzugsdefizit bereits mit auf den Weg gegeben wurde.

Hinzu kommt, daß zwar über 170 Staaten die Biokonvention unterzeichneten, die Vereinigten Staaten jedoch beharrlich die Unterschrift verweigern, da die Konvention für reiche Industrieländer durchaus unangenehme Pflichten bereithält, z.B. eine Beteiligung der Menschen, aus deren Gebiet bestimmte Rohstoffe stammen, an den Gewinnen aus dem Verkauf der Endprodukte.

Der Schutz der Wälder als Wirtschaftsraum, Trinkwasserreservoir, Arten-Heimat und Klimastabilisator stand bei dem UNO-Sondergipfel in New York 1997, einer Nachfolgekonferenz zu Rio, im Mittelpunkt. Allerdings konnten sich die Teilnehmer im Bereich des Waldschutzes nicht auf den Erlaß einer **Waldkonvention** verständigen, wie dies unter anderem von der Bundesregierung gefordert worden war.

VI. Erholung in Natur und Landschaft

44

Dem gestiegenen Freizeit- und Erholungsbedürfnis der Bevölkerung in der Natur trägt das Naturschutzrecht bereits an vorderster Stelle durch Aufnahme in seinen zielkonkretisierenden Grundsatzkatalog (→ RN 7) Rechnung. Für die „**Erholung durch die Natur**", *nicht* „in der Natur" (z.B. in Form von Motorsportveranstaltungen), sind demnach ausreichend Flächen zu erschließen und der Zugang zu den hierfür geeigneten Landschaftsteilen ist zu erleichtern. Daß sich der Naturschutz gerade angesichts eines sich immer weiter ändernden Freizeitverhaltens (Negative Begleiterscheinungen des Massentourismus, motorisierter Individualverkehr, Trendsportarten) in einem „Spagat" zwischen seinen eigentlichen Interessen und dem Erholungsbedürfnis der Bürger befindet, ist augenscheinlich. Gerade sensible Ökosysteme üben häufig die größte Attraktivität aus. Diesen **innernaturschutzrechtlichen Zielkonflikt** versucht man durch eine Kanalisierung erholungssuchender Bürger zu bewältigen, etwa im Wege von Schutzgebietsausweisungen (→ RN 30 ff.).

> **Beispiel:** Naturschutzgebiete sind demnach nur ausnahmsweise der Allgemeinheit zugänglich zu machen (§ 13 II 2 BNatSchG), Nationalparks „sollen" vorbehaltlich ihres Schutzzweckes der Allgemeinheit zugänglich sein (§ 14 II 2 BNatSchG); bei Naturparken hingegen steht der Erholungszweck im Vordergrund (§ 16 II BNatSchG).

45
→ § 27
BNatSchG

Zur Realisierung des Erholungsbedürfnisses hält das Bundesnaturschutzgesetz zudem ein eigenes Kapitel bereit, das ein allgemeines **Betretungsrecht** der Landschaft vorsieht. Die Eigentümer der betreffenden Grundstücke haben aufgrund dieser Vorschrift als Ausdruck der gesteigerten Sozialpflichtigkeit des Eigentums die Nutzung ihres Eigentums durch „Fremde" zu dulden.

> **Beispiel:** Darunter fallen die Möglichkeiten, über Felder zu spazieren, Ball zu spielen oder Ski bzw. Schlitten zu fahren. Aus wichtigem Grund kann die Ausübung des Betretungsrechts eingeschränkt werden (§ 27 II BNatSchG), so das Betreten der Felder während landwirtschaftlicher Vegetationszeiten oder aufgrund besonderer Regelungen in Schutzgebieten. Für das Betreten des Waldes findet sich eine Sonderregelung in § 14 BWaldG.

Öffentliche Gebietskörperschaften (→ Kap. 3/RN 4 ff.) sind verpflichtet, geeignete, in ihrem Eigentum oder Besitz stehende Grundstücke in angemessenem Umfang für die Erholung der Bevölkerung bereitzustellen. Auch dies ist Ausdruck der gesetzgeberischen Vorstellung, Natur und Landschaft auch als Erholungsraum zu nutzen.

46
→ § 28
BNatSchG

VIII. Naturschutzrechtliche Besonderheiten im Verwaltungs- und Gerichtsverfahren

Bestimmten Organisationen, die es sich zur Aufgabe gemacht haben, die Ziele des Naturschutzes und der Landschaftspflege zu fördern, wird in einigen naturschutzrechtlich relevanten Verfahren eine eigenständige Rechtsposition eingeräumt. Diese Stärkung des Naturschutzes im Verwaltungsverfahren ist als Reaktion auf die vielfach beklagte Vollzugs- und Durchsetzungsschwäche des Naturschutzrechts zu werten. Denn im Verwaltungsverfahren und auch im Verwaltungsprozeß ermangelt es der Natur und ihrer Bestandteile aufgrund ihrer fehlenden Rechtssubjektivität (kein Grundrecht auf Umweltschutz (→ Kap. 5/RN 3 ff.) an eigenen Artikulationsmöglichkeiten. Deshalb können in bestimmten naturschutzrechtlich relevanten Verfahren **Naturschutzverbände als „Sachwalter für Natur und Landschaft"** auftreten und so ihren Sachverstand in staatliche Entscheidungsprozesse einbringen, um als Gegengewicht gegenüber etablierten Interessenvertretern die Ausgewogenheit planerischer Entscheidungen zu verbessern. Damit handelt es sich hierbei um ein klassisches Instrument des umweltrechtlichen Kooperationsprinzips (→ Kap. 6/RN 5).

47
→ § 29
BNatSchG

Im folgenden ist zu unterscheiden zwischen der Beteiligung von Naturschutzverbänden im Entstehungsprozeß staatlicher Entscheidungen (→ RN 48 ff.) und im Rahmen der gerichtlichen Überprüfung derselben (→ RN 51 f.).

1. Verbandsbeteiligung

a) Verbände
Sobald die im Bundesgesetz oder in den entsprechenden Landesnaturschutzgesetzen genannten Voraussetzungen vorliegen, ist den Vereinen die Anerkennung nach dieser Vorschrift zwingend zu erteilen. Dies erfolgt in der Regel durch die zuständigen Ministerien.

48
→ § 29 II
BNatSchG

> **Beispiel:** Als Verbände anerkannt sind in Bayern u.a. Bund Naturschutz, Landesbund für Vogelschutz, Schutzgemeinschaft Deutscher Wald, Deutscher Alpenverein. Eine Liste anerkannter Naturschutzverbände auf Bundesebene fin-

det sich im Bundesanzeiger 1995, Nr. 167 vom 5.9.1995, S. 10777 ff., zusätzlich für die einzelnen Bundesländer in *Bundesamt für Naturschutz* (Hrsg.),
Daten zur Natur, 1996, S. 116 ff.

b) Mitwirkungsfälle

49
→ § 29 I
BNatSchG

Das durch die Anerkennung verliehene Beteiligungsrecht ermöglicht den Verbänden *ausschließlich* die Mitwirkung in folgenden Verfahrensstadien:

* bei der Vorbereitung naturschutzrechtlicher Verordnungen und Satzungen;
* bei der Vorbereitung drittverbindlicher Pläne der Landschaftsplanung;
* bei Befreiung von Ge- und Verboten in Schutzgebieten und
* bei Planfeststellungsverfahren, die mit Eingriffen nach § 8 I BNatSchG
  (→ RN 14) verbunden sind.

An dieser Aufzählung erkennt man, daß es sich in der Regel um komplexere
Vorhaben oder Maßnahmen handelt, die eine Beteiligung von Verbänden ermöglicht.

c) Reichweite

50
→ § 29 I
BNatSchG

Die Reichweite der Beteiligung durch die anerkannten Naturschutzverbände
beschränkt sich auf ein Recht der Vereine auf **Information** (z.B. Einsicht-
nahme in einschlägige Sachverständigengutachten) und die Möglichkeit der
eigenen **Stellungnahme**, die von der jeweils zuständigen Behörde zum einen
zur Kenntnis genommen werden muß, aber auch bei ihrer jeweiligen Entscheidung ernsthaft in Erwägung zu ziehen ist. Dies hat zu einem Zeitpunkt zu
erfolgen, der es den Verbänden ermöglicht, auch tatsächlich noch auf die
entsprechende Entscheidung Einfluß nehmen zu können.

Eine explizite Auseinandersetzung der Behörde in ihrer Entscheidung mit
den Argumenten des Verbandes ist jedoch nicht geboten, es reicht aus, daß den
Entscheidungsgründen entnommen werden kann, daß die Behörde das Vor-
bringen des Naturschutzverbandes in ihre Entscheidung mit einbezogen hat.

Daß den Verbänden nicht nur zahnlose Alibi-Beteiligungsrechte eingeräumt worden
sind, sieht man daran, daß ihnen bei defizitärer Beteiligung die Möglichkeit eröffnet
ist, auf dem Klageweg ihre subjektiven Rechte (→ Kap. 3/RN 28 f.) auf Beteiligung
durchzusetzen (**Partizipationserzwingungsklage**), was letztlich auch zur Nichtigkeit
oder Aufhebung einer fehlerhaft getroffenen Entscheidung führen kann.

2. Verbandsklage

51

Die meisten Bundesländer haben die anerkannten Naturschutzverbände mit
einem weiteren, über die bundesrechtlich vorgesehene Beteiligung am Verfahren hinausgehendes Druckmittel ausgestattet, indem ihnen die Möglichkeit

eingeräumt wird, vor Gericht nicht nur ihre Mitwirkung am Verfahren einzu-
klagen (→ RN 50), sondern auch die **Verletzung materiellen Rechts** zu
rügen, insbesondere die unzureichende Berücksichtigung naturschutzrechtlicher Vorgaben.

a) Altruistische Verbandsklage

Das deutsche Rechtsschutzsystem ist grundsätzlich darauf angelegt, nur sol-   **52**
che Klagen zur Entscheidung zuzulassen, die eine Durchsetzung individueller
subjektiv-öffentlicher Rechte (→ Kap. 3/RN 28 f.) zum Ziel haben. Da die
Regelungen des Naturschutzrechts in der Regel jedoch ausschließlich zum
Schutz von Allgemeininteressen (objektives Recht) erlassen sind, fehlt es an
tauglichen Klägern, welche die Belange des Naturschutzes vor Gericht effektiv vertreten könnten. Denkt man nun die oben erwähnte Sachwalterschaft der
Naturschutzverbände für den Naturschutz (→ RN 47) konsequent zu Ende, so
erscheint es nur sachgerecht, diesen Verbänden auch die (Klage-)Möglichkeit
zu eröffnen, sozusagen **als Treuhänder die Interessen des Naturschutzes
auf dem Rechtsweg wahrzunehmen**. Dies ist durch die Einführung der
altruistischen Verbandsklage in den meisten deutschen Bundesländern auf
vielfältige Weise geschehen.

Anfangs wurden Bedenken (Klageflut, Blockadepolitik durch Naturschutzverbände)
gegen dieses dem deutschen Verwaltungsprozeß eigentlich systemfremde Instrument
vorgebracht. Diese haben sich jedoch *nicht* bestätigt. Dennoch lehnen Baden-Württemberg, Bayern, Mecklenburg-Vorpommern und Nordrhein-Westfalen weiterhin die
Einführung einer solchen altruistischen Verbandsklage ab.

b) Exkurs: Sperrgrundstücksklage

Von einer sogenannten Sperrgrundstücksklage spricht man, wenn der Verband   **53**
als Eigentümer eines von einem Vorhaben betroffenen Grundstücks wie ein
betroffener Bürger die **Verletzung *eigener* Rechte** (insbesondere Eigentums-
rechte aus Art. 14 GG) geltend macht. Hierbei handelt es sich jedoch *nicht* um
eine Verbandsklage, wie sie vorher dargestellt worden ist, denn letztlich macht
der Verband hier als Eigentümer ein eigenes subjektiv-öffentliches Eigen-
tumsrecht geltend. Deshalb ist die Zulässigkeit einer derartigen Klage durch
einen Naturschutzverband auch nicht von einer Anerkennung nach § 29 II
BNatSchG abhängig.

Beispiel: Bei flächenintensiven Bauvorhaben (z.B. ICE-Trasse, Autobahnen)
bemühen sich naturschutzrechtlich motivierte Verbände häufig um den Erwerb
von Baugrundstücken, um dann *als Eigentümer* gegen die den Bau ermögli-
chenden Planfeststellungsbeschlüsse (→ Kap. 3/RN 38) vorgehen zu können.
Wegen der mit dem Planfeststellungsbeschluß verbundenen vorgreifenden Ent-
eignungswirkung (→ Kap. 3/RN 38), die sich unmittelbar auf die Grund-
stückssituation des Eigentümers auswirkt, ist es hierbei auch möglich, bei
Abwägungsfehlern im Bereich des objektiven Naturschutzrechts gegen die
Entscheidungen der Planfeststellungsbehörde den Rechtsweg zu beschreiten.

Kontrollfragen:

1. Was versteht man unter Querschnittsrecht und warum kann das Naturschutzrecht als ein solches bezeichnet werden? (RN 2)
2. Unterscheiden Sie die fachplanerische Landschaftsplanung von der gesamtplanerischen Landesplanung! Auf welche Weise sind beide Planungen miteinander verzahnt? (RN 8-11)
3. Welche Prüfungsschritte liegen einer Prüfung der projektbezogenen Eingriffsregelung zugrunde! (RN 13-20)
4. Wie unterscheiden sich Ausgleichs- und Ersatzmaßnahmen der naturschutzrechtlichen Eingriffsregelung? (RN 17, 19)
5. Worin liegt die Hauptunterschiede zwischen der projektbezogenen und planungsbezogenen Eingriffsregelung? (RN 21 ff.)
6. Welche Schutzgebietskategorien kennt das Bundesnaturschutzgesetz? Haben europarechtliche Vorgaben Einfluß auf den deutschen Schutzgebietskanon? (RN 30 ff.)
7. Grenzen Sie den Tierschutz von den Regelungen des Artenschutzes ab! (RN 39)
8. Mit welchen rechtlichen Instrumenten arbeitet der besondere Artenschutz? (RN 41)
9. Welche Mitwirkungsfälle kennt die Verbandsbeteiligung? In welchem Umfang wird eine Beteiligung ermöglicht? (RN 49 f.)
10. Warum ist die Sperrgrundstücksklage keine Verbandsklage im naturschutzrechtlichen Sinn? (RN 53)

Weiterführende Hinweise:

Monographien:

Balleis, Christina, Mitwirkungs- und Klagerechte anerkannter Naturschutzverbände, 1996; *Bender, Bernd/Sparwasser, Reinhard/Engel, Rüdiger,* Umweltrecht, 3. Aufl. 1995, Teil 3 (S. 119–194); *Garbe, Thorsten,* Die naturschutzrechtliche Eingriffsregelung und ihre Bedeutung im Bauplanungsrecht, 1996; *Gassner, Erich/Bendomir-Kahlo, Gabriele/Schmidt-Räntsch, Annette/Schmidt-Räntsch, Jürgen,* Bundesnaturschutzgesetz (Kommentar), 1996; *Gassner, Erich,* Das Recht der Landschaft, 1995; *Kiemstedt, Hans,* Landschaftsplanung – Inhalte und Verfahrensweisen –, 1993; *Kloepfer, Michael,* Umweltrecht, 2. Aufl. (1998), S. 698–760; *Louis, Hans Walter,* Bundesnaturschutzgesetz (Kommentar), 1994; *Schmidt, Reiner/Müller, Helmut,* Einführung in das Umweltrecht, 4. Aufl. 1995, § 6 (S. 145–177).

Aufsätze:

Bunzel, Arno, Nachhaltigkeit – ein neues Leitbild für die kommunale Flächennutzungsplanung. Was bringt das novellierte Baugesetzbuch?, NuR 1997, S. 583–591; *Czybulka, Detlef,* Rechtspflichten des Bundes und der Länder zur Ausweisung und Erhaltung von Schutzgebieten nach nationalem, europäischem und internationalem Recht, in: Jahrbuch des Umwelt- und Technikrechts 36 (1996), S. 235–268; *Emonds, Stephan,* Die neue EG-Artenschutzverordnung und das geltende nationale Artenschutzrecht, NuR 1997, S. 26–29; *Epiney, Astrid,* Vogel- und Habitatschutz in der EU, UPR 1997, S. 303–309; *Feist, Christian,* Von Rio nach Berlin – Die Aktivitäten der Vereinten Nationen auf den Gebieten des Umwelt- und Klimaschutzes, JuS 1997, S. 490–497; *Fisahn, Andreas/Cremer, Wolfram,* Ausweisungspflicht und Schutzregime nach Flora-Fauna-Habitat- und der Vogelschutzrichtlinie, NuR 1997, S. 268–276; *Fischer-Hüftle, Peter,* Eingriffsregelung und Bauleitplanung (§ 8a BNatSchG), NuR 1996, S. 64–74; *Freytag, Christoph/Iven, Klaus,* Gemeinschaftsrechtliche Vorgaben für den nationalen Habitatschutz; NuR 1995, S. 109–117; *Groß, Thomas,* Neue Entwicklungen in der Zuordnung von Landschaftsplanung und Raumplanung, NuR 1998, S. 123–128; *Harings, Lothar,* Die Stellung der anerkannten Naturschutzverbände im verwaltungsgerichtlichen Verfahren, NVwZ 1997, S. 538–542; *Hohmann, Harald,* Ergebnisse des Erdgipfels von Rio, NVwZ 1993, S. 311–319; *Iven, Klaus,* Schutz natürlicher Lebensräume und Gemeinschaftsrecht, NuR 1996, S. 373–380; *Jarass, Hans D.,* Die Beteiligung von Naturschutzverbänden an der Änderung von Planfeststellungsbeschlüssen und an Plangenehmigungen, NuR 1997, S. 426–432; *Kunig, Philip,* Verbandsklage im Naturschutz, Jura 1996, S. 493–497; *Loibl, Helmut,* Naturschutzrechtliche Eingriffsregelung und Baurecht im Wandel der Zeit, ZUR 1997, S. 243–253; *Louis, Hans Walter,* Die Vogelschutzrichtlinie, UPR 1997, S. 301–303; *Louis, Hans Walter,* Das Verhältnis zwischen Baurecht und Naturschutz unter Berücksichtigung der Neuregelung durch das BauROG, NuR 1998, S. 113–123; *Mitschang, Stephan,* Die neuen Eingriffs- und Ausgleichsregelungen und ihre Bedeutung für die städtebaulichen Planungen, WiVerw 1998, S. 20–56; *Ruffert, Matthias,* Das Umweltvölkerrecht im Spiegel der Erklärung von Rio und der Agenda 21, ZUR 1993, S. 208–214; *Schink, Alexander,* Auswirkungen der Flora-Fauna-Habitat-Richtlinie (EG) auf die Bauleitplanung, GewArch 1998, S. 41–53; *Stich, Rudolf,* Rechtsprobleme bei der Umsetzung der Forderungen des Umweltschutzes nach § 1a BauGB 1998 in die städtebaulichen Planungen und bei deren Vollzug, UPR 1998, S. 121–128; *Uechtritz, Michael,* Die naturschutzrechtliche Eingriffsregelung in der Bauleitplanung: Klarstellungen, NVwZ 1997, S. 1182–1185.

Rechtsprechung:
EuGH, NuR 1991, S. 249–250 (Leybucht-Entscheidung zur Vogelschutz-RL); EuGH, NuR 1994, S. 521–524 (Santona-Entscheidung zur Vogelschutz-RL); EuGH, NuR 1997, S. 36–38 (Lappel-Bank-Entscheidung zum Verhältnis und Schutzregime Vogelschutz-RL/FFH-RL); EuGH, NuR 1998, S. 194–195 (EG-Vertragsverletzung durch Nichtumsetzung der FFH-RL); BVerwGE 85, S. 348–368 (Abwägung im Rahmen der projektbezogenen Eingriffsregelung); BVerwG, DVBl. 1997, S. 715–717 (Stellung und Aufgabe anerkannter Naturschutzverbände im Rahmen ihrer Beteiligungsrechte); BVerwG, ZUR 1997, S. 206–210 (Vermeidungsgebot der naturschutzrechtlichen Eingriffsregelung); BVerwG, NVwZ 1997, S. 1213–1215 (naturschutzrechtliche Eingriffsregelung und Bebauungsplanung); BVerwG, NuR 1997, S. 353–354 (Umfang der behördlichen Ermittlungen im Rahmen der Eingriffsregelung); BVerwG, DVBl. 1997, S. 1123–1126 (Beteiligung von Naturschutzverbänden bei Umgehung eines an sich gebotenen Planfeststellungsverfahrens); BVerwG, NuR 1998, S. 37–41 (Erforderlichkeit einer Schutzgebietsfestsetzung; Verhältnis zum Vertragsnaturschutz); BVerwG, ZUR 1998, S. 76–78 (Beteiligungsrechte von Naturschutzverbänden); BVerwG, ZUR 1998, S. 28–38 (Verträglichkeitsprüfung nach FFH-RL; mit Anm. *Fisahn*).

11. Abfallrecht

Mit dem Inkrafttreten des Kreislaufwirtschafts- und Abfallgesetzes am 7.10.1996 ist eine neue Ära des Abfallrechts angebrochen. Stand bislang allein die ordnungsgemäße Verwertung und Beseitigung von entstandenen Abfällen im Mittelpunkt, so zielt der Regelungsanspruch des Gesetzes nunmehr darüber hinaus auf die ökologische Steuerung von Stoffströmen. Im Rahmen der naturwissenschaftlich-technischen Möglichkeiten soll die Wirtschaft Produkte herstellen, deren stoffliche Bestandteile wiederverwertbar sind, so daß das Aufkommen zu beseitigender Abfälle minimiert wird. Die Hersteller sollen schon bei der Produktion „vom Abfall her denken" und die rechtliche Verantwortung für die Umweltverträglichkeit ihrer Produkte übernehmen.

1

Fakten: Durch verstärkte Bemühungen zur Abfallvermeidung sowie gestiegene Verwertungsquoten ist das Abfallaufkommen im Zeitraum von 1990 bis 1993 insgesamt um rund 10 Prozent gesunken. Die Gesamtabfallmenge betrug im Jahre 1993 aber immerhin noch etwa 338,5 Millionen Tonnen, was ca. 432 kg Abfälle pro Bundesbürger entspricht. Etwa 50 Prozent der inländischen Abfälle entstammen dem Bereich „Bauschutt, Bodenaushub und Straßenaufbruch", ca. 33 Prozent sind produktionsspezifische Abfälle aus Industrie und Gewerbe, die restlichen 17 Prozent entfallen auf Siedlungsabfälle. Dazu gehören neben Hausmüll, hausmüllähnlichen Gewerbeabfällen und Sperrmüll auch Kehricht, Park- und Marktabfälle sowie Rückstände aus Kläranlagen. Außerhalb Deutschlands ist der Trend zur Steigerung der Abfallmenge dagegen ungebrochen. Nahezu astronomische Ausmaße werden erreicht, wenn man die Abfallentstehung europa- oder gar weltweit betrachtet. Die in Kopenhagen ansässige Europäische Umweltagentur (→ Kap. 7/RN 34) geht in ihrem ersten Bericht zur Umweltsituation in Europa von einem europaweiten Abfallaufkommen von 2 Milliarden Tonnen aus, berechnet auf das Jahr 1990 ohne Berücksichtigung der nuklearen Abfälle. Auf alle OECD-Staaten bezogene Schätzungen sprechen für dasselbe Jahr von 9 Billionen Tonnen zu entsorgender Abfälle. Die Entsorgungsbranche ist in Deutschland mit einem Umsatz von 80 Milliarden DM/Jahr und 240 000 Beschäftigten zu einem wichtigen Wirtschafts- und Arbeitsplatzfaktor geworden.

2

I. Rechtsgrundlagen

Hinweis: Die Rechtsgrundlagen des Abfallrechts sind nur teilweise in der dtv-Textsammlung „Umweltrecht" enthalten. Der Rest findet sich im dtv-Textbuch Nr. 5569 „Abfallrecht", 3. Aufl. (1996) oder in *Siegbert Lohse* (Hrsg.), Abfallrechts-Register, 1997.

1. Völker- und Europarecht

Die wichtigsten internationalen Abfallrechtsbestimmungen betreffen die Verbringung von Abfällen zwischen verschiedenen Staaten. Auf völkerrechtlicher Ebene wurde hierzu das **Baseler Übereinkommen** vom 22.3.1989 getroffen,

3

das dem Schutz der Schwellen- und Entwicklungsländer vor unerwünschtem „Wohlstandsmüll" aus den Industrieländern dienen soll. Für die Verbringung von Abfällen zwischen EU-Mitgliedstaaten sowie den Abfallimport in die und den Abfallexport aus der EU gilt außerdem die **EG-Abfallverbringungsverordnung** vom 1.2.1993. Grundsätzlich verboten ist danach der Export von Abfällen in solche Staaten, die weder EU-Mitgliedstaaten noch dem Baseler Übereinkommen beigetreten sind. Ansonsten kann eine Abfallverbringung ins Ausland mit Genehmigung der zuständigen Behörden des Export- und Importstaates vorgenommen werden. Die Einzelheiten hierzu regelt das deutsche **Abfallverbringungsgesetz** vom 30.9.1994. Bevor ein Unternehmen Abfälle aus Deutschland in andere Länder exportiert, muß es in der Regel eine Sicherheitsleistung in Form einer Bankbürgschaft oder einer speziellen Versicherung erbringen und in den **Solidarfonds Abfallrückführung** einen Betrag einzahlen, dessen Höhe von der Art, der Menge und dem vorgesehenen Entsorgungsverfahren der jeweiligen Abfälle abhängt. Der Solidarfonds ist eine Anstalt des öffentlichen Rechts mit Sitz in Bonn, die von der Deutschen Ausgleichsbank verwaltet wird und seit dem 1.6.1996 die Kosten der Rückführung illegal exportierter Abfälle übernimmt. Für die ersten drei Jahre stehen dafür 30 Millionen Mark zur Verfügung. Soweit dieser Betrag nicht ausreicht, haben Bund und Länder die erforderlichen Mehraufwendungen unter sich aufzuteilen. Soweit nach Ablauf der drei Jahre Gelder übrigbleiben, werden sie den Beitragszahlern anteilig zurückerstattet. Im Jahre 1999 wird der Fondsumfang anhand der bis dahin gemachten Erfahrungen neu festgelegt.

2. Bundesrecht

a) Anwendungsbereich des Kreislaufwirtschafts- und Abfallgesetzes

4

Das Kreislaufwirtschafts- und Abfallgesetz des Bundes trifft die grundlegenden nationalen Regelungen über die Vermeidung, Verwertung und Beseitigung von Abfällen, soweit nicht Spezialgesetze vorgehen.

> **Beispiel:** Für radioaktive Abfälle gilt nicht das Kreislaufwirtschafts- und Abfallgesetz, sondern das Atomrecht. Für in Gewässer eingeleitete Stoffe gilt das Abwasserrecht (→ Kap. 9/RN 31 ff.).

b) Vermeidung, Verwertung und Beseitigung von Abfällen

5

→ §§ 3 VII, 5 V KrW-/AbfG

Nach dem Kreislaufwirtschafts- und Abfallgesetz hat die Vermeidung von Abfällen Vorrang vor der Entsorgung. Die Entsorgung umfaßt als Oberbegriff sowohl die Verwertung als auch die Beseitigung von Abfällen, wobei der Verwertung Vorrang vor der Beseitigung zukommt, soweit nicht – etwa bei stark schadstoffhaltigen Abfällen – ausnahmsweise eine Beseitigung umweltfreundlicher ist. Dagegen wurde im Kreislaufwirtschafts- und Abfallgesetz kein festes Rangverhältnis zwischen stofflicher und energetischer bzw. ther-

→ § 6 KrW-/AbfG

mischer Verwertung festgelegt. Die energetische Verwertung, d.h. die Nutzung der den Abfällen innewohnenden Energie durch Verbrennung, ist jedoch stets zulässig, wenn bestimmte technische Richtwerte eingehalten werden.

> **Beispiel:** Der Heizwert des einzelnen Abfalls muß ohne Zugabe organischer Stoffe mindestens 11 000 kJ/kg betragen. Außerdem muß ein Feuerungswirkungsgrad von mindestens 75 Prozent erreicht werden.

Die Bundesregierung hat die Möglichkeit, durch Rechtsverordnung für bestimmte Abfallarten den Vorrang einer Verwertungsart vorzuschreiben. Dies ist bislang nur in der **Verpackungsverordnung** ($\rightarrow$ RN 20 ff.) geschehen. Die Verwertung von Verpackungsabfällen hat danach ausschließlich *stofflich* zu erfolgen, d.h. durch Recycling von Verpackungsabfällen. Die Verbrennung zur Energiegewinnung ist unzulässig. Als zulässig angesehen wird aber die sog. *rohstoffliche Verwertung* von Kunststoffverpackungen, bei der der Kunststoff in petrochemische Rohstoffe wie Öl oder Gas zurückverwandelt wird. Dazu ist auch der Einsatz von Kunststoffabfällen als Reduktionsmittel bei der Stahlerzeugung zu rechnen.

6

> **Beispiel:** Um im Hochofen Rohstahl zu gewinnen, muß dem eingesetzten Eisenerz Sauerstoff entzogen werden (sog. Reduktion). Diese Aufgabe können neben Koks, Kohle oder Schweröl auch granulierte Kunststoffverpackungen übernehmen. Bis Ende 1998 sollen über 200 000 Tonnen Plastikmüll auf diese Weise verwertet werden.

Die Zielhierarchie des Kreislaufwirtschafts- und Abfallgesetzes:

1. Abfallvermeidung
2. Stoffliche oder energetische Abfallverwertung (bei Verpackungen nur stoffliche Verwertung)
3. Ordnungsgemäße Abfallbeseitigung auf Deponien

$\rightarrow$ §§ 4, 10 KrW-/AbfG

---

c) Rahmencharakter des Gesetzes

Das Kreislaufwirtschafts- und Abfallgesetz enthält vielfach nur allgemeine Grundsätze für die Abfallbehandlung, die durch zahlreiche **Rechtsverordnungen** der Bundesregierung konkretisiert werden müssen. Ohne Rechtsverordnungen ist das Kreislaufwirtschafts- und Abfallgesetz praktisch nicht vollziehbar.

7

> **Beispiel:** Nach dem gesetzlichen Grundsatz der **Produktverantwortung** sind Produkte künftig u. a. so zu gestalten, daß sie mehrfach verwendbar und technisch langlebig sind, so daß möglichst wenig Abfälle daraus entstehen und die umweltverträgliche Verwertung und Beseitigung der unvermeidbar entstehenden Abfälle sichergestellt ist. Für welche Produkte und Hersteller diese Pflicht

$\rightarrow$ §§ 22 ff. KrW-/AbfG

gilt, muß jedoch erst durch Rechtsverordnungen bestimmt werden. Ein Beispiel hierfür bietet neben der Verpackungsverordnung (→ RN 20 ff.) die am
1.4.1998 in Kraft getretene **Altautoverordnung**, durch die eine im Jahre 1996
abgegebene freiwillige Selbstverpflichtung der Automobilindustrie umgesetzt
wird. Hauptziele der Verordnung sind die Lenkung der jährlich ca. 3 Millionen
endgültig stillgelegter Autos in umweltgerecht arbeitende Verwertungsbetriebe, die Festlegung strenger Umweltstandards für derartige Betriebe sowie die
Übertragung der Überwachung der Altautoentsorgung von den Behörden auf
unabhängige Sachverständige. Wer ein Altauto bei der Zulassungsstelle abmel-
den will, muß dafür einen Nachweis über dessen umweltverträgliche Verwertung vorlegen. Dies gilt auch, wenn das Fahrzeug zum Zweck der Verwertung
ins Ausland verbracht werden soll. Der **Verwertungsnachweis** kann nur von
einem anerkannten Verwertungsbetrieb oder einer anerkannten Annahmestelle
ausgestellt werden, der der Letztbesitzer sein Fahrzeug überlassen hat. Annahmestellen (dies können etwa Autohäuser oder KfZ-Betriebe sein) sind dabei
nur zur Weiterleitung des Altautos an Verwertungsbetriebe, nicht zur Trocken-
legung oder Demontage berechtigt. Die Anerkennung von Annahmestellen, die
KfZ-Betriebe sind, wird durch die jeweils zuständige KfZ-Innung, die Anerkennung von Verwertungsbetrieben und Shredderanlagen durch öffentlich be-
stellte Sachverständige bescheinigt, vorausgesetzt, der jeweilige Betrieb hält
die in der Altautoverordnung genannten, technischen Anforderungen an die
Verwertung ein. Für Verwertungsbetriebe gilt die Maßgabe, daß bis zum Jahre
2002 eine Verwertungsquote von durchschnittlich mindestens 15 Gewichtsprozent, bezogen auf das jeweilige Leergewicht des Autos, zu erreichen ist. Die
Automobilindustrie hat sich, unabhängig von diesem hier nur skizzenhaft darstellbaren Verwertungssystem, in ihrer freiwilligen Selbstverpflichtung verpflichtet, alle Fahrzeuge, die nach dem 1.4.1998 neu in den Verkehr gekommen
sind, bis zu einem Alter von zwölf Jahren kostenlos vom Letztbesitzer zurückzunehmen.

Eine weitere Rechtsverordnung zur Konkretisierung der Produktverantwor-
tung ist die **Batterieverordnung**, durch die u.a. die Verbraucher verpflichtet
werden, Altbatterien zum Händler zurückzubringen. Darüber hinaus sind der
Erlaß einer **Informationstechnikgeräte-Verordnung** und einer **Bioabfall-
Verordnung** geplant. Die IT-Geräte-Verordnung soll die jährlich in der Bundesrepublik Deutschland anfallenden 360 000 Tonnen Informations- und Kom-
munikationstechnikgeräte erfassen und einer ordnungsgemäßen Verwertung
zuführen. Entsprechend dem hohen Stellenwert der Kompostierung enthält die
Bioabfallverordnung Vorgaben für den hygienisch einwandfreien und schadlosen Einsatz der Komposte.

4. Landesrecht

a) Landesabfallgesetze

8   In allen Bundesländern gibt es Landesabfallgesetze. Diese regeln u.a. die
Zuständigkeit für die Entsorgung. Beim Hausmüll sind in aller Regel die
(Land-)Kreise bzw. kreisfreien Städte zuständig. Für die Entsorgung von Son-
dermüll (auch Giftmüll, gefährlicher Abfall oder besonders überwachungsbedürftiger Abfall genannt) ist in den meisten Ländern eine staatliche Körperschaft oder eine mehrheitlich in der Hand des Landes liegende private Gesellschaft ausschließlich zuständig.

> **Beispiel:** Ein derartiges Monopol für die Sonderabfallentsorgung besteht landesrechtlich in Baden-Württemberg, Bayern, Berlin, Brandenburg, Hessen, Niedersachsen, Rheinland-Pfalz, Saarland, Schleswig-Holstein und Thüringen. In Nordrhein-Westfalen ist eine spezielle Lizenz für die Entsorgung von Sonderabfällen erforderlich. Die Vergabe der Lizenzen richtet sich nach dem behördlich geschätzten Entsorgungsbedarf.

Zum Teil enthalten Landesabfallgesetze auch die Regelung, daß Abfälle, die im jeweiligen Land angefallen sind, nicht zur Entsorgung in ein anderes Bundesland verbracht werden dürfen. Damit will man den Gefahren des Abfalltransports, aber auch der mangelhaften Auslastung heimischer Entsorgungsanlagen begegnen.

> **Beispiel:** Eine solche Regelung kennen etwa das Bayerische Abfallwirtschafts- und Altlastengesetz und das Landesabfallgesetz Nordrhein-Westfalen.

b) Abfallwirtschaftspläne

Für den Bereich jedes Bundeslandes müssen außerdem Abfallwirtschaftspläne aufgestellt werden. Diese sollen eine **überörtliche Entsorgungsplanung** gewährleisten, indem darin u.a. geeignete Flächen für Verbrennungsanlagen und Deponien, gemessen am voraussichtlichen Bedarf der nächsten zehn Jahre, dargestellt werden. In der Praxis haben die Abfallwirtschaftspläne jedoch nur sehr geringe Bedeutung; in den meisten Bundesländern sind lediglich veraltete Teilpläne vorhanden. Der Grund für diesen Mißstand ist darin zu suchen, daß die Landesregierungen vor einer großräumigen Planung von Standorten für neue Abfallentsorgungsanlagen zurückschrecken, weil die frühzeitige Veröffentlichung geplanter Standorte zwangsläufig zu massiven Protesten der davon betroffenen Anwohner führte. Eine Folge des weitgehenden Ausfalls einer überörtlichen Abfallwirtschaftsplanung in den Ländern ist, daß nicht wenige Kommunen in den letzten Jahren große neue Entsorgungsanlagen gebaut haben, die den tatsächlichen Bedarf übersteigen.

9
→ § 29 KrW-/ AbfG

5. Kommunalrecht

Kommunale Abfallwirtschaftssatzungen schließlich regeln die Einzelheiten der Entsorgung vor Ort. Sie sehen u.a. vor, daß alle Haushalte verpflichtet sind, eine graue Restmülltonne abzunehmen und zu benutzen (sog. Anschluß- und Benutzungszwang). Ferner kann durch Satzung die Benutzung von Altpapierbehältern und Gelben Säcken für Verpackungsmüll zur Pflicht gemacht werden. Die Abfallgebühren werden aufgrund einer besonderen Gebührensatzung erhoben. Dabei sind nicht nur die allgemeinen Betriebskosten für die Unterhaltung kommunaler Entsorgungsanlagen, sondern auch die Kosten der kommunalen Abfallberatung, Abschreibungen und sog. kalkulatorische Zin-

10

sen für den Bau von Neuanlagen sowie finanzielle Rückstellungen für eine
nach der Schließung der Anlage erfolgende Sanierung bzw. Rekultivierung
des Geländes auf die Bürger umlegbar. Aufgrund des umlagefähigen Investiti-
onskostenanteils zahlen vor allem die Einwohner in den Kreisen hohe Müllge-
bühren, die in den letzten Jahren neue, kostspielige Entsorgungsanlagen errichtet haben.

6. Technische Anleitungen

11   Schließlich gibt es wie im Immissionsschutzrecht (→ Kap. 8/RN 21 ff.) sog.
Technische Anleitungen (TA), die sich als allgemeine Verwaltungsvorschriften nicht an den Bürger, sondern an die Genehmigungs- und Aufsichtsbehörden richten und für diese verbindlich und detailliert vorschreiben, welche
technischen Voraussetzungen Abfallentsorgungsanlagen erfüllen müssen, um
eine umweltverträgliche Entsorgung zu gewährleisten. Eine Anlage, die diese
technischen Standards nicht einhält, muß modernisiert oder geschlossen werden.

> **Beispiel:** Die **TA Abfall** legt die technischen Anforderungen an Anlagen zur
> Entsorgung von Sonderabfällen fest. Sie sieht etwa vor, daß Sondermülldepo-
> nien über bestimmte Oberflächen- und Basisabdichtungssysteme sowie Vor-
> kehrungen zur Ableitung und Reinigung von Sickerwasser verfügen müssen.
> Die **TA Siedlungsabfall** sieht u. a. vor, daß Hausmüll nur deponiert werden
> darf, wenn maximal 10 Prozent des Abfallgewichts auf organische Substanzen
> entfallen. Damit soll der Entstehung künftiger Altlasten durch grundwasserge-
> fährdende biologisch-chemische Prozesse vorgebeugt werden. Spätestens ab
> dem Jahre 2005 müssen sämtliche Siedlungsabfälle vor ihrer Deponierung
> durch eine Vorbehandlung inertisiert werden. Nach dem derzeitigen Stand der
> Technik kommt dafür wohl nur eine Vor-Verbrennung in Frage. Dies ist jedoch
> politisch heftig umstritten. Einzelne Bundesländer halten eine „kalte" Vorbe-
> handlung des Hausmülls durch biologisch-mechanische Verfahren für ebenso
> gut geeignet.

II.   Der Abfallbegriff

1. Bedeutung

12   Der Abfallbegriff ist im Kreislaufwirtschafts- und Abfallgesetz eigens definiert. Dies ist erforderlich, weil sich einschneidende Rechtsfolgen aus einer
Bejahung der Abfalleigenschaft eines Stoffes oder Gegenstands ergeben.

> **Beispiel:** Wenn ein Gegenstand Abfall im Sinne des Abfallrechts ist, hat der
> Eigentümer diesen zur Entsorgung herauszugeben oder ihn selbst ordnungsge-
> mäß zu entsorgen, wenn er über entsprechende technische Möglichkeiten ver-
> fügt. Die Entsorgung kann nicht auf beliebige Weise, sondern nur nach den

entsprechenden Technischen Anleitungen (→ RN 11) in einer eigens dafür zugelassenen Abfallentsorgungsanlage durchgeführt werden. Verstößt der Eigentümer dagegen, indem er einen Abfallgegenstand einfach ins Gelände wirft, macht er sich möglicherweise wegen umweltgefährdender Abfallbeseitigung strafbar (→ Kap. 19/RN 53 ff.). Wenn kein Abfall im Rechtssinne vorliegt, gilt dies alles nicht.

2. Voraussetzungen

Nach dem Kreislaufwirtschafts- und Abfallgesetz sind Abfälle   **13**

- alle beweglichen Sachen,   → § 3 I KrW-/
- die in einem von der Europäischen Kommission erstellten Abfallverzeich-   AbfG
  nis enthalten sind und
- derer sich ihr Besitzer entledigt, entledigen will oder entledigen muß.

Unerheblich für die Abfalleigenschaft ist, ob eine Sache wiederverwertbar ist oder nicht. Wenn ja, handelt es sich um **Abfall zur Verwertung**, anderenfalls um **Abfall zur Beseitigung**. Gegenüber dem früheren Recht, das zahlreiche wiederverwertbare Reststoffe nicht als Abfall qualifizierte, wird der Anwendungsbereich des Abfallrechts damit stark erweitert. Abfälle sind nunmehr praktisch *alle beweglichen Sachen, die ungewollt bei Produktion und Konsum anfallen.*

a) Bewegliche Sache

Sachen sind im Raum abgrenzbare, körperliche Gegenstände. Eine Sache ist   **14**
beweglich, wenn sie, notfalls unter Zuhilfenahme technischer Mittel, fortgeschafft werden kann. Unbeweglich sind Sachen, die fest mit Grund und Boden verbunden sind, wie z.B. ein Abbruchhaus oder **Altlasten** (→ Kap. 15/RN 11 ff.), die im Boden liegen. Das Abfallrecht ist daher nicht auf die Altlastensanierung anwendbar.

b) Abfallverzeichnis

Das von der Europäischen Kommission erstellte Abfallverzeichnis (**Euro-**   **15**
pean Waste Catalogue, kurz: EWC) hat für die Abfallqualifikation einer Sache so gut wie keine Bedeutung, weil es praktisch alle erdenklichen Gegenstände umfaßt. Bedeutung erlangt es aber bei der behördlichen Überwachung der Abfallentsorgung. Für einen Entsorgungsnachweis (→ RN 36) bzw. für die Aufstellung von Abfallwirtschaftskonzepten und Abfallbilanzen (→ RN 35) müssen die Eigenschaften des jeweiligen Abfalls nicht aufwendig erläutert werden, es genügt insoweit eine Kurzbeschreibung der Art, Menge und Beschaffenheit des Abfalls sowie die Angabe des allgemein anerkannten **Abfallschlüssels**. Die im EWC enthaltenen Abfälle haben sechsstellige Abfall-

schlüssel, die ab dem Jahre 1999 die für Deutschland von der Länderarbeitsgemeinschaft Abfall (LAGA) aufgestellten fünfstelligen Schlüssel ablösen. Die LAGA hat deshalb einen **Umsteigekatalog** erstellt, der Unternehmern und Behörden helfen soll, sich an die neuen Bezeichnungen und Schlüssel im EWC zu gewöhnen.

> **Hinweis:** Der Umsteigekatalog ist publiziert als WEKA-Praxishandbuchplus, Umsteigekatalog: Europäischer Abfallkatalog/LAGA-Abfallartenkatalog, Stand: August 1995.

c) Vorliegen einer Entledigungsalternative

16   Entscheidend für die Charakterisierung einer Sache als Abfall ist, ob eine der im Gesetz genannten Entledigungsalternativen erfüllt ist. Abfall liegt danach vor, wenn der Besitzer sich einer beweglichen Sache tatsächlich entledigt oder sich ihrer entledigen will (*subjektiver Abfallbegriff*) oder sich der Sache entledigen muß, weil diese umweltgefährlich ist (*objektiver Abfallbegriff*).

Tatsächliche Entledigung bzw. Vorliegen eines Entledigungswillens

17   Der sog. **subjektive Abfallbegriff** setzt voraus, daß der Besitzer eine bewegliche
→ § 3 II, III   Sache als Abfall entsorgen lassen *will*. Nach dem Gesetz wird das Vorliegen
KrW-/AbfG   eines Entledigungswillens unter bestimmten Umständen **vermutet**, nämlich

- *im Produktionsbereich* bei allen Reststoffen, die neben dem zielgerichtet hergestellten Produkt angefallen sind;
- *in allen sonstigen Bereichen*, wenn eine Sache ihren ursprünglichen Zweck verloren hat und nur nach einer Umwandlung bzw. Aufbereitung für einen neuen Zweck genutzt werden kann.

Im Produktionsbereich kommt es mithin entscheidend auf den Zweck des Produktionsvorgangs an. Anfallende Reststoffe, die einen eigenständigen Gebrauchswert haben, können insoweit durchaus als **Nebenprodukte** angesehen werden und sind dann kein Abfall nach dem subjektiven Abfallbegriff.

> **Beispiel:** Sog. REA-Gips, der bei der Rauchgasentschwefelung in Kraftwerken anfällt, ist dann nicht als Abfall anzusehen, wenn er so rein ist, daß er wie Naturgips in der Bauindustrie verwendet werden kann.

Zwecklos gewordene Sachen *außerhalb von Produktionsvorgängen* sind keine Abfälle, wenn sie ohne stoffliche Umwandlung weiter benutzbar sind.

> **Beispiel:** Keine Abfälle sind Altkleider, die als second-hand-Ware weiterbenutzt werden. Dasselbe gilt für Altreifen, die ein Landwirt von seinen Fahrzeugen abmontiert, um sie zur Beschwerung von Plastikplanen zu benutzen. Anders aber, wenn aus dem Reifenprofil Schuhsohlen gefertigt werden sollen. In diesem Fall sind die Altreifen Abfälle, bis ihre Umwandlung in Schuhsohlen

abgeschlossen ist. Umstritten ist, ob Altpapier ein gebrauchsfähiges Produkt oder Abfall ist, da der Altpapierhandel einen Imageverlust befürchtet, wenn es nach dem Gesetz um den Handel mit Abfällen geht. Für die Beurteilung der Abfalleigenschaft von Altpapier wird es darauf ankommen, ob das Altpapier sortenrein anfällt. Muß es durch Sortierung erst in einen für die papierverarbeitende Industrie gebrauchsfähigen Zustand gebracht werden, dürfte es sich zumindest bis zum Abschluß des Sortiervorgangs um Abfall handeln.

Entledigungszwang

Schließlich kann eine Sache unabhängig vom Willen ihres Besitzers zu Abfall werden (**objektiver Abfallbegriff**). Dies ist der Fall, wenn sie für ihren ursprünglichen Zweck nicht mehr verwendbar ist und aufgrund ihres konkreten Zustands am Ort, wo sie sich befindet, eine Umweltgefährdung verursacht.

18
→ § 3 IV
KrW-/AbfG

Beispiel: Autowracks, die noch Motor- und Getriebeöl enthalten und ohne Sicherheitsvorkehrungen gegen das Auslaufen des Öls auf einem Grundstück aufgestellt sind, sind Abfälle im objektiven Sinne.

III. Die Organisation der Abfallentsorgung

Die Abfallentsorgung war traditionell eine öffentliche Aufgabe, die von den entsorgungspflichtigen Körperschaften (Kreise und kreisfreie Städte in Zusammenarbeit mit den kreisangehörigen Gemeinden) erfüllt wurde. Seit Ende der 80er Jahre wird jedoch durch die Abfallgesetzgebung die Strategie einer Privatisierung bestimmter Entsorgungsaufgaben verfolgt, um öffentliche Entsorgungskapazitäten zu entlasten und Anreize zur verstärkten Vermeidung von Abfällen zu geben. Als erster Schritt hierzu wurde im Jahre 1991 durch die Verpackungsverordnung das Duale System bei Verpackungsabfällen ins Leben gerufen. Nach dem Kreislaufwirtschafts- und Abfallgesetz sollen darüber hinaus nun prinzipiell alle gewerblichen Abfälle durch die Abfallbesitzer selbst entsorgt werden.

19

1. Das Duale System nach der Verpackungsverordnung

a) Das Privatisierungskonzept der Verpackungsverordnung

Wegen der zunehmenden Verwendung von Einwegverpackungen und der geringen Bereitschaft der Verpackungsindustrie, Verpackungsabfall zu vermeiden, wurde im Jahre 1991 die Verpackungsverordnung erlassen. Als Vorläufer des Kreislaufwirtschafts- und Abfallgesetzes führte sie erstmals eine Rechtspflicht zur Rücknahme und stofflichen Verwertung von Verpackungsabfällen für Hersteller und Vertreiber von Verpackungen sowie Groß-, Einzel- und

20

→ §§ 4 ff.
VerpackV

Versandhandel ein. Die genannten Personen sind nach der Verpackungsverordnung selbst für die ordnungsgemäße Sammlung und Verwertung gebrauchter Verpackungen verantwortlich, so daß insoweit neben die öffentliche Abfallentsorgung durch die entsorgungspflichtigen Körperschaften ein zweites, *duales*, von der Privatwirtschaft getragenes Entsorgungssystem tritt. Nach dem Grundmodell der Verpackungsverordnung sollen gebrauchte Verpackungen vom Verbraucher über den Einzel- und Großhandel bis zu den Verpackungsherstellern zurückgegeben und von diesen recycelt werden.

b) Einrichtung des Dualen Systems

21

→ § 6 III
VerpackV

Die Bundesregierung hielt der Verpackungsindustrie jedoch eine Hintertür offen: die Rücknahme- und Selbstverwertungspflicht hinsichtlich Verkaufsverpackungen, die ca. 78 Prozent aller Verpackungen ausmachen, entfällt für solche Hersteller und Vertreiber, die sich am Dualen System beteiligen. Dieses wird getragen und koordiniert von der Gesellschaft „Duales System Deutschland GmbH" (kurz: DSD), die 1990 gegründet wurde. Das Duale System muß eine flächendeckende Erfassung, Sortierung und Verwertung des Großteils der in Umlauf befindlichen Verpackungen nach Maßgabe der im Anhang zur Verpackungsverordnung genannten Quoten gewährleisten. Es funktioniert in folgenden Schritten:

22

Stufe 1: Die DSD schließt privatrechtliche **Lizenzverträge** mit den Herstellern von Konsumgütern ab und erlaubt ihnen darin, gegen Zahlung eines bestimmten Lizenzentgelts den Grünen Punkt auf die Verpackungen ihrer Waren zu drucken. Der Grüne Punkt ist das für den Verbraucher sichtbare Zeichen dafür, daß die betreffende Verpackung im Wege des Dualen Systems, d.h. in Eigenverantwortung der Privatwirtschaft, gesammelt und verwertet wird. Das von DSD erhobene Lizenzentgelt dient nicht der Gewinnerzielung, sondern der Deckung der voraussichtlichen Kosten für die Sammlung und Verwertung von Verpackungsmüll. Die Höhe des Entgelts pro Verpackung hängt vom technischen Aufwand für das Recycling des jeweiligen Verpackungsmaterials ab. Die Wiederaufbereitung von Kunststoff- und Verbundverpackungen ist erheblich teurer als bei Pappe oder Glas.

Bei der Lizenzierung entsteht das sog. „Trittbrettfahrer"-Problem. Verschiedene Hersteller von Konsumgütern druckten den Grünen Punkt auf Verpackungen ihrer Waren, ohne Lizenzentgelte dafür zu entrichten. Die DSD hat bereits mehrere dieser „schwarzen Schafe" auf Schadenersatz verklagt. Andere Vertreiber beteiligen sich nicht am Dualen System, nehmen aber von Kunden trotzdem keine Verkaufsverpackungen zurück, sondern verweisen auf die Entsorgungsmöglichkeit im Gelben Sack. Die „Trittbrettfahrer" verursachen nach Angaben der DSD jährlich einen Verlust von 800 Millionen DM. Geplant ist, die „Verweigerer" durch eine Ergänzung der Verpackungsverordnung zu zwingen, künftig die gleichen Verwertungsleistungen wie das Duale System nachzuweisen.

Stufe 2: Die DSD schließt **Abstimmungsvereinbarungen** mit den entsorgungspflichtigen Körperschaften, die in Städten zumeist die flächendeckende Abholung und Sortierung der Verpackungsabfälle zusammen mit der Restmüllabfuhr durchführen (Holsystem). In ländlichen Regionen sind Verpackungsabfälle dagegen in der Regel von den Verbrauchern zu kommunalen Wertstoffhöfen zu bringen (Bringsystem). Die Kommunen lassen sich die Kosten für die Sammlung und Sortierung der Verpackungsabfälle von der DSD erstatten. Mit Hilfe dieses Systems müssen 80 Gewichtsprozent des Pro-Kopf-Verbrauchs an Verpackungen im jeweiligen Einzugsgebiet gesammelt und davon wiederum 80 bzw. 90 Gewichtsprozent (je nach Material) sortiert werden. Die Einhaltung dieser Erfassungs- und Sortierquoten muß die DSD den einzelnen Landesumweltministerien jährlich durch Vorlage eines von unabhängigen Wirtschaftsprüfern verifizierten **Mengenstromnachweises** belegen.

> **Beispiel:** Laut dem Mengenstromnachweis für das Jahr 1996 wurden 86 Prozent aller gebrauchten Verkaufsverpackungen vom Dualen System erfaßt. Im Schnitt sammelte und sortierte jeder Bundesbürger 71,2 kg Verpackungsabfall. Damit sind die gesetzlich geforderten Sammel- und Sortierquoten erfüllt.

Stufe 3: Spezielle Verwertungsgesellschaften, an denen Verpackungshersteller, mittelständische Entsorgungsunternehmen sowie zunehmend Tochtergesellschaften der großen deutschen Energieversorger beteiligt sind, geben der DSD eine pauschale Abnahme- und Verwertungsgarantie hinsichtlich bestimmter Verpackungsarten. Zur Zeit gibt es zehn derartige **Garantiegeber** für die Materialien Glas, Aluminium, Kunststoff, Papier und Getränkeverpackungen.

> **Beispiel:** DKR (= Deutsche Gesellschaft für Kunststoffrecycling mbH); VGK (= Verwertungsgesellschaft gebrauchte Kunststoffe).

Stufe 4: Die gesammelten und sortierten Verpackungen werden sodann von Entsorgungsunternehmen, die von den Verwertungsgesellschaften dazu beauftragt sind, recycelt und vermarktet. Sämtliche von der DSD sortierten Verpackungsabfälle müssen einer stofflichen Verwertung zugeführt werden. Ein von den Verwertungsgesellschaften zu erbringender **Verwertungsnachweis** enthält hierzu die zur behördlichen Überprüfung notwendigen Angaben über Menge, Art und Ort der Verwertung.

Im Jahre 1995 wurden danach insgesamt 77 Prozent aller Verpackungsabfälle verwertet, davon etwa 1/5 im Ausland. Probleme gibt es allerdings weiterhin, die vorgeschriebene Verwertungsquote von 64 Prozent bei Kunststoff- und Verbundverpackungen einzuhalten. 1995 wurden nur 60 Prozent der erfaßten Kunststoffe und nur 51 Prozent der erfaßten Verbundverpackungen verwertet.

23

24

25

26   **Stufe 5:** Der Handel garantiert der DSD, nur noch Produkte in Verpackungen mit dem Grünen Punkt zu verkaufen. Die Kosten für den Grünen Punkt werden vom Handel zum Großteil über die Preise auf den Verbraucher umgelegt. Nach Schätzungen der DSD betragen die jährlichen Mehrbelastungen des Verbrauchers durch das Duale System 49 DM pro Kopf.

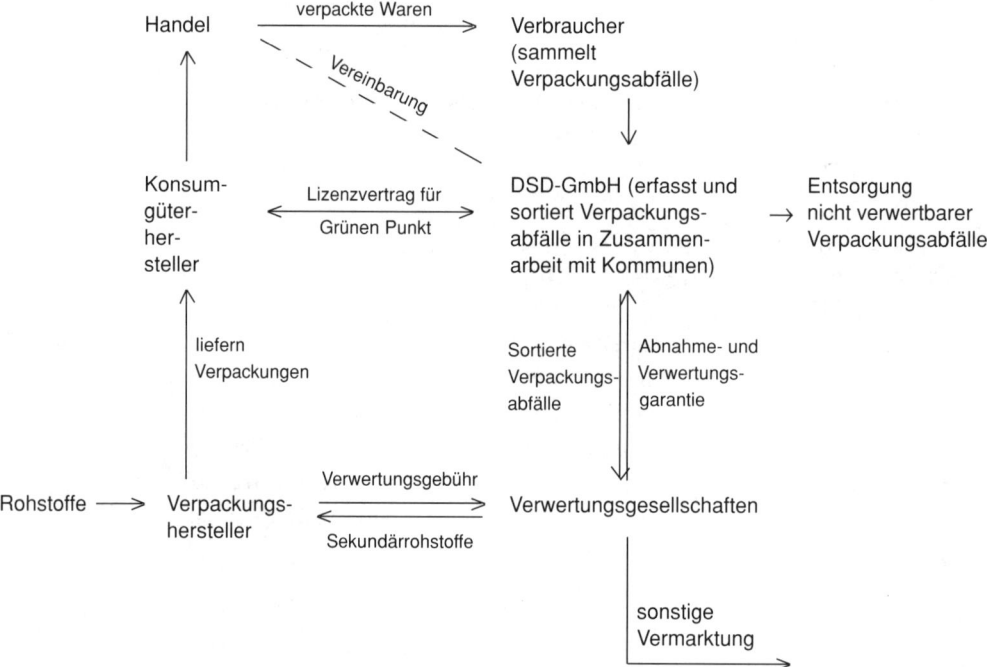

Kreislaufwirtschaft im Dualen System

c) Bewertung des Dualen Systems

Das Duale System gibt in mehrfacher Hinsicht Anlaß zu **Kritik**:

27

- Im Bereich der Erfassung und Sortierung von Verkaufsverpackungen wird eine **Monopolstellung** für die DSD begründet. Aufgrund des flächendeckenden Grünen-Punkt-Systems hat kein konkurrierendes System die Chance, Zugang zum Markt zu bekommen. Zudem ergeben sich wettbewerbsrechtliche Bedenken durch die zum Teil starke Verflechtung der DSD mit den Verwertungsgesellschaften. Die Verwertungsgesellschaften können durch eine Beteiligung an der DSD GmbH die Vergabe von Verwertungsaufträgen an ihre Mitgliedsunternehmen steuern. Die daraus resultierenden kartellähnlichen Zustände wurden allerdings bislang vom Bundeskartellamt toleriert, um die umweltpolitischen Zielsetzungen der Bundesregierung nicht zu unterlaufen. Angemahnt wurde von den Wettbewerbshütern lediglich eine Stärkung des Wettbewerbs im Rahmen der geplanten Novellierung der Verpackungsverordnung.
- Der Anreiz zur Vermeidung von Verpackungsabfällen für die Hersteller schwächt sich ganz erheblich dadurch ab, daß die Verantwortung für die ordnungsgemäße Verwertung auf unabhängige Gesellschaften übergeht. Der einzelne Verpackungshersteller muß, wenn er sich am Dualen System beteiligt, nicht mehr befürchten, seine Verpackungen später selbst verwerten zu müssen. Entgegen dem Vorrang der Abfallvermeidung im Kreislaufwirtschafts- und Abfallgesetz stellt die Verpackungsverordnung damit die Verwertung von Verpackungsabfällen ganz eindeutig in den Vordergrund. Die Kommunen dürfen nach einer Entscheidung des Bundesverfassungsgerichts nicht versuchen, die Abfallvermeidung durch Erhebung einer Verpackungssteuer zu fördern.

d) Zukunft des Dualen Systems, Novellierung

Sollten die in der Verpackungsverordnung vorgeschriebenen Verwertungsquoten dauerhaft nicht erfüllt werden, können die Landesumweltministerien das Duale System widerrufen und die in der Verpackungsverordnung vorgesehenen Rücknahmeverpflichtungen für Hersteller und Vertreiber in Kraft setzen. Dies ist etwa im Bereich Getränkeverpackungen nicht auszuschließen, da die **Mehrwegquote** bundesweit seit einiger Zeit infolge einer „Dosenflut" unterschritten wird.

28
→ § 6 IV
VerpackV

Nach der sog. Mehrwegquote darf der Anteil von Mehrwegverpackungen bei Getränken nicht unter 72 Prozent im Bundesgebiet und außerdem nicht unter den im Jahre 1991 ermittelten Mehrweganteil in den einzelnen Bundesländern (z.B. Bayern: 83,09 Prozent) liegen. Wird diese Quote wiederholt unterschritten, so tritt nach der Verpackungsverordnung anstelle des Dualen Systems bei Getränkeverpackungen eine Rücknahme- und Pfandpflicht in Höhe von mindestens 0,50 DM pro Einwegflasche/Dose.

→ § 9 II
VerpackV

Die **Verpackungsverordnungsnovelle** vom Juni 1998 sieht u.a. vor, daß künftig auch Bäcker und Metzger ihre Verpackungen zurücknehmen müssen, wenn sie sich nicht an dem Grünen-Punkt-System beteiligen. Das Handwerk soll jedoch die Verwertung nicht nachzuweisen brauchen. Diese Pflicht soll den Herstellern der Verpackungen auferlegt werden. Außerdem soll nach der Novelle die Quote der werkstofflich verwerteten Kunststoffverpackungen von 40 auf 60 Prozent steigen, und es erfährt das Verhältnis von DSD und Kommunen eine Reihe von Änderungen.

2. Das Duale System nach dem Kreislaufwirtschafts- und Abfallgesetz

a) Der Grundsatz der Eigenentsorgung und seine Ausnahmen

29

→ §§ 5 II, 11 I KrW-/AbfG

Nach dem Kreislaufwirtschafts- und Abfallgesetz sind Erzeuger und Besitzer von Abfällen dem Grundsatz nach verpflichtet, ihre Abfälle selbst ordnungsgemäß zu verwerten bzw. zu beseitigen. Das Duale System bei Verpackungsabfällen wird damit im Prinzip auf sämtliche Abfälle ausgedehnt. Von diesem Grundsatz der Eigenentsorgung gibt es indes gewichtige Ausnahmen:

→ § 13 I KrW-/AbfG

- Hausmüll ist, sofern keine Kompostierungsmöglichkeit besteht, weiterhin der entsorgungspflichtigen Körperschaft zu überlassen;
- nicht verwertbare Sonderabfälle sind den nach Landesrecht zuständigen Entsorgern zu überlassen (→ RN 8);
- umstritten ist die dritte Ausnahme: *Abfälle zur Beseitigung* aus Industrie und Gewerbe sind der entsorgungspflichtigen Körperschaft zu überlassen, wenn *überwiegende öffentliche Interessen* dies erfordern. Diejenigen Kommunen, die eigene Abfallentsorgungsanlagen betreiben, berufen sich häufig auf das überwiegende öffentliche Interesse an der Auslastung dieser Anlagen, um die Abfallgebühren stabil halten zu können. Dagegen wird von Seiten der Abfallbesitzer vorgebracht, ein solches Vorgehen widerspreche dem gesetzlichen Grundkonzept einer weitgehenden Privatisierung der Entsorgung. Da es sich beim Merkmal „überwiegende öffentliche Interessen" um einen unbestimmten Rechtsbegriff (→ Kap. 3/RN 25) handelt, wird die Frage, ob die Kommunen derartige Abfälle an sich ziehen dürfen, letztlich von den Gerichten geklärt werden müssen. Bis dahin bleibt festzuhalten: der Grundsatz der Eigenentsorgung nach dem Kreislaufwirtschafts- und Abfallgesetz beschränkt sich praktisch auf gewerbliche Abfälle zur Verwertung, müßte also besser „Grundsatz der Eigen*verwertung gewerblicher* Abfälle" heißen.

b) Abgrenzung: Abfälle zur Verwertung – Abfälle zur Beseitigung

30

→ § 4 III, IV KrW-/AbfG

Die Abgrenzung zwischen Abfällen zur Verwertung und Abfällen zur Beseitigung ist nicht nur für die Frage des Umfangs der Eigenentsorgungspflicht, sondern auch bei der Überwachung der Abfallentsorgung (→ RN 37) oder beim Export von Abfällen (→ RN 3) von entscheidender Bedeutung. Nach dem Gesetz kommt es für die Abgrenzung auf den **Hauptzweck** einer Behandlungsmaßnahme an: ist dieser auf die Nutzung der stofflichen Eigenschaften des Abfalls gerichtet, so liegt Abfall zur Verwertung vor. Steht dagegen die Beseitigung des Schadstoffpotentials der Abfälle im Vordergrund, so handelt es sich um Abfälle zur Beseitigung. Dies wird man anhand einer **wirtschaftlichen Betrachtungsweise** beurteilen müssen. Entscheidend für eine Verwertung ist, daß aus den Abfallstoffen ein konkreter wirtschaftlicher Nutzen gezogen wird. Im Einzelfall sind dabei u. a. die (Sorten-)Reinheit der Abfälle, ihre Schadstoffbelastung sowie das Verhältnis zwischen dem finanziellen Aufwand der Verwertung und dem Marktwert des gewonnenen Recyclingprodukts zu berücksichtigen.

> **Beispiel:** Bei gemischtem Hausmüll, der in einer MVA verbrannt wird, handelt es sich stets um Abfall zur Beseitigung, ebenso bei Abfällen mit hohem Schadstoffgehalt. Dagegen geht die LAGA von Abfall zur Verwertung aus, wenn mehr als die Hälfte der jeweiligen Abfallmenge recycelt oder aus dem Abfall ein hochwertiges Recyclingprodukt gewonnen wird.

3. Beteiligung Dritter an der Entsorgung

Soweit die Unternehmen nach den soeben dargestellten Kriterien ihre produktionsspezifischen Abfälle selbst verwerten müssen, tragen sie die rechtliche Verantwortung für die ordnungsgemäße Verwertung. Dies bedeutet jedoch nicht, daß sie ihre Abfälle in eigenen Anlagen verwerten müssen. Es besteht vielmehr weiterhin die Möglichkeit, ein privates Entsorgungsunternehmen mit der Verwertung zu beauftragen oder die Abfälle gebührenpflichtig der entsorgungspflichtigen Körperschaft zu überlassen. Das Gesetz sieht außerdem vor, daß die Wirtschaft für bestimmte Abfallarten **Entsorgungsverbände**, vergleichbar der DSD GmbH bei Verpackungsabfällen, gründen kann. Auch die Selbstverwaltungsträger der Wirtschaft (IHK, Handwerks- und Landwirtschaftskammern) können durch eigene Einrichtungen Entsorgungsleistungen für ihre Mitgliedsunternehmen erbringen.

31
→ § 16 I KrW-/AbfG

→ §§ 17, 18 KrW-/AbfG

Im Normalfall übernehmen einzelne Entsorgungsunternehmen bzw. Wirtschaftsverbände oder Einrichtungen der Kammern als sog. **Erfüllungsgehilfen** nur die technische Durchführung der Entsorgung. Die rechtliche Verantwortung verbleibt beim ursprünglichen Abfallerzeuger. Dies hatte in der Vergangenheit die Konsequenz, daß Abfallerzeuger selbst wegen umweltgefährdender Abfallbeseitigung zivil- und strafrechtlich hafteten, weil sie ihre Abfälle einem unseriösen Entsorger anvertrauten, der diese illegal entsorgte. Das Kreislaufwirtschafts- und Abfallgesetz sieht nunmehr die Möglichkeit vor, auch die rechtliche **Verantwortung** für die ordnungsgemäße Entsorgung mit befreiender Wirkung auf Dritte zu **übertragen**. Die gesetzlichen Voraussetzungen dafür sind allerdings streng (vgl. die nachfolgende Übersicht). Wichtig ist, festzuhalten, daß nur Entsorgungsverbände (→ RN 31), nicht aber einzelne Unternehmen ihre rechtliche Verantwortung für die ordnungsgemäße Entsorgung produktionsspezifischer Abfälle auf eine andere Person übertragen können.

32

→ § 16 II KrW-/AbfG

Übersicht: Beteiligung Dritter bei der Abfallentsorgung

Mit der Entsorgung beauftragt werden können

> • Private Entsorgungsunternehmer
> • Unternehmensverbände
> (soweit solche für die jeweilige Abfallart gebildet wurden)
> • Entsorgungseinrichtungen der Kammern
> (soweit solche gebildet wurden)

Dabei gibt es zwei Möglichkeiten:

Beauftragung als Erfüllungsgehilfe	Übertragung der Entsorgungspflicht
Der Beauftragte übernimmt lediglich die technische Durchführung der Entsorgung. Die rechtliche Verantwortung bleibt beim Abfallerzeuger.	Der Beauftragte übernimmt auch die rechtliche Verantwortung für die Entsorgung, der Abfallerzeuger haftet nicht bei illegaler Entsorgung.
Voraussetzung: Zuverlässigkeit des Beauftragten (= ausreichende Fachkompetenz und persönliche Integrität).	Voraussetzungen: 1. Zuverlässigkeit des Beauftragten 2. Vorlage eines Abfallwirtschaftskonzepts durch den Beauftragten 3. Zustimmung der entsorgungspflichtigen Körperschaft 4. Befristung der Übertragung und Möglichkeit des Widerrufs

---

IV.   Überwachung und Kontrolle der Abfallentsorgung

1.   Externe Überwachung

33   Durch die Erweiterung des Abfallbegriffs (→ RN 13 ff.) hat sich die Gesamtabfallmenge aus rechtlicher Sicht verdoppelt. Dies hat den Vorteil, daß nun auch die Behandlung von in den Betrieben anfallenden, verwertbaren Reststoffen von den Abfallbehörden überwacht werden kann. Zugleich muß man jedoch eine Vergrößerung des Vollzugsdefizits befürchten, weil die Abfallbehörden mit der vollständigen Überwachung der öffentlichen und privaten

Abfallentsorgung schlicht überfordert sind, wie sich exemplarisch an den immer wieder Schlagzeilen machenden Fällen illegaler Entsorgung zeigt. Das Kreislaufwirtschafts- und Abfallgesetz versucht, die Abfallbehörden dadurch zu entlasten, daß es zwischen besonders überwachungsbedürftigen, einfach überwachungsbedürftigen und nicht allgemein überwachungsbedürftigen Abfällen differenziert und bei den beiden zuletzt genannten Kategorien das Ausmaß der Überwachung in das Ermessen der Behörden stellt.

a) Besonders überwachungsbedürftige Abfälle

Zu den Sonderabfällen in diesem Sinne gehören solche, die aufgrund ihrer Art, Beschaffenheit oder Menge in besonderem Maße gesundheits-, luft- oder wassergefährdend, explosibel oder brennbar sind oder Krankheitserreger enthalten können. Aus Gründen der Rechtssicherheit sind Sonderabfälle abschließend in den Anlagen der *Rechtsverordnung zur Bestimmung besonders überwachungsbedürftiger Abfälle* aufgeführt. Die Verordnung umfaßt dabei sowohl Abfälle zur Verwertung als auch Abfälle zur Beseitigung.

34
→ § 41 I KrW-/AbfG

> **Beispiel:** Farben und Lacke, Schlacken, Hydrauliköle, Bleibatterien, asbesthaltiges Isoliermaterial. Insgesamt führt die Verordnung 255 Abfallarten auf. 237 davon sind aus dem von der EG-Kommission aufgestellten Verzeichnis gefährlicher Abfälle (**Hazardous Waste Catalogue** – HWC) übernommen. Hinsichtlich der anderen 18 Abfallarten (z.B. Ölschlämme, mit Schadstoffen belastete Bau- und Abbruchabfälle, Pyrolyseabfälle) handelt es sich um eine gegenüber dem Europarecht zulässige Schutzverstärkung (→ Kap. 4/RN 40ff.).

Das Kreislaufwirtschafts- und Abfallgesetz stellt besondere Pflichten für die Behandlung derartiger Sonderabfälle auf:

35

- Fallen Sonderabfälle regelmäßig in einem Betrieb an, hat der Betriebsinhaber einen **Betriebsbeauftragten für Abfall** (→ Kap. 14/RN 88) zu bestellen;

→ § 54 I KrW-/AbfG

- Fallen jährlich insgesamt mehr als 2 000 kg Sonderabfälle in einem Betrieb an, ist der Betriebsinhaber spätestens ab dem Jahr 2000 alle fünf Jahre zur Aufstellung bzw. Fortschreibung eines betrieblichen **Abfallwirtschaftskonzepts** sowie ab April 1998 jährlich zur Aufstellung einer **Abfallbilanz** verpflichtet.

→ §§ 19 I, 20 I KrW-/AbfG

Bei Abfallwirtschaftskonzepten und Abfallbilanzen handelt es sich um sog. betriebsinterne Planungsinstrumente in Gestalt von Formblättern, die die Abfallbehörde jederzeit einsehen kann. Sie beinhalten Angaben über Art, Menge und Verbleib von Abfällen im Betrieb. Die Dokumentationspflicht soll eine gesicherte Entsorgung gewährleisten und zugleich Anstöße zur Abfallvermeidung geben. Das Nähere regelt die *Rechtsverordnung über Abfallwirtschaftskonzepte und Abfallbilanzen*. In Berlin, Brandenburg, Hamburg, Niedersachsen und Nordrhein-Westfalen gibt es bereits landesrechtliche Dokumentationspflichten für bestimmte Abfallerzeuger.

> **Hinweis:** Eine praktische Anleitung zur Erstellung von Abfallwirtschaftskonzepten und Abfallbilanzen mit Mustern und Erläuterungen liefert das Buch von *Uwe Stoltenberg* (Hrsg.), Betriebliche Abfallwirtschaftskonzepte und Abfallbilanzen, 2. Aufl., 1997.

36

→ §§ 43, 46
KrW-/AbfG

- Soweit insgesamt mindestens 2 000 kg Sonderabfälle pro Jahr in einem Betrieb anfallen und diese nicht nach dem einschlägigen Landesabfallgesetz einer bestimmten Entsorgungseinrichtung zu überlassen sind (→ RN 8), gilt zudem für jede Sonderabfallart das sog. **obligatorische Nachweisverfahren**. Dabei muß zwingend eine *Vorabkontrolle* durch von der Abfallbehörde geprüfte Entsorgungsnachweise und eine *Verbleibskontrolle* durch Begleitscheine und Nachweisbücher durchgeführt werden.

→ § 42 II
KrW-/AbfG, §§
3 ff. Nachweis V

Der **Entsorgungsnachweis** besteht aus drei Formblättern: erstens der sog. Verantwortlichen Erklärung des Abfallerzeugers über Art und Beschaffenheit der Abfälle, zweitens der Annahmeerklärung durch den vorgesehenen Entsorger sowie drittens der förmlichen Bestätigung der Ordnungsgemäßheit der geplanten Entsorgung durch die zuständige Abfallbehörde. Der Entsorgungsnachweis ist vor Beginn des Entsorgungsvorgangs zu erteilen und beim Transport der Abfälle stets mitzuführen.

Der **Begleitschein** ist ein Formblatt in sechsfacher Ausfertigung, auf dem alle am Entsorgungsvorgang beteiligten Personen (Abfallerzeuger, Abfallbeförderer und Abfallentsorger) mit ihrer Unterschrift zu bestätigen haben, daß die Entsorgung der Abfälle entsprechend den Angaben im Entsorgungsnachweis unter Beachtung aller gesetzlichen Vorschriften abgelaufen ist. **Nachweisbücher** bestehen aus einer Sammlung von Entsorgungsnachweisen und Begleitscheinen. Die hier nicht darstellbaren Einzelheiten des Nachweisverfahrens sind in der Abfall- und Reststoffüberwachungs-Verordnung geregelt, die im Jahre 1999 durch die neue *Nachweisverordnung* abgelöst wird.

Das Nachweisverfahren muß in zwei Fällen nicht oder nur eingeschränkt durchgeführt werden:

→ §§ 44, 47
KrW-/AbfG

- der Abfallerzeuger ist Selbstentsorger, d.h. entsorgt die Abfälle auf seinem eigenen Betriebsgelände. In diesem Fall wird der Entsorgungsnachweis durch die Aufstellung von Abfallwirtschaftskonzepten und Abfallbilanzen ersetzt;
- der Abfallerzeuger beauftragt einen Fremdentsorger, der als **Entsorgungsfachbetrieb** (→ RN 40) zertifiziert ist. In diesem Fall genügt künftig anstelle der Vorlage eines Entsorgungsnachweises eine Anzeige an die zuständige Behörde, daß die Abfälle in einem Entsorgungsfachbetrieb ent-

→ §§ 10 ff.
Nachweis V

sorgt werden (sog. **privilegiertes Nachweisverfahren**).

b) Überwachungsbedürftige Abfälle

37

→ § 41 II, III
KrW-/AbfG

Einfach überwachungsbedürftig sind alle Abfälle zur Beseitigung sowie diejenigen Abfälle zur Verwertung, die in der am 1.1.1999 in Kraft tretenden *Rechtsverordnung zur Bestimmung von überwachungsbedürftigen Abfällen zur Verwertung* genannt sind.

> **Beispiel:** Gemischter Hausmüll ist stets Abfall zur Beseitigung. Überwachungsbedürftige Abfälle zur Verwertung sind etwa unsortierter Bauschutt, Schredderabfälle oder Abfälle aus bestimmten chemischen Prozessen (z.B. Carbonate, schwefelhaltige Abfälle).

Für einfach überwachungsbedürftige Abfälle gilt ein **fakultatives Nachweisverfahren**, d.h. eine Nachweispflicht besteht nur, wenn dies von der Behörde im Einzelfall angeordnet wird und für Abfälle zur Verwertung auch in diesem Fall nur eingeschränkt. Unterbleibt eine Anordnung, so hat der Abfallerzeuger im Regelfall einen **vereinfachten Entsorgungsnachweis** zu führen, der nur aus der Verantwortlichen Erklärung und der Annahmeerklärung besteht (→ RN 36). Fallen in einem Betrieb jährlich mehr als 2 000 kg überwachungsbedürftige Abfälle eines bestimmten Abfallschlüssels (→ RN 15) an (sog. **Massenabfälle**), so besteht künftig außerdem eine Pflicht zur Aufstellung von Abfallwirtschaftskonzepten und Abfallbilanzen.

→ §§ 42, 45 KrW-/AbfG

→ § 19 I KrW-/AbfG

c) Nicht überwachungsbedürftige Abfälle

Nicht überwachungsbedürftig sind diejenigen Abfälle zur Verwertung, die nicht in den Rechtsverordnungen zur Bestimmung besonders überwachungsbedürftiger oder einfach überwachungsbedürftiger Abfälle genannt sind. Für diese ökologisch unbedenklichen Abfälle soll ein Nachweisverfahren nur angeordnet werden, wenn das Wohl der Allgemeinheit es erfordert. Die Abfallbehörden haben ansonsten nur die allgemeinen Überwachungsbefugnisse, können also von den Abfallbesitzern Auskunft über den Betrieb ihrer Anlagen und den Verbleib der dort angefallenen Abfälle verlangen. Die Behördenvertreter dürfen dazu das Betriebsgelände betreten, Einsicht in Betriebstagebücher nehmen und technische Prüfungen vornehmen.

38

→ § 40 KrW-/AbfG

2. Betriebsinterne Kontrolle

a) Betriebsbeauftragter für Abfall

Die betriebsinterne Kontrolle erfolgt außer durch Abfallwirtschaftskonzepte und Abfallbilanzen (→ RN 35) durch die Bestellung eines Betriebsbeauftragten für Abfall (→ Kap. 14/RN 88). Welche Betriebe im einzelnen einen oder mehrere Betriebsbeauftragte zu bestellen haben, richtet sich nach der *Rechtsverordnung über Betriebsbeauftragte für Abfall.*

39

→ §§ 54, 55 KrW-/AbfG

> **Beispiel:** Abfalldeponien, Autofriedhöfe mit einem Betriebsgelände von mehr als 4 000 Quadratmetern, Schmelzanlagen für Aluminium und Magnesium, Galvanisieranlagen, Krankenhäuser.

Die Abfallbehörden sind jedoch berechtigt, im Einzelfall die Bestellung eines Betriebsbeauftragten auch für solche Anlagen anzuordnen, die in der Rechtsverordnung nicht genannt sind.

b) Entsorgungsfachbetriebe

40

→ § 52 KrW-/
AbfG

Ein neuartiges Instrument, die Abfallentsorgung in Eigenverantwortung der Wirtschaft durchführen zu lassen, ist der Entsorgungsfachbetrieb. Alle unmittelbar in der Entsorgungsbranche tätigen Unternehmen haben die Möglichkeit, ihren Betrieb oder einen Teil davon zum Entsorgungsfachbetrieb zertifizieren zu lassen. Dabei handelt es sich um einen Betrieb, der einen hohen Entsorgungsstandard aufweist, welcher ständig durch unabhängige technische Sachverständige überwacht wird. Den Unternehmen in der Entsorgungsbranche wird damit die Chance gegeben, sich durch ein Gütesiegel einen Wettbewerbsvorteil sowie einige abfallrechtliche Privilegien zu verschaffen. Im Jahr 1997 wurden nach Angaben des Bundesumweltministeriums in Deutschland bereits 180 Entsorgungsfachbetriebe zertifiziert. Bei weiteren 1700 Entsorgungsbetrieben steht eine Zertifizierung bevor.

Voraussetzungen der Zertifizierung

Die Zertifizierung zum Entsorgungsfachbetrieb kann auf zwei Wegen geschehen: zum einen durch Abschluß eines privatrechtlichen, von der zuständigen Behörde genehmigten **Überwachungsvertrags** mit einer technischen Überwachungsorganisation wie etwa DEKRA, zum anderen durch die Verleihung eines Gütezeichens einer staatlich anerkannten Entsorgergemeinschaft, d.h. eines privatrechtlichen Zusammenschlusses von Entsorgungsunternehmen. Der Betrieb muß dazu einmal jährlich sowie bei wesentlichen Änderungen überprüft werden. Der Prüfungsumfang ist im einzelnen in der *Entsorgungsfachbetriebeverordnung* geregelt.

> **Beispiel:** Überprüft wird zum einen die **Betriebsorganisation**. Vorhanden sein muß ein betrieblicher Organisationsplan, der die genauen Kompetenzen des Personals regelt, ein Betriebstagebuch über im Betrieb behandelte Abfälle sowie ein die spezifische Tätigkeit des Betriebs deckender Versicherungsschutz, der mindestens eine Umwelthaftpflicht- und eine Betriebshaftpflichtversicherung umfaßt. Desweiteren wird die Zuverlässigkeit sowie die **Sach- und Fachkunde** des Betriebsinhabers und des Personals überprüft. Der Betriebsinhaber muß zum Nachweis seiner Zuverlässigkeit ein polizeiliches Führungszeugnis und einen Auszug aus dem Gewerbezentralregister vorlegen. Es ist ein verantwortlicher Betriebsleiter zu bestellen, der außer Kenntnissen des Umweltrechts ein abgeschlossenes Studium oder einen Meisterbrief auf dem Tätigkeitsgebiet des Betriebs sowie eine zweijährige Praxis in der Abfallwirtschaft nachweisen muß. Ersatzweise genügt eine fachspezifische Berufsausbildung und eine vierjährige verantwortliche Tätigkeit in der Entsorgungsbranche. Außerdem muß die Teilnahme an mindestens einem staatlich anerkannten Fortbildungslehrgang zur Abfallentsorgung nachgewiesen werden. Verantwortlicher Betriebsleiter kann auch der Betriebsinhaber selbst sein. Schließlich muß das sonstige Personal ausreichende Sachkunde besitzen, was den Nachweis eines betrieblichen Einarbeitungsplans erfordert. Bei der Überprüfung berücksichtigt werden bereits vorliegende Ergebnisse einer freiwilligen Umweltbetriebsprüfung nach der Öko-Audit-Verordnung (→ Kap. 14/RN 1ff.) oder ein zertifiziertes Qualitätsmanagementsystem nach DIN ISO 9000ff.

Sind alle genannten Voraussetzungen erfüllt, so erhält der betreffende Betrieb ein auf höchstens 18 Monate befristetes **Überwachungszertifikat**, das die zertifizierte Betriebstätigkeit bezeichnet. Zudem wird ein **Überwachungszeichen** mit der Aufschrift „Entsorgungsfachbetrieb für …" erteilt, das der Betrieb zu führen berechtigt ist, solange er die Anerkennungsvoraussetzungen erfüllt.

41

Entsorgergemeinschaften
Anstelle der Zertifizierung durch eine technische Überwachungsorganisation kann auch eine staatlich anerkannte **Entsorgergemeinschaft** ein Gütezeichen an ihre Mitgliedsunternehmen vergeben, wodurch diese zu Entsorgungsfachbetrieben werden. Dies hat für einen Betrieb den Vorteil, daß er keinen Überwachungsvertrag schließen muß, sondern sich die Entsorgergemeinschaft selbst um die jährliche Überprüfung des Betriebs durch technische Sachverständige kümmert. Der Betrieb muß dazu einer Entsorgergemeinschaft beitreten und die in deren Satzung aufgestellten Mindestanforderungen an die Betriebsorganisation und die persönliche Qualifikation der Mitarbeiter erfüllen. Das Nähere regelt die vom Bundesumweltministerium erlassene *Richtlinie für die Tätigkeit und Anerkennung von Entsorgergemeinschaften*. Danach sind für die Anerkennung von Entsorgergemeinschaften die Länder zuständig.

42

Als erste Entsorgergemeinschaft im Sinne der Richtlinie wurde im Jahre 1997 der Bundesverband Sekundärrohstoffe und Entsorgung e.V. (bvse) durch das Nordrhein-Westfälische Landesumweltministerium anerkannt. Die Mitgliedsunternehmen des Bundesverbands können nunmehr unmittelbar durch den bvse als Entsorgungsfachbetrieb anerkannt werden, soweit sie ihren Sitz in Nordrhein-Westfalen haben.

Vorteile eines Entsorgungsfachbetriebs
Die Zertifizierung zum Entsorgungsfachbetrieb ist mit einigen rechtlichen Vergünstigungen verbunden, die darauf beruhen, daß der Entsorgungsfachbetrieb kraft seiner ständigen Überwachung als ordnungsgemäßer und zuverlässiger Entsorger gilt. Ein Entsorgungsfachbetrieb bedarf keiner **Transportgenehmigung**, wie sie das Gesetz ansonsten für die Beförderung von Abfällen zur Beseitigung vorschreibt. Auch kann ein Entsorgungsfachbetrieb ohne spezielle behördliche Erlaubnis als sog. **Abfallmakler** tätig werden, d.h. die gewerbliche Vermittlung von Abfallverbringungsgeschäften für Dritte übernehmen. Der Entsorgungsfachbetrieb kann bei der Entsorgung überwachungsbedürftiger Abfälle das sog. privilegierte Nachweisverfahren nutzen (→ RN 36). Der wichtigste Vorteil besteht jedoch darin, daß ein Abfallerzeuger nicht haftet, wenn ein von ihm beauftragter Entsorgungsfachbetrieb Abfälle illegal entsorgt (→ RN 32). Mit der Auswahl eines anerkannten Entsorgungsfachbetriebs erfüllt der Abfallerzeuger seine zivil- und strafrechtlichen Sorgfaltspflichten bei der Abfallentsorgung. Freilich dürfte die Einschaltung eines

43

→ § 51 KrW-/AbfG

Entsorgungsfachbetriebs mit höheren Kosten für den Abfallbesitzer verbunden sein.

V. Zulassung von Abfallentsorgungsanlagen

44

→ § 31 KrW-/
AbfG

Die Zulassung von Abfallentsorgungsanlagen wurde im Jahre 1993 neu geregelt. Bedurfte es früher für sämtliche Abfallentsorgungsanlagen eines langwierigen **Planfeststellungsverfahrens** (→ Kap. 3/RN 36 ff.), so gilt dies heute nur noch für Abfalldeponien, während alle anderen Abfallentsorgungsanlagen (Recyclinganlagen, Müllverbrennungsanlagen, Sortieranlagen, Zwischenlager usw.) dem **Genehmigungsverfahren** nach dem Bundes-Immissionsschutzgesetz (→ Kap. 8/RN 32 ff.) unterworfen sind, dessen Dauer nach dem Gesetz höchstens zehn Monate betragen soll. Überhaupt keiner abfallrechtlichen Genehmigung bedürfen **kleine Recyclinganlagen**, die weniger als 1 Tonne Abfälle pro Stunde aufbereiten, **Kompostieranlagen** mit einer Durchsatzleistung von weniger als 0,75 Tonnen pro Stunde sowie mobile Entsorgungsanlagen, die nicht länger als ein Jahr am selben Ort betrieben werden; diese Anlagen können jedoch baugenehmigungspflichtig sein.

Kontrollfragen:
1. Warum ist es wichtig, den Abfallbegriff im Abfallrecht genau zu definieren? (RN 12)
2. Wodurch unterscheiden sich der subjektive und der objektive Abfallbegriff? (RN 17–18)
3. Was bedeutet der Begriff „Duales System"? (RN 20)
4. Skizzieren Sie die Funktionsweise des Dualen Systems bei Verpackungsabfällen! (RN 22–26)
5. Welche Abfälle unterliegen dem Grundsatz der Eigenentsorgung nach dem Kreislaufwirtschafts- und Abfallgesetz? (RN 29)
6. Unter welchen Umständen kann ein zur Eigenverwertung seiner Abfälle verpflichteter Unternehmer seine Verantwortung auf Dritte übertragen? (RN 32)
7. Auf welche Weise erleichtert das Kreislaufwirtschafts- und Abfallgesetz den Abfallbehörden die Überwachung der Abfallentsorgung? (RN 33)
8. Welche Anforderungen muß ein Betrieb erfüllen, um als Entsorgungsfachbetrieb zertifiziert zu werden? (RN 40)
9. Welches Verfahren ist durchzuführen für die Zulassung
    a) einer Hausmülldeponie
    b) einer Abfallsortieranlage? (RN 44)

Weiterführende Hinweise:
Überblicksdarstellungen:
Monographien:
Birn, Helmut, Kreislaufwirtschafts- und Abfallgesetz in der betrieblichen Praxis, Loseblattkommentar; *Brandt, Edmund/Ruchay, Dietrich/Weidemann, Clemens,* Kreislaufwirtschafts- und Abfallgesetz, Loseblattkommentar; *Frenz, Walter,* Kreislaufwirtschafts- und Abfallgesetz, 1996; *Fritsch, Klaus,* Das neue Kreislaufwirtschafts- und Abfallrecht, 1996; *Kunig, Philip/Paetow, Stefan/Versteyl, Ludger-Anselm,* Kreislaufwirtschafts- und Abfallgesetz, 1998.

Aufsätze:
Bongen, Martina, Das Kreislaufwirtschafts- und Abfallgesetz – Eine neue Ära im Abfallrecht, WiB 1996, S. 713–717; *Diederichsen, Lars,* Stationen der Umweltrechtsentwicklung am Beispiel des Abfallrechts, BayVBl 1996, S. 649–655; *Eckert, Rainer,* Die Entwicklung des Abfallrechts, NVwZ 1997, S. 966–973; *Gassner, Ulrich M.,* Von der Abfallwirtschaft zur Kreislaufwirtschaft, AöR 1998, S. 201–231; *Versteyl, Ludger-Anselm/Wendenburg, Helge,* Änderungen des Abfallrechts: Aktuelles zum Kreislaufwirtschafts- und Abfallgesetz sowie dem untergesetzlichen Regelwerk, NVwZ 1996, S. 937–949.

Spezialhinweise:
Literatur:
Zu I.: *Bergs, Claus-Gerhard/Dreyer, Stephan/Radde, Claus-André,* TA Siedlungsabfall, 2. Aufl. (1997); *Kopp, Axel,* Altautoentsorgung. Die Altauto-Verordnung und die Freiwillige Selbstverpflichtung der Wirtschaft, NJW 1997, S. 3293–3293; *Petersen, Frank/Stöhr, Günter/Kracht, Harald,* Das untergesetzliche Regelwerk zum Kreislaufwirtschafts- und Abfallgesetz, DVBl 1996, S. 1161–1170; *Winter, Stephan,* Die neue Abfallverbringungs-Verordnung der EG, UPR 1994, S. 161–169.
Zu II.: *Dieckmann, Martin,* Was ist „Abfall"? ZUR 1995, S. 169–175; *Kunig, Philip,* Der Abfallbegriff, NVwZ 1997, S. 209–215; *Seibert, Max-Jürgen,* Der Abfallbegriff im neuen Kreislaufwirtschafts- und Abfallgesetz sowie im neugefaßten § 5 Abs. 1 Nr. 3 BImSchG, UPR 1994, S. 415–420.
Zu III.: *Mandl, Bernhard/Peters, Heinz-Joachim,* Abfallentsorgung: Verwertung und Beseitigung, Praxishandbuch, 1997; *Thomas, Anke/Pott, Philipp,* Organisation der kommunal- und privatwirtschaftlichen Abfallentsorgung, Eine Einführung mit Beispielen aus der Praxis, 1995; *Weidemann, Clemens,* Übergangsprobleme bei der Privatisierung des Abfallwesens, NJW 1996, S. 2757–2764.
Zu V.: *Kretz, Claus,* Die Zulassung von Abfallentsorgungsanlagen, Umwelt- und Planungsrecht 1994, S. 44–51; *Sandner, Wolfram,* Investitionserleichterung und kommunale Planungshoheit. Die Wahrung der Belange der Standortgemeinden bei der immissionsschutzrechtlichen Zulassung von Abfallentsorgungsanlagen, 1997.

Rechtsprechung:
BVerfG, Urt. vom 7.5.1998, Az. 2 BuR 1991/95 u. 2 BuR 2004/95 (Unzulässigkeit kommunaler Verpackungssteuern); BVerwG, NVwZ 1996, S. 1010 (Abfallbegriff nach § 3 I KrW-/AbfG); BVerwG, ZUR 1997, S. 311–316 (Unzulässigkeit eines kommunalen Verbots von Einwegverpackungen); BGH, ZUR 1994, S. 204–206 (Sorgfaltspflicht bei der Auswahl des Abfallentsorgers); VG Stuttgart, NVwZ-RR 1997, S. 345–346; VG Berlin, NVwZ 1997, S. 1032–1035 (beide zur Abgrenzung zwischen Abfall zur Verwertung und Abfall zur Beseitigung).

12. Gefahrstoffrecht

Die ständig wachsende Zahl chemischer Stoffe in unserer Umwelt stellt eine Herausforderung für Staat, Forschung und Verbraucher dar. Es gilt, neben den segensreichen Wirkungen etwa künstlicher Düngemittel, Lösemittel oder Medikamente auch mögliche Gefahren durch schädliche Nebenwirkungen rechtzeitig zu erkennen und zu bekämpfen, ohne dadurch die Wettbewerbsfähigkeit der chemischen Industrie und eine beträchtliche Zahl von Arbeitsplätzen zu gefährden.

Fakten: Im Verlauf der industriellen Entwicklung der letzten drei Jahrzehnte hat sich die Gesamtproduktion an chemischen Substanzen um das 20-fache erhöht. Weltweit werden jährlich 300 Millionen Tonnen Chemikalien hergestellt. Gegenwärtig befinden sich auf dem europäischen Binnenmarkt etwa 100 000 chemische Stoffe in mehr als einer Million verschiedener Zubereitungen. Bis Ende 1995 wurden in der EU 1501 neue Stoffe angemeldet, wobei die meisten Anmeldungen von britischen und deutschen Herstellern ausgingen. Ca. 53 Prozent der seit 1982 neu in den Verkehr gebrachten Stoffe sind aufgrund ihrer Eigenschaften als gefährlich einzustufen. Besorgniserregend ist besonders die starke Zunahme karzinogener Substanzen in Natur und Arbeitsumwelt. So hat sich die Anzahl der nach begründetem Verdacht krebserregenden Stoffe in den letzten 20 Jahren verzehnfacht. In Deutschland sind weit über 15 Millionen Arbeitnehmer regelmäßig Gefahrstoffen ausgesetzt.

1

I. Allgemeines

Als **Umweltchemikalien** bezeichnet man chemische Substanzen, die durch menschliche Tätigkeit in die Umwelt gelangen oder infolge menschlichen Einwirkens in der Umwelt entstehen. Während die akute Toxizität der bekannten chemischen Substanzen verhältnismäßig gut erforscht ist, bestehen Wissenslücken hinsichtlich der **Ökotoxizität**, d.h. der langfristigen ökologischen Auswirkungen von Stoffen. Stoffe haben die Tendenz, sich in der Umwelt auszubreiten (sog. **Umweltmobilität**) und anzureichern (sog. **Bioakkumulation**). Da viele Stoffe zudem langlebig und schwer abbaubar sind, gefährden sie über die Atmosphäre oder die Nahrungskette auch die menschliche Gesundheit.

2

Beispiel: Die insbesondere als Treibgas in Spraydosen, als Kältemittel in Kühlaggregaten und als Reinigungsmittel eingesetzten Fluorchlorkohlenwasserstoffe (FCKW) gelangen im Laufe von Jahrzehnten unzersetzt in die Stratosphäre, wo sie weitere Jahrzehnte verweilen und unter bestimmten Temperatur- und Strahlungsbedingungen die für den Schutz des Menschen vor ultravioletter Strahlung lebenswichtige Ozonschicht abbauen. In Deutschland ist der Verkauf von Erzeugnissen, die FCKW-Verbindungen mit einem Massegehalt von mehr als 1 Prozent enthalten, seit 1991 durch die **FCKW-Halon-Verbots-Verordnung** untersagt.

II. Rechtsgrundlagen

3

Ähnlich dem Abfallrecht sind die Rechtsgrundlagen des Gefahrstoffrechts außerordentlich vielschichtig. Das Verständnis wird dadurch erschwert, daß die einzelnen Regelungen verschiedene Gegenstände haben. Regelungsgegenstand können neue Stoffe und/oder Altstoffe, alle Stoffe oder nur gefährliche Stoffe sein. Die meisten Normen gelten außerdem für Zubereitungen, einige auch für Erzeugnisse (zu den Begriffen (→ RN 10 f.).

4

Grundsätzlich wird zwischen dem **Gefahrstoffrecht im weiteren Sinne** und dem Gefahrstoffrecht im engeren Sinne unterschieden. Das Gefahrstoffrecht im weiteren Sinne umfaßt außer den hier zu behandelnden *stoff*bezogenen Umweltgesetzen die primär *medien*bezogenen Umweltgesetze, da diese neben dem Schutz eines Umweltmediums wie z.B. Boden, Wasser oder Luft auch die Begrenzung von Schadstoffemissionen bezwecken.

> **Beispiel:** Das Bundes-Immissionsschutzgesetz dient der Begrenzung von Luftbelastungen durch Schadstoffe (→ Kap. 8/RN 3), das Wasserhaushaltsgesetz soll übermäßige Gewässerverschmutzung verhindern (→ Kap. 9/RN 5 ff.). Wenn ein gefährlicher Stoff Abfall im Sinne der Abfallgesetze ist, richtet sich seine Entsorgung nach Abfallrecht (→ Kap. 11).

5

Das **Gefahrstoffrecht im engeren Sinne** umfaßt nur die Bereiche, die nicht bereits von den medienbezogenen Umweltgesetzen erfaßt werden. Es ist rein stoffbezogen und knüpft bereits an das Herstellen, Einführen oder In-Verkehr-Bringen eines Stoffes an. Dabei enthält das **Chemikaliengesetz** die allgemeinen stoffbezogenen Vorschriften, weshalb es zuweilen als das „Grundgesetz" des Gefahrstoffrechts bezeichnet wird. Das Chemikaliengesetz wird durch zahlreiche Rechtsverordnungen konkretisiert, von denen die praktisch größte Bedeutung der **Gefahrstoffverordnung** zukommt. Die Gefahrstoffverordnung gilt nur für gefährliche Stoffe und wird ihrerseits durch zahlreiche **Technische Regeln für Gefahrstoffe (TRGS)**, die vom Ausschuß für Gefahrstoffe (AGS) beim Bundesministerium für Arbeit und Sozialordnung als allgemeine Verwaltungsvorschriften (→ Kap. 3/ RN 7 f.) erlassen werden, ergänzt. Der AGS besteht aus Vertretern verschiedenster Verbände und Interessengruppen, z.B. der Gewerkschaften, der Chemischen Industrie, der gesetzlichen Unfallversicherung, des Umweltbundesamtes, der Wissenschaft und des Vereins Deutscher Sicherheitsingenieure. Die TRGS regeln die Einzelheiten des Umgangs mit bestimmten Gefahrstoffen und geben den aktuellen Stand der sicherheitstechnischen Anforderungen an das In-Verkehr-Bringen und den Umgang mit Gefahrstoffen wieder. Sie werden laufend der technischen Entwicklung angepaßt. Einen Überblick über alle aktuellen Technischen Regeln gibt die **TRGS 002**.

→ § 52
GefStoffV

Beispiel: Die TRGS 200 regelt Einzelheiten der Einstufung und Kennzeichnung gefährlicher Stoffe, Zubereitungen und Erzeugnisse. Die TRGS 400–699 betreffen den Umgang mit bestimmten Gefahrstoffen. So schreibt etwa die TRGS 522 besondere Schutzmaßnahmen bei der Raumdesinfektion mit Formaldehyd vor, die TRGS 519 betrifft Abbruch-, Sanierungs- und Instandhaltungsarbeiten bei asbesthaltigen Gebäuden.

Hinweis: Die TRGS werden laufend vom Bundesarbeitsministerium im Bundesarbeitsblatt veröffentlicht, zu beziehen beim Verlag W. Kohlhammer, 70549 Stuttgart.

Für besondere Gefahrstoffbereiche gelten Spezialgesetze, die dem Chemikaliengesetz vorgehen.

6

Beispiel: Pflanzenschutzgesetz, Düngemittelgesetz, Futtermittelgesetz, Sprengstoffgesetz, Wasch- und Reinigungsmittelgesetz, Benzinbleigesetz.

Einzelne Regelungen, die zum Gefahrstoffrecht gezählt werden können, enthalten außerdem das Lebensmittel- und Bedarfsgegenständegesetz, das Arzneimittelgesetz, das Betäubungsmittelgesetz und das Tierseuchengesetz.

Der Bereich des Transports gefährlicher Stoffe und Güter wird durch das Gesetz über die Beförderung gefährlicher Güter und **Gefahrgutverordnungen** für die Bereiche Straße, Eisenbahn, Binnenschiffahrt und See geregelt. Nach der **Gefahrgutbeauftragtenverordnung** müssen Betriebe und Unternehmen, die jährlich mindestens 50 Tonnen gefährlicher Güter oder nicht nur gelegentlich bestimmte hochgefährliche Güter versenden, befördern oder zur Beförderung verpacken oder übergeben, einen Gefahrgutbeauftragten bestellen, der die Einhaltung der gesetzlichen Vorschriften beim Transport überwacht und dem Unternehmer etwaige Sicherheitsmängel anzeigt.

7

Hinweis: Nähere Auskünfte über das Gefahrgutrecht erteilen die örtlichen Gewerbeaufsichtsämter.

Die meisten nationalen Vorschriften gehen auf das **Umweltchemikalienrecht der EU** zurück, das zahlreiche Richtlinien und einige Verordnungen ($\rightarrow$ Kap. 4/RN 15 f.) beinhaltet.

8

Beispiel: Das in der deutschen Gefahrstoffverordnung vorgeschriebene Einstufungs-, Verpackungs- und Kennzeichnungssystem ($\rightarrow$ RN 27 ff.) geht auf eine entsprechende Richtlinie aus dem Jahr 1967 zurück, die bis heute mehrfach geändert wurde. Stoffbeschränkungen und -verbote in der deutschen Chemikalienverbotsverordnung ($\rightarrow$ RN 37) haben ihre Grundlage in einer Richtlinie von 1976. Die in Deutschland unmittelbar geltende EG-Altstoff-Verordnung aus dem Jahre 1993 befaßt sich mit der Bewertung und Kontrolle der Umweltrisiken chemischer Altstoffe ($\rightarrow$ RN 25 f.). Eine weitere Verordnung von 1992 enthält Regelungen über den Im- und Export bestimmter gefährlicher Chemikalien in das bzw. aus dem Gebiet der EU.

> **Hinweis:** Auf die Besonderheiten des **internationalen Handels** mit Chemikalien kann hier nicht näher eingegangen werden. Alle für Importeure wichtigen Informationen finden sich in einem Leitfaden (Broschüre), der kostenlos beim Amt für amtliche Veröffentlichungen der Europäischen Gemeinschaften, Vertrieb, L-2985 Luxembourg, bestellt werden kann.

III.   Chemikalienrecht

1.   Zweck des Chemikaliengesetzes

9

Ein **Chemikaliengesetz** wurde in Deutschland erstmals 1982 erlassen. Es wurde 1990 und 1994 überarbeitet. **Zweck** des Gesetzes ist es, den Menschen und die Umwelt vor schädlichen Einwirkungen gefährlicher Stoffe und Zubereitungen zu schützen, insbesondere diese schädlichen Einflüsse erkennbar zu machen, abzuwenden und ihrem Entstehen vorzubeugen.

2.   Begriffsbestimmungen

a) Stoffbegriff

10

→ § 3 Nr. 1
ChemG

Zentrale Bedeutung für die Anwendung des Chemikaliengesetzes kommt dem Stoffbegriff zu. **Stoffe** im Sinne des Gesetzes sind chemische Elemente oder Verbindungen, wie sie natürlich vorkommen oder hergestellt werden, einschließlich der zur Wahrung der Stabilität notwendigen Hilfsstoffe und der durch das Herstellungsverfahren bedingten Verunreinigungen. **Gefährliche Stoffe** im Sinne des Gesetzes sind solche, die mindestens eine für Mensch oder Umwelt gefährliche Eigenschaft aufweisen. Für gefährliche Stoffe gilt neben dem Chemikaliengesetz die **Gefahrstoffverordnung**.

→ §§ 3a
ChemG, 4
GefStoffV

Im Chemikaliengesetz sind folgende **Gefährlichkeitsmerkmale** festgelegt: explosionsgefährlich, brandfördernd, entzündlich, giftig, gesundheitsschädlich, ätzend, reizend, sensibilisierend, krebserzeugend, fortpflanzungsgefährdend, erbgutverändernd, umweltgefährlich. Die einzelnen Merkmale werden in der Gefahrstoffverordnung näher erläutert. Umweltgefährlich sind danach z.B. Stoffe oder Zubereitungen, die selbst oder deren Umwandlungsprodukte geeignet sind, die Beschaffenheit von Flora und Fauna derart zu verändern, daß sofort oder später Gefahren für die Umwelt herbeigeführt werden können.

b) Zubereitungen

11

→ § 3 Nr. 4
ChemG

Zubereitungen sind Gemenge, Gemische oder Lösungen aus mindestens zwei verschiedenen Stoffen. Zubereitungen werden ebenfalls vom Chemikaliengesetz erfaßt.

c) Erzeugnisse

Fertigerzeugnisse, die aus be- oder verarbeiteten Stoffen und Zubereitungen bestehen, fallen dagegen im Regelfall **nicht** unter das Chemikaliengesetz, so daß Vertreiber von Erzeugnissen, die die darin enthaltenen Stoffe nicht selbst hergestellt haben, den Pflichten nach dem Chemikaliengesetz nicht unterliegen.

12

→ § 3 Nr. 5 ChemG

> **Beispiel:** Das Chemikaliengesetz gilt nicht für Tabakwaren, Kosmetika und Arzneimittel. Es wird insoweit von Spezialgesetzen wie dem Arzneimittelgesetz verdrängt.

Im Mittelpunkt des Chemikaliengesetzes steht der chemische Ausgangsstoff, nicht das fertige chemische Produkt. Angesichts der unübersehbaren Vielzahl verschiedener chemischer Produkte wäre eine wirksame Kontrolle sonst nicht möglich. Der Konzentration auf die Ausgangsstoffe liegt auch die gesetzgeberische Erwägung zugrunde, daß in der Regel bereits von den Ausgangsstoffen Umweltgefahren ausgehen. Im Gegensatz zum Chemikaliengesetz schließen aber die stoffrechtlichen Spezialgesetze Fertigprodukte mit ein.

> **Beispiel:** Das aus verschiedenen Stoffen hergestellte Düngemittel ist Regelungsgegenstand des Düngemittelgesetzes.

3. Anmeldepflicht für neue Stoffe

a) Inhalt der Anmeldung

Das Chemikalienrecht sieht im Gegensatz zu den meisten anderen Umweltgesetzen grundsätzlich **keine Genehmigungspflicht** für das In-Verkehr-Bringen neuer Stoffe vor, sondern lediglich eine **Anmeldung**, die für den gesamten Bereich der EU gilt. Von der Anmeldepflicht ausgenommen sind von vornherein Stoffe, die ausschließlich als Zusatzstoffe in Lebens- und Futtermitteln sowie Pflanzenschutzmitteln verwendet werden sowie Wirkstoffe in Arzneien. Im Rahmen des Anmeldeverfahrens für die übrigen Stoffe wird eine wissenschaftlich abgesicherte **Stoffbewertung** vorgenommen, die auf den von der anmeldepflichtigen Person ermittelten, wichtigsten physikalischen, chemischen, toxikologischen und ökotoxikologischen Kenndaten des Stoffes beruht und von der Bundesanstalt für Arbeitsschutz in Dortmund als zentrale Anmeldestelle in Zusammenarbeit mit der EG-Kommission durchgeführt wird. Anmeldepflichtig ist der Vertreiber, der einen neuen Stoff in den Verkehr bringt. Dieser hat bei der Anmeldung detaillierte Angaben über Art, Menge, Verwendung, schädliche Wirkungen und Möglichkeiten zur schadlosen Beseitigung des Stoffes zu machen.

13

→ §§ 4 ff. ChemG

→ § 12 I ChemG

> **Beispiel:** Bezeichnung des Stoffes nach dem System der Internationalen Union für reine und angewandte Chemie (IUPAC); Angabe der Summen- und Strukturformel; Angaben über die Reinheit des Stoffes, Art und Gewichtsanteile der

→ §§ 6 I ChemG, 3 ChemPrüfV

> Hilfsstoffe, Hauptverunreinigungen und Zersetzungsprodukte; Spektraldaten; Angaben zu Herstellung und Verwendung des Stoffes und dabei auftretender schädlicher Wirkungen und Gefahren; Bezeichnung der Menge, die jährlich in den Verkehr gebracht werden soll.

14

→ §§ 7, 19a
ChemG

Der Anmeldepflichtige hat weiter nachzuweisen, daß im Hinblick auf gefährliche Eigenschaften des Stoffes bereits eine sog. **Grundprüfung** nach den Grundsätzen der **Guten Laborpraxis (GLP)** durchgeführt wurde und den entsprechenden **Prüfnachweis** vorzulegen. Die Grundprüfung kann vom Anmeldepflichtigen in eigenen Laboratorien oder von Fremdinstituten vorgenommen werden.

Die im Anhang I zum Chemikaliengesetz aufgeführten Grundsätze der Guten Laborpraxis sollen die europaweite Einheitlichkeit der Bedingungen sicherstellen, unter denen Laborprüfungen geplant, durchgeführt und überwacht sowie deren Ergebnisse aufgezeichnet werden. Sie enthalten demgemäß Bestimmungen über die personelle und sachliche Ausstattung des Labors, deren Einhaltung mindestens alle vier Jahre durch eine von den einzelnen Landesbehörden beauftragte Inspektionskommission, der Praktiker aus den Fachbereichen Arzneimittel, Chemikalien und Pflanzenschutzmittel angehören, überprüft wird. Die Einzelheiten hierzu regelt eine vom Bundesumweltministerium erlassene, allgemeine Verwaltungsvorschrift (abgedr. in: Gemeinsames Ministerialblatt [GMBl.] 1997, S. 257). Bei beanstandungsfreier Überprüfung erhält der Betreiber des Labors eine entsprechende GLP-Bescheinigung. Bis Mitte 1993 wurde ca. 135 deutschen Prüfeinrichtungen eine GLP-Bescheinigung erteilt. Die Bescheinigung und der zugrundeliegende Prüfbericht sind der beim Bundesinstitut für gesundheitlichen Verbraucherschutz und Veterinärmedizin eingerichteten, zentralen GLP-Bundesstelle zuzuleiten.

→ § 20a II
ChemG

Einzelheiten über den Inhalt von Prüfnachweisen regelt die sog. **Prüfnachweisverordnung** vom 1. August 1994. Die Grundprüfung umfaßt etwa die Ermittlung des Schmelz- und des Siedepunktes, der relativen Dichte, der Oberflächenspannung, der Wasserlöslichkeit und der akuten Toxizität des Stoffes (sog. LD-50-Prüfung), die u. a. im Tierversuch an einer Nagetierart und einer Fischart zu testen ist. Das Chemikaliengesetz sieht neuerdings vor, daß bei Zweitanmeldungen eines Stoffes auf Tierversuche verzichtet werden kann, wenn der Bundesanstalt für Arbeitsschutz bereits durch frühere Stoffprüfungen anderer Anmelder ausreichende Kenntnisse über die Toxizität des betreffenden Stoffes vorliegen. Der Hersteller hat im Interesse des Tierschutzes die Pflicht, vor der Durchführung von Tierversuchen bei der Behörde anzufragen, ob solche Kenntnisse bereits vorliegen.

15

→ §§ 6 II
ChemG, 14
GefStoffV

Wenn die Grundprüfung ergeben hat, daß es sich um einen gefährlichen Stoff handelt, sollen die Anmeldeunterlagen auch einen Vorschlag für die Einstufung und Kennzeichnung des Stoffes (→ RN 28, 30) enthalten. Ferner muß der Anmeldepflichtige einen Entwurf für ein **Sicherheitsdatenblatt** vorlegen. Das Sicherheitsdatenblatt dient dazu, den *gewerblichen* Verwendern des Stoffes zusätzlich zu den häufig unzureichenden Kurzinformationen auf dem Etikett weitere Umgangs- und Sicherheitshinweise zu geben (zu Form und Inhalt vgl. die TRGS Nr. 220). Für den privaten Konsumenten ist die Aushändigung eines Sicherheitsdatenblatts nicht vorgesehen.

b) Weiteres Anmeldeverfahren

Nach Eingang der vollständigen Anmeldeunterlagen bei der Bundesanstalt für Arbeitsschutz wird von drei verschiedenen Behörden eine Risikobewertung des Stoffes vorgenommen. Dabei werden die vermutlichen Expositionswirkungen des angemeldeten Stoffes auf Umwelt, Arbeitnehmer und Verbraucher in bezug auf ihre mögliche Schädlichkeit ab einer bestimmten Konzentration bewertet. Hierfür sind verschiedene Behörden (Bundesanstalt für Arbeitsschutz und Arbeitsmedizin, Bundesinstitut für gesundheitlichen Verbraucherschutz und Veterinärmedizin, Umweltbundesamt) zuständig. Soweit es um spezielle Gefährlichkeitsmerkmale des anzumeldenden Stoffes wie z.B. Giftigkeit, Explosivität oder Entzündlichkeit geht, sind die Biologische Bundesanstalt für Land- und Forstwirtschaft und die Bundesanstalt für Materialforschung und -prüfung zu beteiligen. Das Nähere regelt eine vom Bundesumweltministerium erlassene, allgemeine Verwaltungsvorschrift (abgedruckt in: GMBl. 1997, S. 447). Die Behörden können zu Prüfungszwecken vom Anmelder Proben des Stoffes verlangen. Innerhalb von 60 Tagen ab Eingang der Anmeldung mit vollständigen Prüfunterlagen muß die Bundesanstalt für Arbeitsschutz dem Anmelder mitteilen, ob seine Anmeldung angenommen wird oder welche Änderungen der Unterlagen erforderlich sind. In der Praxis ist eine Dauer des Anmeldeverfahrens von bis zu einem Jahr nicht ungewöhnlich.

16

c) Prüfungsumfang

In den meisten Fällen genügt eine Grundprüfung des neuen Stoffes. Die Notwendigkeit weiterer Prüfungen hängt vom Überschreiten bestimmter **Mengenschwellen** ab. Beabsichtigt der Hersteller, eine Stoffmenge von mehr als 100 Tonnen pro Jahr in den Verkehr zu bringen, so ist die sog. **Zusatzprüfung 1. Stufe** durchzuführen, die sich u.a. auf die chronische und subchronische Toxizität des Stoffes erstreckt. Beträgt die Stoffmenge sogar mehr als 1000 Tonnen jährlich, ist auch die **Zusatzprüfung 2. Stufe** vorzunehmen. Hierbei muß u.a. die Umweltmobilität des Stoffes getestet werden.

17

→ § 9 ChemG

→ § 9a ChemG

Die praktische Bedeutung der Zusatzprüfungen ist gering. In Deutschland entfielen von den neuangemeldeten Stoffen seit 1982 ca. 5 Prozent auf die Zusatzprüfung 1. Stufe und ca. 1 Prozent auf die Zusatzprüfung 2. Stufe. In der übrigen EU waren es 2,5 bzw. 0 Prozent.

Die **Kosten** der Prüfungen trägt der Anmeldepflichtige. Die geschätzten Gesamtkosten für eine Stoffanmeldung mit Grundprüfung liegen zwischen 100 000 und 200 000 DM. Beim Erfordernis der Zusatzprüfung 1. Stufe betragen die Kosten im Durchschnitt 0,9–1,2 Millionen DM. Ist ausnahmsweise auch die Zusatzprüfung 2. Stufe erforderlich, belaufen sich die Gesamtkosten auf 1,5–3 Millionen DM.

d) Kein vorbeugendes Verbot gefährlicher Stoffe

18 Wichtig ist festzuhalten, daß die Bundesanstalt für Arbeitsschutz und die anderen Bewertungsanstalten die vorgelegten Unterlagen lediglich auf Vollständigkeit und Plausibilität prüfen. Die Bundesanstalt für Arbeitsschutz hat kein Recht auf Gegenkontrolle der vom Anmelder gemachten Untersuchungen. Auch kann sie das In-Verkehr-Bringen des angemeldeten Stoffes nicht endgültig verhindern; sie kann nur untersagen, daß der Anmelder einen Stoff ohne vollständige Prüfungsunterlagen in den Verkehr bringt. Anstelle eines vorbeugenden Verbots der Vermarktung neuer Stoffe kommt bei einer wissenschaftlich erwiesenen unbeherrschbaren Gefährlichkeit des Stoffes ausschließlich dessen nachträgliches Verbot durch Aufnahme in die **Chemikalienverbotsverordnung** in Betracht (→ RN 37).

19 Der Gesetzgeber bekennt sich im Bereich des Chemikalienrechts damit zur grundsätzlichen „**Produktionsfreiheit mit staatlichem nachträglichem Eingriffsvorbehalt**" im Gegensatz zur im sonstigen Umweltrecht häufig gebrauchten Regelung des präventiven Verbots mit Erlaubnisvorbehalt (→ Kap. 6/RN 16). Ausschlaggebend dafür war, daß die Innovations- und Wettbewerbsfähigkeit der deutschen Chemischen Industrie nicht durch Einführung eines Genehmigungsverfahrens für neue Stoffe gehemmt werden sollte. Auch befürchtete man, daß ein solches Verfahren zu nicht übersehbaren Verwaltungskosten für die technische und personelle Ausstattung der Behörden führen würde. Schließlich sollte die Verantwortung für etwaige durch Stoffe hervorgerufene Umweltschäden beim Hersteller verbleiben und nicht durch Erteilung einer Genehmigung auf den Staat übergehen.

Eine Ausnahme von der Genehmigungsfreiheit besteht insoweit, als diejenigen, die gewerbsmäßig Stoffe in den Verkehr bringen wollen, die als „giftig" oder „sehr giftig" eingestuft werden, der vorherigen Erlaubnis bedürfen. Ausgenommen davon aber sind gewerbliche Anbieter wie z.B. Apotheker und Tankstellenbetreiber. Sie müssen der zuständigen Behörde lediglich einen Sachkundenachweis erbringen (Näheres zu den Erfordernissen der Sachkunde regelt die TRGS 210).

20 Nach Abschluß des Anmeldeverfahrens hat die Bundesanstalt für Arbeitsschutz eine Zusammenfassung der Anmeldeunterlagen und der Risikobewertung an die Überwachungsbehörden der Bundesländer (in der Regel Landesämter bzw. Landesinstitute für Arbeitsschutz), die übrigen EU-Mitgliedstaaten und die EG-Kommission zu senden sowie bei der Kommission einen Vorschlag für die Aufnahme des Stoffes in die **Europäische Liste Neuer Angemeldeter Chemischer Stoffe** (ELINCS) zu machen.

4. Eingeschränkte Anmeldung, Anmeldefreiheit, Mitteilungspflichten bei neuen Stoffen

Wie bereits erwähnt, geht das Chemikaliengesetz von einem **Mengenschwellenprinzip** aus, d.h. die Anforderungen an eine Anmeldung neuer Stoffe korrelieren mit der Stoffmenge, die in den Verkehr gebracht werden soll. Beträgt die auf den Markt gebrachte Menge des Stoffes innerhalb der EU weniger als eine Tonne jährlich, so genügt eine **eingeschränkte Anmeldung**. Dabei müssen weniger detaillierte Stoffbeschreibungen und Prüfnachweise vorgelegt werden. Die Prüfungsfrist für die Behörden beträgt dann nur 30 Tage, bevor der Stoff in den Verkehr gebracht werden kann.

21

→ § 7a ChemG

→ § 8 ChemG

Handelt es sich nur um eine Kleinmenge von weniger als 10 kg jährlich, entfällt die Anmeldepflicht ganz (sog. **Kleinmengenprivileg**). Dasselbe gilt, wenn Stoffe bis zu 100 kg pro Jahr ausschließlich zu Forschungszwecken hergestellt werden sollen (sog. **Forschungsprivileg**). Damit die Behörden aber zumindest Kenntnis von der Existenz eines neuen Stoffes erhalten, hat der Hersteller eine **Mitteilungspflicht**, die ihn jedoch nicht hindert, den Stoff sofort in den Verkehr zu bringen.

22

→ § 5 ChemG

> **Ausnahme:** Die Bundesanstalt für Arbeitsschutz kann, wenn der Verdacht besteht, daß der mitgeteilte Stoff gefährlich ist, trotz des Kleinmengen- und Forschungsprivilegs einen Prüfnachweis verlangen, der sich auf die Prüfung der Gefahrverdachtsmomente beschränkt. Dies ist wichtig, weil in Einzelfällen (Beispiel Dioxin) selbst ganz geringe Stoffmengen für die Umwelt und den Menschen gefährlich sein können.

→ § 11 I ChemG

Mitteilungspflichten bestehen auch dann, wenn im Laufe der Zeit eine Mengenschwelle überschritten wird, z.B. mehr produziert werden soll als bisher. Auf Verlangen der Bundesanstalt für Arbeitsschutz sind dann nachträglich Prüfnachweise vorzulegen.

23

→ §§ 7a, 16 ChemG

Einer Mitteilungspflicht unterliegt ferner, wer eine giftige, ätzende, sensibilisierende, krebserzeugende, fortpflanzungsgefährdende oder erbgutverändernde Zubereitung in den Verkehr bringt, die für den privaten Verbraucher bestimmt ist. Der Hersteller hat in diesem Fall dem Bundesinstitut für gesundheitlichen Verbraucherschutz und Veterinärmedizin Angaben zu machen, die für die Behandlung von Erkrankungen, die durch die Zubereitung ausgelöst werden können, von Bedeutung sind. Eine Mitteilungspflicht trifft auch Ärzte, die Patienten behandeln, bei denen der Verdacht einer Erkrankung aufgrund der Einwirkungen gefährlicher Stoffe besteht.

24

→ § 16e ChemG

Einzelheiten dazu finden sich in der aufgrund des Chemikaliengesetzes erlassenen **Giftinformationsverordnung**. Bis zum 30. Juni 1993 sind beim damaligen Bundesgesundheitsamt 1904 Mitteilungen registriert worden, hinzu kam eine große Zahl freiwilliger Meldungen für Stoffe, die nach dem Gesetz nicht mitgeteilt werden müssen.

**Zusammenfassung: Anmeldung und Mitteilung neuer Stoffe
und Zubereitungen**

Anmeldung
– bei Mengen von mehr als 1 Tonne / Jahr ist Grundprüfung durchzuführen
– ab 100 t / Jahr Zusatzprüfung 1. Stufe
– ab 1 000 t / Jahr Zusatzprüfung 2. Stufe

Eingeschränkte Anmeldung
– bei Mengen von mehr als 10 kg / Jahr (zu gewerblichen Zwecken) bzw.
  mehr als 100 kg / Jahr (zu Forschungszwecken) und weniger als 1 Tonne
  / Jahr ist nur beschränkte Grundprüfung durchzuführen

Mitteilung
– bei Kleinmengen unter 10 kg / Jahr
– bei Stoffen, die ausschließlich Forschungszwecken dienen, unter 100 kg /
  Jahr
– bei Erreichen einer im Gesetz genannten Mengenschwelle
– bei gefährlichen Stoffen, die für den Verbraucher bestimmt sind

5.   Regelungen für Altstoffe

25

Das soeben dargestellte Anmeldeverfahren gilt nur für Stoffe, die erstmals nach Inkrafttreten des ersten Chemikaliengesetzes 1982 auf den Markt gebracht wurden. Demgegenüber gibt es mehr als 100 000 **Altstoffe**. Als Altstoffe bezeichnet man Stoffe, die in mindestens einem Mitgliedsland der EU vor dem 18. September 1981 in den Verkehr gebracht wurden und die im **Europäischen Altstoffverzeichnis EINECS** (European Inventory of Existing Commercial Chemical Substances) aufgelistet sind.

> **Hinweis:** Das EINECS-Verzeichnis ist als Papier- und CD-ROM-Version zu bestellen beim Amt für amtliche Veröffentlichungen der Europäischen Gemeinschaften, Vertrieb, L-2985 Luxembourg.

Schätzungsweise 30 000 Altstoffe sind derzeit europaweit im Handel, die nicht oder nur unvollständig auf ihre Gefahren für Mensch und Umwelt getestet wurden. Nach der seit Mitte 1993 geltenden **EG-Altstoff-Verordnung** sollen diese nachträglich geprüft und bewertet werden. In Deutschland wird schon seit längerem ein freiwilliges Altstoffprüfungsprogramm in Kooperation von Staat, Wissenschaft und Chemischer Industrie durchgeführt. Dazu wurde im Jahre 1982 ein „Beratergremium für umweltrelevante Altstoffe" (BuA) bei der Gesellschaft Deutscher Chemiker in Frankfurt/M eingerichtet, das zu gleichen Teilen mit Wissenschaftlern aus der Wirtschaft, dem Hochschulbereich und den mit der Stoffbewertung befaßten Behörden (→ RN 16) besetzt ist und bislang für etwa 230 Altstoffe Stoffberichte über deren Gefährlichkeit erstellt hat.

Nach der EG-Altstoff-Verordnung hat jeder Hersteller oder Importeur der **26**
EU-Kommission all diejenigen Altstoffe zu bezeichnen und zu beschreiben,
die er von Mitte 1990 bis Mitte 1994 in Mengen von über 1 000 Tonnen pro
Jahr hergestellt oder eingeführt hat. Die Beschreibung hat in ähnlichem Umfang wie bei der Anmeldung neuer Stoffe zu geschehen (→ RN 13). Auf der
Grundlage dieser Informationen erstellt die EG-Kommission in Zusammenarbeit mit den von den Mitgliedstaaten benannten Bewertungsstellen (→ RN
16) sog. **Prioritätenlisten**, die Stoffe enthalten, die wegen eines Gefahrenver-
dachts besonders überwacht werden sollen.

> **Beispiel:** Für das Jahr 1997 wurden u.a. Benzol, Zink, Cadmium und das als
> Weichmacher in Kunststoffen verwendete DEHP auf die Prioritätsliste gesetzt.

Für jeden Stoff auf der Prioritätenliste soll durch die Mitgliedstaaten eine
spezielle **Risikobewertung** vorgenommen werden, anhand derer die Kommission entscheidet, ob Verbote oder Beschränkungen hinsichtlich der Verwendung des betreffenden Altstoffs zu erlassen sind. Einzelheiten hierzu regelt eine von der Bundesregierung erlassene allgemeine Verwaltungsvorschrift (abgedruckt in: GMBl. 1997, S. 450). Bislang hat dieses Verfahren
jedoch noch kaum Fortschritte gemacht, weil die zur Risikoanalyse erforderlichen Daten bei den Herstellern und Importeuren erst erhoben und gesammelt
werden müssen. Diese haben naturgemäß kein Interesse daran, daß die Verwendung ihrer Stoffe eingeschränkt wird. Das Umweltbundesamt hat erst für
9 Stoffe eine Bewertung der Umweltverträglichkeit durchgeführt. Bei 2 Stoffen (Anilin und DSDMAC) werden Verwendungsbeschränkungen befürwor-
tet.

6. Einstufung, Verpackung und Kennzeichnung gefährlicher Stoffe

Die Regelungen über Einstufung, Verpackung und Kennzeichnung gelten *nur* **27**
für gefährliche Stoffe, dabei aber sowohl für neue Stoffe als auch für Altstoffe.
Sie gelten auch für Zubereitungen, die einen Stoff mit mindestens einem
Gefährlichkeitsmerkmal enthalten sowie für diejenigen Erzeugnisse, die Asbest, polychlorierte Biphenyle (PCB) oder polychlorierte Terphenyle (PCT)
enthalten bzw. Formaldehyd freisetzen. Dagegen müssen Erzeugnisse, die
andere toxische, krebserregende oder erbgutverändernde Substanzen enthalten oder freisetzen, nicht besonders gekennzeichnet werden. Die Einstufungs-,
Verpackungs- und Kennzeichnungspflichten sollen als Ergänzung zu den An-
melde- und Mitteilungspflichten wirken. Sie sind im einzelnen in der Gefahrstoffverordnung sowie in der TRGS 200 geregelt.

a) Einstufung

28

→ § 4a
GefStoffV

Einstufung bedeutet den im Regelfall bei der Anmeldung eines neuen Stoffes durchzuführenden Vorgang der Zuweisung von Gefährlichkeitsmerkmalen. Die Einstufung durch den Hersteller ist überflüssig, wenn es sich um einen Stoff handelt, der bereits in der **EG-Stoffliste** als gefährlicher Stoff eingestuft ist (sog. **Normativeinstufung** bzw. Listenprinzip).

> **Hinweis:** Die EG-Gefahrstoffliste wird im Bundesanzeiger veröffentlicht und fortlaufend aktualisiert.

Ist das nicht der Fall, hat der Hersteller oder Importeur aufgrund der von ihm durchgeführten Grundprüfung eine **Selbsteinstufung** vorzunehmen. Als Leitfaden dient dabei der Anhang I Nr. 1 zur Gefahrstoffverordnung.

> **Beispiel:** Stoffe und Zubereitungen sind als „giftig" einzustufen, wenn bei einem vierstündigen Versuch mit Ratten, die einer gasförmigen Konzentration von mehr als 0,5 mg/l bis weniger als 2 mg/l ausgesetzt sind, die Hälfte der Versuchstiere nicht überleben.

Sofern die Grundprüfung kein klares Bild ergeben hat oder noch Zusatzprüfungen erforderlich sind, hat der Hersteller sein Produkt beim In-Verkehr-Bringen mit dem Hinweis „*Achtung – noch nicht vollständig geprüfter Stoff*" zu kennzeichnen.

b) Verpackung

29

→ § 10
GefStoffV

Das Verpackungserfordernis soll verhindern, daß gefährliche Stoffe unbeabsichtigt nach außen gelangen. Dazu muß die Verpackung aus Werkstoffen bestehen, die durch den Stoff nicht angegriffen werden und keine gefährlichen Verbindungen mit ihm eingehen. Eine Verwechslung mit Lebensmitteln, Arzneimitteln oder Kosmetika durch die Form oder Bezeichnung der Verpackung muß ausgeschlossen sein. Auch darf die Verpackung nicht die aktive Neugierde von Kindern wecken oder fördern und muß, wenn sie einen giftigen oder ätzenden Stoff beinhaltet, mit kindersicheren Verschlüssen und einem ertastbaren Warnzeichen versehen sein.

c) Kennzeichnung

30

→ §§ 6 ff.
GefStoffV

Die Kennzeichnungspflicht dient der Aufklärung der Verbraucher und soll eine umweltfreundliche Produktwahl fördern. Die Kennzeichnung gefährlicher Stoffe und Zubereitungen muß auf der Verpackung haltbar, deutlich lesbar und in deutscher Sprache abgefaßt sein. Sie muß bei Stoffen beinhalten:

- die **chemische Bezeichnung** des Stoffes nach **IUPAC** (→ RN 13);
- ein **Kennzeichensymbol**;

> **Beispiel:**"T" für giftige Stoffe, „N" für umweltgefährliche Stoffe. Die größte Häufigkeit weist das Symbol „Xi" (reizend, sensibilisierend) auf, das 46 Prozent aller gefährlichen Stoffe kennzeichnet.

- ein **Gefahrensymbol**;

> **Hinweis:** Die verschiedenen Gefahrensymbole sind in Anhang I Nr. 2 der Gefahrstoffverordnung aufgeführt.

- Hinweise auf besondere Gefahren (**R-Sätze**);

> **Beispiel:** Bei Trichlorethylen enthält die Verpackung folgenden „Hinweis auf die besonderen Gefahren: R 40 Irreversibler Schaden möglich". Für besonders gefährliche Stoffe gelten zusätzliche Kennzeichnungsanforderungen.

- Sicherheitsratschläge (**S-Sätze**);

> **Beispiel:** Bei Trichlorethylen: „Sicherheitsratschläge:
> S 2   Darf nicht in die Hände von Kindern gelangen
> S 23   Dämpfe nicht einatmen
> S 36/37 Bei der Arbeit geeignete Schutzhandschuhe und Schutzkleidung
>   tragen"

- Name des **Herstellers, Einführers oder Vertreibers** mit vollständiger Anschrift und Telefonnummer;
- die **Kennziffer** des Stoffes im EINECS bzw. ELINCS-Verzeichnis (EWG-Nummer);
- bei gefährlichen Stoffen, die in der EG-Stoffliste aufgeführt sind, zusätzlich den **Hinweis: „EG-Kennzeichnung"**.

7. Umgang mit gefährlichen Stoffen

Dem Arbeitgeber, der in seinem Betrieb gefährliche Stoffe herstellt oder verarbeitet, obliegen nach der Gefahrstoffverordnung sowie nach der sog. Störfallverordnung (12. BImSchV; → Kap. 8/RN 29) zahlreiche Verpflichtungen, um die Gesundheit der Arbeitnehmer zu schützen. So ist er z.B. verpflichtet, selbst zu ermitteln, mit welchen Gefahrstoffen im Betrieb umgegangen wird. Einzelheiten der Ermittlungspflicht regelt die soeben erlassene TRGS 440. Der Arbeitgeber muß ein Verzeichnis aller ermittelten Gefahrstoffe führen. Dieses **Gefahrstoffverzeichnis** (näher dazu TRGS 222) muß die einzelnen Gefahrstoffe bezeichnen, ihre gefährlichen Eigenschaften, die im Betrieb vorhandene Menge und die Arbeitsbereiche angeben, in denen mit den Stoffen umgegangen wird. Soweit es technisch möglich und zumutbar ist, muß der Arbeitgeber ungefährlichere Ersatzstoffe verwenden (sog. **Substitutionsverpflichtung**). Der Arbeitgeber hat in jedem Fall alle notwendigen Vorkehrungen zu treffen, um die Gefahren für die Arbeitnehmer zu begrenzen.

31

→ §§ 16 ff.
GefStoffV

32

> **Beispiel:** In jedem gefahrstoffverarbeitenden Betrieb muß eine Person mit Ausbildung in Erster Hilfe vorhanden sein. Der Arbeitgeber hat im Betrieb eine **Betriebsanweisung** in für jedermann verständlicher Form auszulegen, in der auf die mit dem Umgang mit Gefahrstoffen verbundenen Gefahren hingewiesen wird sowie die erforderlichen Schutzmaßnahmen und Verhaltensregeln festgelegt werden. Über den Inhalt der Betriebsanweisung sind die Arbeitnehmer bei ihrer Einstellung sowie mindestens einmal jährlich mündlich zu belehren (näher dazu TRGS 555). Die Produktion ist möglichst im geschlossenen System durchzuführen, so daß gefährliche Stoffe nicht frei werden. Wo das nicht möglich ist, sind die Stoffe ohne Gefahr für die Arbeitnehmer zu beseitigen, z. B. durch Absaugen oder den Einsatz von Katalysatoren, notfalls durch Lüftungseinrichtungen.

33

Die Bewertung der Schadstoffexposition am Arbeitsplatz ist durch eine sog. **Arbeitsbereichsanalyse** nach Maßgabe der TRGS 402 festzustellen. Dabei sind die sich aus den TRGS 900 und 903 ergebenden Grenzwerte einzuhalten: die **Maximale Arbeitsplatzkonzentration (MAK)**, die **Technische Richtkonzentration (TRK)** und der **Biologische Arbeitsstoff-Toleranzwert (BAT)**.

Wird durch Messungen eine Überschreitung der für bestimmte Gefahrstoffe bestehenden Grenzwerte während einer Arbeitsschicht festgestellt, so erzwingt dies Maßnahmen zum Schutz der Gesundheit der Arbeitnehmer (sog. **Auslöseschwelle**, näher dazu TRGS 100). Der Arbeitgeber hat in diesem Fall persönliche Schutzausrüstungen (Schutzanzüge, Atemschutzgeräte) zur Verfügung zu stellen und dafür zu sorgen, daß die Arbeitnehmer nur solange beschäftigt werden, wie es mit dem Gesundheitsschutz vereinbar ist.

34
→ §§ 15a, 35
ff. GefStoffV

An den Umgang mit **krebserzeugenden und erbgutverändernden Stoffen** werden noch strengere Anforderungen gestellt. Diese Stoffe sind in der TRGS 905 in einem seitenlangen Katalog verzeichnet.

> **Beispiel:** Es handelt sich u. a. um Asbest, Benzol, Formaldehyd und N-Nitrosamin-Verbindungen.

Arbeitnehmer dürfen solchen Gefahrstoffen nicht ausgesetzt werden (**Expositionsverbot**), es sei denn, dies ist nach dem Stand der Technik unvermeidbar, etwa bei Abbruch- oder Sanierungsarbeiten an Gebäuden, die Asbest enthalten. Für derartige Arbeiten braucht der Unternehmer eine besondere behördliche Zulassung, die nur erteilt wird, wenn er einen staatlich anerkannten Sachkundelehrgang absolviert hat. Vor Beginn der Arbeiten ist ein Arbeitsplan zu erstellen. Am Arbeitsplatz darf nicht gegessen, getrunken, geraucht oder geschnupft werden. Der TRK-Wert darf nur solange überschritten werden, als dies unvermeidlich ist. Besteht durch Überschreitungen eine unmittelbare Gefahr für Leben oder Gesundheit, so hat der Arbeitnehmer das Recht, die Arbeit zu verweigern. Auf Kosten des Arbeitgebers sind regelmäßige **Vorsorgeuntersuchungen** durch Amtsärzte durchzuführen und deren Befunde in einer speziellen Vorsorgekartei zu dokumentieren. Die Verwendung von Atemschutzgeräten bei der Arbeit befreit nicht von dieser Vorsorgepflicht.

Kommt der Arbeitgeber seinen Schutzverpflichtungen nicht nach, begeht er eine Ordnungswidrigkeit (→ Kap. 19/RN 5, 99) oder macht sich, wenn die Arbeitnehmer tatsächlich deshalb erkranken, sogar strafbar.

35
→ § 50
GefStoffV

8. Verbote und Beschränkungen des In-Verkehr-Bringens von Stoffen

a) Kompetenzen des Bundes

Werbeverbot bei gefährlichen Stoffen

Neuerdings wurde ins Chemikaliengesetz das Verbot aufgenommen, für einen gefährlichen Stoff zu werben, ohne die den Stoff betreffenden Gefährlichkeitsmerkmale anzugeben. Wer gegen das Werbeverbot verstößt, kann mit einer Geldbuße bis zu 20 000 DM belegt werden.

36
→ § 15a
ChemG

Stoffverbote

Haben sich neue chemische Stoffe oder Zubereitungen (für Altstoffe: → RN 25 f.) auf dem Markt nach Ansicht der Bundesregierung als zu gefährlich für Mensch und Umwelt erwiesen oder besteht zumindest ein entsprechender Verdacht, und kann man der Gefahr auch nicht durch entsprechende Verpakkungs- und Kennzeichnungsvorschriften begegnen, so ist aus Gründen des Verbraucherschutzes die Möglichkeit vorgesehen, die Herstellung und Verwendung solcher Stoffe durch Rechtsverordnung der Bundesregierung mit Zustimmung des Bundesrates zu verbieten oder zu beschränken. Derartige verbotene Stoffe sind im Anhang zur **Chemikalienverbotsverordnung** aufgelistet.

37

→ § 17
ChemG

> **Beispiel:** Aliphatische Chlorkohlenwasserstoffe, Arsen, Asbest, Benzol, Cadmium, DDT, Dioxine, Furane, FCKW, Halone, Formaldehyd, Polychlorierte Biphenyle und Terphenyle (PCB/PCT), Pentachlorphenol (PCP), Quecksilberverbindungen, Teeröle. Von den Verboten gibt es jedoch Ausnahmen, die in Spalte 3 des Anhangs zur Chemikalienverbotsverordnung genannt sind.

b) Kompetenzen der Länder

Die zuständigen Landesbehörden können demgegenüber nur **zeitlich** auf höchstens 15 Monate **begrenzte Verbots- und Beschränkungsanordnungen** für Stoffe erlassen. Ansonsten bleibt dem Land nichts anderes übrig, als in Bundestag oder Bundesrat auf ein bundesweites Verbot des betreffenden Stoffes zu drängen.

38
→ § 23 II
ChemG

Kontrollfragen:
1. Grenzen Sie das Gefahrstoffrecht im weiteren Sinne vom Gefahrstoffrecht im engeren Sinne ab! (RN 4–5)
2. Welche Gefährlichkeitsmerkmale von Stoffen kennt das Chemikalienrecht? (RN 10)

3. Wodurch unterscheiden sich die Begriffe Stoff, Zubereitung und Erzeugnis? (RN 10–12)
4. Welche Unterlagen sind bei der Anmeldung eines neuen Stoffes vorzulegen? (RN 13–15)
5. Warum hat der Gesetzgeber auf ein Genehmigungsverfahren für das In-Verkehr-Bringen neuer Stoffe verzichtet? (RN 18–19)
6. Was bedeutet das Mengenschwellenprinzip? (RN 17, 21–23)
7. Was beinhaltet die Kennzeichnungspflicht bei gefährlichen Stoffen? (RN 30)
8. Zählen Sie einige arbeitsschutzrechtliche Verpflichtungen des Arbeitgebers auf, in dessen Betrieb gefährliche Stoffe hergestellt oder verarbeitet werden! (RN 31–33)
9. Welche zusätzlichen Pflichten ergeben sich, wenn es sich um krebserzeugende oder erbgutverändernde Stoffe handelt? (RN 34)

Weiterführende Hinweise:

Monographien:
Borchert, Günter, Recht für Chemiker, Einführung in das Chemikalien- und Gefahrstoffrecht, 1994; *Deden, Helmut/Simon, Peter/Zerlett, Georg*, Gefahrstoffe, Medizinischer und technischer Arbeitsschutz, Loseblattsammlung, 3. Aufl. (1997); *Gierke, Wolfgang*, Das Chemikaliengesetz und seine Rechtsverordnungen – Alte Stoffe, 1993; *Hörath, Helmut*, Gefährliche Stoffe und Zubereitungen, Gefahrstoffverordnung – Chemikalien-Verbotsverordnung. Eine Einführung in die Gesetzes- und Giftkunde, zugleich eine Vorbereitung auf die Sachkenntnisprüfung, 4. Aufl. (1995); *Kaufmann, Dieter*, Gefahrstoffrecht für die Apothekenpraxis, mit Gebrauchsanweisungen und Betriebsanweisung, 1996; *Klöpping, Gereon*, Das Recht der Gefahrstoffe im deutschen Recht und im Recht der Europäischen Gemeinschaft, 1996.

Aufsätze:
Au, Michael, Die Neuordnung des Gefahrstoffrechts, ZUR 1994, S. 237–243; *Elsner, Carola/Müller, Nicole*, Die FCKW-Halon-Verbotsverordnung, ZUR 1994, S. 75–76. *Maaß, Rainald*, Zur gefahrstoffrechtlichen Beurteilung von PCB-belasteten Erzeugnissen, ZUR 1998, S. 12–20; *Theuer, Andreas*, Neuere Entwicklungen im Chemikalienrecht, NVwZ 1995, S. 127–134; *Winter, Gerd*, Regelungsmaßstäbe im Gefahrstoffrecht, DVBl. 1994, S. 913–921.

Rechtsprechung:
BAG, ZUR 1994, S. 200–203, *BAG*, ZUR 1997, S. 42–43 (Gefahrstoffe am Arbeitsplatz); *VG Würzburg*, ZUR 1995, S. 31–39 (Gesundheitsschädigungen durch Holzschutzmittel; Forsthausfall).

13. Gentechnikrecht

Die Chancen und Risiken der Gentechnik werden vor allem in Deutschland kontrovers diskutiert. Den einen gilt die Gentechnik als „Segen", von dem beträchtliche Wachstumsraten, eine Hilfe bei der Bekämpfung von Krankheiten, ein Beitrag zur Lösung der Ernährungsfrage und zur Verminderung des Einsatzes von Insektiziden und Fungiziden zu erwarten sei. Die anderen sehen in der Gentechnik einen „Fluch". Sie fürchten eine Artenverarmung sowie nachteilige Eingriffe in den natürlichen Kreislauf und die komplexen Zusammenhänge von Ökosystemen.

1

Fakten: Bislang (Stand: 23.6.1998) sind in Deutschland 2 998 gentechnische Anlagen zugelassen, von denen 68 auf den gewerblichen, 2 930 auf den Forschungsbereich entfallen. Die Betreiber stammen etwa zu vier Fünfteln aus dem öffentlichen und zu einem Fünftel aus dem privaten Sektor. Gleichzeitig wurden 4 643 durch die zuständigen Landesbehörden zugelassene gentechnische Arbeiten gezählt. Die Zahl der Produkte, für die ein Inverkehrbringen in der EU beantragt bzw. bereits genehmigt wurde, belief sich bis zum 23.6.1998 auf 27 bzw. 15. Hinzu kommen 77 genehmigte Freisetzungen gentechnisch veränderter Organismen; weitere drei sind beantragt. 13 Standorte wurden im vereinfachten Verfahren nachgemeldet (Stand: 8.6.1998). Die Umsätze der biotechnischen Industrie in Deutschland, welche in 150 vorwiegend kleinen und mittleren Unternehmen zur Zeit 28 000 Menschen beschäftigt, werden für das Jahr 2000 auf vier Mrd. DM geschätzt (1995: 2,1 Mrd. DM).

I.   Allgemeines

1.   Begrifflichkeit

2

Unter „Gentechnik" versteht man *naturwissenschaftlich* die Zusammenfassung der Methoden und Verfahren zur Isolierung und Charakterisierung genetischen Materials, seiner künstlichen Manipulation und Wiedereinführung in neue, eventuell fremde Umgebung. Die Gentechnik kommt zur Anwendung in der Grundlagenforschung in den biomedizinischen Disziplinen, im Gesundheitswesen (Arzneimittel, DNA-Diagnostik, somatische Gentherapie von Erb-, Krebs-, Herz-Kreislauf- und Rheumaerkrankungen), der Landwirtschaft (Pflanzen- und Tierzucht), der Lebensmittelindustrie (Zusatzstoffe, Fermentation) und im Umweltschutz (Schadstoffabbau und Umweltsanierung, Bioanalytik, Biokatalysatoren, umweltschonende Produktionsverfahren).

Beispiel: Die großtechnische Produktion von Humaninsulin im Jahre 1980 war weltweit die erste industrielle Anwendung der Gentechnik. Auf konventionelle Weise wurde Insulin bis dato aus der Bauchspeicheldrüse von Schweinen und Rindern isoliert. Allerdings war diese Gewinnungsweise sehr aufwendig und zum Teil auch mit Unverträglichkeitsreaktionen verbunden.

Der *rechtliche* Gentechnikbegriff erfaßt hiervon nur einen Teilausschnitt. **3**
Nicht zum Bereich der Gentechnik im Sinne des Gentechnikgesetzes rechnet
das große Feld der **Humangenetik**, d.h. die Gendiagnose, Gentherapie und
Genomanalyse. Für die beiden erstgenannten Bereiche ist, jedenfalls zum Teil,
das **Embryonenschutzgesetz (ESchG)** einschlägig. Auch die vom Europarat
angenommene **„Menschenrechtskonvention zur Biomedizin"** (sog. **Bio-
ethik-Konvention**) gehört in diesen Zusammenhang. Diese ist – gerade in
Deutschland – heftig umstritten, da sie unter sehr engen Voraussetzungen
Eingriffe an nicht einwilligungsfähigen Menschen (z.B. Kleinkindern, Koma-
Patienten) auch dann gestattet, wenn diese nicht zum Nutzen der Betroffenen,
sondern nur zu Forschungszwecken erfolgen. Zu Fragen der Genomanalyse,
also der Entschlüsselung des genetischen Codes von Menschen zu arbeits-,
versicherungs- oder strafrechtlichen Zwecken sowie zur pränatalen Diagno-
stik, liegen bislang noch keine gesetzlichen Regelungen vor. Auch die sog.
Reproduktions-Techniken, etwa die Methoden der künstlichen Befruchtung
(In-vitro-Fertilisation), sind begrifflich wegen der damit zusammenhängenden
komplexen ethischen Probleme aus der Gentechnik ausgeklammert worden.
Sie werden in diesem Kapitel daher nicht behandelt.

2. Umweltrelevanz

Die Zuordnung des Gentechnikrechts zum Umweltrecht leuchtet nicht ohne **4**
weiteres ein, gleichwohl ist sie aufgrund der (potentiellen) unmittelbaren wie
mittelbaren Umweltauswirkungen der Gentechnik in der Sache richtig. Die
unmittelbaren Auswirkungen der Gentechnik ergeben sich als Folge der Freisetzung eines gentechnisch veränderten Organismus (→ RN 10) in die Umwelt. Derartige Freisetzungen können zum einen zur Verdrängung, Bedrohung
oder Ausrottung einheimischer Arten durch Wettbewerb, neue Räuber/Beute-
oder neue Pathogen/Wirt-Beziehungen führen. Zum anderen kann es in der
Konsequenz auch zu Störungen bzw. Veränderungen von Stoffkreisläufen, zur
Produktion toxischer Stoffe oder zum Verlust genetischer Vielfalt kommen.
Als Beispiel für eine *mittelbare* Umweltauswirkung der Gentechnologie kann
auf den vermehrten Einsatz von Totalherbiziden als Resultat der Einführung
gentechnisch hergestellter herbizidresistenter Pflanzen verwiesen werden.

3. Rechtsgrundlagen

Die maßgebliche Rechtsgrundlage im nationalen Rechtsraum bildet das am 1. **5**
Juli 1990 in Kraft getretene **Gentechnikgesetz (GenTG)**, welches zur Umsetzung zweier EG-Richtlinien (der **Systemrichtlinie** und der **Freisetzungsrichtlinie**) ergangen ist. Das Gentechnikgesetz beschränkt sich auf die Regelung des rechtlichen Rahmens. Die technischen und organisatorischen Details

sind, ähnlich wie im Immissionsschutzrecht oder im Öko-Audit-Recht, zum Großteil in Rechtsverordnungen (→ Kap. 2/RN 17) geregelt.

> **Hinweis:** Eine vollständige Textsammlung zum Gentechnikrecht wird herausgegeben von *Horst Hasskarl*, Gentechnikrecht, Editio Cantor Verlag Aulendorf, 4. Aufl., 1997.

Das Gentechnikgesetz verdrängt *sonstige Spezialgesetze*, die bei gentechnischen Arbeiten zu beachten sind, nicht.

> **Beispiel:** Neben dem Gentechnikgesetz kommen etwa – je nach Einzelfall – das Arzneimittelgesetz, das Bundes-Immissionsschutzgesetz, das Bundesseuchengesetz, das Pflanzenschutzgesetz, das Düngemittelgesetz, das Kreislaufwirtschafts- und Abfallgesetz, das Wasserhaushaltsgesetz, das Gesetz über den Transport gefährlicher Güter, die Gefahrstoffverordnung oder das Recht der überwachungsbedürftigen Anlagen nach §§ 11 ff. Gerätesicherheitsgesetz zusätzlich zur Anwendung. Im betrieblichen Produktionsbereich gilt ferner zum Schutz der Arbeitnehmer die Unfallverhütungsvorschrift Biotechnologie, die von den Berufsgenossenschaften erlassen worden ist.

Im Jahr 1993 wurde das Gentechnikgesetz novelliert, um der Kritik aus der Wirtschaft (Stichwort: „Überregulierung") entgegenzukommen und den „Wirtschaftsstandort Deutschland" zu stärken. Dabei wurden vor allem das Genehmigungserfordernis eingeschränkt, das Anhörungsverfahren zurückgedrängt und Fristen verkürzt.

6   Immer bedeutsamer werden neben dem Gentechnikgesetz die **Vorgaben des europäischen und internationalen Rechts**. So ist am 15.5.1997 die sog. **Novel-Food-Verordnung** in Kraft getreten. Diese betrifft neuartige Lebensmittel und Lebensmittelzutaten, z.B. die gentechnisch veränderte „Antimatsch-Tomate", Joghurt mit gentechnisch veränderten Starterkulturen oder Produkte mit neuartiger Molekülstruktur, wie etwa den gentechnisch hergestellten Fettersatzstoff Olestra.

Die Verordnung läßt grundsätzlich eine Mitteilung genügen und sieht nur dann eine Kennzeichnungspflicht vor, wenn die Lebensmittel hinsichtlich ihrer Zusammensetzung, ihres Nährwerts, ihres Stoffwechsels, ihres Verwendungszwecks und ihres Gehalts an unerwünschten Stoffen nicht mit bestehenden Lebensmitteln gleichwertig sind. Die Gleichwertigkeit wird im Regelfall durch das gegenüber der Proteinanalyse zwar genauere, aber auch aufwendigere Verfahren der Erbgutanalyse ermittelt. Darüber hinaus sind Stoffe zu kennzeichnen, die in bestehenden gleichwertigen Lebensmitteln nicht vorhanden sind und die Gesundheit bestimmter Bevölkerungsgruppen beeinflussen können. Die Novel-Food-Verordnung gilt nicht für Zusatzstoffe, Aromen und Lösungsmittel. Für deren Zulassung gelten besondere Einzelrichtlinien aus dem Jahr 1988.

Kurz vor der Verabschiedung steht eine **EG-Richtlinie zum rechtlichen Schutz biotechnologischer Erfindungen**. Erfindungen im Genbereich werden damit patentierbar. Gegenstand einer „Erfindung" können zwar nicht lebende Menschen, wohl aber „Bestandteile des menschlichen Körpers" und damit auch die „Struktur oder Teilstruktur eines Gens" sein.

Im Rahmen der internationalrechtlichen Vorgaben ist zunächst das (rechts-verbindliche) **Übereinkommen über die biologische Vielfalt** (sog. Artenviel-faltskonvention oder Bio-Konvention) zu erwähnen, das auf der UN-Umwelt-schutzkonferenz von Rio de Janeiro (1992) von 153 Staaten unterzeichnet wurde und am 29.12.1993 in Kraft trat. Es regelt neben der Erhaltung der Arten in ihren natürlichen Lebensräumen in erster Linie die Nutzung der (in den Tropenwäldern besonders reichhaltigen) genetischen Ressourcen im „Spagat" zwischen den Souveränitätsinteressen der Entwicklungsländer und den Forschungsinteressen der Industrieländer (speziell deren Pharmaindu-strie). Eine Verständigung konnte dabei nur hinsichtlich allgemeiner Grund-sätze (Kooperation, gerechte Vorteilsaufteilung) erreicht werden. Konkrete, politisch hochkontroverse Fragen (z.B. Gewinnausgleich, Patentvergabe etc.) blieben offen. Bei der dritten Vertragsstaatenkonferenz von Jakarta (1996) einigten sich die Unterzeichnerstaaten auf ein Verhandlungsmandat für ein zukünftiges Protokoll über biologische Sicherheit (**„Biosafety-Protokoll"**), welches die Grundlage für entsprechende Verhandlungen im Rahmen einer internationalen Arbeitsgruppe bildet. Bis zur fünften Vertragsstaatenkonferenz soll ein entsprechender Protokolltext verfaßt sein. Geplant ist, den Export von lebenden modifizierten Organismen zukünftig vom vorherigen Einverständnis des – vom Exporteur über etwaige Umweltrisiken sorgfältig zu informieren-den – Importlandes abhängig zu machen.

7

4. Anwendungsbereich

Das Gentechnikgesetz geht von einem kombinierten Anlagen- und Tätigkeits-konzept aus. Es will mittels eines abgestuften Systems grundsätzlich **präven-tiver Kontrolle** flächendeckend jeden Umgang mit gentechnisch veränderten Organismen erfassen. Es umfaßt:

8
→ §§ 2, 3 Nr.
1–8 GenTG

• **gentechnische Anlagen**, also Einrichtungen, in denen gentechnische Ar-beiten im geschlossenen System durchgeführt werden und für die physika-lische (ggf. ergänzt durch biologische und/oder chemische) Schranken verwendet werden, um den Kontakt der verwendeten Organismen mit Mensch und Umwelt zu begrenzen;

Beispiel: Labor- und Versuchsanlagen sowie fabrikmäßige Produktionsstätten, im Einzelfall auch eine einzelne Werkbank, ein einzelner Fermenter oder Transportbehälter.

• **gentechnische Arbeiten**, d.h. die Erzeugung von und den Umgang mit *gentechnisch veränderten Organismen*, also Organismen, deren geneti-

9

sches Material in einer Weise modifiziert worden ist, wie sie unter natürlichen Bedingungen durch Kreuzen oder natürliche Rekombination nicht vorkommt;

> **Beispiel:** DNS-Rekombinationstechniken, bei denen Vektorsysteme eingesetzt werden; Verfahren, bei denen in einen Organismus direkt Erbgut eingeführt wird, welches außerhalb des Organismus zubereitet wurde; Zellfusionen oder Hybridisierungsverfahren, bei denen lebende Zellen mit einer neuen Kombination von genetischem Material anhand von Methoden gebildet werden, die unter natürlichen Bedingungen nicht auftreten.

10
- **Freisetzungen von gentechnisch veränderten Organismen**, mit anderen Worten, das *gezielte* Ausbringen von gentechnisch veränderten Organismen in die Umwelt, soweit noch keine Genehmigung für ein Inverkehrbringen in die Umwelt erteilt wurde (→ RN 11);

> **Beispiel:** Finales Entlassen von Eis-Minus-Bakterien zu experimentellen oder kommerziellen Zwecken in die Umwelt.

Die Freisetzungen sind in Deutschland politisch besonders umstritten. Entsprechend gering ist ihre Zahl bis heute geblieben. In Deutschland wurden bis August 1996 42 Anträge genehmigt. Das Ausland ist hier der deutschen Entwicklung zum Teil weit vorausgeeilt. So erfolgten in den USA inzwischen weit über 1500 Freisetzungen gentechnisch veränderter Pflanzen. Spitzenreiter in Europa sind Frankreich, Großbritannien, Belgien, die Niederlande und Italien.

11
- das **Inverkehrbringen von Produkten, die gentechnisch veränderte Organismen enthalten oder aus solchen bestehen.** Damit ist in erster Linie die Abgabe von gentechnisch veränderten Produkten an Dritte zum Zwecke der späteren Freisetzung (→ RN 10) gemeint. Voraussetzung ist, daß die Produkte nicht zu gentechnischen Arbeiten (→ RN 9) in gentechnischen Anlagen (→ RN 8) bestimmt oder Gegenstand einer genehmigten Freisetzung (→ RN 10) sind. Ein „Inverkehrbringen" liegt begrifflich *nicht* vor im Fall des unter zollamtlicher Überwachung durchgeführten Transitverkehrs und der Abgabe zum Zwecke der klinischen Prüfung.

5. Zuständigkeit

a) Allgemeine Vollzugskompetenzen

12
→ § 31 GenTG
Die Vollzugszuständigkeit ist zwischen dem Bund und den Ländern aufgeteilt. Die **Länder** sind kompetent für das Anmelde- und Genehmigungsverfahren bei der Errichtung und dem Betrieb gentechnischer Anlagen und der Durchführung gentechnischer Arbeiten sowie umfassend für die Überwachung. Welche Behörde konkret zuständig ist, differiert von Land zu Land:

- **Baden-Württemberg, Niedersachsen:** Hier besteht eine umfassende Zuständigkeit der jeweiligen (Bezirks-)Regierung.
- **Bayern:** Das Verfahren der Anmeldung und Genehmigung ist auf die Regierungen von Oberbayern (zuständig für Oberbayern, Niederbayern und Schwaben), Oberfranken (zuständig für Oberfranken und Oberpfalz) und Unterfranken (zuständig für Unter- und Mittelfranken) konzentriert. Das gleiche gilt für die Überwachungskompetenz. In dringenden Fällen kommt den Gewerbeaufsichtsämtern eine Eilkompetenz zu.
- **Rheinland-Pfalz:** Kompetent für Anmeldungen, Genehmigungen sowie Anordnungen nach § 26 III GenTG ist das Landesamt für Umweltschutz und Gewerbeaufsicht, für die allgemeine Überwachung und sonstige Maßnahmen die Gewerbeaufsichtsämter.
- **Schleswig-Holstein:** Die Zuständigkeit liegt insgesamt beim Minister für Natur, Umwelt und Landesentwicklung, der diese allerdings ggf. an nachgeordnete Behörden delegieren kann.

Dem **Bund** kommt die Zuständigkeit für die Genehmigung der Freisetzung von gentechnisch veränderten Organismen (→ RN 10) sowie des Inverkehrbringens von Produkten mit gentechnisch veränderten Organismen (→ RN 10) zu. Konkreter Adressat hierfür ist das **Robert-Koch-Institut** in Berlin (Anschrift: Bundesinstitut für Infektionskrankheiten und nichtübertragbare Krankheiten, Nordufer 20, 13353 Berlin, Tel.: 030/ 45 47–4, Fax: 030/45 47–23 28). Letzteres entscheidet allerdings nicht selbständig, sondern unter Mitwirkung verschiedener anderer nationaler und europäischer Behörden.

13

Über eine *Freisetzung* entscheidet das Robert-Koch-Institut im *Einvernehmen* mit der Biologischen Bundesanstalt für Land- und Forstwirtschaft, dem Umweltbundesamt (→ Kap. 7/RN 20) und, soweit gentechnisch veränderte Wirbeltiere oder gentechnisch veränderte Mikroorganismen, die an Wirbeltieren angewendet werden, betroffen sind, der Bundesforschungsanstalt für Viruskrankheiten der Tiere. Ferner ist eine Stellungnahme der zuständigen Landesbehörde einzuholen. Im Falle eines *Inverkehrbringens* hat das Robert-Koch-Institut vorher die *Stellungnahmen* des Umweltbundesamtes, der Biologischen Bundesanstalt für Land- und Forstwirtschaft und, soweit gentechnisch veränderte Wirbeltiere oder gentechnisch veränderte Mikroorganismen, die an Wirbeltieren angewendet werden, betroffen sind, der Bundesforschungsanstalt für Viruskrankheiten der Tiere und des Paul-Ehrlich-Instituts einzuholen. Im Falle eines Antrags auf Genehmigung einer Freisetzung oder eines Inverkehrbringens ist zudem die EG (Kommission, Rat) einzuschalten. Dieses durch die Freisetzungsrichtlinie vorgegebene EG-Beteiligungsverfahren ist in einer separaten Verordnung des Bundesgesundheitsministeriums (**Gentechnikbeteiligungsverordnung – GenTBetV**) vom 17. Mai 1995 geregelt.

b) Zentrale Kommission für die Biologische Sicherheit (ZKBS)

Eine gewichtige Rolle beim Vollzug des Gentechnikgesetzes spielt die Zentrale Kommission für die Biologische Sicherheit (ZKBS), die dem Robert-Koch-Institut (→ RN 13) angegliedert ist. Sie hat die Aufgabe, in bestimmten gesetzlich vorgesehenen Fällen eine Stellungnahme zu Sicherheitsfragen abzugeben. Die von der ZKBS vorgelegten Voten sind zwar rechtlich unverbindlich, ihnen kommt aber faktisch eine nicht zu unterschätzende Bindungswir-

14
→ §§ 4, 5
GenTG

kung zu. Daneben obliegt der ZKBS das Mandat, im Rahmen des Gesetzgebungsverfahrens den Bund und die Länder in sicherheitsbezogenen Problemen der Gentechnik zu beraten. Die ZKBS ist weisungsunabhängig und besteht aus zehn Sachverständigen aus unterschiedlichen, mit der Gentechnik in
Zusammenhang stehenden Wissenschaftsgebieten sowie aus je einem Experten aus den Bereichen der Gewerkschaften, des Arbeitsschutzes, der Wirtschaft, des Umweltschutzes und der forschungsfördernden Organisationen.
Die Sachverständigenkommission berichtet der Öffentlichkeit einmal im Jahr
über ihre Arbeit. Die Einzelheiten ihrer Arbeitsweise sind in der **ZKBS-
Verordnung – ZKBSV** (BGBl. I 1996, 1233) aufgeführt.

6. Ziel

15

Zweck des Gentechnikgesetzes ist es

→ § 1 GenTG

- Leben und Gesundheit von Menschen, Tieren, Pflanzen sowie die sonstige
  Umwelt in ihrem Wirkungsgefüge und Sachgüter vor möglichen Gefahren
  gentechnischer Verfahren und Produkte zu schützen und dem Entstehen
  solcher Gefahren vorzubeugen (sog. **Schutzzweck**) sowie
- den rechtlichen Rahmen für die Erforschung, Entwicklung, Nutzung und
  Förderung der wissenschaftlichen, technischen und wirtschaftlichen Möglichkeiten der Gentechnik zu schaffen (sog. **Förderungszweck**).

Dem Schutzzweck gebührt dabei im Zweifel der Vorrang gegenüber dem
Förderungszweck.

7. Grundpflichten

16

→ § 6 GenTG

Das Gentechnikgesetz sieht eine Reihe genereller **Grundpflichten** des Betreibers vor. Diese sind den sog. Betreiberpflichten im Immissionsschutzrecht (→
Kap. 8/RN 19 ff.) vergleichbar.

Zunächst ist der Betreiber zu einer **umfassenden, vorherigen Risikobewertung** verpflichtet (Gedanke der Selbstverantwortung des Betreibers). Dabei hat er insbesondere die Eigenschaften der Spender- und Empfängerorga-
nismen, der Vektoren sowie der gentechnisch veränderten Organismen, ferner
die Auswirkungen der gentechnisch veränderten Organismen auf die menschliche Gesundheit und die Umwelt zu berücksichtigen. Die Risikobewertung
dient als Grundlage für die Zuweisung gentechnischer Arbeiten zu den einzelnen Sicherheitsstufen (→ RN 20 f.).

17

Den Betreiber trifft des weiteren eine **Pflicht zur Gefahrenabwehr** und
Risikovorsorge (→ Kap. 6/RN 2; Kap. 8/RN 20 ff.) nach dem Stand von
Wissenschaft und Technik. Diese Schutz- und Vorbeugepflichten sind *dyna-*

misch ausgestaltet, d.h. es handelt sich um Dauerpflichten, die solange gelten wie das Vorhaben betrieben wird. Beide Pflichten sind in einem umfassenden Sinn zu verstehen und erstrecken sich auch auf die Entsorgung und Reststoffverwertung. Die Anforderungen an die Schutz- und Vorsorgepflicht werden in der **Gentechnik-Sicherheitsverordnung – GenTSV** (BGBl. I 1995, S. 297), der praktisch wichtigsten Gentechnikverordnung, näher konkretisiert.

> **Beispiel:** Die Risikovorsorge äußert sich bei Freisetzungen etwa darin, daß Versuchsfelder umzäunt werden mit Mantelsaat zur Verminderung von Pollenaustragung (sog. containment).

Hinzu kommt die Pflicht des Betreibers, **Aufzeichnungen** über die Durchführung gentechnischer Arbeiten und die Freisetzungen zu führen und der zuständigen Behörde auf ihr Ersuchen vorzulegen. Diese Aufzeichnungspflicht ist in der hierzu ergangenen **Gentechnik-Aufzeichnungsverordnung – GenTAufzV** (BGBl. I 1996, 1645) näher ausgestaltet.

18

Zu guter Letzt ist derjenige, der gentechnische Arbeiten oder Freisetzungen durchführt, verpflichtet, **Projektleiter** sowie **Beauftragte für die Biologische Sicherheit (BBS)** zu bestellen. Der Projektleiter ist mit der unmittelbaren Planung, Leitung oder Beaufsichtigung der gentechnischen Arbeiten bzw. Freisetzungen betraut. Der Beauftragte für die Biologische Sicherheit überprüft seinerseits die Erfüllung der Aufgaben des Projektleiters und berät den Betreiber. Seine Rechtsstellung entspricht in etwa der der sog. Betriebsbeauftragten für den Umweltschutz (→ Kap. 14/RN 71 ff.), auch wenn es gewisse Abweichungen (z.B. kein besonderer Kündigungsschutz) gibt.

19
→ § 3 Nr. 10, 11 GenTG i.V.m. §§ 14 f., 16 ff. GenTSV

II. Gentechnische Arbeiten in gentechnischen Anlagen

1. Differenzierung nach Sicherheitsstufen und dem Zweck

Im Mittelpunkt der Sicherheitskonzeption des Gentechnikgesetzes steht die Einteilung der gentechnischen Arbeiten in gentechnischen Anlagen (→ RN 9), also der sog. **System-Anwendungen**, in verschiedene Sicherheitsstufen. Maßgeblich für die Abstufung ist das nach dem jeweiligen Stand der Wissenschaft gegebene Risiko der gentechnischen Arbeiten für die menschliche Gesundheit und die Umwelt. Danach unterscheidet man **vier Sicherheitsstufen** an gentechnischen Arbeiten. Die Zuordnung zu den einzelnen Sicherheitsstufen und die hierfür geltenden unterschiedlichen Sicherheitsmaßnahmen sind in der Gentechnik-Sicherheitsverordnung geregelt (→ RN 17).

20

→ § 7 GenTG

In der Praxis entfielen bislang (Stand: 23.6.1998) von 2 998 zugelassenen gentechnischen Anlagen 2 293 auf die Sicherheitsstufe 1, 649 auf die Sicherheitsstufe 2, 51 auf die Sicherheitsstufe 3 und keine auf die Sicherheitsstufe 4.

21   Entscheidendes, wenn auch nicht einziges Kriterium für die Einteilung in die vier Sicherheitsstufen ist das organismenbezogene System von **Risikogruppen**. Im folgenden soll dieses wiederum vierstufige System am Beispiel der Arbeit mit Viren für Forschungszwecke illustriert werden (vgl. den vom BMU auf der Grundlage von § 30 V GenTG als Verwaltungsvorschrift [→ Kap. 3/ RN 7 f.] erlassenen und seit 1995 selbständigen sog. **„Appendix Organismenlisten"**):

- **Risikogruppe 1** (kein Risiko)

> **Beispiel:** Viren, die für gesunde Menschen und Tiere nicht pathogen sind, etwa amtlich zugelassene Impfstoffe mit vermehrungsfähigen Viren gegen bestimmte Herpes-, Pocken- und Toga-Viren bei Mensch und Tieren; Puten-Herpesviren; Rhinoviren bei Tieren.

- **Risikogruppe 2** (geringes Risiko)

> **Beispiel:** Büffelpocken-Virus, Elefantenpocken-Virus, Gänsehepatitis-Viren, Hepatitis-A-Virus, humane Rhinoviren, Masernviren, Tollwutvirus, Virus der klassischen Schweinepest.

- **Risikogruppe 3** (mäßiges Risiko)

> **Beispiel:** Affenpocken-Viren, Gelbfieber-Virus, Hepatitis-C-Virus, Hepatitis-Delta-Virus, Hepatitis-E-Virus, Schafpocken-Virus.

- **Risikogruppe 4** (hohes Risiko oder begründeter Verdacht eines solchen Risikos)

> **Beispiel:** Marburg-Virus, Weißpockenvirus, Maul- und Klauenseuche-Virus, Rinderpest-Virus.

22   Neben der Einteilung nach Sicherheitsstufen wird bei der Genehmigungs- und Anmeldepflicht zwischen **gentechnischen Arbeiten zu Forschungszwecken** und **zu gewerblichen Zwecken** differenziert, wobei die gentechnische Forschung bewußt verfahrensrechtlich privilegiert ist (→ RN 25 f.). Dies entspricht der Intention des Gesetzgebers, die Erforschung der gentechnischen Möglichkeiten, von der man sich vor allem im Gesundheits- und Umweltbereich wesentliche Fortschritte erhofft, gezielt zu fördern.

Von den bislang (Stand: 23.6.1998) zugelassenen 4 643 gentechnischen Arbeiten entfielen 179 auf den gewerblichen Sektor, der Rest auf den Forschungssektor.

2. Genehmigung

Die Errichtung und der Betrieb gentechnischer Anlagen der Sicherheitsstufen 2 bis 4 bedürfen der Genehmigung. Die Genehmigung berechtigt zur (*erstmaligen*) Durchführung der im Genehmigungsbescheid genannten gentechnischen Arbeiten zu gewerblichen oder zu Forschungszwecken. Die Genehmigung gilt immer nur für die konkreten, im Antrag umschriebenen gentechnischen Arbeiten. Sollen weitere gentechnische Arbeiten oder gar Arbeiten einer darüber liegenden Sicherheitsstufe durchgeführt werden, ist entweder eine weitere (reine Tätigkeits-)Genehmigung oder eine neue Anlagengenehmigung erforderlich. Das Genehmigungserfordernis erstreckt sich auch auf die wesentliche Änderung der Lage, der Beschaffenheit oder des Betriebs einer gentechnischen Anlage. Auf Antrag kann unter bestimmten Voraussetzungen eine Teilgenehmigung erteilt werden. Insgesamt zeigen sich offensichtliche Parallelen zum Regelungssystem des Bundes-Immissionsschutzgesetzes.

23
→ §§ 8 ff.
GenTG

Der Antragsteller hat einen **Anspruch** auf die Erteilung der Genehmigung, sofern ein Katalog von sechs Voraussetzungen erfüllt ist (sog. präventives Verbot mit Erlaubnisvorbehalt; → Kap. 6/RN 16):

24
→ § 13
GenTG

- Die Zuverlässigkeit des Betreibers und der für die Errichtung sowie für die Leitung und die Beaufsichtigung des Betriebs der Anlage verantwortlichen Personen muß gewährleistet sein. Daraus folgt im übrigen der Charakter der gentechnischen Anlagengenehmigung als einer sog. gemischten Genehmigung, will sagen, die Genehmigung ist – im Gegensatz zum Immissionsschutzrecht (→ Kap. 8/RN 18 ff.) nicht nur anlagen-, sondern auch personenbezogen.
- Der Projektleiter sowie der (die) Beauftragte für die Biologische Sicherheit müssen sachkundig und zur Erfüllung ihrer gesetzlichen Pflichten befähigt sein.
- Die Pflicht zur Risikobewertung (→ RN 16) sowie die Pflichten zur Gefahrenabwehr und Risikovorsorge (→ RN 17) sind einzuhalten.
- Es muß sichergestellt sein, daß die nach dem Stand der Wissenschaft und Technik notwendigen Vorkehrungen getroffen sind, um dem vorrangigen Schutzzweck des Gesetzes (→ RN 15) Rechnung zu tragen.
- Es darf sich nicht um eine Anlage handeln, in der biologische Kampfstoffe unter Verstoß gegen völkerrechtliche Abkommen entwickelt oder hergestellt werden.

- Sonstige öffentlich-rechtliche Vorschriften, etwa des Baugesetzbuchs oder der Baunutzungsverordnung, aber auch des Atomgesetzes oder des Arbeitsschutzrechts sind zu beachten.

3.   Anmeldung

25
→ §§ 8 ff.
GenTG

Lediglich einer (vorherigen) Anmeldepflicht unterfallen die Errichtung und der Betrieb gentechnischer Anlagen, in denen (nur) gentechnische Arbeiten der Sicherheitsstufe 1 durchgeführt werden sollen.

→ § 12 IX 3
GenTG

Auch über die Anmeldung hat eine behördliche Entscheidung zu ergehen, die einen Verwaltungsakt (→ Kap. 3/RN 9 ff.) darstellt. Gleichwohl bestehen zwei wesentliche Unterschiede zum Genehmigungserfordernis. Zum einen kann bei der Anmeldung die Tätigkeit bereits nach Ablauf einer bestimmten Frist aufgenommen werden, wenn bis zu diesem Zeitpunkt keine Entscheidung der Behörde vorliegt. Es greift dann eine sog. gesetzliche Zulassungsfiktion ein, die es im Rahmen des Genehmigungsverfahrens nicht gibt. Zum anderen vermittelt die Genehmigung einen stärkeren eigentumsrechtlichen Bestandsschutz als die Anmeldung.

Die Anmeldung ist auch erforderlich für die wesentliche Änderung der Lage, der Beschaffenheit oder des Betriebs einer derartigen Anlage. Sie genügt ferner für *weitere*, d.h. auf einer *erstmaligen* Genehmigung bzw. Anmeldung aufbauende, gentechnische Arbeiten der Sicherheitsstufen 2, 3 oder 4 (bei *Forschungszwecken*) bzw. der Sicherheitsstufe 1 (bei *gewerblichen* Zwecken), sofern sich die weiteren Arbeiten im Rahmen der ursprünglich angemeldeten bzw. genehmigten Sicherheitsstufe halten.

Hieraus ergibt sich aber auch im Umkehrschluß: Die Durchführung weiterer gentechnischer Arbeiten der Sicherheitsstufe 1 zu Forschungszwecken ist *weder genehmigungs- noch anmeldepflichtig*! Auch hier sind jedoch die Grundpflichten des § 6 GenTG (→ RN 16 ff.), insbesondere die Aufzeichnungspflicht, zu beachten.

> **Beispiel:** Das Max-Planck-Institut für Biochemie in Martinsried (bei München) führt, nachdem es zuvor schon ein anderes Verfahren der Sicherheitsstufe 1 angemeldet hatte, eine Klonierung und Sequenzierung des Surface Layer Gens durch. Dies sind weitere gentechnische Arbeiten zu Forschungszwecken der Sicherheitsstufe 1, die weder genehmigungs- noch anmeldepflichtig sind. Dagegen ist die Klonierung des Diphterie-Toxingens (weitere gentechnische Arbeiten zu Forschungszwecken der Sicherheitsstufe 2) oder die Klonierung von HIV-1-Genen in Eukaryonten-Zellinien (weitere gentechnische Arbeiten zu Forschungszwecken der Sicherheitsstufe 3) anmeldepflichtig.
> Hiervon unberührt bleibt selbstverständlich eine etwaige *Genehmigungspflicht außerhalb des Gentechnikgesetzes*, etwa das Erfordernis einer Baugenehmigung wegen der Nutzungsänderung.

Für die *Abgrenzung* zwischen dem *Forschungs*charakter und dem *gewerbli-chen* Charakter gentechnischer Arbeiten kommt es darauf an, ob es sich um Arbeiten für Lehr-, Forschungs- oder Entwicklungszwecke oder um Arbeiten für nichtindustrielle bzw. nichtkommerzielle Zwecke in kleinem Maßstab handelt (in beiden Fällen liegt Forschung vor, ansonsten Gewerbe).

26
→ § 3 Nr. 5, 6
GenTG

Nach der überwiegenden Ansicht bezieht sich der Zusatz *„in kleinem Maßstab"* (die Grenze liegt hier bei Kulturvolumina von ca. 10 Liter) nur auf die in der eben zitierten Vorschrift zuletzt genannten „Arbeiten für nichtindustrielle bzw. nichtkommerzielle Zwecke". Handelt es sich hingegen um „Arbeiten für Lehr-, Forschungs- oder Entwicklungszwecke", so reicht schon diese Intention für sich genommen aus, um den Forschungscharakter und damit die Privilegierung der gentechnischen Arbeiten zu bejahen (sehr umstritten).

> **Beispiel:** Die o.g. Differenzierung nach bestimmten Zwecken wird z.B. relevant bei der Frage, wie man eine Pilotanlage rechtlich qualifiziert, da hier die Zweckbestimmung unter Juristen rechtlich umstritten ist. Ein Teil der Literatur stellt bei einer Pilotanlage, in der ein gentechnisches Verfahren in großtechnischem Umfang im Probelauf auf seine Tauglichkeit zum industriellen Einsatz getestet wird, in erster Linie auf die Intention „Entwicklungszweck" ab. Damit handelt es sich um einen Forschungszweck und ist die Anlage privilegiert. Auf den Maßstab kommt es nicht mehr an. Folgt man jedoch der Gegenansicht, die bei derartigen Pilotanlagen einen „nichtindustriellen bzw. nichtkommerziellen Zweck" für gegeben hält, so ist vom gewerblichen Charakter der Arbeiten auszugehen, da es an dem Erfordernis „in kleinem Maßstab" unbestrittenermaßen fehlt. Die Anlage wäre dann nicht privilegiert.

4. Verfahrensablauf

Die Einzelheiten des Genehmigungs- bzw. Anmeldeverfahrens sind in § 11 bzw. § 12 GenTG und der **Gentechnik-Verfahrensverordnung – GenTVfV** (BGBl. I 1996, 1658; 1997, 2884) geregelt. Zu beachten sind dabei unter anderem folgende Punkte:

27
→ §§ 11 f.
GenTG

- Der Betreiber hat zunächst bei der nach Landesrecht zuständigen Behörde (→ RN 12) einen **Antrag** zu stellen. In der Regel genügt dieser *eine* Antrag infolge der sog. Konzentrationswirkung (→ RN 35). Im Zusammenhang mit dem Antrag muß der Betreiber – auf einem bundeseinheitlichen Satz von Formblättern – detaillierte Angaben zu allen sicherheitsrelevanten Punkten machen. Im Rahmen der Antragstellung trifft die zuständige Behörde eine gesetzliche **Beratungspflicht**, der sie im Sinne einer „Dienstleistung am Bürger" nachzukommen hat.
- Unter Umständen ist die **Stellungnahme der ZKBS** einzuholen (→ RN 14).
- Gegebenenfalls wird ein **öffentliches Anhörungsverfahren** zwischengeschaltet (→ RN 32 ff.).

- Über den Antrag auf Genehmigung ist grundsätzlich innerhalb von drei Monaten zu entscheiden. Die **Entscheidung** über die Anmeldung hat spätestens nach einem Monat zu ergehen, andernfalls greift nach Ablauf von drei Monaten eine gesetzliche Zustimmungsfiktion ein, d.h. es wird kraft Gesetzes angenommen, daß die Zustimmung erteilt wurde. Auf die zum Teil abweichenden Sonderfälle kann hier aus Platzgründen nicht eingegangen werden.
- Genehmigungsbescheide sind **öffentlich bekanntzumachen**.

III.   Freisetzung und Inverkehrbringen

1.   Genehmigungsbedürftigkeit

28

Einer Genehmigung durch das Robert-Koch-Institut (→ RN 13) bedarf, wer

→ § 14
GenTG

- gentechnisch veränderte Organismen freisetzt (→ RN 10),
- Produkte in den Verkehr bringt, die gentechnisch veränderte Organismen enthalten oder aus solchen bestehen (→ RN 11),
- Produkte, die gentechnisch veränderte Organismen enthalten oder aus solchen bestehen, zu einem anderen Zweck als der bisherigen bestimmungsgemäßen Verwendung in den Verkehr bringt.

Die Genehmigung für eine Freisetzung oder ein Inverkehrbringen kann auch die Nachkommen und das genetische Material des gentechnisch veränderten Organismus umfassen. Die Genehmigung für ein Inverkehrbringen kann auf bestimmte Verwendungen beschränkt werden.

29

Es besteht die Möglichkeit zur sog. **Gemeinschaftszulassung**, d.h. eine Genehmigung, die von Behörden anderer EU-Staaten erteilt wurde, steht der des Robert-Koch-Instituts gleich, falls sie „nach gleichwertigen Vorschriften erteilt worden ist". In der Praxis hat es sich eingebürgert, daß, von der EU-Kommission koordiniert, die EU-Mitgliedstaaten in Brüssel gemeinsam über das Inverkehrbringen entscheiden. Ergeht eine (uneingeschränkte) Genehmigung, so kann das Produkt EU-weit vermarktet werden.

> **Beispiel:** Als erstes und bislang einziges Produkt wurden bestimmte Lebendimpfstoffe gegen die Aujeszkyksche Krankheit bei Schweinen uneingeschränkt in der EU in den Verkehr gebracht. Acht weitere Anträge befinden sich im gemeinschaftsweiten Genehmigungsverfahren.

2. Genehmigungsvoraussetzungen

Auch hier hat der Betreiber einen **Anspruch** auf Erteilung der Genehmigung, sofern er die gesetzlich geregelten Voraussetzungen erfüllt (präventives Verbot mit Erlaubnisvorbehalt, → Kap. 6/RN 16). Die Genehmigungsbedingungen für **Freisetzungen** bauen zum Teil auf denen für Arbeiten in gentechnischen Anlagen auf, indem sie ebenfalls an die Kriterien der Zuverlässigkeit und Sachkunde sowie die Wahrung der nach dem Stand von Wissenschaft und Technik erforderlichen Sicherheitsvorkehrungen anknüpfen (→ RN 24). Hinzu kommen muß, daß nach dem Stand der Wissenschaft *im Verhältnis zum Zweck der Freisetzung* unvertretbare schädliche Einwirkungen auf Leben und Gesundheit von Menschen, Tieren, Pflanzen sowie auf die sonstige Umwelt nicht zu erwarten sind.

30
→ § 16 GenTG

Um die Genehmigung für ein **Inverkehrbringen** zu erhalten, reicht es sogar aus, daß *nur* keine schädlichen Umwelteinwirkungen im eben genannten Sinn hervorgerufen werden, d.h. die Anforderungen für die Genehmigung von Arbeiten in gentechnischen Anlagen (→ RN 8 f.) gelten hier nicht.

Die Formalitäten hinsichtlich des Antrags auf Genehmigung einer Freisetzung oder eines Inverkehrbringens sind in § 15 GenTG niedergelegt. Über den Antrag ist innerhalb von drei Monaten schriftlich zu entscheiden.

→ § 15 GenTG

IV. Gemeinsame Vorschriften

Folgende Regelungen gelten sowohl für die gentechnischen Arbeiten in gentechnischen Anlagen (→ RN 8 f.) als auch für die Freisetzung und das Inverkehrbringen (→ RN 10 f.).

1. Betriebs- und Geschäftsgeheimnisse

Angaben, die ein Betriebs- oder Geschäftsgeheimnis (→ Kap. 6/RN 47) darstellen, sind vom Betreiber als vertraulich zu kennzeichnen. Er hat begründet darzulegen, daß eine Verbreitung der Betriebs- und Geschäftsgeheimnisse ihm betrieblich oder geschäftlich schaden könnte. Das gleiche gilt im übrigen für personenrelevante Daten.

31
→ § 17a
GenTG

Nicht unter das Betriebs- oder Geschäftsgeheimnis fallen:

- Beschreibung der gentechnisch veränderten Organismen
- Name und Anschrift des Betreibers
- Zweck der Anmeldung oder Genehmigung
- Ort der gentechnischen Anlage oder Freisetzung

- Methoden und Pläne zur Überwachung der gentechnisch veränderten Organismen und für Notfallmaßnahmen
- Beurteilung der vorhersehbaren Wirkungen, insbesondere pathogene und ökologisch störende Wirkungen.

Sofern ein Anhörungsverfahren (→ RN 32 ff.) durchzuführen ist, müssen die vom Betreiber vorzulegenden Unterlagen grundsätzlich so ausführlich sein, daß der Einzelne in die Lage versetzt wird zu beurteilen, ob und inwieweit ihn die Auswirkungen des Vorhabens betreffen.

2. Öffentlichkeitsbeteiligung

32

→ § 18 GenTG

Die wohl umstrittenste Norm des Gentechnikrechts verkörpert § 18 GenTG, der die Frage der Beteiligung der Öffentlichkeit regelt. Danach hat die zuständige Behörde in bestimmten Fällen vor der Entscheidung über die Errichtung und den Betrieb einer **gentechnischen Anlage** ein **Anhörungsverfahren** durchzuführen, nämlich stets bei gentechnischen Arbeiten der Sicherheitsstufe 3 und 4 zu gewerblichen Zwecken und u.U. bei gentechnischen Arbeiten der Sicherheitsstufe 2 zu gewerblichen Zwecken. In allen übrigen Fällen bleibt die Öffentlichkeit außen vor.

33

Wieder anders ist die rechtliche Situation, wenn es um die Entscheidung über die Genehmigung einer **Freisetzung** geht. Hier ist ein Anhörungsverfahren vor allem dann durchzuführen, wenn es sich nicht um Organismen handelt, deren Ausbreitung begrenzbar ist. Welche Organismen diese Voraussetzungen erfüllen, wird durch die Bundesregierung konstitutiv in Form einer Rechtsverordnung festgelegt. Dies ist bislang aber noch nicht geschehen, so daß nach geltender Rechtslage weiterhin für *jede* Freisetzung ein öffentliches Anhörungsverfahren durchzuführen ist.

> **Beispiel:** Nicht begrenzbar ist etwa eine Ausbreitung bei der Freisetzung von Insekten, Würmern oder Fluß- und Meeresfischen. Regelmäßig gilt dies auch für die Ausbreitung von freigesetzten Viren.

Eine Öffentlichkeitsbeteiligung vor der Genehmigung des **Inverkehrbringens** ist generell nicht vorgesehen.

34

Das Anhörungsverfahren ist Punkt für Punkt in der **Gentechnik-Anhörungsverordnung – GenTAnhV** (BGBl. I 1996, 1650) geregelt. Es entspricht im wesentlichen den Anforderungen des Bundes-Immissionsschutzgesetzes (→ Kap. 8/RN 35 f.).

3. Konzentrations- und privatrechtsgestaltende Wirkung

Die **Anlagengenehmigung** entfaltet eine – im Rahmen dieses Buches bereits zweimal beschriebene, → Kap. 3/RN 38; Kap. 8/RN 57 f.) – sog. **Konzentrationswirkung**, d. h. sie schließt andere die gentechnische Anlage betreffende behördliche Entscheidungen ein.

35
→ § 22 GenTG

> **Beispiel:** Ersetzt werden die Baugenehmigung, die immissionsschutzrechtliche Genehmigung (→ Kap. 8/RN 15 ff.), Erlaubnisse und Ausnahmen des Natur- und Denkmalschutzrechts, die Umweltverträglichkeitsprüfung nach dem UVPG (→ Kap. 6/RN 24 ff.) oder (z. B. wasserrechtliche) Planfeststellungen (→Kap. 3/RN 36 ff.).

Eine **Ausnahme** gilt lediglich für behördliche Entscheidungen auf der Grundlage des Atomgesetzes. Diese kommen *neben* der Genehmigung nach dem Gentechnikgesetz zum Zuge. Grundsätzlich anders ist die Rechtslage bei Freisetzungen und Inverkehrbringen. Hier müssen die sonstigen öffentlich-rechtlichen Genehmigungen grundsätzlich *neben* der Genehmigung nach dem Gentechnikgesetz eingeholt werden, gibt es also keine Konzentrationswirkung.

Auch die **privatrechtsgestaltende Wirkung** der Genehmigungen nach dem Gentechnikgesetz ist uns bereits vertraut (→ Kap. 3/RN 38; Kap. 8/RN 57 f.). Sie besagt, daß ein Nachbar grundsätzlich nicht aufgrund von privatrechtlichen Ansprüchen zur Abwehr von Einwirkungen auf sein Grundstück (→ Kap. 18/RN 1 ff.) die Einstellung des Betriebs der gentechnischen Anlage, der gentechnischen Arbeiten oder die Beendigung einer Freisetzung verlangen kann.

36

→ § 23 GenTG

4. Sonstiges

Daneben enthält das Gentechnikgesetz Ermächtigungen für die zuständige Behörde, eine Genehmigung mit Nebenbestimmungen (→ Kap. 8/RN 51 ff.) zu versehen, eine einstweilige Einstellung des Betriebs zu verfügen sowie sonstige Anordnungen im Einzelfall zu treffen, die zur Beseitigung festgestellter oder zur Verhütung künftiger Verstöße gegen das Gentechnikgesetz notwendig sind. Solche Ermächtigungen finden sich ähnlich im Immissionsschutzrecht. Weitere, hier nicht näher zu erläuternde Regelungen des Gentechnikgesetzes betreffen u. a. Anzeigepflichten des Betreibers, die Kostenerhebung, Fragen der Überwachung und das Erlöschen der Genehmigung.

Für den Fall eines **Unfalls** in einer gentechnischen Anlage wurde am 10.12.1997 die **Gentechnik-Notfall-Verordnung** (GenTNotfV) erlassen (BGBl. 1997, 2882).

37
→ §§ 19, 20, 26 GenTG

→ §§ 21, 24, 25, 27 ff. GenTG

V.   Haftung, Straf- und Bußgeldvorschriften

38
→ §§ 32 ff.
GenTG

Wie beim Betrieb anderer besonders gefährlicher Anlagen gilt beim Umgang mit Gentechnologie eine (verschuldensunabhängige) **Gefährdungshaftung** (→ eingehend Kap. 17/RN 32 ff.). Die Haftungshöchstgrenze liegt bei 160 Millionen DM. Der Schadensersatzanspruch verjährt innerhalb von drei Jahren, nachdem der Geschädigte vom Schaden und der Person des Ersatzpflichtigen Kenntnis erlangt hat, spätestens aber in 30 Jahren seit der Begehung der schädigenden Handlung. Eine **Haftung aufgrund anderer Vorschriften** (etwa nach § 22 WHG, § 1 UmweltHG, §§ 823 ff., 833 BGB) bleibt *neben* der Haftung nach dem Gentechnikgesetz grundsätzlich möglich (sog. uneingeschränkte Anspruchskonkurrenz).

39
→ §§ 38 f.
GenTG

Verstöße gegen bestimmte Vorschriften des Gentechnikrechts können – je nach Schwere – als **Ordnungswidrigkeit** mit einer Geldbuße geahndet oder als **Straftaten** mit einer Geld- bzw. Freiheitsstrafe sanktioniert werden. Interessant ist dabei, daß Adressat der Bußgeldnorm des § 38 I Nr. 8 GenTG nach einem neueren Urteil des Bayerischen Obersten Landesgerichts nicht nur derjenige ist, an den sich die vollziehbare Auflage oder Anordnung einer Behörde unmittelbar richtet, sondern darüber hinaus auch der *Projektleiter* einer gentechnischen Anlage. Beide können zu einer Geldbuße herangezogen werden.

> **Beispiel:** Die TU München ist Betreiberin einer gentechnischen Anlage. Als Projektleiter fungiert der Lehrstuhlinhaber Prof. X. Bei einer Begehung durch die Aufsichtsbehörde werden Mängel festgestellt. Daraufhin ergeht zunächst eine an die Universität gerichtete Anordnung, diese Mängel zu beseitigen, was nicht geschieht. Aus diesem Grund erläßt die zuständige Behörde einen Ordnungswidrigkeiten-Bescheid, den sie jetzt gezielt an den Projektleiter Prof. X adressiert. Dieser wendet sich hiergegen auf dem Rechtsweg. Das Bayerische Oberste Landesgericht entschied jedoch, daß im Rahmen des § 38 I Nr. 8 GenTG neben dem Betreiber wahlweise auch der Projektleiter herangezogen werden könne.

Kontrollfragen:

1. Was versteht man unter „Gentechnik"? (RN 2)
2. Warum rechnet man das Gentechnikrecht systematisch zum Umweltrecht? (RN 3)
3. Nennen Sie Verfahren der Veränderung genetischen Materials im Sinne des Gentechnikgesetzes. (RN 6)
4. Was ist der Unterschied zwischen einer „Freisetzung" und einem „Inverkehrbringen"? (RN 7 f.)
5. Beschreiben Sie Stellung und Funktion der Zentralen Kommission für die Biologische Sicherheit (ZKBS). (RN 12)
6. Was sind die Ziele des Gentechnikgesetzes? (RN 13)
7. Unter welchen Voraussetzungen sind die Errichtung und der Betrieb gentechnischer Anlagen genehmigungsfähig? (RN 22)
8. Wofür ist die Unterscheidung zwischen Anlagen zu Forschungszwecken und Anlagen zu gewerblichen Zwecken relevant? (RN 20, 23, 25)

9.   Wann hat ein öffentliches Anhörungsverfahren stattzufinden? (RN 29 ff.)
10. Welche Art von Haftung sieht das Gentechnikgesetz vor? (RN 38 ff.)

Weiterführende Hinweise:

Monographien:
Bayerisches Staatsministerium für Landesentwicklung und Umweltfragen, Gentechnik.
Grundlagen, Anwendungen, Regelungen, 1994; *Buschhausen-Denker, Gregor/Deiten-
beck, Dieter* (Hrsg.), Sicherheit in der Gentechnik, Handbuch für Projektleiter, Beauftragte für die Biologische Sicherheit, ermächtigte Ärzte, Überwachungsbehörden,
1995; *Eberbach, Wolfram/Lange, Peter/Ronellenfitsch, Michael* (Hrsg.), Recht der
Gentechnik und Biomedizin, Kommentar, Loseblattwerk, 3 Bde.; *Enquête-Kommissi-
on des Deutschen Bundestages*, Chancen und Risiken der Gentechnologie, 1987, BT-
Drucks. 10/6775; *Hirsch, Günter/Schmidt-Didczuhn, Andrea*, Gentechnikgesetz
(GenTG) mit Gentechnik-Verordnungen, Kommentar, 1991; *Kloepfer, Michael*, Um-
weltrecht, 2. Aufl., 1998, S. 1077–1102; *Wolfrum, Rüdiger/Stoll, Peter-Tobias*, Der
Zugang zu genetischen Ressourcen nach dem Übereinkommen über die biologische
Vielfalt und dem deutschen Recht, 1996.

Aufsätze:
Fluck, Jürgen, Aufzeichnungs-, Aufbewahrungs- und Vorlagepflichten bei gentechni-
schen Arbeiten, DÖV 1991, S. 129–138; *ders.*, Die anlagenbezogenen Vorschriften des
Gentechnikgesetzes, BB 1990, S. 1716–1725; *Huber, Peter Michael*, Neue Lebensmit-
tel: Marktfreiheit oder Zulassungsprinzip?, Jahrbuch des Umwelt- und Technikrechts,
Bd. 36 (1996), S. 459–499; *Knoche, Joachim*, Gentechnikgesetz-Novelle 1993, Bay-
VBl. 1994, S. 673–677; *Laber, Birgit*, Die Genehmigung nach dem Gentechnikgesetz,
VR 1993, S. 361–368; *Luttermann, Claus*, Gentechnik und zivilrechtliches Haftungs-
system, JZ 1998, S. 174–181; *Schweizer, Rainer J./Calame, Thierry J.*, Das Gentechnikrecht der Europäischen Gemeinschaft, RIW 1997, S. 34–45; *Simon, Jürgen/Weyer,
Anne*, Die Novellierung des Gentechnikgesetzes, NJW 1994, S. 759–766; *Streinz,
Rudolf*, Die EG-Verordnung über neuartige Lebensmittel und neuartige Lebensmittel-
zusätze, EuZW 1997, S. 487–491; *Graf Vitzthum, Wolfgang*, Durch das Dickicht des
deutschen Gentechnikrechts, DÖV 1994, S. 336–341; *Wahl, Rainer*, Kommentierung
von §§ 1–6 GenTG, in: Landmann/Rohmer (Hrsg.), Umweltrecht, Loseblattwerk, Bd.
II (Stand: Oktober 1996), RN 10.1.

Rechtsprechung:
VG Neustadt, NVwZ 1992, S. 1008–1016; VG Gießen, NVwZ-RR 1993, S. 534–542;
VG Berlin, NVwZ-RR 1994, S. 150–152; OVG Hamburg, ZUR 1995, S. 93–94;
BayObLG, UPR 1997, S. 76–77.

14. Umweltschutz im Betrieb

I. **Das Öko-Audit**
   1. Allgemeines
      a) Begrifflichkeit
      b) Entstehungsgeschichte
      c) Rechtsgrundlagen
      d) Anwendungsbereich
      e) Ziel und Teilnahmeanreize
      f) Deregulierung und Substitution
   2. Verfahrensablauf
      a) Umweltpolitik
      b) Umweltprüfung
      c) Umweltprogramm
      d) Umweltmanagementsystem
      e) Umweltbetriebsprüfung
      f) Umwelterklärung
      g) Prüfung und Gültigerklärung der Umwelterklärung
      h) Eintragung in Register und Veröffentlichung
      i) Teilnahmeerklärung
      j) Folgephase
   3. Umweltgutachter(-organisationen) und Inhaber
      von Fachkenntnisbescheinigungen
      a) Anforderungen an Umweltgutachter
      b) Anforderungen an Umweltgutachterorganisationen
      c) Anforderungen an Inhaber von Fachkenntnisbescheinigungen
      d) Zulassung und Aufsicht
   4. Registrierung geprüfter Standorte
   5. Kosten
   6. Finanzielle Förderung
   7. Gesamtbewertung
   8. Ansprechpartner für Informationen

II. **Pflichten zur umweltschutzsichernden Betriebsorganisation**
   1. Mitteilungspflichten
   2. Begriff der Betriebsorganisation
   3. Einzelanforderungen an die Betriebsorganisation
   4. Umfang der Mitteilungspflicht
   5. Mängel der Betriebsorganisation

III. **Betriebsbeauftragte für den Umweltschutz**
   1. Begrifflichkeit
   2. Arten
      a) Immissionsschutzbeauftragte
      b) Störfallbeauftragte
      c) Abfallbeauftragte
      d) Gewässerschutzbeauftragte
      e) Sonstige
   3. Aufgaben
   4. Pflichten des Betreibers

„Eigenverantwortung der Betriebe" und „Selbstkontrolle statt Fremdkontrolle", so lauten einige der Schlagworte in der aktuellen umweltpolitischen Diskussion. Der Staat, der mit seiner Regulierungs- und Überwachungskapazität offenbar an Grenzen stößt, sucht sich vermehrt Partner aus dem Bereich der Gesellschaft, vor allem Unternehmen, um deren Eigeninteresse an einem effektiven Umweltschutz zu fördern. Aus der Vielzahl von Fragen des betrieblichen Umweltschutzes werden hier die drei wichtigsten herausgegriffen: An erster Stelle steht das (bislang freiwillige) Öko-Audit, mit dem ein für das deutsche Umweltrecht neuartiges, indirektes Instrument des Umweltschutzes eingeführt wurde (→ RN 1 ff.). Des weiteren werden die Mitteilungspflichten und Pflichten zur umweltschutzsichernden Betriebsorganisation nach dem Immissionsschutz- und Abfallrecht (→ RN 68 ff.) sowie die Figur des Betriebsbeauftragten für den Umweltschutz (→ RN 86 ff.) vorgestellt.

I. Das Öko-Audit

Fakten: Bislang sind in Deutschland 1 386 Betriebsstandorte nach der Öko-Audit-Verordnung geprüft und registriert (Stand: 12.6.1998). Damit liegt Deutschland innerhalb der EU-Staaten mit weitem Abstand an der Spitze. Außerdem haben sich ca. 630 Unternehmen nach dem Konkurrenzsystem der DIN/ISO 14001 zertifizieren lassen. Die meisten der deutschen Teilnehmer am Öko-Audit sind Betriebe mit mehr als 500 Beschäftigten und kommen aus den Bereichen Chemische Industrie (175), Ernährung (168), Stahl, Leichtmetallbau (149), Maschinenbau (118) sowie Gummi, Kunststoff (111). Was die Umweltgutachter angeht, so waren in Deutschland (Stand: Juni 1998) 216 zugelassen (davon 185 Einzelgutachter und 31 Gutachterorganisationen). Daneben gab es ca. 100 Inhaber von Fachkenntnisbescheinigungen.

1

1. Allgemeines

a) Begrifflichkeit
Der Begriff „Audit" stammt aus dem Englischen und steht für Überprüfung oder Prüfung. Unter **Umwelt-Audit** (oder auch **Öko-Audit**) versteht man eine systematische Untersuchung der umweltrelevanten Arbeitsvorgänge in einem Unternehmen in technischer, organisatorischer und rechtlicher Hinsicht. Im internationalen Schrifttum ist zumeist die Bezeichnung **EMAS** (Abkürzung für „Eco-Management and Audit Schemes") gebräuchlicher, die mit den Begriffen Umwelt- bzw. Öko-Audit synonym ist. Im einzelnen werden verschiedene Prüfungsgebiete des Umwelt-Audit unterschieden: die Prüfung der Einhaltung der umweltrelevanten Rechtsvorschriften (**Compliance Audit**), der Funktionsfähigkeit betrieblicher Umweltmanagementsysteme (**Environmental Management Audit**) und der Einhaltung der Zielvorgaben des betrieblichen Umweltschutzes (**Performance Audit**).

2

> **Hinweis:** Die Begriffe *„Umwelt-Audit"* und *„Umweltmanagementsystem"* (→ RN 28 f.) sind also nicht synonym zu verstehen. Das Umweltmanagementsystem bildet vielmehr nur einen Teilaspekt des Öko-Audit.

b) Entstehungsgeschichte

3   Das Instrument des Umwelt-Audits hat seine Ursprünge in den **USA**. In **Deutschland** existieren seit Ende der siebziger Jahre, vor allem in Tochterunternehmen von großen US-Konzernen, Umweltmanagementsysteme, die auf unternehmenseigenen Konzepten beruhen und in verschiedenen Sektoren der gewerblichen Industrie anzutreffen sind. Zudem haben sich Unternehmensvereinigungen gebildet, welche sich zum Ziel gesetzt haben, den betrieblichen Umweltschutz zu fördern.

> **Beispiel:** In einigen Unternehmen wird seit 1989 eine „ökologische Schwachstellenanalyse" als System zur Untersuchung und Bewertung der Umweltsituation im Betrieb eingesetzt. Die „Forschungsgruppe Umweltorientierte Unternehmensführung (FUUF)" hat im Jahr 1991 die Studie „Umweltorientierte Unternehmensführung. Möglichkeiten zur Kostensenkung und Erlössteigerung" vorgelegt, die als Bericht 11/91 vom Umweltbundesamt veröffentlicht wurde.

4   1988 veröffentlichte die Internationale Handelskammer (ICC) ein Positionspapier zu „Umweltschutz-Audits". Auf der Grundlage dieses Papiers sowie der Qualitätssicherungsnormen der Serie **DIN/ISO 9000 ff.** und des in **Großbritannien** seit 1992 praktizierten **British Standard (BS) 7750** „Specifications for Environmental Management Systems" erarbeitete die Europäische Kommission ihren Vorschlag für eine EG-Öko-Audit-Verordnung.

5   Bei den **DIN/ISO 9000 ff.** (insbesondere DIN/ISO 9001) handelt es sich um **Qualitätsmanagementsysteme (QMS)**, die die Qualitätssicherung und kontinuierliche Qualitätsverbesserung von Produkten und Dienstleistungen im Interesse der größtmöglichen Kundenzufriedenheit anstreben. Zu diesem Zweck sehen die Normen eine bestimmte Betriebsorganisation vor, u.a. eine Regelung der innerbetrieblichen Verantwortlichkeiten, Befugnisse und Delegationen, Maßnahmen zur Lenkung und Koordinierung in Schnittstellenbereichen, Ablaufverfahren, Dokumentationspflichten, periodische Überprüfungspflichten, Überwachung und Instandhaltung der Einrichtungen, Schulungsmaßnahmen etc. Dagegen beinhaltet die Nachfolge-Norm **DIN/ISO 14001** die Errichtung eines **Umweltmanagementsystems (UMS**, → RN 28 f.). Zielsetzung ist hier – wie beim Öko-Audit – der Umweltschutz bzw. die Öko-Effizienz sowie eine kontinuierliche Verbesserung der betrieblichen Umweltschutzleistung. Stets handelt es sich um Vorschriften, die von einer privaten internationalen Normungsorganisation (International Organisation for Standardisation – ISO) festgelegt wurden. Die Norm ISO 14001 datiert vom 1.9.1996. Das Europäische Normungskomitee „Comitée Européen de Normalisation" (CEN) und das Deutsche Institut für Normung (DIN) haben die ISO 14001 jeweils übernommen; im Oktober 1996 wurde sie als DIN EN ISO 14001 in deutscher Sprache veröffentlicht. ISO 14001 enthält wesentliche Elemente des Öko-Audit (insbesondere das Umweltmanagementsystem, → RN 28 ff.), ist jedoch weniger weitgehend (z.B. keine Umweltprüfung, → RN 24 ff., keine Registrierung, → RN 60), auch fehlt der Außenbezug (keine Öffentlichkeitsbeteiligung, → RN 33, 38). Als Prüfer genügen bei den ISO-Normen private Zertifizierer, die innerhalb der EU nach einem von der Europäischen Kommission in Brüssel (→ Kap. 4/RN 8) geregelten Zertifizierungsverfahren zugelassen werden; es können jedoch auch Umweltgutachter zertifizierend tätig werden (→ RN 45 ff.). ISO 14001 ist somit ein rein *marktwirtschaftliches* Instrument ohne staatliche Kontrolle, während das Öko-Audit-System einen *marktwirtschaftlich-staatlichen* Mischcharakter aufweist. Ein weiterer grundlegender Unterschied besteht darin, daß ISO 14001 einen eher *systembezogenen* Ansatz hat, während das Öko-Audit einen *umweltleistungsbezogenen* Ansatz aufweist.

c) Rechtsgrundlagen

Das System der Rechtsgrundlagen des Öko-Audit ist *dreistufig* aufgebaut. Die Basis bildet die am 29.6.1993 im Rat (→ Kap. 4/RN 6) beschlossene „Verordnung (EWG) Nr. 1836/93 über die freiwillige Beteiligung gewerblicher Unternehmen an einem Gemeinschaftssystem für das Umweltmanagement und die Umweltbetriebsprüfung" (kurz: **Öko-Audit-Verordnung**). Sie gilt seit dem 13.4.1995. Eine Verordnung der EG bedarf im Grunde keiner Umsetzung in nationales Recht (→ Kap. 4/RN 15). Es gibt jedoch Verordnungen, und hierzu rechnet die Öko-Audit-Verordnung, die eher einer Richtlinie ähneln, da sie nur ausfüllungsbedürftige Rahmenregelungen enthalten und insofern doch auf die „Umsetzung", d.h. Konkretisierung durch nationales Recht angewiesen sind.

6

Diese Umsetzung erfolgte in Deutschland durch das **Umweltauditgesetz (UAG)**, das am 15.12.1995 in Kraft trat. Es bildet sozusagen die zweite Stufe der Rechtsgrundlagen.

7

→ § 1 I UAG

Konkretisierungsbedürftig, da in der Öko-Audit-Verordnung nur ganz pauschal geregelt, waren für den deutschen Gesetzgeber vor allem folgende Fragen:

* die Anforderungen an die Umweltgutachter (→ RN 45 ff.)
* die Zulassung und Beaufsichtigung der Umweltgutachter (→ RN 53 ff.)
* die Registrierung der geprüften Standorte (→ RN 60 ff.).

Auf der dritten Stufe stehen schließlich mehrere Rechtsverordnungen (→ Kap. 2/RN 17) des Bundesumweltministeriums, die einige eher technische Detailfragen des Umweltauditgesetzes noch weiter konkretisieren, nämlich

8

die **UAG-Erweiterungsverordnung** (→ RN 9), die **UAG-Beleihungsver-
ordnung** (betreffend die DAU, → RN 53), die **UAG-Zulassungsverfahrensverordnung** (→ RN 57) und die **UAG-Gebührenverordnung** (→ RN 62).

> **Hinweis:** Die Rechtsgrundlagen des Öko-Audit sind neben ihrer amtlichen Ver-
> öffentlichung im Bundesgesetzblatt enthalten in *Jochen Schumacher* (Hrsg.),
> Umweltaudit, 1996; *Bernd Wagner* (Hrsg.), Umweltmangagement (CD ROM)
> und – teilweise – in den Beck-Texten Umweltrecht des dtv (10. Aufl., 1997).

d) Anwendungsbereich

9
→ Art. 1 I, 2
lit. i), 3 S.1
Öko-Audit-VO

Die Öko-Audit-Verordnung ist nur auf Unternehmensstandorte der EU und
des Europäischen Wirtschaftsraums (EWR) anzuwenden, an denen eine **gewerbliche** Tätigkeit ausgeübt wird. Maßgeblich ist der Hauptzweck des
Unternehmens. Bei Mischstandorten ist die überwiegende Tätigkeit ausschlaggebend. Nach der Öko-Audit-Verordnung bleibt es jedoch den Mit-

→ Art. 14
Öko-Audit-VO

gliedstaaten überlassen, den Anwendungsbereich der Verordnung durch nationale Rechtsvorschriften zu erweitern. Hiervon hat die Bundesrepublik
Deutschland mit der am 10.2.1998 in Kraft getretenen **UAG-Erweiterungsverordnung** vom 3.2.1998 (UAG-ErwV) für den Bereich der **Dienstleistun-**

→ § 1 UAG-
ErwV i.V.m.
Anhang hierzu
i.V.m. § 3
UAG

gen Gebrauch gemacht (BGBl. I 1998, S. 338 f.). Danach werden in Deutschland Unternehmen u.a. aus folgenden Bereichen zusätzlich erfaßt: Energieer-
zeugung und Abfallwirtschaft in öffentlich-rechtlicher Organisationsform, En-
ergie- und Wasserversorgung sowie Abwasserbeseitigung und sonstige Entsorgung, Groß- und Einzelhandel, Verkehr und Nachrichtenübermittlung, Kre-
dit- und Versicherungsgewerbe, Gastgewerbe, Labore, öffentliche Verwaltung
von Gemeinden und Kreisen, Bildungswesen, Krankenhäuser, Heime und
soziale Einrichtungen, Betrieb von Sportanlagen, Bibliotheken, Archive und
Museen, Wäschereien und chemische Reinigungen.

10
→ Art. 1 I
Öko-Audit-VO

Es bleibt noch festzuhalten, daß die Teilnahme am Öko-Audit-System **freiwillig** ist. Auch wenn sich ein Unternehmen einmal für die Teilnahme am
Öko-Audit-System entschieden hat, kann es jederzeit wieder aus dem Verfahren „aussteigen".

11

Der Anwendungsbereich der Norm **ISO 14001** (→ RN 5) ist erheblich weiter als der
des EMAS. ISO 14001 gilt weltweit. Der Teilnehmerkreis ist unbeschränkt. Außerdem
ist ISO 14001 nicht standort-, sondern unternehmensbezogen. Die Teilnahme ist gleichermaßen freiwillig.

e) Ziel und Teilnahmeanreize

12
→ Art. 1 II
Öko-Audit-VO

Ziel der Öko-Audit-Verordnung ist die Förderung der kontinuierlichen Verbesserung des betrieblichen Umweltschutzes. Es soll, mit anderen Worten, ein
Rechtsrahmen für die einzelnen Umweltmedien (Luft, Boden, Wasser) über-
greifende Umweltmanagementstrukturen geschaffen werden. Die Öko-Audit-
Verordnung arbeitet zu diesem Zweck nicht mit ordnungsrechtlichen Ge- oder

Verboten (→ Kap. 6/RN 16 ff.), sondern mit einem Anreizsystem, das den Unternehmen den Umweltschutz als eigene Aufgabe „schmackhaft machen" will. Sie ist ein Mittel **indirekter Verhaltenssteuerung** (→ Kap. 6/RN 27 ff.) und basiert auf dem **Kooperationsprinzip** (→ Kap. 6/RN 5).

Als **Teilnahmeanreize** fungieren bislang folgende Gesichtspunkte: **13**

- Kosteneinsparung (Energie-, Material- und Abfallreduzierung, Optimierung der Verfahrensabläufe, Vorteile beim Abschluß von Versicherungen);

> **Beispiel:** Die Industrieversicherungsgesellschaft Gerling beabsichtigt, die Prämien beispielsweise für die Feuerversicherung für nach der Öko-Audit-VO geprüfte Betriebsstandorte, die nachweisen, daß sie weniger brandgefährliche Rohstoffe verwenden und somit etwas zur Risikoverringerung leisten, um bis zu 15 Prozent zu senken (FAZ v. 17.4.1997, S. 25).

- Sicherheitsgewinn (Verminderung der Gefahr von Betriebsstörungen und Unfällen);
- Marketingeffekt (Imagesteigerung) gegenüber Kunden und Lieferanten bzw. Wettbewerbsvorteil (z.B. Bevorzugung bei der Vergabe von öffentlichen Aufträgen; zahlreiche Ausschreibungsunterlagen großer Firmen und Planungsbüros fragen bereits nach der Öko-Audit-Teilnahme).
- Steigerung der Motivation der Beschäftigten und deren Identifikation mit dem Betrieb (Umweltschutz als „gemeinsame Aufgabe").

f) Deregulierung und Substitution

Von der Öko-Audit-Verordnung grundsätzlich unberührt bleiben die bestehenden nationalen Rechtsvorschriften über **Umweltkontrollen** aufgrund der einzelnen umweltrechtlichen Fachgesetze (z.B. §§ 52 BImSchG, 40 KrW-/AbfG, 21 WHG, 21 ChemG). D.h., das Umwelt-Audit tritt neben den vorhandenen Bestand an Umweltnormen, es ersetzt diese aber nicht (**Grundsatz der doppelten Kontrolle**). Allerdings werden unter den Stichworten **„Deregulierung und Substitution"** eine Reihe von **Erleichterungen für auditierte Betriebe** diskutiert bzw. teilweise auch schon praktiziert. Diese beziehen sich wohlgemerkt nicht auf die materiellen Umweltstandards (z.B. Umweltziele, Grenzwerte, Meß- und Bewertungsmethoden), sondern nur auf **Verfahrensfragen**.

14
→ Art. 1 III
Öko-Audit-VO

- bei der **Erteilung von Genehmigungen**, z.B. durch Schaffung eines Systems unterschiedlicher Genehmigungsarten;   **15**

> **Beispiel:** Nach dem im Jahre 1996 neu eingefügten § 4 I 2 9. BImSchV ist hinsichtlich des Umfangs der für das immissionsschutzrechtliche Genehmigungsverfahren (→ Kap. 8/RN 15 ff.) erforderlichen Antragsunterlagen zu berücksichtigen, ob die Anlage Teil eines Standorts ist, für den Angaben in einer der Genehmigungsbehörde vorliegenden Umwelterklärung (→ RN 33 f.) nach

der Öko-Audit-Verordnung enthalten sind. In welcher Weise dies „zu berück-sichtigen" ist, läßt sich der unklaren Vorschrift nicht entnehmen. Sinnvoller-weise wird man diese Regelung nur so verstehen können, daß der Umfang der einzureichenden Antragsunterlagen im Sinne eines „Anrechnungssystems" zu reduzieren ist, wenn bereits ein Öko-Audit durchgeführt wurde.

16
- durch Abstufungen bei den **Informationserhebungs-, Dokumentations-** und **Mitteilungspflichten**, wie sie in den einzelnen Umweltschutzgeset-zen (z.B. § 52a BImSCHG, § 53 KrW-/AbfG, → RN 67 ff.) enthalten sind;

Beispiel: In Bayern wurde im Oktober 1995 ein „**Umweltpakt Bayern**" zwi-schen der Bayerischen Staatsregierung, dem DGB sowie Verbänden der baye-rischen Industrie und des bayerischen Handwerks geschlossen. Hierin sichert die Wirtschaft u.a. den, mittlerweile erreichten, Erwerb des Öko-Audit-"Lo-gos" an 500 bayerischen Standorten zu. Die Staatsregierung erklärt die Ab-sicht, darauf hinzuwirken, „daß Unternehmen, die als geprüfter Standort im Rahmen des Öko-Audit-Systems registriert sind, bei Berichts- und Dokumen-tationspflichten, Kontrollen und Überwachungen durch die Aufsichtsbehörden ... entlastet werden". Nach § 4 **des baden-württembergischen Abfallgeset-zes** wird eine nach der Öko-Audit-Verordnung abgegebene und validierte Um-welterklärung unter bestimmten Voraussetzungen als Abfallwirtschaftskonzept oder Abfallbilanz i.S.d. §§ 19, 20 KrW-/AbfG (→ Kap. 11/RN 35) anerkannt.

17
- durch verminderte **nachträgliche Kontrollen** genehmigter Betriebe;

Beispiel: Nach § **20a III des baden-württembergischen Abfallgesetzes** kann die behördliche Überwachung nach bestimmten abfall- und immissionsschutz-rechtlichen Vorschriften eingeschränkt werden, wenn der Betreiber einer Ab-fallverwertungs- oder Abfallbeseitigungsanlage oder einer sonstigen Anlage i.S.d. § 3 V BImSchG eine für gültig erklärte Umwelterklärung nach der Öko-Audit-Verordnung abgibt. Das Umweltministerium des Landes **Schleswig-Holstein** hat durch **Runderlaß vom 11.3.1997** verwaltungsleitende Hinweise für den (großzügigeren) Vollzug der immissionsschutzrechtlichen Überwa-chung bei auditierten Unternehmen gegeben. Konkret ist dabei vor allem an einen Verzicht auf **nachträgliche Vorsorgeanordnungen** nach § 17 I 1 BImSchG zu denken.

18
- durch die Erlaubnis für Betreiber an Öko-Audit-Standorten, **Kontroll-** und/oder **Inbetriebnahmemessungen** an einer Anlage nicht – wie im Gesetz normalerweise vorgesehen (z.B. §§ 26 ff. BImSchG) – durch eine unabhängige Stelle durchführen zu lassen, sondern selbst vorzunehmen, vorausgesetzt, der Betreiber stellt der Behörde über die Umwelterklärung im Sinne der Öko-Audit-Verordnung (→ RN 33 f.) hinaus bestimmte Zu-satzinformationen zur Beurteilung der Gleichwertigkeit der betriebsinter-nen Messungen zur Verfügung („Eigenkontrolle statt Fremdkontrolle");

> **Beispiel:** Nach den Substitutionsvorschlägen eines unter Federführung des Verbandes der Chemischen Industrie Bayern in Zusammenarbeit mit dem bayerischen Umweltministerium durchgeführten Pilotprojekts (Stand: 8.8.1996) genügt zum Nachweis der Gleichwertigkeit der Eigenkontrollen die Vorlage des internen Umweltberichts.

- im Rahmen des **Umwelthaftungs-** und **Umweltstrafrechts.**   **19**

> **Beispiel:** Denkbar wäre, die erfolgreiche Teilnahme am Öko-Audit-System als Nachweis für einen „bestimmungsgemäßen Anlagenbetrieb" im Sinne von § 6 II 2 UmweltHG anzuerkennen, so daß die Ursachenvermutung des § 6 I UmweltHG nicht eingreifen würde und der Geschädigte die Kausalität zwischen dem Schaden und dem Verhalten des Unternehmens zu beweisen hätte ($\rightarrow$ Kap. 17/RN 42 f.). Im Umweltstrafrecht kann sich ein Unternehmer schon wegen einer fahrlässigen Verletzung von Organisations-, Aufsichts- und Kontrollpflichten strafbar machen ($\rightarrow$ Kap. 19/RN 75). Hier kann, wie das Beispiel Abfallrecht zeigt ($\rightarrow$ Kap. 11/RN 43), die Teilnahme am Öko-Audit-System zu einem regelmäßigen Ausschluß des Fahrlässigkeitsvorwurfs führen.

Im einzelnen bedürfen diese Vorschläge noch einer eingehenden Analyse und differenzierten **Diskussion.** Insgesamt muß dabei vor einer „Deregulierungs-Euphorie" im Bereich des Umweltschutzes gewarnt werden. Dies gilt vor allem, solange nicht sichergestellt ist, daß die Prüfungen der Umweltgutachter und der Überwachungsbehörden nach der Öko-Audit-Verordnung in bezug auf die Einhaltung aller relevanten Umweltrechtsvorschriften funktional gleichwertig sind mit staatlichen Kontrollen und solange die Umweltverwaltung im Rahmen des Umwelt-Audit-Systems gegenüber der Wirtschaftsverwaltung unterrepräsentiert bleibt. Die Letztverantwortung für die Einhaltung umweltrechtlicher Standards kann den staatlichen Behörden ohnehin nicht abgenommen werden. Im Kern wird es damit immer nur um eine funktional sinnvolle partielle Entlastung im Sinne eines Systems sich gegenseitig ergänzender nachträglicher Kontrollen gehen.   **20**

2. Verfahrensablauf

a) Umweltpolitik

Das Öko-Audit-Verfahren beginnt mit der schriftlichen Festlegung einer Umweltpolitik durch die höchste Managementebene. Die Umweltpolitik umfaßt die umweltbezogenen Gesamtziele und Handlungsgrundsätze (= „Umweltleitbild") eines Unternehmens. Sie ist den Beschäftigten und der Öffentlichkeit zugänglich zu machen.   **21**
$\rightarrow$ Art. 3 lit. a) i.V.m. Art. 2 lit. a), Anh. I Öko-Audit-VO

Die **Ziele** der Umweltpolitik umfassen mindestens: **22**

- die Einhaltung der gesetzlichen Umweltvorschriften (compliance)

> **Hinweis:** In Anbetracht der zur Zeit grob geschätzten 8 500 umweltrechtlichen Vorschriften in Deutschland liegt in der vollständigen Identifizierung und Zugänglichmachung der für eine bestimmte Branche relevanten Rechtsvorschriften auf dem aktuellen Stand(!) naturgemäß eines der praktischen Hauptprobleme für die meisten kleineren und mittelständischen Betriebe. Hier besteht noch

ein erheblicher Beratungsbedarf in Form von konkreten, auf Einzelbranchen zugeschnittenen **Vorschriftensammlungen**. Eine allgemeine Zusammenstellung findet sich etwa bei *Siegbert Lohse* (Hrsg.), Umweltrecht für Umweltmanagement, 2. Aufl., 1996 (auch als Diskettenversion erhältlich), bei *Andreas Schendel/Peter Schuster/Wolfgang Scheiter* (Hrsg.), Umwelt und Betrieb, Loseblattwerk oder – knapper – bei *Jochen Schumacher* (Hrsg.), Umweltaudit, 1996.

- sowie die angemessene, kontinuierliche Verbesserung des Zustands (nicht nur – wie bei der ISO 14001 – der Instrumente) des betrieblichen Umweltschutzes.

23   Die näheren Anforderungen ergeben sich aus dem Anhang I der Öko-Audit-Verordnung. Die **Mittel** zur Verwirklichung der genannten Ziele sind überwiegend organisatorischer, weniger technischer Art. Hinsichtlich der **Technikanforderungen** gilt die Verpflichtung auf die „wirtschaftlich vertretbare Anwendung der besten verfügbaren Technik" (sog. **BAT-Prinzip** = „best available technology"). Die Anforderungen an die **organisatorischen Maßnahmen** sind nicht explizit angegeben, es sollen aber die in dem 11-Punkte-Katalog von Anhang I D der Öko-Audit-Verordnung aufgeführten **„guten Managementpraktiken"** festgelegt werden.

b) Umweltprüfung

24

→ Art. 3 lit. b)
i.V.m. Art. 2 lit.
b), Anh. I C
Öko-Audit-VO

Bei der Umweltprüfung handelt es sich um eine erste, umfassende Bestandsaufnahme der Umweltsituation an dem Unternehmensstandort. Dies geschieht methodisch zumeist im Wege einer **Öko-Bilanz**. Erfaßt werden alle umweltrelevanten Daten und die bereits bestehende Organisation des betrieblichen Umweltschutzes.

Nach überwiegender Ansicht geht es dabei nicht nur um eine Erfassung des Ist-Zustands, sondern zugleich bereits um einen ersten Soll-Ist-Abgleich, der dazu dienen soll, Schwachstellen ausfindig zu machen. Die Umweltprüfung wird folglich in der Praxis, jedenfalls bei einer Erstteilnahme am Öko-Audit, sinnvollerweise *vor* der Festlegung der Umweltpolitik durchgeführt werden, damit die Umweltpolitik auf der Basis der hierdurch gewonnenen Erkenntnisse formuliert werden kann.

25   Bei der Umweltprüfung (bzw. Festlegung der Umweltpolitik) sind u.a. folgende Aspekte zu berücksichtigen:

- Beurteilung, Kontrolle und Verringerung der Auswirkungen der betreffenden Tätigkeit auf die verschiedenen Umweltbereiche
- Energiemanagement, Energieeinsparungen und Auswahl von Energiequellen
- Bewirtschaftung, Einsparung, Auswahl und Transport von Rohstoffen, Wasserbewirtschaftung und -einsparung

- Vermeidung, Recycling, Wiederverwendung, Transport und Endlagerung von Abfällen
- Bewertung, Kontrolle und Verringerung der Lärmbelästigung innerhalb und außerhalb des Standorts
- Auswahl neuer und Änderungen bestehender Produktionsverfahren
- Produktplanung (Design, Verpackung, Transport, Verwendung und Endlagerung)
- betrieblicher Umweltschutz und Praktiken bei Auftragnehmern, Unterauftragnehmern und Lieferanten
- Verhütung und Begrenzung umweltschädigender Unfälle
- besondere Verfahren bei umweltschädigenden Unfällen
- Information und Ausbildung des Personals in bezug auf ökologische Fragestellungen
- externe Information über ökologische Fragestellungen

Die erste Bestandsaufnahme der Umweltauswirkungen am Standort kann von einem Betriebsangehörigen (z.B. Betriebsbeauftragter für den Umweltschutz, → RN 83 ff.) oder einer externen Person (z.B. Unternehmensberater) vorgenommen werden.   **26**

Bisherige empirische Studien zeigen nach *Freimann/Schwaderlapp*, daß in den meisten kleinen Unternehmen vor der Öko-Audit-Verordnung keine organisatorischen Vorkehrungen für den betrieblichen Umweltschutz getroffen wurden. Nunmehr werden in der Regel – zumeist nebenamtlich tätige – freiwillige Umweltbeauftragte berufen. Nur in den seltensten Fällen werden darüber hinaus Planungs- oder Projektteams installiert. In der ganz überwiegenden Zahl von Fällen sind nur kleine Expertengruppen oder Einzelpersonen mit dem Öko-Audit betraut. Das übrige Management und die Beschäftigten werden bislang – entgegen der Intention der Verordnung – nicht systematisch beteiligt.

c) Umweltprogramm

Aufbauend auf den Ergebnissen der ersten Umweltprüfung ist auf höchster Managementebene ein standortbezogenes Umweltprogramm festzulegen. Dieses dient der Konkretisierung der in der Umweltpolitik festgelegten Verpflichtungen und der Definition konkreter Verbesserungsmaßnahmen in quantitativer wie in zeitlicher Hinsicht. Es umfaßt zum einen die **Mittel**, mit denen die Umweltziele erreicht werden sollen (z.B. Benennung der anzuwendenden Technologien, → RN 23) und zum anderen die **Festlegung der Verantwortung** für die Erreichung der Ziele in jedem Aufgabenbereich und auf jeder Ebene des Unternehmens.

27
→ Art. 3 lit. c) i.V.m. Art. 2 lit. c), Anh. I A Nr. 5 Öko-Audit-VO

d) Umweltmanagementsystem

Daran anschließend hat das Unternehmen ein Umweltmanagementsystem einzurichten. Es überwacht, koordiniert und organisiert die ökologisch relevanten   **28**

→ Art. 3 lit. c)
i.V.m. Art. 2 lit.
e), Anh. I B
Öko-Audit-VO

Zuständigkeiten, Verhaltensweisen, förmlichen Verfahren und Abläufe innerhalb des Betriebes, die vom Einkauf über die Produktion bis zur Entsorgung reichen. Orientierungsrahmen hierfür ist die betriebliche Umweltpolitik. Die Einzelanforderungen hinsichtlich des Umweltmanagementsystems ergeben sich aus Anhang I B Öko-Audit-Verordnung (lesen!).

29

Dabei lassen sich im wesentlichen drei Arten von **Subsystemen** unterscheiden, die zusammen das Umweltmanagementsystem ausformen:

- **Kontrollsystem:** Dieses enthält alle (internen) Kontrollmaßnahmen, die sich auf den betrieblichen Umweltschutz beziehen (monitoring) und die zu ihrer Durchführung erforderlichen Managementinstrumente. Zu den Kontrollmaßnahmen rechnen periodische Umweltbetriebsprüfungen, Ablaufkontrollen umweltgefährdender Verfahren und Tätigkeiten sowie teilweise Beurteilungen der Umweltauswirkungen der Unternehmenstätigkeit. Zu diesem Zweck ist u.a. ein *Umweltbetriebsprüfungsprogramm* aufzustellen, das die Namen der verantwortlichen Personen, die Zusammensetzung des Prüferteams, die einschlägigen Referenzdokumente und die Häufigkeit der Betriebsprüfung angibt.
- **Aktionssystem:** Davon umfaßt sind alle Maßnahmen und organisatorischen Verfahrensweisen, die der Verbesserung des betrieblichen Umweltschutzes dienen (Umweltprogramm, → RN 27) und die bei Eintritt eines Störfalls angewendet werden sollen (Sicherheitsmanagement).
- **Informations- und Kommunikationssystem:** Es hat die Aufgabe, alle umweltrelevanten (externen und internen) Informationen entgegenzunehmen, zu dokumentieren und zu beantworten. Außerdem dient es zur Information der Öffentlichkeit und zur Information sowie Weiterbildung des Personals. Schließlich soll es Verzeichnisse über Umweltauswirkungen mit besonderer Bedeutung sowie über umweltrelevante gesetzliche Vorschriften anlegen und Arbeitsanweisungen dokumentieren, die für umweltkritische Tätigkeiten und Notfälle gelten. Die Umweltmanagement-Dokumentation kann mit anderen Verzeichnissen, Anlagenüberwachungsplänen und -protokollen sowie Katastern zu einem *Umwelthandbuch* zusammengeführt werden. Hierfür ist es ratsam, auf die praktischen Erfahrungen mit den Handbüchern zum Qualitätsmanagement (→ RN 3) zurückzugreifen.

30
→ Art. 12, 19
Öko-Audit-VO

Die Unternehmen können anstelle der Öko-Audit-Verordnung auch **einzelstaatliche, europäische** oder **internationale Normen für Umweltmanagementsysteme** anwenden. Hierfür ist erforderlich, daß das Unternehmen in einem geeigneten Zertifizierungsverfahren eine Bescheinigung erhalten hat, daß es die betreffende Umweltmanagementnorm erfüllt. Die Bescheinigung ist von einer Stelle zu erteilen, deren Zulassung in dem Mitgliedstaat, in dem sich das Unternehmen befindet, anerkannt ist. Weitere Voraussetzung ist, daß die Umweltmanagementnorm und das Zertifizierungsverfahren von der Kommission der EU anerkannt werden. An der Entwicklung *international* gültiger Umweltmanagementnormen wird in verschiedenen Gremien gearbeitet, so etwa von der ISO, einem weltweiten Zusammenschluß von derzeit ca. 90 nationalen Normungsorganisationen, die 1991 die „Strategic Advisory Group on Environment (SAGE)" und 1993 das „Technical Committee 207 (TC 207)" ins Leben gerufen hat. Letzteres erhielt das Mandat, globale Normen zum

Umwelt-Audit und zu Umweltmanagementsystemen zu entwickeln, wofür es zwei Untergruppen eingerichtet hat.

Die Normen der **DIN/ISO 9000**-Reihe (→ RN 4) können *nicht* als gleichwertig zu dem Umweltmanagement- und Betriebsprüfungssystem nach der Öko-Audit-Verordnung betrachtet werden, weil es ihnen entweder überhaupt nicht oder nur indirekt um normativ vorgegebene Umweltschutzziele und den Dialog mit der Öffentlichkeit geht. Dagegen wurden wesentliche Bestandteile der Norm **DIN EN ISO 14001** (→ RN 5), nämlich Umweltprogramm, Umweltmanagementsystem, Umweltbetriebsprüfung und Fortschreibung nach der Umweltbetriebsprüfung, von der EU-Kommission mit Entscheidung vom 16.4.1997 (ABlEG Nr. L 104/37, S. 37) als gleichwertig anerkannt. Damit bietet sich die ISO 14001 als Einstieg in ein systematisches Umweltmanagement an und es sollte erst in einem zweiten Schritt die Aufstockung zu dem anspruchsvolleren Öko-Audit-System erfolgen. Sinnvoll ist ein **Baukastensystem (Integrationsprinzip)**, bei dem der größere Baukasten (Öko-Audit) den kleineren (ISO 14001) umschließt, und bei dem ein Unternehmen zunächst einmal im Rahmen der ISO 14001 Erfahrungen mit Umweltmanagementsystemen sammelt, ehe es – falls diese Erfahrungen positiv ausfallen – die zusätzlichen Anforderungen nach der Öko-Audit-Verordnungen „draufsattelt". Dies empfiehlt sich vor allem deshalb, weil das ISO 14001-System, zumal für kleine und mittlere Unternehmen, praktikabler und flexibler ist. Es ist „klar gegliedert, verständlich formuliert, vermeidet Ungereimtheiten, Wiederholungen und Widersprüche und gibt präzise Handlungsanweisungen. ISO 14001 ist wesentlich ausgereifter und methodisch die wohl beste Managementnorm, die wir derzeit weltweit kennen." (*Feldhaus*, UPR 1998, 42). Das Prinzip der Integration ist aus Gründen betriebswirtschaftlicher Effizienz auch ratsam bei einer Fortentwicklung eines QMS (ISO 9001 ff.) zum UMS (ISO 14001). Dabei ist im einzelnen zu prüfen, ob QMS-spezifische Elemente unverändert bestehen bleiben bzw. mit UMS-spezifischen Elementen kombiniert werden können oder ob zusätzliche UMS-spezifische Elemente entwickelt werden müssen (vgl. *Dyllick*, UWF 1997, 3 ff.).

31

e) Umweltbetriebsprüfung

Mit der Umweltbetriebsprüfung wird der Unternehmensstandort dahingehend durchleuchtet, ob die Umweltpolitik (→ RN 21 ff.), das Umweltprogramm (→ RN 27) und das Umweltmanagementsystem (→ RN 28 ff.) dokumentiert sind und effektiv funktionieren. Die Prüfung wird durch unternehmenszugehörige, z.B. Betriebsbeauftragte für den Umweltschutz (→ RN 83 ff.), oder externe Betriebsprüfer (Auditoren) durchgeführt, die von den zu kontrollierenden Tätigkeiten unabhängig sein und über ausreichende Kenntnisse verfügen müssen. Die Bewertungskriterien für die Umweltbetriebsprüfung, die mit der Umweltprüfung (→ RN 24 ff.) nicht zu verwechseln ist, ergeben sich aus dem Umweltbetriebsprüfungsprogramm (→ RN 29). Der Umweltbetriebsprüfungsbericht ist Teil der betrieblichen Innenrevision, hat keine Rücksicht auf Geschäfts- und Betriebsgeheimnisse zu nehmen und soll der Unternehmensführung als Entscheidungshilfe dienen. Er ist somit klar zu trennen von der Umwelterklärung (→ RN 33 f.), welche für die Öffentlichkeit bestimmt ist. Die Umweltbetriebsprüfung muß nicht für alle Tätigkeiten auf einmal durchgeführt werden, sie kann vielmehr zeitlich gestaffelt erfolgen. Je größer die Umweltprobleme an einem Standort sind, desto öfter hat die Umweltbetriebs-

32
→ Art. 3 lit. d)
i.V.m. Art. 2
lit. f), g) und
l), Art. 4 I, II,
Anh. I C, II
Öko-Audit-VO

prüfung zu erfolgen, jedoch nicht öfter als jährlich. Die Häufigkeit ergibt sich aus dem Umweltprogramm (→ RN 27).

→ Art. 3 lit. e) Öko-Audit-VO

Auf der Basis der Umweltbetriebsprüfung sind ggf. auf der höchsten dafür geeigneten Managementebene neue bzw. revidierte umweltpolitische Ziele (→ RN 21 ff.) festzulegen, die auf eine kontinuierliche Verbesserung des betrieblichen Umweltschutzes gerichtet sind und das Umweltprogramm ggf. so abändern, daß diese Ziele am Standort erreicht werden können.

f) Umwelterklärung

33

→ Art. 2 lit. h) i.V.m. Art. 3 lit. f), Art. 5 Öko-Audit-VO

Für jeden Standort, an dem eine Betriebsprüfung durchgeführt wurde, muß anschließend von dem Unternehmen eine Umwelterklärung erstellt werden. Sie ist für die Öffentlichkeit bestimmt. Hierdurch soll sichergestellt werden, daß ein teilnehmendes Unternehmen nicht Dinge in die Umweltpolitik, den Umweltprüfungsbericht, das Umweltprogramm oder den Umweltbetriebsprüfungsbericht hineinschreibt, die so nicht der Wirklichkeit entsprechen (Kontrollfunktion der Öffentlichkeit). Die Umwelterklärung dient zugleich der Selbstdarstellung der umweltpolitischen Ziele und Leistungen eines Unternehmens. Sie muß ein realistisches Bild der Umweltsituation des Unternehmens vermitteln und in „knapper, verständlicher Form" verfaßt sein, so daß auch der Laie sie verstehen kann. Das Wesentliche bildet die Beschreibung der bedeutsamen Veränderungen, die seit der letzten Umwelterklärung eingetreten sind. Die Umwelterklärung muß zudem Feststellungen enthalten, aus denen sich zweifelsfrei ergibt, daß das Unternehmen alle relevanten Umweltschutzvorschriften einhält. Die Einzelheiten hinsichtlich des Inhalts der Umwelterklärung ergeben sich aus Art. 5 III, IV Öko-Audit-VO.

34

Im Regelfall enthält die Umwelterklärung Aussagen zu folgenden Punkten:

- Name, Anschrift und Standort des Unternehmens
- Beschreibung seiner Tätigkeiten
- Beurteilung aller wichtigen Umweltfragen im Zusammenhang mit den jeweiligen Aktivitäten
- Zusammenfassung der Aufgaben u.la. über Schadstoffemissionen, Abfallmengen, Rohstoff-, Energie- und Wasserverbrauch, gegebenenfalls Lärmemissionen sowie andere umweltrelevante Aspekte
- Sonstige Faktoren bezüglich des betrieblichen Umweltschutzes
- Darstellung der Umweltpolitik, des Umweltprogramms und des Umweltmanagementsystems des Betriebs
- Termin für die Vorlage der nächsten Umwelterklärung
- Name des zugelassenen Umweltgutachters
- Wichtige Veränderungen seit der vorangegangenen Erklärung

g) Prüfung und Gültigerklärung der Umwelterklärung

Bislang bewegte sich das Umwelt-Audit-Verfahren ausschließlich im privaten, sprich betrieblichen Bereich. Nunmehr geht es über in den Bereich staatlicher Kontrolle, beginnt also das *externe* Auditierungsverfahren. Das Herzstück des Öko-Audit verkörpert die Prüfung (Verifizierung) und Gültigerklärung (Validierung) der Umwelterklärung durch den neutralen **Umweltgutachter**. Der Umweltgutachter wird auf der Grundlage eines privatrechtlichen Vertrags mit dem Unternehmen tätig (kein Beliehener!). Er muß bestimmte Voraussetzungen erfüllen (→ RN 45 ff.), die insbesondere seine Unabhängigkeit gewährleisten sollen.

35
→ Art. 2 lit. m) i.V.m. Art. 3 lit. g), Art. 4 III-VI, Anh. III Öko-Audit-VO

Der Umweltgutachter überprüft:

36

• die Einhaltung aller Vorschriften der Öko-Audit-Verordnung, insbesondere in bezug auf die Umweltpolitik und das Umweltprogramm, die Umweltprüfung (vor allem deren „technische Eignung"), das Funktionieren des Umweltmanagementsystems, das Umweltbetriebsprüfungsverfahren und die Umwelterklärungen;

Der **Umfang der Prüfung des Umweltmanagementsystems** ist umstritten. Nach einer Ansicht genügt – wie bei der Norm DIN EN ISO 14001 – eine bloße Systemprüfung mit stichprobenartigen Einzelkontrollen, d.h. es reicht aus, daß die abstrakte Funktionsfähigkeit der Umweltbetriebsprüfung als „Managementinstrument" bestätigt wird, auch wenn im konkreten Einzelfall Verstöße gegen Umweltrecht vorkommen und dies dem Umweltgutachter bekannt ist. Nach der zutreffenden überwiegenden Gegenmeinung muß die tatsächliche Einhaltung aller umweltrechtlichen Vorschriften kontrolliert werden. Hierfür spricht vor allem die Wertung des Art. 8 IV Öko-Audit-Verordnung.

• die Zuverlässigkeit der Daten und Informationen der Umwelterklärung und die ausreichende Berücksichtigung aller wichtigen für den Standort relevanten Umweltfragestellungen in dieser Erklärung.

Hierzu nimmt der Umweltgutachter Einsicht in alle einschlägigen Unterlagen und besichtigt den Betriebsstandort. Er kann im Zweifelsfall eigene Messungen und Untersuchungen vornehmen, stichprobenartige Kontrollen durchführen und fragwürdige Sachverhalte selbst vor Ort in Augenschein nehmen. Am Ende arbeitet er einen Bericht für die Unternehmensleitung aus und führt mit dieser ein Abschlußgespräch, ehe er, falls er keine Mängel festgestellt hat, die Umwelterklärung für gültig erklärt.

Hinweis: Validierung nach der Öko-Audit-Verordnung und Zertifizierung nach DIN EN ISO 14001 (→ RN 5, 30 f.) können vom Umweltgutachter zusammengelegt werden (kostensparendes „Doppelpacksystem").

37
→ Art. 3 lit. h)
i.V.m. Art. 5 II
1 Öko-Audit-
VO

Das Unternehmen hat die gültige Umwelterklärung der Öffentlichkeit zur Kenntnis zu bringen. Hierfür ist eine Ausstellung in den Geschäftsräumen nicht ausreichend, sondern die Umwelterklärung ist dem Bürger – auf dessen Verlangen hin – zuzusenden. Um einen Dialog in Gang zu bringen, ist die Stellungnahme der Öffentlichkeit in die nächste Umweltbetriebsprüfung miteinzubeziehen.

h) Eintragung in Register und Veröffentlichung

38
→ Art. 3 lit. h)
i.V.m. Art. 8 f.,
Anh. V Öko-
Audit-VO

Gegen Vorlage einer gültigen Umwelterklärung erfolgt die gebührenpflichtige (→ RN 61) Eintragung des geprüften Standorts in ein Standortregister durch die örtlich zuständige IHK oder Handwerkskammer als Registrierungsbehörde (→ RN 60). Dabei hat der Unternehmer der Registrierungsstelle die in Anhang V der Öko-Audit-Verordnung genannten Auskünfte zu erteilen. Die Eintragung kann verweigert werden oder eine frühere Eintragung kann gelöscht werden, wenn die Registrierungsstelle feststellt, daß der Standort nicht (mehr) die vorgeschriebenen Anforderungen erfüllt. Die nationale Registrierungsstelle übermittelt der Europäischen Kommission mindestens einmal im Jahr die Verzeichnisse und deren aktualisierte Fassungen. Das Verzeichnis aller eingetragenen Standorte in der Gemeinschaft wird von der Kommission jährlich im Amtsblatt Nr. C der EU veröffentlicht.

i) Teilnahmeerklärung

39
→ Art. 10
i.V.m. Anh. IV
Öko-Audit-VO

Erst jetzt ist das Unternehmen an seinem eigentlichen Ziel angelangt: Mit der Eintragung in das Standortregister hat es nämlich das Recht erlangt, eine Teilnahmeerklärung (nicht zu verwechseln mit der „Umwelterklärung", → RN 33 f.), einschließlich eines sogenannten „Logos" zu führen, in der die Art der Teilnahme an dem Umwelt-Audit-System deutlich zum Ausdruck kommt.

Nach dem Anhang IV der Öko-Audit-Verordnung sehen die Teilnahmeerklärungen folgendermaßen aus:

40

Die Teilnahmeerklärung darf weder in der **Produktwerbung** verwendet noch auf den Erzeugnissen selbst oder auf ihrer Verpackung angegeben werden. Erlaubt ist nur die sog. **Imagewerbung** für das Unternehmen, beispielsweise in Broschüren, auf Plakaten oder auf dem Briefkopf des Unternehmens.

> **Beispiel:** Die Autofirma „WMB" bringt einen neuen „Roadster" heraus. In dem Werbeprospekt hierfür darf sie nicht darauf hinweisen, daß sie am Öko-Audit-Verfahren teilnimmt. Auch in dem TV-Werbespot für das Auto darf dies nicht zum Gegenstand gemacht werden. Anders ist die Rechtslage jedoch, wenn das Unternehmen „WMB" anläßlich eines runden Firmenjubiläums einen Hausprospekt herausbringt, in dem es das Unternehmen insgesamt einer breiten Öffentlichkeit präsentieren will, oder wenn es den Zusatz „Geprüft nach der EG-Öko-Audit-Verordnung" auf seinem Firmenbriefkopf anbringen läßt.

Der Grund hierfür liegt darin, daß das Umwelt-Audit-System, was in der Öffentlichkeit häufig nicht erkannt wird, ein rein formelles, d.h. **verfahrensrechtliches Instrument** darstellt. Es schreibt keine materiellen, d.h. inhaltlichen europaweit harmonisierten Umweltschutzstandards vor. Damit sagt auch die Teilnahmeerklärung nichts darüber aus, ob es sich wirklich um ein „grünes" Unternehmen handelt oder nicht, zumal die Umweltschutzanforderungen etwa zwischen Portugal und Griechenland einerseits sowie Deutschland und Dänemark andererseits nicht unerheblich divergieren können. Auf den Punkt gebracht: Umweltmanagement, Umweltbetriebsprüfung und Teilnahmeerklärung sind allein betrachtet nur leere Hülsen bzw. Gerippe, die erst mit (materieller) Substanz gefüllt werden müssen. Die Teilnahmeerklärung bestätigt, wie der Name sagt, die Tatsache der Teilnahme am Umwelt-Audit-Verfahren – nicht mehr und nicht weniger. Da das Öko-Audit-Zeichen mithin nicht für besonders umweltfreundliche Produkte steht, soll durch das Verbot der Verwendung in der Produktwerbung eine Irreführung des Verbrauchers vermieden werden. Hinzu kommt, daß die EG bereits im Jahr 1992 mit der sog. „Europäischen Blume" ein gemeinschaftliches System zur Vergabe eines **Umweltzeichens** (→ Kap. 6/RN 28) geschaffen hat, das neben die nationalen Öko-Siegel (in Deutschland: „Blauer Engel") tritt und dessen Anwendungsbereich und Wirkung beschnitten würde, wenn noch ein weiteres Logo in der Produktwerbung hinzutreten würde.

41

Bei der Norm **DIN EN ISO 14001** (→ RN 5, 30 f.) ist Produktwerbung zulässig, solange kein Verstoß gegen die §§ 1 und 3 UWG vorliegt, d.h. solange keine Irreführung der Verbraucher in Form gefühlsausnutzender Werbung erfolgt. Letzteres ist der Fall, wenn der – falsche – Eindruck erweckt wird, es handele sich bei dem nach ISO 14001 zertifizierten Produkt um ein besonders umweltfreundliches Produkt. Denn auch ISO 14001 belegt nur die Einführung eines Umweltmanagementsystems.

42

j) Folgephase

Nach Abschluß der Eingangssituation schließt sich spätestens alle drei Jahre die Folgephase an, die mit einer erneuten Umweltbetriebsprüfung beginnt. Es folgt die Anpassung der Umweltpolitik und des Umweltmanagementsystems an die Ergebnisse dieser Prüfung, die Erstellung einer Umwelterklärung, die Prüfung und Validierung, die Eintragung des Standorts, die Veröffentlichung

43
→ Anh. II H.
Öko-Audit-VO

der Umwelterklärung und die Erteilung einer (neuen) Teilnahmeerklärung usw. (**Kreislaufsystem** mit jederzeitiger Ausstiegsmöglichkeit).

44   **Zusammenfassend** ergibt sich hiermit folgendes **Ablaufschema** für die Durchführung des Öko-Audit:

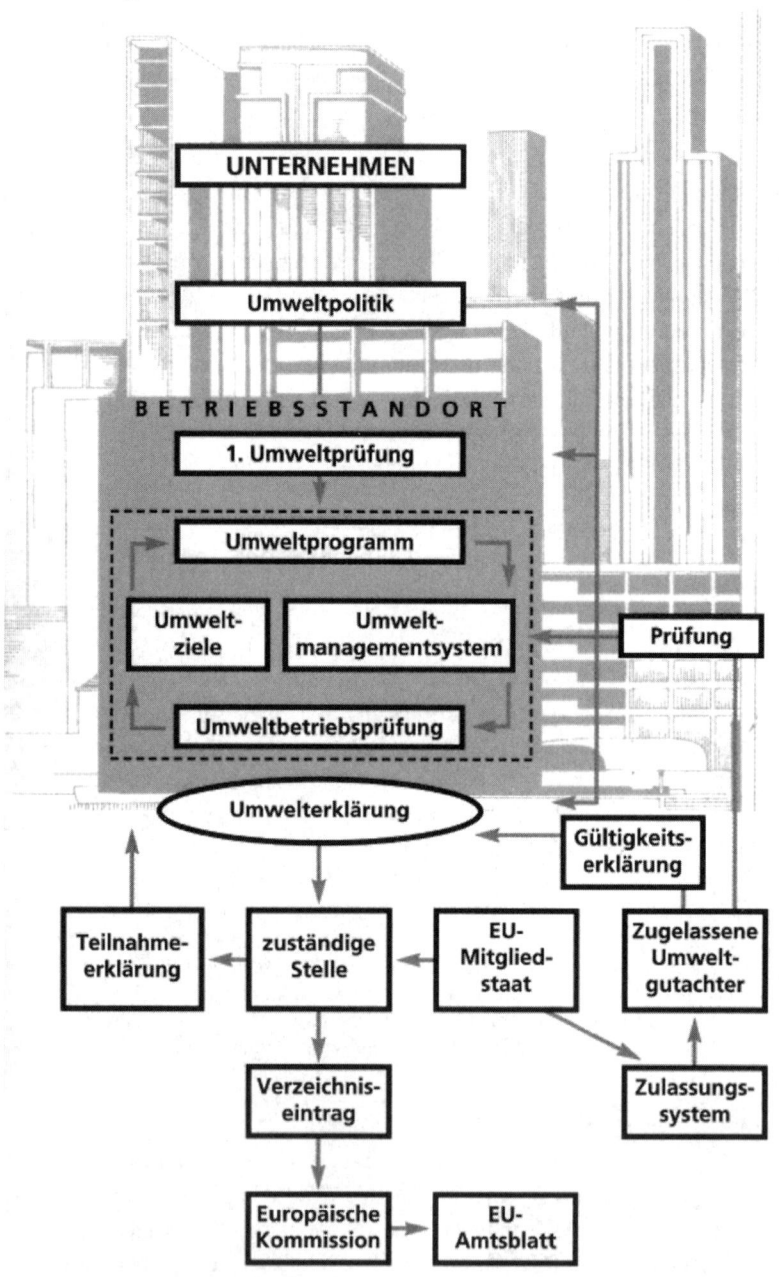

Quelle: BMU (Hrsg.), Aktuell: EG-Umwelt-Audit, 1995, S. 6.

3. Umweltgutachter(-organisationen) und Inhaber von Fachkenntnisbescheinigungen

→ Anh. III A Nr. 1, 2 Öko-Audit-VO i.V.m. §§ 4 ff. UAG

45

a) Anforderungen an Umweltgutachter

Bereits kurz nach Inkrafttreten der Öko-Audit-Verordnung gab es einen förmlichen „Run" auf den neuen Beruf des Umweltgutachters. Hierzu hat auch die am 7.10.1996 in Kraft getretene *Entsorgungsfachbetriebeverordnung* (→ Kap. 11/RN 40) beigetragen. Aufgrund dieser Verordnung können nämlich Umweltgutachter, die über eine Zulassung für den Bereich „Recycling, Behandlung, Vernichtung oder Einlagerung von festen und flüssigen Abfällen" verfügen, zugleich Entsorgungsfachbetriebe im Auftrag von technischen Überwachungsorganisationen im Sinne der Entsorgungsfachbetriebsverordnung zertifizieren. Gerade in Anbetracht des stürmischen Andrangs auch zahlreicher unqualifizierter Bewerber auf die Zulassung zum Umweltgutachter ist im Interesse der Glaubwürdigkeit des Systems ein strenges gesetzlich vorgeschriebenes Anforderungsprofil unverzichtbar. Umweltgutachter können nur natürliche Personen (→ Kap. 2/RN 26) sein. Nach der Öko-Audit-Verordnung werden an die Zulassung der Umweltgutachter nur sehr allgemein gehaltene Anforderungen gestellt. Nach § 9 I 1 UAG ist als Umweltgutachter zuzulassen, wer die Erfordernisse der Zuverlässigkeit, Unabhängigkeit und Fachkunde nach §§ 5 ff. UAG erfüllt.

Zuverlässigkeit

Ein Umweltgutachter ist zuverlässig, wenn er aufgrund seiner persönlichen Eigenschaften, seines Verhaltens und seiner Fähigkeiten zur ordnungsgemäßen Erfüllung der ihm obliegenden Aufgaben geeignet ist. Die Zuverlässigkeit ist beispielsweise regelmäßig zu *verneinen*, wenn jemand

46
→ § 5 UAG

- wegen der Verletzung bestimmter Strafrechtsnormen oder Ordnungswidrigkeitenvorschriften (→ Kap. 19/RN 1 ff.) verurteilt worden ist,
- wiederholt und grob pflichtwidrig gegen seine Pflichten als Betriebsbeauftragter für den Umweltschutz (→ RN 83 ff.) verstoßen hat,
- nicht in geordneten wirtschaftlichen Verhältnissen lebt, d.h. erheblich verschuldet ist oder
- infolge einer körperlichen oder geistigen Erkrankung zur Ausübung des Berufs eines Umweltgutachters nicht in der Lage ist.

Die Zulassungsbehörde trifft diesbezüglich keine Pflicht zur Recherche. Sie kann sich im Regelfall auf die Eigenerklärungen des Antragstellers verlassen.

Unabhängigkeit

47

→ § 6 UAG

Die erforderliche Unabhängigkeit besitzt ein Umweltgutachter, wenn er keinem wirtschaftlichen, finanziellen oder sonstigen Druck unterliegt, der sein Urteil beeinflussen oder das Vertrauen in die unparteiische Aufgabenwahrnehmung in Frage stellen kann.

Über die notwendige Unabhängigkeit verfügt beispielsweise im Normalfall *nicht*, wer

- neben seiner Tätigkeit als Umweltgutachter Inhaber eines Unternehmens oder der Mehrheit der Anteile hieran bzw. Angestellter eines Unternehmens in einem Bereich ist, auf den sich seine Tätigkeit als Umweltgutachter bezieht,
- eine Tätigkeit aufgrund eines Beamtenverhältnisses, Soldatenverhältnisses oder eines Angestelltenverhältnisses mit einer juristischen Person des öffentlichen Rechts (→ Kap. 2/RN 26) ausübt (Ausnahme: Dienstverhältnis bei der IHK, Handwerkskammer, Berufskammer und vergleichbarer Selbsthilfeeinrichtung des öffentlichen Rechts) oder
- organisatorisch, wirtschaftlich, kapital- oder personalmäßig mit Dritten verflochten ist, ohne daß deren Einflußnahme auf die Wahrnehmung der Aufgaben als Umweltgutachter durch Festlegung in Satzung, Gesellschaftsvertrag oder Anstellungsvertrag auszuschließen ist.

Fachkunde

48

→ § 7 UAG

Die in der Praxis größte Hürde für den Einstieg in den Beruf des Umweltgutachters bildet das Erfordernis der Fachkunde. Für die Fachkunde müssen drei Voraussetzungen vorliegen:

(1) **Abgeschlossenes Hochschulstudium**: Der Abschluß eines Studiums auf den Gebieten der Wirtschafts- oder Verwaltungswissenschaften, der Naturwissenschaften oder Technik, der Biowissenschaften oder des Rechts an einer Hochschule. Hiervon kann eine *Ausnahme* gemacht werden, wenn in dem (den) Unternehmensbereich(en), für den (die) die Zulassung beantragt wird, eine Fachschulausbildung, die Qualifikation als Meister oder eine gleichwertige Zulassung oder Anerkennung durch eine oberste Bundes- oder Landesbehörde oder eine Körperschaft des öffentlichen Rechts vorliegt *und* Aufgaben in leitender Stellung oder als Selbständiger mindestens acht Jahre hauptberuflich wahrgenommen wurden.

Nach den bisherigen praktischen Erfahrungen haben drei Viertel der Umweltgutachter ein technisch-naturwissenschaftliches Studium absolviert, während etwa Juristen deutlich unterrepräsentiert sind.

(2) **Ausreichende Fachkenntnisse:** Diese müssen sich beziehen auf folgen-   **49**
de fünf Gebiete:
- Methodik und Durchführung der Umweltbetriebsprüfung,
- betriebliches Management,
- betriebsbezogene Umweltangelegenheiten,
- technische Zusammenhänge zu Tätigkeiten, auf die sich die Begut-
  achtung erstreckt *und*
- einschlägige Rechts- und veröffentlichte Verwaltungsvorschriften
  sowie Normen des betrieblichen Umweltschutzes.

(3) **Berufserfahrung:** Der Bewerber muß zudem über eine mindestens drei-   **50**
jährige eigenverantwortliche hauptberufliche Tätigkeit als Freiberufler,
in der Wirtschaft, in der Umweltverwaltung oder bei in der Umweltberatung tätigen Stellen zurückblicken können, bei der er praktische Kenntnisse über den betrieblichen Umweltschutz erworben hat.

b) Anforderungen an Umweltgutachterorganisationen
Umweltgutachterorganisationen sind eingetragene Vereine (e.V.), Aktienge-   **51**
sellschaften (AG), Kommanditgesellschaften auf Aktien (KGaA), Gesell-   → § 2 III UAG
schaften mit beschränkter Haftung (GmbH), eingetragene Genossenschaften
(eG), Offene Handelsgesellschaften (OHG), Kommanditgesellschaften (KG)
und – unter bestimmten Voraussetzungen – auch Partnerschaftsgesellschaften
und Personenvereinigungen, die in einem anderen EU-Mitgliedstaat als Umweltgutachterorganisationen zugelassen sind. Sie werden stets um einen Einzelgutachter herum gebaut.

c) Anforderungen an Inhaber von Fachkenntnisbescheinigungen
Weil die genannten Anforderungen an Umweltgutachter, vor allem hinsicht-   **52**
lich der Fachkunde, für Einzelpersonen sehr hoch sind, hat das Umweltaudit-   → § 8 UAG
gesetz zum einen die Zulassung als Umweltgutachter nur für einen bestimmten Unternehmensbereich (→ RN 56) und zum anderen die Möglichkeit der
Mitarbeit bei einem Umweltgutachter bzw. einer Umweltgutachterorganisation auf der Basis sog. Fachkenntnisbescheinigungen vorgesehen. Letztere
Möglichkeit richtet sich an Personen mit Spezialkenntnissen auf einem bestimmten Gebiet, vorausgesetzt, daß sie selbst nicht als Umweltgutachter
zugelassen sind. Der Bewerber für eine solche Tätigkeit muß hinsichtlich der
Zuverlässigkeit (→ RN 46) und Unabhängigkeit (→ RN 47) die gleichen
Anforderungen erfüllen wie ein Umweltgutachter. Hinsichtlich der Fachkun-
deanforderungen gelten für ihn aber Erleichterungen. Er muß auch das abge-
schlossene Hochschulstudium und die mindestens dreijährige Berufspraxis
nachweisen (→ RN 48, 50). Bezüglich seiner Fachkenntnisse reicht es jedoch,
wenn sich diese auf *eines* der genannten Gebiete (→ RN 49) erstrecken.

Erfüllt er diese Kriterien, so ist ihm von der Zulassungsstelle eine Fachkenntnisbescheinigung zu erteilen, die erkennen läßt, auf welchen Fachgebieten und für welche Unternehmensbereiche die erforderlichen Fachkenntnisse vorliegen. Sie gestattet eine gutachterliche Tätigkeit nur im Zusammenwirken mit einem Umweltgutachter, der Berichte und die Gültigerklärung von Umwelterklärungen verantwortlich zeichnet.

d) Zulassung und Aufsicht
Zuständigkeiten

53
→ §§ 28f.
UAG

DAU. Die zentrale Stelle für die Zulassung und Aufsicht ist die „Deutsche Akkreditierungs- und Zulassungsgesellschaft für Umweltgutachter mbH (DAU)" mit Sitz in Bonn (Anschrift: → RN 66). Hierbei handelt es sich um eine Gemeinschaftseinrichtung des Bundesverbands der Deutschen Industrie (BDI), des Deutschen Industrie- und Handelstags (DIHT), des Zentralverbands des Deutschen Handwerks (ZDH) und des Bundesverbands Freier Berufe (BfB), die als beliehene Institution (→ Kap. 7/RN 13) die Eigenverantwortung der Unternehmen zur Geltung bringt. Die Beleihung erfolgte durch eine Verordnung des BMU.

54
→ §§ 21-23,
26 f. UAG

Umweltgutachterausschuß. Beim BMU besteht ein Umweltgutachterausschuß (Reuterstr. 161, 53113 Bonn, Tel.: 0228/9 14 81–40, Fax: 0228/9 14 81–44). Diese teilrechtsfähige Körperschaft des öffentlichen Rechts (→ Kap. 7/RN 8) hat die Aufgabe, Prüfungsrichtlinien zu erlassen (werden im Bundesanzeiger veröffentlicht!), eine Prüferliste zu führen, Empfehlungen für die Besetzung des Widerspruchsausschusses (→ RN 55) auszusprechen und das BMU in allen Zulassungs- und Aufsichtsangelegenheiten zu beraten. Der Umweltgutachterausschuß setzt sich zusammen aus sechs Vertretern der Wirtschaft, vier Vertretern der Umweltgutachter, sechs Vertretern der Umweltverwaltung von Bund und Ländern, drei Vertretern der Wirtschaftsverwaltung von Bund und Ländern, drei Vertretern der Umweltverbände und drei Vertretern der Gewerkschaften.

55
→ §§ 24 f.
UAG

Widerspruchsausschuß. Außerdem ist – ebenfalls beim BMU – ein Widerspruchsausschuß eingerichtet worden, der über Widersprüche (→ Kap. 3/RN 45) gegen Verwaltungsakte (→ Kap. 3/RN 9 ff.) der DAU entscheidet.

Beispiel: Wer als Bewerber um die Position eines Umweltgutachters meint, daß er von der DAU zu Unrecht abgelehnt wurde, hat sich gegen den Ablehnungsbescheid, der einen Verwaltungsakt (§ 35 S. 1 VwVfG) darstellt, mit einem Widerspruch nach § 68 VwGO an den Widerspruchsausschuß beim BMU zu wenden. Wird sein Widerspruch abgelehnt, kann er Verpflichtungsklage vor dem zuständigen Verwaltungsgericht erheben. Das dürfte im Regelfall das Verwaltungsgericht Köln sein (nach dem Umzug des BMU nach Berlin das Verwaltungsgericht Berlin). Ein Dritter kann hingegen grundsätzlich nicht gegen die Zulassung einer anderen Person als Umweltgutachter klagen (sog. Konkurrentenklage), weil ihn die Zulassung des anderen nicht in eigenen subjektiven Rechten verletzt, und er daher keine Klagebefugnis i.S.v. § 42 II VwGO hat.

Zulassung

Die Zulassung als Umweltgutachter bestimmt sich nach § 9 UAG, die Zulassung als Umweltgutachterorganisation nach § 10 UAG (lesen!). Die technischen Details dieser Bestimmungen können hier nicht im einzelnen nachgezeichnet werden. Nur so viel: Die Zulassung kann auf einzelne Unternehmensbereiche oder Teile eines Unternehmensbereichs beschränkt werden. In jedem Fall, also auch bei der Fachkenntnisbescheinigung, ist ein schriftlicher Antrag vonnöten, dem die zur Prüfung des Antrags erforderlichen Unterlagen beizufügen sind.

56
→ Art. 6 Öko-Audit-VO i. V.m. §§ 9-14 UAG

Die Fachkunde (→ RN 48 ff.) des Umweltgutachters wird in einer mündlichen **Prüfung** von einem Prüfungsausschuß der Zulassungsstelle festgestellt. Gegenstand der Prüfung sind die oben (→ RN 49) aufgezählten fünf Fachgebiete sowie zusätzlich praktische Probleme aus der Berufsarbeit eines Umweltgutachters. Der Prüfungsgegenstand kann insoweit beschränkt werden, als der Antragsteller für bestimmte Fachgebiete Fachkenntnisbescheinigungen, gültige Lehrgangsbescheinigungen oder sonstige **gleichwertige Fachkenntnisnachweise** vorgelegt hat. Die „Gleichwertigkeit" der Fachkenntnisnachweise bestimmt sich nach § 13 UAG (lesen!). Die Prüfung über praktische Probleme aus der Arbeit des Umweltgutachters ist nicht ersetzbar. Sie besteht aus einem zehnminütigen Sachvortrag über ein Thema, das dem Antragsteller mindestens 30 Minuten vor Beginn der Prüfung mitgeteilt worden ist. Die Prüfungsdauer für die sonstigen Fachgebiete beträgt jeweils 15 Minuten, was eine Gesamtprüfungsdauer von im Normalfall 90 Minuten ergibt. Die Einzelheiten des Prüfungsverfahrens sind in einer **Rechtsverordnung** der Bundesregierung vom 18.12.1995 (mit dem offiziellen Titel „Verordnung über das Verfahren zur Zulassung von Umweltgutachtern und Umweltgutachterorganisationen sowie zur Erteilung von Fachkenntnisbescheinigungen nach dem Umweltauditgesetz", **UAG-Zulassungsverfahrensverordnung**, kurz: UAGZVV) geregelt, von der alle, die in diesem Bereich beruflich Fuß fassen wollen, unbedingt Kenntnis nehmen sollten (BGBl. I 1995, S. 1841 oder anfordern beim BMU, Anschrift: → Kap. 7/RN 18).

57

Bei der Zulassungsprüfung zum Umweltgutachter fällt bislang deutlich mehr als die Hälfte der Kandidaten durch. Hauptgrund hierfür sind defizitäre Kenntnisse in den Bereichen Recht sowie Strukturen und Funktionsweisen von (Umwelt-)Managementsystemen.

58

→ § 18 UAG

Umweltgutachter und Umweltgutachterorganisationen, die in einem anderen Mitgliedstaat der EU nach dem dortigen nationalen Recht zugelassen worden sind, bedürfen keiner erneuten Zulassung in Deutschland, sondern haben der DAU ihre gutachterliche Tätigkeit im Bundesgebiet lediglich vorher anzuzeigen.

Aufsicht

59

→ Art. 6 Öko-
Audit-VO
i.V.m. §§ 15 ff.
UAG

Um die Glaubwürdigkeit des gesamten Umwelt-Audit-Systems sicherzustellen, die Entwicklung eines entsprechenden Berufsethos zu ermöglichen und eine Dumping-Konkurrenz zu verhindern, bedarf es einer effektiven Aufsicht. Umweltgutachter, Umweltgutachterorganisationen und Inhaber von Fachbescheinigungen sind von der DAU in regelmäßigen Abständen, mindestens alle 36 Monate nach Wirksamwerden der Zulassung oder der Fachkenntnisbescheinigung, dahin zu überprüfen, ob sie die Voraussetzungen für die Zulassung bzw. Fachkenntnisbescheinigung weiterhin erfüllen. Dabei muß auch eine Überprüfung der Qualität der vorgenommenen Begutachtungen erfolgen. Umweltgutachter und Inhaber von Fachkenntnisbescheinigungen sind zur Fortbildung verpflichtet. Zum Zwecke der Überprüfung können die Vertreter der DAU die Geschäftsräume des Kontrollierten zu den üblichen Geschäftszeiten betreten sowie alle erforderlichen Maßnahmen (insbesondere Anordnungen und Untersagungen) treffen. Sie können ferner die Zulassung und Fachkenntnisbescheinigung unter bestimmten, gesetzlich konkretisierten Voraussetzungen zurücknehmen (nur mit Wirkung für die Zukunft) oder widerrufen (auch rückwirkend möglich).

4. Registrierung geprüfter Standorte

60

→ Art. 18
Öko-Audit-VO
i.V.m. §§ 32 ff.
UAG

Die Registrierung geprüfter Standorte obliegt in Deutschland den **Industrie- und Handelskammern** (IHKs) und den **Handwerkskammern**. Diese tragen den Standort in ein entsprechendes Verzeichnis ein und teilen ihm eine Registriernummer mit, sofern glaubhaft gemacht ist, daß der Standort alle Bedingungen der Verordnung erfüllt. Die Kammern benennen eine gemeinsame Stelle, die der EU-Kommission am Ende eines jeden Jahres ein fortgeschriebenes Verzeichnis der registrierten Betriebsstandorte übermittelt. Die IHKs und Handwerkskammern können vereinbaren, daß ihre Aufgaben auf *eine* IHK oder *eine* Handwerkskammer ganz oder teilweise übertragen werden (sog. Aufgabenkonzentration). Hiervon ist bislang jedoch nur sehr spärlich Gebrauch gemacht worden. Lediglich in Bayern ist die IHK München zur alleinigen Registrierungsstelle bestimmt worden. Jeder Bürger ist entsprechend dem Umweltinformationsgesetz (→ Kap. 6/RN 43 ff.) berechtigt, das Standortregister einzusehen. So wie die IHKs und Handwerkskammern für die Eintragung geprüfter Standorte zuständig sind, sind sie es auch für die Streichung oder die vorübergehende Aufhebung von Eintragungen.

5. Kosten

Die Gesamtkosten für die **Einführung eines Umweltmanagementsystems**   **61**
schwanken je nach Betriebsstandort zwischen 6 000 DM und 800 000 DM
(Mittelwert: 102 241 DM), wobei die Kosten für 41 Prozent der Standorte bis
50 000 DM und für 25 Prozent der Standorte bis 100 000 DM betragen. Die
Kosten der **Validierung** richten sich nach dem privatrechtlichen Vertrag, den
das Unternehmen mit dem Umweltgutachter abschließt und können grundsätzlich frei vereinbart werden. Aus Unternehmensbefragungen weiß man,
daß die Validierungskosten in der gewerblichen Wirtschaft zwischen 1 500
DM und 126 000 DM (Mittelwert: 15 675 DM) liegen. Die Kosten für die
Registrierung eines Standorts werden von den Kammern in Gebührensatzun-
gen geregelt. Sie belaufen sich nach bisherigen Erkenntnissen auf 20 DM bis
5 000 DM (Mittelwert: 1 046 DM).

Für Amtshandlungen auf der Grundlage des Umweltauditgesetzes werden   **62**
Gebühren und Auslagen erhoben. Die konkrete Höhe ergibt sich aus der   → § 36 UAG
„Verordnung über Gebühren und Auslagen für Amtshandlungen der Zulassungsstelle und des Widerspruchsausschusses bei der Durchführung des Umweltauditgesetzes (**UAG-Gebührenverordnung** – UAGGebV) des BMU
vom 18.12.1995 (BGBl. I 1995, S. 2014 oder anzufordern beim BMU, Anschrift: → Kap. 7/RN 18). Nach den bislang vorliegenden praktischen Erfahrungen kostet etwa die **Zulassung als Umweltgutachter** – einschließlich der
Prüfungsgebühren – zwischen 10 000 und 12 000 DM.

6. Finanzielle Förderung

Um die Beteiligung vor allem kleiner und mittlerer Unternehmen am Umwelt-   **63**
Audit zu fördern, hat die deutsche Bundesregierung eine Reihe von Maßnah-   → Art. 13
men ergriffen: Öko-Audit-
          VO

* Aus Mitteln des sogenannten ERP (= European Recovery Programme)-Sonderver-
  mögens stellt die Bundesregierung Darlehen zu besonders günstigen Konditionen
  für die Finanzierung umweltrelevanter Investitionen, die wegen des Umwelt-Audits notwendig werden, zur Verfügung. Nähere Auskünfte erteilt die Deutsche
  Ausgleichsbank, Wielandstr. 4, 53170 Bonn. Sie ergänzt die ERP-Förderung aus
  ihrem DAA-Umweltprogramm.
* Förderungsmöglichkeiten bestehen aus Mitteln der EU-Strukturfonds über die Ge-
  meinschaftsinitiative „KMU" für kleine und mittlere Unternehmen in allen neuen
  und einigen alten Bundesländern.
* Bei der beim Bundesministerium für Wirtschaft angesiedelten Beratungsförderung
  für kleine und mittlere Unternehmen ist eine Bezuschussung von Beratungsdienst-
  leistungen im Rahmen der Umweltbetriebsprüfung möglich. Voraussetzung hierfür
  ist, daß die Beratung auf eine grundlegende Verbesserung der betrieblichen Situation gerichtet ist.
* Im Rahmen des Umweltprogramms der Kreditanstalt für Wiederaufbau können bei
  der Vergabe von Krediten auch Kosten für externe Gutachter, die im Zusammen-

hang mit der Umweltbetriebsprüfung nach der Öko-Audit-Verordnung tätig werden, berücksichtigt werden. Informationen sind erhältlich bei: Kreditanstalt für
Wiederaufbau, Postfach 11 11 41, 60046 Frankfurt am Main.
- Das BMU hat ferner eine „Übersicht der laufenden bzw. geplanten Förderaktivitä-
ten der Länder im Kontext EG-Öko-Audit-VO 1836/93" erarbeitet. Diese kann
kostenlos beim BMU bezogen werden. Eine Zusammenstellung der Förderpro-
gramme für betriebliche Umweltschutzmaßnahmen liefert ferner das Werk „Inve-
stitionshilfen im Umweltschutz. Ein Praxisleitfaden mit Gesetzes-, Verordnungs-
und Richtliniensammlung", zusammengestellt und bearbeitet von Hans Langer, 3.
Aufl., Bundesanzeiger Nr. 167a vom 5.9.1995.

7.   Gesamtbewertung

64   Das Umwelt-Audit-Verfahren in seiner bisherigen Form sieht sich in der
wissenschaftlichen Literatur einer Reihe von kritischen Einwänden ausgesetzt. Hiermit wird sich auf europäischer Ebene die Kommission (→ Kap. 4/
RN 7) zu beschäftigen haben, da sie verpflichtet ist, spätestens bis zum
13.4.2000 das Öko-Audit-System anhand der bis dahin gemachten Erfahrungen zu überprüfen und dem Rat (→ Kap. 4/RN 6) ggf. geeignete Änderungen
(insbesondere hinsichtlich des Umfangs des Systems und der etwaigen Einführung eines – in der Produktwerbung einsetzbaren – Zeichens) vorzuschla-
65   gen.

Die Umwelt-Audit-Verordnung stellt ein zu verfahrenslastiges Instrument
dar, das durch EU-weite materielle Ge- und Verbote sowie Mindeststandards
ergänzt werden muß. Zweifelhaft ist weiter, ob die Umwelterklärung in ihrer
bisherigen Form ausreicht, um die Öffentlichkeit wirksam zu informieren. Sie
enthält keine Angaben über die wirklichen Umweltleistungen des Unternehmens. Auch das Zusenden an den Bürger auf dessen Anforderung hin (welcher
Bürger erfährt schon von der Existenz einer Umwelterklärung?) ist ungenü-
gend, um eine breite öffentliche Diskussion anzustoßen. Stattdessen sollte
darüber nachgedacht werden, die Umwelterklärungen in allgemein zugänglichen Medien zentral zu veröffentlichen und in der Teilnahmeerklärung auf die
Fundstelle der Umwelterklärung zu verweisen. Darüber hinaus muß sich die
Öko-Audit-Verordnung bzw. das nationale Umsetzungsrecht mehr als bisher
dem Problem der hohen Zeit-, Arbeits- und vor allem Kostenintensität des
Öko-Audit gerade für kleine und mittlere Unternehmen (KMUs) annehmen.
Diese arbeiten regelmäßig ohne eigene Rechts- und Umweltschutzabteilung
und sind daher in über 90 Prozent der Fälle auf externe Beratung angewiesen.
Außerdem ist eine Teilnahmepflicht zu erwägen. Damit wäre die Erarbeitung
der, für den „normalen" Bürger in ihrem Aussagegehalt ohnehin kaum richtig
einzuschätzenden Umwelterklärung entbehrlich. Was abschließend das im
Umweltauditgesetz gewählte Umsetzungsmodell angeht, so sind hier einige
„ökonomische Einseitigkeiten" zu beklagen, die behoben werden sollten.

8. Ansprechpartner für Informationen

Fragen zum Thema Öko-Audit sind primär an die örtlich zuständige IHK oder   **66**
Handwerkskammern zu adressieren. Daneben stehen folgende überregionale
Ansprechpartner zur Verfügung:

- BMU (Anschrift: → Kap. 7/RN 18)
- UBA (Anschrift: → Kap. 7/RN 20)
- DAU: Adenauerallee 148, 53113 Bonn, Tel.: 0228/104560(63)
- Deutscher Industrie- und Handelstag: Adenauerallee 148, 53113 Bonn, Tel.: 0228/
  1040
- Zentralverband des Deutschen Handwerks: Johanniterstr. 1, 53113 Bonn, Tel.:
  0228/5450
- Bundesverband der Deutschen Industrie e.V.: Gustav-Heinemann-Ufer 84-88,
  50968 Köln, Tel.: 0221/37081
- Deutscher Gewerkschaftsbund – Abteilung Umweltpolitik: Hans-Böckler-Str. 39,
  40476 Düsseldorf, Tel.: 0211/4 301300
- Bundesverband Freier Berufe: Godesberger Allee 54, 53175 Bonn, Tel.: 0228/3766
  35.

II. Pflichten zur umweltschutzsichernden Betriebsorganisation

Das Öko-Audit ist *freiwillig*. Es gibt aber daneben auch vereinzelt *Rechts-*   **67**
pflichten zu einer umweltschutzsichernden Betriebsorganisation. Betroffen   → §§ 52a
hiervon sind Unternehmen, die unter das Bundes-Immissionsschutzgesetz   BImSchG, 53
(§ 52a BImSchG) und/oder das Kreislaufwirtschafts- und Abfallgesetz (§ 53   KrW-/AbfG
KrW-/AbfG) fallen.

1. Mitteilungspflichten

Die §§ 52a BImSchG, 53 KrW-/AbfG begründen eine zweifache Mitteilungs-   **68**
pflicht. Der erste Absatz der genannten Vorschriften wendet sich jeweils an
Betreiber genehmigungsbedürftiger Anlagen in Form von Kapitalgesellschaf-
ten (z.B. AG, GmbH) und Personengesellschaften (z.B. OHG, KG), bei denen
das vertretungsberechtigte Organ aus *mehreren vertretungsberechtigten Ge-*
sellschaftern besteht. Diese haben der zuständigen Behörde anzuzeigen, wer
von ihnen nach der unternehmensinternen Geschäftsverteilung die Pflichten
des Betreibers im Sinne des Immissionsschutzrechts (bzw. des Besitzers im
Sinne des Abfallrechts) wahrzunehmen hat. Sind die Aufgaben auf mehrere
verteilt, müssen diese unter Angabe ihrer jeweiligen Verantwortungsbereiche
mitgeteilt werden. Sinn und Zweck der Vorschrift ist die Schaffung von Trans-
parenz für die Behörden. Diese sollen wissen, wer für sie der kompetente
Ansprechpartner ist, an den sie sich im Bedarfsfall zu wenden haben.

Beachte: Die Anzeigepflicht ändert nichts an den *Verantwortlichkeiten* (Vertretung, Geschäftsführung, Haftung) der Gesellschafter im Innen- und Außenverhältnis. Diese richten sich weiterhin nach den jeweiligen gesellschaftsrechtlichen Bestimmungen.

69   §§ 52a II BImSchG, 53 II KrW-/AbfG verpflichten *alle* Betreiber von genehmigungsbedürftigen Anlagen, der zuständigen Behörde mitzuteilen, auf welche Weise sichergestellt ist, daß

- die dem Schutz vor schädlichen Umwelteinwirkungen und vor sonstigen Gefahren, erheblichen Nachteilen und erheblichen Belästigungen dienenden Vorschriften und Anordnungen bzw.
- die der Vermeidung, Verwertung und umweltverträglichen Beseitigung von Abfällen dienenden Vorschriften und Anordnungen

beim Betrieb beachtet werden.

Ist nach §§ 52a I BImSchG, 53 I KrW-/AbfG ein Verantwortlicher aus der Geschäftsleitung benannt worden, trifft diesen im Rahmen seiner Geschäftsführungsbefugnis die Mitteilungspflicht. Was die konkreten Anforderungen an die Mitteilungspflicht angeht, so enthält das Gesetz keine Vorgaben. In der Sache geht es jedenfalls um Angaben zur Betriebsorganisation. Die §§ 52a BImSchG, 53 KrW-/AbfG setzen eine funktionierende, umweltschutzsichernde Betriebsorganisation quasi als „selbstverständlich" voraus. Sie gehen davon aus, daß eine solche aus haftungs- und strafrechtlichen Gründen ohnehin ein Eigeninteresse der Unternehmer darstellt. Gerade weil das Gesetz aber in diesem Punkt sehr „schweigsam" ist, erscheint es umso wichtiger zu versuchen, den Inhalt der Betriebsorganisation allgemein (→ RN 70) und hinsichtlich der konkreten Einzelanforderungen (→ RN 71 ff.) mit Substanz zu füllen.

2. Begriff der Betriebsorganisation

70   Unter Betriebsorganisation versteht man *allgemein* alle „innerbetrieblichen Regelungen, durch die Betriebseinrichtungen, -funktionen und -abläufe zum Erreichen des Unternehmensziels planvoll verknüpft werden. Hierzu gehört vor allem eine klare Aufbau- und Ablaufplanung." (*Feldhaus*, NVwZ 1991, 927 ff.).

Im einzelnen werden zur Betriebsorganisation verschiedene Teilregelungen gezählt. Zunächst fällt hierunter die Regelung der **Verantwortlichkeit in der Geschäftsleitung** (→ RN 72). Daneben bilden die Bestimmungen über die unterschiedlichen **Betriebsbeauftragten für den Umweltschutz** ein Herzstück der Betriebsorganisation. Auf sie wird im folgenden Abschnitt III. gesondert eingegangen (→ RN 83 ff.). Schließlich gelten für Anlagen, die der **Störfall-Verordnung** (→ Kap. 8/RN 29) unterliegen, eine Reihe von speziellen Vorschriften, in denen die Ablauforganisation im einzelnen niedergelegt ist (vgl. insbesondere § 6 Störfall-VO). Allgemein gilt nach der Störfall-Verordnung, daß neben den technischen Maßnahmen die erforderlichen organisatorischen Schutzvorkehrungen zu treffen sind, um die Auswirkungen von Störfällen so gering wie möglich zu halten.

Die Mitteilungen dienen zum einen der Selbstkontrolle des Betreibers und zum anderen der Unterstützung und Entlastung der behördlichen Überwachung. Nicht bezweckt ist somit die behördliche Überprüfung der innerbetrieblichen Sicherheitsstruktur. Damit würden einerseits die Behörden überfordert und andererseits die Organisationsfreiheit der Betriebe unverhältnismäßig eingeschränkt.

3.   Einzelanforderungen an die Betriebsorganisation

Die konkreten Einzelanforderungen in puncto umweltschutzsichernder Betriebsorganisation richten sich nach den **Besonderheiten der jeweiligen Anlage**. Generell gilt: Je komplexer die Anlage und je höher ihr Gefährdungspotential, desto höher sind die Anforderungen. Es ist schwierig, allgemeingültige Kriterien zu formulieren. Gleichwohl haben sich in der Praxis eine Reihe von **Regelanforderungen** herausgebildet, die eine weithin akzeptierte Gültigkeit beanspruchen können. Sie sollen nunmehr vorgestellt werden: **71**

- **Organisationsplan zur Festlegung der Verantwortlichkeiten**   **72**
  In einem betriebsinternen Organisationsplan ist zu dokumentieren, „wer in der Geschäftsleitung und welche Organisationseinheiten auf den jeweiligen Unternehmens- oder Betriebseinheiten zur Erfüllung welcher Aufgaben verantwortlich sind. Die Zuständigkeiten innerhalb der Geschäftsleitung und zwischen den Organisationseinheiten sind klar abzugrenzen, die Weisungsbefugnisse unter den Linienverantwortlichen festzulegen." (*Feldhaus*, a.a.O.)
- **Überwachungs- und Wartungskonzept**   **73**
  Die für die innerbetriebliche Überwachung geltenden Pflichten müssen in Form eines Überwachungs- und Wartungskonzepts geklärt werden. Dies gilt erst recht in den Fällen, in denen dies rechtsverbindlich vorgeschrieben ist, wie etwa nach § 6 Störfall-VO, der Großfeuerungsanlagen-Verordnung oder der TA Luft.
- **Vorkehrungen für den Störfall**   **74**
  Generell und nicht nur bei Anlagen, die ohnehin unter die Störfall-Verordnung fallen, sind betriebsorganisatorische Regelungen notwendig, wenn Störungen des bestimmungsgemäßen Betriebs der Anlage Umweltgefahren verursachen können. In jedem Fall sollten die Meldewege und die innerbetrieblichen Entscheidungskompetenzen (wer darf welche Anlagen

unter welchen Voraussetzungen abschalten?) sowie die Details der Mitteilungen an die zuständige Behörde klar geregelt und ausreichend im Betrieb bekannt gemacht werden (vgl. *Feldhaus*, a.a.O.).

75   • **Unterrichtung und Schulung**

Zu einer funktionierenden Betriebsorganisation rechnet man darüber hinaus die regelmäßige Unterrichtung und/oder Schulung der Betriebsangehörigen in Fragen des Immissionsschutzes bzw. der Abfallvermeidung einschließlich der Anlagensicherheit. Auch über neue, den Betrieb betreffende (Umwelt-)Rechtsentwicklungen ist zu informieren.

76   • **Verfahren für Verbesserungsvorschläge**

Aus den Erfahrungen mit der Qualitätssicherung (→ RN 4) heraus hat sich auch die Einrichtung eines Verfahrens für Verbesserungsvorschläge bewährt, das mittels eines permanenten Erfahrungsrückflusses und offener Kommunikationskanäle bis hinauf zur Geschäftsleitung zur ständigen Optimierung der Qualität und Verringerung der Risiken von Produkten und Produktion beiträgt.

77   • Bei *größeren Betrieben* können Vorkehrungen sinnvoll sein, wie der **Jahresbericht des Umweltschutzbeauftragten** (→ RN 91) zur Verbesserung der Aufbau- und Ablauforganisation auszuwerten ist. Ferner kann es in Großunternehmen ratsam erscheinen, die betriebsorganisatorischen Regelungen in Handbüchern und (konkreten) Anweisungen des Betriebs oder des Unternehmens zusammenzufassen. Für die Zukunft werden einheitliche Regelungen, die sich um eine **Vernetzung** von Öko-Audit, Betriebsorganisation, Qualitätssicherung und Arbeitsschutz bemühen, von herausragender Bedeutung sein, auch und gerade um den Umweltschutz im Betrieb effizient und mit größtmöglichen Synergieeffekten zu verwirklichen (vgl. *Feldhaus*, a.a.O.).

78   **Hinweis:** In diesem Zusammenhang gehört auch das am 21.8.1996 in Kraft getretene **Arbeitsschutzgesetz** (BGBl. I 1996, S. 1246), das sozusagen den „Allgemeinen Teil" des Arbeitsschutzrechts darstellt und neben die Spezialvorschriften der Gewerbeordnung oder des Arbeitssicherheitsgesetzes tritt. Das Arbeitsschutzgesetz beinhaltet u.a. eine Gefährdungsbeurteilungs- und Dokumentationspflicht des Arbeitgebers (§§ 5, 6 ArbSchG) sowie eine Reihe von Pflichten und Rechten der Beschäftigten (§§ 15 – 17 ArbSchG). Da es dabei aber primär um den Schutz der Gesundheit von Arbeitern und nicht um den Umweltschutz geht, wird hier von einer eingehenden Darstellung dieses Gesetzes Abstand genommen. Wer sich hierfür näher interessiert, möge lesen: *Markus Vogl*, Das neue Arbeitsschutzgesetz, NJW 1996, S. 2753–2757.

4.   Umfang der Mitteilungspflicht

79   Im Rahmen von §§ 52a II BImSchG, 53 II KrW-/AbfG müssen nicht alle betriebsorganisatorischen Regelungen mitgeteilt werden. Vielmehr genügt es, wenn die Behörde in die Lage versetzt wird zu beurteilen, ob die umweltschutzsichernde Betriebsorganisation Mängel aufweist, die die Erfüllung der zu beachtenden umweltrechtlichen Anforderungen gefährden könnten.

Unverzichtbar sind dabei im Normalfall zumindest folgende Angaben (vgl. *Feldhaus*, a.a.O.): **80**

- **Verantwortlichkeiten** innerhalb der Geschäftsleitung (unter Namensnennung), Verantwortlichkeiten in den einzelnen Organisationseinheiten sowie Weisungsbefugnisse unter den Linienverantwortlichen (Organisationsstruktur). Hinsichtlich der Verantwortlichen unterhalb der Geschäftsleitung genügt regelmäßig eine Funktionsbeschreibung.
- Aufgaben und Einbindung **zentraler Dienste** oder **Stabsstellen**, die Eigenkontrollen durchführen.
- Organisation und Einbindung der **Umweltschutzbeauftragten** mit folgenden Einzelangaben: Aufgaben, Entscheidungsbefugnisse von Störfallbeauftragten, Verhältnis zu Linienverantwortlichen, Koordinierung zwischen mehreren Umweltschutzbeauftragten und für Arbeitsschutz verantwortlichen Personen, Bildung eines Umweltausschusses, Weisungsunabhängigkeit, Ausstattung, Regelung der Arbeitszeit.
- **Überwachungssystem:** Überwachungs- und Wartungskonzepte, Kontrollen, Regelungen bei Betriebsstörungen (Meldewege), innerbetriebliche Entscheidungsbefugnisse, Berichtspflichten.
- **Unterrichtung** und **Schulung** von Betriebsangehörigen.

Weitere Angaben können im Einzelfall hinzukommen, etwa nach der Störfall-Verordnung über Aufzeichnungen, Inspektionen und Wartungen. Außerdem kann der Betreiber aus freien Stücken weitere und genauere Angaben zur Betriebsorganisation machen. Auch wesentliche Änderungen der Betriebsorganisation sind der Behörde mitzuteilen. **81**

5. Mängel der Betriebsorganisation

Mängel in der Betriebsorganisation können öffentlich-rechtliche, strafrechtliche (→ Kap. 19/RN 1 ff.) oder haftungsrechtliche (→ Kap. 17/RN 1 ff.) Folgen nach sich ziehen. Hier werden nur die öffentlich-rechtlichen Konsequenzen thematisiert. Hinsichtlich des **Genehmigungsverfahrens** ist zu beachten: Die umweltschutzsichernde Betriebsorganisation bildet sich gewöhnlich erst nach dem Beginn der Betriebstätigkeit schrittweise heraus. Sie kann von daher keine Genehmigungsvoraussetzung i.S.v. § 6 BImSchG (→ Kap. 8/RN 18 ff.), jedenfalls nicht bei der Erstgenehmigung, sein. Bei einer Änderungsgenehmigung nach § 15 BImSchG (→ Kap. 8/RN 62 f.) kann sie Genehmigungsvoraussetzung sein, wenn eine wesentliche Änderung des Betriebs der Anlage vorliegt. In diesem Fall ist auch an Nebenbestimmungen nach § 12 **82**

BImSchG (→ Kap. 8/RN 51 ff.) zu denken. Stellt die Behörde später Mängel der Betriebsorganisation fest, kann sie gem. § 17 BImSchG im Wege **nachträglicher Anordnungen** deren Beseitigung verlangen (→ Kap. 8/RN 64 ff.). Auch hier darf jedoch behördlicherseits keine bestimmte Betriebsorganisation vorgeschrieben werden, das „Wie" der Mängelbeseitigung muß vielmehr im Ermessen des Betreibers bleiben. Widersetzt sich der Betreiber einer nachträglichen Anordnung, so ist eine vollständige oder teilweise **Untersagung** des Betriebs der Anlage nach § 20 BImSchG (→ Kap. 8/RN 70) möglich. Auch die rechtzeitige und ordnungsgemäße **Erfüllung der Mitteilungspflichten** nach §§ 52a BImSchG, 53 KrW-/AbfG kann durch nachträgliche Anordnung mit anschließendem Verwaltungszwang (→ Kap. 2/RN 5), d.h. vor allem Zwangsgeld, durchgesetzt werden. Der Verstoß gegen die §§ 52a BImSchG, 53 KrW-/AbfG begründet keine bußgeldbewehrte Ordnungswidrigkeit (→ Kap. 19/RN 5, 99).

III.   Betriebsbeauftragte für den Umweltschutz

1.   Begrifflichkeit

83

Die Begriffe „Betriebsbeauftragter für den Umweltschutz" bzw. „Umweltschutzbeauftragter" stellen Sammelbezeichnungen dar. Das Gesetz kennt nur spezielle „Umweltschutzbeauftragte", etwa den Immissionsschutzbeauftragten, den Störfallbeauftragten, den Abfallbeauftragten oder den Gewässerschutzbeauftragten (→ RN 86 ff.). In der Praxis sind sog. **Mehrfach-Beauftragte** bzw. **Konzern-Beauftragte** an der Tagesordnung. Damit wird zum Ausdruck gebracht, daß die Aufgaben mehrerer Umweltschutzbeauftragter für einen Betrieb in einer Person zusammengefaßt werden (Mehrfach-Beauftragter) oder ein Umweltschutzbeauftragter für mehrere Unternehmen eines Konzerns zuständig ist (Konzern-Beauftragter). Sowohl der Mehrfach-Beauftragte als auch der Konzern-Beauftragte muß die Qualifikation aller „Fach"-Beauftragten haben, deren Aufgaben er wahrnimmt. Der Bestellpflichtige hat darauf zu achten, daß der Beauftragte mit der Wahrnehmung der ihm übertragenen Aufgaben nicht überfordert wird. Ist die zuständige Behörde der Ansicht, daß dies der Fall ist, so kann sie intervenieren und die Bestellung eines anderen oder eines zusätzlichen Betriebsbeauftragten verlangen. Zum Teil lassen die Gesetze auch, zumal für kleinere Unternehmen, Umweltschutzbeauftragte zu, die nicht dem Betrieb angehören (**nichtbetriebsangehörige Betriebsbeauftragte**).

84   Der Umweltschutzbeauftragte verkörpert kein Element staatlicher Kontrolle, sondern ein privatrechtliches Mittel **betrieblicher Eigenüberwachung**. Er ist selbst Mitarbeiter des Unternehmens, das er überwacht, mit allen Konsequenzen für seine Stellung im Betrieb. Praktisch bedeutet dies vor allem, daß er auf ein funktionierendes Vertrauensverhältnis zu seinem Arbeitgeber zwingend angewiesen ist. Der Umweltschutzbeauftragte ist nicht einer Behörde, sondern nur dem Betreiber gegenüber verantwortlich. Dies äußerst sich z.B. darin, daß die Umweltverwaltung von ihm keine Auskünfte oder Herausgabe von Unterlagen verlangen kann.

Der Umweltschutzbeauftragte wird von dem Betriebsinhaber schriftlich, in der Praxis geschieht dies regelmäßig durch Arbeits- oder Dienstvertrag, bestellt, wobei seine konkreten Aufgaben genau bezeichnet werden müssen. Der Betreiber hat die Bestellung der zuständigen Behörde anzuzeigen. Person und Anzahl der Beauftragten sind durch den Betreiber zu bestimmen. Die Behörde hat darauf nur dann Einfluß, wenn es an den Voraussetzungen der **Fachkunde** und/oder der **Zuverlässigkeit** des zu Bestellenden mangelt. In den Fällen, in denen das Gesetz die Bestellung eines Betriebsbeauftragten vorschreibt, ist der Unternehmer hierzu rechtlich *verpflichtet*. Diese Pflicht kann ggf. mittels Zwangsgelds durchgesetzt werden und ist zumeist als Ordnungswidrigkeit (→ Kap. 19/RN 5) bußgeldbewehrt (Wasserrecht: bis zu 100 000 DM; Abfallrecht: bis zu 20 000 DM). Vor der Bestellung, bei Veränderungen im Aufgabenbereich und bei der Abberufung des Betriebsbeauftragten hat der Betreiber z.T. den **Betriebs-** oder **Personalrat** rechtzeitig zu unterrichten. Ein Mitbestimmungsrecht des Betriebsrats bei der Bestellung des Betriebsbeauftragten gibt es nur ausnahmsweise, wenn die Bestellung zugleich arbeitsrechtlich eine Versetzung darstellt (in der Regel bei Vollzeittätigkeit) bzw. wenn jemand für die Tätigkeit als Betriebsbeauftragter neu eingestellt wird.

85

2. Arten

a) Immissionsschutzbeauftragter

Immissionsschutzbeauftragte sind für alle Anlagen zu bestellen, die in Anhang I zur 5. BImSchV über Immissionsschutz- und Störfallbeauftragte genannt sind. Für sonstige Anlagen, die wegen der Umweltrelevanz der Emissionen oder der Erzeugnisse oder wegen der technischen Probleme der Emissionsbegrenzung besonders gefährlich sind, ohne daß sie bereits in der 5. BImSchV aufgeführt sind, kann (Ermessen! → Kap. 3/RN 22 ff.) die zuständige Behörde die Bestellung im Einzelfall anordnen. Dies geht auch gegenüber dem Betreiber einer nichtgenehmigungsbedürftigen Anlage (→ Kap. 8/RN 76 ff.). Die Anforderungen an die Fachkunde und Zuverlässigkeit des Betriebsbeauftragten sind in der 6. BImSchV geregelt.

86
→ §§ 53 ff.
BImSchG
i.V.m. 5., 6.
BImSchV

b) Störfallbeauftragter

Betreiber genehmigungsbedürftiger Anlagen haben nach dem Bundes-Immissionsschutzgesetz ferner einen oder mehrere Störfallbeauftragte(n) zu bestellen, sofern dies im Hinblick auf die Art und Größe der Anlage wegen der bei

87
→ §§ 58a ff.
BImSchG
i.V.m. 5.
BImSchV

einem Störfall (→ Kap. 8/RN 29) auftretenden Gefahren erforderlich ist. Primär sind dies die in § 1 II i.V.m. Anlage I 12. BImSchV aufgeführten Anlagen. Auch hier hat die Bestellung außerdem dann zu erfolgen, wenn sie von der zuständigen Behörde aufgrund des besonderen Gefahrenpotentials der Anlage im Einzelfall angeordnet wird. Es gelten die o.g. Anforderungen bezüglich der Fachkunde (→ RN 48 ff.) und Zuverlässigkeit (→ RN 46).

c) Abfallbeauftragte

88

→ §§ 53 ff.
KrW-/AbfG

Nach dem Kreislaufwirtschafts- und Abfallgesetz (→ Kap. 11/RN 39) wird die Pflicht zur Bestellung eines Abfallbeauftragten im Vergleich zur alten Rechtslage nach § 11a AbfG deutlich ausgeweitet. Nunmehr müssen

- Betreiber von genehmigungsbedürftigen Anlagen i.S.d. § 4 BImSchG (→ Kap. 8/RN 15 ff.),
- von Anlagen, in denen regelmäßig besonders überwachungsbedürftige Abfälle anfallen,
- von ortsfesten Sortier-, Verwertungs- oder Abfallbeseitigungsanlagen sowie
- Abfallbesitzer i.S.d. § 26 KrW-/AbfG

einen oder mehrere Abfallbeauftragte(n) bestellen. Hiervon werden zum einen sowohl öffentlich-rechtliche als auch privat-rechtliche Betreiber und Abfallbesitzer und zum anderen nicht nur Eigentümer, sondern auch Mieter oder Pächter erfaßt. Die Pflicht zur Bestellung eines Abfallbeauftragten greift aber nur ein, wenn dies im Hinblick auf die Art und Größe der Anlagen erforderlich ist. Eine solche Erforderlichkeit kann sich unter drei Gesichtspunkten ergeben:

- aufgrund der in den Anlagen anfallenden, verwerteten oder beseitigten Abfälle
- aufgrund technischer Probleme der Vermeidung, Verwertung oder Beseitigung oder
- aufgrund der Eignung der Produkte oder Erzeugnisse, Probleme hinsichtlich der ordnungsgemäßen Verwertung oder Beseitigung hervorzurufen.

Wann dies im einzelnen der Fall ist, wird durch eine Rechtsverordnung (→ Kap. 2/RN 17) des BMU noch genauer geregelt werden.

d) Gewässerschutzbeauftragter

89

→ §§ 21a ff.
WHG

Ein Gewässerschutzbeauftragter ist von Gewässerbenutzern (→ Kap. 9/RN 14 ff.) zu bestellen, die an einem Tag mehr als 750 m³ Abwasser einleiten dürfen. Dabei kommt es nicht darauf an, ob der Benutzer eine behördliche

Genehmigung hat oder nicht. Abgesehen davon kann die zuständige Behörde auch hier Einleitern von Abwasser die Bestellung eines Gewässerschutzbeauftragten per Verwaltungsakt (→ Kap. 3/RN 9) aufgeben. Schließlich besteht die Möglichkeit, die wasserrechtlichen Genehmigungen (→ Kap. 9/RN 20ff.) mit der Auflage (→ Kap. 8/RN 53) zu versehen, einen Gewässerschutzbeauftragten zu bestellen.

e) Sonstige

Weitere Umweltschutzbeauftragte (jedenfalls bei einem weiten Wortverständnis) sind der „Verantwortliche" für den Betrieb genehmigungsbedürftiger Anlagen auf Geschäftsleitungsebene (§§ 52a I BImSchG, 53 I KrW-/AbfG, → RN 68), der Strahlenschutz-Beauftragte/-Verantwortliche nach der Strahlenschutz-Verordnung, die Fachkräfte für Arbeitssicherheit nach dem Arbeitssicherheitsgesetz, der Beauftragte für die biologische Sicherheit nach dem Gentechnikgesetz (→ Kap. 13/RN 19) und der Gefahrgutbeauftragte nach der Gefahrgutbeauftragtenverordnung (→ Kap. 12/RN 7). Der rechtliche Status dieser Personen weicht zwar in einigen Punkten (etwa kein Benachteiligungs- bzw. Kündigungsschutz) von dem der o.g. Umweltschutzbeauftragten ab, insgesamt überwiegen jedoch die Gemeinsamkeiten, so daß es gerechtfertigt erscheint, auch hier von „Umweltschutzbeauftragten" zu sprechen.

90

3. Aufgaben

Die Aufgaben des Umweltschutzbeauftragten sind, bei allen Unterschieden im Detail, in den einzelnen Gesetzen ähnlich ausgestaltet, was es rechtfertigt, sie hier pauschal darzustellen. Zu den generellen Aufgaben des Betriebsbeauftragten für Umweltschutz rechnen demnach:

91

- die Kontrolle der Betriebsstätten und Durchführung von Messungen sowie die Überwachung der Einhaltung der für den jeweiligen Betrieb geltenden umweltrechtlichen Vorschriften (**Kontrollfunktion**),
- das Mitwirken an Vorschlägen für die Entwicklung und Einführung umweltfreundlicher(er) Verfahren und Erzeugnisse (**Initiativfunktion**),
- die Information der Betriebsangehörigen über Umweltgefahren und die Verhinderung von Umweltbeeinträchtigungen (**Aufklärungsfunktion**) bzw. die Warnung bei gefahrenverdächtigen Störungen oder Mängeln beim Brandschutz (**Warnfunktion**) und
- die jährliche Berichterstattung gegenüber dem Betriebsinhaber über die vom Umweltschutzbeauftragten getroffenen und beabsichtigten Maßnahmen (**Berichtsfunktion**). Der Störfallbeauftragte hat daneben die Pflicht, die von ihm bei Störfällen getroffenen Maßnahmen aufzuzeichnen (**Dokumentationsfunktion**).

- Der Immissionsschutzbeauftragte und der Abfallbeauftragte haben schließlich darüber hinaus den Betreiber und die Betriebsangehörigen in allen immissionsschutz- bzw. abfallrechtlich bedeutsamen Angelegenheiten zu beraten (**Beratungsfunktion**).

92   **Entscheidungsbefugnisse** hat der Umweltschutzbeauftragte grundsätzlich *nicht*. Er ist auf Hinweise und Meinungsäußerungen beschränkt. Lediglich dem Störfallbeauftragten können bei der Begrenzung von Störfällen und bei der Beseitigung ihrer Folgen Entscheidungskompetenzen übertragen werden, wenn die Störfälle mit Gefahren für die Umwelt verbunden sind oder sein können.

4. Pflichten des Betreibers

93   Dem Betreiber (bzw. – wasserrechtlich gesprochen – dem Benutzer) obliegen eine Reihe von Pflichten gegenüber dem Umweltschutzbeauftragten:

- Er soll den Umweltschutzbeauftragten allgemein bei seiner Tätigkeit unterstützen, d.h. alles tun, was ihm die Erfüllung seiner Aufgaben ermöglicht bzw. alles unterlassen, was ihn an der Wahrnehmung seiner Pflichten hindert (**Unterstützungspflicht**).

> **Beispiel:** Hierzu rechnen insbesondere eine aufgabenadäquate Ausstattung (Hilfspersonal, Räume, Einrichtungen, Geräte, Mittel, Aus- und Fortbildung etc.), organisatorische Vorkehrungen (Verschaffung von Zugang zu bestimmten Bereichen oder Abteilungen sowie zu Labors und anwendungstechnischen Instituten, Ermöglichung der Einsichtnahme in Betriebsunterlagen etc.) und die Zur-Verfügung-Stellung der für die Erfüllung seiner Aufgaben notwendigen Zeit.

- Er soll den Umweltschutzbeauftragten an umweltrelevanten Entscheidungen (Einführung neuer Verfahren oder Erzeugnisse, Investitionen) rechtzeitig beteiligen (**Beteiligungspflicht**).
- Er soll den Umweltschutzbeauftragten unmittelbar anhören, soweit dieser umweltrelevante Vorschläge macht oder Bedenken vorbringt (**Anhörungspflicht**). Er hat dem Umweltschutzbeauftragten hierzu ein *Vortragsrecht* direkt bei der Geschäftsleitung des Unternehmens einzuräumen.
- Er darf den Umweltschutzbeauftragten nicht als Betriebsmitglied „wegen der Erfüllung der ihm übertragenen Aufgaben" als Umweltschutzbeauftragter benachteiligen, wobei dem arbeitsrechtlich bestellten Umweltschutzbeauftragten z. T. ein besonderer Kündigungsschutz eingeräumt wird (**Benachteiligungsverbot**).

→ § 58 II
BImSchG

Beispiel: Der Immissionsschutzbeauftragte kann nur aus wichtigem Grund *fristlos* gekündigt werden. Eine *ordentliche* Kündigung ist – ähnlich wie beim Betriebsratsmitglied – nicht möglich. Auch nach der Abberufung als Immissionsschutzbeauftragter wirkt dieser besondere **Kündigungsschutz** noch nach. Denn auch in dem Jahr nach seiner Abberufung kann der (jetzt frühere) Immissionsschutzbeauftragte nur aus wichtigem Grund gekündigt werden. Das Benachteiligungsverbot ist ein Schutzgesetz i.S.d. § 823 II BGB (→ Kap. 17/RN 20), so daß seine Verletzung eine Schadensersatzpflicht nach sich zieht. Aber beachten Sie: In der Abberufung oder Versetzung wegen Unfähigkeit, Qualifikationsmängeln bzw. Nicht- oder Schlechterfüllung seiner Aufgaben liegt keine „Benachteiligung" des Umweltschutzbeauftragten.

Kontrollfragen:

1. Was versteht man unter „Öko-Audit"? (RN 2)
2. Die Rechtsgrundlagen des Öko-Audit sind „dreistufig". Nennen Sie die drei Stufen. (RN 6–8)
3. Welche Vorteile erhofft sich ein Unternehmen, das am Öko-Audit-System teilnimmt? (RN 13–19)
4. Wie lauten die einzelnen Stufen des Verfahrensablaufs beim Öko-Audit? (RN 21–44)
5. Was versteht man unter einem „Umweltmanagementsystem"? (RN 28 f.)
6. Wodurch unterscheiden sich das Öko-Audit und die Norm ISO 14001 und inwieweit sind beide gleichwertig? (RN 5, 11, 22, 30 f., 42)
7. In welchen Verfahrensstufen ist die Öffentlichkeit am Öko-Audit-System beteiligt? (RN 21, 29, 33, 37 f.)
8. Wie kann mit dem „Öko-Audit-Logo" geworben werden? Erläutern Sie den Hintergrund dieser Regelung. (RN 40 f.)
9. Welche Anforderungen sind an einen Umweltgutachter zu stellen? (RN 46–50)
10. Welche Behörden sind für die Zulassung und Beaufsichtigung von Umweltgutachtern zuständig? (RN 53–55)
11. Erläutern Sie Inhalt und Umfang der umweltschutzsichernden Mitteilungspflichten im Immissionsschutz- und Abfallrecht. (RN 68 f.)
12. Welche Regelanforderungen sind an eine umweltschutzsichernde Betriebsorganisation zu stellen? (RN 72–77)
13. Welche rechtlichen Konsequenzen können Mängel der umweltschutzsichernden Betriebsorganisation haben? (RN 82)
14. Welche „Umweltschutzbeauftragten" kennen Sie? (RN 86–90)
15. Beschreiben Sie die Aufgaben eines „Umweltschutzbeauftragten". (RN 91 f.)

Weiterführende Hinweise:
zu I:
Monographien:
Alijah, R./Heuvels, K. (Hrsg.), Praxishandbuch betriebliches Umweltmanagement, Loseblattwerk, 1995; *Bundesumweltministerium/Umweltbundesamt* (Hrsg.), Handbuch Umweltkostenrechnung, 1996; *Ensthaler, Jürgen/Füßler, Andreas/Nuissl, Dagmar/Funk, Michael*, Umweltauditgesetz/EG-Öko-Audit-Verordnung. Darstellung der Rechtsgrundlagen und Anleitung zur Durchführung eines Öko-Audit, 1996; *Ewert, Wolfgang/Lechelt, Rainer/Theuer, Andreas*, Handbuch Umweltaudit, 1998; *Falk, Heiko*, Die EG-Umwelt-Audit-Verordnung und das deutsche Umwelthaftungsrecht, 1998; *Kothe, Peter*, Das neue Umweltauditrecht, 1997; *Metzler, Arno/Alt, Volker*, Der Umweltgutachter, 1997; *Öko-Institut e.V. Darmstadt* (Hrsg.), Öko-Audit. Leitfaden und Arbeitsmaterialien zur Zertifizierung, 1995; *Umweltbundesamt* (Hrsg.), Verbesserung des betrieblichen Umweltschutzes durch Umweltbetriebsprüfungen: bisherige Erfah-

rungen und künftige Anforderungen im Rahmen der EG-Verordnung zum Umweltmanagement und zur Umweltbetriebsprüfung, 1995; *Schimmelpfennig, Lutz/Machmer, Dietrich* (Hrsg.), Öko-Audit: Umweltmanagement und Umweltbetriebsprüfung nach der EG-Verordnung 1836/93, 1995; *Wagner, Bernd* (Hrsg.), Umweltmanagement und Öko-Audit, CD ROM; *Waskow, Sigfried*, Betriebliches Umweltmanagement – Anforderungen nach der Audit- Verordnung der EG, 2. Aufl. (1997).

Aufsätze:
Dyllick, Thomas, Von der Debatte EMAS vs. ISO 14001 zur Integration von Managementsystemen, UWF 1997, S. 3–9; *Feldhaus, Gerhard*, Umwelt-Audit und Entlastungschancen im Vollzug des Immissionsschutzrechts, UPR 1997, S. 341–348; *ders.*, Wettbewerb zwischen EMAS und ISO 14001, UPR 1998, S. 41–44; *Freimann, Jürgen/ Schwaderlapp, Rolf*, Öko-Audit: „Grüner Punkt" für Unternehmen? – Umweltpolitische Aspekte einer ersten empirischen Studie, ZUR 1995, S. 485–496; *Köck, Wolfgang*, Das Pflichten- und Kontrollsystem des Öko-Audit-Konzepts nach der Öko-Audit-Verordnung und dem Umweltauditgesetz, VerwArch 1996, S. 644–681; *Lübbe-Wolff, Gertrude*, Die EG-Verordnung zum Umwelt-Audit, DVBl. 1994, S. 361–374; *dies.*, Öko-Audit und Deregulierung, ZUR 1996, S. 173–180; *Lütkes, Stefan*, Das Umweltauditgesetz – UAG, NVwZ 1996, S. 230–235; *Möllers, Thomas M.J.*, Qualitätsmanagement, Umweltmanagement und Haftung, DB 1996, S. 1455–1461; *Schottelius, Dieter*, Der zugelassene Umweltgutachter – ein neuer Beruf, BB 1996, S. 1235–1238.

zu II.:
Feldhaus, Gerhard, Umweltschutzsichernde Betriebsorganisation, NVwZ 1991, S. 927–935; *Manssen, Gerrit*, Die Betreiberverantwortung nach § 52a BImSchG, GewArch 1993, S. 280–285; *Pflug, Hannes* (Hrsg.), Checkliste Umweltschutz – Fragenkatalog zur Erkennung von Schwachstellen im betrieblichen Umweltschutz, 2. Aufl. (1996); *Winter, Georg*, Das umweltbewußte Unternehmen, 5. Aufl., 1996.

zu III.:
Monographien:
Fischer, Frank, Der Betriebsbeauftragte im Umweltschutzrecht, 1996; *Kalmbach, Siegfried/Schmölling, Jürgen* (Hrsg.), Der Immissionsschutzbeauftragte. Rechtsgrundlagen und Aufgaben, 1994; *Müller, Uwe*, Der Störfallbeauftragte, 1994; *Pohle, Horst* (Hrsg.), Die Umweltschutzbeauftragten, 1992.

Aufsätze:
Dirks, Gudrun, Die Umweltschutzbeauftragten im Betrieb, DB 1996, S. 1021–1027; *Kaster, Georg*, Die Rechtsstellung der Betriebsbeauftragten für Umweltschutz, GewArch. 1998, S. 129–140; *Keune, Heinz*, in: HdUR I, 2. Aufl. (1994), Sp. 287–303; *Kotulla, Michael*, Der Abfallbeauftragte nach dem neuen Kreislaufwirtschafts- und Abfallgesetz, DÖV 1995, S. 452–461; *Peter Nisipeanu*, Der Betriebsbeauftragte für Gewässerschutz, NuR 1990, S. 439–456; *Steiner, Udo*, Technische Kontrolle im privaten Bereich – insbesondere Eigenüberwachung und Betriebsbeauftragte, DVBl. 1987, S. 1133–1142.

15. Bodenschutzrecht, insbesondere Altlastenrecht

1   Der Boden ist nicht vermehrbar und regeneriert sich nur sehr langsam. Im Vergleich zu den Umweltmedien Luft und Wasser besteht die Besonderheit des Bodens darin, daß er über lange Zeiträume stoffliche Einträge anreichert. Wird die Belastbarkeit des Bodens überschritten, kann dies durch Grundwasser- und Lebensmittelbelastungen auch Gefährdungen der menschlichen Gesundheit zur Folge haben. Darüber hinaus werden die natürlichen Bodenfunktionen zunehmend durch Versiegelungen sowie Schadstoffeinträge aus der Luft (saurer Regen) beeinträchtigt. Das neue Bodenschutzrecht soll den drohenden Verlust lebenswichtiger Bodenfunktionen verhindern und so in Erfüllung des staatlichen Schutzauftrags aus Art. 20a GG den Erhalt einer menschenwürdigen Umwelt sichern (ökologischer Aspekt). Zugleich sollen bundeseinheitliche Standards für die Untersuchung und Sanierung kontaminierter Böden geschaffen werden, um für mehr Planungssicherheit im Städtebau sowie mehr Rechts- und Investitionssicherheit beim Bau von Industrieanlagen zu sorgen (ökonomischer Aspekt).

I. Allgemeine Grundlagen des Bodenschutzrechts

1. Zweck und Anwendungsbereich des Bundes-Bodenschutzgesetzes

2   Der Boden erfüllt vielfältige Funktionen: er ist einerseits Bestandteil des Naturhaushalts und Lebensgrundlage für Flora und Fauna. Andererseits dient er als Rohstofflagerstätte, Siedlungs- und Wirtschaftsfläche. Das nach jahrelanger Diskussion im Frühjahr 1998 verabschiedete, jedoch erst im Jahre 1999 vollständig in Kraft tretende **Bundes-Bodenschutzgesetz** verfolgt daher einen doppelten Zweck: sowohl die ökologischen Eigenschaften des Bodens als auch seine Funktion als Standort für Siedlung, Landwirtschaft und sonstige

→ § 1
BBodSchG

wirtschaftliche Nutzungen soll nachhaltig gesichert bzw. wiederhergestellt werden. Zudem soll Vorsorge gegen künftige nachteilige Bodenveränderungen getroffen werden. Das Bundes-Bodenschutzgesetz sieht jedoch unmittelbare Verpflichtungen nur zur Abwehr konkret bestehender Gefahren vor. Vorsorgemaßnahmen können von Bodennutzern erst verlangt werden, wenn die

→ §§ 7 S. 4, 8
II BBodSchG

Bundesregierung den im Gesetz enthaltenen Vorsorgegrundsatz durch entsprechende Rechtsverordnungen konkretisiert hat.

3   Das Gesetz definiert den **Boden** als obere Schicht der Erdkruste, die Träger natürlicher Bodenfunktionen ist und sich aus Festkörper, gasförmigen (Bo-

→ § 2 I
BBodSchG

denluft) und flüssigen Bestandteilen (Bodenlösung) zusammensetzt. Dagegen fallen das Grundwasser sowie die Böden stehender und fließender Gewässer in den Anwendungsbereich des Wasserrechts (→ Kap. 9). Die im Bundes-Bodenschutzgesetz enthaltenen Verpflichtungen kommen zur Anwendung, wenn **Altlasten** vorliegen (→ RN 12) oder wenn durch Bodennutzungen bzw. bodenrelevante wirtschaftliche Tätigkeiten sonstige **schädliche Bodenveränderungen** entstehen bzw. drohen. Als schädliche Bodenveränderungen definiert das Gesetz Beeinträchtigungen der Bodenfunktionen, die geeignet sind, Gefahren, erhebliche Nachteile oder erhebliche Belästigungen für den einzelnen oder die Allgemeinheit hervorzurufen. Der Begriff der schädlichen Bodenveränderung lehnt sich an den Begriff „schädliche Umwelteinwirkung" im Bundes-Immissionsschutzgesetz an. Hinsichtlich der Auslegung der Merkmale „Gefahr", „erheblicher Nachteil" und „erhebliche Belästigung" kann auf die dortigen Ausführungen verwiesen werden (→ Kap. 8/RN 7 f.).

→ § 3 I BBodSchG

→ § 2 III BBodSchG

Das Bundes-Bodenschutzgesetz wird durch **Spezialregelungen**, die sich mit der Nutzung des Bodens oder bodenrelevanten Tätigkeiten befassen, verdrängt.

4

→ § 3 I BBodSchG

> **Beispiel:** Gegenüber dem Bodenschutzgesetz vorrangig sind etwa das Düngemittel- und Pflanzenschutzrecht, das Bundeswaldgesetz, das Flurbereinigungsgesetz, die Pflichten der Betreiber von Anlagen nach dem Bundes-Immissionsschutzgesetz (→ Kap. 8/RN 19 ff.) und die Vorschriften über die Beförderung gefährlicher Güter (→ Kap. 12/RN 31 ff.). Das Bodenschutzgesetz gilt des weiteren nicht für Bodenbelastungen durch radioaktive Stoffe und Anlagen oder durch Kampfmittel. Auch der Bodenschutz bei der Planung und Verwirklichung von **Bauvorhaben** ist einer speziellen Regelung im Baugesetzbuch sowie den einzelnen Landesbauordnungen unterworfen. Dies ist sachgerecht, da in der Bauleitplanung Aspekte des quantitativen Bodenschutzes eine zentrale Rolle spielen. Eine Eindämmung des Freiflächenverbrauchs kann durch Flächennutzungs- und Bebauungsplanung erreicht werden. Bei der Aufstellung dieser Bauleitpläne durch die Gemeinden ist das im Baugesetzbuch enthaltene Gebot, sparsam und schonend mit dem Boden umzugehen, nach dem Erlaß des Bundes-Bodenschutzgesetzes noch stärker als bisher zu beachten. Die Gemeinden werden durch die sog. **Bodenschutzklausel im Baugesetzbuch** verpflichtet, ihre städtebauliche Entwicklung vorwiegend auf den Innenbereich zu konzentrieren und bei der Ausweisung neuer Baugebiete in bisher unversiegelten Bereichen Zurückhaltung zu üben. Zudem sind in Bebauungsplänen möglichst flächensparende Bauweisen vorzuschreiben. Diese Schutzmaßnahmen erscheinen zwingend, ist doch nach Prognosen der Bundesforschungsanstalt für Landeskunde und Raumordnung für die nächsten 20 Jahre täglich mit einer Inanspruchnahme von 51 Hektar Boden als Bauland zu rechnen.

Zu kritisieren ist, daß ein wichtiger Bereich, nämlich der Schutz des Bodens vor Verbrauch, im Bundes-Bodenschutzgesetz weitgehend ungeregelt bleibt. So sind beispielsweise Verkehrswege weiter ohne Rücksicht auf die damit einhergehende Bodenversiegelung planbar.

2.   Verhaltenspflichten bei der Bodennutzung

a) Gefahrenabwehrpflicht

5
→ § 4 I
BBodSchG

Nach dem Bundes-Bodenschutzgesetz hat jedermann, der den Boden nutzt oder in sonstiger Weise darauf einwirkt, die Pflicht, sich so zu verhalten, daß schädliche Bodenveränderungen (→ RN 3) nicht hervorgerufen werden (*Gefahrenabwehrpflicht*). Die Gefahrenschwelle, bei deren Überschreitung die Bodenschutzbehörden von den Bodennutzern Schutzmaßnahmen verlangen können, muß erst noch durch die Festsetzung bestimmter Grenzwerte für Bodenbelastungen konkretisiert werden. Dazu ist derzeit eine **Bodenschutz- und Altlastenverordnung** in Vorbereitung.

Zum Erlaß verbindlicher Grenzwerte ist die Bundesregierung ermächtigt, die dabei von Sachverständigen beraten wird. Aufgestellt werden sollen zunächst einmal bundeseinheitliche Grenzwerte für den Bodeneintrag besonders umweltproblematischer Stoffe wie z.B. Arsen, Blei, Hexachlorbenzol, PCB sowie Dioxine und Furane. Zu unterscheiden ist dabei zwischen Prüf- und Maßnahmewerten. **Prüfwerte** markieren eine Belastungsschwelle, deren Erreichung eine Nachforschungspflicht der Behörde in bezug auf das Vorhandensein schädlicher Bodenveränderungen oder Altlasten auslöst. Sie können an die höchstzulässige Konzentration eines bestimmten Stoffes im Boden oder an andere Bewertungskriterien, etwa die Mobilität eines Schadstoffs, anknüpfen. **Maßnahmewerte** sind demgegenüber Werte, bei deren Überschreitung in der Regel vom Vorliegen einer schädlichen Bodenveränderung oder Altlast auszugehen ist und daher unmittelbar Gefährdungsabschätzungs- sowie ggfs. Sanierungsmaßnahmen einzuleiten sind. Des weiteren ist die Festlegung von **Vorsorgewerten** vorgesehen, deren Überschreitung die Gefahr einer schädlichen Bodenveränderung hervorruft. Werden Vorsorgewerte überschritten, hat der Grundstücksnutzer Vorkehrungen zu treffen, um weitere Schadstoffeinträge zu vermeiden oder zu vermindern. Dazu können auch technische Veränderungen an Anlagen erforderlich sein. Einträge von Schadstoffen, die in der TRGS 905 (→ Kap. 12/RN 34) als krebserzeugend, erbgutverändernd oder fortpflanzungsgefährdend eingestuft sind, sind auch ohne Festsetzung von Vorsorgewerten so weit wie möglich zu begrenzen.

6

Die Bedeutung bundeseinheitlicher Grenzwerte für Bodenbelastungen ist enorm. Ohne verbindliche Bodenwerte ist das Bodenschutzgesetz ein „Muster ohne Wert". Nur für wenige Bodennutzungen existieren bisher bundeseinheitliche Richt- und Grenzwerte in Rechtsverordnungen (z.B. in der Klärschlammverordnung) oder in Verwaltungsvorschriften. In den übrigen Fällen behelfen sich die zuständigen Landes- und Kommunalbehörden zur Bewertung des Gefährdungspotentials von Bodenbelastungen bzw. Altlasten bislang mit mehr als 30 verschiedenen Listen zu Bodenwerten, die an ganz unterschiedliche Bewertungskriterien anknüpfen. Dieser „Wildwuchs" an Listen und Werten für Bodenstandards führt bis heute zu regional erheblich voneinander abweichenden Anforderungen an die Bodennutzung und die Sanierung von Altlasten, was eine Quelle der Rechtsunsicherheit und damit ein großes Investitionshemmnis bedeutet.

Beispiel: Richt- und Grenzwerte für den noch tolerierbaren Gehalt von Schwermetallen in Kulturböden finden sich etwa in der Kloke-Liste und in der Holländischen Liste. Daneben haben Baden-Württemberg, Berlin/Brandenburg, Hamburg, Hessen, Nordrhein-Westfalen und Sachsen für ihr Hoheitsgebiet eigene Listen aufgestellt. Dieser unbefriedigende Zustand sollte bald durch bundeseinheitliche Bodenwerte beendet werden.

b) Zustandsverantwortlichkeit

Während die Gefahrenabwehrpflicht auf Bodenbelastungen durch menschliches Verhalten bezogen ist, schreibt der Grundsatz der Zustandsverantwortlichkeit den Eigentümern und Besitzern von Grundstücken vor, dafür Sorge zu tragen, daß vom Zustand der auf ihrem Grundstück befindlichen Gebäude, Anlagen oder Gegenständen keine Bodengefährdungen ausgehen. Solche können sich etwa durch korrodierte Rohrleitungen oder Bodenerosionen bei Hanglagen ergeben.

7
→ § 4 II
BBodSchG

c) Sanierungspflicht

Sind bereits Störungen der Bodenfunktionen eingetreten, so enthält das Gesetz die Pflicht, diese einschließlich der hierdurch verursachten Grundwasserverunreinigungen so zu beseitigen, daß dauerhaft keine Gefahren oder erhebliche Belästigungen für Einzelne oder die Allgemeinheit mehr entstehen (*Sanierungspflicht*). Hierzu kommen in erster Linie Dekontaminationsmaßnahmen oder Sicherungsmaßnahmen im Boden in Betracht. Die **Dekontamination** führt zu einer Beseitigung oder Verminderung der Schadstoffe. Für die Entgiftung des Bodens kommen thermische Verfahren (Ausgasung, Destillation, Pyrolyse, Verbrennung), chemisch-physikalische Verfahren (Bodenwäsche, Bodenluftabsaugung) und mikrobiologische Verfahren (Bodenbehandlung mit Bakterien) in Betracht. Örtlich läßt sich insoweit nach *on-site-Verfahren* (Auskofferung und Reinigung des Bodens an Ort und Stelle), *off-site-Verfahren* (Auskofferung und Umlagerung an einen anderen Ort) und *in-situ-Verfahren* (Reinigung des Bodens im Untergrund) trennen. **Sicherungsmaßnahmen** dienen demgegenüber der Verhinderung der Ausbreitung der Bodenbelastung, etwa durch Einkapselung oder Immobilisierung der Schadstoffe oder Abdichtung bzw. Abdeckung der belasteten Bodenschicht. Die Dekontamination ist bei nach dem 1.3.1999 eingetretenen Bodenbelastungen gegenüber der Sicherung vorrangig. Bei älteren Bodenbelastungen kommt es für die Wahl zwischen Dekontamination und Sicherung einerseits auf das Gefahrenpotential der bei einer Sicherung im Boden verbleibenden Schadstoffe, andererseits auf die durch eine Dekontamination neu entstehenden Umweltbelastungen an. Eine Dekontamination ist zumeist nur bei räumlich kleinen Bodenbelastungen sinnvoll.

Soweit es technisch unmöglich oder wirtschaftlich unzumutbar ist, die Gefahrenquelle selbst zu beseitigen oder zu sichern, können ausnahmsweise

8
→ § 4 III
BBodSchG

→ § 4 V
BBodSchG

Schutzmaßnahmen ergriffen werden, die sich lediglich gegen den Austrag umweltgefährdender Stoffe aus dem Boden richten.

9

→ § 4 IV
BBodSchG

Zu beachten ist, daß das Gesetz nur eine **nutzungsbezogene** Sanierungspflicht vorsieht. Die Nutzungsart eines Grundstücks beeinflußt die Expositionswege, den Wirkort und die Wirkungsweise eines Schadstoffs und damit auch das konkrete Schutzbedürfnis. Wird die zu sanierende Fläche gewerblich genutzt, so genügt es in der Regel, wenn durch Sicherungsmaßnahmen Gesundheitsgefahren für die betroffenen Arbeitnehmer und Arbeitgeber ausgeschlossen werden. Eine völlige Entgiftung des Bodens schreibt das Gesetz nur vor, wenn durch die Bodenbelastung dauerhaft wichtige ökologische Bodenfunktionen beeinträchtigt werden. Dagegen wird eine Dekontamination bei belasteten Böden im Siedlungsbereich regelmäßig notwendig sein; hier ist insbesondere dem erhöhten Schutzbedürfnis von Kleinkindern, Kranken und alten Menschen Rechnung zu tragen.

> **Beispiel:** Der Entwurf der Bodenschutz- und Altlastenverordnung sieht für die Bleibelastung des Bodens auf Kinderspielflächen einen Prüfwert von 200 Milligramm pro Kilogramm Trockenmasse vor. Bei belasteten Wohngebieten liegt der Prüfwert bei 400 mg, in Park- und Freizeitanlagen bei 1 000 mg und auf unbefestigten Flächen von Arbeits- und Produktionsstätten bei 2 000 mg.

3. Verhältnismäßigkeit von Bodenschutzanordnungen; Ausgleichsanspruch

10

Der Verhältnismäßigkeitsgrundsatz (→ Kap. 3/RN 30) gebietet, daß die nach Landesrecht zu bestimmende Bodenschutzbehörde eine Anordnung zur Durchsetzung der gesetzlichen Verhaltenspflichten nicht treffen darf, wenn die Verpflichtung den Betroffenen im Hinblick auf dessen berechtigte Nutzungsinteressen zu sehr belastet. Hierbei kommt es auf eine Abwägung der Umstände des konkreten Einzelfalls an. Bei einem hohen Gefahrenpotential kann die Behörde die Verwendung bestimmter Stoffe auf dem betroffenen Grundstück ganz verbieten. Andererseits darf nicht unberücksichtigt bleiben, daß bestimmte Personenkreise von Nutzungsbeschränkungen zum Schutz des Bodens besonders hart getroffen werden. So bildet der Boden die Existenzgrundlage für die Land- und Forstwirtschaft. Im Gesetzgebungsverfahren bis zuletzt umstritten war deshalb die Frage, ob und unter welchen Voraussetzungen Landwirten ein Anspruch auf Entschädigung für ökologische Beschränkungen der Bodennutzung zustehen soll. Das Gesetz gewährt nunmehr in

→ § 10 II
BBodSchG

Härtefällen einen Ausgleichsanspruch, dessen Höhe durch die Länder festgesetzt wird. Der Ausgleichsanspruch besteht, wenn der Landwirt selbst nicht als Verursacher der die Nutzungsbeschränkung auslösenden Bodenbelastung anzusehen ist. Dies setzt voraus, daß er im konkreten Fall die Einhaltung der

Grundsätze der guten fachlichen Praxis in der Landwirtschaft nachweisen kann.

→ § 17
BBodSchG

Die im Gesetz genannten Grundsätze der guten fachlichen Praxis gehen auf entsprechende Vereinbarungen der Landwirtschaftsminister von Bund und Ländern aus dem Jahre 1987 sowie der Agrarminister der Länder aus dem Jahre 1993 zurück. Die gute fachliche Praxis erfordert im wesentlichen, daß die landwirtschaftliche Bodennutzung standortangepaßt erfolgt, Bodenverdichtungen und Bodenabträge sowie eine Verminderung des Humusgehalts des Bodens soweit wie möglich vermieden werden und eine günstige Bodenstruktur erhalten bleibt. Werden diese Grundsätze beachtet, so gilt die gesetzliche Gefahrenabwehrpflicht sowie der Vorsorgegrundsatz als erfüllt, so daß ein Ausgleichsanspruch in Betracht kommt.

→ § 7 S. 5
BBodSchG

Ausgleichspflichtig sind jedoch nur die nach zumutbaren innerbetrieblichen Anpassungsmaßnahmen verbleibenden wirtschaftlichen Nachteile. Eine Anpassungsmöglichkeit ist etwa gegeben, wenn der Verpflichtete eine belastungsempfindliche Bodennutzung auch auf weniger vorbelasteten Flächen ausüben kann. Der Ausgleich ist von den zuständigen Landesbehörden zu leisten. Das Umweltbundesamt schätzt die Gesamtkosten für die Begleichung von Ausgleichsansprüchen in einer „worst-case-Studie" auf höchstens 48 Millionen DM.

II. Altlastenrecht

Die Altlastenproblematik ist Folge der Sorglosigkeit, mit der noch vor wenigen Jahrzehnten Abfälle beseitigt bzw. sonstige Bodennutzungen vorgenommen wurden. Die öffentlich-rechtlichen Schwierigkeiten bei der Altlastensanierung betreffen in erster Linie die Zurechnung: wer kann für das Bestehen einer Altlast haftbar gemacht werden und trägt infolgedessen die Sanierungskosten? Aber auch zivilrechtlich stellen sich eine Reihe von Fragen, die insbesondere das Vertragsrecht und die Amtshaftung betreffen.

11

> **Fakten:** Der Prozeß der Erfassung und Bewertung altlastverdächtiger Flächen ist in Deutschland noch in vollem Gange. Im Herbst 1996 gab das Bundesumweltministerium die Zahl der Altlastverdachtsflächen mit 170 000 an, davon etwa die Hälfte in den neuen Bundesländern. Hinzu kommen über 4 500 altlastverdächtige Rüstungsstandorte, für deren Sanierung Bund und Länder zuständig sind. Eine konkrete Sanierungsbedürftigkeit wird allerdings nur bei 3 bis 10 Prozent aller erfaßten Flächen angenommen. Die Sanierung verursacht immense Kosten. Auf alle Verdachtsstandorte in Deutschland bezogene Schätzungen schwanken zwischen 50 und 200 Milliarden DM. Der Bund hat allein für die Altlastenbeseitigung in den neuen Bundesländern bis zum Jahre 2002 29 Milliarden DM zur Verfügung gestellt.

1. Altlastenbegriff

12

Als **Altlasten** bezeichnet man alle Bodenbelastungen, die durch in der Vergangenheit liegende menschliche Handlungen oder Grundstücksnutzungen verursacht worden sind und von denen eine konkrete Gefährdung der menschlichen Gesundheit bzw. der Umwelt ausgeht. Man unterscheidet begrifflich *Altablagerungen* (stillgelegte Abfalldeponien und sonstige Ablagerungsplätze) und *Altstandorte* (ehemalige Industrieanlagen, in denen mit umweltgefährlichen Stoffen umgegangen wurde). Diese Unterscheidung ist jedoch nur für die technischen Anforderungen an die Untersuchung altlastverdächtiger Flächen von Bedeutung.

→ § 2 V
BBodSchG

2. Rechtsgrundlagen der Altlastensanierung

13

Weil die Sanierungsanordnung den betreffenden Bürger finanziell schwer belastet, ist dafür nach dem Grundsatz des Vorbehalts des Gesetzes (→ Kap. 3/ RN 20) eine gesetzliche Grundlage erforderlich. Die Suche nach Rechtsgrundlagen wird durch das aus dem Rechtsstaatsprinzip abgeleitete **Rückwirkungsverbot** erheblich erschwert. Danach darf ein Gesetz keine Rechtspflichten begründen, die sich auf Sachverhalte beziehen, die älter sind als das Gesetz selbst.

Das **Abfallrecht** kann schon deshalb keine Regelungen zur Altlastensanierung treffen, weil Bodenbelastungen nicht den Abfallbegriff (→ Kap. 11/RN 12 ff.) erfüllen. Das Kreislaufwirtschafts- und Abfallgesetz enthält lediglich für Abfalldeponien, die nach dem 11. Juni 1972, als das erste Bundesabfallgesetz in Kraft trat, stillgelegt wurden, eine Rekultivierungspflicht, die auch eine Verpflichtung zur Beseitigung von Altlasten beinhalten kann. Einige Landesabfallgesetze sehen darüber hinaus Rekultivierungspflichten auch für ältere Deponien vor. Die zahlreichen „wilden" Müllkippen sowie die Altstandorte (→ RN 12) unterliegen jedoch keiner Rekultivierungspflicht.

Auf das **Wasserrecht** können Sanierungsanordnungen nur bei Bodenbelastungen gestützt werden, die nach Inkrafttreten des Wasserhaushaltsgesetzes im Jahre 1960 entstanden sind und zu einer Beeinträchtigung des Grundwassers führen. Sanierungsanordnungen ließen sich im übrigen bislang nur auf das allgemeine **Polizei- und Ordnungsrecht der Länder** stützen. Dabei handelt es sich um Regelungen, die schon seit Beginn der Industrialisierung bestehen und den Behörden allgemeine Befugnisse zur Abwehr von Gefahren für die öffentliche Sicherheit und Ordnung verleihen. Eine solche Gefahr geht auch von Altlasten aus, so daß das allgemeine Polizei- und Ordnungsrecht bis heute als „gesetzliche Krücke" für Sanierungsanordnungen herangezogen wird.

14

Diese wird nunmehr durch die Bestimmungen des **Bundes-Bodenschutzgesetzes** überflüssig. Da das Bundes-Bodenschutzgesetz die polizeirechtlichen Sanierungspflichten inhaltlich nicht erweitert, sondern lediglich auf eine neue und passendere Rechtsgrundlage stellt, steht das Rückwirkungs-verbot nicht entgegen. Da es sich bei Altlasten um schädliche Bodenverände-rungen (→ RN 3) handelt, gilt dafür die im Gesetz vorgesehene Sanierungs-pflicht (→ RN 8). In einem eigenen Abschnitt des Bundes-Bodenschutzgeset-zes werden zusätzlich Regelungen über die Sanierungsplanung getroffen.

→ §§ 11 ff. BBodSchG

3. Altlastenerfassung und -erkundung durch die Länder

In allen Bundesländern werden heute, zumeist durch die Landesämter für Umweltschutz (→ Kap. 7/RN 30) sog. **Altlastenkataster** (auch Verdachtsflä-chenkarteien oder Altflächenkarteien genannt) über ermittelte Altlasten sowie Verdachtsstandorte geführt. Zur Meldung altlastenverdächtiger Flächen sind alle Landes- und Kommunalbehörden verpflichtet. Die Gemeinden als Träger der Bauleitplanung sind bei Verdachtsflächen zur Nachforschung und ggfs. zur besonderen Kennzeichnung solcher Flächen im Bebauungsplan verpflich-tet. Kommt eine Gemeinde dieser Pflicht nicht nach, so kann derjenige, der mit ordnungsgemäßer Baugenehmigung auf einem belasteten Grundstück ei-nen Betrieb oder ein Wohnhaus errichtet, unter Umständen einen Schadener-satzanspruch aus Amtshaftung (→ RN 34 ff.) gegen die Gemeinde geltend machen, wenn das Grundstück infolge der Bodenbelastung nicht benutzbar ist. Ermittelte Verdachtsflächen müssen darauf untersucht werden, ob sie tat-sächlich eine Umwelt- und Gesundheits-gefahr bergen. Eine Erkundung (auch Erstuntersuchung genannt) wird zunächst durch die Entnahme von Luft-, Wasser- und Bodenproben sowie die Errichtung von Meß- und Kontrollstellen vorgenommen. Der Betroffene muß die Durchführung der behördlichen Maß-nahmen auf seinem Grundstück dulden.

15

Das Bundes-Bodenschutzgesetz ermächtigt die Länder darüber hinaus zur Einführung von **Bodeninformationssystemen**, wie sie etwa im baden-württembergischen Landes-recht bereits vorhanden sind. Ein Bodeninformationssystem besteht u.a. aus einem allgemeinen Bodenzustandskataster, einer Auflistung von Flächen, die dauernder Be-obachtung bedürfen sowie einer Sammlung von Bodenproben (Bodenprobenbank).

→ § 21 IV BBodSchG

4. Gefährdungsabschätzung

Erhärtet sich der Altlastenverdacht aufgrund der Erstuntersuchung, ist eine genaue Abschätzung des Gefährdungspotentials erforderlich (sog. **Gefahrer-forschung**). Die Behörde kann bei einem hinreichenden Altlastenverdacht anordnen, daß der Verpflichtete (→ RN 18 ff.) selbst die notwendigen Maß-nahmen zur Gefährdungsabschätzung durchführt, insbesondere Boden- und Grundwasseruntersuchungen vornimmt sowie Meßstellen einrichtet.

16

→ § 9 II BBodSchG

Die Gefahrerforschung geschieht heute zunehmend mit Hilfe datenverarbeitungsge-
stützter Bewertungssysteme. Sie kann ergeben, daß

→ § 24 I 2
BBodSchG

- sich der Altlastenverdacht doch nicht bestätigt, so daß die Fläche aus dem Altlastenkataster gestrichen werden kann. In diesem Fall ist der Eigentümer bzw. Besitzer des betroffenen Grundstücks nicht verpflichtet, für die Kosten der Untersuchung aufzukommen, es sei denn, er hat die den Verdacht begründenden Umstände
durch eigene Handlungen verursacht;
- von festgestellten Kontaminationen derzeit keine Gefahren ausgehen, so daß lediglich eine weitere Überwachung des Grundstücks erforderlich ist;
- eine sanierungsbedürftige Altlast vorliegt. In diesem Fall wird zusätzlich eine De-
tailuntersuchung vorgenommen, die eine Lokalisierung und Abgrenzung von Kon-
taminationsschwerpunkten, eine Abschätzung des räumlichen und zeitlichen Ver-
laufs der Schadstoffausbreitung, eine Erfassung leichtflüchtiger Schadstoffe sowie
eine Expositionsabschätzung nach den Wirkungspfaden Boden-Mensch und Bo-
den-Nutzpflanze umfaßt. Stehen Art und Ausmaß der Gefährdung danach mit
einiger Gewißheit fest, sind mit Hilfe einer Machbarkeitsstudie bestimmte Sanierungsmaßnahmen auszuwählen.

5. Vorlage eines Sanierungsplans

17

→ § 13 I
BBodSchG

→ § 14
BBodSchG

→ § 13 VI
BBodSchG

Das Bundes-Bodenschutzgesetz sieht in Anlehnung an vorhandene Regelungen einiger Bundesländer vor, daß der Sanierungspflichtige (→ RN 18 ff.)
unter Hinzuziehung von Sachverständigen einen **Sanierungsplan** zu erstellen
hat, der das Ergebnis der vorhergehenden Untersuchungen zusammenfaßt und
u. a. die bestehende geologische und hydrogeologische Situation, das ins Auge
gefaßte Sanierungsziel sowie die dazu erforderlichen Maßnahmen textlich
und zeichnerisch darstellt, die voraussichtlichen Kosten und die Auswirkungen der vorgesehenen Sanierungsmaßnahmen auf die Umwelt benennt. Im
Falle einer flächenübergreifenden Ausdehnung der Altlast mit mehreren Sa-
nierungsverpflichteten und einer großen Zahl von durch die Sanierung Betroffenen hat die zuständige Behörde den Sanierungsplan selbst zu erstellen. Der
Sanierungsplan soll für die von der Sanierung Betroffenen Klarheit über das
Altlastenproblem schaffen und so die Akzeptanz der nachfolgenden Sanierungsmaßnahmen verbessern. Um das Sanierungsverfahren zu beschleunigen,
ist im Gesetz vorgesehen, daß die zuständige Bodenschutzbehörde einen vorgelegten Sanierungsplan für verbindlich erklären kann. In diesem Fall kommt
dem Sanierungsplan eine **Konzentrationswirkung** (→ Kap. 3/RN 38) zu,
d. h. die nach anderen Gesetzen zur Durchführung der Sanierung erforderlichen Genehmigungen werden durch die Genehmigung des Sanierungsplans
durch die zuständige Bodenschutzbehörde ersetzt.

> **Beispiel:** Der Einsatz mobiler Bodenbehandlungsanlagen bedarf in der Regel einer Genehmigung nach dem Bundes-Immissionsschutzgesetz (→ Kap. 8/RN 15 ff.). Wenn die Sanierung mit der Benutzung eines Gewässers verbunden ist, ist eine wasserrechtliche Erlaubnis oder Bewilligung erforderlich (→ Kap. 9/RN 20 ff.). Diese Zulassungsentscheidungen brauchen bei einem für verbindlich erklärten Sanierungsplan nicht eigens eingeholt werden. Die Konzentrationswirkung entfällt jedoch bei Sanierungsmaßnahmen, die einer Umweltverträglichkeitsprüfung (→ Kap. 6/RN 24 ff.) bedürfen.

Mit dem Sanierungsplan kann der Verpflichtete bei der Behörde auch den Entwurf eines öffentlich-rechtlichen **Sanierungsvertrages** (→ Kap. 3/RN 14) über die geplante Durchführung der Sanierung vorlegen. Stimmt die Behörde einem Vertragsschluß zu, ergeht keine gesonderte Sanierungsanordnung. Der Abschluß eines Sanierungsvertrags hat für den Verpflichteten den Vorteil, daß er die Ausführung der Sanierung selbst nach seiner individuellen Leistungsfähigkeit konzipieren und dabei auch Dritte miteinbeziehen kann. Die Behörde wird sich freilich auf einen Sanierungsvertrag nur einlassen, wenn sichergestellt ist, daß das vom Verpflichteten vorgelegte Konzept geeignet ist, die von der Altlast ausgehenden Gefahren dauerhaft zu beseitigen.

→ § 13 IV
BBodSchG

6. Adressat der Sanierungsanordnung

Die „Gretchenfrage" bei der Altlastensanierung ist stets, wer zur Sanierung und damit zur Kostentragung verpflichtet ist. Nach dem Bundes-Bodenschutzgesetz sind grundsätzlich der Verursacher einer schädlichen Bodenveränderung (sog. Handlungsstörer) und der Eigentümer bzw. Besitzer eines kontaminierten Grundstücks (sog. Zustandsstörer) verantwortlich.

18

→ § 4 III
BBodSchG

a) Haftung des Handlungsstörers
Handlungsstörer ist, wer die Bodenbelastung durch ein eigenes Tun oder Unterlassen verursacht hat. Es ist dabei unerheblich, ob er tatsächlich selbst schuld war, daß der Boden verschmutzt wurde.

19

> **Beispiel:** Ein Tankstellenpächter lagert Altöl in undichten Fässern. Es sickert im Lauf der Zeit ins Erdreich und bedroht dort die Reinheit des Grundwassers. Der Pächter ist Handlungsstörer selbst dann, wenn er nicht wußte, daß die Fässer undicht sind.

b) Haftung des Zustandsstörers
Zustandsstörer ist jeder Eigentümer oder Besitzer eines kontaminierten Grundstücks, von dem eine Gefahr ausgeht, ganz egal, ob er selbst zur Verursachung der Altlast etwas beigetragen hat. Zur Begründung wird dafür angeführt, daß derjenige, der ein Grundstück nach seinem Belieben nutzen darf, quasi als Kehrseite auch die damit verbundenen Lasten tragen muß.

20

> **Beispiel:** Hat in obigem Beispiel ein früherer Pächter der Tankstelle die Ölver-
> schmutzung verursacht, so ist der jetzige Pächter zwar nicht Handlungsstörer,
> wohl aber Zustandsstörer. Bei Unternehmen, denen ein belastetes Grundstück
> gehört, können auch Geschäftsführer oder Prokuristen haftbar gemacht wer-
> den.

c) Auswahl bei mehreren Störern

21

Soweit eine Mehrzahl von Verantwortlichen ermittelbar ist, steht es im Auswahlermessen der Behörde, ob sie den Handlungs- oder den Zustandsstörer in
Anspruch nimmt. Auch wenn es meist gerechter wäre, den Handlungsstörer
zu verpflichten, kann sich die Behörde an den Zustandsstörer wenden, etwa
wenn dieser finanziell belastbarer ist, weil es im Prinzip nur darum geht, auf
welche Weise die Gefahr am schnellsten und effektivsten beseitigt werden
kann. Mehrere Verpflichtete haben nach dem Bundes-Bodenschutzgesetz nunmehr, wie seit längerer Zeit bereits in einigen Landesgesetzen vorgesehen,
untereinander einen Ausgleichsanspruch, dessen Umfang vom Ausmaß des
jeweiligen Beitrags zur Verursachung der Altlast abhängt. Dies bedeutet, daß

→ § 24 II
BBOdSchG

der Handlungsstörer in der Regel keinen Ausgleichsanspruch gegen den Zustandsstörer haben dürfte, wohl aber umgekehrt. Der Ausgleichsanspruch
nützt natürlich nur etwas, wenn der Handlungsstörer noch existent und zah-
lungsfähig ist.

d) Haftung des Rechtsnachfolgers eines Störers

22

Da die Altlastenverursachung zumeist längere Zeit zurückliegt, spielt die Frage der **Rechtsnachfolge** bei der Haftung eine wesentliche Rolle. Das Bodenschutzgesetz sieht hierzu vor, daß der Erbe des Altlastenverursachers haftet, es

→ § 4 III, VI
BBodSchG

sei denn, er schlägt die Erbschaft aus. Sanierungspflichtig bleibt auch ein
früherer Grundstückseigentümer, wenn er sein belastetes Grundstück in
Kenntnis der Kontamination an einen Dritten veräußert. Dies gilt jedoch nur
für Grundstücksgeschäfte nach dem 1.3.1999. Bei früheren Veräußerungen
haftet der ehemalige Grundstückseigentümer nicht, wohl aber der neue Eigentümer als Zustandsstörer (→ RN 20).

Die öffentlich-rechtliche Haftung für die Altlastensanierung unterliegt nach
h.M. keiner Verjährung. Im Einzelfall kann aber der Grundsatz der Verhältnismäßigkeit (→ Kap. 3/RN 30) die Inanspruchnahme eines Störers nach langer
Zeit als unzumutbar erscheinen lassen. Die Rechtsprechung nimmt dies jedoch nur in extremen Ausnahmefällen an.

e) Wertausgleich

23

Wird die Altlastensanierung von der Behörde durchgeführt und steigt der
Verkehrswert des betreffenden Grundstücks infolge der Dekontamination wesentlich an, so hat der Grundstückseigentümer einen von der Behörde festzu-

legenden Wertausgleich zu leisten, der durch einen Vergleich zwischen dem Anfangswert des belasteten Grundstücks vor der Sanierung und dem Endwert nach Abschluß der Sanierung ermittelt wird. Davon abzuziehen sind Aufwendungen, die der Eigentümer für eigene Sicherungs- und Sanierungsmaßnahmen gemacht hat. Hat der Eigentümer das Grundstück gutgläubig, d.h. ohne Kenntnis der Altlast erworben, so ist auch der Kaufpreis vom zu leistenden Ausgleichsbetrag abzuziehen. Der Eigentümer haftet in jedem Fall nur bis zur Höhe der tatsächlich entstandenen Sanierungskosten. In Härtefällen kann von der Festsetzung eines Ausgleichsbetrags ganz oder teilweise abgesehen werden.

→ § 25
BBodSchG

7. Kooperationslösungen

Da die Verpflichtung zur Altlastensanierung regelmäßig die finanzielle Belastbarkeit des Betroffenen übersteigt, wurden in zahlreichen Bundesländern Kooperationsmodelle entwickelt. Dabei wird die Finanzierung der Sanierung zumeist einer öffentlich-rechtlichen oder privatrechtlichen Körperschaft übertragen, an der Land, Kommunen und Privatwirtschaft beteiligt sind. Eine finanzielle Beteiligung der Wirtschaft an diesen Körperschaften ist dabei teils durch gesetzliche Zwangsmittel, teils auf freiwilliger Basis, teils gar nicht vorgesehen.

24

> **Beispiel:** In Nordrhein-Westfalen bedient man sich eines Lizenzmodells. Um Sonderabfälle (→ Kap. 11/RN 34) entsorgen zu können, müssen Kommunen und Privatunternehmer eine spezielle Lizenz erwerben. Das erhobene Lizenzentgelt wird zur Finanzierung der Altlastensanierung verwendet. Die Sanierung wird von einem speziellen Abfallentsorgungs- und Altlastensanierungsverband durchgeführt. In Bayern wurde eine Altlastensanierungsgesellschaft mbH gegründet, an der der Freistaat und ein sich aus über 200 Privatunternehmern zusammensetzender Verein beteiligt sind. Die Altlastensanierung wird im Rahmen eines „Umweltpakts" durch zinsverbilligte Kredite aus Privatisierungserlösen des Freistaats sowie Beiträgen der Gesellschafter an sanierungspflichtige Unternehmen finanziert. Baden-Württemberg hat einen Altlastensanierungsfonds eingerichtet, in den die Kommunen sowie das Land einzahlen. Die Erhebung von Abgaben auf die Erzeugung von Sondermüll (→ Kap. 11/ RN 34), deren Aufkommen ganz oder zum Teil für die Altlastensanierung verwendet wird , wurde vom Bundesverfassungsgericht verboten.

Besonders in den **neuen Bundesländern** waren und sind Altlasten ein erhebliches Investitionshemmnis. Zu dessen Beseitigung sah ein noch von der DDR-Volkskammer geschaffenes Gesetz eine bis zum Frühjahr 1992 befristete **Freistellungsklausel** vor, nach der Investoren im Beitrittsgebiet auf Antrag von 90 Prozent der Sanierungskosten für Altlasten auf einem erworbenen Grundstück, die vor dem 1.7.1990 verursacht wurden, befreit werden konnten. Bund und Länder trafen hierzu eine Finanzierungsvereinbarung, nach der die

25

Bundesanstalt für vereinigungsbedingte Sonderaufgaben (BvS) bei Großprojekten mit einem Sanierungsbedarf von über 100 Millionen DM 75 Prozent, in
den übrigen Fällen 60 Prozent der Kosten übernimmt. Den überwiegenden
Teil der Restkosten trägt das Bundesland, das die jeweilige Freistellung erteilt
hat. Der Investor selbst soll nach der Finanzierungsvereinbarung mindestens
10 Prozent der Sanierungskosten tragen. Ein Wertausgleich (→ RN 23) kann
von einem freigestellten Investor nicht verlangt werden.

> **Beispiel:** Als Großprojekte wurden bisher von einer „Gemeinsamen Arbeits-
> gruppe Ökologische Altlasten", bestehend aus Vertretern des Bundes, der BvS
> und der neuen Länder, 23 Standorte festgesetzt. Dazu zählen etwa die Werften-
> standorte in Mecklenburg-Vorpommern, die Chemiestandorte im Raum Leip-
> zig/Halle/Bitterfeld, der Kalibergbau und der Braunkohletagebau.

Zwar wurden von privaten Investoren insgesamt 70 000 Freistellungsanträge
gestellt, die Zahl der Freistellungen kam jedoch über etwa 650 Fälle nicht
hinaus, was angesichts der Finanznot der Länder und der nur schwer kalku-
lierbaren Höhe der von der öffentlichen Hand zu übernehmenden Sanierungskosten nicht verwunderlich ist. BvS und neue Länder konzentrieren sich angesichts dieses Mißerfolgs derzeit auf die Sanierung der festgestellten Altlasten-
Großprojekte. Dabei wurde die Finanzierungsvereinbarung zwischen Bund
und Ländern dahingehend geändert, daß der Bund auf der Grundlage einer mit
dem Land abgestimmten Sanierungskonzeption für einen bestimmten Standort im voraus seinen Anteil an den Sanierungskosten leistet und dadurch eine
finanzielle Basis für die Durchführung der Sanierung schafft. Die Sanierung
wird in Eigenverantwortung der Länder durchgeführt.

Soweit die Freistellungsklausel nicht greift, unterliegt ein Grundstückskäu-
fer dem vollen Haftungsrisiko, das jedoch zumindest teilweise durch zivilrechtliche Vereinbarungen gemindert werden kann.

8. Vertragsrecht

26
→ § 194 BGB

Erwirbt oder mietet jemand ein mit Altlasten belastetes Grundstück, können
ihm deshalb zivilrechtliche Ansprüche gegen seinen Vertragspartner zustehen.

> **Beispiel:** Auf einem Gelände, das in den fünfziger Jahren als Mülldeponie
> diente und später verwilderte, wies die Gemeinde in den achtziger Jahren ein
> Wohngebiet aus. Ein Bauträger erwirbt das Gelände, parzelliert und bebaut es
> mit Eigenheimen, obwohl er bei den Bauarbeiten u. a. auf verrottete Fässer mit
> unklarem Inhalt gestoßen ist. Anschließend verkauft der Bauträger die mit
> Wohnhäusern bebauten Grundstücke. Bei den Bewohnern – Eigentümer und
> Mieter – zeigen sich bald Beschwerden wie Hautausschläge, Übelkeit, Kopf-
> schmerzen. Nach zwei Jahren wird festgestellt, daß das gesamte Gelände in
> erheblichem Umfang kontaminiert ist, da in den fünfziger Jahren auch Sonder-

müll dort abgelagert worden war. Welche Ansprüche stehen den Käufern und Mietern der Grundstücke in einem solchen Fall zu?

a) Sachmängelgewährleistung beim Kauf

Der Kaufvertrag verpflichtet den Verkäufer, dem Käufer die Sache zu übergeben und ihm das Eigentum daran zu verschaffen. Der Käufer ist im Gegenzug verpflichtet, den Kaufpreis zu bezahlen und die Sache abzunehmen. Stellt sich nach der Übergabe heraus, daß die Kaufsache nicht den vertraglichen Vorgaben entspricht, greift die Sachmängelgewährleistung des Verkäufers ein.

27
→ § 433 BGB
→ §§ 459 ff. BGB

Dazu muß ein Sach**mangel**, den der Verkäufer zu vertreten hat, bei **Gefahrübergang** vorliegen, d.h. bei der Übergabe der Kaufsache bzw. Eintragung des Käufers ins Grundbuch. Ein Mangel kann einmal in einem *Fehler* liegen, der die Eignung der Sache für den vertraglich vorausgesetzten Zweck oder – wenn ein solcher dem Vertrag im Wege der Auslegung nicht zu entnehmen ist – für ihren gewöhnlichen Gebrauch mindert oder aufhebt; auch eine Wertminderung kann einen Fehler begründen. Die Minderung der Gebrauchstauglichkeit bzw. des Wertes muß aber erheblich sein. Dem Vorliegen eines Fehlers gleichgestellt ist das *Fehlen einer zugesicherten Eigenschaft*. Eine Zusicherung liegt im Kaufrecht nur vor, wenn der Verkäufer erstens erkennen kann, daß der Käufer auf die Eigenschaft der Kaufsache großen Wert legt, und dann zweitens zumindest sinngemäß erklärt, für ihr Vorhandensein garantiegleich einstehen zu wollen.

28
→ § 459 BGB
→ § 446 BGB

→ § 459 I BGB

→ § 459 II BGB

Das Vorhandensein von Altlasten auf einem Grundstück stellt einen Fehler dar. Bei gesundheitsgefährdenden Verunreinigungen ist eine Nutzung des Grundstücks zu Wohnzwecken ausgeschlossen und damit die Gebrauchstauglichkeit aufgehoben. Weniger starke Verunreinigungen mindern in der Regel den Wert des Grundstücks. Nach Ansicht einiger Gerichte ist bereits der bloße Altlastenverdacht als Fehler anzusehen. Die Freiheit von Altlasten kann aber auch Gegenstand einer Eigenschaftszusicherung sein.

Das Vorliegen eines Sachmangels löst folgende Ansprüche aus: Der Käufer kann nach seiner Wahl die Rückgängigmachung des Kaufes (**Wandelung**) oder die Herabsetzung des Kaufpreises (**Minderung**) verlangen. Beim **Fehlen einer zugesicherten Eigenschaft** und beim **arglistigen Verschweigen** eines Mangels durch den Verkäufer kann der Käufer stattdessen auch Schadensersatz wegen Nichterfüllung verlangen. **Mängelbeseitigung** kann der Käufer nur fordern, wenn das im Vertrag ausdrücklich vorgesehen ist. Die Ansprüche des Käufers verjähren bei beweglichen Sachen in sechs Monaten, bei Grundstücken in einem Jahr ab Übergabe. Die Sachmängelgewährleistung kann vertraglich ausgeschlossen werden. Im Falle arglistigen Verschweigens eines Mangels ist der Ausschluß aber unwirksam.

29
→ § 462 BGB

→ § 463 BGB

→ § 477 BGB

→ § 476 BGB

Der Käufer eines Grundstücks kann also wegen Altlasten Rückgängigmachung des Kaufes verlangen. Dann muß er das Eigentum an dem Grundstück

→ § 346 BGB auf den Verkäufer zurückübertragen und das Grundstück zurückgeben. Im Gegenzug erhält er den gezahlten Kaufpreis und die Vertragskosten erstattet; zu den Vertragskosten zählen Maklerkosten, Notargebühren, Umzugskosten, bei schwieriger Rechtslage auch Rechtsanwaltskosten, jedoch nicht die Kosten eines Gutachtens, das den Mangel feststellt (umstritten). Bei nicht gesundheitsgefährdenden Bodenverunreinigung ist für den Käufer meist die Herabsetzung des Kaufpreises günstiger. Wegen der kurzen Verjährungsfrist spielen Wandelung und Minderung in Altlastenfällen keine große Rolle. Denn in der Praxis vergeht häufig mehr als ein Jahr ab der Grundstücksübergabe, bis das Vorhandensein von Altlasten nachgewiesen ist.

30

→ § 463 S. 2 BGB
Insofern ist die Position des Käufers günstiger, wenn der Verkäufer von dem Mangel gewußt und ihn arglistig verschwiegen hat, weil dann die regelmäßige Verjährungsfrist von dreißig Jahren gilt. Außerdem kann der Käufer dann **Schadensersatz wegen Nichterfüllung** verlangen. Der **Arglistvorwurf** setzt stets ein **vorsätzliches** Handeln des Verkäufers voraus; dafür genügt es, daß der Grundstücksverkäufer das Vorliegen eines Mangels (wenigstens) für möglich hält und dabei in Kauf nimmt, daß der Käufer den Mangel nicht erkennt. Offenbart der Verkäufer seinen Verdacht gleichwohl nicht, hat er den Mangel arglistig verschwiegen. Offenbarungspflichtig ist etwa die frühere Nutzung des Grundstücks als Mülldeponie, weil der Verkäufer in einem solchen Fall stets damit rechnen muß, daß dort umwelt- und gesundheitsgefährdende Abfälle gelagert worden sind. Das gilt erst recht, wenn der Verkäufer Kenntnis von einem Bodengutachten hat, das auf das Vorhandensein von Deponiegut hinweist. Grundstücke, die vor Jahrzehnten industriell genutzt waren, sind dagegen nicht ohne weiteres altlastenverdächtig. Die bloße Erkennbarkeit von Altlasten reicht für Arglist noch nicht aus.

Schadensersatz wegen Nichterfüllung kann der Käufer auf zwei Arten verlangen. Beim sog. „**kleinen**" **Schadensersatz** behält der Käufer das Grundstück und liquidiert den Minderwert und sonstige Schäden, eine Vorgehensweise, die nur bei geringfügiger Bodenverunreinigung und geringer Gesundheitsgefährdung in Betracht kommt. Statt des Minderwerts kann der Käufer z.B. auch die Kosten verlangen, die für eine Sanierung des Grundstücks anfallen. Ist das Grundstück hingegen wegen bestehender Gesundheitsgefahren unbewohnbar, wird der Käufer zweckmäßigerweise den „**großen Schadensersatz**" wählen, d.h. das Grundstück zurückgeben und seine gesamten Schäden liquidieren, also den Kaufpreis nebst Notar-, Gerichts- und Maklerkosten, Umzugskosten in ein neues Haus usw. Hat er ein unbebautes Grundstück gekauft, um selbst ein Haus darauf zu errichten, können auch die Baukosten ersatzfähig sein.

b) Altlasten und Mietrecht

Der Mieter eines Altlastengrundstücks hat ähnliche Gewährleistungsansprü- **31**
che wie der Käufer, denn auch bei der Miete führt das Vorhandensein von
Umweltgiften zu einem Mangel. Ein solcher Mangel löst eine Minderung des → § 537 BGB
geschuldeten Mietzinses aus, die kraft Gesetzes eintritt. Darüber hinaus hat
der Mieter wegen eines Mangels einen Schadensersatzanspruch wegen Nicht- → § 538 BGB
erfüllung. Dieser Anspruch setzt kein Verschulden des Vermieters voraus,
wenn die Altlasten schon bei Abschluß des Mietvertrags vorhanden sind.

> Der Mieter eines Neubaus kann also Schadensersatz auch dann verlangen,
> wenn der Vermieter bei Vertragsschluß nichts von vorhandenen Altlasten wuß-
> te und sich diese erst nach Bezug zeigen.

Der Mieter kann die Beseitigung der Bodenverunreinigungen verlangen, denn **32**
den Vermieter trifft die Pflicht, die Mietsache in einem vertragsgemäßen → § 536 BGB
Zustand zu übergeben *und zu erhalten*. Ist eine Beseitigung der Verunreinigungen nicht möglich, kann der Mieter den Mietvertrag wegen Nichtgewäh-
rung des vertragsmäßigen Gebrauchs fristlos kündigen. Dieses Recht hat er → § 542 BGB
insbesondere bei Gesundheitsgefährdungen, und zwar auch dann, wenn er bei
Vertragsschluß von ihnen wußte. Das vorherige Setzen einer Frist zur Schaffung von Abhilfe ist bei einem gesundheitsgefährdendem Zustand des Miet-
grundstücks nicht notwendig.

Soweit umgekehrt der Mieter auf dem Grundstück Umweltgifte hinterläßt, **33**
kann der Vermieter wegen dieser „Verschlechterung" seines Grundstücks
Schadensersatz fordern. Mangels Anspruchsgrundlage im BGB leitet man den
Anspruch des Vermieters auf Schadensersatz wegen vertragswidrigen Gebrauchs aus dem gewohnheitsrechtlich anerkannten Rechtsinstitut der **„positi-**
ven Vertragsverletzung" (pVV) ab, mit dem man das geschriebene Vertrags- → § 558 BGB
recht um Schadensersatzansprüche ergänzt, die man für erforderlich hält.
Ansprüche wegen Verschlechterung der Mietsache muß der Vermieter nach
Beendigung des Mietverhältnisses innerhalb von sechs Monaten einklagen,
sonst sind sie verjährt, auch soweit sie zugleich auf andere Anspruchsgrundlagen gestützt werden können.

9. Amtshaftung

Altlasten können auch Schadensersatzansprüche gegen den Staat oder eine **34**
Kommune auslösen, wenn bei der öffentlich-rechtlichen Planung das (mögliche) Vorhandensein von Altlasten übersehen wurde.

Bei der Amtshaftung geht es um den Ersatz von Schäden, die privaten
Personen aus der Tätigkeit von Bediensteten des Staates oder einer Körperschaft des öffentlichen Rechts (→ Kap. 7/RN 8) entstehen. Die Amtshaftung

ergibt sich aus dem Zusammenspiel von **§ 839 BGB** und **Art. 34 GG**. Ihre Voraussetzungen werden im folgenden unter a) bis f) aufgeführt.

a) Handlung eines „Beamten"

35

→ Art. 34 S. 1 GG

Die Amtshaftung greift nur ein, wenn ein „Beamter im haftungsrechtlichen Sinne" gehandelt hat. Damit ist jeder gemeint, dem die **Ausübung eines öffentlichen Amtes übertragen** ist.

Dies bedeutet zweierlei: Zum einen muß der öffentlich Bedienstete nicht Beamter im staatsrechtlichen Sinne sein, also unter Übergabe einer entsprechenden Urkunde zum Beamten ernannt worden sein. Die Amtshaftung greift auch ein, wenn ein Angestellter oder Arbeiter etwas falsch macht. Zum anderen kommt die Amtshaftung stets nur für ein Fehlverhalten im hoheitlichen Bereich in Betracht, also wenn der Staat seine ureigensten Aufgaben erfüllt, nicht aber bei rein fiskalischem Tätigwerden, d.h. wenn der Staat wie eine Privatperson Büros mietet, Fahrzeuge oder Büromaterialien anschafft usw.

Bei der Überplanung von Altlastengrundstücken (oder der Überwachung umweltrelevanter Anlagen) befinden wir uns im hoheitlichen Bereich. Als „Beamte im haftungsrechtlichen Sinne" kommen dabei in Betracht:

* Bürgermeister
* Gemeinderatsmitglieder bei der Aufstellung von Bauleitplänen
* Mitarbeiter von Aufsichts- und Genehmigungsbehörden

b) Verletzung einer Amtspflicht

36

→ § 839 I 1 BGB

Erforderlich ist weiter, daß der Handelnde eine **Amtspflicht** verletzt, die ihm gegenüber einem Dritten obliegt. Allgemein sind die öffentlich Bediensteten durch den Grundsatz der Gesetzmäßigkeit der Verwaltung (→ Kap. 3/RN 20) verpflichtet, sich an die bestehende Rechtsordnung zu halten. Die konkreten Amtspflichten ergeben sich aus den jeweils einschlägigen Spezialgesetzen, aus Dienst- und Verwaltungsvorschriften, aber auch aus dienstlichen Weisungen, die im Einzelfall von Vorgesetzten erteilt werden. An all diese Vorgaben muß der Beamte sich halten.

→ § 1 BauGB

→ § 1 V Nr. 1 BauGB

Die für den Bereich der Altlasten bedeutsamen Amtspflichten ergeben sich vor allem aus dem Baugesetzbuch. Das Baugesetzbuch regelt, welche Maßgaben die Gemeinden bei der Aufstellung von Bebauungsplänen zu beachten haben. Dabei sind insbesondere die Anforderungen an gesunde Wohn- und Arbeitsverhältnisse und die Sicherheit der Wohn- und Arbeitsbevölkerung stets zu berücksichtigen. Dementsprechend darf eine Gemeinde auf einem früheren Deponie- oder Industriegelände nicht ohne weiteres ein Wohngebiet ausweisen. Sie ist vielmehr verpflichtet, einem Verdacht auf eventuelle Schadstoffbelastungen vorher nachzugehen und ggf. entweder von der Ausweisung des Baugebietes Abstand zu nehmen oder das Gelände zu entseuchen. Ähnliches gilt übrigens im Immissionsschutzrecht, wenn eine Gemeinde ein Wohngebiet in der Nähe eines Industriegebietes ausweisen will. Auch hier sind die Belange der Wohnbevölkerung besonders zu berücksichtigen, weshalb das Wohngebiet so weit von dem Industriegebiet entfernt zu sein hat, daß Gesundheitsgefährdungen durch Industrieimmissionen ausgeschlossen sind.

c) Drittgerichtetheit der Amtspflicht

37

Ein Schadensersatzanspruch wegen Amtspflichtverletzung steht immer nur denjenigen Bürgern zu, die durch die verletzte Amtspflicht gerade in ihren Rechten geschützt werden sollen. Man spricht davon, daß die Amtspflichten **drittgerichtet** sein, d.h. erkennbar auch auf den Schutz bestimmter Dritter Bezug nehmen müssen. Im Immissionsschutz- und Bauplanungsrecht ist das bei all den Amtspflichten der Fall, die auf den Schutz der Nachbarschaft und/ oder Wohnbevölkerung zielen.

Daneben gibt es auch Amtspflichten, die nur im Interesse der Allgemeinheit bestehen und nicht drittgerichtet sind. Dies gilt etwa bei der Verpflichtung der Gemeinden, einen Bebauungsplan aus dem Flächennutzungsplan zu entwickeln und ihn bekanntzumachen.

d) Rechtswidrigkeit

38

Auch Schadensersatzansprüche wegen Amtspflichtverletzung setzen ein **rechtswidriges** Verhalten des Schädigers voraus (→ Kap. 17/RN 16). Daran kann es fehlen, wenn eine Behörde auf eine sog. **Anscheinsgefahr** hin gehandelt hat.

> **Beispiel:** Bei der Errichtung eines Wohnhauses entdeckt ein Bauunternehmen Müllrückstände im Boden, deren erste Untersuchung durch einen anerkannten Sachverständigen eine Schadstoffbelastung leicht über den geltenden Grenzwerten ergibt. Daraufhin ordnet die zuständige Behörde an, daß das Bauunternehmen die Müllrückstände auf eine geeignete Deponie transportieren lassen muß. Weitere Kosten entstehen dem Bauunternehmen dadurch, daß das Gelände bis auf den Fels abgetragen und mit zusätzlichem Material verfüllt werden muß. Später stellt sich heraus, daß sich die Verseuchung innerhalb der geltenden Grenzwerte hielt.

In diesem Fall hätte das Bauunternehmen eigentlich nicht zum Abtransport des Aushubs verpflichtet werden dürfen. Gleichwohl haben sich die Behörden hier rechtmäßig verhalten, weil sie aufgrund ihres Erkenntnisstandes im Zeitpunkt der Anordnung davon ausgehen mußten, daß der Aushub eine Gefahr für die öffentliche Sicherheit und Ordnung darstellt. Die Abwehr von Gefahren für die Allgemeinheit kann ihrem Zweck nach nicht erst einsetzen, wenn mit absoluter Sicherheit feststeht, daß wirklich eine Gefahr besteht. Das Einschreiten der Behörden gegen eine bloße Anscheinsgefahr ist daher nicht rechtswidrig. Um den Betroffenen nicht auf seinen Aufwendungen sitzen zu lassen, gewährt ihm die Rechtsprechung allerdings aufgrund der Polizei- und Sicherheitsgesetze der Länder einen (der Höhe nach geringeren) Entschädigungsanspruch.

e) Verschulden

39

→ § 839 I 1 BGB

→ § 276 I 2 BGB

Die Amtspflichtverletzung muß weiterhin auf **Vorsatz** oder **Fahrlässigkeit** (→ Kap. 17/RN 17) des Handelnden beruhen. Bei Amtspflichtverletzungen bildet den Regelfall die Fahrlässigkeit, d. h. der Vorwurf, die im Verkehr erforderliche Sorgfalt außer acht gelassen zu haben.

Ob die Gemeinderatsmitglieder fahrlässig gehandelt haben, wenn sie ein Wohngebiet auf einem kontaminierten Grundstück ausweisen, hängt von den Umständen des Einzelfalls ab. Grundsätzlich muß nicht jedes Grundstück von vornherein auf Altlasten untersucht werden. Eine Untersuchungspflicht besteht nur, wenn der Gemeinde aus ihrer Verwaltungstätigkeit bekannt ist, daß ein Grundstück früher einmal zu industriellen Zwecken oder als Deponie benutzt worden ist, oder wenn sonstige Umstände auf eine Altlastenkontmination hindeuten.

> **Beispiel:** Auf einem Grundstück A wurde in früheren Jahren zunächst eine Kokerei, später ein Gaswerk betrieben. Die Gemeinde weist ein benachbartes Grundstück B, das nicht zu dem Gaswerk bzw. der Kokerei gehörte, als Wohngebiet aus. Bei der Bebauung findet man dennoch Kokereiabfälle auf dem Grundstück B, was umfangreiche Entgiftungsmaßnahmen notwendig macht.

Hier trifft die Gemeinderatsmitglieder bei der Aufstellung des Bebauungsplans kein Verschulden, weil sie nicht damit rechnen mußten, daß auf diesem Grundstück Kokereiabfälle gelagert worden sein könnten. Dagegen hätten die Gemeinderatsmitglieder fahrlässig gehandelt, wenn sie das Wohngebiet unmittelbar auf dem ehemaligen Gaswerksgelände ausgewiesen hätten, weil sie mit der Gefährlichkeit eines solchen Areals rechnen mußten.

f) Schadensersatz

40

→ §§ 249 ff. BGB

Dem Anspruchsteller muß schließlich ein ersatzfähiger Schaden entstanden sein. Art und Umfang des Schadensersatz richten sich nach den allgemeinen Vorschriften, doch ist eine **Naturalrestitution** (→ Kap. 17/RN 29) bei der Amtshaftung **ausgeschlossen**. Sie würde nämlich bedeuten, daß das Zivilgericht den Staat zur Erteilung einer rechtswidrig verweigerten Genehmigung verurteilen müßte; dieses Ziel kann und soll der Bürger aber mit der Verpflichtungsklage (→ Kap. 3/RN 44) vor den Verwaltungsgerichten verfolgen.

41

Im Falle einer Amtspflichtverletzung wird nur der Schaden ersetzt, der vom **Schutzzweck** der jeweiligen Amtspflicht umfaßt ist. Wann dies der Fall ist, hängt wieder mit der Frage zusammen, wessen Interessen eine die Amtspflicht schützen soll.

> **Beispiel:** Die Gemeinde weist ein Wohngebiet aus, in dem ein Privatmann ein Grundstück mit Wohnhaus erwirbt. Später werden Altlasten entdeckt, die so gesundheitsschädlich sind, daß man auf dem Grundstück nicht wohnen kann.

Der Vermögensschaden des Privatmanns aus der Amtspflichtverletzung (→ RN 36) besteht hier in den Anschaffungskosten für das Grundstück und die vergeblichen Aufwendungen im Zusammenhang damit, also etwa Umzugskosten. Sinn und Zweck der Amtspflicht, die gesunden Wohn- und Arbeitsverhältnisse bei der Bauleitplanung zu berücksichtigen, ist der Schutz der Gesundheit der Eigentümer; daher sind nur Schäden ersatzfähig, die aus einer unmittelbaren Gefahr für Leben und Gesundheit herrühren. Weil hier eine erhebliche Gesundheitsgefahr besteht, sind alle Schäden aus der Unbenutzbarkeit des Hauses zu ersetzen.

Dagegen sollen die Amtspflichten bei der Bauleitplanung den Bürger nicht vor reinen Vermögensschäden schützen.   **42**

> **Beispiel:** Gleicher Fall wie zuvor, doch ist nicht das Grundstück des Eigentümers selbst verseucht, sondern ein Grundstück in der Nähe. Dies mindert auch den Wohnwert des Grundstücks des Eigentümers, so daß beim Verkauf mit einem Mindererlös zu rechnen ist. Auf dem Grundstück selbst besteht aber keine Gesundheitsgefährdung. Der Minderwert ist nicht vom Schutzzweck der Amtspflicht umfaßt und wird nicht ersetzt.

Gleichwohl kann auch ein Bauträger Schadensersatz verlangen, wenn er ein Altlastengrundstück zum Zwecke der Bebauung erwirbt und vor der Veräußerung der fertiggestellten Wohnungen die Kontamination entdeckt. Es wäre unbillig, die Ersatzfähigkeit davon abhängig zu machen, ob bereits ein Selbstnutzer Eigentümer des betroffenen Grundstücks ist.

g) Ausschluß bzw. Minderung des Anspruchs

Der Amtshaftungsanspruch ist in drei Fällen ausgeschlossen bzw. gemindert: **43**

Erstens kann der Geschädigte, wenn dem Beamten lediglich Fahrlässigkeit zur Last fällt, Amtshaftungsansprüche nur dann erfolgreich geltend machen, wenn er nicht auf andere Weise Ersatz zu erlangen vermag. In den Altlastenfällen muß der „Häuslebauer" also zunächst den Verkäufer des Grundstücks in Anspruch nehmen und ggf. gegen ihn klagen. Dem Fehlen eines Ersatzanspruchs steht es gleich, wenn der Anspruch etwa wegen Insolvenz der Bauträgergesellschaft wirtschaftlich nicht durchsetzbar ist.   → § 839 I 2 BGB

Zweitens ist der Anspruch insoweit ausgeschlossen, als der Geschädigte seinen Eintritt schuldhaft nicht durch Gebrauch eines Rechtsmittels abgewendet hat. Der Bürger soll sich nicht mit falschen behördlichen Entscheidungen abfinden und hinterher Schadensersatz verlangen, sondern primär versuchen, die Entscheidung mit den bestehenden Rechtsschutzmitteln anzugreifen.   → § 839 III BGB

→ § 254 BGB

Drittens muß sich der Geschädigte – über den eben behandelten Sonderfall hinaus – ein Mitverschulden bei der Schadensentstehung auf seinen Anspruch stets anrechnen lassen (→ Kap. 17/RN 31).

h) Verjährung

44

→ § 852 BGB

Amtshaftungsansprüche verjähren in drei Jahren ab Kenntnis des Schadens und der Person des Schädigers. Bei fahrlässigen Amtspflichtverletzungen beginnt die Verjährungsfrist erst zu laufen, wenn zusätzlich feststeht, daß andere Ersatzmöglichkeiten nicht bestehen.

Kontrollfragen:

1. Welche Grundpflichten enthält das Bundes-Bodenschutzgesetz? (RN 5–9)
2. Welche rechtlichen Besonderheiten bestehen für die landwirtschaftliche Bodennutzung? (RN 10)
3. Was versteht man unter Altlasten? (RN 12)
4. Warum ist es schwierig, die Altlastensanierung rechtlich zu erfassen? (RN 13–14)
5. Gegen welche Personen kann die Behörde eine Sanierungsanordnung erlassen? (RN 18–22)
6. Welche Ansprüche hat der Käufer wegen Mängeln der Kaufsache? (RN 27)
7. Wann hat der Verkäufer Altlasten eines Grundstücks arglistig verschwiegen? (RN 30)
8. Welche Ansprüche hat der Mieter bei Altlasten? (RN 31–33)
9. Auf welcher Rechtsgrundlage beruht die Amtshaftung? (RN 34)
10. Welche Amtspflichten kommen im Bereich der Altlasten in Betracht? (RN 36)
11. Welche Schäden sind in Altlastenfällen ersatzfähig? (RN 40–42)

Weiterführende Hinweise:
zu I. und II. 1.-7.:

Monographien:

Hermanns, Klaus/Walcha, Henning (Hrsg.), Ökologische Altlasten in der kommunalen Praxis, 1994; *Kloepfer, Michael,* Umweltrecht, 2. Aufl., 1998, S. 761–811; *Kothe, Peter*, Altlastenrecht in den neuen Bundesländern, Sanierung – Haftung – Zuständigkeit, 1996; *Pfaff-Schley, Herbert* (Hrsg.), Bodenschutz und Umgang mit kontaminierten Böden, 1996; *Rat von Sachverständigen für Umweltfragen,* Sondergutachten „Altlasten II" vom 24.1.1995, BT-Drucks. 13/380; *Rosenkranz, Dietrich/Einsele, Gerhard/ Harress, Heinz-Michael/Bachmann, Günther* (Hrsg.) Handbuch Bodenschutz, Loseblattwerk in 2 Ordnern; *Simmleit, Norbert/Ernst, Achim,* Handbuch Kommunales Altlastenmanagement – Ein praktischer Leitfaden – Orientierungshilfe zum verträglichen Umgang mit Altlasten, 1994.

Aufsätze:

Kothe, Peter, Die Verantwortlichkeit bei der Altlastensanierung – ein Beitrag aus anwaltlicher Sicht, VerwArch 1997, S. 456–498; *Kratzenberg, Rüdiger*, Bodenschutz in der Bauleitplanung, UPR 1997, S. 177-183; *Kügel, Wilfried*, Die Entwicklung des Altlastenrechts, NJW 1996, S. 2477–2485; *Peine, Franz-Joseph*, Die Bodenschutzkonzeption der Bundesregierung, UPR 1997, S. 53–60; *Vierhaus, Hans-Peter*, Das neue Bodenschutzgesetz, NJW 1998, S. 1262–1269.

Rechtsprechung:

Zur Begrenzung der Altlastenhaftung aus Billigkeitsgründen: BVerwG, NVwZ 1991, S. 475–476; BVerwG, UPR 1997, S. 193; VGH Mannheim, NVwZ-RR 1996, S. 13–14.

zu II. 8.:

Literatur:
Haibt, Alexander/Rinne, Alexander, Altlasten als zivilrechtliches Haftungsrisiko und Innenausgleich zwischen mehreren Störern, ZIP 1997, 2113-2117; *Knoche, Joachim*, Sachmängelgewährleistung beim Kauf eines Altlastengrundstücks, NJW 1995, S. 1985–1992; *ders.*, Umweltlasten und Mietrecht, NJW 1997, S. 2080–2084; *Schläger, Edwin*, Wohnraummietrecht und Umweltschutz, ZMR 1996, S. 517–527.

Rechtsprechung:
BGHZ 117, S. 363–374 (arglistiges Verschweigen bei Kenntnis eines Bodengutachtens); BGHZ 123, S. 363–368 (Verkauf des Geländes einer früheren chemischen Fabrik); BGH, NJW 1995, S. 1549–1551 (Offenbarungspflichten beim Verkauf eines früheren Deponiegeländes).

zu II. 9.:

Literatur:
Fugmann-Heesing, Annette, Die Überplanung von Altlasten – Ein Investitionshindernis in den neuen Ländern? LKV 1996, 113-119; *Kühn, Wolfgang*, Die Amtshaftung der Gemeinden wegen der Überplanung von Altlasten, 1997; *Pape, Kai Arthur*, Die Bewältigung von Altlasten in der Praxis, NJW 1994, S. 809–813; *Schmidt, Reiner*, Staatshaftung für Waldschäden, ZRP 1987, S. 146–148; *Ossenbühl, Fritz*, Staatshaftungsrecht, 5. Aufl. (1998).

Rechtsprechung:
BGHZ 109, S. 380–396 (Überplanung von Altlasten); BGHZ 119, S. 365–372 (Verschulden bei fehlerhafter Sachentscheidung); BGHZ 123, S. 363–368 (Ersatzfähigkeit von Sanierungsmaßnahmen); BGHZ 132, S. 30–39 (arglistiges Verschweigen von Altlasten; Wissenszurechnung in arbeitsteilig organisierten Gesellschaften); BGH, NJW 1994, S. 1880–1881 (Ölkontamination durch Mieter).

Teil II
Umweltprivatrecht

16. Grundlagen des Zivilrechts

I.   Einleitung

1   Welche Aspekte das private Umweltrecht in Abgrenzung zum öffentlichen Umweltrecht regelt, verdeutlicht das folgende

> **Beispiel:** Bei einem Chemieunternehmen kommt es zum zweiten Störfall innerhalb von drei Monaten. Die freigesetzten chemischen Substanzen setzen sich als gelber Niederschlag in der Umgebung ab, beispielsweise auf dem Wohnhaus von Willi. Sie gelangen auch in den Forellenteich von Fritz, dem alle Fische sterben. Außerdem erfaßt ein Autofahrer, weil sich der Bremsweg durch den Niederschlag verdoppelt hat, mit seinem Wagen das Kleinkind Klothilde, das auf die Straße läuft.

Das private Umweltrecht befaßt sich nun mit der Frage, ob Willi vom Chemieunternehmen Reinigung seines Hauses, Fritz Ersatz für seine Fische und Klothilde Ersatz der notwendig gewordenen Arztkosten fordern kann. Außerdem geht es darum, ob Willi vom Chemieunternehmen vorbeugende Maßnahmen gegen weitere Störfälle oder Kostenerstattung verlangen kann, wenn er sein Wohnhaus von einer Fachfirma reinigen läßt. Allgemeiner formuliert, geht es im privaten Umweltrecht also um einen Interessenausgleich zwischen Privatpersonen, wenn eine von ihnen ein *umweltschädigendes* Ereignis verursacht und dadurch die Belange der anderen beeinträchtigt hat. Zum *Umweltschutz* kann das Privatrecht aber nur begrenzt beitragen, weil die Umwelt kein privates Recht ist.

II.   Funktion, Einteilung und Quellen des Zivilrechts

2   Bevor wir das private Umweltrecht näher betrachten, sollten wir uns kurz mit der Aufgabe des Zivilrechts, seinen Rechtsquellen und Grundgedanken beschäftigen.

3   In den einleitenden Kapiteln haben Sie die Unterteilung des Rechts in Öffentliches und Zivilrecht und die Abgrenzung der beiden Rechtsgebiete voneinander kennengelernt (→ Kap. 2/RN 22 f.). Das Privatrecht regelt die Rechtsbeziehungen der Privatpersonen („Bürger") untereinander.

4   Man kann das Zivilrecht in das allgemeine Privatrecht und die Sonderprivatrechte einteilen. Das allgemeine Privatrecht oder bürgerliche Recht gilt für alle wichtigen Rechtsbeziehungen zwischen den Bürgern. Es regelt etwa die Rechtsfolgen von Geburt, Heirat, Scheidung, Tod, die Gründung von Vereinigungen, den Abschluß und Inhalt von Verträgen, die Haftung für unerlaubte Handlungen, den Erwerb und die Übertragung von Eigentum und anderen Rechten. Die Sonderprivatrechte gelten dagegen nur für bestimmte Berufsgruppen und Lebensbereiche (z.B. Arbeitsrecht, Handelsrecht, Gesellschaftsrecht, Versicherungsrecht). Allgemeines und Sonderprivatrecht stehen zueinander im Verhältnis der Spezialität: Es gelten die allgemeinen Vorschriften, soweit das jeweilige Sonderprivatrecht keine besondere Regelung bereit hält.

Das „private Umweltrecht" stellt keine eigene Materie innerhalb des Privat-   **5**
rechts dar, insbesondere kein Sonderprivatrecht. Es ist bislang nur ein Schlagwort für alle Sachverhalte, die einen Bezug zur Umwelt haben und gleichzeitig privatrechtliche Rechtsfolgen auslösen (können). Hauptsächlich geht es
dabei um die Reichweite des Eigentums und anderer Rechte und die Folgen
ihrer Verletzung. Damit befinden wir uns im bürgerlichen Recht.

Die wichtigste Rechtsquelle des Zivilrechts ist das **Bürgerliche Gesetz-**   **6**
buch (BGB), das am 1.1.1900 in Kraft getreten ist. Es stellt eine recht umfassende Regelung des bürgerlichen Rechts dar. Das BGB besteht aus fünf Bü-
chern und hat eine für den Laien schwer verständliche antiquierte Gesetzes-
sprache. Zudem erscheinen seine Regelungen sehr abstrakt, weil die Verfasser
des BGB ein möglichst knappes Gesetzbuch schaffen wollten. Für das private
Umweltrecht wichtig sind das Zweite Buch „Schuldrecht" und das Dritte
Buch „Sachenrecht". Das Schuldrecht regelt dabei insbesondere Schadenser-
satzverpflichtungen bei unerlaubten Handlungen (→ Kap. 17/RN 4 ff.), aber
auch die gesetzlichen Leitbilder besonders wichtiger Vertragstypen, unter anderem den Kauf und die Miete, die bei der Bewältigung von Altlasten eine
Rolle spielen. Im Sachenrecht finden sich Regelungen über das Eigentum an
Sachen und die Abwehransprüche gegen Störungen des Eigentums (→ Kap.
18/RN 1) sowie die Vorschriften über das private Nachbarrecht (→ Kap. 18/
RN 8 ff.).

Das BGB wird von zahlreichen Spezialgesetzen ergänzt. Aus dem täglichen   **7**
Leben kennt man vielleicht das Miethöhengesetz, das Verbraucherkreditge-
setz und das Haustürwiderrufsgesetz. Für das private Umweltrecht gibt es in
zahlreichen öffentlich-rechtlichen Gesetzen Haftungsvorschriften, die (privatrechtliche) Schadensersatzansprüche begründen (→ Kap. 17/RN 34 ff.), wie
etwa § 22 Wasserhaushaltsgesetz. Insbesondere gilt seit dem 1.1.1991 das
Umwelthaftungsgesetz (→ Kap. 17/RN 38 ff.). Dieses Gesetz begründet eine
Gefährdungshaftung für Umweltschäden, die aus dem Betrieb einer umweltgefährdenden Anlage entstehen.

III.   Prinzipien und Grundbegriffe des Privatrechts

Im Grundsatz geht man bis heute davon aus, daß der einzelne seine privaten   **8**
Verhältnisse autonom regeln kann. Das Privatrecht ist deshalb weitgehend
vom Grundsatz der **Privatautonomie** geprägt: Der einzelne kann selbst Regelungen treffen, die von der Rechtsordnung anerkannt werden. Er kann daher
etwa Regelungen für den Fall seines Todes treffen, indem er ein Testament
errichtet (Testierfreiheit). Er kann mit seinem Eigentum nach Belieben verfah-

ren (§ 903 BGB, Eigentumsfreiheit). Am deutlichsten zeigt sich die Privatautonomie aber in der Vertragsfreiheit. Jeder kann durch den Abschluß von Verträgen Rechte erwerben und Pflichten eingehen. Dabei ist er frei, ob er einen Vertrag schließen will (Abschlußfreiheit) und welchen Inhalt der Vertrag haben soll (Inhaltsfreiheit). Allerdings gibt es hier wegen des wirtschaftlichen Ungleichgewichts, etwa zwischen Handel und Verbraucher, Einschränkungen in Gestalt von Verbraucherschutzgesetzen.

9   Im Zivilrecht steht es in aller Regel die Frage im Vordergrund, ob jemand gegen einen anderen einen **Anspruch** hat. Gemäß § 194 I BGB ist ein Anspruch das „Recht, von einem anderen ein Tun oder Unterlassen zu verlangen". Ansprüche können sich aus Gesetzen oder Verträgen ergeben. Die Vorschriften, aus denen sich Ansprüche ergeben, nennt man Anspruchsgrundlagen. Der Zivilrechtler, der mit einem „Fall" konfrontiert wird, wird sich zunächst mit dem tatsächlichen Lebenssachverhalt beschäftigen. Dann untersucht er, meist anhand eines konkreten Auftrags, welche Ansprüche einem Beteiligten gegen andere zustehen könnten. Dabei wird er überlegen, welche Anspruchsgrundlagen zu dem Fall passen könnten.

> **Beispiel:** in Fortführung des Einleitungsfalls aus RN 1. Zunächst wird Klothilde – vertreten durch ihre Eltern – Ansprüche geltend machen wegen der Arztkosten, die ihr entstanden sind. Außerdem wird sie ein Schmerzensgeld wollen. Da der Autofahrer den Unfall primär verursacht hat, wird K zunächst gegen ihn und seine Haftpflichtversicherung vorgehen. Zahlt die Versicherung, wird sie verusuchen, einen Teil des Geldes vom Chemieunternehmen zurückzufordern.

10   Zwei weitere Grundbegriffe, die im folgenden eine Rolle spielen, sind das Eigentum und der Besitz. Das Eigentum ist ein **umfassendes Herrschaftsrecht** an Sachen. Der Eigentümer kann, im Rahmen der Gesetze und vorbehaltlich der Rechte Dritter, mit der Sache nach Belieben verfahren und Dritte von jeder Einwirkung ausschließen. Besitz ist hingegen die **tatsächliche Herrschaft** über eine Sache. Eigentum und Besitz können auseinanderfallen. So kann der Eigentümer einer Wohnung diese vermieten. Der Mieter ist dann Besitzer der Wohnung.

11   Im nächsten Kapitel geht es um den **Schadensersatz**. Der Begriff erklärt sich weitgehend von selbst. Wenn jemand einem anderen einen Schaden zufügt, muß er diesen ersetzen. Unter Schaden versteht man bei natürlicher Betrachtungsweise jede Einbuße an Gütern wie Leben, Gesundheit oder Eigentum. Daraus entsteht in der Regel eine Vermögenseinbuße (z.B. Arztkosten), ein Vermögensschaden. Es gibt aber auch immaterielle Schäden, insbesondere die Schmerzen nach einem Unfall.

IV. Der Zivilprozeß

Auch zivilrechtliche Ansprüche können in Prozessen – vor den Zivilgerichten – geltend gemacht werden. **12**

1. Gesetzliche Grundlagen, Zuständigkeiten

Organisation und Zuständigkeiten der Zivilgerichte ergeben sich aus dem Gerichtsverfassungsgesetz. Das gerichtliche Verfahren in Zivilsachen richtet sich nach der Zivilprozeßordnung (ZPO): Sie schreibt ein bestimmtes förmliches Verfahren für die Urteilsfindung vor. **13**

Für zivilrechtliche Streitigkeiten aus dem Bereich des privaten Umweltrechts sind die Zivilgerichte zuständig, § 13 GVG. Die erste Instanz, also das Gericht, bei dem man eine Klage einreichen muß, ist das Amtsgericht, wenn der Streitwert maximal 10 000 DM beträgt, sonst das Landgericht. Unter Streitwert versteht man das in Geld ausgedrückte Interesse des Klägers an der begehrten Verurteilung. Die Höhe dieses Interesses kann das Gericht in der Regel nach freiem Ermessen bestimmen. Bei Zahlungsklagen (etwa wegen Schadensersatzes) steht der Streitwert von vornherein fest. Bei Unterlassungs- und Beseitigungsklagen kommt es auf den Wert der Beeinträchtigung an. Da man aber nur schlecht in Geld ausdrücken kann, wieviel beispielsweise die Unterlassung des geruchsintensiven Würstchengrillens für den belästigten Nachbarn wert ist, muß hier geschätzt werden. Bei der Beseitigungsklage kann man sich dagegen an den damit verbundenen Kosten orientieren. **14**
→ §§ 23, 71 GVG

→ § 3 ZPO

Von der Eingangsinstanz hängen verschiedene Aspekte ab. Wirtschaftlich bedeutsam ist, daß man sich vor dem Landgericht (und höheren Gerichten) durch einen Anwalt vertreten lassen muß. Gegen Urteile der Amtsgerichte gibt es nur die Berufung zum Landgericht, gegen landgerichtliche Urteile kann man dagegen neben der Berufung zum Oberlandesgericht noch Revision zum Bundesgerichtshof einlegen. Berufung kann nur einlegen, wer in dem Prozeß in Höhe von mehr als 1.500 DM verloren hat. Eine Revision ist nur bei einer „Beschwer" von mehr als 60 000 DM oder dann möglich, wenn das Oberlandesgericht sie wegen grundsätzlicher Bedeutung zugelassen hat. → § 78 ZPO

2. Grundsätze des Zivilprozesses

Der Zivilprozeß steht unter der Herrschaft der Parteien, die bestimmen, ob ein Prozeß durch Klageerhebung eingeleitet wird, wie er seinen Verlauf nimmt und wie er beendet wird. Der Gegenstand des Rechtsstreits hängt von den Tatsachen ab, die die Parteien vortragen und die ggf. in der vom Gericht durchgeführten Beweisaufnahme bestätigt werden. Das Gericht kann grundsätzlich nur die von den Parteien vorgetragenen und unter Beweis gestellten **15**

Tatsachen berücksichtigen; nicht aber von sich aus den Sachverhalt selbst ermitteln wie im Straf- oder Verwaltungsprozeß (**Verhandlungs-** oder **Beibringungsgrundsatz**). Allerdings kann und muß das Gericht durch Hinweise darauf hinwirken, daß die Parteien ergänzende Tatsachen vortragen und sachdienliche Anträge stellen. Dabei ist aber eine gewisse Vorsicht geboten, wenn es sich nicht dem Verdacht der Befangenheit aussetzen will; zulässig ist aber etwa der Hinweis an eine der Parteien, daß das Gericht den bisherigen Tatsachenvortrag für möglicherweise nicht ausreichend hält. Die Partei weiß dann immerhin, was sie tun muß, um den Prozeß nicht (völlig) zu verlieren. Darüber hinaus haben die Parteien es in der Hand, ob sie sich auf bestimme Rechte (wie die Verjährung) berufen wollen oder nicht. Sie können über den Streitgegenstand verfügen (**Verfügungsgrundsatz** oder **Dispositionsmaxime**). Der Beklagte kann den Klageanspruch anerkennen, der Kläger kann auf den Klageanspruch verzichten, die Parteien können einen Vergleich schließen usw.

16   Wie der von den Parteien eingebrachte Tatsachenstoff rechtlich zu würdigen ist, entscheidet dagegen allein das Gericht. Theoretisch müssen die Parteien daher nur die *relevanten* Tatsachen vortragen, nicht aber Rechtsmeinungen. Ein Anwalt weiß im Gegensatz zum Laien, welche Tatsachen in einer bestimmten Situation nun gerade relevant sind. Davon kann der Ausgang des Prozesses abhängen. Vergißt der Kläger, eine bestimmte Tatsache vorzutragen und ggf. Beweis dafür anzubieten, oder der Beklagte eine vom Kläger behauptete Tatsache nicht bestreitet, kann das fatale Folgen haben.

> **Beispiel:** K klagt gegen V auf Übereignung und Übergabe des Buches „XY". Zur Begründung trägt sie vor, mit V einen Kaufvertrag geschlossen zu haben. V bestreitet den ganzen Vorfall. Nun muß K Beweis für die Tatsache des Vertragsabschlusses anbieten. Tut sie dies nicht – vielleicht weil es keine Zeugen gibt -, muß das Gericht die Klage abweisen. Es darf nicht selbst nach Zeugen suchen oder solche ohne ausdrücklichen Antrag einer Partei laden und vernehmen.

Kontrollfragen:
1. Worum geht es im privaten Umweltrecht? (RN 1)
2. Welche Quellen des privaten Umweltrechts kennen Sie? (RN 5–7)
3. Was ist Eigentum, was ist Besitz? (RN 10)
4. Welche Grundsätze gelten im Zivilprozeß? (RN 15)
5. Wie sind die Zuständigkeiten der Zivilgerichte gegliedert? (RN 14)

Weiterführende Hinweise:
Fritz, Klaus, Mietrecht und Umweltschutz, ZMR 1997, S. 553–561; *Medicus, Dieter,* Umweltschutz als Aufgabe des Zivilrechts, NuR 1990, S. 145–155; *Schwab, Dieter,* Einführung in des Zivilrecht, 12. Aufl. (1995); *Wagner, Gerhard,* Umweltschutz mit zivilrechtlichen Mitteln, NuR 1992, S. 201–210; *Werner, Olaf,* Vorläufiger Rechtsschutz in Umweltsachen, NuR 1992, S. 149–155.

17. Umwelthaftungsrecht

Das folgende Kapitel beschäftigt sich mit dem Umwelthaftungs- und Schadensrecht. Soweit Umwelteinwirkungen zu Umweltschäden werden, ist dieses Rechtsgebiet angesprochen. Es beantwortet die Frage, ob und unter welchen Voraussetzungen ein Geschädigter Ersatz für die bei ihm eingetretenen Schäden verlangen kann.

1

> **Fakten:** Nach einer 1995 veröffentlichten Schätzung beliefen sich die Umweltschäden in Deutschland im Jahr 1992 auf zusammen 203 Milliarden DM. Für den wichtigen Bereich der umweltbedingten Gesundheitsschäden in der Bundesrepublik Deutschland liegen gesicherte Zahlen nicht vor. Vorsichtige Schätzungen für das Jahr 1985 sprechen von Kosten in Höhe von 11,7 Milliarden DM allein für umweltbedingte Atemwegserkrankungen.

I.   Grundlagen des Haftungsrechts

1.   Allgemeines

2

Am 1. Januar 1991 ist für das Gebiet der Bundesrepublik Deutschland das Umwelthaftungsgesetz (UmweltHG) in Kraft getreten. Es soll hier in seinen Grundzügen vorgestellt und erläutert werden. Das Umwelthaftungsrecht ist aber nicht, wie man meinen könnte, ausschließlich in diesem Gesetz niedergelegt. Vielmehr beinhaltet das neue Gesetz nur einen Teil der Regelungen, die zum Rechtsgebiet des Umwelthaftungsrechts gehören. Das Umwelthaftungsrecht setzt sich aus einer Vielzahl von Normen zusammen, die über mehrere Gesetze verstreut sind. Ausgangspunkt und Grundlage des Umwelthaftungsrechts ist indes eine seit dem Jahr 1900 unverändert geltende Vorschrift aus

→ § 823 BGB   dem Bürgerlichen Gesetzbuch (BGB). Dort heißt es, daß derjenige, der vorsätzlich oder fahrlässig das Leben, den Körper, die Gesundheit, die Freiheit, das Eigentum oder ein sonstiges Recht eines anderen widerrechtlich verletzt, dem anderen zum Ersatze des daraus entstehenden Schadens verpflichtet ist. Diese Haftungsvorschrift ist ganz allgemein gehalten. Daher könnten auch Umweltschäden, also Schäden, die durch Umwelteinwirkungen verursacht werden, von ihr erfaßt werden. Mit dieser haftungsrechtlichen Grundnorm wollen wir uns deshalb im folgenden zunächst befassen. Diese Vorgehensweise wird uns auch das Verständnis der Spezialgesetze, etwa des Umwelthaftungsgesetzes, erleichtern.

2.   Zwecke des Haftungsrechts

3

Die eigentliche Aufgabe des Haftungs- oder Deliktsrechts, wie es auch genannt wird, besteht in der Wiedergutmachung eines eingetretenen Schadens. Erleidet jemand einen Schaden, soll er ihn nicht selbst tragen müssen, sondern grundsätzlich derjenige, der ihn verursacht hat. Neben dieser Gewährleistung eines gerechten Schadensausgleichs erfüllt das Haftungsrecht noch eine vorbeugende Aufgabe als Instrument der Verhaltenssteuerung. Das Risiko, schadensersatzpflichtig zu werden, schreckt potentielle Schädiger vor gefährdenden Verhaltensweisen ab.

3. Voraussetzungen der Verschuldenshaftung

Das deutsche Haftungsrecht, und damit auch das Umwelthaftungsrecht, ist **4** *dreispurig*. Man unterscheidet Verschuldens-, Gefährdungs- und Aufopferungshaftung. Die **Gefährdungshaftung**, wie sie jetzt etwa nach dem Umwelthaftungsgesetz besteht, bedeutet eine strengere Haftung, weil sie die Schadensersatzpflicht im Grundsatz nur vom Eintritt einer Rechtsgutsverletzung (→ RN 7 ff.) abhängig macht, ohne daß es, wie bei der **Verschuldenshaftung**, auf das Vorliegen von Rechtswidrigkeit (→ RN 16) und Verschulden (→ RN 17) ankäme. Die **Aufopferungshaftung** endlich ist ebenfalls eine von Rechtswidrigkeit und Verschulden unabhängige Haftung. Sie wird in Kapitel 17 näher dargestellt.

Im folgenden werden die einzelnen Haftungsvoraussetzungen der Verschuldenshaftung in der vom Gesetz vorgegebenen Reihenfolge näher dargelegt.

a) Objektiver Tatbestand der Haftung

Der objektive Tatbestand setzt sich wie folgt zusammen: **5**

* Handlung (RN 6).
* Rechtsgutsverletzung (RN 7 ff.).
* Haftungsbegründende Kausalität (RN 13).
* Schaden (RN 17).
* Haftungsausfüllende Kausalität (RN 18).

Handlung

Eine **Handlung** ist jedes menschliche Verhalten, sofern es vom Willen beherrschbar ist.   **6**

> **Beispiel:** Dort, wo eine Willenslenkung nicht möglich ist, liegt also keine Handlung vor, etwa bei Bewegungen im Schlaf oder im Zustand der Bewußtlosigkeit.

Das Verhalten kann ein aktives Tun oder ein Unterlassen sein. Allerdings kann das Unterlassen dem aktiven Tun nicht stets gleichgestellt werden. Eine Handlung im Rechtssinne liegt im Unterlassen nur dann, wenn eine *Pflicht zum Tätigwerden* besteht. Diese Pflichten können sich direkt aus dem Gesetz ergeben oder aus einer vertraglichen Vereinbarung. Eine wichtige Quelle stellen schließlich die sog. Verkehrspflichten dar (→ RN 16).

Verletzung eines Rechtsguts oder Rechts

7

→ § 823 BGB

Nicht jede Handlung, die einen anderen beeinträchtigt, läßt eine Schadensersatzpflicht entstehen. Die Handlung muß zu einer **Rechtsgutsverletzung** führen. Das Gesetz nennt vier Rechtsgüter, bei deren Verletzung Schadensersatz in Betracht kommt, nämlich Leben, Körper, Gesundheit und Freiheit.

8

Verletzung des **Lebens** bedeutet die Tötung eines Menschen. Ersatzberechtigt sind in solchem Falle diejenigen, die von dem Getöteten Unterhalt beanspruchen konnten.

→ §§ 844 f.
BGB

> **Beispiel:** Der getötete Ernährer hinterläßt Ehefrau, zwei Kinder und einen von ihm finanziell abhängigen Bruder. Ersatzberechtigt sind die Ehefrau (§ 1360 BGB) und die zwei Kinder (§ 1601 BGB), nicht aber der Bruder, weil es sich bei ihm nicht um einen „Verwandten in gerader Linie" (§ 1601 BGB) handelt.

9

Von einer Verletzung des **Körpers** spricht man, wenn in die körperliche Unversehrtheit von außen eingegriffen wird. Die **Gesundheit** ist verletzt, wenn die inneren Lebensvorgänge gestört sind. Eine genaue sachlich-medizinische Abgrenzung von Körper- und Gesundheitsverletzungen ist nicht möglich, für die Zwecke des Haftungsrechts aber auch entbehrlich. Der haftungsrechtliche Gesundheitsbegriff reicht nicht so weit, wie die Definition der Weltgesundheitsorganisation (WHO), wonach Gesundheit körperliches, geistiges und soziales Wohlbefinden umfaßt. Im juristischen Sinne liegt eine Gesundheitsverletzung erst dann vor, wenn die körperlichen oder geistigen Lebensvorgänge medizinisch diagnostizierbar gestört sind, bloße Beeinträchtigungen des allgemeinen Wohlbefindens ohne Krankheitswert reichen nicht aus.

> **Beispiel:** Eine Gesundheitsverletzung ist von den Gerichten bejaht worden im Falle eines Bewohners eines Tieffluggebiets, der wegen der dauernden Lärmbelästigungen an Schlafstörungen und Konzentrationsschwäche litt. – Eine Frau ist während ihrer Schwangerschaft den Immissionen einer nahegelegenen Großfabrik ausgesetzt. Sie bringt ein Kind zur Welt, das an schwerer Neurodermitis leidet. Wenn sich nachweisen läßt, daß die Immissionen die Krankheit ausgelöst haben, erwirbt das Kind einen Schadensersatzanspruch. Es ist unerheblich, daß die Immissionen bereits vor der Geburt bzw. der Zeugung des Kindes, also vor Beginn der Rechtsfähigkeit (vgl. § 1 BGB), erfolgt sind; erforderlich ist nur, daß das Kind ohne die Immissionen gesund zur Welt gebracht worden wäre. – Ein spektakulärer Störfall in einer Chemiefabrik führt zu Schock- und Angstzuständen bei einigen Nachbarn. Auch bei solchen sog. Neuroseschäden kann man von einer haftungsrechtlich beachtlichen Gesundheitsverletzung sprechen, wenn die Angst und Sorge nachvollziehbar sind und nicht das Ergebnis unangemessener Erlebnisverarbeitung darstellen.

10

Verletzung der **Freiheit** bedeutet die Beeinträchtigung der körperlichen Bewegungsfreiheit. Im Umwelthaftungsgesetz wird dieses Rechtsgut nicht geschützt, weil es für das Umwelthaftungsrecht wohl bedeutungslos ist.

Außer bei den vier genannten Rechtsgütern gewährt das Gesetz noch Schadensersatz bei der Verletzung des Eigentums und eines „sonstigen Rechts". Das **Eigentum** ist etwa dann verletzt, wenn auf die Substanz der Sache eingewirkt wird oder wenn der Gebrauch einer Sache beeinträchtigt wird.

11

> **Beispiel:** Von einem Kupolofen geht ein feiner Ascheregen auf einen nahegelegenen Parkplatz nieder und hinterläßt an den dort stehenden Autos Lackschäden. – Übelriechende Emissionen eines Klärwerks führen dazu, daß sich Eigentümer E nicht mehr in seinem Garten aufhalten kann. Hier liegt eine Gebrauchsbeeinträchtigung des Grundstückseigentums vor.

Schließlich verpflichtet die Verletzung eines **sonstigen Rechts** zum Schadensersatz. Als sonstiges Recht darf man allerdings nicht jedes erdenkliche vermögenswerte Gut ansehen. Aus der Systematik des Gesetzes, der Nähe zum Eigentum, ist zu folgern, daß das sonstige Recht dem Eigentum ähnlich sein muß. Hier ist vor allem der Besitz zu nennen.

12

> **Beispiel:** Der Grundstückseigentümer ist haftungsrechtlich gegen die Geruchsbelästigungen geschützt (siehe voriges Beispiel). Aber auch der Mieter des Grundstücks kann Schadensersatz verlangen, weil sein Besitz am Grundstück beeinträchtigt wird.

Eigentumsähnliche sonstige Rechte sind weiterhin alle dinglichen Rechte und Immaterialgüterrechte (z.B. Aneignungsrechte, wie Jagd- und Fischereirechte, Hypotheken, Grundschulden, Urheberrechte usw.).

Schon an dieser Stelle, bei der Betrachtung des beschränkten Katalogs geschützter Rechte und Rechtsgüter, wird deutlich, warum das Haftungsrecht einen effektiven Umweltschutz kaum zu leisten vermag. Diese Aussage trifft auch auf das Umwelthaftungsgesetz zu, weil der Katalog der dort genannten Schutzobjekte nicht weiter reicht als der der überkommenen Haftungsvorschriften. Das Haftungsrecht kann nur gegen einen kleinen Teil der vielfältigen Umweltschäden instrumentalisiert werden. Die eigentlich problematischen Bereiche der Umweltverschmutzung sind jedoch über das Haftungsrecht nicht in den Griff zu bekommen, weil sie nicht zu den geschützten Rechten oder Rechtsgütern zählen.

> **Beispiel:** Was kann das Haftungsrecht etwa gegen die Verschmutzung der Nordsee oder die Vergiftung der Seehunde ausrichten? Weder die Nordsee (oder gar die Natur als solche) noch die Seehunde sind Rechtssubjekte. Es liegt auch keine Eigentumsverletzung vor, weil weder die hohe See noch die Seehunde in jemandes Eigentum stehen. Die wildlebenden Seehunde sind herrenlos (§ 960 I BGB).

Es hat Versuche gegeben, die Rechtsprechung dazu zu bewegen, die Natur als Rechtssubjekt anzuerkennen. Dieser radikale Versuch ist ebenso fehlgeschlagen wie Vorschläge, ein „Recht auf gesunde Umwelt" oder ein „Recht auf ungestörten Naturgenuß" als **sonstiges Recht** zu etablieren. Insbesondere die Gefahr einer uferlosen Haftungsausweitung, die Sorge davor, daß sich jedermann zu einem „Treuhänder der Natur" aufschwingen könnte, spricht gegen eine derartige Fortentwicklung des Haftungsrechts.

Haftungsbegründende Kausalität

13   Ein Schadensersatzanspruch setzt weiter voraus, daß die Rechtsgutsverletzung gerade auf einer Handlung des Anspruchsgegners beruht. Die Rechtsgutsverletzung muß durch ein Verhalten des Anspruchsgegners verursacht worden und diesem zuzurechnen sein.

Schaden

14   Ein Schadensersatzanspruch kann naturgemäß nur dann entstehen, wenn auch ein Schaden aufgetreten ist. Unter einem Schaden versteht man jede unfreiwillige Einbuße an Gütern. Schaden und Rechtsgutsverletzung sind stets auseinanderzuhalten.

> **Beispiel:** A wird in einen von B verschuldeten Verkehrsunfall verwickelt. Der linke Kotflügel seines Pkw ist eingedrückt, der linke Oberschenkel des A ist gebrochen. Hier hat A eine Eigentums- und Körperverletzung erlitten. Sein Schaden liegt in den daraus folgenden Vermögensschäden, nämlich den Reparaturkosten für den Pkw, den Arztkosten und dem möglicherweise eingetretenen Verdienstausfall.

Haftungsausfüllende Kausalität

15   Letzte Voraussetzung für den objektiven Tatbestand eines Schadensersatzanspruches ist die haftungsausfüllende Kausalität. Das bedeutet, daß der geltend gemachte Schaden auf der eingetretenen Rechtsgutsverletzung beruht.

b) Rechtswidrigkeit

16   Die Verschuldenshaftung gewährt die Rechtsfolge Schadensersatz nur dann, wenn zu der Verwirklichung des objektiven Tatbestandes hinzukommt, daß der Täter eine der geschützten Rechtspositionen *widerrechtlich* verletzt hat. Grundsätzlich ist die Rechtswidrigkeit schon dann gegeben, wenn ein Eingriff in ein Rechtsgut, das Eigentum oder ein sonstiges Recht stattgefunden hat. Die Rechtswidrigkeit entfällt ausnahmsweise jedoch dann, wenn zugunsten des Täters ein Rechtfertigungsgrund eingreift.

> **Beispiel:** A schlägt den B mit einem Knüppel auf den Kopf. – Der Chirurg C führt bei dem Patienten P eine Operation durch. – Sowohl A als auch C haben den Tatbestand einer Körperverletzung erfüllt. Beide Körperverletzungen wären an sich auch rechtswidrig, es sei denn, es lägen Rechtfertigungsgründe vor. – Die Tat des A wäre etwa dann nicht rechtswidrig, wenn der B ihn mit einer

Pistole bedroht und A nur zu Verteidigungszwecken in Notwehr gehandelt hätte (§ 227 BGB). – C begeht dann keine rechtswidrige Körperverletzung, wenn P vor der Operation in diese eingewilligt hätte. Auch die Einwilligung ist ein Rechtfertigungsgrund. Sie ist jedoch nur dann wirksam, wenn der Patient vor dem Heileingriff über den Umfang, die Risiken und Alternativen aufgeklärt worden ist.

Sofern keine direkte, sondern nur eine mittelbare Verletzungshandlung gegeben ist oder gar nur ein Unterlassen, bedarf es zur Bejahung der Rechtswidrigkeit zusätzlich einer **Pflichtverletzung**.

Beispiel: Eine *direkte* Verletzungshandlung liegt vor, wenn der A dem B ein giftiges Pflanzenschutzmittel einflößt. Handelt der A mit Pflanzenschutzmitteln und verkauft diese abgefüllt in Bierflaschen, liegt eine *mittelbare* Verletzungshandlung vor, wenn jemand aus einer solchen Flasche trinkt.

Eine bedeutsame Rolle zur Begründung der Rechtswidrigkeit spielen die sog. **Verkehrspflichten**. Als Verkehrspflicht bezeichnet man die Pflicht dessen, der eine Gefahrenquelle schafft oder unterhält, die notwendigen und zumutbaren Vorkehrungen zu treffen, um Schäden anderer zu verhindern. Die Verkehrspflichten sind nicht im Gesetz normiert. Es handelt sich um Richterrecht (→ Kap. 2/RN 20). Die Rechtsprechung entwickelt sie von Fall zu Fall, um die für richtig gehaltenen gesellschaftlichen Verhaltensanforderungen festzulegen.

Beispiel: Wer Grund und Boden dem Verkehr für Menschen eröffnet (z.B. Straßen, Gebäude usw.), hat ihn in gefahrlosem Zustand zu halten. – Wer mit gefährlichen Gegenständen umgeht, hat dafür zu sorgen, daß andere nicht durch sie in Gefahr geraten. – Wer potentiell gefährliche Produkte herstellt, hat diese so sicher wie möglich zu machen.

Insbesondere in umwelthaftungsrechtlichen Sachverhalten spielen die Verkehrspflichten eine hervorragende Rolle, weil regelmäßig keine unmittelbaren Verletzungshandlungen gegeben sein werden. An dieser Stelle wird der Einfluß der Rechtsprechung auf die Schärfe des Haftungsrechts besonders deutlich. Das Haftungsrecht wird um so schneidiger, je strenger die Verkehrspflichten definiert werden.

Beispiel: Entstehen bei der Produktion Industrieabfälle, so hat der Produzent dafür zu sorgen, daß sich die mit ihrer Lagerung und Vernichtung verbundenen Umweltgefahren nicht zum Schaden Dritter auswirken können. Der Produzent kann zur Erfüllung dieser allgemeinen Verkehrspflicht ein selbständiges Unternehmen der Abfallbeseitigung hinzuziehen. Auf diese Weise entledigt er sich aber nicht seiner Pflicht. Vielmehr wandelt sie sich um in eine Aufsichts- und Überwachungspflicht. Der Produzent hat dann auch dafür einzustehen, wenn sich Gefahren verwirklichen, die er durch Heranziehung eines unzuverlässigen Unternehmens verschuldet hat.

c) Verschulden

17

Der Täter muß schließlich die tatbestandsmäßige und rechtswidrige Handlung auch zu vertreten haben. Das setzt **Verschuldensfähigkeit** und **Verschulden** voraus.

> **Beispiel:** Der sechsjährige K zündet die Scheune des Nachbarn N an. Die Scheune brennt nieder. Hier hat K zwar widerrechtlich das Eigentum des N verletzt. Er ist gleichwohl nicht zum Schadensersatz verpflichtet, weil er nicht das siebente Lebensjahr vollendet hat und damit nicht verschuldensfähig ist (§ 828 BGB). In Betracht kommt aber eine Haftung der gesetzlichen Vertreter (Eltern) wegen Verletzung der Aufsichtspflicht (§ 832 BGB).

→ § 276 BGB

Verschulden umfaßt Vorsatz und Fahrlässigkeit. **Vorsatz** bedeutet Wissen und Wollen der Tatbestandsverwirklichung. Unter **Fahrlässigkeit** versteht das Gesetz das Außerachtlassen der im Verkehr erforderlichen Sorgfalt. Im Bereich des Umwelthaftungsrechts kommen Vorsatztaten praktisch kaum vor. In aller Regel steht nur eine Fahrlässigkeitstat in Rede. Kommt es zu einem Prozeß, ist es grundsätzlich Aufgabe des geschädigten Klägers, die Voraussetzungen des Schadensersatzanspruches darzulegen und zu beweisen. Neben der Schwierigkeit des Nachweises der haftungsbegründenden Kausalität (→ RN 13) bereitet regelmäßig der Beweis des Verschuldens große Schwierigkeiten. Kommt es etwa in einer Industrieanlage zu einem Störfall, fällt es dem Kläger schwer, Fahrlässigkeit nachzuweisen, weil er keinen Einblick in die Betriebsinterna hat. Hier hilft die Rechtsprechung dem Geschädigten mittlerweile mit Beweiserleichterungen. Hat der Kläger dargelegt und bewiesen, daß der Beklagte gegen eine Verkehrspflicht verstoßen hat, wird vermutet, daß dieser Verstoß auch fahrlässig erfolgt ist. Der Beklagte müßte nun seinerseits beweisen, daß er nicht fahrlässig gehandelt hat. Die Beweislast wird also umgekehrt.

d) Verjährung

18

→ § 852 BGB;
§ 17 Umwelt-
HG

Liegen die soeben dargestellten Voraussetzungen (Tatbestandsmäßigkeit, Rechtswidrigkeit und Verschulden) vor, besteht der Schadensersatzanspruch dem *Grunde* nach. Über die *Höhe* und den *Umfang* des Anspruchs ist damit noch nicht entschieden. Maßgebend ist insoweit das Schadensrecht, das wir in Abschnitt II kennenlernen werden. Wartet der Geschädigte mit der Durchsetzung seines Anspruchs zu lange, droht die Verjährung. Drei Jahre nachdem der Geschädigte von Schaden und Person des Schädigers Kenntnis hat, verjährt der Anspruch. Verjährung bedeutet, daß ein Anspruch nicht mehr durchgesetzt werden kann, obwohl er an sich noch besteht. Die Verjährung dient dem Rechtsfrieden und der Rechtssicherheit. Der Schädiger soll nicht ewig dem Risiko eines Schadensersatzprozesses ausgesetzt sein müssen.

4. Sonstige Haftungstatbestände

Wir haben nun die zentrale Vorschrift des deutschen Haftungsrechts, § 823 I
BGB, kennengelernt. Die Vorschrift weist freilich Schutzlücken auf. Diese
resultieren nicht nur daraus, daß es für den durch Umwelteinwirkungen Geschädigten regelmäßig schwierig sein wird, insbesondere die Voraussetzung der haftungsbegründenden Kausalität nachzuweisen. Vielmehr ist es
gerade der so eingeschränkte Katalog der geschützten Rechte und Rechtsgüter
(→ RN 12), der weite Teile der Natur und Umwelt nicht einbezieht, der die
Haftungsvorschrift für einen effizienten Umweltschutz als wenig geeignet
erscheinen läßt. Daher fragt sich, ob andere Haftungsvorschriften des Bürgerlichen Gesetzbuchs die angesprochenen Schutzlücken ausfüllen können.

19

a) Schadensersatzpflicht bei Verletzung eines Schutzgesetzes

Schadensersatzpflichtig ist auch derjenige, der rechtswidrig und schuldhaft
„gegen ein den Schutz eines anderen bezweckendes Gesetz verstößt" und
dadurch einem anderen einen Schaden zufügt. Die Schadensersatzpflicht ist
also an die Verletzung eines sog. Schutzgesetzes geknüpft. Schutzgesetz kann
prinzipiell jede Rechtsnorm sein, sofern sie auch oder gerade den Schutz des
Einzelnen bezweckt. Die meisten Strafvorschriften sind insoweit Schutzgesetze, aber auch einige Artikel der Verfassung sowie etliche Normen des sonstigen öffentlichen Rechts. Die Bedeutung und Wirkungsweise der Haftungsvorschrift läßt sich demonstrieren an folgendem:

20
→ § 823 II
BGB

> **Beispiel:** Der Betrüger B schwindelt der Witwe W unter Vorspiegelung fal-
> scher Tatsachen an der Wohnungstür 200 DM ab. Wenig später wird B festge-
> nommen und der Betrug fliegt auf. – In diesem Fall hat sich B wegen Betrugs
> strafbar gemacht. Den Haftungsrechtler interessiert die Frage, ob der W wieder
> zu ihrem Geld verholfen werden kann, ob sie also einen Schadensersatzan-
> spruch gegen B hat. § 823 I BGB hilft hier nicht weiter, denn B hat weder ein
> geschütztes Rechtsgut noch ein Recht der W verletzt. Insbesondere liegt keine
> Eigentumsverletzung vor. W ist zwar getäuscht worden, aber das ändert nichts
> daran, daß sie ihr Geld freiwillig aus der Hand gegeben hat. Sie hat eine bloße
> Vermögensverletzung erlitten, aber das Vermögen wird in § 823 I BGB nicht
> geschützt. Hier hilft § 823 II BGB. Der strafrechtliche Betrugstatbestand ist ein
> Schutzgesetz. Dieses hat B rechtswidrig und schuldhaft verletzt und der W
> dadurch einen Schaden zugefügt.

Nach dem bisher Gesagten könnte man meinen, daß der Schadensersatzanspruch wegen Schutzgesetzverletzung im Umwelthaftungsrecht von besonderer Bedeutung ist, gibt es doch eine wahre Flut öffentlich-rechtlicher Umweltschutzvorschriften, Grenzwertfestsetzungen und sonstiger Umweltstandards,
die als Schutzgesetze in Betracht kommen. Diese Vermutung wäre aber verfehlt. Die Bedeutung des § 823 II BGB für den Umweltschutz ist gegenwärtig
gering. So bedeutet etwa das Überschreiten von Grenzwerten, die in VDI-

Richtlinien, DIN-Normen, der TA-Luft oder TA-Lärm (→ Kap. 8/RN 21 f.) festgesetzt sind, keine Schutzgesetzverletzung, weil die genannten Regelwerke keine Gesetze im formellen oder materiellen Sinn (→ Kap. 2/RN 16) darstellen. Weiterhin ist bei vielen öffentlich-rechtlichen Umweltgesetzen der Schutzgesetzcharakter zweifelhaft, weil nicht sicher ist, ob auch der einzelne und wenn ja, welche Rechtsgüter geschützt werden sollen, denn viele Umweltgesetze sind zu unbestimmt und eher programmatisch ausgerichtet. Diese Gesetze bedürfen mitunter noch behördlicher Konkretisierung, um überhaupt anwendbar zu sein. Ein Schutzgesetz stellt dann erst die gesetzliche Vorschrift in Verbindung mit der behördlichen Anordnung dar. Kommt der Adressat der behördlichen Anordnung nach, liegt also schon keine Schutzgesetzverletzung vor.

b) Haftung für den Verrichtungsgehilfen

21   Derjenige, der einen anderen zu einer Verrichtung bestellt hat, haftet für den Schaden, den der Verrichtungsgehilfe einem Dritten rechtswidrig zugefügt hat.

→ § 831 BGB

> **Beispiel:** Der A betreibt ein Entsorgungsunternehmen für Industrieabfälle. Seinen Angestellten B und C trägt er auf, einige Fässer eines Öl-Wasser-Gemisches an einem speziell dafür eingerichteten Entsorgungsplatz zu verbrennen. Die Angestellten lassen den Inhalt zweier Fässer im Erdboden versickern. Das Gemisch gelangt auf noch feststellbare Weise in einen Bachlauf, der in den Fischteich des D mündet. Der gesamte Fischbesatz des D verendet. – Nach dem bisher Gesagten wissen wir, daß D gegen B und C Schadensersatzansprüche wegen rechtswidriger und schuldhafter (Fahrlässigkeit!) Eigentumsverletzung hat. Was aber, wenn bei den unterbezahlten und überschuldeten Angestellten des A kein Geld zu holen ist? Dann ist zu überlegen, ob sich D auch an den gutsituierten A halten kann. Freilich hat A das Eigentum des D nicht selbst verletzt. Es fehlt an einer Verletzungshandlung, so daß nach § 823 I BGB an sich kein Schadensersatzanspruch besteht. Hier könnte jedoch die Haftung für den Verrichtungsgehilfen weiterhelfen.

Diese Haftungsvorschrift setzt zunächst voraus, daß als unmittelbarer Täter ein Verrichtungsgehilfe des Geschäftsherrn gehandelt hat. Wesentliches Merkmal des Verrichtungsgehilfen ist die Weisungsabhängigkeit vom Geschäftsherrn.

> **Beispiel:** Typischerweise Verrichtungsgehilfen sind daher Arbeiter und Angestellte, infolgedessen auch B und C. Werden hingegen selbständige Unternehmen mit Arbeiten beauftragt, fehlt es an der Weisungsabhängigkeit.

Der Verrichtungsgehilfe muß einem Dritten widerrechtlich einen Schaden zugefügt haben. Auf ein Verschulden des Verrichtungsgehilfen kommt es nicht an. Die Haftung für den Verrichtungsgehilfen bedeutet eine Haftung für *eigenes Verschulden* des *Geschäftsherrn*. Das Gesetz vermutet, daß der Schaden deshalb entstanden ist, weil der Geschäftsherr den Verrichtungsgehilfen unsorgfältig ausgesucht, angeleitet oder überwacht hat. Der Schaden muß weiterhin „in Ausführung der Verrichtung" entstanden sein. Das bedeutet, daß ein gewisser innerer Zusammenhang zwischen Verrichtung und Schaden gegeben sein muß.

> **Beispiel:** In unserem Fall haben die Verrichtungsgehilfen B und C den D widerrechtlich geschädigt. Die Schädigung ist auch in Ausführung der Verrichtung erfolgt. Hätten B und C vom Entsorgungsplatz ein fremdes Fahrrad mitgehen lassen, wäre dieser Diebstahl (Eigentumsverletzung) nicht mehr „in Ausführung der Verrichtung" passiert, sondern nur „bei Gelegenheit der Ausführung".

Ein Schadensersatzanspruch besteht jedoch dann nicht, wenn den Geschäftsherrn kein Verschulden trifft. Er kann sich entlasten, indem er nachweist, daß er seine Verrichtungsgehilfen sorgfältig ausgesucht und überwacht hat (§ 831 I 2 BGB). In der Praxis gelingt dieser Entlastungsbeweis recht häufig. Daher ist die Haftung für den Verrichtungsgehilfen an sich keine scharfe Haftung. Gesetzgebungsvorschläge gehen dahin, den Entlastungsbeweis abzuschaffen. Die Rechtsprechung versucht mittlerweile, die Entlastungsmöglichkeiten dadurch einzuschränken, daß sie strenge Anforderungen an die Organisation des Betriebes stellt.

> **Beispiel:** In unserem Fall hängt die Haftung des A also letztlich davon ab, ob es ihm gelingt nachzuweisen, daß es sich bei B und C um qualifizierte Mitarbeiter handelt, die stets gewissenhaft und sorgfältig gearbeitet haben. Sollte dieser Entlastungsbeweis nicht gelingen, haftet A neben B und C auf Schadensersatz und zwar als Gesamtschuldner, § 840 I BGB. Das bedeutet, daß D zwar nur einmal den ihm entstandenen Schaden einfordern kann. Er kann sich aber aussuchen, wen er in Anspruch nehmen will, ob er etwa alle Täter gemeinsam verklagt oder nur den A.

5. Multikausalität und Haftung mehrerer Personen

In der Praxis des Umwelthaftungsrechts hat man es nur selten mit monokausalen Sachverhalten zu tun, also solchen, bei denen ein Geschädigter einem Schädiger gegenübersteht. Vielmehr betreffen Umweltschadensfälle regelmäßig eine nicht mehr bestimmbare Vielzahl von Personen. Besonders deutlich wird dies beim sog. Waldsterben. Die für die Waldschäden Verantwortlichen lassen sich nicht einzeln mit einer Schadensersatzklage überziehen. Verursacher sind unzählige Industrieanlagen, Kraftwerke, private Haushalte und der gesamte Kfz-Verkehr und zwar nicht beschränkt auf das Hoheitsgebiet der Bundesrepublik Deutschland. Bei diesen sog. *Distanz-* und *Summationsschäden* werden die Grenzen des Haftungsrechts offensichtlich überschritten. Die

22

Anspruchsgrundlagen des Umwelthaftungsrechts sind zur Bewältigung solcher Schäden, die durch eine unbestimmte Vielzahl von Schädigern verursacht worden sind, letztlich ungeeignet. In der rechtspolitischen Diskussion werden für derartige Schadenstypen folglich andere Ausgleichsformen gefordert, z. B. Entschädigungsfonds.

Gleichwohl gibt es durchaus multikausale Schadensszenarien, für die das Umwelthaftungsrecht seine Relevanz nicht verloren hat.

23   Die erste Fallgruppe ist die sog. **komplementäre Kausalität**. Diese Kausalitätsform ist dadurch gekennzeichnet, daß erst durch das Zusammenwirken zweier oder mehrerer Ursachen, die gleichartig oder ungleichartig sein, zu linearen oder progressiven Steigerungen führen können, der tatbestandsmäßige Erfolg eintritt. Bei der komplementären Kausalität liegt ein Fall der Gesamttäterschaft vor. Die mehreren Beteiligten haften als Gesamtschuldner.

> **Beispiel:** An einem Fluß liegen in nur kurzer Entfernung voneinander die Chemieunternehmen A-AG und B-GmbH. Durch einen Zufall ereignen sich am selben Tag sowohl bei A als auch bei B Störfälle, die jeweils durch fahrlässiges Fehlverhalten von Mitarbeitern verursacht worden sind. Dadurch werden bei A und B Giftstoffe in den Fluß gespült. Sämtliche Fische in der flußabwärts liegenden Fischzuchtanstalt des C verenden daraufhin. Durch ein Sachverständigengutachten wird festgestellt, daß die bei den Unternehmen emittierte Giftmenge je für sich genommen höchstwahrscheinlich ungefährlich geblieben wäre. Erst durch das Zusammentreffen der beiden Giftmengen sei das Fischsterben verursacht worden. – Hier könnte C Schadensersatzansprüche gegen A und B haben. A und B sind juristische Personen (→ Kap. 2/RN 26), Aktiengesellschaft (AG) und Gesellschaft mit beschränkter Haftung (GmbH). Diese können klagen und verklagt werden. Sie müssen für ihre Mitarbeiter (Verrichtungsgehilfen) haften, wenn diese das Eigentum des C rechtswidrig verletzt haben. Problematisch erscheint die Frage der haftungsbegründenden Kausalität. Da hier aber weder der Beitrag der A noch der B hinweggedacht werden kann, ohne daß der Erfolg entfiele, haften beide Firmen für den ganzen Schaden als Gesamtschuldner. Unerheblich ist, daß die eigene Giftmenge allein nicht ausgereicht hätte, den Schaden zu verursachen.

24   Die zweite Fallgruppe betrifft die sog. **konkurrierende Kausalität**. Es liegen zwei oder mehrere Gefährdungsbeiträge vor, die jeder für sich den Verletzungserfolg hätten herbeiführen können. Die zweite oder die nachfolgenden Ursachen wirken sich nur deshalb nicht aus, weil der Erfolg schon vorher eingetreten war.

> **Beispiel:** Nacheinander gelangt aus dem Betrieb des Landwirts A und dem Betrieb des Landwirts B Gülle in den Wasserlauf. Jede Güllemenge hätte für sich ausgereicht, um den Fischbestand des C zu vernichten. Hier bleibt der spätere Gefährdungsbeitrag des B nur deshalb im Ergebnis folgenlos, weil der Fischbestand bereits vernichtet war.

In derartigen Fällen haftet nur der Erstverursacher. Dem verhinderten Zweit-schädiger steht grundsätzlich die Berufung auf den bloßen Zufallsumstand, daß seine Immission gar keinen Schaden mehr angerichtet hat, offen, denn die Kausalität des potentiellen Zweitschädigers ist hypothetisch geblieben.

Die dritte Fallgruppe bezeichnet man als **alternative Kausalität**. Hier hat einer von mehreren Beteiligten die Rechtsgutsverletzung und den daraus re-sultierenden Schaden verursacht. Es läßt sich nur nicht feststellen, welcher der Beteiligten der Urheber ist.

25

> **Beispiel:** Die Chemieunternehmen A, B und C leiten etwa zur selben Zeit verbotenerweise Giftstoffe in den Fluß. Infolgedessen sterben die Fische. Jede der eingeleiteten Giftmengen hätte für sich genommen das Fischsterben allein verursachen können. Nunmehr läßt sich nur noch feststellen, daß entweder die Giftmenge des A oder des B oder des C den Tod der Fische ausgelöst hat. Sicher ist, daß die mehreren Giftmengen sich nicht verbunden haben und daß eine weitere Ursache nicht in Betracht kommt. – Welches Chemieunternehmen ist hier zum Schadensersatz verpflichtet? Der Geschädigte ist in einer solchen Konstellation an sich in einer prekären Lage. Würde etwa A verklagt, müßte der Geschädigte beweisen, daß die Giftmenge des A nicht hinweggedacht werden könne, ohne daß der Erfolg entfiele (Äquivalenztheorie). Das ist in unserem Beispiel weder hinsichtlich des A noch des B oder C möglich.

In Fällen der alternativen Kausalität hilft das Gesetz dem in der Zwickmühle befindlichen Geschädigten durch eine Beweislastregel. Ist nicht zu ermitteln, wer von mehreren Beteiligten den Schaden durch seine Handlung verursacht hat, so ist jeder der Beteiligten für den Schaden verantwortlich. Diese Beweis-lastregel ersetzt jedoch nur den Nachweis der *haftungsbegründenden Kausali-tät* (→ RN 13). Voraussetzung für das Eingreifen der Beweislastregel bleibt, daß jeder Beteiligte alle sonstigen Tatbestandsmerkmale eines Schadenser-satzanspruches erfüllt hat. Weiterhin muß sicher sein, daß jedenfalls einer der Beteiligten den gesamten Schaden herbeigeführt hat. Ist dies der Fall, wird von Gesetzes wegen vermutet, daß jeder der Beteiligten den Schaden verur-sacht hat. Allerdings kann jeder der Beteiligten die Verursachungsvermutung für seine Person durch den Nachweis entkräften, daß sein Handeln den Scha-den nicht herbeigeführt hat.

→ § 830 I
BGB

> **Beispiel:** In unserem Beispiel greift die Beweislastregel des § 830 I 2 BGB zugunsten des Geschädigten ein. Alle Beteiligten (A, B und C) haben an sich eine unerlaubte Handlung begangen. Ließe sich jeweils die haftungsbegrün-dende Kausalität nachweisen, wäre gegen jeden Beteiligten ein Schadenser-satzanspruch gegeben. Weiterhin ist in unserem Beispiel sicher, daß entweder A oder B oder C den Schaden verursacht haben. Die Verursachung durch einen unbekannten Vierten scheidet aus. Nach allem haften A, B und C dem Geschä-digten als Gesamtschuldner (→ RN 24 a. E.).

Im Umwelthaftungsrecht ist die Bedeutung der dargestellten Beweislastregel nicht sonderlich hoch zu veranschlagen. Bei multikausalen Umweltschäden wird sich nur überaus selten eine Gruppe von Beteiligten bilden lassen, von der sicher gesagt werden kann, daß der Schaden nur von dieser und von niemandem sonst verursacht sein konnte. Als vollends unhandlich erweist sich schließlich die Gesamtkausalitätseignung, nach der jeder der Beteiligten den gesamten Schaden muß allein verursacht haben können.

26   Eine weitere Fallgruppe bildet schließlich die sog. **statistische Kausalität**.

> **Beispiel:** Durch sog. epidemiologische Studien ist festgestellt worden, daß an einem bestimmten Ort schon immer jährlich ca. 100 Fälle einer bestimmten Krebserkrankung auftreten, die auf natürlichen Ursachen beruhen. An dem Ort siedelt sich ein Chemieunternehmen an, das Stoffe emittiert, die die bezeichnete Krebsart verursachen können. In der Folge bemerkt man, daß die Zahl der Krebsfälle auf jährlich 200 ansteigt. Es läßt sich jedoch nicht feststellen, ob die Krankheiten auf die natürlichen oder auf die von dem Unternehmen emittierten Stoffe zurückzuführen sind. Sicher ist allerdings, daß entweder die natürlichen oder die Industrieimmissionen die Schäden ausgelöst haben. Eine kumulative Kausalität oder eine sonstige Verursachungsquelle scheiden aus.

Deutsche Gerichte lassen einen statistischen Kausalitätsnachweis nicht zu. Der Geschädigte hat die Voraussetzungen eines Schadensersatzanspruches darzulegen und zu beweisen. Bewiesen ist eine streitige Behauptung, etwa die haftungsbegründende Kausalität, erst dann, wenn für sie eine sehr hohe Wahrscheinlichkeit spricht, damit der Richter die behauptete Tatsache für wahr hält. Das ist das sog. Regelbeweismaß. Der statistische Kausalitätsbeweis bedeutet demgegenüber ein Herunterschrauben der Anforderungen an das Beweismaß. Die Haftung setzt nicht erst dann ein, wenn eine sehr hohe Wahrscheinlichkeit für die Verursachung spricht, sondern schon dann, wenn sie wahrscheinlich ist. Der Umfang der Haftung richtet sich dann freilich nach dem Maß der Wahrscheinlichkeit. Anders als in den USA – dort spricht man von sog. pollution share liability – wird in Deutschland ein derartiger Kausalitätsbeweis bis heute von der herrschenden Meinung nicht anerkannt.

> **Beispiel:** Käme in unserem Beispiel ein Krebskranker auf die Idee, das Chemieunternehmen auf Schadensersatz zu verklagen, würde er vor Gericht unterliegen, denn er könnte nicht beweisen, daß gerade seine Erkrankung von dem Unternehmen verursacht worden ist. Für eine Verursachung spricht zwar eine statistische Wahrscheinlichkeit von 50 Prozent, aber eben noch keine so hohe Wahrscheinlichkeit, daß der Richter die Verursachung für wahr erachten würde. Die Beweislastregel des § 830 I 2 BGB hilft hier ebenfalls nicht weiter. Sie setzt voraus, daß der Geschädigte in jedem Fall einen Schadensersatzanspruch hat, nur nicht sicher ist, gegen wen. In unserem Fall kommt außer dem Unternehmen aber nur noch eine natürliche Ursache in Betracht, so daß ein Schadensersatzanspruch in letzterem Falle nicht besteht. – Ließe man einen statistischen Kausalitätsbeweis zu, bekäme der Kläger im Ergebnis 50 Prozent seines Schadens ersetzt. Der Umfang des Ersatzes entspricht der Wahrscheinlichkeit, mit der das Unternehmen den Schaden des Klägers verursacht hat

II.   Grundlagen des Schadensrechts

1.   Art und Umfang des Schadensersatzes

Hat der Schädiger ein Recht oder Rechtsgut des Geschädigten rechtswidrig
und schuldhaft verletzt, steht seine Schadensersatzpflicht dem Grunde nach
fest. Welche Schäden in welchem Umfang vom Schädiger zu ersetzen sind,
soll im folgenden Abschnitt behandelt werden.

27

a) Materielle und immaterielle Schäden

Wird ein Rechtsgut verletzt, hat der Schädiger die daraus folgenden materiellen oder Vermögensschäden zu ersetzen, z.B. die Heilungs- oder Reparaturko-
sten. Eine Rechtsgutsverletzung zieht indes nicht zwangsläufig Vermögensschäden nach sich.

28

> **Beispiel:** Wenn der an seiner Gesundheit verletzte A auf eine ärztliche Behand-
> lung verzichtet, mögen ihm nur immaterielle Schäden entstanden sein, z.B. die
> erlittenen Schmerzen.

Für immaterielle Schäden schuldet der Schädiger grundsätzlich keinen Ersatz
(§ 253 BGB). Eine Ausnahme bildet das Schmerzensgeld (§ 847 BGB). Diese
Vorschrift bestimmt, daß bei einer Verletzung des Körpers, der Gesundheit
oder der Freiheit der Geschädigte neben dem Ersatz der Vermögensschäden
zusätzlich eine angemessene Entschädigung als Schmerzensgeld verlangen
kann, die sich an der Art und Schwere der Verletzung, den erlittenen Schmerzen, der Einbuße an Lebensfreude usw. orientiert.

b) Naturalrestitution und Geldersatz

Im Regelfall ist der Schaden durch Naturalherstellung (**Naturalrestitution**)
zu ersetzen, d.h. der Schädiger hat den „Zustand herzustellen, der bestehen
würde, wenn der zum Ersatz verpflichtende Umstand nicht eingetreten wäre".
Damit ist gemeint, daß der Geschädigte die Herstellung eines wirtschaftlich
gleichwertigen Zustands verlangen kann. Das Gesetz geht an sich davon aus,
daß der Schädiger den Schaden eigenhändig wiedergutmacht. Der Geschädigte soll sich jedoch nicht auf Herstellungsexperimente des Schädigers einlassen
müssen. Daher kann er bei einer Personenverletzung oder einer Sachbeschädi-
gung statt eigenhändiger Wiedergutmachung auch Zahlung des für die Naturalrestitution erforderlichen Geldbetrags verlangen. Das ist die in der Praxis
gängige Form des Schadensersatzes.

29

→ § 249 BGB

> **Beispiel:** Naturalrestitution bedeutet bei einer Sachbeschädigung die Ausbes-
> serung der Sache bzw. die Zahlung des für die Reparatur erforderlichen Geld-
> betrags, bei einer Personenverletzung die Heilung bzw. den Ersatz der Hei-
> lungskosten.

→ § 251 I BGB

Wenn die Naturalherstellung nicht möglich ist, hat der Schädiger **Geldersatz** zu leisten.

> **Beispiel:** A leitet verbotenerweise Giftstoffe in einen Brunnen. Der Hund des B trinkt von dem vergifteten Wasser und verendet. – A hat das Eigentum des B rechtswidrig und schuldhaft verletzt (§ 823 I BGB). Eigentum kann zwar nur an Sachen bestehen, und Tiere sind keine Sachen (§ 90a S. 1 BGB). Die für Sachen geltenden Vorschriften sind aber auf Tiere anwendbar (§ 90a S. 3 BGB). Naturalrestitution des Hundes ist nicht mehr möglich, weil er gestorben ist. Daher kann A Geldersatz verlangen. A muß den Betrag zahlen, der zur Wiederbeschaffung eines gleichwertigen Hundes erforderlich ist. Daß der Hund dem B besonders ans Herz gewachsen ist, kann nicht berücksichtigt werden. Dieses sog. Affektionsinteresse ist ein immaterieller Schaden, der nicht ersetzt wird (→ RN 31).

Geldersatz ist im übrigen auch dann zu leisten, wenn oder soweit die Naturalherstellung für den Geschädigten nicht genügend ist.

> **Beispiel:** Bei einem von A verschuldeten Unfall wird der Wagen des B beschädigt. B kann von A Ersatz der Reparaturkosten als Naturalrestitution verlangen (§ 249 S. 2 BGB). Allerdings wird der Wagen nach der Reparatur weniger wert sein als vor dem Unfall (Unfallwagen). Dieser sog. merkantile Minderwert wird durch die Naturalherstellung nicht ausgeglichen. Ersatz für die Werteinbuße kann B zusätzlich verlangen (§ 251 I BGB).

→ § 251 II BGB

Schließlich gibt es Fälle, bei denen die Naturalrestitution dem Schädiger unzumutbar ist, weil sie nur mit unverhältnismäßigen Aufwendungen für den Schädiger möglich ist. Der Geschädigte kann auch in einem solchen Fall nur Geldersatz verlangen.

> **Beispiel:** Der zehn Jahre alte Golf des B wird bei einer fahrlässig verursachten Explosion im Mineralöllager der A-GmbH stark beschädigt. Der Zeitwert des Fahrzeugs beträgt 2 000,- DM. Die Reparatur würde 3 000,- DM kosten. Hier ist der Anspruch des B auf Naturalrestitution (3 000,- DM) ausgeschlossen, weil die Naturalherstellung unverhältnismäßig aufwendig ist. B kann nur den Wiederbeschaffungswert seines Wagens als Geldersatz fordern (§ 251 II 1 BGB). Dies entspricht dem Zeitwert vermehrt um die Gewinnspanne des Händlers. Nach der Rechtsprechung kann von Unverhältnismäßigkeit der Naturalherstellung gesprochen werden, wenn sie 130 Prozent des Zeitwerts überschreiten würde.

→ § 251 II 2 BGB

Die Regel „Geldersatz statt Naturalrestitution bei Unzumutbarkeit der Wiederherstellung" gilt dann nicht, wenn ein Tier verletzt worden ist. Die aus der Heilbehandlung eines verletzten Tieres entstandenen Aufwendungen sind nicht bereits dann unverhältnismäßig, wenn sie dessen Wert erheblich überschreiten. Diese Vorschrift gilt freilich nur für Haustiere und solche Tiere, die in jemandes Eigentum stehen. Wilde Tiere sind insoweit ungeschützt (→ RN 12).

Beispiel: Der von B vergiftete Hund des A, der einen Wert von 100,- DM hat, kann vom Tierarzt gerettet werden. Die Heilungskosten belaufen sich auf 300,–. An sich könnte A hier nur 100,– DM als Geldersatz verlangen, weil die Naturalrestitution unverhältnismäßig ist (§ 251 II 1 BGB; die 130-Prozent-Grenze ist überschritten). Das Gesetz hat die Rechtsstellung des Tieres jedoch verbessert. A hat daher einen Anspruch auf Naturalrestitution.

2. Vorteilsausgleichung und Mitverschulden

Wenn das Schadensereignis dem Geschädigten außer dem Schaden auch noch Vorteile bringt, stellt sich die Frage, ob diese Vorteile bei der Schadensberechnung zu berücksichtigen sind. Grundsätzlich darf der Schadensfall für den Geschädigten nicht zum Glücksfall werden.

30

Beispiel: A aus Augsburg wird von B rechtswidrig und schuldhaft verletzt. Er muß das Bett hüten und kann deshalb nicht an einer Vortragsreihe in Köln teilnehmen, bei der er als Referent 1 000,- DM verdient hätte. B muß nicht nur die Heilungskosten ersetzen, sondern auch den Verdienstausfall (entgangener Gewinn, § 252 BGB). Allerdings hat A sich die Kosten der Anreise (200,- DM) erspart, die sonst seinen Verdienst gemindert hätten. Dieser Vorteil ist anzurechnen. B braucht deshalb nur 800,- DM Schadensersatz zu leisten.

Ob eine **Vorteilsausgleichung** stattfinden soll, kann nicht einheitlich beantwortet werden. Eine wertende Betrachtung im Einzelfall muß ergeben, ob durch den Vorteil der Schädiger oder der Geschädigte entlastet werden soll (z.B. bei Versicherungsleistungen, die anläßlich des Schadensfalles fällig werden). In zwei wichtigen Bereichen verbietet das Gesetz selbst die Vorteilsausgleichung:

- Wird ein Arbeitnehmer so verletzt, daß er arbeitsunfähig ist, bestimmt das Entgeltfortzahlungsgesetz, daß der Arbeitgeber für einen bestimmten Zeitraum verpflichtet ist, das Arbeitsentgelt fortzuzahlen. Der Arbeitnehmer hat also an sich keinen Verdienstausfallschaden, aber das entlastet den Schädiger nicht. Der Schadensersatzanspruch geht nämlich insoweit auf den Arbeitgeber über. Dieser kann ihn jetzt beim Schädiger geltend machen.
- Wird ein Arbeitnehmer so verletzt, daß er sich in ärztliche Behandlung begeben muß, trägt regelmäßig die gesetzliche Kranken- oder Unfallversicherung die Kosten der Heilbehandlung. Entlastet das den Schädiger? Nein, das Gesetz ordnet an, daß der Schadensersatzanspruch des Verletzten auf Erstattung der Heilungskosten auf den Sozialversicherungsträger übergeht. Der Sozialversicherungsträger kann dann beim Schädiger Regreß nehmen. Exkurs: In der Praxis des Umwelthaftungsrechts kommen Regresse von Sozialversicherungsträgern wegen umweltbedingter Gesundheitsschäden praktisch nicht vor. Es wird vermutet, daß die Krankenkassen schlicht kein Interesse haben, schwierige Umwelthaftpflichtprozesse zu führen, zumal sie ja durch die Beiträge der Versicherten ausreichend finanziert sind. Diese Praxis ist zweifelhaft, weil auf diese Weise die Versichertengemeinschaft Belastungen trägt, die an sich die Schädiger tragen sollten. Wenn Regresse unterbleiben, kann das Haftungsrecht außerdem keine Steuerungswirkungen entfalten (Stichwort Prävention).

31

→ § 254 BGB

Hat bei der Entstehung oder Vergrößerung des Schadens ein Verschulden des Geschädigten mitgewirkt, so kann der Geschädigte regelmäßig nicht den ganzen Schaden ersetzt verlangen, sondern nur abzüglich seines Mitverschuldensanteils. Das Gericht wägt Verschulden des Schädigers und des Geschädigten gegeneinander ab und kommt so zu einem entsprechend gekürzten Schadensersatzanspruch. Im Umwelthaftungsrecht ist ein **Mitverschulden** des Geschädigten vor allem denkbar, wenn er Sicherheitsmaßnahmen oder -vorkehrungen gegen mögliche Gefahren unterlassen hat.

> **Beispiel:** Wer in der Nähe einer Industrieanlage wohnt, die mit bestimmten Schadstoffen arbeitet, darf sich grundsätzlich darauf verlassen, daß es nicht zu schädlichen Umwelteinwirkungen kommt. Treten diese trotzdem ein, kann ein Mitverschulden nicht etwa darin gesehen werden, daß der Geschädigte stets bei offenen Fenstern geschlafen hat. Bestehen aber Anhaltspunkte für eine konkrete Gefahr, etwa wegen einer Radiowarnung vor der Schadstoffbelastung oder wegen stechenden Geruchs, so besteht Anlaß, Türen und Fenster geschlossen zu halten oder sich aus dem Gefahrenbereich zu entfernen. Widrigenfalls könnte das Gericht in einem späteren Prozeß ein Mitverschulden annehmen. – Wer in der Nähe eines Zementwerks Landbau betreibt, braucht wegen drohender Thallium-Emissionen nicht von vornherein auf den Anbau gefährdeter Produkte zu verzichten. Der Eigentümer darf sein Grundstück grundsätzlich beliebig nutzen. Mit dieser Begründung hat das Gericht in einem Schadensersatzprozeß des Landwirts den Mitverschuldenseinwand des Fabrikbetreibers abgewehrt.

III. Gefährdungshaftung im Umweltrecht

1. Überblick

32

Es wurde schon angesprochen, daß sich das deutsche Haftungsrecht auf drei Spuren bewegt (→ RN 4). Das gilt auch für das Umwelthaftungsrecht. Bislang haben wir unter I. die Verschuldenshaftung kennengelernt. Im folgenden werden wir uns der wichtigen zweiten Spur des Haftungsrechts, der Gefährdungshaftung, zuwenden. Zunächst sollen der Unterschied zur Verschuldenshaftung und die Wesensmerkmale der Gefährdungshaftung dargestellt werden. Sodann werden die wesentlichen Tatbestände der Gefährdungshaftung im Umweltrecht vorgestellt. Dabei wird der Schwerpunkt beim Wasserhaushaltsgesetz und vor allem beim Umwelthaftungsgesetz liegen.

a) Grundgedanke der Gefährdungshaftung

33

Grundsätzlich setzt die Haftung des Schädigers voraus, daß dieser ein Rechtsgut oder Recht rechtswidrig und schuldhaft verletzt hat (Verschuldenshaftung). Daneben kennt unser Recht Fälle, in denen eine Ersatzpflicht auch für solche Schäden angeordnet wird, die durch eine rechtmäßige, aber für andere mit Gefahren verbundene Betätigung verursacht werden (Gefährdungshaftung). Die Gefährdungshaftung setzt also *weder Rechtswidrigkeit noch Verschulden* voraus, wohl aber haftungsbegründende und -ausfüllende Kausalität. Das Motiv für diese strenge Verursachungshaftung ist der Umstand, daß jemand ein bestimmtes Risiko geschaffen hat, indem unter seiner Leitung oder Kontrolle eine bestimmte Anlage betrieben, eine bestimmte Sache genutzt oder eine bestimmte Tätigkeit entfaltet wird. Wenn dann ein Unfall geschieht, in dem sich das spezifische Risiko verwirklicht, soll derjenige haften, der das Risiko geschaffen oder beherrscht hat.

> **Beispiel:** Die wohl bekannteste und praktisch wichtigste Gefährdungshaftung ist die des Halters eines Kraftfahrzeugs (§ 7 Straßenverkehrsgesetz). Der Halter haftet danach, wenn bei dem Betrieb seines Fahrzeugs eine Person oder Sache zu Schaden kommt, ohne daß ihn ein Verschulden treffen muß. Das Gesetz erlaubt zwar die an sich gefährliche Nutzung von Kraftfahrzeugen. Der Preis für den Beherrscher des Risikos (Halter) liegt aber in der strikten Einstandspflicht auch für den schuldlos verursachten Unfall. Deutlich wird das etwa dann, wenn nicht der Halter selbst, sondern ein Dritter das Fahrzeug gelenkt hat.

Die Gefährdungshaftung ist freilich nicht grenzenlos. Der Halter oder Anlageninhaber haftet grundsätzlich nur für solche Unglücksschäden, die im Zusammenhang mit der Gefahrenquelle stehen.

> **Beispiel:** Die Gefährdungshaftung des Kraftfahrzeughalters ist dann ausgeschlossen, wenn der Unfall auf einem unabwendbaren Ereignis beruht. Ein unabwendbares Ereignis liegt etwa dann vor, wenn der Unfall darauf beruht, daß ein Fußgänger zwischen parkenden Autos hindurch plötzlich auf die Straße tritt und auch ein „Idealfahrer" eine Kollision nicht hätte vermeiden können.

Der Gesetzgeber behandelt die Gefährdungshaftung als Ausnahme zur Verschuldenshaftung. Daher ist sie nicht etwa zentral im Bürgerlichen Gesetzbuch geregelt, sondern über eine Vielzahl ganz unterschiedlicher Gesetze verstreut.

b) Umweltrecht und Gefährdungshaftung

Die bislang praktisch bedeutsamste Gefährdungshaftung im Umweltrecht ist die nach dem Wasserhaushaltsgesetz. Die neueste und zentrale Gefährdungshaftung im Umweltrecht ist die nach dem Umwelthaftungsgesetz. Zu beiden sogleich. Daneben existiert noch die Gefährdungshaftung nach dem Atomgesetz (§§ 25, 26 AtomG). Es handelt sich um eine Haftung für Schäden durch Kernenergie. Von umwelthaftungsrechtlicher Bedeutung ist weiterhin das Gesetz zur Regelung von Fragen der Gentechnik (GenTG; → Kap. 13/RN 38), das am 1. Juli 1990 in Kraft getreten ist.

34

2.   Wasserrechtliche Gefährdungshaftung

35   Das Wasserhaushaltsgesetz zählt an sich zu den öffentlich-rechtlichen Umweltgesetzen (→ Kap. 9). § 22 WHG enthält allerdings eine zivilrechtliche
Vorschrift, nämlich in seinen Absätzen 1 und 2 zwei unterschiedliche Gefähr-
dungshaftungs-Tatbestände, die an Beeinträchtigungen des Umweltmediums
Wasser anknüpfen. Schutzobjekt der Haftungsvorschrift ist sowohl das Ober-
flächen- als auch das Grundwasser. Die Haftung nach dem Wasserhaushaltsgesetz ist nicht durch Höchstgrenzen beschränkt.

a) Verhaltenshaftung
36   Das Wasserhaushaltsgesetz sieht zunächst eine Verhaltens- oder Jedermann-
Haftung vor. Wer in ein Gewässer Stoffe einbringt oder wer auf ein Gewässer
derart einwirkt, daß die physikalische, chemische oder biologische Beschaffenheit des Wassers verändert wird, ist zum Ersatz des daraus entstehenden
→ § 22 I WHG   Schadens verpflichtet. Auffallend ist dabei, daß die wasserrechtliche Gefährdungshaftung nicht an die Verletzung eines Rechts oder Rechtsguts anknüpft.
Zu ersetzen ist vielmehr jeder Vermögensschaden, der einem anderen infolge
der Verschlechterung der Wasserbeschaffenheit entsteht. Der Umfang der ersatzfähigen Schäden reicht also prinzipiell wesentlich weiter als der der Verschuldenshaftung.

> **Beispiel:** Ersatzfähig sind nicht nur Personen- und Sachschäden, sondern auch
> Einbußen von Fischereiberechtigten sowie die Nachteile, die andere berechtig-
> te Benutzer des Gewässers erleiden. Bemerkenswert ist, daß die Rechtspre-
> chung auch die sog. Rettungskosten als ersatzfähigen Schaden anerkennt. Ret-
> tungskosten sind solche Aufwendungen, die einem Dritten zur Abwendung
> eines Gewässerschadens entstanden sind. Auf diese Weise können die Kosten
> von Aufräum- oder Sanierungsarbeiten nach Öl- oder Chemikalienunfällen als
> Schaden geltend gemacht werden. Freilich wird auch durch § 22 WHG nicht
> das Gewässer um seiner selbst willen geschützt.

Nach dem bisher Gesagten scheint die Verhaltenshaftung nach dem Wasserhaushaltsgesetz eine besonders strenge Gefährdungshaftung zu sein. Der Umfang der ersatzfähigen Schäden ist sehr groß, der Filter der ansonsten vorausgesetzten Rechtsgutsverletzung fehlt, der Tatbestand knüpft überhaupt an
scheinbar wenig qualifizierte Merkmale an. Doch der Schein trügt ein wenig.
Nach herrschender Meinung setzt die Haftung mehr voraus als die bloße
Kausalität des Verhaltens für den schädlichen Erfolg. Einigkeit besteht darüber, daß ein Verhalten, das nur *zufällig* die Veränderung eines Gewässers
herbeiführt, nicht als Einleiten, Einbringen oder Einwirken angesehen werden
kann. Erforderlich ist jedenfalls eine *gewässerbezogene Handlung*, also ein
spezifischer Bezug des Verhaltens auf ein Gewässer. Ob darüber hinaus das
Verhalten bewußt und zielgerichtet die Veränderung eines Gewässers bewir-

ken muß oder ob eine objektive Bezogenheit und Eignung des Verhaltens zur Gewässerveränderung ausreicht, ist von der Rechtsprechung noch nicht endgültig entschieden.

> **Beispiel:** Nach einem Störfall in einer Chemiefabrik gelangen Schadstoffe in ein Gewässer. Eine Verhaltenshaftung nach § 22 I WHG kommt hier nicht in Betracht, weil es an einer Tätigkeit fehlt, die objektiv final auf eine Beeinträchtigung des Gewässers gerichtet ist. Denkbar wäre allerdings, daß die Gefährdungshaftung durch Unterlassen (→ RN 6) verwirklicht worden ist. – Bisher noch ungeklärt erscheint die Frage, ob das Aufbringen von Fäkalien, Jauche oder Klärschlämmen sowie von Mineraldüngern oder chemischen Pflanzenschutzmitteln in der Landwirtschaft den Tatbestand der wasserrechtlichen Verhaltenshaftung erfüllen kann. An einer bewußten und zielgerichteten Veränderung des Wassers wird es insoweit allemal fehlen. Das Eingreifen der Verhaltenshaftung scheint indessen schon dann geboten, wenn Düngung oder Pflanzenschutz in einem solchen Ausmaß erfolgen, daß nach den Erfahrungen des Lebens mit einer Gewässerbeeinträchtigung von vornherein zu rechnen war.

b) Anlagenhaftung

Das Wasserhaushaltsgesetz normiert des weiteren eine Anlagenhaftung. Die Vorschrift bezweckt eine Ergänzung der Verhaltenshaftung für diejenigen Fälle, in denen Schadstoffe ohne Zutun des Verantwortlichen ein Gewässer beeinträchtigen. Nach der Anlagenhaftung tritt die Ersatzpflicht ein, wenn aus Anlagen zur Herstellung, Verarbeitung, Lagerung, Beförderung oder Ableitung von Stoffen derartige Stoffe in ein Gewässer gelangen und dadurch ein anderer einen Vermögensschaden erleidet. Es haftet der Inhaber der Anlage.

37

→ § 22 II WHG

> **Beispiel:** Der Begriff der Anlage ist weit zu verstehen. Er umfaßt neben ortsfesten auch bewegliche Einrichtungen. Zu den Anlagen gehören also nicht nur Fabrikationsanlagen, Lager, Öltanks, sondern auch Tankwagen, Misthaufen, Jauchegruben, Spritzgeräte für chemische Pflanzenschutzmittel usw.

3. Umwelthaftungsgesetz

Das Umwelthaftungsgesetz ist am 1. Januar 1991 in Kraft getreten. Das Gesetz soll zum einen einen Beitrag zur Umweltvorsorge leisten (→ Kap. 3/RN 2) und zum anderen die Rechtsstellung der Geschädigten verbessern, weil das bislang geltende Recht insoweit als unzulänglich empfunden wurde. Das Umwelthaftungsgesetz löst die überkommenen Anspruchsgrundlagen dabei nicht ab, sondern steht den Geschädigten zusätzlich zur Verfügung. Seine Bewährung in der Praxis läßt allerdings noch auf sich warten. Bis heute ist keine Gerichtsentscheidung bekannt geworden, in der einem durch Umwelteinwirkungen Geschädigten Schadensersatz nach dem neuen Gesetz zugesprochen wurde. Das liegt auch daran, daß das Umwelthaftungsgesetz keine Anwendung findet, soweit ein Schaden durch Umwelteinwirkungen verursacht ist, die vor seinem Inkrafttreten bereits eingetreten waren. Das Umwelthaftungs-

38

→ § 23 UmweltHG

gesetz wirkt also nicht zurück. Die sog. Altlastenproblematik (→ Kap. 15/RN 11 ff.) etwa läßt sich infolgedessen mit dem Umwelthaftungsgesetz von vornherein nicht lösen. Berücksichtigt man zudem, daß etliche Immissionen sich erst nach Jahren zu einem Schaden verdichten, wird die augenblickliche „Ruhe" um das Umwelthaftungsgesetz vollends verständlich.

a) Voraussetzungen der Haftung

39
→ § 1 Umwelt-HG

Das Umwelthaftungsgesetz normiert eine Gefährdungshaftung für solche Schäden, die durch eine Umwelteinwirkung verursacht worden sind. Freilich setzt das Gesetz voraus, daß durch die Umwelteinwirkung zunächst ein Recht oder Rechtsgut verletzt wird und erst aus dieser Rechtsgutsverletzung ein Schaden entsteht. Das Umwelthaftungsgesetz ist insoweit also anders als die wasserrechtliche Gefährdungshaftung konstruiert, nach der grundsätzlich jeder Vermögensschaden ersatzfähig ist (→ RN 36). Die durch das Umwelthaftungsgesetz geschützten Rechte und Rechtsgüter sind das Leben, Körper, Gesundheit und das Eigentum. Bedeutung und Verletzungsformen dieser Schutzobjekte haben wir schon oben bei der Verschuldenshaftung kennengelernt (→ RN 8 ff.).

Das Umwelthaftungsgesetz enthält keine Jedermann-Haftung, mithin keine Verhaltenshaftung. Die Ersatzpflicht kann nur die Inhaber von solchen Anlagen treffen, die im Anhang 1 zum UmweltHG abschließend aufgeführt sind. Dieser Anhang lehnt sich an die 4. Durchführungsverordnung zum Bundes-Immissionsschutzgesetz betreffend genehmigungsbedürftige Anlagen an (→ Kap. 8/RN 15 ff.) und erfaßt als vergleichsweise umweltgefährlich eingestufte Anlagen.

- Diese Anlagen lassen sich vornehmlich den Bereichen Wärmeerzeugung und Energie, Bergbau, Steine und Erden , Glas und Keramik, Baustoffe, Chemie und Pharma, Nahrungs-, Genuß-, Futtermittel, Abfall- und Reststoffentsorgung sowie Gefahrguttransporte zuordnen.

Beispiel: Haftungsrechtlich macht es einen Unterschied, ob ein Rechtsgut durch Immissionen einer Anlage mit 90 000 Mastgeflügelplätzen oder mit 100 000 Mastgeflügelplätzen verletzt worden ist. Nur im letzteren Fall fällt die Anlage unter das Umwelthaftungsgesetz (Anhang 1, Ziff. 64 c). Im ersteren Fall kommen allenfalls die Verschuldenshaftung bzw. die wasserrechtliche Gefährdungshaftung in Betracht.

→ § 3 II, III UmweltHG

Das Umwelthaftungsgesetz definiert den Begriff der Anlage selbst. Der Begriff umfaßt nicht nur die ortsfesten Einrichtungen wie Betriebsstätten und Lager, sondern auch Maschinen, Fahrzeuge und sonstiges Zubehör. Die Haftung erstreckt sich auch auf noch nicht fertiggestellte oder nicht mehr in Betrieb befindliche Anlagen.

Beispiel: Entstehen Umweltschäden beim Abtransport von Reststoffen von einer Anlage, dann sind diese eigentlich von Fahrzeugen verursachten Schäden solche der Anlage.

Die Gefährdungshaftung greift nur ein, wenn der Schaden auf dem „Umwelt-pfad" herbeigeführt worden ist. Die Rechtsgutsverletzung muß also auf einer Umwelteinwirkung beruhen. Das ist der Fall, wenn der Schaden durch „Stoffe, Erschütterungen, Geräusche, Druck oder sonstige Erscheinungen verursacht wird, die sich in Boden, Luft oder Wasser ausgebreitet haben".

→ § 3 I
UmweltHG

Die Gefährdungshaftungs setzt definitionsgemäß weder Rechtswidrigkeit noch Verschulden voraus. Allerdings ist die Haftung ausgeschlossen, wenn der Schaden durch höhere Gewalt verursacht worden ist. Dies ist eine bei Gefährdungshaftungen übliche Einschränkung (→ RN 33). Die Rechtsprechung definiert die höhere Gewalt als ein „betriebsfremdes, von außen durch elementare Naturkräfte oder durch Handlungen dritter Personen herbeigeführtes Ereignis, das nach menschlicher Einsicht und Erfahrung unvorhersehbar ist, mit wirtschaftlich erträglich Mitteln auch durch die äußerste nach der Sachlage vernünftigerweise zu erwartende Sorgfalt nicht verhütet oder unschädlich gemacht werden kann".

40

Beispiel: Erdbeben, Luftangriff, Terroranschlag

b) Haftung für Schäden aus Störfällen und Normalbetrieb
Relativ unproblematisch ist die Haftung nach dem Umwelthaftungsgesetz, wenn die von einer Anlage ausgehenden Umwelteinwirkungen das Resultat eines betrieblichen Störfalles sind. Ein Störfall geht regelmäßig auf Verstöße gegen Verkehrspflichten (→ RN 16) zurück, ist mithin das Ergebnis rechtswidrigen Handelns. Wie schon mehrfach erwähnt ist die Rechtswidrigkeit indes keine Voraussetzung der Haftung nach dem Umwelthaftungsgesetz. Folglich haftet der Anlageninhaber auch für Schäden, die durch den sog. Normalbetrieb der Anlage verursacht werden. Nach dem Gesetz liegt Normalbetrieb oder bestimmungsgemäßer Betrieb vor, wenn die besonderen Betriebspflichten eingehalten worden sind und auch keine Störung des Betriebs vorliegt. Was sind aber die besonderen Betriebspflichten? Wir erinnern uns, daß nicht jedermann aus dem Umwelthaftungsgesetz haften kann, sondern nur bestimmte Anlagen (die im Anhang 1 verzeichnet sind). Die in Betracht kommenden Anlagen sind sämtlich solche, die nicht ohne weiteres betrieben werden dürfen, sondern der öffentlich-rechtlichen Genehmigung bedürfen, insbesondere nach dem Bundes-Immissionsschutzgesetz (→ Kap. 8/RN 15 ff.). Emittiert nun eine genehmigte Anlage Schadstoffe, verbleiben die Emissionen aber im Rahmen des nach der öffentlich-rechtlichen Genehmigung Erlaubten, war früher unter Geltung der Verschuldenshaftung stark um-

41

stritten, ob man einen Schaden, der unvorhergesehenerweise gleichwohl entsteht, als rechtswidrig verursacht ansehen konnte oder nicht. Diese Frage, ob behördliche Genehmigungsentscheidungen eine **Legalisierungswirkung** entfalten oder nicht, löst das Umwelthaftungsgesetz nicht, erklärt sie aber für unerheblich. Gehaftet wird auch dann, wenn sich eine Anlage vollständig an die öffentlich-rechtliche Genehmigung gehalten, also die besonderen Betriebspflichten beachtet hat, aber trotzdem ein Schaden entsteht. Die damit eingeführte Haftung für den Normalbetrieb kann insbesondere hinsichtlich solcher Risiken bedeutsam werden, die im Zeitpunkt der Genehmigungserteilung nicht bekannt waren (Haftung für Entwicklungsrisiken).

c) Beweiserleichterungen für den Geschädigten und Auskunftsansprüche

42

→ § 6 I
UmweltHG

Das Kernstück des neuen Gesetzes stellt die darin enthaltene Ursachenvermutung dar: Hat der Geschädigte eine Rechtsgutverletzung erlitten, für die eine Anlage als konkret geeignete Ursache in Betracht kommt, dann wird vermutet, daß die Anlage die Verletzung auch tatsächlich verursacht hat.

Grundsätzlich obliegt es dem Geschädigten im Schadensersatzprozeß alle Voraussetzungen des Schadensersatzanspruches darzulegen und zu beweisen. Der Nachweis insbesondere der haftungsbegründenden Kausalität bereitet im Umwelthaftungsrecht jedoch regelmäßig unüberwindbare Schwierigkeiten. Auf den ersten Blick scheint die Ursachenvermutung dem Geschädigten insoweit hilfreich zu sein. Bei genauerem Hinsehen stellen sich jedoch Zweifel ein.

Beispiel: Der A erkrankt an einer Hautallergie. Er ist der Ansicht, daß Immissionen der nahegelegenen Lackiererei L (einer Anlage die im Anhang 1 des UmweltHG verzeichnet ist) dafür verantwortlich sind. Was muß A beweisen, damit L nach § 1 UmweltHG haftet? Zunächst muß A dartun, daß seine Erkrankung tatsächlich auf externen Ursachen beruht (etwa dem Stoff xy) und er diesen Ursachen auch ausgesetzt war (sog. **Initialkausaliät**). Sodann muß er nachweisen, daß die beklagte L den fraglichen Stoff auch wirklich emittiert hat (sog. **Eignungskausalität**). Insbesondere der Nachweis der Eignungskausalität ist schwierig zu führen und ohne aufwendige Sachverständigengutachten fast undenkbar. Bis hierhin hilft ihm auch die Ursachenvermutung nicht. Gesetzt den Fall, A weist Initial- und Eignungskausalität nach, muß er jetzt weiter beweisen, daß es gerade die Immissionen des Stoffes xy der Firma L waren, die seinen Schaden ausgelöst haben (sog. **Grundkausalität**). Auch der Nachweis der Grundkausalität wird A durch die Ursachenvermutung indessen nicht abgenommen. Stehen Initial- und Eignungskausalität fest, ist vielmehr nur die abstrakte Eignung zur Schadensverursachung dargetan. Das Eingreifen der Ursachenvermutung verlangt aber mehr, nämlich den Nachweis der konkreten Eignung. A muß also außer Initial- und Eignungskausalität noch beweisen, daß etwa die meteorologischen Gegebenheiten, Zeit und Ort des Schadenseintritts usw. für eine Verursachung der L sprechen.

Die Ursachenvermutung greift dann nicht ein, wenn die Anlage bestimmungs-
gemäß betrieben wurde. Sie ist ferner ausgeschlossen, wenn auch ein anderer
Umstand (z.B. natürliche Schadensquellen oder Betriebe, die nicht dem Umwelthaftungsgesetz unterfallen) als die Anlage den Schaden verursacht haben
könnte. Aufs Ganze gesehen stellt die Ursachenvermutung daher kaum eine
bedeutende Beweiserleichterung für den Geschädigten dar.

Das Umwelthaftungsgesetz hält aber noch eine weitere Neuerung bereit,
um die typische Beweisnot des Geschädigten zu lindern. Besteht ein gewisser
Verdacht dahingehend, daß eine Anlage einen Schaden verursacht hat, gewähren §§ 8, 9 UmweltHG dem Geschädigten Auskunftsansprüche gegen den
Inhaber der Anlage und gegen die Behörde, die die Anlage genehmigt hat oder
überwacht. Allerdings sind die Auskunftsansprüche inhaltlich begrenzt und
etwa dann ausgeschlossen, wenn der Anlageninhaber ein überwiegendes Interesse an der Geheimhaltung der in Rede stehenden Angaben geltend machen
kann. Es bleibt abzuwarten, ob sich die Auskunftsansprüche gleichwohl praktisch bewähren werden.

43
→ §§ 8, 9
UmweltHG

d) Ersatzfähigkeit ökologischer Schäden

Das Umwelthaftungsgesetz bedeutet für die Ersatzfähigkeit ökologischer
Schäden praktisch keinen Fortschritt, denn Voraussetzung der Gefährdungshaftung ist stets eine Rechtsgutsverletzung. Allein mit einer Vorschrift betreffend Aufwendungen bei Wiederherstellungsmaßnahmen werden ökologische
Interessen auf der Ebene des Schadensrechts (→ RN 27) geringfügig besser
berücksichtigt.

44
→ § 16
UmweltHG

> **Beispiel:** Ein Feuchtbiotop wird durch Immissionen einer Anlage zerstört. Der
> wirtschaftliche Wert mag 3 000 DM betragen (Wert der Gehölze, des Grund-
> stücks). Der ökologische Wert beträgt aber ein Vielfaches. Trotzdem kann an
> sich nur Wertersatz (3 000 DM) verlangt werden, nicht aber Naturalrestitution
> → RN 29). § 16 UmweltHG ermöglicht jedoch eine bessere Berücksichtigung
> des ökologischen Interesses. Die Wiederherstellung scheitert im Ergebnis nicht
> mehr am zu geringen wirtschaftlichen Wert des Biotops.

e) Versicherung der Umwelthaftpflicht

Das Risiko, nach den Vorschriften des Umwelthaftungsrechts schadensersatzpflichtig zu werden, kann auf eine Haftpflichtversicherung überwälzt werden.
Ursprünglich waren Umwelthaftungsrisiken für Personen- und Sachschäden
ohne weiteres im Rahmen der gewöhnlichen Betriebshaftpflichtversicherung
versichert. Eine Besonderheit galt nur für die Inhaber gewässergefährdender
Anlagen. Um die Gefährdungshaftung nach dem Wasserhaushaltsgesetz abzu-
decken, wurde seit Beginn der sechziger Jahre eine spezielle Gewässerscha-
denhaftpflichtversicherung angeboten. Das Inkrafttreten des Umwelthaftungsgesetzes hat dann in der Versicherungsbranche zur Entwicklung eines völlig
neuen Versicherungskonzepts geführt, nämlich dem **Umwelthaftpflichtmo-**

45

dell des Verbandes der Schadenversicherer (früher: HUK-Verband), das seit Januar 1993 praktisch verwendet wird. Umwelthaftungsrisiken werden von den gewöhnlichen Betriebshaftpflichtversicherungen seitdem nicht mehr gedeckt.

46   Das Umwelthaftpflichtmodell gewährt Versicherungsschutz für Schäden, die auf Umwelteinwirkungen auf Boden, Luft und Wasser beruhen. Die Versicherung erstreckt sich dabei ausschließlich auf die im jeweiligen Versicherungsschein aufgeführten Wagnisse und gliedert sich nach sieben Risiko- bzw. Deckungsbausteinen, nach denen der Versicherungsschutz individuell zusammengestellt werden kann.

→ § 19
UmweltHG

Von den Bausteinen nach Ziffern 2.1, 2.4 des Umwelthaftpflichtmodells wird im wesentlichen das Risiko erfaßt, das bisher Gegenstand der Gewässerschadenhaftpflichtpolicen war. Baustein 2.2 bezieht sich auf Anlagen gemäß Anhang 1 zum UmweltHG, Baustein 2.5 erstreckt sich auf Anlagen nach Anhang 2 zum UmweltHG, für die nach § 19 UmweltHG eine gesetzliche Pflicht zur Deckungsvorsorge besteht. Baustein 2.3 erfaßt sonstige Anlagen, die umweltschutzrechtlich anzeige- oder genehmigungspflichtig sind. Baustein 2.7 umfaßt schließlich eine Basisdeckung für allgemeine Umweltrisiken, soweit diese nicht schon von den Bausteinen 2.1 bis 2.6 gedeckt sind.

Nach dem Umwelthaftpflichtmodell fällt der Versicherungsfall nicht mehr – wie in früheren Versicherungsbedingungen regelmäßig – mit dem tatsächlichen Eintritt des Schadens zusammen, sondern liegt erst im Moment der *nachprüfbaren Feststellung* eines solchen vor. Damit wird die Bestimmung des Versicherungsfalles gerade bei Schäden aus langandauernden Kontaminationen erleichtert.

Das Umwelthaftpflichtmodell bietet grundsätzlich auch Versicherungsschutz für Haftungsrisiken aus dem *Normalbetrieb* von Anlagen. Es bleiben jedoch Lücken. So sind Haftpflichtansprüche wegen Schäden aus einer Beeinträchtigung des Umweltmediums Wasser, die z.B. durch dauerndes Verschütten, Ablaufen oder Abtropfen in Boden und Gewässer entstehen, nicht versichert. Weiterhin enthält das Bedingungswerk eine Ausschlußklausel, wonach kein Versicherungsschutz besteht wegen Schäden aus betriebsbedingt unvermeidbaren, notwendigen oder in Kauf genommenen Umwelteinwirkungen. Versicherungsschutz besteht jedoch dann, wenn der Versicherungsnehmer nachweist, daß im Zeitpunkt der für einen Schaden kausalen Umwelteinwirkung nach dem Stand der Technik mit dem Eintritt eines Schadens nicht gerechnet werden konnte. Diese Kombination von Ausschluß- und Einschlußklausel bedeutet in der Sache eine *Beweislastumkehr zugunsten der Versicherer*.

Kontrollfragen:
1. Wird durch das Haftungsrecht ein „Recht auf gesunde Umwelt" geschützt? (RN 12)
2. Sind VDI-Richtlinien oder DIN-Normen Schutzgesetze im Sinne von § 823 II BGB? (RN 20)
3. Häufig kommen für einen Umweltschaden mehrere Ursachen in Betracht. Welche denkbaren Kausalitätsformen kennen Sie? (RN 22–26)
4. Wodurch unterscheiden sich Verschuldens- und Gefährdungshaftung? (RN 33)
5. Gibt es Versicherungsschutz gegen die Risiken der Umwelthaftung? (RN 45 f.)

Weiterführende Hinweise:

Monographien:
Gawlik, Martin/Michel, Bernd, Umwelthaftung und Umwelthaftpflichtversicherung, 1997; *Herbst, Christian,* Risikoregulierung durch Umwelthaftung und Versicherung, 1996; *Landsberg, Gerd/Lülling, Wilhelm,* Kommentar zum Umwelthaftungsrecht, 1991; *Oehmen, Klaus,* Umwelthaftung: Die Verantwortlichkeit von Unternehmen und Managern für Umweltschäden, 1997; *Salje, Peter,* Kommentar zum Umwelthaftungsgesetz, 1992; *Schimikowski, Peter,* Umwelthaftungsrecht und Umwelthaftpflichtversicherung, 4. Aufl. (1996); *Schweizer Rück* (Hrsg.), Umwelthaftpflicht und ihre Versicherung, 1996; *Vogel, Joachim/Stockmeier, Hermann,* Umwelthaftpflichtversicherung, 1997

Aufsätze:
Balzereit, Bernd/Kassebohm, Kristian/Kettler, Rolf, Umwelthaftung und Versicherungsschutz, BB 1996, S. 117–125; *Erichsen, Sven,* Ökonomische Auswirkungen von Umwelthaftungssystemen, VersR 1997, S. 413–420; *Klass jr., Jürgen,* Zum Stand der Umwelthaftung in Deutschland, UPR 1997, S. 134–144; *ders.,* Haftungsumfang bei ökologischen Schäden, JA 1997, S. 509–522; *Küpper, Georg,* Welchen Einfluß haben Haftung und Versicherung auf die Investitionstätigkeit der Unternehmen im Umweltbereich?, BB 1996, S. 541–544; *Möllers, Thomas M. J.,* Qualitätsmanagement, Umweltmanagement und Haftung, DB 1996, S. 1455–1461; *Wagner, Gerhard,* in: HdUR I, 2. Aufl. (1994), Sp. 954–982.

Rechtsprechung:
BGH, NJW 1976, S. 46–47 (Verkehrspflichten eines Abfallentsorgungsunternehmens); BGHZ 92, S. 143–152 (Kupolofen-Fall, Beweislastumkehr im Umwelthaftungsrecht); OLG Düsseldorf, NJW-RR 1994, S. 1181–1182 (1. Entscheidung zum Umwelthaftungsgesetz); BGH, NJW 1997, S. 2748–2750 (Zur Ursachenvermutung nach § 6 UmweltHG).

18. Störungsabwehr und privates Nachbarrecht

I. Einleitung

Im vorangegangenen Kapitel ging es um den Schadensersatz für die Verletzung absolut geschützter Rechte und Rechtsgüter. Über diesen *Ausgleich* für bereits eingetretene Schäden hinaus kennt das Bürgerliche Gesetzbuch auch noch Ansprüche zur *Abwehr* von Störungen. Gegen in der Gegenwart andauernde Störungen gewährt es einen **Beseitigungsanspruch**. Künftigen Störungen soll der **Unterlassungsanspruch** vorbeugen.

1

→ § 1004 I
BGB

Abwehransprüche kommen bei Beeinträchtigungen absolut geschützter Rechte und Rechtsgüter im Sinne des § 823 I BGB in Betracht. Für Beeinträchtigungen des Eigentums und des Besitzes (→ Kap. 17/RN 1 f.) sind die Abwehransprüche ausdrücklich im Gesetz geregelt. Für die anderen Rechtsgüter sind Abwehransprüche gewohnheitsrechtlich ebenso anerkannt wie für die Verletzung von Schutzgesetzen (→ Kap. 17/RN 20). Alle Abwehransprüche folgen dem Leitbild des § 1004 I BGB, der die Abwehr von Beeinträchtigungen des Eigentums regelt und dessen Voraussetzungen im folgenden erläutert werden.

2

→ § 823 II
BGB

II. Voraussetzungen der Abwehransprüche

1. Relevante Beeinträchtigung

Der Eigentümer, aber auch der Besitzer einer Sache, kann Beeinträchtigungen, die nicht in einem Besitzentzug liegen, mit dem bürgerlich-rechtlichen Abwehranspruch begegnen. Als Beeinträchtigungen kommen neben Immissionen aller Art auch gröbere Störungen in Betracht.

3

→ §§ 1004 I,
862 I BGB

> **Beispiel:** Durch den Betrieb eines Schießstandes lagert sich Schrotblei auf dem Nachbargrundstück ab. Aufgrund von Sprengungen regnet es Steinbrocken. Ein Restaurantbetreiber schüttet Küchenabfälle über den Gartenzaun. Passanten benutzen ein Grundstück als Schleichweg. Ein Landwirt versprüht Pestizide, die mit dem Regenwasser auf ein Nachbargrundstück gelangen, auf dem ökologischer Landbau betrieben wird.

2. Rechtswidriger Störungszustand

Erforderlich ist ein rechtswidriger Störungszustand, der beim Beseitigungsanspruch in der Gegenwart andauern und beim Unterlassungsanspruch für die Zukunft drohen muß.

4

a) Allgemeines

5

→ § 903 BGB

Da – vorbehaltlich der Gesetze und Rechte Dritter – niemand Eingriffe in seine absolut geschützten Rechtspositionen dulden muß, ist ein solcher Eingriff in aller Regel rechtswidrig (→ Kap. 17/RN 16). In der Regel ist auch der daraus folgende *Störungszustand* rechtswidrig. Die *Störung selbst*, also die beeinträchtigende Handlung oder der beeinträchtigende Zustand, braucht hingegen nicht rechtswidrig zu sein. Zum besseren Verständnis ein

> **Beispiel:** In einer nach dem Bundes-Immissionsschutzgesetz genehmigten Anlage kommt es zu einem Störfall, in dessen Gefolge die gesamte Nachbarschaft mit einem gelblichen Niederschlag überzogen wird, auf dem man leicht ausrutscht und der Hautreizungen verursacht. Hier liegen Beeinträchtigungen des Eigentums und der Gesundheit vor, die rechtswidrig sind. Die Handlung, die zur Störung geführt hat, nämlich der Betrieb der Anlage, ist dagegen rechtmäßig, weil er immissionsschutzrechtlich genehmigt ist.

b) Duldungspflichten aufgrund behördlicher Genehmigungen

6

→ §§ 1004 II, 862 II BGB

Die Abwehr von Beeinträchtigungen im oben genannten Sinne ist dann nicht möglich, wenn der Eigentümer zur **Duldung** verpflichtet ist. Duldungspflichten können sich aus Gesetz oder Vertrag ergeben.

7

→ § 14 BImSchG

Die Geltendmachung von Abwehransprüchen kann ausgeschlossen oder beschränkt sein, wenn die Beeinträchtigung von einer Anlage ausgeht, die in einem Verwaltungsverfahren genehmigt worden ist. Dies gilt aber nur, wenn diese Wirkung im jeweiligen Gesetz ausdrücklich angeordnet wird; derartige Regelungen gibt es bei der förmlichen Genehmigung nach dem Bundes-Immissionsschutzgesetz (→ Kap. 8/RN 57 ff.), nach dem Gentechnikgesetz (→ Kap. 13/RN 36) und den Landeswassergesetzen sowie generell bei Planfeststellungsverfahren, etwa nach dem Atomgesetz, dem Luftverkehrsgesetz oder dem Wasserhaushaltsgesetz. Derartige Verwaltungsakte beschränken die Geltendmachung privater Abwehransprüche darauf, daß Schutzvorkehrungen gegen die von der Anlage ausgehenden Störungen verlangt werden können. Soweit solche Maßnahmen nicht möglich sind, wird der Abwehranspruch durch einen Schadensersatzanspruch ersetzt. Diese Beschränkungen des privaten Abwehranspruchs sind bereits im Öffentlichen Recht erläutert worden („**Präklusion**"; → Kap. 3/RN 37; Kap. 8/RN 37). Diese Duldungspflichten gelten nach herrschender Meinung nur für Beeinträchtigungen von Eigentum und Besitz; Tendenzen, sie auf die Abwehr von Gesundheitsbeeinträchtigungen auszudehnen, haben sich bislang nicht durchsetzen können.

c) Duldungspflichten des privaten Nachbarrechts

8

Nachbarn können einander wegen der engen räumlichen Nähe zueinander mannigfache Störungen zufügen, gegen die sie wechselseitig mit Abwehransprüchen vorgehen könnten. Im Interesse des Rechtsfriedens in der Nachbarschaft hat der Gesetzgeber den Nachbarn untereinander aber die Duldung bestimmter Einwirkungen vorgeschrieben. Die Duldungspflichten des privaten Nachbarrechts sind im Gesetz als Einschränkungen des *Eigentums* behandelt. Sie gelten deshalb in gleicher Weise für den *Besitz*, weil dieser sich aus dem Eigentum ableitet. Für Beeinträchtigungen anderer Rechtsgüter, insbesondere der Gesundheit, sind sie ohne Belang.

→ §§ 904 ff. BGB

Die Duldungspflicht ist nicht nur für den Ausschluß des Abwehranspruchs bedeutsam, sondern entscheidend für die deliktsrechtliche Rechtswidrigkeit (→ Kap. 17/RN 16) einer Maßnahme. Verursacht eine Immission, die nach privatem Nachbarrecht vom Grundstückseigentümer zu dulden ist, einen Schaden, ist der Emittent also nicht nach allgemeinem Deliktsrecht für sie haftbar zu machen. In Betracht kommt dann allenfalls ein Aufopferungsanspruch.

a) Überblick

Das Gesetz unterscheidet Duldungspflichten für unwesentliche und wesentliche Beeinträchtigungen des Eigentums. Zu dulden ist jeweils nur die Zuführung „unwägbarer Stoffe". Damit sind Immissionen gemeint, wie sich aus der beispielhaften Aufführung von „Gasen, Dämpfen, Gerüchen, Rauch, Ruß, Wärme, Geräusch, Erschütterungen" im Gesetz ergibt. Diese Aufzählung ist nicht abschließend, sondern es sind auch „ähnliche von einem anderen Grundstück ausgehende Einwirkungen" hinzunehmen. Ähnliche Einwirkungen sind etwa Licht, Sand, Flugasche und dergleichen mehr, nicht jedoch feste Stoffe von gröberer Konsistenz wie Felsbrocken oder auch Kies.

9
→ § 906 I, II BGB

Die zu duldende Beeinträchtigung muß von einem anderen Grundstück ausgehen. Das störende Grundstück muß jedoch unmittelbar an das beeinträchtigte angrenzen.

10

Im Überblick läßt sich die Frage, ob eine Beeinträchtigung aus der Nachbarschaft hinzunehmen ist, anhand des folgenden Schemas prüfen:

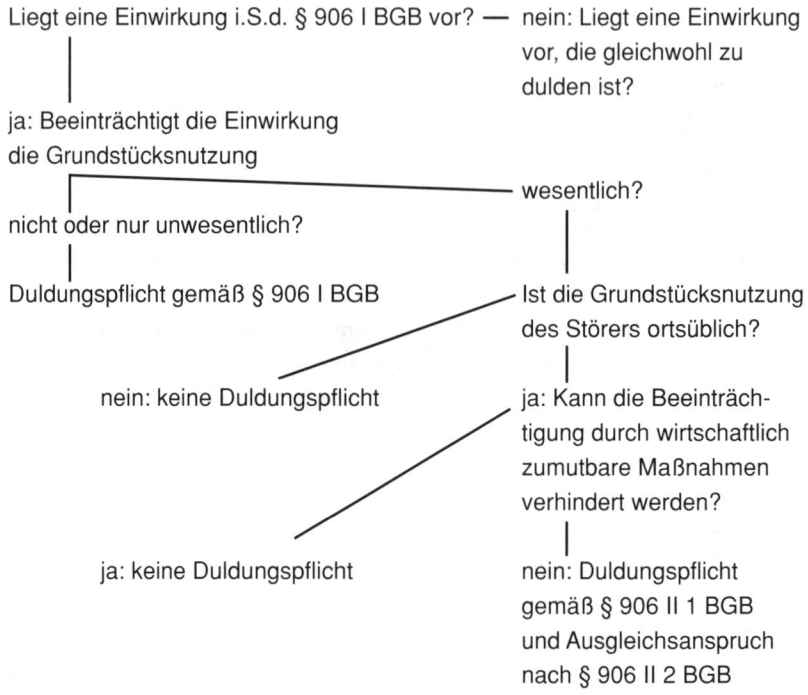

Liegt eine Einwirkung i.S.d. § 906 I BGB vor? — nein: Liegt eine Einwirkung vor, die gleichwohl zu dulden ist?

ja: Beeinträchtigt die Einwirkung die Grundstücksnutzung

nicht oder nur unwesentlich? — wesentlich?

Duldungspflicht gemäß § 906 I BGB — Ist die Grundstücksnutzung des Störers ortsüblich?

nein: keine Duldungspflicht — ja: Kann die Beeinträchtigung durch wirtschaftlich zumutbare Maßnahmen verhindert werden?

ja: keine Duldungspflicht — nein: Duldungspflicht gemäß § 906 II 1 BGB und Ausgleichsanspruch nach § 906 II 2 BGB

b) Duldungspflicht für unwesentliche Beeinträchtigung

11
→ § 906 I 1
BGB

Einwirkungen sind entschädigungslos zu dulden, wenn sie die Benutzung des Grundstücks nicht oder nur unwesentlich beeinträchtigen. Wann eine Beeinträchtigung wesentlich ist, beurteilt sich nach dem Empfinden eines verständigen Durchschnittsbenutzers eines solchen Grundstücks. Der Maßstab, der hier angelegt wird, ist also ein *subjektiv-objektiver*. Subjektiv ist der Maßstab insofern, als man die konkrete Situation vor Ort berücksichtigt (Nutzung zu freiberuflicher, gewerblicher, industrieller Tätigkeit oder als Wohnung).

> **Beispiel:** Die Immissionen eines Steinbruchs etwa stören einen feinoptischen Betrieb mehr als einen Steinmetz, eine Wohnnutzung mehr als einen Schrottplatz.

→ § 906 I 2, 3
BGB

Objektiv ist der Maßstab insofern, als man auf das Empfinden eines vernünftigen Durchschnittsbenutzers abstellt. Damit spielt es keine Rolle, ob der jeweilige Eigentümer nun besonders robust oder empfindlich ist. Das Gesetz ordnet im übrigen an, daß eine Beeinträchtigung *in der* Regel (Beweis des Gegenteils möglich!) unwesentlich ist, wenn die in Gesetzen, Verordnungen oder allgemeinen Verwaltungsvorschriften nach § 48 BImSchG (→ Kap. 8/RN 21 f.) vorgesehenen Grenzwerte eingehalten sind. Im übrigen sei auf die deckungs-

gleiche Wendung der „schädlichen Umwelteinwirkung" aus dem Immissionsschutzrecht verwiesen (→ Kap. 8/RN 5).

c) Duldungspflicht für wesentliche Beeinträchtigungen

Scheidet nach dem vorstehend Gesagten eine Duldungspflicht aus, weil die
Immission zu einer *wesentlichen* Beeinträchtigung der Grundstücksnutzung
führt, ist eine Beeinträchtigung dennoch zu dulden, wenn zusätzliche Voraussetzungen erfüllt sind.

12

→ § 906 II 1
BGB

- **Ortsüblichkeit der störenden Nutzung**

Zunächst muß die Benutzung des Grundstücks, von dem die Einwirkung
ausgeht, ortsüblich sein. Dies hängt davon ab, ob es in einem Vergleichsbezirk
um das beeinträchtigte Grundstück herum noch weitere Grundstücke gibt, von
denen vergleichbare Einwirkungen auf die Nachbarschaft ausgehen. Ist dies
der Fall, ist die störende Nutzung ortsüblich; sonst besteht keine Duldungspflicht.

13

Wie groß im Einzelfall der Vergleichsbezirk sein muß, läßt sich nicht generell sagen. In
dörflichen Regionen kommt das Gebiet mehrerer Gemeinden in Betracht, in Kleinstäd-
ten deren Gebiet, in größeren Städten hingegen einzelne Stadtteile oder sogar nur
einzelne Viertel bzw. Nutzungsgebiete (Gewerbegebiete etc.). Das Kriterium der Ortsüblichkeit soll es dem Rechtsanwender ermöglichen, flexibel auf die jeweilige Situation vor Ort zu reagieren, ist aber zugleich stets störerfreundlich. Denn es kommt auf die
Ortsüblichkeit der störenden Nutzung an, die früher von der Rechtsprechung vor allem
bei industriellen Großanlagen schnell bejaht wurde.

- **Wirtschaftliche Unzumutbarkeit störungsbeseitigender Maßnahmen**

Ortsübliche wesentliche Beeinträchtigungen sind nur zu dulden, wenn die
Einwirkung nicht durch wirtschaftlich zumutbare Maßnahmen verhindert
werden kann. Was im Einzelfall wirtschaftlich zumutbar ist, hängt wiederum
von verschiedenen Kriterien ab.

14

Von Bedeutung sind *zum einen* Art und Intensität der Beeinträchtigung.
Hier spielen technische Regelwerke wie die TA Lärm und Luft eine große
Rolle, da ihnen zu entnehmen ist, was nach dem Stand der Technik für die
einzelnen Anlagetypen notwendig ist. Möglicherweise kann man hier auch
Gesichtspunkte des Umweltschutzes berücksichtigen. *Zum anderen* entscheidet die finanzielle und organisatorisch-technische Leistungsfähigkeit eines
durchschnittlichen „Benutzers dieser Art". Für ihn muß die Maßnahme finanziell und technisch „machbar" sein, er muß seinen Betrieb nach der technischen Umstellung noch wirtschaftlich rentabel führen können. Dabei darf der
Störer nach dem Verhältnismäßigkeitsgrundsatz die Maßnahme ergreifen, die
die Beeinträchtigung unter die Schwelle der Wesentlichkeit herabsetzt und ihn
selbst am wenigsten belastet.

d) Nachbarrechtlicher Ausgleichsanspruch

15

→ § 906 II 2 BGB

Muß ein Eigentümer eine wesentliche, ortsübliche und nicht abwendbare Beeinträchtigung der Nutzung seines Grundstücks demnach hinnehmen, kann er vom Störer einen angemessenen Ausgleich in Geld verlangen. Dies nennt man einen „bürgerlich-rechtlichen Aufopferungsanspruch", weil der Beeinträchtigte aufgrund der gesetzlichen Anordnung etwas hinnehmen muß, was eigentlich über das zumutbare Maß hinausgeht. Wie hoch der angemessene Ausgleich in Geld ist, läßt sich nicht generell sagen; es gibt auch keine Berechnungsformel. Klar ist eigentlich nur, daß man die Schadensersatzvorschriften des Bürgerlichen Gesetzbuchs (→ Kap. 17/RN 27 ff.) nicht entsprechend anwenden kann.

16

Häufig gewährt die Rechtsprechung Ausgleichsansprüche in *entsprechender* Anwendung des § 906 II 2 BGB, wenn ein Eigentümer ansonsten für einen Eingriff gar nicht entschädigt würde. Dies gilt namentlich dann, wenn ein Grundstückseigentümer jahrelang nicht gegen eine Störung einschreitet, weil er sie nicht erkennen konnte.

> **Beispiel:** Ein Landwirt stellt fest, daß eines seiner Grundstücke stark bleibelastet ist. Dies rührt vom Betrieb eines Schießstandes her, der seit den sechziger Jahren auf dem Nachbargrundstück betrieben wurde. Da niemand damit rechnen konnte, daß infolgedessen das Grundstück allmählich verseucht werden würde, scheitert ein Schadensersatzanspruch daran, daß der Landwirt ein Verschulden des Schießstandbetreibers nicht nachweisen kann. Daher gewährt der BGH einen Ausgleichsanspruch entsprechend § 906 II 2 BGB.

e) Weitergehende Duldungspflichten

17

Gelegentlich hat die Rechtsprechung über den gesetzlichen Rahmen hinaus oder daneben Duldungspflichten konstruiert. Dies gilt einmal für sog. „**gemeinwichtige Betriebe**" wie Mülldeponien, Fernstraßen und dergleichen. Ansonsten kann eventuell das sog. „**nachbarliche Gemeinschaftsverhältnis**" zu Duldungspflichten führen. Danach sind Nachbarn untereinander in verstärktem Maße zu gegenseitiger Rücksichtnahme verpflichtet und müssen deshalb Beeinträchtigungen über das gerade erläuterte Maß hinaus dulden oder zusätzliche Aufopferungsverpflichtungen erfüllen.

> **Beispiel:** Ein Hochhaus stört den Rundfunkempfang in den Nachbarhäusern. Der Eigentümer des Hochhauses muß die Errichtung einer Antenne dulden. Die Kosten dafür treffen aber die Nachbarn.

3. Kein Verschuldenserfordernis

18

Die Abwehransprüche setzen kein Verschulden voraus. Sie können deshalb auch mit Erfolg erhoben werden, wenn der Störer nicht deliktsfähig (→ Kap. 17/RN 17) ist oder ihm – wie häufig – im Prozeß ein Verschulden nicht nachgewiesen werden kann.

4. Anspruchsberechtigter

Anspruchsberechtigt ist stets derjenige, dessen Rechte durch eine rechtswidrige Störung beeinträchtigt werden. In unserem Beispiel von RN 5 sind das die Nachbarn, einmal in ihrer Eigenschaft als Träger des Rechts „Gesundheit", einmal als Eigentümer ihrer Grundstücke. Soweit eines der Grundstücke vermietet ist, kann neben dem Eigentümer auch der Besitzer (Mieter) Abwehransprüche geltend machen.

19

5. Anspruchsgegner (Störer)

Die Abwehransprüche richten sich gegen den sogenannten Störer. Man unterscheidet zwischen dem **Handlungsstörer** und dem **Zustandsstörer**, je nachdem, ob die Beeinträchtigung durch eine menschliche Handlung oder den Zustand einer Sache hervorgerufen worden ist. Insofern kann auf die Ausführungen zum Bodenschutzrecht verwiesen werden (→ Kap. 15/RN 18 ff.).

20

→ § 1004 I 1 BGB

Zivilrechtlich reicht es für die Störereigenschaft aus, daß die Beeinträchtigung wenigstens *mittelbar* auf eine Willensentscheidung der in Anspruch genommenen Personen zurückgeführt werden kann. Insofern kann man dann noch den unmittelbaren und den mittelbaren Störer unterscheiden: **Unmittelbarer Handlungsstörer** ist derjenige, der eine Handlung ausführt, die zu Beeinträchtigungen führt, also etwa der Nachbar, der ständig zu den üblichen Ruhezeiten lärmverursachende Arbeiten vornimmt. Als **mittelbaren Handlungsstörer** bezeichnet man denjenigen, der den Lärm duldet, den Dritte auf seinem Grundstück veranstalten, also etwa der Hauseigentümer, der den laut hämmernden Handwerker beauftragt hat.

21

> **Beispiel:** Auf einem Gewerbegrundstück (oder der Straße davor) warten Lastkraftwagen mit laufendem Motor. Der damit verbundene Lärm beeinträchtigt die Nachbarschaft.

Störer ist hier zunächst der *Betriebsinhaber*. Dabei spielt es keine Rolle, ob der Lärm von seinen eigenen LKWs oder von denen seiner Zulieferer oder Abnehmer ausgeht. Erforderlich ist nur, daß der Betriebsinhaber in der Lage ist, die Beeinträchtigung der Nachbarn zu verhindern. Dies ist fast immer der Fall, weil ihn nach der Rechtsprechung die Verpflichtung trifft, notfalls auch die außerhalb der Betriebszeit ankommenden LKWs durch Mitarbeiter überwachen zu lassen und durch rechtlichen und wirtschaftlichen Druck Einfluß auf Speditionen und Zulieferfirmen zu nehmen. Weiterer mittelbarer Störer ist der *Halter* des wartenden LKWs. Als unmittelbarer Störer ist daneben der Fahrer anzusehen, der die Beeinträchtigung unmittelbar verursacht. Dasselbe gilt, wenn ein LKW auf ein Grundstück stürzt und dort Schäden anrichtet.

22   Selbst wenn die Beeinträchtigung auf Naturkräfte zurückzuführen ist, kommt eine Störerhaftung des Grundstückseigentümers in Betracht, wenn er durch seine Tätigkeit oder durch ein Unterlassen das schädliche Eingreifen der Naturkräfte ermöglicht hat.

> **Beispiel:** Dies ist etwa der Fall, wenn der Störer einen Teich künstlich anlegt, in dem sich Frösche ansiedeln, die durch lautes Quaken die Nachbarn stören, oder wenn der Eigentümer ein Gebäude nicht ausreichend unterhält und dadurch die Gefahr entsteht, daß das Gebäude auf ein tiefer gelegenes Nachbargrundstück stürzt. Störer ist aber auch der Landwirt, der sein Grundstück jährlich umpflügt und dadurch den Ablauf von Niederschlagswasser so beeinflußt, daß Pestizide auf die Nachbargrundstücke transportiert werden.

23   Gegen **mehrere Störer** kann der Anspruchsberechtigte grundsätzlich gemeinschaftlich vorgehen, wenn sie für eine *einheitliche* Beeinträchtigung verantwortlich sind, wie z.B. Mieter und Vermieter für Lärmbeeinträchtigungen. Ergibt sich ein rechtlich bedeutsamer Störungszustand dagegen erst aus *summierten* Einwirkungen, kann der Eigentümer gegen jeden einzelnen Störer wegen seines Anteils an der Beeinträchtigung vorgehen.

III.   Abwehr von Schutzgesetzverstößen

24

→ § 823 II
BGB

Von besonderem Interesse kann im Umweltrecht die Abwehr von Schutzgesetzverletzungen auf privatrechtlicher Grundlage sein. Wie bereits dargelegt, knüpft das Zivilrecht an die Verletzung sog. **Schutzgesetze** (→ Kap. 17/RN 20) eine Schadensersatzverpflichtung. Die Rechtsprechung ermöglicht demjenigen, dessen Interessen durch ein Schutzgesetz besonders gewahrt werden sollen, Zuwiderhandlungen bereits *im Vorfeld* zu verhindern: gegen die Verletzung von Schutzgesetzen können Beseitigungs- und Unterlassungsansprüche geltend gemacht werden.

25   Erforderlich ist stets, daß ein Schutzgesetz verletzt worden ist. Das Gesetz muß also besondere Personengruppen als besonders schutzwürdig hervorheben, was im öffentlichen Umweltrecht häufig der Fall ist.

> **Beispiel:** Genehmigungspflichtige Anlagen dürfen nach § 5 I Nr. 1 BImSchG keine erheblichen Belästigungen der Nachbarschaft hervorrufen. Nach § 24 der Gewerbeordnung können zum Schutz von Beschäftigten und Dritten vor gefährlichen Anlagen Genehmigungs- und Überwachungsvorschriften erlassen werden. Die Baunutzungsverordnung schreibt vor, welche Nutzungen in bestimmten Gebieten zulässig sind und daß an sich zulässige Nutzungen unzulässig sind, wenn sie im Baugebiet oder seiner Umgebung zu Belästigungen und Störungen führen.

26   Verletzt ist ein öffentlich-rechtliches Schutzgesetz auch dann, wenn eine Behörde auf seiner Grundlage einen Verwaltungsakt erlassen hat, gegen den der

Begünstigte nun verstößt. Für den Nachbarn wichtig sind dabei vor allem drittschützende Auflagen in dem Verwaltungsakt. Der durch die Auflagen geschützte Dritte kann vor den Zivilgerichten unmittelbar gegen den Inhaber der Genehmigung darauf klagen, daß dieser die Auflagen einhält.

> **Beispiel:** B betreibt eine Ballettschule, K wohnt auf dem Nachbargrundstück. B beantragt eine Genehmigung zum Umbau und zur Nutzungsänderung im Souterrain zwecks Nutzung als Ballettsaal. Beide Genehmigungen werden mit der Auflage erteilt, die Fenster seien während der Übungsstunden und bei Benutzung von Tonbandgeräten geschlossen zu halten; außerdem werden Immissionsrichtwerte festgelegt. B betreibt den Ballettunterricht bei geöffneten Fenstern. Darauf hin erhebt K Klage zum Landgericht mit dem Antrag, die B zu verurteilen, die Fenster im bezeichneten Umfang geschlossen zu halten. Der BGH hat der Klage mit der Begründung stattgegeben, K könne von B die Einhaltung der Auflage verlangen.

Eine solche Unterlassungsklage wegen der Verletzung drittschützender Auflagen in Genehmigungsbescheiden hat gegenüber der Unterlassungsklage wegen Eigentumsbeeinträchtigung gewisse Vorteile. Insbesondere unterliegt sie nicht den nachbarrechtlichen Duldungspflichten gegenüber Immissionen, die das Gesetz nur dem Eigentümer auferlegt. Der geschützte Nachbar erhält durch die Auflagen also eine zusätzliche Rechtsposition eingeräumt.

27

→ § 906 BGB

> **Beispiel:** Ein Schrotthändler betreibt auf seinem Betriebsgelände eine Rotormühle zum Zerkleinern von Schrott. Die Genehmigung nach dem Bundes-Immissionsschutzgesetz enthält die Auflage, bestimmte Lärmschutzmaßnahmen zu treffen und die Anlage nur werktags zwischen 7.30 und 18.00 Uhr zu betreiben. Der Schrotthändler hält sich nicht an diese Auflagen. Klagt sein Nachbar auf Unterlassung dieser Schutzgesetzverletzung, kommt es auf die Erheblichkeit des Lärms ebensowenig an wie auf seine eventuelle Ortsüblichkeit. Damit werden z. B. Sachverständigengutachten überflüssig.

Festzuhalten bleibt, daß die nachbarrechtlichen Abwehransprüche aus Eigentums- bzw. Besitzstörung einerseits und aus Schutzgesetzverletzung andererseits unterschiedliche Voraussetzungen haben und voneinander unabhängig sind. Der private Nachbarschutz kann also **zweigleisig** gestaltet werden. Das Zivilrecht bietet eine effektive Rechtsschutzmöglichkeit zur Durchsetzung öffentlich-rechtlicher Auflagen in Genehmigungsbescheiden, die zunehmend genutzt werden.

28

> **Hinweis:** Kenntnis von drittschützenden Auflagen erhält man entweder durch die öffentliche Bekanntmachung bestimmter Genehmigungen oder bei der zuständigen Behörde durch Akteneinsicht (→ Umweltinformationsgesetz [→ Kap. 6/RN 43 ff.]).

IV.   Inhalt der Abwehransprüche

29   Zum Abschluß dieses Kapitels beschäftigen wir uns etwas näher mit dem Inhalt der Abwehransprüche.

1.   Der Inhalt des Beseitigungsanspruchs

30

→ § 1004 I 1 BGB

Der Beseitigungsanspruch soll eine *fortwirkende* Beeinträchtigung beenden. Der Eigentümer des beeinträchtigten Grundstücks kann also von dem Störer beispielsweise verlangen, daß der auf das Grundstück gestürzte Lkw beseitigt wird, daß die auf sein Grundstück geleiteten oder niedergeschlagenen chemischen Substanzen entfernt werden (str.), daß undichte Leitungen abgedichtet werden usw. Der Beseitigungsanspruch kann sich aber auch darauf richten, bei dem Betrieb einer industriellen Anlage auf dem Nachbargrundstück dem Stand der Technik entsprechende Maßnahmen zum Schutz der Grundstücksnachbarn einzurichten und deren einwandfreies Funktionieren sorgfältig zu überwachen. Wird der Beseitigungsanspruch gegen Immissionen gerichtet,

→ § 1004 II BGB

→ § 14 S. 1 BImSchG

also z.B. gegen Gerüche, Rauch oder Lärm (einschließlich Straßenverkehrs- und Fluglärm), ist allerdings stets darauf zu achten, ob eine Duldungspflicht besteht oder der Anspruch aus sonstigen (z.B. immissionsschutzrechtlichen) Gründen ausgeschlossen ist.

31   Der *Umfang* des Beseitigungsanspruchs stellt sich wie folgt dar: Der Störer muß Handlungen vornehmen, die die Beeinträchtigung entweder beenden oder aufheben. Er ist also verpflichtet, von seinem Grundstück ausgehende Emissionen einzustellen oder in sonstiger Weise zu unterbinden, etwa durch den Einbau von Filteranlagen. Er muß aber nicht den früheren Zustand herstellen, denn dies ist Aufgabe des Schadensersatzanspruchs. Damit ist die schwierige Abgrenzung zwischen dem Beseitigungsanspruch und den Schadensersatzansprüchen angesprochen. Schadensersatz bedeutet nach dem Grundsatz der Naturalrestitution, daß der Zustand herzustellen ist, der ohne das schädigende Ereignis bestünde. Dies kann auch die Beseitigung einer Störung bedeuten.

> **Beispiel:** Ein Schnellimbiß „entsorgt" seine Küchenabfälle auf einem unbebauten Nachbargrundstück. Dessen Eigentümer kann die Entfernung der Abfälle unter dem Gesichtspunkt der Beseitigung der Eigentumsbeeinträchtigung verlangen. Das Gleiche kann er aber auch, da schuldhaftes Handeln vorliegt, im Wege des Schadensersatzes fordern.

Gleichwohl darf man Beseitigung und Schadensersatz nicht gleichsetzen. Schadensersatzansprüche gehen grundsätzlich weiter als Beseitigungsansprüche, da der Zustand herzustellen ist, der ohne die Schädigung bestünde. Beseitigung heißt aber lediglich vollständige Beendigung der Beeinträchtigung.

Beispiel: Der Störer muß den auf ein Grundstück gestürzten Lkw abtransportieren (nicht aber die Schäden am Acker „beseitigen"). Ist eine über ein Grundstück führende Rohrleitung geplatzt, muß die Rohrleitung repariert und der verseuchte Boden entsorgt (nicht aber neues Erdreich beschafft) werden. Hat ein Störfall in einer chemischen Fabrik die Umgebung mit einem gelblichen Niederschlag überzogen, müssen die Häuser – soweit möglich – abgewaschen, nicht aber neugestrichen werden.

Der Beseitigungsanspruch ist *ausgeschlossen*, wenn die Beseitigung der Beeinträchtigung ganz oder teilweise unmöglich ist. In Betracht kommt zum einen die *physische* bzw. *technische* Unmöglichkeit der Beseitigung der Beeinträchtigungen. Zum anderen können der Beseitigung der Beeinträchtigung auch *rechtliche* Gründe entgegenstehen; so bedarf etwa der Abbruch eines baurechtswidrigen Gebäudes einer baupolizeilichen Genehmigung. Dagegen wird eine *wirtschaftliche* Unmöglichkeit, die dann vorliegt, wenn die Einwirkung nur mit unverhältnismäßig hohen Aufwendungen beseitigt werden kann, von der Rechtsprechung nur ganz ausnahmsweise anerkannt.

32

Die Kosten der Beseitigung muß der Störer tragen, weil er zur Beseitigung der Störung verpflichtet ist. Soweit der beeinträchtigte Eigentümer die Störung selbst beseitigt, kann er nach den Vorschriften über die Geschäftsführung ohne Auftrag Ersatz seiner Aufwendungen verlangen.

33
→ §§ 677 ff. BGB

2. Der Inhalt des Unterlassungsanspruchs

Der Eigentümer einer Sache hat häufig ein Interesse daran, künftige Einwirkungen einer bestimmten Art zu verhindern. Dazu gewährt ihm das Gesetz den Unterlassungsanspruch. Weil sich der Unterlassungsanspruch gegen *künftige* Beeinträchtigungen wendet, setzt er, anders als der Beseitigungsanspruch, keine in die Gegenwart fortwirkende Beeinträchtigung voraus, sondern die Gefahr künftiger Zuwiderhandlungen.

34
→ § 1004 I 2 BGB

Man unterscheidet zwischen dem sog. Verletzungsunterlassungsanspruch und dem sog. vorbeugenden Unterlassungsanspruch. Vom **Verletzungsunterlassungsanspruch** spricht man, wenn bereits eine Beeinträchtigung vorliegt. Soweit künftig weitere Beeinträchtigungen zu erwarten sind, ist der Verletzungsunterlassungsanspruch gegeben. Die Rechtsprechung nennt diese Voraussetzung „Wiederholungsgefahr". Der Kläger muß grundsätzlich beweisen, daß eine Wiederholungsgefahr besteht.

35

Wann ist nun vom Bestehen einer Wiederholungsgefahr auszugehen? Der Eintritt einer weiteren Beeinträchtigung muß nicht sicher feststehen, nach Lage der Dinge aber mehr oder minder *wahrscheinlich* sein. Ob dies der Fall ist, entscheidet sich nach der Lebenserfahrung unter Berücksichtigung der konkreten Umstände des Einzelfalls. Ist es bereits zu Beeinträchtigungen gekommen, sieht die Rechtsprechung hierin häufig ein Indiz für die Gefahr weiterer Beeinträchtigungen. Das Vorliegen der Wiederholungsgefahr wird in einem solchen Falle bei Gewerbetreibenden vermutet. Die Beweislast verlagert sich damit auf den Störer, der diese Vermutung widerlegen muß. Die Wiederholungsgefahr kann sich auch aus Äußerungen des Störers ergeben: Behauptet der Störer, zu der Beeinträchtigung berechtigt zu sein, spricht dies dafür, daß er auch künftig wieder beeinträchtigende Maßnahmen ergreifen wird.

36   Der **vorbeugende Unterlassungsanspruch** ist bereits vor der ersten Beeinträchtigung gegeben, wenn eine solche Beeinträchtigung unmittelbar bevorsteht. Dieser Anspruch ist zwar im Gesetz eigentlich nicht geregelt, wird aber von der Rechtsprechung anerkannt, weil nicht einzusehen ist, warum man eine rechtswidrige Beeinträchtigung sehenden Auges eintreten lassen muß, deren Beseitigung und künftige Unterlassung man nach ihrem Eintritt sofort verlangen könnte. Der vorbeugende Unterlassungsanspruch setzt die sog. **Erstbegehungsgefahr** voraus: Der in seinen Rechten Bedrohte muß stets konkret darlegen, aus welchen Umständen sich die Erstbegehungsgefahr ergibt. Rein vorbereitende Maßnahmen reichen insofern noch nicht aus; erforderlich ist, daß eine Beeinträchtigung unmittelbar drohend bevorsteht.

> **Beispiel:** Geplante Errichtung eines Schießstandes; Betretungsverbot während festgelegter Sprengzeiten; Aufnahme der Produktion eines gefährlichen Produkts.

Andere vorbereitende, gefährdende Maßnahmen stellen dagegen normalerweise noch keine Beeinträchtigungen dar, auch wenn die Maßnahme ein erhebliches Schadenspotential in sich birgt.

> **Beispiel:** Feuer- und Explosionsgefahr in einem benachbarten Betrieb; Stellung eines Bauantrags; Planungen für eine Sprengstoffabrik, ein Chemieunternehmen oder ein Kernkraftwerk.

37   Anders als der Beseitigungsanspruch richtet sich der Unterlassungsanspruch *nicht* auf eine *bestimmte* Maßnahme. Man kann also nicht verlangen, daß der Störer bestimmte Handlungen vornimmt, die künftige Beeinträchtigungen zu verhindern geeignet sind. Der Unterlassungsanspruch ist vielmehr – wie schon der Name sagt – darauf gerichtet, eine bestimmte, näher bezeichnete Beeinträchtigung zu unterlassen. Man muß die Störung also (ggf. im Klageantrag) ihrer Art nach näher bezeichnen; dazu wird es in der Regel ausreichend sein, die Unterlassung von Störungen bestimmter Art, etwa von Gerüchen oder Geräuschen über einer bestimmten Lautstärke zu bestimmten Zeiten, zu verlangen. Denn *auf welche Weise* der Störer unzulässige Beeinträchtigungen künftig vermeidet, liegt in seinem Verantwortungsbereich. Er kann frei entscheiden, welche Maßnahmen er zur Störungsverhinderung ergreifen will. Die Handlungsfreiheit des Störers bleibt gewahrt, doch trägt er zugleich das Risiko, daß seine Maßnahmen unzureichend sind und er damit gegen seine Unterlassungsverpflichtung verstößt.

Eine Verurteilung zu einer bestimmten Maßnahme kommt beim Unterlassungsanspruch nur ganz ausnahmsweise in Betracht, wenn nur eine einzige Maßnahme künftige Beeinträchtigungen verhindern kann oder der Störer mit der Verurteilung zu einer bestimmten Maßnahme einverstanden ist (Anerkenntnisurteil). Bei Schallemissionen kann die Einhaltung bestimmter Db(A)-Werte und/oder Ruhezeiten vorgeschrieben werden.

Wie der Beseitigungsanspruch kann auch der Unterlassungsanspruch aus **38** rechtlichen Gründen ausgeschlossen sein, wenn dem Störer die Unterlassung aus rechtlichen Gründen verboten ist. So darf der Störer zivilrechtlich nicht zu Handlungen verpflichtet werden, die nach öffentlichem Recht verboten sind.

> **Beispiel:** Der Eigentümer eines Froschteichs darf die Frösche nicht entfernen, soweit es sich um artengeschützte Tiere handelt. Denn der Entfernung der Frösche steht dann das BNatSchG entgegen.

Kontrollfragen:
1. Welche Ansprüche zur Abwehr von Störungen absolut geschützter Rechte und Rechtsgüter kennen Sie? (RN 1)
2. Wann sind nach privatem Umweltrecht Immissionen zu dulden? (RN 8 ff.)
3. Welche Vorteile hat die Unterlassungsklage aus Schutzgesetzverletzung gegenüber der aus Eigentum bzw. Besitz? (RN 27)
4. Wer trägt die Kosten der Störungsbeseitigung? (RN 33)
5. Was wissen Sie über die Abfassung eines Unterlassungsantrags? (RN 37)

Weiterführende Hinweise:
Literatur:
Fritz, Klaus, Zivilrechtliche Abwehrmöglichkeiten gegen elektromagnetische Felder, BB 1995, S. 2122–2126; *Fritzsche, Jörg,* Die Durchsetzung nachbarschützender Auflagen über zivilrechtliche Unterlassungsansprüche, NJW 1995, S. 1121–1126; *Hagen, Horst,* Privatrechtlicher Immissionsschutz – aus der Rechtsprechung des Bundesgerichtshofs, ZfBR 1995, S. 61–66; *Herrmann, Elke,* Natureinflüsse und Nachbarrecht (§§ 1004, 906 BGB), NJW 1997, S. 153–158; *Klindt, Thomas,* Nachbarrechtlicher Immissionsschutz nach der Änderung des § 906 I BGB, DWW 1996, S. 45–49; *Pfeifer, Frank-Georg,* Häufige Einzelfälle aus dem Nachbarrecht, Grundeigentum 1996, S. 1404–1407; *Uerpmann, Robert,* Privatrechtlicher Abwehranspruch und naturschutzrechtliche Duldungspflicht, NuR 1994, S. 386–391.

Rechtsprechung:
BGHZ 90, S. 255–268 (Störung des biologischen Landbaus durch Pestizide); BGHZ 92, S. 143–152 (Duldungspflicht nach § 906 BGB für Eigentümer beweglicher Sachen); BGHZ 111, S. 63–75 (Vereinheitlichung öffentliches Recht/Privatrecht im Umweltbereich); BGHZ 111, S. 158–167 (Ausgleichsanspruch analog § 906 II 2 BGB); BGHZ 121, S. 248–256 (Lärm von einem Jugendzeltplatz); BGHZ 122, S. 1–9 und NJW 1997, S. 55 (Abwehransprüche bei Verstoß gegen immissionsschutzrechtlicher Bauauflagen); BGH, NJW 1996, S. 845–847 (Störerhaftung des Nachbarn für Bodenkontamination); BGHZ 135, S. 235–244 (Berücksichtigung des Mitverschuldens beim Beseitigungsanspruch).

Teil III
Umweltstrafrecht

19. Umweltstrafrecht

I. Allgemeiner Überblick
1. Begriff und Regelungsbereich
   a) Umweltstrafrecht im engeren Sinne
   b) Umweltstrafrecht im weiteren Sinne
   c) Gründe für die Aufnahme der zentralen Umweltdelikte
      in das Strafgesetzbuch

2. Schutzgüter und Deliktstypen
   a) Ausmaß des Schutzes der einzelnen Umweltgüter
   b) Charakter der Umweltdelikte

3. Grundsatz der Verwaltungsakzessorietät des Umweltstrafrechts
   a) Allgemeines
   b) Verwaltungsaktsakzessorietät
   c) Konsequenzen für die Effizienz des Umweltstrafrechts

II. Die einzelnen Strafnormen
1. Gewässerverunreinigung
   a) Tatbestandsfragen
   b) Rechtswidrigkeit der Gewässerverunreinigung
2. Bodenverunreinigung
3. Luftverunreinigung
   a) Veränderung der Luft
   b) Freisetzen von Schadstoffen
   c) Ausschlußklausel für Verkehrsfahrzeuge
4. Verursachung von Lärm, Erschütterungen und nichtionisierenden Strahlen
5. Unerlaubter Umgang mit gefährlichen Abfällen
   a) Illegaler Umgang mit gefährlichen Abfällen
   b) Illegale grenzüberschreitende Verbringung gefährlicher Abfälle
   c) Verletzung der Pflicht zur Ablieferung radioaktiver Abfälle
   d) Die Minima-Klausel („Bagatellklausel")
6. Unerlaubtes Betreiben von Anlagen
7. Unerlaubter Umgang mit radioaktiven Stoffen und
   anderen gefährlichen Stoffen und Gütern
8. Gefährdung schutzbedürftiger Gebiete
9. Schwere Gefährdung durch Freisetzung von Giften

III. Rechtfertigungsgrund des Notstandes

IV. Individuelle Verantwortlichkeit und ihr Ausschluß
1. Verantwortlichkeit natürlicher und juristischer Personen
2. Schuldhafte Tatbegehung
3. Schuldausschluß
4. Täterschaft und Teilnahme
   a) Allgemeine Prinzipien
   b) Strafbarkeit von Amtsträgern

V. Persönlicher Strafaufhebungsgrund „Tätige Reue"

VI. Sanktionen des Umweltstrafrechts

VII. Verfahrensrecht
1. Strafverfahren
2. Ordnungswidrigkeitenverfahren

Aufgrund der mit den Strafdrohungen verbundenen **Abschreckungswirkung** kommt dem Umweltstrafrecht für den Schutz der Umwelt eine erhebliche Bedeutung zu. Als härteste Reaktionsform des Gesetzgebers darf es aber nur das **letzte Mittel** (*„ultima ratio"*) sein, um umweltgerechtes Verhalten durchzusetzen. Im Verhältnis zum Umweltverwaltungsrecht (→ 1. Teil) kommt ihm daher lediglich eine flankierende bzw. ergänzende Funktion zu.

1

> **Fakten:** Seit der Reform des Umweltstrafrechts im Jahre 1980 hat sich die Zahl der bekanntgewordenen Delikte gegen die Umwelt nach dem Strafgesetzbuch (StGB) nahezu versechsfacht: Wurden 1980 5 151 Straftaten polizeilich registriert, so waren es 1996 30 109 (in den alten Bundesländern). In den fünf neuen Bundesländern verläuft die Entwicklung der registrierten Umweltdelikte noch rasanter (1991: 615 Fälle; 1996: 9 532 Fälle). Dieser enorme Zuwachs ist weniger die Folge einer höheren tatsächlichen Kriminalität als vielmehr einer stärkeren Kontrolle und einer gewachsenen Anzeigebereitschaft in der Bevölkerung. Spielten in den 70er Jahren bei den Umweltstraftaten die Wasserdelikte mit ca. 90 Prozent die überragende Rolle, nimmt seit der Strafrechtsreform des Jahres 1980 der Anteil dieser Straftaten deutlich ab (1996 nur noch rund 17 Prozent), der der Abfalldelikte hingegen kontinuierlich zu (1996: rund 73 Prozent). Zahlenmäßig folgen das unerlaubte Betreiben von Anlagen und die Luftverunreinigungen.

I. Allgemeiner Überblick

1. Begriff und Regelungsbereich

a) Umweltstrafrecht im engeren Sinne

2
Sämtliche Strafvorschriften zum Schutz der Umwelt waren ursprünglich in den verschiedenen Umweltgesetzen (wie etwa im Wasserhaushaltsgesetz, im Bundes-Immissionsschutzgesetz, im Abfallbeseitigungsgesetz und im Atomgesetz) enthalten. Erst seit am 1.7.1980 das 18. Strafrechtsänderungsgesetz (StrÄndG) – Gesetz zur Bekämpfung der Umweltkriminalität – in Kraft getreten ist, besitzt das Umweltstrafrecht unter der Bezeichnung „Straftaten gegen die Umwelt" einen eigenen Abschnitt im Strafgesetzbuch (§§ 324-330d). Dort wurden jedoch nur die wichtigsten umweltschützenden Straftatbestände aufgenommen (und zum Teil erheblich verändert und erweitert). Insoweit spricht man vom Unweltstrafrecht im engeren Sinne.

b) Umweltstrafrecht im weiteren Sinne

3
Zum Umweltstrafrecht im weiteren Sinne gehören alle Normen, die außerhalb des Strafgesetzbuches Verstöße gegen Umweltrecht sanktionieren. Zwei Materien gilt es hier zu unterscheiden:

Strafvorschriften außerhalb des Strafgesetzbuches

Während die wichtigsten Vorschriften des Umweltstrafrechts in das Strafge-   **4**
setzbuch eingefügt wurden, haben die weniger bedeutsamen Strafvorschriften
und solche, die nur mittelbar dem Umweltschutz dienen, ihren Platz außerhalb
des Strafgesetzbuches in den einzelnen Umweltgesetzen behalten (sog. **Ne-
benstrafrecht**).

Vorschriften des Umweltordnungswidrigkeitenrechts

Zum Umweltstrafrecht im weiteren Sinne zählen auch Bußgeldtatbestände,   **5**
die außerhalb des Strafgesetzbuches weniger gravierende Umweltrechtsver-
stöße sanktionieren. Diese sog. **Ordnungswidrigkeiten** sind in den Umweltgesetzen und -verordnungen des Bundes und der Länder geregelt. Sie werden
teilweise nach landesrechtlichen Bußgeldkatalogen mit festen „Taxen" geahndet. Das verhängte Bußgeld kann sich auf Beträge von 10 DM bis 100 000
DM belaufen. Wegen des fehlenden kriminellen Gehalts der Regelverstöße
enthalten diese Sanktionsarten – im Unterschied zur Kriminalstrafe – kein
„sozialethisches Unwerturteil". Sie stellen „nur" eine nachdrückliche Pflicht-
ermahnung dar, die vor allem vorbeugend wirken soll. Dies kommt auch darin
zum Ausdruck, daß die Festsetzung einer Geldbuße – im Gegensatz zur Kriminalstrafe – nicht in das Bundeszentralregister eingetragen wird, das Grundlage für das Erteilen von Führungszeugnissen und unbeschränkter Auskünfte
an Gerichte, Staatsanwaltschaften und bestimmte Behörden ist.

c) Gründe für die Aufnahme der zentralen Umweltdelikte
in das Strafgesetzbuch

Der Reformgesetzgeber des Jahres 1980 hat mit der Übernahme der wichtig-   **6**
sten umweltschützenden Stafvorschriften in das Strafgesetzbuch folgende
Ziele verfolgt:

* Förderung der Anerkennung selbständiger Umweltschutzgüter,
* Vereinheitlichung der unübersichtlichen Materie,
* Bewußtseinsschärfung bei den Bürgern und Verantwortungsträgern für die
  Allgemeinschädlichkeit gefahrenträchtiger Umwelteingriffe („Umweltver-
  gehen sind keine Kavaliersdelikte!"),
* Erhöhung der abschreckenden Wirkung der Strafdrohungen.

Diese Ziele sind allerdings nur teilweise erreicht worden, weshalb ein erneuter
Reformierungsbedarf entstand. Das Ergebnis der gesetzgeberischen Überlegungen stellt nun das seit 1.11.1994 geltende 31. StrÄndG – Zweites Gesetz
zur Bekämpfung der Umweltkriminalität – dar. Die darin enthaltenen Neuerungen bezwecken ein effizienteres Umweltstrafrecht, ohne dabei den „Wirtschaftsstandort Deutschland" zu gefährden. Revolutionäre Änderungen

sind ausgeblieben; der Gesetzgeber hat sich auf einzelne Korrekturen beschränkt.

> **Hinweis:** Die nachfolgende Darstellung beschränkt sich aus Platzgründen auf den Kernbereich des Umweltstrafrechts, d.h. auf die Umweltstraftatbestände im Strafgesetzbuch (§§ 324 ff. StGB).

2. Schutzgüter und Deliktstypen

7 Das geltende Umweltstrafrecht stellt gewisse Formen der Gewässer-, Boden- und Luftverunreinigung wie auch solche der Lärmverursachung, der Abfallbeseitigung, des Umgangs mit radioaktiven und sonstigen hochtoxischen Stoffen sowie schließlich die Gefährdung ökologisch bedeutsamer Schutzgebiete unter Strafe. Damit will es *die Umwelt* in ihren verschiedenen Medien (Boden, Wasser, Luft) und ihren sonstigen Erscheinungsformen (Tier- und Pflanzenwelt) als natürliche Lebensgrundlage des Menschen schützen. Seine Zentralfunktion liegt in der Erzwingung der umweltrechtlichen Pflichten und Verbote. Es ist allerdings nicht – wie zu vermuten wäre – aus einem Guß geformt. Bereits die Schutzgüter und die Deliktstypen der Umweltstraftatbestände weisen wesentliche Besonderheiten auf.

a) Ausmaß des Schutzes der einzelnen Umweltgüter

8 Die einzelnen Umweltgüter genießen einen höchst unterschiedlichen strafrechtlichen Schutz:

Das Medium **Wasser** wird *absolut* – in seiner existenten Reinheit – geschützt. Die **Luft** genießt Strafschutz zwar auch in ihrer („natürlichen") Reinheit, aber nur *relativ* in dem Maße, in dem die Luftverunreinigung zur Schädigung der menschlichen Gesundheit (oder zur Schädigung von Tieren, Pflanzen oder anderen Sachen „von bedeutendem Wert") geeignet ist. Ähnliches gilt für das Medium **Boden**. Bei ihm setzt der Strafrechtsschutz erst ein, wenn die Bodenverunreinigung von „bedeutendem Umfang" ist oder zur Schädigung der menschlichen Gesundheit (oder zur Schädigung von Tieren, Pflanzen oder anderen Sachen „von bedeutendem Wert" oder zur Schädigung eines Gewässers) geeignet ist.

9 Mit der Formel von der **„Eignung" zur Schädigung** will der Gesetzgeber vor allem den Kausalitätsnachweis erleichtern bzw. überflüssig machen. Dieses Ziel hat er aber nur eingeschränkt erreicht, da eine Schädigungseignung im allgemeinen nur angenommen werden kann, wenn ein naturwissenschaftlich gesichertes Kausalgesetz vorhanden und bekannt ist. Die in Verwaltungsvorschriften festgesetzten Grenzwerte – wie z.B. die TA Luft und TA Lärm (→ Kap. 8/RN 21 f.) – haben insoweit lediglich Indizwirkung für das Vorliegen der Schädigungseignung.

b) Charakter der Umweltdelikte

In engem Zusammenhang mit dem uneinheitlichen Strafschutz der einzelnen **10** Umweltgüter steht die unübersichtliche Vielfalt der Deliktstypen. Als solche finden sich in den §§ 324 ff. StGB teils Verletzungsdelikte und teils konkrete, abstrakt-konkrete (potentielle) oder rein abstrakte Gefährdungsdelikte.

Hierbei handelt es sich um Unterscheidungen nach der *Wirkung* der strafbaren Hand- **11** lung. Bei den **Verletzungsdelikten** gehört zur Vollendung des Delikts die Verletzung eines bestimmten Objekts (z.B. Verunreinigung eines Gewässers), bei den (konkreten oder abstrakten) **Gefährdungsdelikten** wird dagegen bereits eine konkret oder abstrakt gefährliche Handlung mit Strafe bedroht, um die Verletzung zu verhüten.

Während der Tatbestand (→ RN 20) der **konkreten Gefährdungsdelikte** den Eintritt einer Gefahr für Menschen, Tiere oder Sachen verlangt, beschreibt der Tatbestand der **abstrakten Gefährdungsdelikte** ein bloßes Tun, das aber deshalb bestraft wird, weil es leicht eine konkrete Gefahr auslösen kann. Bei den **potentiellen** (abstrakt-konkreten) **Gefährdungsdelikten** wiederum gehört zwar eine generelle Gefährlichkeit von konkreter Tat oder Tatmitteln zum Tatbestand, nicht aber der Eintritt einer konkreten Gefahr.

Wie der auf der folgenden Seite gegebene Überblick über die Angriffsrichtun- **12** gen der Umweltdelikte deutlich zeigt, sind die Umweltstraftatbestände vorwiegend als **Gefährdungsdelikte** ausgestaltet, d.h. für ihre Verwirklichung genügt die bloße Möglichkeit einer Schädigung.

3. Grundsatz der Verwaltungsakzessorietät des Umweltstrafrechts

a) Allgemeines

Alle Umweltstraftaten mit Ausnahme der „Schweren Gefährdung durch Frei- **13** setzen von Giften" (→ RN 71) stellen Übersteigerungen von im Grunde anerkannten, wenn auch *verwaltungsrechtlich* kontrollierten Tätigkeiten dar. Diese **Verwaltungsakzessorietät** (= Verwaltungsabhängigkeit) kommt bei den meisten Tatbeständen dadurch zum Ausdruck, daß der Täter „unter Verletzung verwaltungsrechtlicher Pflichten", „ohne die erforderliche Genehmigung oder entgegen einer vollziehbaren Untersagung" oder schlicht „unbefugt" gehandelt haben muß. Sie hat den Vorteil, daß über den Weg des Verwaltungsrechts das Strafrecht an wirtschaftliche und technische Entwicklungen angepaßt werden kann, ohne daß es eines ständigen gesetzgeberischen Eingriffs in das Strafgesetzbuch bedarf.

Das Zusammenspiel von Straf- und Verwaltungsrecht birgt jedoch zahlrei- **14** che Probleme. Fraglich ist insbesondere, welchen Einfluß die *Fehlerhaftigkeit von Verwaltungsentscheidungen* auf die Strafbarkeit hat. Daß sich hier rechtliche Divergenzen ergeben können, ist eine Konsequenz des Umstandes, daß *rechtswidrige* Verwaltungsakte nach dem Verwaltungsverfahrensrecht grundsätzlich *wirksam* sind und wirksam bleiben bis sie von der Behörde zurückge-

Die Angriffsrichtungen der Umweltdelikte im Überblick

Beeinträchtigung von Umweltgütern				umweltgefährdende Handlungen			Umgang mit umweltgefährdenden Stoffen	
Gewässerverunreinigung	Bodenverunreinigung	Luftverunreinigung	Gefährdung schutzbedürftiger Gebiete	Verursachung von Lärm, Erschütterungen und nichtionisierenden Strahlen	Unerlaubter Umgang mit gefährlichen Abfällen	Unerlaubtes Betreiben von Anlagen	Unerlaubter Umgang mit radioaktiven Stoffen und anderen gefährlichen Stoffen und Gütern	Schwere Gefährdung durch Freisetzen von Giften
§ 324 StGB	§ 324a StGB	§ 325 StGB	§ 329 StGB	§ 325a StGB	§ 326 StGB	§ 327 StGB	§ 328 StGB	§ 330a StGB
Verletzungsdelikt	Abs. 1 Nr. 1: potentielles Gefährdungsdelikt; Abs. 1 Nr. 2: abstraktes Gefährdungsdelikt	Abs. 1: potentielles Gefährdungsdelikt; Abs. 2: abstraktes Gefährdungsdelikt	Abs. 1,2: abstrakte Gefährdungsdelikte; Abs. 3: Verletzungsdelikt	Abs. 1: potentielles Gefährdungsdelikt; Abs. 2: konkretes Gefährdungsdelikt	abstraktes Gefährdungsdelikt	abstraktes Gefährdungsdelikt	Abs. 1,2: abstrakte Gefährdungsdelikte; Abs. 3: konkretes Gefährdungsdelikt	konkretes Gefährdungsdelikt

erschwert bei konkreter Gefährdung, Schädigung oder Gewinnsucht

Besonders schwerer Fall einer Umweltstraftat § 330 StGB

nommen worden sind. Es drängt sich daher die Frage auf, ob und unter welchen Voraussetzungen das Strafrecht „von den Wertungen des Verwaltungsrechts abweichen", d.h. eigene strafrechtliche Wertungsmaßstäbe bilden oder anwenden darf.

Heute ist unbestritten, daß das Strafrecht in der Übernahme verwaltungs- **15** rechtlicher Begriffe frei ist, im Ergebnis jedoch beide Rechtsordnungen einander nicht widersprechen dürfen. In diesem Sinne darf strafrechtlich nicht verboten werden, was verwaltungsrechtlich erlaubt ist („Prinzip der Einheit der Rechtsordnung"). Probleme treten jedoch bei der Anknüpfung an behördliche Einzelakte, der sog. Verwaltungs*akts*akzessorietät auf.

b) Verwaltungsaktsakzessorietät

Grundsatz

Prinzipiell ist von einer **strikten Bindung des Strafrechts an die** (ggf. auch **16** rechtswidrigen) **Entscheidungen der Verwaltungsbehörden** auszugehen. Für die Anwendung des Strafgesetzes bedeutet dies im einzelnen folgendes:

- Bei behördlichen Entscheidungen kommt es allein auf deren *Wirksamkeit* und nicht auf deren Rechtmäßigkeit an; nur *nichtige* Verwaltungsakte (→ Kap. 3/RN 9 ff.) sind auch strafrechtlich unbeachtlich;
- wird die behördliche Entscheidung später aufgehoben, so hat dies rückwirkend keinerlei Einfluß auf die Strafbarkeitsfrage;
- handelt der Täter ohne Genehmigung, so kommt es auf die Möglichkeit der Genehmigung („*Genehmigungsfähigkeit*") *nicht* an.

Ausnahmen

Die Berufung auf *rechtsmißbräuchlich* (d.h. durch Täuschung, Drohung, Be- **17** stechung oder gemeinschaftlichen Rechtsbruch) erlangte Genehmigungen ist dem *genehmigungslosen* Verhalten gleichgestellt (§ 330d Nr. 5 StGB).

Auf *weitere Ausnahmen* von der „Vorgabefunktion des Verwaltungsrechts" wird bei der Rechtswidrigkeit der Gewässerverunreinigung (→ RN 33-35) eingegangen.

c) Konsequenzen für die Effizienz des Umweltstrafrechts

Aufgrund der Verwaltungsakzessorietät des Umweltstrafrechts hängt die Defi- **18** nition von umweltkriminellem Verhalten und damit auch die Möglichkeit der strafrechtlichen Sanktionierung nicht primär (wie im klassischen Kriminalitätsbereich üblich) von den Strafverfolgungsbehörden ab, sondern von den einzelnen Verwaltungsbehörden. Dies hat die mißliche Konsequenz, daß Vollzugsprobleme und Defizite der Verwaltung, wie z.B. unklare und unbestimmte alte Bescheide, Unklarheiten bei der Auslegung von Grenzwertbestimmungen, festgestellte Duldungen rechtswidriger Zustände oder fehlerhaft erteilte

Gestattungen, sich hemmend auf die mögliche Anwendung des Umweltstrafrechts auswirken. Die Effizienz des Umweltstrafrechts gerät somit in eine Abhängigkeit von der Effizienz der Umweltverwaltung. Vereinzelt wird daher die Verwaltungsakzessorietät als „Achillesferse des Umweltstrafrechts" bezeichnet.

II. Die einzelnen Strafnormen

Nachfolgend werden die umweltstrafrechtlichen Vorschriften in ihrer gesetzlichen Reihenfolge dargestellt. Der Schwerpunkt wird dabei auf die Straftatbestände der Gewässerverunreinigung und der umweltgefährdenden Abfallbeseitigung gelegt, da sie in der Praxis die bedeutsamsten Tatbestände des Umweltstrafrechts sind (→ RN 1).

→ § 324 StGB

1. Gewässerverunreinigung

19 Der Tatbestand der Gewässerverunreinigung normiert ein *absolutes* Verunreinigungsverbot.

a) Tatbestandsfragen

20 Vorab soll zum besseren Verständnis der nachfolgenden Ausführungen eine kurze **Einführung in die Straftatlehre** erfolgen:

Jede Straftat vereinigt *drei Grundelemente* in sich: Tatbestandsmäßigkeit, Rechtswidrigkeit und Schuld. Fehlt eines dieser Elemente, liegt keine Straftat vor.

Tatbestandsmäßig ist ein menschliches Verhalten, wenn es mit sämtlichen Merkmalen eines Straftatbestandes übereinstimmt (objektive Tatbestandsmäßigkeit) und der Täter vorsätzlich oder fahrlässig (→ RN 75) gehandelt hat (subjektive Tatbestandsmäßigkeit). Die Bejahung der Tatbestandsmäßigkeit beinhaltet ein „vorläufiges Unwerturteil".

Beachte: Mit den Begriffen „Vorsatz" und „Fahrlässigkeit" werden nicht nur zwei *unterschiedliche Verhaltensformen*, sondern zugleich zwei *verschiedene Schuldformen* bezeichnet; unter letzterem Aspekt werden sie später (→ RN 75) näher erläutert.

Die **Rechtswidrigkeit** ergibt sich aus der Verletzung des durch das Strafgesetz geschützten Rechtsgutes. Sie entfällt, wenn ein *Rechtfertigungsgrund* vorliegt, der das an sich verbotene Tun erlaubt sein läßt. Rechtfertigungsgründe sind vor allem: Einwilligung des Verletzten, Notwehr und rechtfertigender Notstand. Nur letzterer kann bei den Umweltstraftaten praktische Bedeutung erlangen (→ RN 73). Die Bejahung der Rechtswidrigkeit stellt ein „endgültiges Unwerturteil" dar.

Schuld, das dritte Element jeder strafbaren Handlung, bedeutet persönliche Vorwerfbarkeit des mit Strafe bedrohten Verhaltens. Besondere Umstände, sog. Schuldausschließungsgründe, können sie beseitigen (z.B. Verbotsirrtum [→ RN 76] und Schuldunfähigkeit).

21 Den Straftatbestand der Gewässerverunreinigung kann *jedermann* verwirklichen (sog. **Allgemeindelikt**).

Geschützt sind die den Gewässern in ihrem Naturzustand innewohnenden Funktionen für die Umwelt und den Menschen (sog. **ökologischer Rechtsgutsansatz**). **22**

Das geschützte Umweltmedium „**Gewässer**" umfaßt das (in- und ausländische) oberirdische Gewässer und Grundwasser sowie das Meer (§ 330d Nr. 1 StGB). Zum oberirdischen Gewässer gehört das ständig oder zeitweilig in Betten fließende oder stehende oder aus Quellen wild abfließende Wasser (§ 1 I Nr. 1 WHG; zu den Details → Kap. 9/RN 10 ff.). **23**

Mit Strafe bedroht ist jedes **nachteilige Verändern der Gewässereigenschaften**, insbesondere das Verunreinigen. **24**

Im Interesse eines absoluten Gewässerschutzes ist als *nachteilige Veränderung* jede Verschlechterung der natürlichen Gewässereigenschaften im physikalischen, chemischen, biologischen oder thermischen Sinn zu verstehen.

> **Beispiel:** Austretenlassen von Schadstoffen aus einem Tank; Einleiten von Schiffsabwässern; Beeinträchtigung der Selbstreinigungskraft des Gewässers durch Entzug von Sauerstoff; Einleitung chlorhaltigen Wassers aus einem Schwimmbecken in einen Bach; Versickernlassen von hochnitrathaltigem Silagesaft in das Grundwasser; Absenken des Wasserspiegels bis zur völligen Beseitigung des Altarms eines Flusses.

Das *Verunreinigen* ist lediglich ein Unterfall der nachteiligen Veränderung der Gewässereigenschaft. Diese beiden Tatmodalitäten unterscheiden sich nur dadurch, daß die Verunreinigung eine *äußerlich wahrnehmbare* Veränderung des Gewässers herbeigeführt haben muß. **25**

> **Beispiel:** Färbung des Gewässers durch die eingeführte Substanz.

Das Gesetz setzt *nicht* voraus, daß dem Gewässer „unnatürliche" Stoffe zugeführt werden. Maßgeblich ist nur, daß das Gewässer „nachteilig" verändert wird. **26**

> **Beispiel:** Der Eintritt des tatbestandlichen Erfolgs ist zu bejahen, wenn einem Fluß „naturbedingt belastetes" Moorwasser aus demselben Quellgebiet zugeführt wird. Auch eine Gewässerverunreinigung durch landwirtschaftliche Düngung erfüllt den Tatbestand.

Entscheidendes Kriterium ist die Veränderung der derzeitigen Wasserqualität. Daher kann auch ein bereits verschmutztes Gewässer taugliches Objekt einer Gewässerverunreinigung sein. **27**

> **Beispiel:** Ein Chemieunternehmen leitet Produktionsabwässer in den bereits verschmutzten Rhein.

28   In welcher *Art und Weise* die Gewässerverschlechterung herbeigeführt wird, spielt *keine* Rolle.

> **Beispiel:** Strafbar sind auch Gewässerverunreinigungen durch aufgewirbelten Sand, durch das Einleiten verschmutzten Grundwassers in ein zuvor (relativ) reines Gewässer oder durch Herbeiführen eines Tankwagenunglücks oder einer Schiffskollision mit anschließendem Austritt von Schadstoffen.

29   Eine „nachteilige" Gewässerveränderung setzt *nicht* voraus, daß Menschen, Tiere oder Pflanzen tatsächlich zu Schaden gekommen sind oder daß auch nur eine entsprechende konkrete Gefahr eingetreten ist. Es genügt vielmehr, daß die Beeinträchtigung der Nutzungsmöglichkeiten oder der Gewässereigenschaften diese oder andere Nachteile haben *kann*.

30   Weitgehende Einigkeit besteht darin, daß *Bagatellfälle* von der Strafdrohung *ausgeschlossen* sind. Es handelt sich hierbei um „unbedeutende, vernachlässigbare kleine Beeinträchtigungen".

> **Beispiel:** das Ausleeren einer Cola-Flasche, eines Eimers mit Waschlauge oder eines Kanisters mit fünf Litern Olivenöl.

b) Rechtswidrigkeit der Gewässerverunreinigung

31   Der Täter muß ferner **„unbefugt"** handeln. Dieses Merkmal wird überwiegend als Hinweis auf das allgemeine Verbrechenselement der Rechtswidrigkeit (→ RN 20) aufgefaßt.

Die behördliche Gestattung

32   In Konsequenz der Verwaltungsakzessorietät des Umweltstrafrechts ist die Rechtswidrigkeit der Gewässerverunreinigung – wie ausgeführt (→ RN 13–16) – generell zu verneinen, wenn diese durch eine behördliche Genehmigung, Bewilligung oder Erlaubnis gedeckt ist. Im Rahmen der Gewässerverunreinigung rechtfertigt allerdings nur eine *wasserrechtliche* Erlaubnis, d.h. die Gestattung muß auf eine mögliche Verschlechterung der Gewässereigenschaften bezogen sein und damit bewußt von einem diesbezüglichen Verbot freistellen wollen.

> **Beispiel:** Eine nur gewerberechtliche Genehmigung erfüllt diese Voraussetzung nicht; gleiches gilt für eine Baugenehmigung sowie für die behördliche Zulassung eines Schiffes zum Bundeswasserstraßenverkehr.

33   Eine Ausnahme vom Grundsatz strikter Verwaltungs*akts*akzessorietät (→ RN 16–17) macht die Rechtsprechung bei Verstößen gegen die in behördlichen Gestattungen angeordneten Nebenbestimmungen (→ Kap. 8/RN 51 ff.). Ob ein solcher Verstoß strafrechtlich beachtlich ist, machen die Gerichte allein davon abhängig, ob die nicht eingehaltene Nebenbestimmung den „wesentlichen Umfang und Inhalt der Genehmigung bestimmt". Eine Strafbarkeit ist demnach zu bejahen, wenn die nichtbefolgte Auflage unmittelbar dem Gewässerschutz dient, ein Verstoß sich folglich unmittelbar auf die Beschaffenheit des Gewässers auswirkt.

Entsprechend der Beurteilung von Auflagenverstößen wird auch bei Überschreitung der in der Erlaubnis festgesetzten Grenzwerte (*„Höchstwerte"*) entschieden. Sie macht die Gewässerbenutzung „unbefugt", wenn die Auslegung des Erlaubnisbescheides ergibt, daß die Einhaltung dieser Grenzwerte wesentliche Genehmigungsvoraussetzung ist und unmittelbar dem Gewässerschutz dient.

34

Die behördliche Duldung

Ob einer behördlichen Duldung der gleiche Stellenwert beigemessen werden muß wie einer Genehmigung, ist heftig umstritten. Im Grundsatz besteht heute Einigkeit, daß ein schlichtes Dulden keine Erlaubnis gibt. Die ungenehmigte Gewässerverunreinigung bleibt also auch dann rechtswidrig, wenn die zuständige Verwaltungsbehörde trotz Kenntnis dieses Verhaltens untätig bleibt und es stillschweigend duldet. Von dieser „bloßen stillschweigenden Duldung" (sog. **„passiven Duldung"**) sind jedoch die Fälle zu unterscheiden, in denen die zuständige Behörde für den Adressaten erkennbar zu verstehen gegeben hat, daß sie die Gewässerverunreinigung billigend in Kauf nimmt. Die Möglichkeit einer solchen Rechtfertigung – lange Zeit als **„aktive Duldung"**, heute überwiegend als „konkludente Genehmigung" bezeichnet – wird mittlerweile weitgehend anerkannt, obgleich sie verwaltungsrechtlich keine Erlaubnis darstellt, das entsprechende Verhalten also verwaltungsrechtswidrig bleibt.

35

2. Bodenverunreinigung

→ § 324a
StGB

Der Straftatbestand der Bodenverunreinigung stellt eine der wichtigsten Neuerungen der Reform des Jahres 1994 dar. Mit ihm wird erstmals der bisher nur mittelbar geschützte Boden unter strafrechtlichen Schutz gestellt.

Strafbar ist hiernach, wer unter Verletzung verwaltungsrechtlicher Pflichten Stoffe in den Boden einbringt, eindringen läßt oder freisetzt, sofern die so bewirkte Bodenverunreinigung entweder in einer Weise erfolgt, die geeignet ist, die Gesundheit eines anderen, Tiere, Pflanzen oder andere Sachen von bedeutendem Wert oder ein Gewässer zu schädigen (*erste Alternative*), oder einen bedeutenden Umfang aufweist (*zweite Alternative*).

36

Es handelt sich hierbei um ein sog. **Sonderdelikt**, da es nicht von jedermann, sondern nur von einem *verwaltungsrechtlich Verpflichteten* verwirklicht werden kann (→ RN 44).

37

38   Geschütztes **Rechtsgut** ist die ökologische Funktion des Bodens, einschließlich der Funktion als Standort für belastungsempfindliche Nutzungen (z. B. Trinkwassergewinnung und Anbau biologischer Kost).

39   Das geschützte Umweltmedium „**Boden**" umfaßt die obere Schicht der Erdkruste einschließlich ihrer flüssigen und gasförmigen Bestandteile, soweit sie als Träger ökologischer Funktionen Bestandteil des Naturhaushalts ist. Auch der bebaute Boden ist Schutzgegenstand.

40   Tatbestandsmäßig ist jedes Verhalten durch das mittels Stoffen der Boden *unmittelbar* oder *mittelbar* nachteilig verändert wird.

> **Beispiel:** (Ab)Lagerung von Abfällen, Dünge- und Pflanzenschutzmitteleinsatz, Aufbringen von Klärschlamm oder Gülle bzw. über Luftverunreinigungen durch Müllverbrennung, Immissionen von Industrieanlagen oder Gewässerverunreinigungen (etwa nach Überschwemmungen).

41   Eine **nachteilige Bodenveränderung** ist bei einer die ökologisch bedeutsamen Bodenfunktionen beeinträchtigenden Veränderung der Bodenbeschaffenheit im physikalischen, chemischen oder biologischen Sinn zu bejahen. Davon *auszunehmen* sind wohl minimale Beeinträchtigungen (sog. Bagatellgrenze).

42   Für die von der *ersten Alternative* (→ RN 36) geforderte **Schädigungseignung** reichen Fälle nicht aus, in denen Bodenveränderungen nur zu Belästigungen oder Störungen (für Mensch oder Tier) führen. Andererseits ist nicht erforderlich, daß der Schaden eingetreten oder konkret zu erwarten ist (sog. *abstraktes Gefährdungsdelikt*). Wie beim Straftatbestand der Gewässerverunreinigung (→ RN 27) schließt eine bereits bestehende Verunreinigung eine weitere nicht aus.

43   Wenn die *zweite Alternative* (→ RN 36) von „**bedeutendem Umfang**" spricht, ist damit nicht nur eine *quantitative*, sondern auch und gerade eine *qualitativ* bedeutsame Verschmutzung gemeint. Dieser Begriff ist zwar enger als „erheblich", setzt aber nicht voraus, daß eine Beeinträchtigung vorliegt, die nur mit außerordentlichem Aufwand oder erst nach längerer Zeit beseitigt werden kann.

44   Die zu verletzende **verwaltungsrechtliche Pflicht** hat der Gesetzgeber in § 330d Nr. 4 StGB definiert.

Danach ist sie eine Pflicht, die sich aus einer Rechtsvorschrift, einer gerichtlichen Entscheidung, einem vollziehbaren Verwaltungsakt, einer vollziehbaren Auflage oder einem öffentlich-rechtlichen Vertrag (soweit die Pflicht auch durch Verwaltungsakt hätte auferlegt werden können) ergibt *und* dem Schutz vor Gefahren oder schädlichen Einwirkungen auf die Umwelt dient.

Hierzu zählen zahlreiche Regelungen in Umweltschutzgesetzen des Bundes und der Länder, die *konkrete* Handlungsanweisungen für den Betroffenen enthalten (z.B. über das Lagern wassergefährdender Flüssigkeiten). Bloße Programmsätze sind dagegen nicht geeignet, verwaltungsrechtliche Pflichten zu begründen.

> **Beispiel:** Die in den §§ 5, 22 BImSchG enthaltenen allgemeinen Grundpflichten (→ Kap. 8/RN 19 ff.) stellen strafrechtlich keine ausreichend bestimmten Rechtsvorschriften dar; ebenso die nur im verwaltungsinternen Bereich geltenden Verwaltungsvorschriften (→ Kap. 3/RN 7 f.), insbesondere die TA Lärm, TA Luft usw. (streitig).

3. Luftverunreinigung

→ § 325 StGB

Aus dem Immissionsschutzrecht (→ Kap. 8) stammt der Straftatbestand der Luftverunreinigung. Er ist relativ eng gefaßt, da die Emissionen „beim Betrieb einer Anlage" und „unter Verletzung (konkreter) verwaltungsrechtlicher Pflichten" entstehen müssen.

45

Es handelt sich um ein sog. **Sonderdelikt**, da es nur von *Anlagenbetreibern* begangen werden kann. Der Begriff „Anlage" wird dabei weit ausgelegt. Er umfaßt jede auf eine gewisse Dauer angelegte, als Funktionseinheit organisierte Einrichtung von nicht ganz unerheblichen Ausmaßen.

46

> **Beispiel:** Großfeuerungsanlagen, Müllverbrennungsanlagen usw., aber auch Maschinen (z.B. Rasenmäher, Betonmischer, Planierraupen, Bagger und Drucklufthämmer).

Das Vorhandensein irgendwelcher baulicher Vorrichtungen oder technischer Geräte wird nicht vorausgesetzt, so daß auch Grundstücke Anlagen sein können.

Geschütztes **Rechtsgut** ist die *Gesundheit des Menschen* und daneben eigenständig auch die *Umwelt*.

47

In seiner neuen, erweiterten Fassung beinhaltet § 325 StGB im ersten Absatz ein *potentielles* und im zweiten Absatz ein *abstraktes Gefährdungsdelikt*.

48

a) Veränderung der Luft

Der *erste Absatz* setzt nicht nur voraus, daß beim Betrieb einer Anlage Luftveränderungen verursacht werden, die geeignet sind, außerhalb des zur Anlage gehörenden Bereichs die Gesundheit eines anderen, Tiere, Pflanzen oder andere Sachen von bedeutendem Wert zu schädigen (sog. **Schädigungseignung**). Vielmehr ist ein solches Verhalten nur strafbar, wenn es zugleich **verwaltungsrechtliche Pflichten** (→ RN 44) **verletzt**. Diese doppelte Anbindung relativiert die Tragweite des Strafrechtsschutzes beträchtlich.

49

→ § 325 I
StGB

b) Freisetzen von Schadstoffen

50
→ § 325 II
StGB

Eine vielfach geforderte Neuerung stellt der zusätzlich eingeführte *zweite Absatz* dar.

Im Unterschied zum ersten Absatz knüpft er nicht an mitunter zu Nachweisschwierig-keiten führende *Immissionen*, sondern an *Emissionen* an.

Seine Verwirklichung setzt voraus, daß beim Betrieb einer Anlage unter **gro-ber** Verletzung verwaltungsrechtlicher Pflichten (→ RN 44) Schadstoffe in bedeutendem Umfang in die Luft außerhalb des Betriebsgeländes freigesetzt, d. h. unkontrolliert verbreitet werden. Schadstoffe in diesem Sinne sind Stoffe, die geeignet sind, die Gesundheit eines anderen, Tiere, Pflanzen oder andere Sachen von bedeutendem Wert zu schädigen *oder* nachhaltig ein Gewässer, die Luft oder den Boden zu verunreinigen oder sonst nachteilig zu verändern. Die Eignung ist hierbei nicht nach den konkreten Verhältnissen am Tatort, sondern abstrakt zu bestimmen.

c) Ausschlußklausel für Verkehrsfahrzeuge

51
→ § 325 V
StGB

Nach wie vor ausgenommen von den Tatbeständen der Luftverunreinigung sind – trotz starker Kritik – die in der Praxis bedeutsamen Kraftfahrzeuge, Schienen-, Luft- und Wasserfahrzeuge.

> **Beispiel:** Wer den abgaserzeugenden Motor seines Fahrzeuges „unnötig" lau-fen läßt, kann sich zwar nicht wegen Luftverunreinigung strafbar machen. Er begeht jedoch eine (in den jeweiligen Landesgesetzen normierte) Ordnungs-widrigkeit (→ RN 5).

→ § 325a
StGB

4. Verursachung von Lärm, Erschütterungen und nichtionisierenden Strahlen

52

Durch die jüngste Reform des Umweltstrafrechts wurde ein Tatbestand ge-schaffen, der zusammenhängend andere Immissionen als Luftverunreinigun-gen erfaßt. Er richtet sich nur an *Anlagenbetreiber* und ist daher ein sog. **Sonderdelikt**.

Unter Strafe gestellt ist einmal das Verursachen von potentiell gesundheits-gefährdendem Lärm und zum anderen das Verursachen von Lärm, Erschütte-rungen und nichtionisierenden Strahlen, die zu *konkreten* Gefährdungen der Gesundheit eines anderen, dem Täter nicht gehörender Tiere oder fremder Sachen von bedeutendem Wert führen. Auch hier sind Verkehrsfahrzeuge von der Strafdrohung ausgenommen.

5.   Unerlaubter Umgang mit gefährlichen Abfällen

→ § 326 StGB

Wie eingangs erwähnt, ist die umweltgefährdende Abfallbeseitigung seit Anfang der 80er Jahre in der Praxis der bedeutsamste Tatbestand des Umweltstrafrechts.

53

> **Gründe:** Die Norm ist vergleichsweise präzise gefaßt; die Umweltdeliktskon-
> trolle der seit 1980 bei der Polizei eingerichteten Umweltspezialisten hat sich
> auf das Land und hier speziell auf die Abfalldelikte verlegt („Aufhellung des
> Dunkelfeldes"); es muß eine echte Zunahme des tatsächlich zugrunde liegen-
> den Deliktsverhaltens (z.B. in Form von illegaler Sondermüll-Entsorgung) in
> diesem Bereich angenommen werden.

Dieser Straftatbestand kann von *jedermann* verwirklicht werden (sog. **Allgemeindelikt**) und hat eine doppelte Zielrichtung: Er will einmal schädlichen
Umwelteinwirkungen entgegenwirken, die aus der ungeordneten Beseitigung
gefährlicher Abfälle resultieren können, und seit der Novelle 1994 auch den
illegalen „Abfalltourismus" bekämpfen.

54

Geschütztes **Rechtsgut** ist neben der menschlichen Gesundheit auch die
Reinhaltung der ökologischen Umwelt, namentlich des Bodens, der Gewässer
und der Luft (sog. *anthropozentrisch-ökologischer Rechtsgutsansatz*).

55

Für die Tatbestandsverwirklichung genügt es nicht, daß der Täter irgend-
welche Stoffe mit den im Gesetz genannten gefährlichen Eigenschaften beseitigt oder verbringt. Es muß sich vielmehr zunächst einmal um „Abfälle"
handeln. Der **strafrechtliche Abfallbegriff** ist in Anlehnung an § 3 KrW-/
AbfG, aber ohne die Beschränkung des § 2 II KrW-/AbfG und ohne die
abfallrechtliche Erweiterung durch Abfallfiktionen (z.B. § 3 III KrW-/AbfG)
zu bestimmen (→ Kap. 11/RN 12ff.).

56

a) Illegaler Umgang mit gefährlichen Abfällen

Die Strafsanktion richtet sich nur gegen den unstatthaften Umgang mit folgenden **gefährlichen Abfällen:**

57
→ § 326 I
StGB

Abfälle, die

1. Gifte oder Erreger von auf Menschen oder Tiere übertragbaren gemeingefährli-
    chen Krankheiten enthalten oder hervorbringen können,
2. für den Menschen krebserzeugend, fruchtschädigend oder erbgutverändernd sind,
3. explosionsgefährlich, selbstzündlich oder nicht nur geringfügig radioaktiv sind
    oder
4. nach Art, Beschaffenheit oder Menge geeignet sind,
    a) nachhaltig ein Gewässer, die Luft oder den Boden zu verunreinigen oder sonst
    nachteilig zu verändern oder
    b) einen Bestand von Tieren oder Pflanzen zu gefährden.

Das strafbare Verhalten besteht in der (unbefugten) **Beseitigung** des Abfalls. Die im Gesetz sonst erwähnten Tatmodalitäten (Behandeln, Lagern, Ablagern, Ablassen) sind lediglich Beispiele für diese Begehungsart. Die Beseitigung umfaßt alle Handlungen des Täters, die dazu bestimmt sind, sich des Abfalls *unter Umgehung der gesetzlichen Entsorgungspflicht* zu entledigen. Dazu gehört im Regelfalle der endgültige Verlust der Sachherrschaft über die als Abfall zu qualifizierenden Objekte.

58   Die Strafbarkeit setzt weiter voraus, daß die Abfallbeseitigung „außerhalb einer dafür zugelassenen Anlage oder unter wesentlicher Abweichung von einem vorgeschriebenen oder zugelassenen Verfahren" geschieht. Das Strafrecht verweist hier unmittelbar auf die Abfallgesetze sowie auf andere Gesetze, die Bestimmungen über die geordnete Entsorgung von Abfällen enthalten (z.B. das Atomgesetz und das Tierkörperbeseitigungsgesetz). Die genannte Voraussetzung ist auch dann als erfüllt anzusehen, wenn für die betreffende Abfallart eine zugelassene Anlage oder ein vorgeschriebenes oder zugelassenes Verfahren gar nicht existiert.

59   Die umweltgefährdende Abfallentsorgung ist schließlich nur strafbar, wenn der Täter **„unbefugt"** handelt. Damit verweist das Gesetz auf das allgemeine Verbrechensmerkmal der *Rechtswidrigkeit* (→ RN 20).

b) Illegale grenzüberschreitende Verbringung gefährlicher Abfälle

60
→ § 326 II
StGB

Seit Inkrafttreten des 31. StRÄndG am 1. November 1994 ist auch die verbotene und ungenehmigte grenzüberschreitende Verbringung (Aus-, Ein-, Durchfuhr) gefährlicher Abfälle („Abfalltourismus") unter Strafe gestellt.

Die einschlägigen Verbote bzw. Genehmigungserfordernisse sind vor allem der „Verordnung (EWG) des Rates vom 1.2.1993 zur Überwachung und Kontrolle der Verbringung von Abfällen in der, in die und aus der Europäischen Gemeinschaft", soweit sie anwendbar ist (vgl. Art. 1 II, III dieser Verordnung), zu entnehmen. Einschlägig ist aber auch § 49 KrW-/AbfG.

c) Verletzung der Pflicht zur Ablieferung radioaktiver Abfälle

61
→ § 326 III
StGB

Ferner macht sich strafbar, wer radioaktive Abfälle unter Verletzung verwaltungsrechtlicher Pflichten (→ RN 44) nicht abliefert. Das Gesetz knüpft damit an die Ablieferungspflicht nach dem Atomgesetz und nach der Strahlenschutzverordnung an, aber auch an eine Ablieferungspflicht, die aus einer behördlichen Einzelanordnung (Verwaltungsakt) folgt. Bestraft wird schon die Verletzung der Ablieferungspflicht, ohne daß der Eintritt von Umweltgefahren nachgewiesen sein müßte.

d) Die Minima-Klausel („Bagatellklausel")

62
→ § 326 VI
StGB

Der Gesetzgeber hat sämtliche Tatalternativen frei von Strafe gestellt, wenn schädliche Einwirkungen auf die Umwelt „wegen der geringen Menge der Abfälle" *offensichtlich ausgeschlossen* sind.

Beispiel: Ein Kanister enthält einen geringen Rest eines explosiven Stoffs.

Etwaige Zweifel zur Frage der Ungefährlichkeit gehen hier allerdings zu Lasten des Täters.

6. Unerlaubtes Betreiben von Anlagen

→ § 327 StGB

Die Straftat des unerlaubten Betreibens von Anlagen ist ein **Sonderdelikt**, da sie nur von *Anlagebetreibern* begangen werden kann. Auch hier gilt der *weite Anlagenbegriff* (→ RN 46).

63

Mit diesem Tatbestand bezweckt der Gesetzgeber im Bereich gefährlicher Anlagen die Dispositions- und Entscheidungsbefugnis der zuständigen Genehmigungsbehörden zu schützen, und zwar gegen bloßen Verwaltungsungehorsam (sog. **„Ungehorsamsstrafe"**).

Strafe droht daher demjenigen, der ohne die erforderliche Genehmigung oder entgegen einer vollziehbaren Untersagung

64

→ § 327 I StGB

1. eine kerntechnische Anlage *betreibt*, eine betriebsbereite oder stillgelegte kerntechnische Anlage *innehat* oder ganz oder teilweise *abbaut* oder *ändert* oder
2. eine Betriebsstätte, in der Kernbrennstoffe verwendet werden, oder deren Lage *wesentlich ändert*.

Strafbar macht sich aber auch derjenige, der

65

→ § 327 II StGB

*   eine nach dem Bundes-Immissionsschutzgesetz genehmigungsbedürftige Anlage (→ Kap. 8/RN 15 ff.)
*   eine sonstige Anlage i. S. d. Bundes-Immissionsschutzgesetzes, deren Betrieb zum Schutz vor Gefahren untersagt worden ist (→ Kap. 8/RN 76 ff.),
*   eine genehmigungsbedürftige Rohrleitungsanlage zum Befördern wassergefährdender Stoffe i.S.d. Wasserhaushaltsgesetzes,
*   eine anzeigepflichtige Rohrleitungsanlage zum Befördern wassergefährdender Stoffe i.S.d. Wasserhaushaltsgesetzes oder
*   eine Abfallentsorgungsanlage i.S.d. Kreislaufwirtschafts- und Abfallgesetzes (→ Kap. 11/RN 44)

ohne die nach dem jeweiligen Gesetz erforderliche Genehmigung oder Planfeststellung oder entgegen einer auf dem jeweiligen Gesetz beruhenden vollziehbaren Untersagung *betreibt*.

→ § 328 StGB ## 7. Unerlaubter Umgang mit radioaktiven Stoffen und anderen gefährlichen Stoffen und Gütern

66

Angesichts zunehmender illegaler Einfuhr nicht nur von Kernbrennstoffen, sondern insbesondere von anderen hochgefährlichen radioaktiven Stoffen aus Osteuropa und deren Verbreitung im Inland, hat unlängst der Gesetzgeber über den bisher schon strafbaren unerlaubten Umgang mit Kernbrennstoffen auch den illegalen Umgang mit anderen hochgefährlichen radioaktiven Stoffen unter Strafe gestellt.

67
→ § 328 I StGB

Strafbar macht sich zum einen, wer illegal Kernbrennstoffe *oder* grob pflichtwidrig (zu verneinen etwa bei geringfügiger Überschreitung der genehmigten Menge) illegal hochgefährliche radioaktive Stoffe *verwendet* (z.B. aufbewahrt, befördert, verarbeitet), *einführt* oder *ausführt*.

68
→ § 328 II StGB

Strafe droht auch demjenigen, der Kernbrennstoffe, zu deren Ablieferung er nach dem Atomgesetz verpflichtet ist, nicht unverzüglich abliefert *oder* hochgefährliche radioaktive Stoffe an Unberechtigte abgibt oder die Abgabe an Unberechtigte vermittelt.

69
→ § 328 III StGB

Neuerdings ist auch der *zu Gefährdungen führende illegale Umgang mit gefährlichen Stoffen* unter Strafe gestellt.

Die Strafbarkeit erfordert zunächst eine grobe Verletzung verwaltungsrechtlicher Pflichten (→ RN 44) *und* eine dadurch eintretende Gefährdung der Gesundheit eines anderen, nicht dem Täter gehörender Tiere oder fremder Sachen von bedeutendem Wert.

Ein „grober" Pflichtverstoß ist regelmäßig zu bejahen, wenn der Täter ohne die erforderliche Genehmigung oder entgegen einer vollziehbaren Untersagung handelt.

Weiterhin müssen entweder

• radioaktive Stoffe oder Gefahrstoffe (→ Kap. 12/RN 10) beim Betrieb einer Anlage (→ Kap. 8/RN 12) verwendet (z.B. gelagert, bearbeitet, verarbeitet) werden *oder*
• gefährliche Güter (i. S. des § 330d Nr. 3 StGB i. V. mit den einschlägigen Spezialvorschriften, → Kap. 12/RN 7) befördert, versendet, verpackt, ausgepackt, verladen, entladen, entgegengenommen oder an andere überlassen werden.

→ § 329 StGB ## 8. Gefährdung schutzbedürftiger Gebiete

70

Das Strafgesetzbuch enthält auch eine Vorschrift zum Schutz solcher Gebiete, die gegenüber schädlichen Umwelteinwirkungen besonders empfindlich sind, wie etwa Kur- und Smog-Gebiete, Wasser- und Heilquellenschutzgebiete sowie Nationalparks und Naturschutzgebiete.

9. Schwere Gefährdung durch Freisetzen von Giften

→ § 330a StGB

71

Schließlich droht Strafe auch demjenigen, der Stoffe, die Gifte enthalten oder hervorbringen können, verbreitet oder freisetzt *und* dadurch die Gefahr des Todes oder einer schweren Gesundheitsschädigung eines anderen oder einer großen Zahl von Menschen verursacht.

Dieses konkrete Lebens- und Gesundheitsgefährdungsdelikt ist der einzige Tatbestand im Umweltstrafrecht, der völlig losgelöst vom Verwaltungsrecht ist.

> **Grund:** Die hier gemeinten schweren Gefährdungen sind nicht erlaubnisfähig und können daher auch von einer etwa erteilten verwaltungsrechtlichen Erlaubnis für bestimmte Immissionen nicht gerechtfertigt werden.

72

Gift im Sinne des Tatbestandes ist jeder Stoff, der geeignet ist, unter bestimmten Bedingungen durch chemische oder chemisch-physikalische Wirkung die menschliche Gesundheit zu *zerstören*, also zumindest wesentliche körperliche Fähigkeiten und Funktionen in erheblichem Umfang aufzuheben. Eine Eignung zur Gesundheits*schädigung* genügt nicht.

III. Rechtfertigungsgrund des Notstandes

→ § 34 StGB

73

Der auf dem „Prinzip des überwiegenden Interesses" beruhende rechtfertigende Notstand kann die Rechtswidrigkeit (→ RN 20) sämtlicher (Umwelt-) Straftaten ausschließen. Sein Anwendungsbereich ist im Umweltstrafrecht *nicht* auf unvorhersehbare Not- und Katastrophenfälle (wie etwa die Verwendung chemischer Mittel zur Bindung ausgelaufenen Öls) beschränkt. Er kann vielmehr unter dem Gesichtspunkt der Erhaltung von Arbeitsplätzen und der Aufrechterhaltung der Produktion *ausnahmsweise* (!) einen Umweltverstoß rechtfertigen. Bei der erforderlichen *Interessenabwägung* ist aber insbesondere zu berücksichtigen, daß die höchstrichterliche Rechtsprechung jedenfalls die Gesundheit Dritter als höherwertig im Verhältnis zu dem Interesse an der Fortführung eines einzelnen Betriebes und an der Erhaltung eines Arbeitsplatzes einstuft.

> **Beispiel:** Der Bundesgerichtshof hat zwar im Falle einer körperverletzenden Immission von Dämpfen und der drohenden Stillegung des Betriebes und des damit verbundenen Verlustes von Arbeitsplätzen das Vorliegen einer Notstandslage bejaht, aber eine Höherwertigkeit der Interessen an der Produktions- und Arbeitsplatzerhaltung gegenüber den hier kollidierenden Gesundheitsinteressen der Anwohner verneint.

Eine unmittelbare Rechtfertigung des *Arbeitgebers* wegen Notstandes wird demzufolge nur für solche – kurzfristigen – Umweltverstöße in Betracht kommen, für die eine Genehmigung beantragt, aber in rechtswidriger Weise versagt wurde und keine andere Abhilfemöglichkeit – etwa im Rahmen einstweiligen Rechtsschutzes durch die Verwaltungsgerichte (→ Kap. 3/RN 47) – besteht. Das Verhalten des unmittelbar handelnden *Arbeitnehmers* kann möglicherweise gerechtfertigt sein, wenn er sich vor die Wahl gestellt sieht, entweder eine Straftat zu begehen oder einer Kündigung entgegenzusehen. Die bloße Weisung des Arbeitgebers vermag dagegen für keinen Beteiligten eine Umweltstraftat zu rechtfertigen.

IV. Individuelle Verantwortlichkeit und ihr Ausschluß

1. Verantwortlichkeit natürlicher und juristischer Personen

74

Nach dem deutschen Strafrecht sind nur **natürliche Personen** strafrechtlich verantwortlich. Eine Haftung juristischer Personen gibt es nicht.

Juristische Personen (→ Kap. 2/RN 26) und **Personenvereinigungen** (z. B. OHG, KG, nichtrechtsfähiger Verein) können wegen einer Umweltstraftat oder wegen einer Umweltordnungswidrigkeit nur mit einer Geldbuße belegt werden, sofern ein Organ, gesetzlicher Vertreter, Generalbevollmächtigter oder ein in leitender Stellung als Prokurist oder Handlungsbevollmächtigter Tätiger gehandelt hat oder die Zuwiderhandlung durch seine „gehörige Aufsicht verhindert oder wesentlich erschwert worden wäre" (§§ 30, 130 OWiG).

2. Schuldhafte Tatbegehung

75

→ § 15 StGB

Die Verantwortlichkeit natürlicher Personen setzt auch im Umweltstrafrecht und im Umweltordnungswidrigkeitenrecht **schuldhafte** Tatbegehung voraus.

Die Umweltschutztatbestände des Strafgesetzbuches stellen nicht nur die **vorsätzliche** (= bewußte und gewollte), sondern nahezu durchgehend auch die **fahrlässige** (= ungewollte, aber sorgfaltswidrige) Tatbegehung unter Strafe (→ RN 20).

Ein besonders schwerer Fall einer Umweltstraftat (→ RN 94) kann allerdings nur bei einer *vorsätzlichen* Herbeiführung schwerer Umweltbeeinträchtigungen vorliegen. Eine Besonderheit besteht auch bei dem autonomen Straftatbestand der schweren Gefährdung durch Freisetzen von Giften, der hinsichtlich der Tathandlung zumindest Leichtfertigkeit (= grobe Fahrlässigkeit) voraussetzt; Fahrlässigkeit reicht insoweit nur für die Gefahrursachung aus (→ RN 71-72).

Im einzelnen erfordert **Fahrlässigkeit** zunächst die Verletzung einer auf den Verkehrs- und Berufskreis des Täters bezogenen *Sorgfaltspflicht*. Hierfür ist die Nichteinhaltung von Sicherheitsvorschriften ein gewichtiges Indiz.

> **Beispiel:** Wegen einer Betriebsstörung fließen aus einem Klärwerk chemisch verseuchte Abwässer in den Fluß. Der Leiter des Klärwerks unternimmt dagegen nichts. Der Umstand, daß er „über Nacht vom Hilfsarbeiter zum Leiter des Klärwerks aufgestiegen ist" und daher nicht die erforderliche berufsbezogene Fachausbildung gehabt hat, ist insoweit unbeachtlich, da er trotz seiner mangelnden fachlichen Ausbildung schon aufgrund seiner Stellung als Leiter des Klärwerks wie auch der ihm erteilten Dienstanweisungen hätte erkennen müssen, daß der Gefahr der chemischen Verseuchung seitens der Kläranlage durch sofortige Information der zuständigen Fachbehörde und deren unverzügliches Einschreiten begegnet werden mußte.
>
> Im Bereich der Abfallbeseitigung handelt der Entsorgungspflichtige bereits sorgfaltswidrig, wenn er die Entsorgungsfirma nicht befragt, ob sie die für die Entsorgung des jeweiligen Abfalls notwendigen Anlagen besitzt und nicht den Nachweis oder zumindest eine verbindliche und überprüfbare Bestätigung darüber verlangt, daß die Entsorgungsanlage zur Beseitigung des konkreten Abfalls geeignet und behördlich zugelassen ist.

Für den Fahrlässigkeitsvorwurf muß neben der Sorgfaltspflichtverletzung auch eine nach der Person des Täters zu individualisierende *Vorhersehbarkeit und Vermeidbarkeit* des Erfolges gegeben sein. Verfügt der Täter über besonderes, überdurchschnittliches Wissen, so ist dieses *sog. Sonderwissen* bei der Bestimmung der generellen Vorhersehbarkeit zu berücksichtigen, d.h. es muß ein entsprechend verschärfter Sorgfaltsmaßstab angelegt werden. Andererseits entlastet die Individualität im Strafrecht den einzelnen Täter: Auf durchschnittliches Wissen kommt es für die Schuld – anders als im Zivilrecht – grundsätzlich nicht an. Allerdings kann eine Fahrlässigkeit auch schon in der Übernahme einer Tätigkeit liegen, für die der Täter nicht hinreichend ausgebildet oder ausgestattet ist (sofern der Täter dies erkennen konnte!).

> **Beispiel:** Der Leiter des Klärwerks hätte auch ohne besondere Fachkenntnisse allein aufgrund der Dienstanweisung – deren Inhalt er sich hätte zu eigen machen und ernstnehmen müssen – den Ablauf der Betriebsstörung mit dem Abfluß der ungeklärten Abwässer in den Fluß vorhersehen können.

3. Schuldausschluß

Die Schuld kann *ausnahmsweise* entfallen, wenn der Täter über das Verbot der Tat irrte *und* dieser Irrtum für ihn durch Einholung von Erkundigungen nicht behebbar war. Ein solcher **Verbotsirrtum** kann etwa in der irrtümlichen Annahme einer stillschweigenden Genehmigung in den Duldungsfällen, der Fortgeltung und des Umfangs einer früheren Erlaubnis oder des Vorrangs der Arbeitsplatzerhaltung und Betriebsfortführung gegenüber dem Umweltschutz

76

→ § 17 StGB

liegen. Allerdings wird bei der Frage der Vermeidbarkeit des Verbotsirrtums ein strenger Maßstab angelegt.

→ §§ 25 ff.
StGB

4. Täterschaft und Teilnahme

77

→ § 25 I 1. Alt.
StGB

→ § 25 I 2. Alt.
StGB

→ § 25 II
StGB

→ §§ 26, 27
StGB

Vorab zur **Begrifflichkeit** einige Erläuterungen:

Täter ist, wer sämtliche Merkmale eines Straftatbestandes selbst *unmittelbar* verwirklicht. Bedient er sich eines anderen als Tatwerkzeug (Tatmittler) und ist dieser nicht strafbar, weil er nicht rechtswidrig handelt oder weil ihn keine Schuld trifft (z.B. wegen Schuldunfähigkeit), so ist der Veranlasser als *mittelbarer Täter* strafbar. Täter ist ferner, wer die Tat mit anderen gemeinsam ausführt und hierbei den Täterwillen hat (*Mittäterschaft*).

Vom Täter zu unterscheiden ist der **Teilnehmer** einer Straftat, d.h. der Anstifter oder Gehilfe. Diese beiden Teilnahmeformen setzen voraus, daß der Haupttäter *vorsätzlich* alle *äußeren Tatbestandsmerkmale* verwirklicht und *rechtswidrig*, wenn auch nicht schuldhaft handelt (sog. limitierte Akzessorietät).

a) Allgemeine Prinzipien

78

Wer bei einer Umweltstraftat im einzelnen als Täter oder Teilnehmer (also Anstifter oder Gehilfe) anzusehen ist, richtet sich ebenfalls nach allgemeinen strafrechtlichen Regeln. Dabei ist zu unterscheiden zwischen Tatbeständen, die sich an bestimmte Adressaten richten (sog. *Sonderdelikte*) und solchen, die sich an jedermann wenden (sog. *Allgemeindelikte*).

Sonderdelikte

79

Die als Sonderdelikte ausgestalteten Umweltstraftaten (→ RN 37, 46, 52, 61, 63, 67–69, 70) können nur von dem verwaltungsrechtlich Verpflichteten bzw. dem Betreiber der Anlage und an seiner Stelle nur durch die in § 14 StGB genannten Organe und Vertreter *täterschaftlich* begangen werden.

> **Beispiel:** In den Kreis der nach § 14 StGB verantwortlichen Normadressaten der Gewässerverunreinigung werden einbezogen:
>
> - der Vorstandsvorsitzende sowie die zuständigen Vorstandsmitglieder einer Aktiengesellschaft;
> - der Werksleiter eines Großunternehmens, ferner Bereichs- und Produktionsleiter wie auch der Leiter einer für die Reinhaltung von Wasser und Luft zuständigen Abteilung und
> - Amtsträger, die für die Verwaltung eines umweltbelastenden kommunalen Unternehmens zuständig sind, z.B. für ein städtisches Freibad.

80

Teilnahme (→ RN 77) ist aber auch an diesen Sonderdelikten uneingeschränkt möglich, sofern auf einen der Beteiligten die rechtliche Sondereigenschaft (des Betreibers usw.) zutrifft *und* dieser taugliche Täter vorsätzlich und rechtswidrig handelt. Jedoch müssen auch die Anstifter und Gehilfen stets vorsätzlich handeln, um sich strafbar zu machen.

Allgemeindelikte

Bei den Straftatbeständen, die von *jedermann* verwirklicht werden können (→ RN 21, 54, 57-59, 71-72), ist Täter grundsätzlich jeder, der die tatbestandsmäßige Handlung selbst – sei es auch auf Weisung – vornimmt. Der Anweisende ist entweder *Mittäter* oder *Anstifter*.

81

Innerhalb eines Unternehmens (bzw. einer Körperschaft) gilt, daß jeden Mitarbeiter vom Topmanagement bis zum Ausführungsorgan auf der untersten Ebene der Betriebshierarchie *in seinem Zuständigkeitsbereich* eine (umwelt-)strafrechtliche Verantwortlichkeit trifft. Besonderheiten gelten allerdings für die Mitglieder der Geschäftsführung: Sie trifft eine „Generalverantwortung" und „Allzuständigkeit" bei Ausübung betriebsinterner Organisations-, Aufsichts- und Kontrollpflichten (sog. **Prinzip der Generalverantwortung und Allzuständigkeit der Geschäftsleitung**). Folge dieser originären Gesamtverantwortung sind bei Ressortaufteilungen Informationspflichten der Ressortinhaber gegenüber den Geschäftsleitungsgremien und auch gegenüber den Kollegen der anderen Ressorts. Da das Strafrecht an die *individuelle* Schuld anknüpft, kommt bei einer mehrköpfigen Geschäftsleitung aber eine Strafbarkeit des einzelnen Vorstandsmitglieds oder Geschäftsführers nur dann in Betracht, wenn ihm persönlich eine Pflichtverletzung zur Last fällt. Ihre Grenzen findet diese strafrechtliche Haftung im Prinzip des berechtigten Vertrauens der übrigen auf die ordnungsgemäße Ressortführung durch den qualifizierten und zuverlässigen Stelleninhaber.

82

> **Beispiel:** Unterläuft einem Mitglied der Geschäftsleitung ein umweltrelevanter Fehler, können seine Geschäftsleitungskollegen strafrechtlich nur dann (mit-)verantwortlich sein, wenn Bedenken gegen die Qualifikation und Zuverlässigkeit des betreffenden Ressortleiters bestanden haben oder Tatsachen bekannt waren, die auf innerhalb des Ressorts aufgetretene Fehler hinwiesen.

Die Geschäftsführung kann selbstverständlich einzelne Unternehmensaufgaben auf Dritte delegieren. Ihr verbleibt aber eine strafrechtliche Verantwortlichkeit für eine fehlerhafte Organisation, Auswahl, Anleitung oder Überwachung. Überdies ist sie in Krisen- und Ausnahmesituationen – unabhängig von Zuständigkeitsgrenzen – zum eigenen Tätigwerden verpflichtet.

Durch die Anbindung des Umweltstrafrechts an das Verwaltungsrecht (→ RN 13-18) ist es in der betrieblichen **Praxis** an sich ausreichend, wenn die verwaltungsbehördlichen Auflagen in Genehmigungsbescheiden usw. eingehalten werden und ausreichende Informationen über einzuhaltende verwaltungsrechtliche Pflichten, die das Unternehmen konkret betreffen, betriebsintern vorliegen. Dennoch ist ein – zumindest größeres – Unternehmen gut beraten, wenn es darüber hinaus ein Umweltmanagementsystem entsprechend dem Öko-Audit einrichtet (zu den Details → Kap. 14/RN 1 ff.). Ein solches straf- und ordnungsrechtliches „Frühwarnsystem" leistet einen wichtigen Beitrag zur Haftungsvermeidung und Risikominimierung, zumal das neue Umweltstrafrecht die Anzahl der „Fallstricke" für ein Unternehmen auf dem Umweltsektor erheblich vergrößert hat. Auch beugt es einer Negativ-Publicity in den Medien bereits während eines strafrechtlichen Ermittlungsverfahrens mit teilweise irreparablem Schaden für das Unternehmen vor.

83

Nach höchstrichterlicher Rechtsprechung kann Täter einer Umweltstraftat auch derjenige sein, der „durch eine falsche Stellungnahme gegenüber der zuständigen Behörde die Genehmigung herbeiführt". Künftig muß also jeder Gutachter, Sachverständige oder „Betriebsbeauftragte", überhaupt jedermann, der weiß oder wissen muß, daß die von ihm beratene Stelle seinen Vorschlägen oder Erkenntnissen „ohne weitere Prüfung" folgen wird, damit rechnen, daß er als Täter des jeweiligen Umweltdelikts in Betracht kommen kann. Vorausgesetzt ist nämlich nur, daß sich die Entscheidung des dafür rechtlich Zuständigen lediglich als Formalakt, der „Berater" hingegen als der das letztlich strafrelevante Geschehen tatsächlich Beherrschende erweist.

84

→ § 13 StGB

Neben dem unmittelbar Handelnden (und dem Anweisenden) kann schließlich auch derjenige Täter oder Teilnehmer sein, der den Umweltverstoß eines anderen nicht verhindert (sog. **Unterlassungstäter bzw. -gehilfe**). Wann eine insoweit einschlägige *Garantenstellung* zur Verhinderung fremder Straftaten besteht, ist nicht abschließend geklärt. Der Umweltgutachter (→ Kap. 14 RN/45 ff.) und der Immissionsschutz- (→ Kap. 14/RN 86), Störfall- (→ Kap. 14/RN 87), Abfall- (→ Kap. 14/RN 88) und Gewässerschutzbeauftragte (→ Kap. 14/RN 89) haben als solche und in dieser Eigenschaft mangels eigener Entscheidungsbefugnis grundsätzlich keine Garantenstellung. Den Betriebsinhaber und den Betriebsleiter trifft dagegen die Garantenpflicht, Straftaten und Ordnungswidrigkeiten ihrer Angestellten und Arbeiter zu verhindern. Dies ist für gefährliche Betriebe anerkannt, dürfte aber auch für „normale" Betriebe gelten.

b) Strafbarkeit von Amtsträgern

85

Es ist heute anerkannt, daß sich auch Amtsträger grundsätzlich einer Umweltstraftat schuldig machen können. Die Einzelheiten der strafrechtlichen Verantwortlichkeit von Amtsträgern für umweltgefährdendes Verhalten Dritter, für behördliche Planungsfehler und den Erlaß fehlerhafter Verwaltungsakte sind allerdings noch nicht abschließend geklärt. Nach dem heutigen Stand der Diskussion sind folgende Fallgruppen zu unterscheiden:

Amtsträger des Anlagenbetreibers

86

Soweit Gemeinden oder andere Körperschaften des öffentlichen Rechts selbst Anlagen (wie etwa Krankenhäuser, Schwimmbäder, Kraftwerke, Mülldeponien oder Kläranlagen) betreiben, gelten die Tatbestände des Umweltstrafrechts ausnahmslos und ohne wesentliche Besonderheiten. In diesen Fällen kommt namentlich eine Strafbarkeit des Organs der betreffenden öffentlich-rechtlichen Körperschaft (z. B. bei Gemeinden der Bürgermeister), des für den be-

troffenen Umweltbereich zuständigen Dezernenten und auch des ausdrücklich
beauftragten Amtsträgers (z.B. der Klärwerksleiter) in Betracht (§ 14 StGB).
Für Entscheidungen, die in die Zuständigkeit der Stadt- bzw. Gemeinderäte
fallen, tragen die einzelnen Ratsmitglieder die strafrechtliche Verantwortlichkeit. Es geht hier meist also um die Strafbarkeit von Amtsträgern, die nicht
speziell die Aufgabe haben, Umweltinteressen wahrzunehmen, deren Verhalten aber Umweltinteressen berührt. Diese sog. „allgemeinen" Amtsträger
sind ganz generell für die ihrer Sachherrschaft unterliegenden Gefahrenquellen verantwortlich (sog. *Überwachungsgarantenstellung*), so daß sie sich insoweit auch durch *Unterlassen* der gebotenen Handlung strafbar machen können.

Beispiel:
- Wegen (fahrlässiger) Gewässerverunreinigung macht sich ein Bürgermeister strafbar, der es versäumt, die zeitlich befristete Genehmigung für die
  Einleitung von Abwässern aus der gemeindlichen Kläranlage rechtzeitig
  erneuern zu lassen.
- Wer als Amtsträger für die Verwaltung eines städtischen Schwimmbades
  zuständig ist, macht sich einer Gewässerverunreinigung schuldig, wenn er
  nicht dafür sorgt, daß das Schwimmbad an die Kanalisation angeschlossen
  wird und dadurch mit Chemikalien belastete Abwässer abfließen.
- Ist auf einem im Gemeindeeigentum stehenden Grundstück eine sog. „wilde" Müllkippe entstanden, auf der Unbekannte Bauschutt, Bitumenbehäl-
  ter, ausgedientes Handwerkszeug, Altreifen etc. unbefugt abgelagert haben,
  obliegt dem Bürgermeister die sich aus der Verantwortung für Gefahrenquellen ergebende Pflicht, geeignete Maßnahmen zur Unterbindung weiterer unbefugter Müllablagerungen zu ergreifen und die schnellstmögliche
  Entsorgung in die Hand zu nehmen. Andernfalls kann er sich einer umweltgefährdenden Abfallbeseitigung und eines unerlaubten Betreibens von Anlagen, jeweils durch Unterlassen, strafbar machen.

Amtsträger in Genehmigungs- oder Überwachungsbehörden   87

Die strafrechtliche Beurteilung erweist sich als weit schwieriger, soweit es um
das Verhalten der Amtsträger in Genehmigungs- und Überwachungsbehörden
geht. Bei diesen sog. **Umweltamtsträgern** spielt die Unterscheidung zwischen Allgemein- und Sonderdelikten eine wichtige Rolle:

- Eine *Täterschaft* von Amtsträgern scheidet von vornherein im Bereich der
  sich nur an bestimmte Adressaten (etwa Anlagenbetreiber oder Empfänger
  einer verwaltungsrechtlichen Verpflichtung [→ RN 44]) wendenden **Sonderdelikte** aus.

Beispiel: Ein Amtsträger kann die Delikte der Luftverunreinigung, des unerlaubten Betreibens von Anlagen sowie des unerlaubten Umgangs mit radioaktiven Stoffen und anderen gefährlichen Stoffen und Gütern nicht als Täter
begehen. Er kann jedoch bei entsprechendem Vorsatz Teilnehmer dieser Straftaten sein.

- Im Bereich der auch für Amtsträger geltenden **Allgemeindelikte** – wie etwa der Gewässerverunreinigung und der umweltgefährdenden Abfallbeseitigung – steht eine Strafbarkeit unter der Einschränkung, daß die behördliche Entscheidung außerhalb des verwaltungsrechtlichen Beurteilungs- und Ermessensspielraums liegt.

> **Hinweis:** Der Strafrichter darf bei der Überprüfung der behördlichen Entscheidung zwar nicht seine eigenen Zweckmäßigkeitserwägungen an die Stelle derjenigen des Amtsträgers setzen, er darf aber das Verwaltungsermessen auf Fehler überprüfen (→ Kap. 3/RN 22 ff.).

Diese *zwei Grundregeln* gelten für sämtliche nachfolgenden Fallgruppen:

88　　*Erteilung fehlerhafter Genehmigungen.* Erteilt der Genehmigungsbeamte eine zwar materiell *rechtswidrige,* aber verwaltungsrechtlich gültige Erlaubnis (→ RN 14, 16), ist er als *mittelbarer Täter* des durch ein rechtmäßig handelndes „Werkzeug" (etwa den Gewässerbenutzer) herbeigeführten Umweltverstoßes (z. B. einer Gewässerverunreinigung) anzusehen, da er – bildlich gesprochen – durch das Öffnen der „Verbotsschranke" das Geschehen beherrscht.

89　　*Nichtrücknahme rechtswidriger Genehmigungen.* Unterläßt es die Genehmigungsbehörde, eine nachträglich als fehlerhaft erkannte Genehmigung zurückzunehmen, so kann der dafür zuständige Amtsträger *Unterlassungstäter* eines Umweltdelikts sein. Die Garantenstellung des Amtsträgers wird auf die vorangegangene pflichtwidrige Erteilung der materiell rechtswidrigen, aber wirksamen Genehmigung gestützt.

> **Beispiel:** Unterläßt es ein für die Abwasserentsorgung zuständiger Dezernent, eine nachträglich als rechtswidrig erkannte wasserrechtliche Erlaubnis zurückzunehmen, kann er sich einer Gewässerverunreinigung strafbar machen, wenn seine Untätigkeit ursächlich für die Gewässerverschlechterung ist *und* eine verwaltungsrechtliche Verpflichtung zur Rücknahme der Erlaubnis besteht.

90　　*Nichteinschreiten gegen rechtswidrige Umweltverletzungen Dritter.* Für diese Fallgestaltung wird eine strafrechtliche Verantwortlichkeit des Amtsträgers wegen *Unterlassens* mit der Begründung bejaht, daß die Umweltgüter den Umweltverwaltungsbehörden anvertraut sind und der jeweils zuständige Amtsträger daher als Beschützergarant „auf Posten gestellt" ist, um für den Fortbestand der Umweltgüter Sorge zu tragen.

> **Beispiel:** Aus den einzelnen Abwehr- und Gestaltungsbefugnissen des Wasserhaushaltsgesetzes folgt für die zuständigen Bediensteten der Wasserbehörden die Rechtspflicht, ungenehmigte Gewässerverunreinigungen Dritter zu verhindern.

Vorstehendes darf jedoch nicht darüber hinwegtäuschen, daß es in der **Praxis** bislang nur wenige Verurteilungen von Amtsträgern der Genehmigungs- und Überwachungsbehörden gegeben hat.

91

Die Amtsträgerstrafbarkeit macht lediglich 2 % aller Umweltdelikte (= 0,008 % der Gesamtkriminalität) aus.

Der Grund dafür dürfte in erster Linie in dem von der Rechtsprechung postulierten Erfordernis einer Ermessensüberschreitung liegen, die sich auf den Verstoß gegen eine umweltbezogene verwaltungsrechtliche Pflicht beziehen muß. Insoweit führen *weite Ermessensspielräume* vielfach zu Verfahrenseinstellungen.

V. Persönlicher Strafaufhebungsgrund „Tätige Reue"

→ § 330b StGB

Bei den konkreten und abstrakten *Gefährdungsdelikten* (→ RN 11-12) des Umweltstrafrechts *kann* das Gericht die Strafe nach seinem Ermessen mildern oder von Strafe absehen, wenn der Täter freiwillig die Gefahr für die Umwelt abwendet *oder* den von ihm verursachten Zustand beseitigt, bevor ein erheblicher Schaden entsteht (sog. **Tätige Reue**).

92

Diese Vorschrift war bisher in der **Praxis** nahezu bedeutungslos und wird es trotz ihrer Neufassung (Ausdehnung auf abstrakte Gefährdungsdelikte) wohl auch bleiben.

VI. Sanktionen des Umweltstrafrechts

→ §§ 38 ff. StGB

Das Strafrecht sieht für verschiedene Umweltdelikte eine Reihe von unterschiedlich hohen **Freiheits- und Geldstrafen** vor. Seit am 1.4.1998 das Sechste Gesetz zur Reform des Strafrechts in Kraft getreten ist, liegen die Strafobergrenzen zwischen drei und fünfzehn Jahren Freiheitsentzug, im Fall fahrlässiger Delikte zwischen einem und fünf Jahren. Bemerkenswert ist die Mindestfreiheitsstrafe von sechs Monaten bei einem besonders schweren Fall einer Umweltstraftat (→ RN 94) und von einem Jahr bei einer schweren Gefährdung durch Freisetzen von Giften (→ RN 71-72).

93

Wann ein besonders schwerer Fall einer Umweltstraftat vorliegt, definiert das Gesetz nicht abschließend. Es nennt vielmehr zunächst folgende *vier Regelbeispiele*:

94

→ § 330 I StGB

- Beeinträchtigung eines Gewässers, des Bodens oder eines ökologischen Schutzgebietes derart, „daß die Beeinträchtigung nicht, nur mit außerordentlichem Aufwand oder erst nach längerer Zeit beseitigt werden kann";
- Gefährdung der öffentlichen Wasserversorgung;

- nachhaltige Schädigung eines „Bestandes von Tieren oder Pflanzen der vom Aussterben bedrohten Arten";
- Gewinnsucht.

Die Verwirklichung eines solchen Beispielfalles führt *in der Regel* (nicht aber zwingend) zur Anwendung des verschärften Strafrahmens (deshalb „Regelbeispiel").

→ § 330 II
StGB

Zu einer Strafverschärfung kommt es aber *zwingend*, wenn durch eine vorsätzliche Umweltstraftat ein anderer Mensch in die Gefahr des Todes oder einer schweren Gesundheitsschädigung oder eine große Zahl von Menschen in die Gefahr einer Gesundheitsschädigung gebracht *oder* sogar der Tod eines anderen Menschen verursacht wird. In diesen Fällen beträgt seit dem 1.4.1998 die Mindestfreiheitsstrafe ein bzw. drei Jahre.

→ § 40 StGB

Die Geldstrafen werden in der Rechtspraxis als Produkt aus Anzahl und Höhe der Tagessätze ermittelt. Die Schuld des Täters ist ausschlaggebend für die Anzahl der Tagessätze, die mindestens 5 und höchstens 360 beträgt. Die Höhe des Tagessatzes richtet sich nach den wirtschaftlichen Verhältnissen des Täters. Das Gesetz sieht für die Tagessätze eine Höhe von mindestens 2 DM und höchstens 10 000 DM vor.

95

Die schon durch die Reform des Jahres 1994 eingeführten Erhöhungen der möglichen Freiheitsstrafen erweisen sich in der **Praxis** im wesentlichen als folgenlos, da die Tatrichter nach wie vor in mehr als 95 % der Verurteilungen eine Geldstrafe aussprechen (zum Vergleich: bei den allgemeinen Delikten ca. 85 %).

Diese Strafzumessungspraxis hat ihre Gründe vor allem darin, daß es sich bei den Tätern häufig um sozial angepaßte Ersttäter handelt, der Anteil der Bagatellkriminalität hoch ist und regelmäßig deliktsspezifische Beweisschwierigkeiten auftreten.

96

Im übrigen ist zu beklagen, daß die Zahl der *Verurteilungen* wegen entdeckter Umweltdelikte vergleichsweise gering ist. Die Kompliziertheit der Schadensvorgänge, daraus resultierende Schwierigkeiten der Beweisführung sowie Probleme bei der Ermittlung des strafrechtlich Verantwortlichen innerhalb komplexer Organisationen sind hierfür mit ursächlich. Dem geltenden Umweltstrafrecht wird daher – nicht ganz zu Unrecht – ein „Vollzugsdefizit" vorgeworfen.

VII.   Verfahrensrecht

97

In verfahrensrechtlicher Hinsicht ist zwischen dem Straf- und Ordnungswidrigkeitenverfahren zu unterscheiden.

1.   Strafverfahren

98

Besteht der Verdacht auf eine Umweltstraftat, sei es daß Bürger Anzeige erstattet haben oder daß Behörden einen entsprechenden Verdacht hegen, wird die zuständige Staatsanwaltschaft benachrichtigt. Sie *muß* dann den Sachverhalt erforschen oder durch die Polizei erforschen lassen (sog. **Legalitätsprinzip**). Dabei läßt sie sich von den örtlichen Ordnungsbehörden (Umweltamt, Ordnungsamt) unterstützen. Nach Abschluß der Ermittlungen entscheidet die Staatsanwaltschaft, ob sie

→ §§ 152 II, 170 I StPO

- **Anklage** erhebt,
- einen **Strafbefehl** beantragt (was einer Anklage gleichsteht),
- in Bagatellstrafsachen ohne oder gegen Auflagen – wie die Zahlung einer Geldbuße an eine gemeinnützige Einrichtung – von der **Verfolgung** der Straftat **absieht** (wobei sie teilweise der Zustimmung des zuständigen Gerichts bedarf) oder
- das **Verfahren** mangels Beweises oder aus Rechtsgründen, z.B. wegen Verjährung, **einstellt**.

→ § 170 I StPO

→ §§ 407 ff. StPO

→ §§ 153 ff. StPO

→ § 170 II StPO

2. Ordnungswidrigkeitenverfahren

Das Ordnungswidrigkeitenverfahren – auch Bußgeldverfahren genannt – richtet sich nach dem Ordnungswidrigkeitengesetz und wird von der Verwaltungsbehörde (i. d. R. das Bürgermeisteramt oder das Landratsamt) nach ihrem *pflichtgemäßen Ermessen* eingeleitet, wenn die Verhängung einer Geldbuße nach Bundes- oder Landesrecht in Betracht kommt (sog. **Opportunitätsprinzip**). Die Verwaltungsbehörde führt das Ermittlungsverfahren und kann sich dazu der Polizei bedienen. Wird das Verfahren nicht eingestellt oder an die Staatsanwaltschaft abgegeben, weil eine Straftat in Betracht kommt, kann die Verwaltung einen **Bußgeldbescheid** erlassen. Gegen diesen kann dann der Betroffene binnen zwei Wochen bei der Verwaltungsbehörde Einspruch erheben und dadurch die Entscheidung des Amtsgerichts herbeiführen. Hierbei ist zu beachten, daß das Amtsgericht vom Bußgeldbescheid zum Nachteil des Betroffenen abweichen kann (sog. „Verböserung").

99

→ §§ 35 ff. OWiG

→ §§ 47 OWiG

→ §§ 65, 66 OWiG

→ §§ 67 ff. OWiG

Kontrollfragen:
1. Welche Aufgabe hat das Umweltstrafrecht? (Einleitung und RN 7)
2. Nennen Sie die in der Praxis bedeutsamsten Tatbestände des Umweltstrafrechts? (RN 1)
3. Definieren Sie den Begriff und den Regelungsbereich des Umweltstrafrechts. (RN 2–5)
4. Welcher Deliktstyp überwiegt im Umweltstrafrecht und aus welchen Gründen? (RN 12 i. V. mit RN 9)
5. Welcher Grundsatz prägt das Umweltstrafrecht und welche Konsequenzen hat er? (RN 13–18)
6. Welches Umweltgut genießt einen „absoluten" Strafrechtsschutz? (RN 8, 19–35)
7. Schließt die Hinnahme einer strafrechtlich relevanten Umweltstörung durch die zuständige Behörde eine Strafbarkeit des „Handlungs- oder Zustandsstörers" (→ Kap. 15/RN 18ff.) aus? (RN 35)

8. Ist der strafrechtliche Abfallbegriff mit dem des Abfallrechts identisch? (RN 56)
9. Kann eine Kommanditgesellschaft (KG) selbst Täterin eines Umweltdelikts sein? (RN 74)
10. Definieren Sie den Schuldvorwurf der Fahrlässigkeit. (RN 75)
11. Was versteht man unter einem Allgemein- und einem Sonderdelikt – welche Bedeutung hat diese Unterscheidung im (Umwelt-)Strafrecht? (RN 78–81, 87)
12. Was besagt das „Prinzip der Generalverantwortung und der Allzuständigkeit der Geschäftsleitung"? (RN 82)
13. Unter welchen Voraussetzungen können Amtsträger für einen Umweltverstoß strafrechtlich haften? (RN 85–90)
14. Welche Strafe steht in der Praxis bei den Umweltdelikten im Vordergrund und aus welchen Gründen? (RN 95)
15. Wer führt das Ermittlungsverfahren beim Verdacht einer
    a) Straftat? (RN 98)
    b) Ordnungswidrigkeit? (RN 99)

Weiterführende Hinweise:
Monographien:
Helgerth, Roland (Hrsg.), Handbuch des Umweltstrafrechts, Loseblattsammlung, 2. Aufl. (1996); *Kloepfer, Michael/Vierhaus, Hans-Peter*, Umweltstrafrecht, München 1995; *Sack, Hans-Jürgen*, Umweltschutz-Strafrecht, 4. Aufl. (Stand: Februar 1997); *Joachim Steindorf*, Umwelt-Strafrecht, 2. Aufl. (1997).

Aufsätze:
Bloy, René, Umweltstrafrecht: Geschichte – Dogmatik – Zukunftsperspektiven, JuS 1997, S. 577–587; *Knopp, Lothar*, Neues Umweltstrafrecht und betriebliche Praxis, BB 1994, S. 2219–2224; *Möhrenschläger, Manfred*, Revision des Umweltstrafrechts – Das Zweite Gesetz zur Bekämpfung der Umweltkriminalität -, NStZ 1994, S. 513–519 (1. Teil), S. 566–569 (2. Teil); *Otto, Harro*, Das neue Umweltstrafrecht, Jura, 1995, S. 134–144; *Sanden*, Joachim, Öko-Audit und Umweltstrafrecht, wistra 1995, S. 283–291; *Schall, Hero*, Systematische Übersicht der Rechtsprechung zum Umweltstrafrecht, NStZ 1992, S. 209–216, S. 265–268, NStZ 1997, S. 420–423, S. 462–467, S. 577–585.

Rechtsprechung:
BGH, NStZ 1987, S. 323–324 (Umweltgefährdende Beseitigung von Hausmüll; Veränderung eines Gewässers); BGH, NJW 1990, S. 2477–2479 (Strafrechtlicher Abfallbegriff); BGH, NStZ 1992, S. 3247–3251 (Garantenstellung des Bürgermeisters für Abwasserbeseitigung); BGH, NStZ 1994, S. 432–433 (Umweltgefährdende Abfallbeseitigung durch Amtsträger); BGH, NJW 1997, S. 130–133 (Prinzip der Generalverantwortung und der Allzuständigkeit der Geschäftsleitung; Delegation); BGH, NStZ 1997, S. 189–190 (Beeinträchtigung eines vorgeschädigten Gewässers); OLG Düsseldorf, NStZ 1991, S. 335–336 (Hundekot als Abfall).

Abkürzungsverzeichnis

AbfG	Abfallgesetz
ABl	Amtsblatt
AbwAG	Abwasserabgabengesetz
AcP	Archiv für civilistische Praxis (= jur. Fachzeitschrift)
AG	Aktiengesellschaft
AGChemG	Ausführungsgesetz zum Chemikaliengesetz
AGS	Ausschuß für Gefahrstoffe
Alt.	Alternative
Anh.	Anhang (zum Gesetz)
AöR	Archiv des öffentlichen Rechts (= jur. Fachzeitschrift)
ArbSchG	Arbeitsschutzgesetz
Art.	Artikel
ASU	Abgassonderuntersuchung
AtG	Atomgesetz
AU	Abgasuntersuchung
Aufl.	Auflage
BAT	Biologischer Arbeitsstoff-Toleranzwert; Best Available Technology
BauGB	Baugesetzbuch
BauNVO	Baunutzungsverordnung
Ba.-Württ.	Baden-Württemberg
BayObLG	Bayerisches Oberstes Landesgericht
Bay.	Bayerische(s/r)
BayVBl.	Bayerische Verwaltungsblätter (= jur. Fachzeitschrift)
BayVGH	Bayerischer Verwaltungsgerichtshof
BayWG	Bayerisches Wassergesetz
BB	Betriebsberater (= jur. Fachzeitschrift)
BBodSchG	Bundes-Bodenschutzgesetz
BBS	Betriebsbeauftragter für die Biologische Sicherheit
Bd.	Band
Bde.	Bände
BGB	Bürgerliches Gesetzbuch

BGBl.	Bundesgesetzblatt
BGH	Bundesgerichtshof
BGHSt	Entscheidungen des Bundesgerichtshofs in Strafsachen
BGHZ	Entscheidungen des Bundesgerichtshofs in Zivilsachen
BImSchG	Bundes-Immissionsschutzgesetz
BImSchV	Bundesimmissionsschutzverordnung
BML	Bundesministerium für Landwirtschaft
BMU	Bundesministerium für Umwelt, Naturschutz und Reaktorsicherheit
BNatSchG	Bundesnaturschutzgesetz
BS	British Standard
BSS	Bundesamt für Strahlenschutz
BT-Drucks.	Bundestags-Drucksachen
BV	Bayerische Verfassung
BVerfG	Bundesverfassungsgericht
BVerfGE	Amtliche Entscheidungssammlung des Bundesverfassungsgerichts
BVerfGG	Bundesverfassungsgerichtsgesetz
BVerwG	Bundesverwaltungsgericht
BVerwGE	Amtliche Entscheidungssammlung des Bundesverwaltungsgerichts
BvS	Bundesanstalt für vereinigungsbedingte Sonderaufgaben
BWaldG	Bundeswaldgesetz
ChemG	Chemikaliengesetz
CSD	Commission on Sustainable Development
DAU	Deutsche Akkreditierungs- und Zulassungsgesellschaft für Umweltgutachter mbH
ders.	derselbe
DB	Der Betrieb (= jur. Fachzeitschrift)
DBW	Die Betriebswirtschaft
DIN	Deutsches Institut für Normung e.V.
DKR	Deutsche Kunststoff-Recycling GmbH
DNS	Desoxyribonukleinsäure
DÖV	Die Öffentliche Verwaltung (= jur. Fachzeitschrift)
DSD	Duales System Deutschland GmbH
DSDMAC	Distearyldimethylammoniumchlorid
DVBl.	Deutsches Verwaltungsblatt (= jur. Fachzeitschrift)
DWW	Deutsche Wohnungswirtschaft

EAG	Europäische Atomgemeinschaft
ECE	European Commission for Economy
EG	Europäische Gemeinschaft
EGV	Vertrag über die Gründung der Europäischen Gemeinschaft
EINECS	European Inventory of Existing Commercial Chemical Substances
ELINCS	European List of Invented New Chemical Substances
EMAS	Eco-Management and Audit Scheme
EnWG	Energiewirtschaftsgesetz
ERP	European Recovery Programme
EStDV	Einkommensteuerdurchführungsverordnung
EStG	Einkommensteuergesetz
EU	Europäische Union
EuGH	Europäischer Gerichtshof
EuR	Europarecht (= jur. Fachzeitschrift)
EuZW	Europäische Zeitschrift für Wirtschaftsrecht (= jur. Fachzeitschrift)
e.V.	eingetragener Verein
EWC	European Waste Catalogue
EWG	Europäische Wirtschaftsgemeinschaft
f.	folgender
FAZ	Frankfurter Allgemeine Zeitung
FCKW	Fluorchlorkohlenwasserstoff
ff.	fortfolgende
FGG	Finanzgerichtsgesetz
FGO	Finanzgerichtsordnung
FlurbG	Flurbereinigungsgesetz
FStrG	Fernstraßengesetz
GefStoffV	Gefahrstoffverordnung
GenTG	Gentechnikgesetz
GenTSV	Gentechnik-Sicherheitsverordnung
GewArch	Gewerbe-Archiv (= jur. Fachzeitschrift)
GewO	Gewerbeordnung
GG	Grundgesetz
GGV	Gefahrgutverordnung Straße
GLP	Gute Laborpraxis
GmbH	Gesellschaft mit beschränkter Haftung
GmbHG	Gesetz betreffend die Gesellschaften mit beschränkter Haftung
GoA	Geschäftsführung ohne Auftrag
GVG	Gerichtsverfassungsgesetz

h.M.	herrschende Meinung
HdbUR	Handwörterbuch des Umweltrechts, hrsg. von Otto Kimminich u.a.
Hess.	Hessische(s/r)
HKWAbfV	Verordnung über die Entsorgung gebrauchter halogenierter Lösemittel
Hrsg.	Herausgeber(in)
hrsg.	herausgegeben
HUK-Verband	Verband der Haftpflicht-, Unfall- und Kraftfahrtversicherer
i.d.R.	in der Regel
i.e.S.	im engeren Sinne
IHK	Industrie- und Handelskammer
INFUCHS	Informationssystem für Umweltchemikalien, Chemieanlagen und Störanfälle
IPPC	Integrated Pollution Prevention and Control
i.S.d.	im Sinne des/der
ISO	International Standardization Organisation
IUPAC	Internationale Union für reine und angewandte Chemie
IUR	Informationsdienst Umweltrecht
i.V.m.	in Verbindung mit
IVU	Integrierte Vermeidung und Verminderung der Umweltverschmutzung
i.w.S.	im weiteren Sinne
JA	Juristische Arbeitsblätter (= jur. Fachzeitschrift)
JURA	Name einer juristischen Ausbildungszeitschrift
JuS	Juristische Schulung (= jur. Fachzeitschrift)
JZ	Juristen-Zeitung
Kap.	Kapitel
KG	Kommanditgesellschaft
kj/kg	Kilojoule pro Kilogramm
KMU	Kleine und mittlere Unternehmen
KrW-/AbfG	Kreislaufwirtschafts- und Abfallgesetz
LAG	Länderarbeitsgemeinschaft Abfall
lit.	litera (lateinisch für Buchstabe)
LuftVG	Luftverkehrsgesetz
LWGNW	Landeswassergesetz Nordrhein-Westfalen

MAK	Maximale Arbeitsplatzkonzentration
ml/m^3	Milliliter pro Kubikmeter
MVA	Müllverbrennungsanlage
NEPA	National Environmental Policy Act
NJW	Neue Juristische Wochenschrift (= jur. Fachzeitschrift)
NJW-RR	Rechtsprechungsreport der NJW
NStZ	Neue Zeitschrift für Strafrecht (= jur. Fachzeitschrift)
NuR	Natur und Recht (= jur. Fachzeitschrift)
NVwZ	Neue Zeitschrift für Verwaltungsrecht (= jur. Fachzeitschrift)
NVwZ-RR	Rechtsprechungsreport der NVwZ
OHG	Offene Handelsgesellschaft
OLG	Oberlandesgericht
OVG	Oberverwaltungsgericht
OWiG	Ordnungswidrigkeitengesetz
PBefG	Personenbeförderungsgesetz
PCP	Polychlorierte Biphenyle
PCT	Polychlorierte Terphenyle
PVC	Polyvinylchlorid
pVV	positive Vertragsverletzung
QMS	Qualitätsmanagementsystem
RAL	Deutsches Institut für Gütesicherung und Kennzeichnung
RGZ	Amtliche Sammlung der Entscheidungen des Reichsgerichts
RN	Randnummer(n)
ROG	Raumordnungsgesetz
Rs.	Rechtssache
S.	Seite
s.	siehe
Slg.	Amtliche Entscheidungssammlung des EuGH
sog.	sogenannte(r, -s)
Sp.	Spalte
StALA	Ständiger Abteilungsleiterausschuß
StGB	Strafgesetzbuch
StPO	Strafprozeßordnung
str.	strittig
StrÄndG	Strafrechtsänderungsgesetz
StrlSchV	Strahlenschutzverordnung
StVZO	Straßenverkehrs-Zulassungs-Ordnung

TA	Technische Anleitung
ThürVBl.	Thüringische Verwaltungsblätter (= jur. Fachzeitschrift)
TierschG	Tierschutzgesetz
TRGS	Technische Regeln für Gefahrstoffe
TRK	Technische Richtkonzentration
TÜV	Technischer Überwachungsverein
UAbs.	Unterabsatz
UAG	Umweltauditgesetz
UBA	Umweltbundesamt
UIG	Umweltinformationsgesetz
UIGGebV	Gebührenverordnung zum UIG
UMPLIS	Informations- und Dokumentationssystem Umwelt
UMS	Umweltmanagementsystem
UmweltHG	Umwelthaftungsgesetz
Unep	United nations environmental programme
UN(O)	United Nations (Organisation)
UPR	Umwelt- und Planungsrecht (= jur. Fachzeitschrift)
u.U.	unter Umständen
UVP	Umweltverträglichkeitsprüfung
UVPG	Gesetz über die Umweltverträglichkeitsprüfung
UVPVwV	Allgemeine Verwaltungsvorschrift zur Ausführung des UVPG
UWF	Umwelt-Wirtschafts-Forum (wirtschaftswiss. Fachzeitschrift)
UWG	Gesetz gegen den unlauteren Wettbewerb
VDE	Verband Deutscher Elektrotechniker
VDI	Verband Deutscher Ingenieure
Verf.	Verfassung
VersR	Versicherungsrecht (= jur. Fachzeitschrift)
VerwArch	Verwaltungs-Archiv (= jur. Fachzeitschrift)
VG	Verwaltungsgericht
VGH	Verwaltungsgerichtshof
VO	Verordnung
VR	Verwaltungsrundschau (= jur. Fachzeitschrift)
VwGO	Verwaltungsgerichtsordnung
VwKostG	Verwaltungskostengesetz
VwVfG	Verwaltungsverfahrensgesetz
VwVG	Verwaltungsvollstreckungsgesetz
VwZG	Verwaltungszustellungsgesetz

WRMG	Wasch- und Reinigungsmittelgesetz
WHG	Wasserhaushaltsgesetz
WHO	World Health Organisation
wistra	Zeitschrift für Wirtschaft, Steuern und Strafrecht (= jur. Fachzeitschrift)
WM	Wertpapiermitteilungen (= jur. Fachzeitschrift)
WUR	Wirtschaftsverwaltungs- und Umweltrecht
ZAU	Zeitschrift für angewandte Umweltforschung
ZfBR	Zeitschrift für deutsches und internationales Baurecht (= jur. Fachzeitschrift)
ZfU	Zeitschrift für Umweltpolitik und Umweltrecht
ZfW	Zeitschrift für Wasserrecht (= jur. Fachzeitschrift)
ZKBS	Zentrale Kommission für die Biologische Sicherheit
ZPO	Zivilprozeßordnung
z.T.	zum Teil
ZUR	Zeitschrift für Umweltrecht
ZVG	Zwangsvollstreckungsgesetz

Index

Hinweis zum Benutzen: Dieses Register verweist nicht auf Seitenzahlen, sondern auf Kapitel und Randnummern, unter denen die einzelnen Begriffe behandelt werden. Die Kapitelnummern sind **fett** gedruckt. Ein Beispiel:

Bodenverunreinigung: **15**/28, **15**/30, **19**/36 ff. nachzuschlagen in Kap. 15, Randnummern 28 und 30; sowie in Kap. 19, Randnummer 36 und fortfolgende.

Z